정치의 책

THE POLITICS BOOK

정치의 책

THE POLITICS BOOK

LONDON, NEW YORK, MELBOURNE, MUNICH, AND DELHI

Original Title: The Politics Book
Copyright © 2013 Dorling Kindersley Limited

All rights reserved. No part of this publication may be reproduced, stored in a retrieval system, or transmitted in any form or by any means, electronic, mechanical, photocopying, recording, or otherwise, without the prior written permission of the copyright owner.

Korean translation copyright © 2013 by Korea Price Information, Corp. (KPI)
The Korean translation edition is published by arrangement with Dorling Kindersley Limited, London.

이 책의 한국어판 저작권은 영국 돌링 킨더슬리사와 독점 계약한 KPI출판그룹에 있습니다. 저작권법에 의해 한국 내에서 보호를 받는 저작물이므로 무단 전재와 복제를 금합니다.

정치의 책

초판 1쇄 발행 2013년 6월 1일
초판 2쇄 발행 2014년 1월 28일

지은이 | 폴 켈리 외
옮긴이 | 박유진·이시은

발행인 | 노영현
편집인 | 노승권

발행처 | (사)한국물가정보
등록 | 1980년 3월 29일
주소 | 서울시 중구 무교로 32 효령빌딩 11층
전화 | 02-728-0241(마케팅), 02-3789-2123(편집)
팩스 | 02-774-7216
이메일 | kpibook1@gmail.com
홈페이지 | kpibook.co.kr

값은 뒤표지에 있습니다.
ISBN 978-89-6260-563-1(13340)

지식갤러리, 라이프맵, 고릴라북스, 비즈니스맵, 사흘, 생각연구소, 스타일북스, 책읽는수요일, 페퍼트리는 KPI출판그룹의 임프린트입니다.

Printed and bound in Hong Kong

CONTRIBUTORS 편저자

폴 켈리 Paul Kelly

폴 켈리는 런던정경대학의 정치이론 교수이자 학과장이다. 열한 권의 책을 저술, 편집, 공편했으며 주 관심사는 영국의 정치사상과 현대 정치철학이다.

로드 다쿰 Rod Dacombe

로드 다쿰 박사는 런던대학 킹스칼리지 정치경제학과의 정치학 강사다. 민주주의 이론 및 실제, 비영리 부문과 국가의 관계를 집중적으로 연구하고 있다.

존 판던 John Farndon

존 판던은 과학사, 현대 문제에 대한 책을 여러 권 썼다. 과학과 환경 문제에 대해서도 광범위하게 저술활동을 하고 있으며, 사이언스북 상 최종 후보자 명단에 네 차례 오른 바 있다.

A. S. 호드슨 A. S. Hodson

A. S. 호드슨은 BushWatch.com의 객원 편집자로 활동했던 저술가다.

예스페르 욘쉰 Jesper Johnsøn

예스페르 욘쉰은 개발도상국의 통치 및 부패방지 개혁에 대해 조언하는 정치학자다. 노르웨이 베르겐에 있는 크리스티안 미첼센 인스티튜트 부패방지 지원센터에서 일하고 있다.

니알 키시타이니 Niall Kishtainy

니알 키시타이니는 런던경제대학에서 교편을 잡고 있으며, 경제사 및 경제발달을 전문적으로 연구한다. 세계은행과 국제연합 아프리카 경제위원회에서 일한 바 있다.

제임스 미드웨이 James Meadway

제임스 미드웨이는 영국의 민간 두뇌집단 신경제재단(New Economics Foundation)의 수석 경제학자다. 영국 재무부의 정책 보좌관으로 일하며 지역 개발, 과학, 혁신 정책을 다룬 바 있다.

앤커 푸스커 Anca Pusca

앤커 푸스커 박사는 런던대학 골드스미스칼리지의 국제학 부교수다. 『혁명, 민주화, 환멸 : 루마니아의 사례 Revolution, Democratic Transition and Disillusionment : The Case of Romania』, 『발터 베냐민 : 변화의 미학 Walter Benjamin : Aesthetics of Change』을 썼다.

마커스 윅스 Marcus Weeks

마커스 윅스는 철학을 공부하고 교사로 일하다 저술가로 데뷔했다. 예술과 대중과학에 대한 글을 여러 책에 기고해왔다.

CONTENTS

10 이 책을 읽기 전에

고대의 정치사상
기원전 800년~서기 30년

20 그대가 선해지고자 하면 백성들도 선해질 것이다
공자

28 병법은 국가의 중대한 사안이다
손자

32 나랏일의 도모는 선비들과만 함께해야 한다
묵자

34 철학자가 왕이 되지 않으면 나라에서 악폐가 사라지지 않을 것이다
플라톤

40 인간은 본래 정치적 동물이다
아리스토텔레스

44 외바퀴는 움직이지 않는다
차나캬

48 간신들이 안전과 이익을 누리는 것은 몰락의 조짐이다
한비자

49 통치권은 공처럼 이리저리 튀어다니게 마련이다
키케로

중세의 정치
서기 30~1515년

54 정의가 없는 정부는 대규모의 강도떼가 아니고 무엇인가
히포의 아우구스티누스

56 너희가 싫어할지라도 싸움은 너희에게 과하여진 의무니라
마호메트

58 민중은 도덕적인 사람의 통치를 받으려 하지 않는다
알파라비

60 자유민은 국법에 의거해서가 아니면 투옥되지 않는다
존 왕의 귀족들

62 전쟁이 정당해지려면 정당한 명분이 필요하다
토머스 아퀴나스

70 정치적으로 산다는 것은 훌륭한 법에 따라 산다는 뜻이다
에지디우스 로마누스

71 교회는 그리스도를 본받는 데 전념하고 세속적 권력을 포기해야 한다
파도바의 마르실리우스

72 정부는 부정을 저지르는 경우가 아니면 부정을 막는다
이븐할둔

74 신중한 통치자는 약속을 지킬 수 없고 지켜서도 안 된다
니콜로 마키아벨리

합리성과 계몽
서기 1515~1770년

86 처음에는 모든 것이 누구에게나 공통되었다
프란시스코 데 비토리아

88 주권은 국가의 절대적이고 영속적인 권력이다
장 보댕

90 자연법은 인간법의 기반이다
프란시스코 수아레스

92 정치는 사람들을 연합하는 기술이다
요하네스 알투시우스

94 자유는 우리가 자신에 대해 가지는 권한이다
휘호 흐로티위스

96 인간의 자연상태는 만인 대 만인의 투쟁상태다
토머스 홉스

104 법의 목적은 자유를 보호하고 확장하는 것이다
존 로크

110 입법권과 집행권이 하나의 조직체 안에서 통합되면 자유란 존재할 수 없다
몽테스키외

112 독립적인 기업가들은 훌륭한 국민이 된다
벤저민 프랭클린

혁명사상
서기 1770~1848년

118 자유를 포기하는 것은 인간이기를 포기하는 것이다
장 자크 루소

126 일반적으로 정당한 입법원칙은 행복에 기초할 리가 없다
이마누엘 칸트

130 개인의 열정은 종속되어야 한다
에드먼드 버크

134 재산에 따른 권리는 극히 불안정하다
토머스 페인

140 사람은 모두 평등하게 태어났다
토머스 제퍼슨

142 각 민족은 저마다 행복의 중심을 내포하고 있다
요한 고트프리트 헤르더

144 정부는 악할 수밖에 없다
제러미 벤담

150 국민은 무기를 보유하고 소지할 권리가 있다
제임스 매디슨

154 가장 존경할 만한 여자들은 가장 억압받는 여자들이다
메리 울스턴크래프트

156 노예는 자기 존재가 외적인 것이라고 생각한다
게오르크 헤겔

160 전쟁은 다른 수단을 동원하는 정치의 연장이다
카를 폰 클라우제비츠

161 노예제 폐지와 미합중국은 공존할 수 없다
존 C. 칼훈

162 지나치게 광대한 국가는 본질적으로 결국 부패하게 마련이다
시몬 볼리바르

164 교양 있는 현명한 정부는 사회 발전의 필요성을 인식한다
호세 마리아 루이스 모라

165 '가족'을 공격하는 경향은 사회적 혼란의 징후다
오귀스트 콩트

대중의 부상
서기 1848~1910년

170 사회주의는 새로운 형태의 노예제다
알렉시 드 토크빌

172 '나'가 아닌 '우리'를 이야기하라
주세페 마치니

174 과격적으로 행동하려는 사람이 그토록 적다는 것이 이 시대의 중대한 위기를 말해준다
존 스튜어트 밀

182 누구도 당사자의 동의 없이 남을 지배할 만큼 훌륭하지는 않다
에이브러햄 링컨

183 소유란 도둑질이다
피에르 조지프 프루동

184 특권을 누리는 자는 정신과 마음이 타락한다
미하일 바쿠닌

186 가장 좋은 정부는 전혀 다스리지 않는 정부다
헨리 데이비드 소로

188 공산주의는 역사의 수수께끼에 대한 해결책이다
카를 마르크스

194 공화국을 선포한 자들이 자유의 암살자가 되었다
알렉산드르 헤르첸

195 민족의 자유는 완전히 보장받아야 한다
김구

196 권력에의 의지
프리드리히 니체

200 신화는 그 자체로 중요하다
조르주 소렐

202 우리는 노동자를 있는 그대로
받아들여야 한다
에두아르트 베른슈타인

204 라틴아메리카의 최대 위협요인은
가공할 이웃국가를 경시하는 것이다
호세 마르티

206 승리하려면 과감히 맞서야 한다
표트르 크로폿킨

207 여성을 죽이든지 아니면 여성에게
투표권을 부여해야 한다
에멀라인 팽크허스트

208 유대민족의 존재를 부정하는 것은
어리석은 짓이다
테오도어 헤르츨

210 노동자가 몰락한 국가는 구제할 길이
없다
베아트리스 웹

211 미국의 고용인 보호법제는 부끄러울
만큼 미비하다
제인 애덤스

212 토지는 경작자에게!
쑨원

214 개인은 끝없이 돌아가는 기계의 일개
톱니바퀴다
막스 베버

이데올로기의 충돌
서기 1910~1945년

220 비폭력은 내 신념의 제1조다
마하트마 간디

226 정치는 대중이 있는 곳에서 시작된다
블라디미르 레닌

234 대중 파업은 역사적으로 불가피한
사회적 상황에서 기인한다
로자 룩셈부르크

236 타협가는 맨 나중에 잡아먹히기를
바라면서 악어에게 먹이를 주는
사람이다
윈스턴 처칠

238 파시스트의 국가 개념은 모든 것을
포괄한다
조반니 젠틸레

240 부농에게서 그 존재 기반을 박탈해야
한다
이오시프 스탈린

242 만약 목적이 수단을 정당화한다면,
그 목적을 정당화하는 것은
무엇인가?
레온 트로츠키

246 농민과 기업가 모두를 확신시켜
멕시코인을 통합할 것이다
에밀리아노 사파타

247 전쟁은 돈벌이다
스메들리 D. 버틀러

248 주권은 얻는 것이 아니라 쟁취하는
것이다
무스타파 케말 아타튀르크

250 유럽은 도덕이 없는 상태에 빠졌다
호세 오르테가 이 가세트

252 우리는 자유를 요구하는 4억 명의
인간이다
마르쿠스 가비

253 인도는 대영 제국에서 분리되지
않고는 진정으로 자유로울 수 없다
마나벤드라 나트 로이

254 주권자란 예외적 상황을 결정하는
자다
카를 슈미트

258 공산주의도 제국주의만큼 악영향을
미친다
조모 케냐타

259 국가는 '교육자'로 인식되어야 한다
안토니오 그람시

260 권력은 총구에서 나온다
마오쩌둥

전쟁 이후의 정치
서기 1945년~현재

270 가장 나쁜 것은 제한받지 않는
정부다
프리드리히 하이에크

276 의회 정치와 합리주의 정치는 한 체제에 속할 수 없다
마이클 오크숏

278 이슬람 지하드의 목표는 이슬람 외의 지배체제를 무너뜨리는 것이다
아불 알라 마우두디

280 다른 인간 외에는, 인간에게서 자유를 빼앗을 것이 아무것도 없다
에인 랜드

282 알려진 기정사실도 얼마든지 부정될 수 있다
한나 아렌트

284 여성이란 무엇인가?
시몬 드 보부아르

290 어떠한 자연물도 순전히 자원만은 아니다
아르네 네스

294 우리가 반대하는 것은 백인이 아니라 백인우월주의다
넬슨 만델라

296 약자들만이 정치가 협력의 장이라고 믿는다
잔프랑코 밀리오

297 투쟁의 초기 단계에서는 억압받던 자들이 억압자로 돌변하는 경향이 있다
파울로 프레이리

298 정의는 사회제도의 제1덕목이다
존 롤스

304 식민주의는 자연상태의 폭력이다
프란츠 파농

308 투표가 아니면 총탄을!
말콤 X

310 우리는 '왕의 머리를 잘라야' 한다
미셸 푸코

312 해방자란 존재하지 않는다, 민중은 자력으로 해방된다
체 게바라

314 모두가 부자들의 행복을 보장해줘야 한다
놈 촘스키

316 세상에 무지한 자의 진심만큼 위험한 것은 없다
마틴 루터 킹

322 페레스트로이카는 사회주의와 민주주의를 통합한다
미하일 고르바초프

323 지식인이 이슬람을 적대시하는 것은 잘못이다
알리 샤리아티

324 전쟁의 섬뜩함 때문에 우리는 모든 제약을 깨게 된다
마이클 왈저

326 최소국가보다 큰 어떠한 정부도 정당화될 수 없다
로버트 노직

328 여성의 권리를 침해하라고 명하는 이슬람 율법은 없다
시린 에바디

329 자살테러는 대부분 외세의 점령에 따른 반응이다
로버트 페이프

330 인물사전

340 용어사전

344 색인

351 자료출처

INTRODU

CTION

이 책을 읽기 전에

모든 사람이 언제든지 자기가 원하는 것을 모두 얻을 수 있다면 정치란 존재하지 않을 것이다. 정치라는 복잡한 활동의 정확한 의미가 무엇이건 간에(이 책에 설명되어 있듯이 그 활동은 갖가지 방식으로 이해되어왔다), 분명히 우리 인간은 자기가 원하는 것을 모두 얻지 못한다. 오히려 우리는 뭔가를 얻기 위해 겨루고 버둥거리고 타협하고 때론 치고받기까지 해야 한다. 그러면서 우리는 자기들의 주장을 설명하고 정당화하는 언어, 다른 사람들의 주장에 이의를 제기하고 반박하고 응답하는 언어를 발전시킨다. 그것은 개인이나 집단의 이익에 대한 언어일 수도 있고, 권리와 자유나 공평한 분배와 정의 같은 가치에 대한 언어일 수도 있다. 하지만 애초부터 정치활동의 핵심은 정치적 사상과 개념의 발달이었다. 그런 사상은 우리가 권리를 주장하고 이권을 지키는 데 도움이 된다.

위에서 이야기한 정치의 의미와 정치사상의 위치가 전부는 아니다. 위에 따르면 정치란 '누가 무엇을 어디서 언제 어떻게 얻는가' 하는 문제로 단순화될 수 있는 듯하다. 부분적으로 보면 정치생활은 분명 일상생활의 문제에 대한 반응, 집단적 조치가 개인적 조치보다 효과적이라는 인식에 따르는 반응이다. 하지만 정치적 사고의 또 다른 전통은 고대 그리스의 철학자 아리스토텔레스와 관련되어 있다. 그에 따르면 정치는 물자가 부족한 상황에서 물질적 필요를 충족하기 위한 투쟁에 불과하지 않다. 사회가 복잡해지면 다른 문제들이 발생한다. 누가 통치해야 하는가? 정치적 통치자는 어떤 권력을 가져야 하며, 정치적 통치자가 가지는 권력의 정당성에 대한 주장은 가문 같은 다른 권위의 원천이나 종교적 권위에 대한 주장과 어떻게 비교되는가?

아리스토텔레스는 인간이 정치적으로 사는 것은 당연하다고 말했는데, 이는 인간이란 버려지고 고립된 상태에서 사는 것보다 복잡한 사회에서 사는 것이 더 낫다는 견해에 불과하지 않다. 그의 말은 공적인 문제의 해결방법에 대해 의견을 품는 것이 인간다운 행위라는 주장이기도 하다. 정치는 사람들이 살아가며 따를 규칙과 집단적으로 추구할 목표를 정하는 고귀한 활동이다.

정치적 도덕주의

아리스토텔레스는 모든 인간이 정치활동에 참여할 수 있어야 한다고 생각하지 않았다. 그의 이론체계에서 여자, 노예, 외국인은 자신 및 타인을 통치할 권리가 있는 사람들의 범위에서 공공연히 배제되었다. 하지만 정치란 공동의 특정 목표를 지향하는 독특한 집단적 활동이라는 그의 생각은 오늘날에도 여전히 울려 퍼지고 있다. 그런데 그 목표란 어떤 것일까? 고대부터 수많은 사상가와 정치가들은 정치로 달성할 수 있는 혹은 달성해야 하는 목표에 대해 갖가지 의견을 발전시켜왔다. 그런 접근법은 정치적 도덕주의로 알려져 있다.

도덕주의자들에게 정치생활이란 도덕학(도덕철학)의 파생물이므로, 도덕주의 정치 사상가들 중에 철학자가 많은 것은 놀랄 일이 아니다. 정치적 도덕주의자들은 정치란 중요한 목표의 달성을 지향해야 한다고, 혹은 정치적 방식이란 특정 대상의 보호를 위

> 정치적 사회는 교제뿐 아니라
> 고귀한 활동을 위해 존재한다.
> 아리스토텔레스

INTRODUCTION

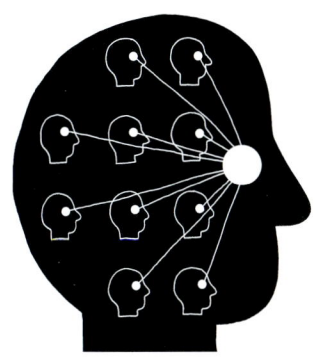  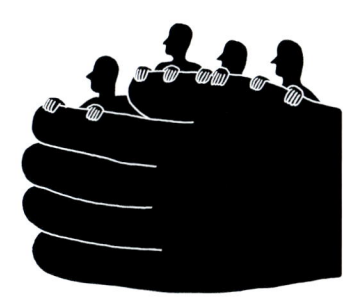

해 체계화되어야 한다고 주장한다. 그런 보호대상의 예로는 정의, 평등, 자유, 행복, 박애, 민족자결 등의 정치적 가치가 있다. 가장 급진적인 경우에 도덕주의는 유토피아라는 이상적인 정치사회에 대한 이야기를 낳는다. 유토피아라는 말은 영국의 정치가이자 철학자인 토머스 모어가 1516년 이상국가를 그린 『유토피아』에서 비롯했다. 유토피아적인 정치사상은 유래가 고대 그리스의 철학자 플라톤의 『국가』까지 거슬러 올라가지만, 로버트 노직 같은 현대 사상가들이 여러 사상을 탐구하는 데에도 여전히 쓰이고 있다. 일부 이론가들은 유토피아적인 정치사상을 위험한 시도로 여기기도 한다. 과거에 그런 사상이 전체주의적 폭력의 정당화로 이어진 바 있기 때문이다. 하지만 가장 바람직한 경우에 유토피아적 사상은 더 나은 사회로 나아가기 위해 애쓰는 과정의 일부이고, 이 책에서 논하는 사상가들 가운데 상당수는 추구하거나 지켜야 할 가치를 내비치는 데 그런 사상을 이용한다.

정치적 현실주의

정치사상의 또 다른 주요 전통에서는 정치란 행복이나 자유 같은 도덕적 가치를 지키기 위해 존재한다는 생각을 거부한다. 오히려 그들은 정치란 권력과 관련되어 있다고 주장한다. 권력은 목적을 달성하고 적을 물리치고 타협을 보기 위한 수단이다. 권력을 획득하고 행사할 능력이 없으면 가치는 아무리 고귀하더라도 소용이 없다.

도덕이 아닌 권력에 초점을 맞추는 사상가들을 현실주의자라고 한다. 현실주의자들은 권력, 대립, 전쟁에 주의를 집중하고 대체로 인간적인 동기를 백안시한다. 가장 위대한 두 권력이론가는 아마도 이탈리아인 니콜로 마키아벨리와 영국인 토머스 홉스일 것이다. 두 사람은 각각 16세기와 17세기의 내전·혼란기를 겪으며 살았다. 인간 본성에 대한 마키아벨리의 견해에서는 인간이란 '감사할 줄 모르는 거짓말쟁이'로

통치체제를 놓고 바보들이 경쟁하게 하라. 무엇이든 가장 잘 통치되는 것이 최고이니.
알렉산더 포프

고귀하지도 도덕적이지도 않다고 강조한다. 그는 권력 행사와 관련된 문제를 넘어서는 정치적 동기의 위험성에 대해 경고한다. 홉스가 보기에 무법의 '자연상태'는 만인 대(對) 만인의 투쟁상태다. 피지배자들과의 '사회계약'을 통해 군주는 그런 야만적인 상태로부터 사회를 구하기 위해 절대권력을 행사한다. 권력 문제는 근대 초기 유럽만의 관심사가 아니다. 20세기 정치사상의 상당부분도 권력의 원천 및 행사와 관련되어 있다.

현명한 조언

현실주의와 도덕주의는 정치적 경험 전체, 그리고 그것과 인간사의 다른 특징들과의 관계를 이해하고자 하는 중요한 정치적 관점이다. 하지만 모든 정치사상가들이 세상사를 그렇게 폭넓은 관점으로 보는 것은 아니다. 정치철학자들에게는 가능한 최선의 결과를 얻는 데에만 관심을 기울이는 실용적 전통이 마찬가지로 오래전부터 있어 왔다. 대립과 전쟁이라는 문제는 결코 사라지지 않을 것이고, 자유와 평등 같은 정치적 가치들 간의 관계에 대한 논쟁 또한 결코 결론에 이르지 못할 것이다. 그럼에도 우리는 헌법 입안과 정책 수립에서, 혹은 공무원들을 최대한 유능하게 만드는 일에

서 진보를 이룩할 수는 있을 것이다. 중국 철학자 공자의 사상 같은 초창기 정치사상들은 현명한 조언자의 역량 및 덕목과 관련되어 있다.

이데올로기의 발흥

또 다른 종류의 정치사상 가운데 하나는 흔히 이데올로기적 사상이라 불린다. 이데올로기적 사상의 중요한 일부에서는 사상들이 각각의 역사 시대에 특유하게 관련되는 방식을 강조한다. 이데올로기적 사상의 기원은 독일 철학자 게오르크 헤겔과 카를 마르크스의 역사철학에서 찾아볼 수 있다. 그들은 각 정치적 시기의 사상이 사회 제도·관습의 차이 때문에 달라지는 방식, 사상의 중요성이 역사의 흐름에 따라 변하는 방식을 설명한다.

플라톤과 아리스토텔레스는 민주주의를 위험하고 부도덕한 체제로 여겼지만, 현대인들은 대부분 그것을 최선의 정치체제로 본다. 현대의 권위주의적 정권들은 민주화를 권장받고 있다. 이와 비슷하게 한때는 노예제도가 수많은 사람들에게 권리를 전혀 용납하지 않는 자연스러운 조건으로 여겨졌고, 20세기까지는 여자들 대부분이 시민으로 인정받지 못했다.

그렇다면 왜 평등 같은 어떤 사상은 중요해지고 노예제도나 왕권신수설 같은 다른 사상은 외면받는 것일까? 그런 역사적 변화를 설명하기 위해 마르크스는 사상이란 노동자나 자본가 같은 사회계급의 이익과 결부되어 있다고 주장한다. 그런 계급이익은 공산주의와 사회주의에서 보수주의와 파시즘에 이르는 유명한 이데올로기적 정치 '주의(ism)'들을 낳았다. 마르크스의 사회계급이 이념적 정치의 유일한 원천은 아니다. 최근의 정치사상 가운데 상당수도 자유주의, 보수주의, 사회주의, 민족주의 내부의 발전에서 비롯했다.

이데올로기적 정치사상은 반감을 사고 비판을 받기도 했다. 비판자들에 따르면, 사상이 역사적 과정의 반영에 불과하다면

철학자들은 세계를 해석해왔을 뿐이지만, 중요한 문제는 세계를 바꾸는 것이다.
카를 마르크스

그런 과정에 휘말린 사람들은 근본적으로 수동적인 역할을 할 수밖에 없고 합리적 사고와 논의는 중요성이 제한될 수밖에 없다. 이념적 투쟁은 풋볼 팀 간의 경쟁과 매우 비슷하다. 각 팀을 지원하는 데 관건이 되는 것은 이성이 아닌 열정이고, 궁극적으로 가장 중요한 것은 승리다. 사람들은 흔히 이데올로기적 정치가 최악의 과도한 현실주의로 이어져 목적이 잔혹하고 부당한 수단을 정당화한다고 여겨지게 될까봐 걱정한다. 이데올로기적 정치는 화해가 불가능한 맞수 진영 간의 끊임없는 투쟁 혹은 전쟁인 듯하다.

그런 문제에 대한 마르크스의 해결책은 노동계급의 혁명적 승리와 결핍의 기술적 극복이었다. 마르크스는 그로써 정치적 충돌 문제가 해결되리라고 본 것이다. 20세기의 역사에 비춰볼 때 정치에 대한 그런 접근법은 여러 사람들에게 지나치게 낙관적인 것으로 보였다. 혁명적 변화가 일어나봤자 한 종류의 전제정치가 다른 종류의 전제정치로 대체되기만 하는 듯했기 때문이다. 그렇게 보면 마르크스주의를 비롯한 이데올로기들은 비현실적인 유토피아적 도덕주의의 최신 형태에 불과하다.

논란거리가 되는 미래

게오르크 헤겔에 따르면 정치사상은 사회, 국가, 문화권의 정치생활이나 특정 집단의 정치운동에서 비롯한 추상적 개념이다. 그런 사상과 그들이 설명하는 제도나 운동을 이해하려면 그들의 역사와 발전양상을 검토해야 한다. 그런 역사는 모두 우리가 현재 상황에 이른 과정에 대한 이야기다. 우리가 할 수 없는 것은 역사가 앞으로 어떻게 흘러갈지 내다보는 일이다.

로마 신화에서 미네르바의 부엉이는 지혜의 상징이었다. 헤겔이 보기에 그 부엉이는 '황혼 무렵에야 날기 시작'한다. 그 말은 우리가 과거에 대해서만 이해할 수 있다는 뜻이다. 헤겔은 다음 목적지를 예측하는 낙관주의를 조심하라고 충고한다. 그리고 근대 국가의 발흥이 역사의 종착점이라는 자신의 유명한 주장도 조심하라고 넌지시 충고한다. 우리 자신을 가장 진보적이며 합리적인 세대로 보기는 매우 쉽다. 어쨌든 우리는 민주주의, 인권, 개방경제, 입헌정치가 옳다고 믿지 않는가. 그러나 이 책에서 보게 되겠지만 이들은 결코 단순한 개념이 아니며 심지어 오늘날에도 모든 사회와 사람들에게 공유되지 않는다.

지난 80년간의 세계사에서는 제국의 퇴각과 각지의 탈식민화에 따른 결과로 새로운 민족국가들이 발흥했다. 유고슬라비아와 체코슬로바키아 같은 연방국들은 전 소련이 그랬듯이 새로운 국가들로 해체되었다. 국권에 대한 갈망은 퀘벡, 카탈루냐, 쿠르디스탄, 카슈미르 같은 곳에서도 강하다. 하지만 민족들이 국가의 지위를 얻기 위해 싸워온 반면에 국가들은 복잡한 연방국 및 정치적 연합을 추구해왔다. 지난 30년간은 더 긴밀한 정치적 통합을 갈망하는 유럽연합, 지역적 협력을 도모하는 북미자유무역지대 등의 여러 조직들이 부상했다.

국가 주권에 대한 낡은 개념은 공유 주권, 경제협력, 세계화와 관련된 새로운 정치계에서 어색한 역할을 하고 있다. 헤겔의 논지는 이 상황에 꼭 들어맞는 듯하다. 우리는 우리가 미래의 사람들에게 어떻게 보일지, 우리의 상식을 후손들이 납득할지 예측할 수 없다.

현재를 이해하려면 역사상의 다양한 정치사상과 이론을 이해해야 한다. 그런 사상들은 현재의 가능성을 설명해주고, 우리의 정치적 가치관을 너무 믿지 말라고 경고해주며, 사회의 집단생활을 조직하고 통치하는 데 필요한 사항들이 우리가 완전히 예측할 수 없는 방식으로 변함을 일깨워준다. 권력 행사에 대한 새로운 가능성이 열림에 따라 권력의 통제와 책임에 대한 새로운 요구가 생겨날 것이고, 이와 더불어 새로운 정치사상과 이론들도 등장할 것이다. 정치는 우리 모두와 관련되어 있으므로, 우리는 모두 그 논의에 참여해야 한다. ■

정치는 정치인들에게 맡겨두기에는 너무 심각한 문제다.

샤를 드골

ANCIENT POLITICAL THOUGHT

고대의 정치사상
기원전 800년~서기 30년

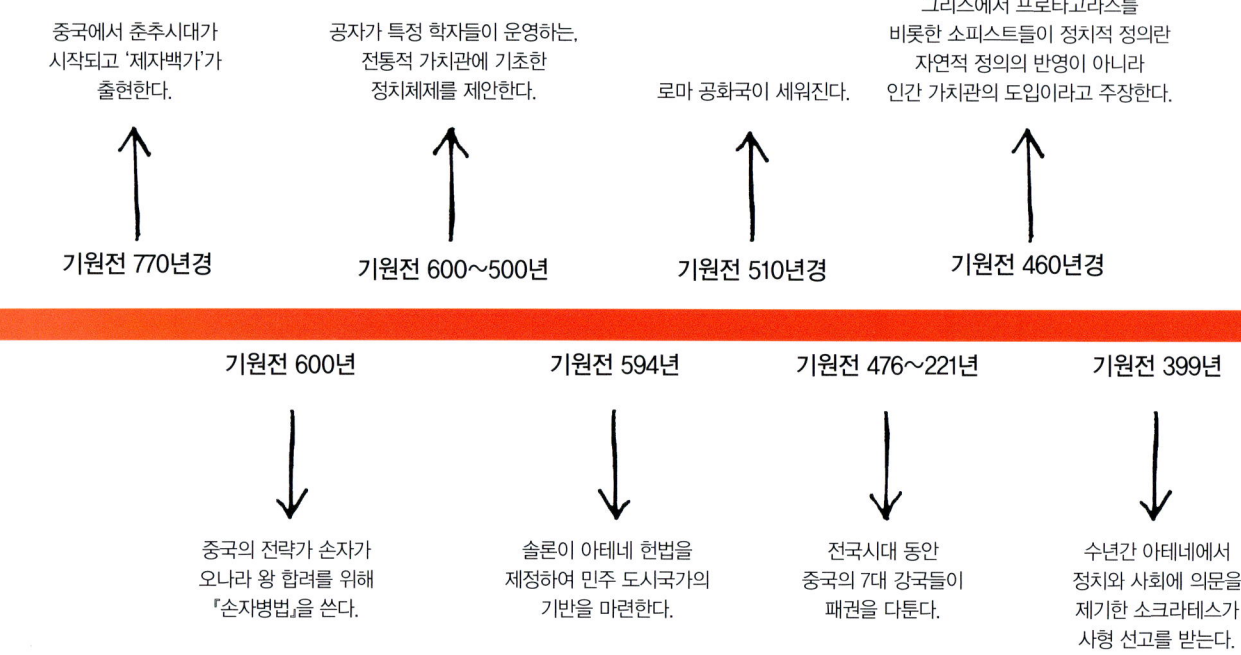

정치이론의 기원은 고대 중국과 그리스의 문명으로 거슬러 올라간다. 두 지역에서는 오늘날 우리가 철학이라 부르는 방법으로 주변 세계를 의문시하고 분석하는 사상가들이 출현했다. 기원전 600년경부터 그들 중 일부는 인간이 사회를 조직하는 방식으로 관심을 돌렸다. 처음에 중국과 그리스에서는 그런 문제들이 도덕철학 혹은 윤리학의 일부로 여겨졌다. 철학자들은 어떻게 사회를 조직해야 사람들의 행복과 안전을 보장하고 사람들이 '훌륭한 삶'을 살게 할 수 있을지 고찰했다.

중국의 정치사상

기원전 770년경부터 중국은 여러 왕조들이 저마다 독립국을 비교적 평화롭게 다스림에 따라 춘추시대라는 번영기로 접어들었다. 이 시기에는 학문이 매우 중요시된 결과로 이른바 제자백가가 출현했다. 단연코 가장 큰 영향력을 행사한 철학자는 공자였다. 그는 덕이 있는 통치자가 행정가들의 조언을 받으며 나라를 다스리고 중국의 전통적인 도덕적 가치관을 유지해야 한다고 주장하면서 도덕철학과 정치철학을 결합했다.

그런 사상은 부패와 전제정치를 막으려 한 묵자와 맹자 덕분에 개선되었으나, 기원전 3세기에는 나라들 간의 충돌이 증가함에 따라 춘추시대가 끝나고 전국시대가 시작되어 중국을 제국으로 통일하고 지배하기 위한 싸움이 벌어졌다. 바로 그런 상황에서 한비자를 비롯한 법가 사상가들은 규율이 국가의 지침이 되어야 한다고 주장했고, 군사전략가 손자는 전쟁의 책략을 외교정책과 국내 정치라는 개념에 적용했다. 그런 더 권위주의적인 정치철학은 새 제국을 안정시켰으나, 그 제국은 나중에 유교체제로 되돌아갔다.

그리스의 민주주의

중국이 그렇게 발전하던 무렵에 그리스 문명도 번영하고 있었다. 그리스는 중국과 마찬가지로 단일 국가가 아니라, 다양한 정치체제 하의 독립된 도시국가들로 구성된 집합체였다. 대부분의 도시국가들은 한 명의 군주나 귀족의 지배를 받았지만, 아테네는 정치가 솔론이 기원전 594년에 도입한 헌법 아래 일종의 민주정체를 확립했다. 그리스의 문화적 중심지가 된 그 도시는 철학자들이 이상적 국가의 구성요소, 목표, 바람직한 통치방법을 숙고할 수 있는 지적 공

고대의 정치사상 ANCIENT POLITICAL THOUGHT

중국 철학자 묵자가 신하와 고문을 덕과 능력에 따라 뽑아 순전히 능력주의적인 계층을 구성할 것을 제안한다.

기원전 470~391년경

아리스토텔레스가 『정치학』에서 도시국가의 다양한 정치체제를 설명하고 폴리티, 즉 입헌정치를 가장 실용적인 형태로 꼽는다.

기원전 335~323년

중국에서 맹자가 유교 사상을 많은 사람들에게 알린다.

기원전 372~289년

한 왕조가 유교를 중국의 공식 철학으로 채택한다.

기원전 200년

기원전 380~360년경

플라톤이 『국가』에서 훌륭한 삶의 본질을 이해할 지혜와 지식을 갖춘 '철인 왕'이 나라를 다스려야 한다고 주장한다.

기원전 370~283년경

차나캬의 조언에 힘입어 찬드라굽타 마우리아가 인도에 마우리아 제국을 건설한다.

기원전 300년

중국을 통일하려는 시도가 진행되는 가운데 상앙과 한비자의 권위주의적 사상이 법가의 원칙으로 채택된다.

기원전 54~51년

키케로가 플라톤의 『국가』를 본보기로 삼아 더 민주적인 정치체제를 옹호하며 『국가론』을 쓴다.

간을 제공했다. 그곳에서 플라톤은 '철인왕'이라는 엘리트의 정치를 옹호했고, 그의 제자 아리스토텔레스는 존재 가능한 여러 정치체제들을 비교했다. 그들의 이론은 서양 정치철학의 기반을 형성했다.

아리스토텔레스 이후 고대 그리스 철학의 '황금기'는 종말에 가까워졌다. 알렉산더 대왕이 일련의 원정을 시작하여 자신의 제국을 마케도니아에서 북아프리카로, 그리고 아시아를 가로질러 히말라야 산맥까지 확장했기 때문이다. 하지만 인도에서 그는 조직적인 반대세력의 저항에 맞닥뜨렸다. 인도 아대륙은 여러 독립국들로 구성되어 있었지만, 획기적인 정치이론가 차나캬의 등장에 힘입어 그의 제자 찬드라굽타 마우리아 치하의 통일 제국으로 탈바꿈했다. 차나캬는 정치사상에 실용적으로 접근하는 것이 옳다고 믿고 엄격한 규율을 옹호하며 국민의 도덕적 행복보다 국가의 경제적·물질적 안전을 확보하고자 했다. 그의 현실주의 덕분에 마우리아 제국은 외세의 공격을 막으며 인도의 대부분을 통일하고 100년 넘게 존속할 수 있었다.

로마의 발흥

한편 유럽에서는 또 다른 강국 로마가 부상하고 있었다. 로마 공화국은 기원전 510년경에 전제군주제가 전복되면서 세워졌다. 그때 아테네의 정치체제와 비슷한 일종의 대의 민주제가 확립되었다. 그리고 시민들이 매년 선출한 집정관 두 명이 원로원 대의원들의 조언을 받으며 정부를 이끄는 체제가 발달했다. 그런 체제 아래 로마 공화국은 힘을 키우며 유럽 본토의 대부분을 속주로 점령했다. 하지만 기원전 1세기에는 여러 파벌이 권력 다툼을 벌임에 따라 공민들의 분쟁이 공화국 곳곳으로 퍼져나갔다. 기원전 48년에 권력을 잡은 율리우스 카이사르는 사실상 황제가 되면서 공화국 시대에 종지부를 찍었다. 로마는 또다시 왕가와 군주의 지배를 받게 되었는데, 새 로마 제국은 이후 500년간 유럽의 대부분을 지배했다. ■

그대가 선해지고자 하면 백성들도 선해질 것이다

공자(기원전 551~479년)

맥락읽기

이데올로기
유교(Confucianism)

핵심어
가부장주의자

이전의 관련 역사
기원전 1045년 : 주(周) 왕조 치하의 중국에서 정치적 결정이 천명이라는 명목으로 정당화된다.

기원전 8세기 : 춘추시대가 시작되고 '제자백가'가 출현한다.

이후의 관련 역사
기원전 5세기 : 묵자가 유교의 잠재적인 족벌주의와 정실주의에 대한 대안을 제시한다.

기원전 4세기 : 맹자가 유교 사상을 많은 사람들에게 알린다.

기원전 3세기 : 법가의 더 권위주의적인 원칙이 정치체제를 지배하게 된다.

지도자는 '군자'여야 한다

완벽하지 않은 사람들은 진정한 선의 본보기를 따름으로써 변화할 수 있다

↓ ↓

군자는 덕, 신의, 성실 등의 특성을 갖추고 있으며 그것들을 의식에서 보여준다

↓

따라서 군자는 백성들에게 좋은 본보기가 된다

↓

지도자가 선해지고자 하면 백성들도 선해질 것이다

나중에 서양에서 라틴어식 이름 컨퓨셔스(Confucius)로 알려진 공부자(孔夫子)는 중국 정치사의 전환기에 살았다. 그는 중국 춘추시대(春秋時代)의 말기에 살았는데, 그 약 300년간의 번영·안정기에는 예술, 문학, 특히 철학이 꽃을 피웠다. 그러다보니 이른바 제자백가(諸子百家)가 출현하면서 다양한 사상이 자유롭게 논의되었다. 그 과정에서 새로운 사상가, 학자 계층이 등장했는데, 그들은 대부분 귀족들의 조정에 적을 둔 존경받는 조언자였다.

그런 학자들의 새로운 사상은 중국의 사회구조를 크게 변화시켰다. 그 학자들은 혈연이 아닌 능력에 따라 임명되었는데, 그런 능력주의적 학자 계층은 제 딴에 천명으로 나라를 다스려온 세습 통치자들에게 골칫거리였다. 그리하여 여러 통치자들이 중국의 패권을 다툼에 따라 일련의 충돌이 발생했다. 전국시대(戰國時代)로 알려진 그 시기에는 강력한 정치체제의 필요성이 점점 더 명백해졌다.

군자

공자(孔子)는 대부분의 교육받은 중산층 젊은이들처럼 행정가로 경력을 쌓고자 했는데, 바로 그런 역할을 하면서 정치체제에 대한 자신의 사상을 발전시켰다. 통치자와 신하와 백성 간의 관계를 직접 보고 당대 정국의 덧없음을 예리하게 인식한 그는 자신의 도덕철학체계에 기초하여, 통치자들이 나라를 올바르게 다스릴 수 있게 할 체제를 고안하기 시작했다.

공자의 도덕적 관점은 중국의 관습에 단단히 뿌리를 내리고 있었으며 충성, 의리, 존경 같은 전통적 덕목을 중심에 두고 있었다. 그런 가치들을 갖춘 이를 '군자(君子)'라

참조: ▪ 손자 28~31쪽 ▪ 묵자 32~33쪽 ▪ 한비자 48쪽 ▪ 쑨원 212~213쪽 ▪ 마오쩌둥 260~265쪽

불렀는데, 그의 덕은 다른 사람들에게 본보기가 되었다. 사회 구성원들은 모두 군자의 덕목을 열망하도록 권장받았다. 공자의 관점에 따르면, 인간의 본성은 완벽하진 않지만 진정한 덕을 본받음으로써 변화할 수 있다. 그리고 사회 또한 공정하고 자애로운 정부를 본보기로 삼아 변화할 수 있다.

호혜(互惠), 즉 대우가 공정하고 관대하면 반응도 공정하고 관대할 것이라는 개념은 공자의 도덕철학과 정치사상의 토대를 이룬다. 사회가 선해지려면 통치자가 자신이 백성에게 기대하는 덕의 화신이 되어야 한다. 그러면 백성들은 충성심과 존경심을 느끼며 그런 덕을 본받게 될 것이다. 공자의 가르침과 격언을 모아놓은 『논어』에서 그는 다음과 같이 조언한다. "그대가 선해지고자 하면 백성들도 선해질 것이다. 군자의 덕은 바람이요, 소인의 덕은 풀이다. 풀 위로 바람이 불면 풀은 바람 부는 방향으로 눕게 마련이다." 하지만 그런 생각을 실현하려면, 새로운 사회구조를 확립하여 새로운 능력주의적 행정계층을 고려하면서도 전통적인 귀족 통치권을 존중하는 위계질서를 세워야 했다. 그런 목적을 달성하기 위한 방법을 제시하면서 공자는 다시 전통적 가치관에 크게 의존하며 가족 간의 관계에 기초한 사회를 구상했다. 공자에 따르면, 군주의 자비심과 백성의 충성심은 다정한 아버지와 순종적인 자식의 관계(중국인들이 가장 중요하게 여긴 관계)를 반영한다.

공자는 다음과 같은 다섯 가지 '지속적 관계'가 있음을 고려한다. 군주와 백성, 아버지와 자식, 남편과 아내, 형과 동생, 친구와 친구. 그런 관계에서 공자는 세대, 나이, 성별에 따른 각자의 지위뿐 아니라, 양쪽 모두에 의무가 있으며 어떤 관계에서든 아

공자

공자는 중국 역사에서 중요한 인물이긴 하지만 생애에 대해서는 알려진 바가 별로 없다. 그는 기원전 551년 중국 노(魯)나라의 취푸(曲阜)에서 태어난 것으로 추정된다. 본명은 공구(孔丘)였고('공부자'라는 경칭은 한참 후에 얻었고), 가문은 사람들에게 존경을 받았을 뿐 아니라 부족함 없이 잘살기도 했다. 그러나 젊어서 아버지를 여읜 그는 가족을 부양하기 위해 하인으로 일하는 한편, 관리가 되기 위해 여가시간을 이용해 공부했다. 그리하여 주나라 조정의 관직에 올라 국가 통치방식에 대한 사상을 전개했으나 조언을 무시당한 후 그 자리에서 물러났다. 이후 그는 중국 곳곳을 여행하면서 정치에 대한 이론과 철학을 가르치며 여생을 보냈다. 그러다 결국은 취푸로 돌아와 기원전 479년에 죽었다.

주요 저술

『논어(論語)』
『중용(中庸)』
『대학(大學)』
(모두 12세기에 중국의 학자들이 정리한 책들이다.)

공자는 군주가 현명하고 올바르면 백성들의 품성에 좋은 영향을 미친다고 믿었다.

통치자는 백성들에게 본보기가 된다

그의 정책과 사상이 신하들을 통해 퍼져나감에 따라…

…백성들은 통치자의 선을 본받게 된다

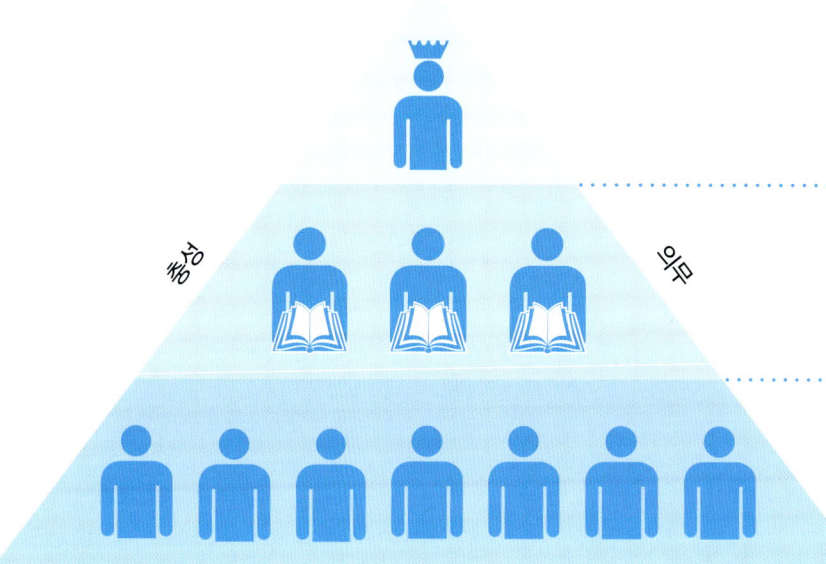

군주는 공자에 따르면 본래 우월하다. 그의 임무는 모범적인 완벽한 행실로 백성들에게 좋은 본보기가 되는 일이었다.

신하와 고문들은 군주와 백성 간의 '매개자'로서 중요한 역할을 했다. 그들은 군주와 백성 양쪽 모두에 충성할 의무가 있었다.

백성들은 공자에 따르면 좋은 본보기를 접하고 자신의 의무를 분명히 알면 올바르게 처신하게 마련이었다.

랫사람에 대한 윗사람의 의무가 윗사람에 대한 아랫사람의 의무만큼 중요하다는 사실도 강조한다. 그런 관계가 더 큰 사회로 확장되면, 그들의 호혜적인 권리와 의무 덕분에 사회가 화합되며, 각 사회계층이 다음 계층에 충성심과 존경심을 품는 분위기가 만들어진다.

세습통치의 정당화

공자가 제시한 계급제도의 맨 위에는 그런 지위를 명백히 타고난 군주가 있었는데, 그런 점에서 공자는 자기 정치사상의 보수성을 보여준다. 가족이 사회 내부 관계의 본보기가 되었듯이 부모(특히 아버지)에 대한 전통적 존경은 조상에 대한 존경으로도 확장되었고, 이는 세습주의를 정당화했다. 아버지가 가장으로 여겨졌듯이 국가는 당연히 가장과 같은 인물, 즉 군주의 지배를 받아야 한다고 여겨졌다.

그럼에도 공자의 사상에서 군주의 지위는 난공불락의 대상이 아니었다. 부당하거나 어리석은 통치자는 반항에 부딪히거나 심지어 쫓겨나야 마땅하다고 본 것이다. 하지만 공자가 가장 혁신적인 주장을 펼친 것은 다음 사회계층과 관련해서였다. 그는 학자계층이 통치자의 신하, 고문, 행정가가 되어야 한다고 주장했다. 군주와 백성 사이에 있던 그들의 위치는 매우 중요했다. 그들은 양쪽 모두에 충성할 의무가 있었기 때문이다. 그들은 책임이 매우 컸으므로, 가장 유능하고 학식 높은 사람들 중에서 뽑혀야 했다. 그리고 관공서에서 일하는 사람들은 모두 덕성이 매우 뛰어난 사람, 즉 군자여야 했다. 공자의 정치체제에서 그런 신하들은 군주로부터 임명을 받았으므로 군주 본인의 덕성에 크게 좌우되었다. 공자는 이렇게 말했다. "정치는 훌륭한 사람을 얻는 데 달려 있다. 사람은 통치자의 성품으로써 얻고, 성품은 도(道)로써 수양하고, 도는 인(仁)으로써 수양해야 한다."

그런 관리들은 주로 조언자 역할을 했으므로, 중국의 사회구조와 행정뿐 아니라 역사, 정치, 외교에도 정통해야 했다. 그런 지식은 이웃나라들과의 동맹, 전쟁 같은 문제와 관련하여 통치자에게 조언하는 데 꼭 필요했다. 하지만 그 새로운 관리계층은 통치자가 독재자가 되지 않도록 막는 데에도 마찬가지로 중요한 역할을 했다. 그들은 윗사람에게 충성했을 뿐 아니라 아랫사람에게

훌륭한 정치는 군주는 군주답게,
신하는 신하답게, 아버지는 아버지답게,
자식은 자식답게 하는 데 있다.

공자

도 자비를 베풀었기 때문이다. 통치자와 마찬가지로 그들은 솔선수범하여 덕으로써 군주와 백성들 모두에게 좋은 영향을 미쳐야 했다.

의식의 중요성

공자의 저술 상당부분은 다양한 상황의 군자다운 행동이 상술되어 있는 예절·의례 교본처럼 읽힌다. 하지만 공자는 그런 행동이 겉치레에 불과해서는 안 된다고 강조하기도 했다. 그가 설명한 의식(儀式)은 사회적 예의와 관련된 세부사항이었을 뿐 아니라 더 뜻 깊은 목적이 있는 법식이었고, 참가자들은 그런 의식이 의미를 띠도록 정성껏 행동해야 했다. 관리들은 정숙하게 의무를 수행해야 했을 뿐 아니라 겉보기로도 행동이 정숙해야 했다. 그런 이유로 공자는 의식을 매우 강조했다. 의식에서는 다양한 사회 구성원의 지위가 분명히 드러나기도 했는데, 공자가 이를 인정했다는 점은 그의 보수적 성향을 보여준다.

의식으로써 사람들은 윗사람에 대한 충성심과 아랫사람에 대한 배려심을 드러내 보일 수 있었다. 공자에 따르면, 그런 의식은 왕가와 국가의 공식 의식에서 일상적인 사회적 상호작용에 이르기까지 사회 전체에 퍼져 사람들이 각자의 역할을 세심히 수행하게 해야 했다. 바로 그런 식으로 덕이 성실하고 정직하게 표명되어야만 솔선수범이 제대로 효과를 거둘 수 있었다. 그런 이유로 공자는 성실과 정직을 충성에 버금가는 주요 덕목으로 여겼다. 그런 의식의 상당부분은 종교적 관습에 기초했는데, 그런 점은 공자에게 중요하지 않았다. 그의 도덕철학은 종교에 기초하지 않았고, 공자가 그 도덕철학에서 이끌어낸 정치체제에서는 사회에 종교를 위한 자리가 있음을 인정하기만 했다. 사실상 그는 저술에서 신을 거의 언급하지 않았다. 단, 권력투쟁 중인 나라들을 통일하는 데 도움이 될 천명에 따라 사회가 조직되고 통치되길 바란다고 했을 뿐이었다. 공자는 세습군주제가 옳다고 굳게 믿긴 했지만, 신수왕권(神授王權)이라는 개념으로 그것을 정당화할 필요는 느끼지 않았다.

『논어』에 따르면, 인간은 전통 중국 사상과 일치하는 이념의 도덕적인 질서로 세상을 통일하고 하늘의 뜻을 실현하기 위해 하늘이 선택한 대리인이다. 하지만 전통을 거부하는 공자의 신념은, 덕이란 지배계급을 위해 하늘이 내려준 것이 아니라 누구든지 수양할 수 있다는 데 있었다. 공자가 주나라 궁정의 각료가 될 정도로 지위가 상승하고 있었을 때, 그는 공정하고 안정된 사회를 달성하기 위해 덕과 박애정신을 실천해야 하는 것은 통치자뿐만 아니라 중산층 계급의 의무라고 확신했다.

엄격한 계급제도가 영위되는 사회에서 모든 인간은 천명의 축복을 받을 수 있다는

> 군자는 사람들을 그들의 성질에 따라 적절한 방법으로 다스리다가, 그들이 잘못을 고치면 곧바로 이를 그만둔다.
> 공자

그의 믿음과 조화를 이루기 위해, 공자는 도덕적인 인간이란 단순히 사회계급제도의 최고 위치에 있는 사람이 아니라 그 계급제도 내에서 자신의 위치를 이해하고 그것을 최대한 받아들이는 사람이라고 주장했다.

이렇듯 신수왕권을 무언중에 일축한 것은 계급제도의 토대를 혈연이 아닌 능력에 둔 것과 함께 공자의 매우 급진적인 면을 보여준다. 공자는 엄격한 예절·의례 규범

배우들이 중국 산둥 성에서 유교 의식을 시연하며, 매우 엄격한 형식을 갖춘 전통에 익숙하지 않은 현대의 방문객들에게 절제와 존경의 중요성을 보여주고 있다.

으로 강화된 계급제도를 옹호하여 모든 사람이 자신의 사회적 위치를 자각하게 하긴 했지만, 그로써 사회적 유동성을 부정한 것은 아니었다. 능력(과 좋은 성품)을 갖춘 사람은 가정환경이 어떻든 간에 정치체제의 가장 높은 수준까지 승진할 수 있었고, 집권하고 있는 사람들은 아무리 높은 귀족 집안 출신이더라도 필요한 자질을 보여주지 못하면 면직될 수 있었다. 그런 원칙은 심지어 군주에게도 적용되었다. 공자는 독재적인 통치자의 암살을 적법한 통치자에 대한 살인이라기보다는 폭군의 제거로 보았다. 그는 그런 계급제도의 유동성이 그것에 대한 더 참된 존중을 낳고 결국 그런 존중이 정치적 동의(강력하고 안정적인 정부에 꼭 필요한 토대)를 낳는다고 주장했다.

범죄와 처벌

공자의 도덕철학의 원리는 법률과 처벌의 분야에도 적용되었다. 이전의 법률제도는 종교에서 정한 행동규범에 기초했지만, 공자는 그런 종교적 법률을 대체하는 좀더 인본주의적인 접근법을 옹호했다. 사회구조와 관련해서도 그러했듯이 그는 호혜주의("존중을 받은 사람은 다른 사람을 존중할 것이다")에 기초한 제도를 제안했다. 황금률("남에게 대접받고자 하는 대로 남을 대접하라")의 공자식 표현은 "자기가 바라지 않는 일은 남에게 행하지 말라"는 부정문으로, 특정 범죄보다 일반적인 나쁜 행실을 삼가는 데 초점이 맞춰져 있다. 이 역시 본보기를 따름으로써 가장 잘 수행할 수 있다. 공자는 이렇게 말했다. "자기보다 나은 사람을 만나면 그와 같아질 것을 생각하고, 자기보다 못한 사람을 만나면 자신을 살피며 반성하라."

공자는 범죄를 다루는 최선책은 엄격한 법률과 처벌이라기보다는 사람들에게 나쁜 행동에 대한 수치심을 느끼게 하는 것이라고 생각했다. 사람들을 법으로 이끌고 처벌로 복종시키면 그들은 범죄를 저지르지 않으려 하겠지만 옳고 그름을 분간하는 법

> 덕으로 나라를 다스리는 자는 북극성과 같아서, 제자리를 지키며 뭇별들의 존경을 받는다.
> 공자

을 배우지 못할 것이다. 반면에 사람들을 본보기로 이끌고 존경심으로 복종시키면 그들은 나쁜 짓에 대한 수치심이 생기며 진정으로 선해질 것이다.

인기 없는 사상

공자의 도덕·정치철학에서는 인간이 타고난 선량함 및 사교성에 대한 사상을 전통 중국 사회의 엄격하고 형식적인 구조와 결합했다. 아니나 다를까, 조정의 행정가로 임명된 그는 새로운 능력주의적 학자계층을 위한 중요한 자리를 찾아냈다. 하지만 그의 사상은 의문시되었고 그의 생전에 채택되지 않았다. 집권 왕가 및 귀족들은 신수통치권을 무언중에 일축하는 공자의 태도를 못마땅하게 여겼고, 공자가 신하와 고문관에게 부여해야 한다고 말한 권력에 위협을 느꼈다. 그런 행정가들은 독재자가 될 가능성이 있는 통치자에 대한 견제력을 더 누렸을 수도 있겠지만, 솔선수범으로 사람들을 다스린다는 생각을 의문시했고, 법과

이 송나라 시대의 그림에서는 중국 황제가 관리 시험을 주재하고 있다. 그런 시험은 공자 생전에 도입되었으며 공자의 사상에 기초했다.

고대의 정치사상 ANCIENT POLITICAL THOUGHT

공자의 사상은 중국의 공식 철학이 되면서 종교적 기능도 띠게 되었다. 그러면서 난징의 이 건물과 같은 유교 사원이 나라 곳곳에 들어섰다.

처벌로 권력을 행사할 권리를 포기하지 않으려 했다.

후대의 정치·철학 사상가들도 공자의 사상을 비판했다. 공자가 죽고 나서 얼마 후에 태어난 중국 철학자 묵자(墨子)는 능력주의와 솔선수범이라는 새로운 개념을 긍정했지만, 가족관계를 중시한 공자의 관점이 족벌주의와 정실주의를 낳을 수 있다고 생각했다. 비슷한 시기에 손자(孫子) 같은 군사사상가들은 공자 정치사상의 기초가 된 도덕철학을 다룰 여유가 없었다. 그 대신 그들은 정치 문제에 대해 더 실용적인 접근법을 취하며, 국방을 위해 권위주의적이고 심지어 무자비하기까지 한 체제를 옹호했다. 그럼에도 공자 사상(유교)의 요소들은 그가 죽고 나서 두 세기 동안 중국 사회에 서서히 섞여들었다. 특히 기원전 4세기에 유교는 맹자(孟子)의 옹호로 제법 인기를 얻기도 했다.

아는 것을 안다고 하고 모르는 것을 모른다고 하는 것이 참된 앎이다.
공자

국가 철학

공자의 사상은 평화로운 시기에는 적절했을지 몰라도, 이후 중국을 제국으로 통일하기 위한 투쟁이 벌어진 전국시대에는 충분히 강력하지 않은 듯했다. 그 시대에는 법가(法家) 사상에 따른 실용적이고 권위주의적인 정치체제가 공자의 사상을 대체했고, 황제가 새로운 제국에 대한 권위를 과시함에 따라 존속했다. 하지만 기원전 2세기에는 중국에 평화가 돌아오면서 유교가 한(漢)나라의 공식 철학으로 채택되었다. 그 이후 중국의 사회구조를 지배한 유교는 유능한 학자를 행정계급으로 선발하는 관례에 특히 큰 영향을 미쳤다. 기원전 605년에 도입된 관리 선발시험은 전통적인 공자 문헌에 기초했는데, 그런 관례는 20세기에 중화민국이 수립될 무렵까지도 존속했다.

유교는 중국의 공산정권 아래에서도 완전히 사라지지 않고 문화대혁명 때까지 사회구조에 미묘한 영향을 미쳤다. 사회관계, 효(孝) 등과 관련된 유교 사상의 요소들은 오늘날 중국인들의 생활방식에도 여전히 깊이 배어들어 있다. 유교 사상은 중국이 마오쩌둥식 공산주의체제에서 중국식 혼합경제체제로 바뀜에 따라 또다시 중요하게 여겨지고 있다. ■

병법은 국가의 중대한 사안이다

손자(기원전 544~496년경)

맥락읽기

이데올로기
현실주의(realism)

핵심어
외교와 전쟁

이전의 관련 역사
기원전 8세기 : 중국 철학의 '황금기'가 시작되어 이른바 제자백가가 출현한다.

기원전 6세기 : 공자가 전통적 가치관에 기초한 문명사회체제를 제안한다.

이후의 관련 역사
기원전 4세기 : 차나캬의 조언에 힘입어 찬드라굽타 마우리아가 인도에 마우리아 제국을 세운다.

서기 1532년 : 니콜로 마키아벨리가 죽고 나서 5년이 지난 후 그의 『군주론』이 출판된다.

서기 1937년 : 마오쩌둥이 『유격전론』을 쓴다.

기원전 6세기 말에 중국은 철학자들이 활약했던 번영기, 즉 춘추시대의 막바지에 이르렀다. 당시 사상의 상당부분은 도덕철학 혹은 윤리학에 초점을 맞추고 있었고, 이에 따른 정치철학은 국가가 국내 문제를 다루는 도덕적으로 올바른 방법에 초점을 맞추고 있었다. 그런 철학이 정점에 이른 것은 공자가 전통적 가치관을, 군주가 이끌고 학자 관료들이 관리하는 계급제도에 통합했을 때였다.

하지만 춘추시대 말에는 인구가 증가함에 따라 중국의 여러 국가들이 정치적으로 불안정해지고 국가들 간의 갈등이 증가했다. 그런 국가의 통치자들은 산적한 국내

고대의 정치사상 ANCIENT POLITICAL THOUGHT

참조: ▪ 차나캬 44~47쪽 ▪ 한비자 48쪽 ▪ 니콜로 마키아벨리 74~81쪽 ▪ 마오쩌둥 260~265쪽 ▪ 체 게바라 312~313쪽

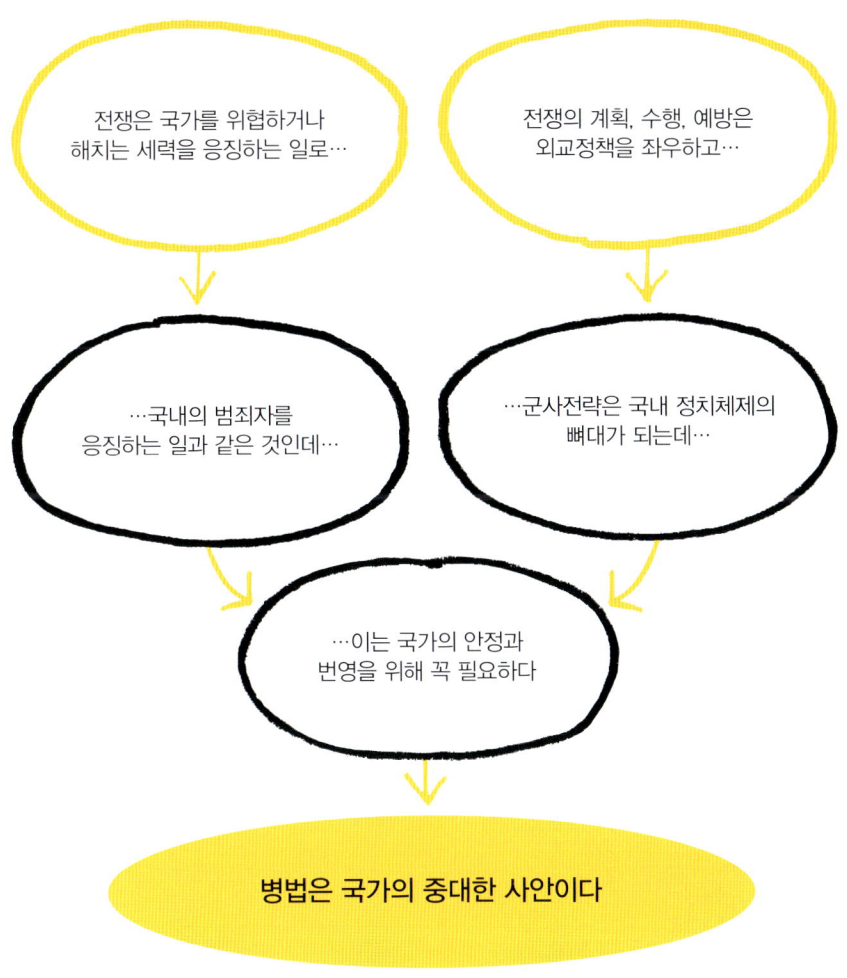

진시황릉에 도열한 병마용은 진시황제에게 군대가 얼마나 중요했는지를 보여준다. 그는 손자가 죽고 나서 200년이 지난 시대에 살았지만 손자의 병법서를 열심히 읽었을 것이다.

문제를 처리해야 했을 뿐 아니라 이웃나라의 빈번한 공격으로부터 자국을 지키기도 해야 했다.

군사전략

상황이 그러하다보니 군사고문관이 행정관료 못지않게 중요해지고 군사전략이 정치사상에 영향을 미치게 되었다. 그 주제를 다룬 가장 영향력 있는 저작은 『손자병법』으로, 중국 오(吳)나라의 손자(孫子)가 썼다고 한다. 계(計), 작전(作戰), 모공(謀攻), 군형(軍形), 병세(兵勢), 허실(虛實), 군쟁(軍爭), 구변(九變), 행군(行軍), 지형(地形), 구지(九地), 화공(火攻), 용간(用間) 등의 편으로 구성된 그 책의 첫 구절은 다음과 같다. "병법은 국가의 중대한 사안이다. 생사가 달린 문제이며 존립과 패망으로 갈리는 길이니 살피지 않을 수 없다." 이는 당대의 정치철학에서 확실히 탈피한 관점이며, 손자의 책은 전쟁과 군사정보가 나랏일의 매우 중요한 요소임을 분명히 진술한 최초의 문헌인 듯하다. 『손자병법』에서는 국가의 번영을 유지하는 일의 실질적 측면들을 다룬다. 이전의 사상가들이 문명사회의 구조에 초점을 맞춘 데 반해 그 책은 국제정치에 중점을 두고서, 전쟁의 계획 및 실행이나 군사·정보활동의 재정과 관련해서만 행정을 논한다.

병법에 대한 손자의 상세한 설명은 모든 정치조직의 체제를 제공하는 것으로 여겨져왔다. 그는 군사작전을 계획할 때 고려해야 할 '전쟁의 요소'를 열거한다. 그 목록에는 날씨와 지형 같은 실질적 문제뿐 아니라 통치자의 덕망, 장군의 능력과 자질, 병사들의 조직과 훈련도 포함되어 있다. 그런 요소들에 내포된 계층구조에서는 군주가 우두머리로서 장군들로부터 조언을 받고 그들에게 명령을 내린다. 그리고 장군들은 군대를 조직하고 이끈다.

손자가 보기에 군주의 역할은 도덕적 지도력을 발휘하는 것이다. 백성들은 지지를 보내기에 앞서 군주가 내세우는 명분의 정

전쟁의 다섯 가지 핵심요소

길(道)을 알면 모든 병사들과 통치자가 한마음이 되게 할 수 있다.

장군은 하늘(天), 즉 음과 양, 계절의 순환을 알아야 한다.

전략가는 땅(地)의 고저, 원근, 개폐를 고려해야 한다.

명령(將)은 지혜, 진실성, 연민, 용기를 품고서 내려야 한다.

조직과 적절한 지휘계통은 기강(法)을 확립한다.

당성을 납득해야 하고, 통치자는 솔선수범해야 한다. 이는 손자가 공자와 공유한 부분이었다. 문명사회의 관료와 마찬가지로 장군은 통치자의 고문관 겸 명령 집행자 역할을 수행한다.

당연하게도 손자는 장군의 자질을 매우 중요시하며 장군을 '국가의 수호자'라고 표현한다. 장군의 훈련과 경험은 그가 군주에게 해주는 조언에 영향을 미치며 사실상 정책을 좌우할 뿐 아니라 군대의 조직과 관련해서도 매우 중요하다. 지휘계통의 맨 위에서 장군은 병참 업무를 관장하며 특히 병사들의 훈련과 군기를 통제한다. 『손자병법』에서는 불복종자에게 엄벌을 내려 군기를 확립하되 상과 벌을 일관성 있게 내려 완급을 조절하라고 권고한다.

싸워야 할 때를 아는 것

군대 계급에 대한 그런 설명이 중국의 사회구조를 반영하긴 했지만, 『손자병법』은 국제정치에 대한 권고와 관련해서 훨씬 더 혁신적이었다. 전과 후의 여러 장군들과 마찬가지로 손자는 나라를 보호하고 나라의 안녕을 유지하는 것이 군대의 목적이고 전쟁이란 언제나 마지막 수단이 되어야 한다고 믿었다.

훌륭한 장군은 싸워야 할 때와 싸우지 말아야 할 때를 알고, 무력분쟁 없이도 적의 저항을 진압할 수 있는 경우가 많음을 명심해야 한다. 장군은 먼저 적의 계획을 좌절시켜보고, 그렇게 안 되면 적의 공격을 막아야 한다. 그리고 그래도 안 될 경우에만 공격을 개시해야 한다.

전쟁이 불가피한 경우를 피하기 위해 손자는 강력한 방어력을 유지하고 이웃나라들과 동맹을 맺을 것을 주장했다. 큰 대가가 따르는 전쟁을 치르면 양쪽 모두 피해를 보게 되므로 문제를 평화적으로 해결하는 것이 이치에 맞는 경우가 많다. 장기적인 군사작전, 특히 적의 도시를 포위하는 식의 전술을 실행하면 자원낭비가 너무 심해, 승리하더라도 이득보다 손실이 크게 되기 십상이다. 국민들이 치러야 하는 희생은 명분의 도덕적 정당성에 대한 그들의 충절에 부담이 된다.

군사정보

손자에 따르면 안정적인 국제관계의 열쇠는 정보인데, 당시 그것은 군대의 소관이었다. 첩자들은 잠재적인 적의 의도와 능력에 대한 정보를 제공하여, 첩자를 부리는 장군들이 통치자에게 전투시의 승산에 대해 조언할 수 있게 한다. 같은 맥락에서 손자는 그런 정보전에서 그 다음으로 중요한 요소가 기만이라고 설명한다. 예컨대 방어력에 대한 잘못된 정보를 적에게 흘리면 전쟁을 피할 수 있는 경우도 많다. 또 그는 전투에서 적을 전멸시키려고 시도하는 어리석은 짓을 하지 말라고 충고했다. 그렇게 하면 승리로 얻을 수 있는 이익(패잔병의 호의와 획득지의 재산)이 줄어들기 때문이었다.

『손자병법』에 담긴 매우 실용적인 조언의 밑바탕에는 정의, 적정, 중용이라는 도덕적 가치에 기초한 전통적인 문화적 토대

나를 알고 적을 알면
백 번을 싸워도 패하지 않는다.
손자

고대의 정치사상 ANCIENT POLITICAL THOUGHT

장수는 힘이 아닌 솔선수범으로
부하를 이끈다.
손자

기원전 7세기부터 지어진 만리장성은 새 정복지를 방호하는 역할을 했다. 손자는 그런 방어수단이 공격부대 못지않게 중요하다고 생각했다.

가 있다. 그 책에 따르면 군사전략, 국제정치, 전쟁은 그런 가치를 지키기 위해 존재하므로, 그런 가치에 부합되도록 행해저야 한다. 국가는 국내의 범죄자들을 처벌하기 위해 법을 이용하듯이, 국가를 해치거나 위협하는 국외세력을 응징하기 위해 군사력을 행사한다. 도덕적으로 정당한 방식으로 군사력을 행사하면, 국민이 부유해지고 영토와 재산이 늘어날 것이다. 또한 "적을 알고 나를 알면 백전백승"이라 하여 피아(彼我) 쌍방의 전면적 인식의 중요성을 역설했다.

『손자병법』은 국책(國策)의 결정, 장군의 선임을 비롯하여 작전·전투 전반에 걸쳐 격조 높은 문장으로 간결하게 요점을 설명함으로써 중국을 제국으로 통일하기 위해 싸우던 여러 나라의 통치자, 장군, 대신들 사이에서 영향력 있는 교과서가 되었다. 그리고 나중에는 마오쩌둥(毛澤東), 호찌민(胡志明) 같은 혁명가들의 전략에도 큰 영향을 미쳤다. 병서로서는 모순을 느낄 만큼 비호전적인 것이 특징이지만 오늘날 그 책은 여러 사관학교의 필독서이며, 종종 정치학, 경영학, 경제학 강좌의 지정 교재에도 포함된다. ■

손자

전설적인 책 『손자병법』의 저자로 여겨지는 손무(孫武, 나중에 '손자'로 알려졌다)는 기원전 544년경 중국의 오나라에서 태어난 것으로 추정된다. 어린 시절에 대해서는 알려진 바가 없으나, 오나라의 장군으로 복무하며 이웃 초(楚)나라와의 전투에서 수차례 승리하면서 명성을 얻었다.

그는 오나라 왕 합려(闔閭)에게 군사전략에 대해 조언하는 군사(軍師)가 되어, 통치자를 위한 안내서로 쓰일 그 유명한 책을 썼다. 열세 개의 짧은 장으로 구성된 그 간결한 책은 기원전 496년경 손자가 죽은 후, 중국 제국을 지배하려고 싸우던 국가 지도자들에게는 물론이고 일본과 한국의 군사사상가들에게도 널리 읽혔다. 그 책은 1782년에 최초로 유럽 언어인 프랑스어로 번역되었는데, 나폴레옹(Napoleon)에게도 영향을 미친 듯하다.

주요 저술

기원전 6세기 『손자병법(孫子兵法)』

나랏일의 도모는 선비들과만 함께해야 한다

묵자(기원전 470~391년경)

맥락읽기

이데올로기
묵가(Mohism)

핵심어
능력주의

이전의 관련 역사
기원전 6세기 : 중국 철학자 노자가 도(道)에 따르는 삶을 지향하는 도교를 주창한다.

기원전 5세기 : 공자가 학자계층이 전통적 가치관에 기초해 운용하는 정치체제를 제안한다.

이후의 관련 역사
기원전 4세기 : 상앙과 한비자의 권위주의적인 사상이 진(秦)나라에서 법가의 원칙으로 채택된다.

기원전 372~289년 : 맹자가 일종의 유교로의 복귀를 주장한다.

서기 20세기 : 묵자의 사상이 쑨원의 중화민국과 공산주의 국가인 중화인민공화국 모두에 영향을 미친다.

이른바 제자백가를 낳은 중국 철학의 '황금기(기원전 8~3세기)'가 끝나갈 무렵에 사상가들은 자신의 도덕철학 사상을 사회·정치조직의 실질적 업무에 적용하기 시작했다. 그 중 가장 중요한 인물인 공자는 전통적 가족관계에 기초하고 의식·의례로 강화한 계급제도를 제안했다. 하지만 그는 그런 계급제도 안에서 통치자에게 조언하며 도움을 주는 행정계층의 중요성을 인식했는데, 그런 생각은 나중에 묵

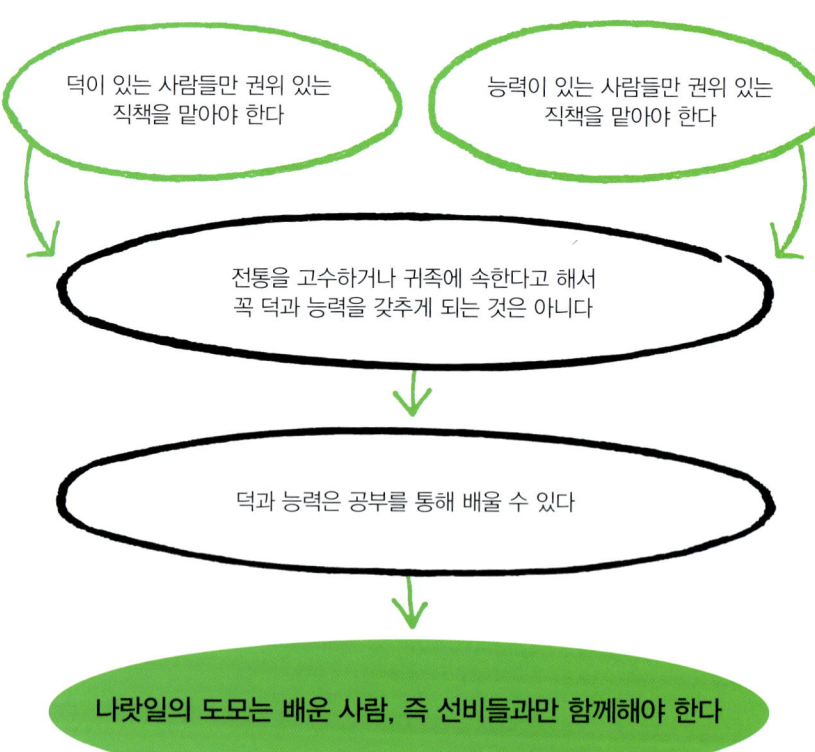

고대의 정치사상 ANCIENT POLITICAL THOUGHT

참조 : 공자 20~27쪽 • 플라톤 34~39쪽 • 한비자 48쪽 • 쑨원 212~213쪽 • 마오쩌둥 260~265쪽

묵자는 목수 같은 숙련된 노동자들도 소질이 있고 교육을 받으면 정부의 유능한 행정관이 될 수 있다고 생각했다.

자(墨子)가 발전시켰다.

공자와 묵자는 둘 다 국가의 안녕이 관료계층의 능력과 신뢰성에 달려 있다고 믿었지만, 행정관을 뽑는 방식에 대해서는 의견을 달리했다. 묵자가 보기에 공자는 귀족들의 관습을 지나치게 고수했는데, 관료정치의 성공에 필요한 덕과 능력이 꼭 그런 관습에서 비롯하는 것은 아니었다. 묵자는 고위직에 필요한 자질과 역량이 인물의 배경과 관계없이 소질과 공부에서 비롯한다고 생각했다.

국민을 통합하는 규범

묵자가 자신의 능력주의 사상을 표현할 때 쓴 '상현(尙賢, 어진 사람을 존경함)'이라는 개념은 묵가 정치사상의 초석에 해당하지만, 묵자의 도덕철학의 다른 측면과도 관련되어 있다. 그는 사람이란 본래 선하며 '겸애(兼愛, 모든 사람을 똑같이 사랑함)'의 분위기 속에서 살아야 한다고 믿었다. 하지만 한편으로는 사람에게 사리사욕을 추구하는 성향이 있다는 것도 인정했다. 묵자에 따르면 그 성향은 보통 갈등이 생긴 상황

에서 드러났는데, 그런 갈등의 원인은 도덕성 부족이 아니라 도덕적으로 옳은 것에 대한 의견 차이였다. 따라서 정치적 지도자의 과업 중 하나는 일관성 있는 도덕규범을 강력하고 윤리적인 정치체제로 시행하며 국민을 통합하는 일이었다. 그 규범은 사회를 최대한 이롭게 하는 데 필요한 요소에 기초했는데, 그런 규범을 만들려면 선비(배운 사람)들만 갖춘 지식과 지혜가 필요했다.

능력에 따라 뽑은 행정계층에 대한 묵자의 선호는 낮은 신분으로 시작해 고위직으로 승진한 자신의 경험에서 비롯했을 것이다. 그는 귀족이 관리를 지명하는 경우에 족벌주의와 정실주의가 나타날 수 있다고 보았다. 그리고 국민 전체의 행복을 위해 나라를 발전시키는 방식으로 정부가 운용되어야 한다고 믿었다. 묵자는 수많은 추종자들의 마음을 끌긴 했지만 이상주의자로 간주되었고, 그의 사상은 당대의 중국 통치자들에게 채택되지 않았다. 하지만 그의 정치사상의 요소들은 후대의 정치체제에 통합되었다. 이를테면 일관성 있는 도덕

어진 사람을 존경하는 데 정치의 근본이 있다.
묵자

규범의 시행을 중요시한 그의 관점은 기원전 4세기에 출현한 권위주의적인 법가정권에 큰 영향을 미쳤다. 또 20세기에는 묵자의 기회균등 개념이 중국의 지도자 쑨원과 마오쩌둥에게 재발견되었다. ■

묵자

묵자는 공자가 죽은 무렵에 중국 산둥 성 텅저우(滕州)의 장인 혹은 노예 집안에서 태어났다고 한다. 본명이 묵적(墨翟)이었던 그는 목수, 기능공으로 귀족들의 조정에서 일하다가, 관리와 고문관을 위한 학교를 세우는 행정 업무를 보면서 높은 직위에 올랐다. 그는 자신의 철학적·정치적 견해를 펼쳐 묵자라는 존칭과 추종자들을 얻었다. 묵가(墨家)로 알려진 그의 추종자들은 전국시대에 간소(簡素)와 평화주의라는 묵자의 원칙에 따라 살았으나, 진(秦) 왕조는 법가 사상에 기초한 정권을 수립하며 그 시대에 마침표를 찍었다. 묵자가 죽은 후에 그의 가르침은 『묵자』라는 책에 정리되었다. 묵자의 사상은 기원전 221년에 중국이 통일된 후 사라졌지만, 20세기 초에 재발견되었다.

주요 저술

기원전 5세기 『묵자(墨子)』

철학자가 왕이 되지 않으면 나라에서 악폐가 사라지지 않을 것이다

플라톤(기원전 427~347년)

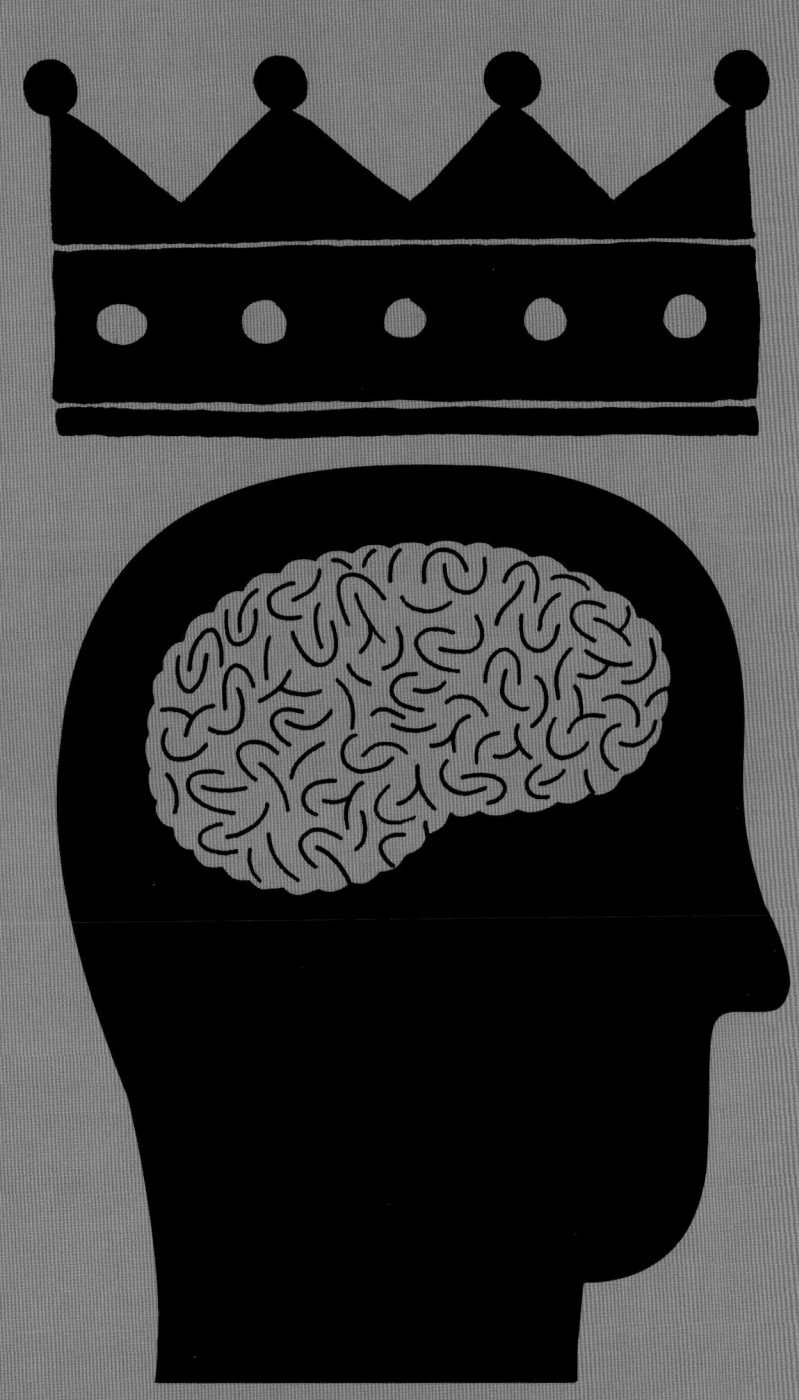

36 플라톤

맥락읽기

이데올로기
합리주의(rationalism)

핵심어
철인 왕(philosopher king)

이전의 관련 역사
기원전 594년: 아테네의 입법자 솔론이 그리스 민주주의의 토대가 되는 법률을 제정한다.

기원전 450년경: 그리스 철학자 프로타고라스가 정치적 정의란 자연적 정의의 반영이 아니라 인간 가치관의 도입이라고 주장한다.

이후의 관련 역사
기원전 335~323년: 아리스토텔레스가 폴리티(입헌정치)를 가장 실용적인 국가 운영방식으로 꼽는다.

기원전 54~51년: 키케로가 플라톤의 『국가』에서 제시된 것보다 더 민주적인 정치체제를 옹호하며 『국가론』을 쓴다.

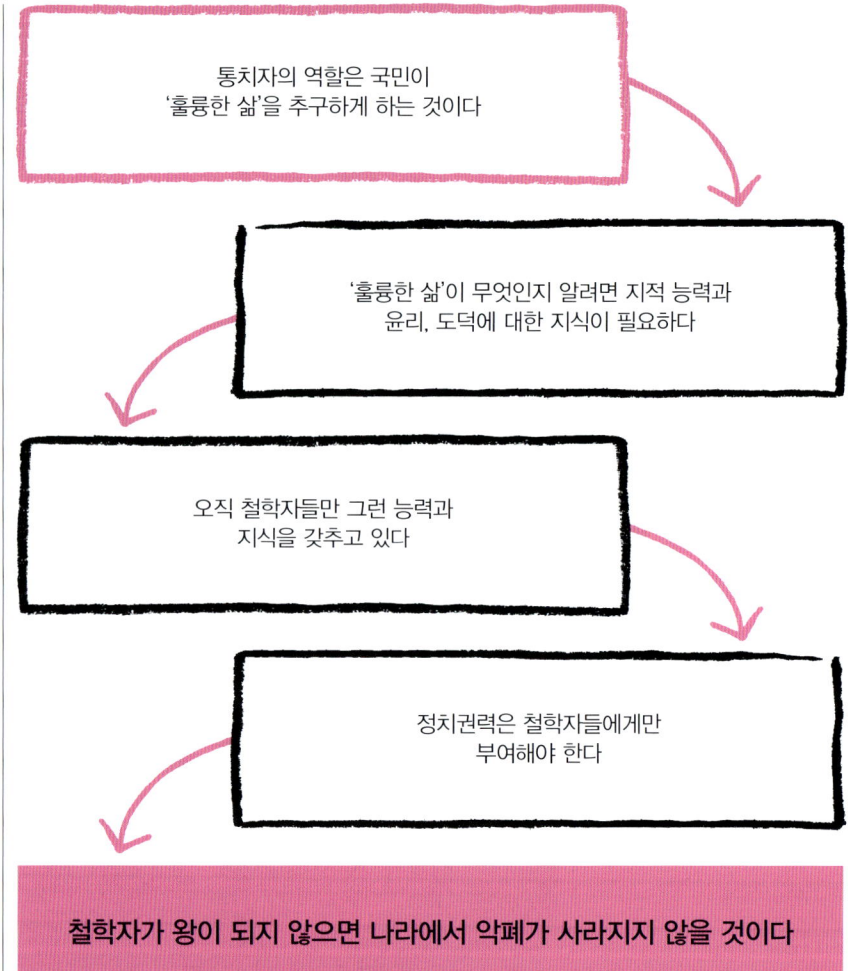

통치자의 역할은 국민이 '훌륭한 삶'을 추구하게 하는 것이다

'훌륭한 삶'이 무엇인지 알려면 지적 능력과 윤리, 도덕에 대한 지식이 필요하다

오직 철학자들만 그런 능력과 지식을 갖추고 있다

정치권력은 철학자들에게만 부여해야 한다

철학자가 왕이 되지 않으면 나라에서 악폐가 사라지지 않을 것이다

기원전 6세기 말에 그리스에서는 200년간 지속될 문화적 '황금기'가 시작되었다. 지금 고전기로 알려져 있는 그 시대에는 문학, 건축, 과학, 특히 철학이 번영했는데, 이들은 모두 서양 문명의 발달에 엄청난 영향을 미쳤다.

고전기 초에 도시국가 아테네의 시민들은 전제적인 지도자를 타도하고 민주정치체제를 수립했다. 그 체제 아래에서는 시민들 중에서 추첨으로 관리를 뽑았고 민주적인 의회에서 각종 안건에 대한 결정을 내렸다. 시민들은 모두 의회에서 발언하고 투표할 수 있었다. 그들은 자신을 대신해서 그런 일을 할 대표자들을 선출하지 않았다. 하지만 '시민'은 전체 인구 가운데 소수로, 부모가 아테네 사람인 30세 이상의 자유민 남자들이었다. 여자, 노예, 어린이, 더 젊은 남자, 외국인, 제1세대 정착민들은 민주적 절차에 참여하지 못했다.

그런 정치적 환경 때문에 아테네는 곧 문화적 중심지가 되며 당대의 몇몇 주요 사상가들의 마음을 끌었다. 그 중 가장 탁월했던 인물은 소크라테스(Socrates)라는 아테네 사람으로, 정의와 선(善)에 대한 통념에 의문을 제기하여 젊은 제자들의 추종을 받았다. 하지만 그런 의문 제기로 원치 않게 권력자들의 관심도 끌었는데, 그들은 소크라테스가 젊은이들을 타락시켰다며 의회를 설득하여 소크라테스에게 사형 선고를 내리게 했다. 소크라테스의 젊은 제자들 가운데 한 명은 플라톤(Plato)으로, 스승과 마찬가지로 탐구심과 회의적 태도를 갖추고 있었다. 플라톤은 스승이 그런 부당한 대우를 받는 것을 보고 아테네의 정치체제에 환멸을 느끼게 되었다.

플라톤은 소크라테스 못지않게 영향력

고대의 정치사상 ANCIENT POLITICAL THOUGHT

참주정체는 민주정체에서 비롯한다.
플라톤

있는 철학자가 되었는데, 활동 말기에는 정치 문제에 상당한 지력을 기울여 『국가』를 비롯한 명저를 썼다. 소크라테스의 유죄 판결을 본 데다 귀족 출신이었던 그는 당연하게도 민주주의를 거의 지지하지 않았다. 하지만 기존의 다른 정치체제에서도 장점을 많이 발견하지 못했다. 플라톤은 그런 정치체제들이 모두 국가에서 '악폐'를 발생시킨다고 믿었다.

훌륭한 삶

이 맥락에서 플라톤이 말한 '악폐'의 뜻을 이해하려면 에우다이모니아(eudaimonia), 즉 '훌륭한 삶'이라는 개념을 염두에 두어야 한다. 그것은 고대 그리스인들에게 매우 중요한 목표였다. '잘사는 것'은 물질적 행복, 명예, 단순한 쾌락을 얻는 일이 아니라 지혜, 경건, 특히 정의 같은 근본적 덕목에 따라 사는 것이었다. 플라톤은 국가의 목적이란 그런 덕목을 장려하여 국민들이 그런 훌륭한 삶을 살 수 있게 하는 데 있다고 믿었다. 재산, 자유, 안정성을 지키는 일과 같은 문제는 국민들이 잘살 수 있게 하는 환경을 조성하는 경우에만 중요했다. 하지만 그가 보기에 그런 목표를 달성한 정치체제는 아직 존재한 적이 없었고, 기존 체제의 결점들은 그런 덕목과 정반대되는 '악폐'의 발생을 부추겼다.

플라톤의 주장에 따르면, 그 이유는 군주제에서든 과두제(소수의 우두머리가 통치하는 체제)에서든 민주제에서든 간에 통치자들이 대개 국가와 국민의 이익보다 사리사욕을 위해 나라를 다스리는 데 있다. 이는 사람들이 대체로 훌륭한 삶을 구성하는 덕목을 모르기 때문인데, 그래서 사람들은 결국 명예와 부(富)의 일시적 쾌락 같은 그릇된 목표를 갈망하게 된다. 그런 목표물이 정치권력에 딸려 있다 보니 문제는 정치판에서 심해진다. 플라톤이 보기에 그릇된 동기 때문에 나라를 통치하려는 욕망은 국민들 간의 갈등을 야기한다. 모든 사람이 권력 상승을 추구하다 보면 결국은 국가의 안정성과 통일성이 약해진다. 권력투쟁에서 누가 승리를 거두건 간에 그는 반대세력에게서 그들의 욕망 충족을 위한 권력을 빼앗게 되는데, 이는 부당한 상황(플라톤의 훌륭한 삶 개념의 초석과 정반대되는 악폐)을 초래하게 마련이다.

반면 플라톤에 따르면 훌륭한 삶의 의미를 이해하는 부류의 사람들이 있으니, 그들은 바로 철학자들이다. 철학자들은 명예와 부의 쾌락보다 덕목이 더 가치 있음을 인식하는 유일한 부류의 사람들로, 훌륭한 삶을 추구하는 데 일생을 바쳐왔다. 그런 이유로 그들은 명예와 부를 갈망하지 않고 따라서 정치권력도 전혀 바라지 않는데, 역설적이게도 바로 그런 점에서 이상적 통치자의 자격을 갖추고 있다. 얼핏 생각하면 플라톤의 논증은 단순히 '철학자가 누구보다 잘 알고 있다'는 말인 듯하고, (그 주장을 한 플라톤 본인이 철학자임을 고려하면) 철학자들에게는 나라를 통치하고자 하는 욕망이 없다는 그의 주장과 모순되는 듯싶다. 하지만 플라톤은 그 논증의 이면에서 훨씬 내용이 풍부하고 미묘한 추론을 제시한다.

소크라테스는 소신을 굽히지 않고 독약을 마시기로 결정했다. 소크라테스에 대한 재판과 유죄 판결 때문에 플라톤은 아테네 민주정치체제의 가치를 의심하게 되었다.

이상적 형상

소크라테스에게서 플라톤은 덕이란 선천적인 것이 아니라 지식과 지혜에 달려 있음을, 따라서 도덕적인 삶을 살려면 우선 덕의 본질을 이해해야 함을 배웠다. 스승의 생각을 발전시킨 플라톤은 우리가 정의, 선(善), 미(美) 같은 특성의 개별 실례는 인식할 수 있지만 그 실례가 왜 그런 본질을 띠는지는 이해할 수 없음을 보여주었다. 우리는 그런 덕목을 행하는 척할 수는 있지만 (예컨대 자기가 생각하기에 정당한 방식으로 행동한다든가 하여) 그것은 진실로 그런 덕목에 따라 행동하는 것이 아니라 흉내에 불과하다.

형상론에서 플라톤은 그런 덕목(을 비롯해 존재하는 모든 것)의 본질로 구성된 이상적 원형(형상)이 존재한다고 주장했다. 즉 우리가 그런 덕목의 실례로 인식하는 대상은 그 형상의 예에 불과하며 그 본질의 일부만 보여줄 뿐이라는 말이었다. 이를테면 그것은 이상적 형상이 부분적으로 투영된 그림자 같은 것이다.

그런 이상적 형상, 즉 플라톤이 말한 이데아는 우리가 사는 세계 밖의 영역에 존재하며, 철학적 추론과 탐구로만 접근 가능

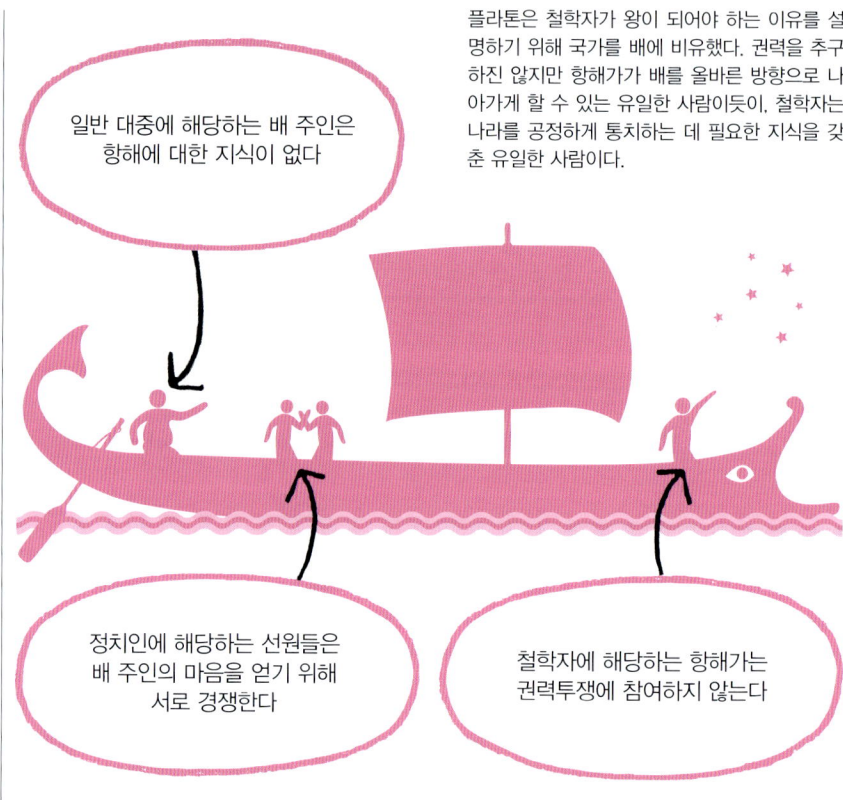

플라톤은 철학자가 왕이 되어야 하는 이유를 설명하기 위해 국가를 배에 비유했다. 권력을 추구하진 않지만 항해가가 배를 올바른 방향으로 나아가게 할 수 있는 유일한 사람이듯이, 철학자는 나라를 공정하게 통치하는 데 필요한 지식을 갖춘 유일한 사람이다.

일반 대중에 해당하는 배 주인은 항해에 대한 지식이 없다

정치인에 해당하는 선원들은 배 주인의 마음을 얻기 위해 서로 경쟁한다

철학자에 해당하는 항해가는 권력투쟁에 참여하지 않는다

하다. 바로 그런 까닭에 철학자만이 훌륭한 삶이란 무엇인지 밝힐 수 있고, 덕의 개별적 실례를 흉내 내는 데 그치지 않고 참된 도덕적 삶을 살 수 있다. 앞서 플라톤은 국가란 잘되려면 덕이 있는 사람에게 통치되어야 한다고, 다른 사람들은 돈이나 명예를 가장 중요시하지만 철학자는 유일하게 지식과 지혜, 따라서 덕을 중요시한다고 설명한 바 있다. 그러므로 철학자가 중시하는 대상만이 국가에 이롭고, 따라서 '철학자가 왕이 되어야 한다'는 결론이 나온다. 심지어 플라톤은 다른 정치체제에 내재하는 모순과 부당성을 피하려면 철학자를 강제로 권좌에 오르게 해야 한다고 주장하기까지 한다.

왕을 교육하기

플라톤은 그것이 유토피아적 관점임을 인정하고서, "아니면 지금 왕으로 불리는 이들이 진실로 그리고 충분히 철학을 해야 한다"고 말하며 예비 지배계급의 교육을 더 실용적인 대안으로 제시한다. 나중에 쓴 대화체의 작품 『정치가』와 『법률』에서 그는 그런 대안을 실행할 수 있는 국가의 모델을 설명하며, 사회에 유용한 여러 기술 가운데 하나로 훌륭한 삶을 이해하는 데 필요한 철학적 기술을 가르친다. 하지만 그는 그런 기술을 배우는 능력과 소질이 모든 국민에게 있는 것은 아님을 지적한다. 그리고 그런 교육을 받을 만한 사람들(소수의 정예계층)에게는 그 교육을 권하기보다는 강제로 받게 해야 한다고 말한다. 플라톤에 따르면, '천부적 재능' 때문에 예비 집권자로 뽑힌 사람들은 가족으로부터 격리되어 별도의 공동체에서 양성하며 국가에 충성하게 해야 한다.

> 직접 통치하지 않으려는 경우에 가장 큰 불이익은 자기보다 못한 사람에게 통치당하는 것이다.
>
> **플라톤**

고대의 정치사상 ANCIENT POLITICAL THOUGHT

민주정체는 매우 다채롭고 무질서하며, 평등한 사람들에게든 평등하지 않은 사람들에게든 똑같이 일종의 평등을 배분해준다.

플라톤

철학자들과 더 잘 어울렸기 때문이다.

플라톤의 정치론은 후대의 사상가들에게 용납하기 힘들 만큼 권위주의적·엘리트주의적인 생각으로 여겨졌고, 민주주의 수립을 위해 애쓰는 여러 현대인들의 눈 밖에 났다. 그는 모든 사람을 위한 최선이 무엇인지 안다고 주장하는 엘리트가 운영하는 전체주의적인, 기껏해야 가부장적인 정치체제를 옹호했다고 비판받아왔다. 하지만 최근에는 그가 중요시한 정치적 엘리트, '철인 왕' 개념이 정치사상가들로부터 재평가를 받고 있다. ■

플라톤의 정치서들은 고대 세계, 특히 로마 제국에 큰 영향을 미치며 공자와 묵자 같은 중국 학자들의 정치철학에 나오는 덕, 교육 개념을 전파했다. 그 책들은 인도에서 예비 통치자의 교육에 관한 논문을 쓴 차나캬(Chanakya)에게 영향을 미쳤을 가능성도 있다. 중세에 플라톤의 영향은 이슬람 제국으로, 이어서 기독교 유럽으로 퍼져나갔는데, 그곳의 아우구스티누스(Augustine)는 플라톤의 사상을 기독교 교리에 통합했다. 나중에 플라톤 사상은 아리스토텔레스 사상의 그늘에 가렸는데, 이는 아리스토텔레스의 민주주의 옹호론이 르네상스기의 정치

네로 황제는 로마 시내에 불길이 급속히 번질 때 아무 도움도 주지 않고 방관했다고 한다. 철인 왕을 이상적 통치자로 보는 플라톤의 견해는 그런 폭군을 등장시킬 수 있다는 비난을 받기도 했다.

플라톤

기원전 427년경에 태어난 플라톤은 본명이 아리스토클레스(Aristocles)였는데, 나중에 건장한 체격 때문에 플라톤('넓은'이라는 뜻)이란 별명을 얻었다. 아테네의 귀족 집안 출신이었던 그는 정치가가 되리라는 기대를 받았겠지만 소크라테스의 제자가 되었고, 소크라테스가 소신을 굽히지 않고 죽기로 결정했을 때도 그 스승과 함께 있었다.

플라톤은 지중해 주위를 널리 여행하고 아테네로 돌아와 아카데메이아라는 철학 학교를 세웠는데, 젊은 아리스토텔레스도 그곳 학생 중 한 명이었다. 학생들을 가르치는 동안 플라톤은 스승 소크라테스가 주로 등장하는 대화체의 책을 여러 권 쓰며 철학·정치사상을 탐구했다. 그는 말년까지 줄곧 제자들을 가르치며 책을 쓰다가 기원전 348년(혹은 347년)에 80세의 나이로 죽었다.

주요 저술

기원전 399~387년경 『크리톤 Crito』
기원전 380~360년경 『국가 Republic』
기원전 355~347년경
『정치가 Statesman』, 『법률 Laws』

인간은 본래 정치적 동물이다

아리스토텔레스(기원전 384~322년)

맥락읽기

이데올로기
민주주의(democracy)

핵심어
정치적 덕

이전의 관련 역사
기원전 431년 : 아테네의 정치가 페리클레스가 민주주의로 모두에게 평등한 정의를 제공할 수 있다고 말한다.

기원전 380~360년경 : 『국가』에서 플라톤이 지혜를 갖춘 '철인 왕'의 정치를 옹호한다.

이후의 관련 역사
서기 13세기 : 토머스 아퀴나스가 아리스토텔레스의 사상을 기독교 교리에 통합한다.

서기 1300년경 : 에지디우스 로마누스가 문명사회 생활에서 법치가 매우 중요함을 강조한다.

서기 1651년 : 토머스 홉스가 인간이 '야만적인' 자연상태에서 살지 않도록 막는 사회계약에 대해 이야기한다.

고대에 그리스는 오늘날 우리가 알고 있는 통일된 민족국가가 아니라, 도시를 중심으로 한 지방 독립국들의 집합체였다. 각 도시국가, 즉 폴리스(polis)는 저마다 입헌체제가 있었다. 마케도니아 등의 일부 국가는 군주의 통치를 받았지만, 아테네를 비롯한 다른 국가들은 적어도 일부 시민은 정치에 참여하는 민주정체를 갖추고 있었다.

마케도니아에서 자라고 아테네에서 공부한 아리스토텔레스(Aristotle)는 폴리스라는 개념과 그것에 대한 다양한 의견을 잘 알고 있었던 데다 사고방식도 분석적이어서 도시국가의 가치를 고찰하기에 적격이

고대의 정치사상 ANCIENT POLITICAL THOUGHT 41

참조 : ▪ 플라톤 34~39쪽 ▪ 토머스 아퀴나스 62~69쪽 ▪ 에지디우스 로마누스 70쪽 ▪ 토머스 홉스 96~103쪽 ▪ 장 자크 루소 118~125쪽

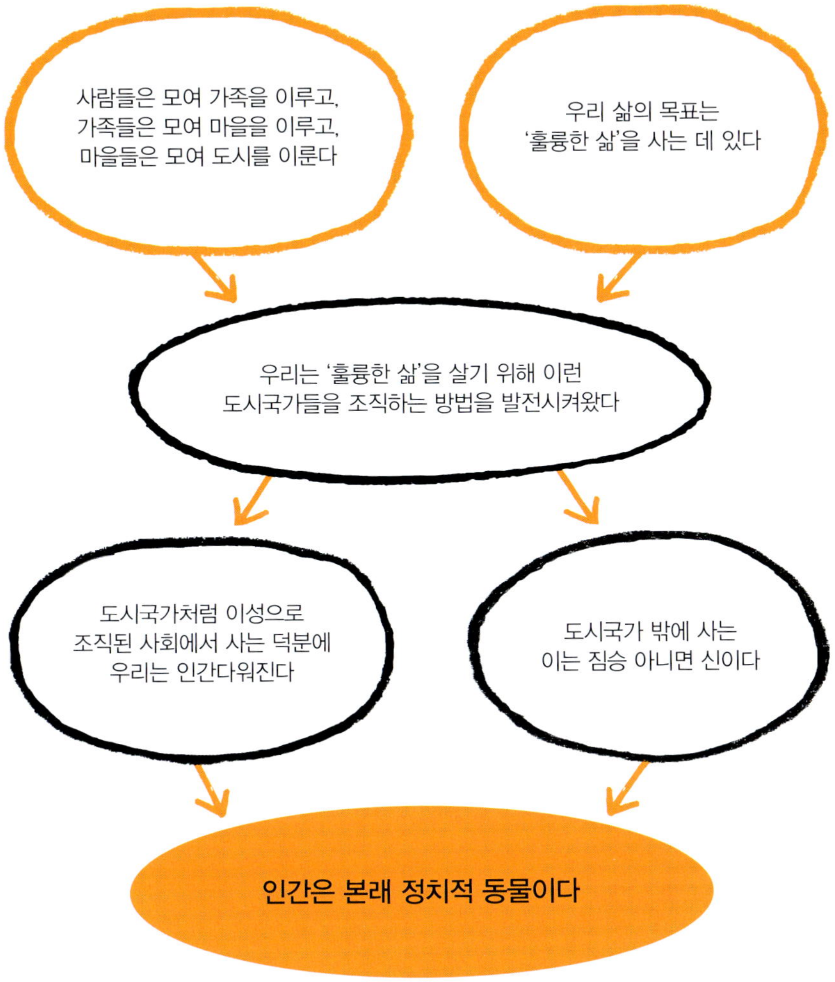

```
사람들은 모여 가족을 이루고,        우리 삶의 목표는
가족들은 모여 마을을 이루고,       '훌륭한 삶'을 사는 데 있다
마을들은 모여 도시를 이룬다
              ↓                        ↓
    우리는 '훌륭한 삶'을 살기 위해 이런
    도시국가들을 조직하는 방법을 발전시켜왔다
              ↓                        ↓
    도시국가처럼 이성으로          도시국가 밖에 사는
    조직된 사회에서 사는 덕분에    이는 짐승 아니면 신이다
    우리는 인간다워진다
              ↓                        ↓
         인간은 본래 정치적 동물이다
```

아리스토텔레스

아리스토텔레스는 그리스 북동부 칼키디케 반도의 스타게이로스에서 마케도니아 왕실 의사의 아들로 태어났다. 열일곱 살 때 아테네로 보내져 아카데메이아의 플라톤 밑에서 공부한 그는 20년 후 스승이 죽을 때까지 그곳에 남아 있었다. 놀랍게도 아리스토텔레스는 플라톤의 뒤를 이어 아카데메이아를 이끌 후계자로 지명되지 않았다. 그는 이오니아로 가서 야생생물을 연구하다가, 마케도니아 왕 필리포스(Philip)의 초청을 받아 어린 알렉산더 대왕(Alexander the Great)의 가정교사가 되었다.

아리스토텔레스는 기원전 335년에 아테네로 돌아와 리케이온에다 아카데메이아에 필적하는 학교를 세웠다. 그곳에서 학생을 가르치는 동안 과학, 철학, 정치학에 대한 자신의 사상을 정리하여 방대한 책을 편찬했으나, 그 중 극소수만 지금까지 남아 있다. 기원전 323년에 알렉산더 대왕이 죽은 후 반(反)마케도니아 감정 때문에 그는 아테네를 떠나 에우보이아로 가 있다가 이듬해에 죽었다.

주요 저술

기원전 350년경
『니코마코스 윤리학Nicomachean Ethics』
『정치학Politics』
『수사학Rhetoric』

었다. 또 그는 얼마간 이오니아에서 동식물을 특성에 따라 분류하기도 했다. 나중에 그는 그런 분류 기술을, 자신이 자연적이면서도 실용적인 학문으로 여긴 윤리학과 정치학에 적용했다. 스승 플라톤과 달리 아리스토텔레스는 지식이란 지적 추론보다 관찰로 얻는 것이라고, 정치학 역시 실증적 자료에 기초하여 자연계에 대한 분류학과 마찬가지 방식으로 정리되어야 한다고 믿었다.

선천적 사회성

아리스토텔레스는 인간에게 사회적 단위를 형성하는 선천적 성향이 있다는 점을 주목했다. 개인들은 모여 가족을 형성하고, 가족들은 모여 마을을 형성하고, 마을들은 모여 도시를 형성한다. 벌이나 소 같은 일부 동물들이 군집 혹은 떼를 이루며 사는 성향 때문에 두드러지듯, 인간은 본래 사회적이다. 아리스토텔레스는 마치 늑대란 본래 운송용 동물이라고 정의하듯이 "인간은 본래 정치적 동물(political animal)이

다"라고 말한다. 아리스토텔레스가 한 그 말의 뜻은 단순히 인간이란 본성상 폴리스에서 사회적으로 사는 동물이라는 것일 뿐이다. 여기서 그는 현대적 의미의 정치활동을 지향하는 선천적 성향을 암시하고 있는 것이 아니다.

우리에게 대규모 문명사회에서 사는 성향이 있다는 생각은 오늘날 비교적 비계몽적이게 여겨질 수도 있겠지만, 아리스토텔레스가 폴리스란 개미집과 같은 자연의 창조물이라 언명하고 있다는 점은 인정해야 한다. 아리스토텔레스가 보기에, 인간이 다른 방식으로 산다는 것은 상상도 할 수 없는 일이다. 이는 문명사회란 우리를 미개한 '자연상태'에서 벗어나게 한 인위적 구조물이라는 생각과 뚜렷이 대조된다. 그런 생각을 아리스토텔레스는 이해하지 못했을 것이다. 아리스토텔레스는 폴리스 밖에서 사는 이는 인간이 아니라 인간보다 우월한 존재(신)거나 열등한 존재(짐승)라고 믿었다.

훌륭한 삶

폴리스를 인공물이 아닌 자연현상으로 보는 그런 생각은 도시국가의 윤리와 정치에 대한 아리스토텔레스 사상의 토대가 된다. 자연계를 연구했던 그는 세상에 존재하는 만물에는 목적이 있다고 믿게 됐는데, 인간의 경우 그 목적이란 '훌륭한 삶'을 사는 것이라고 판단했다. 여기서 아리스토텔레스가 말한 그런 삶은 곧 정의, 선, 미 같은 덕목의 추구를 의미한다. 훌륭한 삶이란, 우리가 우리의 목적을 충족시키는 것, 즉 우리를 최대한 인간으로 만든 모든 특성을 사용하는 것을 말한다. 따라서 폴리스의 목적은 우리가 그런 덕목에 따라 살 수 있게 하는 데 있다. 고대 그리스인들은 국가라는 조직(사람들이 함께 살 수 있게 하며 국민들의 재산과 자유를 보호하는 조직)을 덕이라는 목적을 위한 수단으로 여겼다.

아리스토텔레스는 폴리스 내의 다양한 '종(species)'과 '아종(sub-species)'을 인지했다. 그에 따르면, 인간이 다른 동물들과 구분되는 것은 인간에게 선천적 추론능력과 언어능력이 있기 때문이다. 그런 능력 덕분에 인간은 독특한 방식으로 사회집단을 형성하고 서로 협력관계를 맺을 수 있다. 폴리스라는 공동체 안에서 시민들은 안전, 경제적 안정, 국가의 정의를 위한 조직을 발전시킨다. 어떤 형태의 사회계약을 강요함으로써가 아니라, 타고난 본성 때문에 그러는 것이다. 아리스토텔레스가 보기에, 폴리스의 삶을 조직하는 다양한 방식이 존재하는 이유는 사람들이 함께 살기 위해서가 아니라(선천적으로 그렇게 사는 것이니까)

> 법은 곧 질서요,
> 좋은 법은 곧 좋은 질서다.
> 아리스토텔레스

잘살기 위해서다. 그런 목적을 얼마나 잘 달성하는가는 아리스토텔레스에 따르면 사람들이 선택하는 정치체제의 종류에 달려 있다.

정치체제의 종류

집념 강한 자료 분류가였던 아리스토텔레스는 자연계에 대한 종합적인 분류법을 고안했는데, 나중에 『정치학』 등의 저작에서 같은 방법론을 정치체제에 적용하기 시작했다. 플라톤이 이상적 정치체제를 이론상으로 추론한 데 반해, 아리스토텔레스는 기존의 정치체제들을 검토하여 각각의 장단점을 분석하기로 했다. 그러기 위해 그는 두 가지 간단한 질문을 했다. 누가 통치하는가? 그리고 누구를 위해 통치하는가?

첫 번째 질문에 대한 대답으로 아리스토텔레스는 기본적으로 세 가지 통치방식이 있다고 말한다. 한 사람의 통치, 선발된 소수의 통치, 다수의 통치. 그리고 두 번째 질문에 대한 대답으로는 주민 전체를 위한 통치체제, 즉 정당한 혹은 좋은 정체와 통치

고대의 아테네 시민들은 프닉스(Pnyx)라는 돌 언덕에서 정치적 문제를 토론했다. 아리스토텔레스는 시민들의 적극적인 정치 참여가 건강한 사회에 꼭 필요하다고 생각했다.

자 혹은 통치계급의 사익을 위한 통치체제, 즉 결함 있는 정체가 있을 수 있다고 한다. 모두 합쳐서 그는 여섯 '종(種)'의 정치체제를 인지했는데, 이들은 두 개씩 쌍을 이룬다. 군주정(monarchy)은 한 사람이 모두를 위해 통치하는 체제인데, 한 사람이 자기 이익을 위해 통치하는 체제, 즉 참주정(tyranny)은 타락한 군주정에 해당한다. 귀족정(aristocracy, 그리스인들은 세습귀족의 통치체제라기보다는 가장 우수한 사람들의 통치체제라는 뜻으로 이 말을 썼다)은 소수가 모두를 위해 통치하는 체제이고, 이기적인 소수가 통치하는 체제, 즉 과두정(oligarchy)은 타락한 형태의 귀족정이다. 마지막으로 혼합정(polity)은 다수가 모두를 위해 통치하는 체제다. 아리스토텔레스는 민주정(democracy)을 혼합정이 타락한 형태로 보았는데, 이는 실제로 민주정이 모든 사람이 아닌 다수를 위한 통치를 수반하기 때문이다.

아리스토텔레스는 결함 있는 정치체제에 내재하는 사익 추구가 불평등과 부정으로 이어진다고 주장한다. 불평등과 부정이 초래하는 불안정은 국가의 역할과, 도덕적 삶을 권장하는 국가의 능력을 위협한다. 하지만 사실상 그가 연구한 도시국가들은 대개 한 범주로 깔끔하게 분류되지 않고 여러 가지 정체의 특징들을 보였다.

아리스토텔레스의 여섯 가지 정치체제

	한 사람이 통치	선발된 소수가 통치	다수가 통치
정당한 정체	군주정	귀족정	혼합정
타락한 정체	참주정	과두정	민주정

> 민주국가의 토대는 자유다.
> **아리스토텔레스**

아리스토텔레스는 폴리스를 시민들이 부분에 불과한 하나의 '유기체'로 보는 경향이 있기는 했지만, 도시국가 안에서 개인이 수행하는 역할도 고찰했다. 또다시 그는 사회적 상호작용을 추구하는 인간의 성향을 강조하며, 시민이란 대표자 선출뿐 아니라 적극적 참여를 통해 문명사회의 구조를 공유하는 사람이라고 정의한다. 그런 참여가 '좋은' 정치체제(군주정, 귀족정, 혼합정) 안에서 일어날 경우, 그 체제는 시민들에게 도덕적 삶을 사는 능력을 키워준다. '결함 있는' 정치체제(참주정, 과두정, 민주정) 아래에서라면 시민들은 통치자나 통치계급의 사익 추구(참주의 권력 추구, 과두의 부(富) 추구, 민주주의자들의 자유 추구)에 휘말리게 된다. 아리스토텔레스는 존재 가능한 온갖 정치체제 가운데 혼합정이 시민들에게 훌륭한 삶을 살 수 있는 가장 좋은 기회를 제공한다고 결론짓는다.

아리스토텔레스는 민주정을 '결함 있는' 정치체제로 분류하긴 했지만, 민주정은 혼합정에 버금갈 뿐이며 '좋은' 귀족정이나 군주정보다 낫다고 주장한다. 시민 개개인은 훌륭한 통치자의 지혜와 덕을 갖추지 못했겠지만, 집합적으로 '다수'는 '한 사람'보다 나은 통치자들이 될 수도 있다.

고대 그리스의 폴리스에 대한 상세한 설명과 분석은 표면적으로 후대의 민족국가들과 그다지 관련이 없는 듯하지만, 아리스토텔레스의 사상은 중세 유럽의 정치사상에 갈수록 큰 영향을 미쳤다. 아리스토텔레스는 권위주의적 관점을 자주 취하고 노예제와 여성 지위의 열등성을 옹호한 데 대해 비판을 받긴 했지만, 그의 입헌정치 옹호론은 계몽기에 나타난 사상들을 앞질렀다. ■

외바퀴는 움직이지 않는다

차나캬(기원전 350~275년경)

맥락읽기

이데올로기
현실주의(realism)

핵심어
실리주의자

이전의 관련 역사
기원전 6세기: 중국의 손자가 『손자병법』을 쓰며 분석적 접근법을 외교술에 적용한다.

기원전 424년: 마하파드마 난다가 난다 왕조를 세우고 장군들에게 전략과 관련된 조언을 구하며 의지한다.

이후의 관련 역사
기원전 65년경: 차나캬가 건국에 일조한 마우리아 제국이 전성기에 이르러 인도 아대륙에서 남단을 제외한 모든 지역을 지배한다.

서기 1904년: 차나캬가 쓴 논문이 재발견되는데, 1915년에는 영어로 번역된다.

기원전 5~4세기에 난다 왕조는 맞수들을 하나씩 패배시키고 서쪽의 그리스인과 페르시아인들의 침략 위협을 물리치며 인도 아대륙의 북쪽 절반을 서서히 장악했다. 그렇게 팽창하던 제국의 통치자들은 전투에서 전술에 대한 조언을 장군들에게 구하기도 했지만, 정책과 정치에 관해 조언하는 대신들의 가치도 인지하기 시작했다. 학자들, 특히 기원전 600년경에 지금 파키스탄의 일부인 라왈핀디에 세워진 탁샤실라(Takshashila) 대학 출신의 학자들이 보통 그런 대신이 되었다. 수많은 주요 사상가들이 탁샤실라에서 자신의 사상을 전개했지만, 아마 가장 중요한 인물은 차나

고대의 정치사상 ANCIENT POLITICAL THOUGHT

참조 : ▪ 공자 20~27쪽 ▪ 손자 28~31쪽 ▪ 묵자 32~33쪽 ▪ 플라톤 34~39쪽 ▪ 아리스토텔레스 40~43쪽 ▪ 니콜로 마키아벨리 74~81쪽

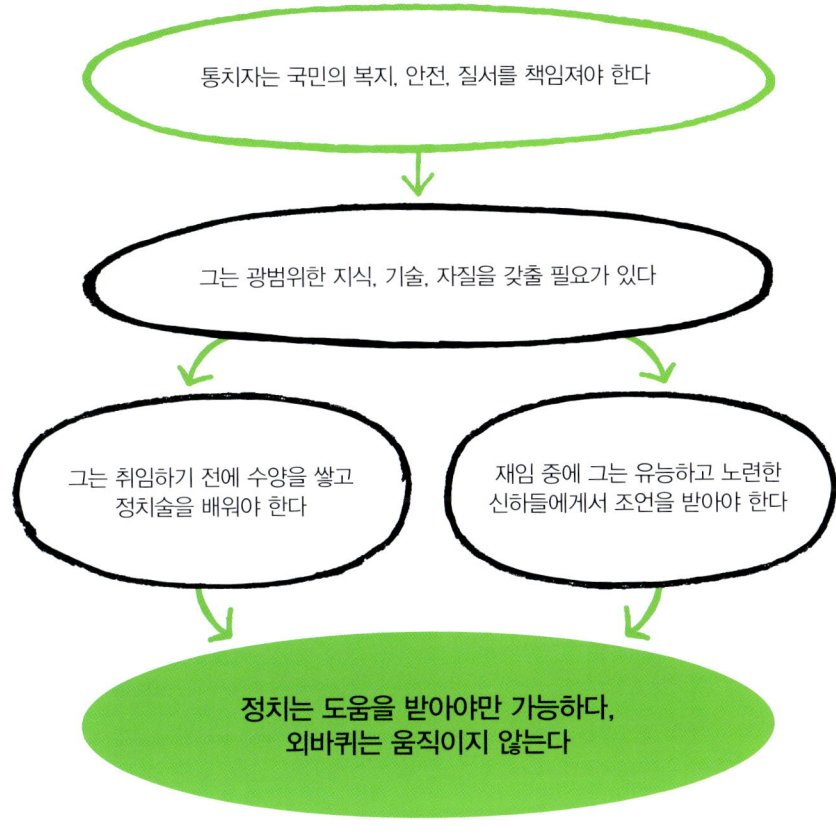

국가와 국민에 대한 그런 의무를 수행하는 능력은 차나캬가 『아르타샤스트라』에서 이야기하는 다음과 같은 몇 가지 요소에 달려 있다. 통치자의 자질, 고문관들의 능력, 영토, 재산, 군대, 동맹.

국가의 우두머리인 군주는 그런 정치체제에서 핵심적 역할을 수행한다. 차나캬는 적절한 자질을 갖춘 통치자를 찾는 일이 중요하다고 강조하지만, 이어서 개인의 지도자적 자질만으로는 충분하지 않다고 말한다. 군주는 해당 직무에 대한 교육도 받아야 한다는 것이다. 군주는 군사 전술·전략, 법률 다루는 기술, 행정술, 외교술, 정치술 같은 다양한 국정 운영기술은 물론이고, 국민의 충성과 복종을 받는 데 필요한 도덕적 권위를 키우기 위해 자기수양 및 윤리와 관련된 기술도 배워야 한다. 취임하기 전에 군주는 노련하고 박식한 선생들의 도움이 필요하다.

취임 후 현명한 군주는 자신의 지혜에만 의존하지 않고, 믿을 만한 대신과 고문관들에게 조언을 구하며 의지할 줄 안다. 차나캬에 따르면, 그런 사람들은 국가의 통치와

캬(Chanakya)였을 것이다. 그는 카우틸랴(Kautilya) 혹은 비슈누굽타(Vishnugupta)로도 알려져 있으며, 국정에 관한 논문 『아르타샤스트라』를 썼다. 그 제목은 '실리론' 내지 '정치술'이라는 뜻이다. 정치술에 관한 축적된 지혜와 차나캬 본인의 생각이 결합되어 있는 그 논문은 정치 일에 대한 냉정하고 때론 무자비한 분석이 돋보인다.

군주에게 조언하기

그 논문은 몇몇 부분에서 국가 지도자의 바람직한 도덕성을 다루긴 했지만, 실리에 중점을 두고서 권력의 획득·유지 방법을 직설적으로 설명했다. 그리고 대신과 고문관이 국가 운영에서 핵심적 역할을 하는 사회구조를 인도 최초로 명쾌하게 설명했다.

차나캬는 국가 번영을 위한 헌신을 자기 정치사상의 핵심으로 삼으며, 국민의 복지가 정치의 궁극적 목적이라고 누누이 말한다. 이는 그가 믿은 바에 따르면 군주의 책무였다. 군주는 질서와 정의를 구현하고 경쟁국들과의 싸움에서 자국을 승리로 이끌어 국민의 행복과 안전을 보장해야 했다.

아소카 왕의 사자상은 마우리아 제국의 중심부인 사르나트의 한 돌기둥 위에 있었다. 차나캬가 건국에 일조한 그 강력한 제국은 인도의 대부분을 지배하게 되었다.

무슨 일이든 의논부터 해야 한다.
차나캬

관련해서 군주 못지않게 중요하다. 『아르타샤스트라』에서 차나캬는 이렇게 말한다. "정치는 도움을 받아야만 가능하다. 외바퀴는 움직이지 않는다." 이것은 군주에게 나랏일을 독재적으로 처리하지 말고 신하들과 상의한 후 결정하라고 경고하는 말이다.

따라서 필요한 자격을 갖춘 신하를 임명하는 일은 지도자를 선택하는 일 못지않게 중요하다. 신하들은 다양한 지식과 기술을 제공할 수 있다. 그들은 매우 신뢰할 만한 인물이어야 한다. 군주가 그들에게 조언을 구할 수 있어야 하기 때문이기도 하지만, 나랏일에 대한 결정이 국가와 국민의 이익을 위해 내려져야 하기 때문이기도 하다. 필요시 그들은 타락한 통치자가 사익을 위해 행동하는 것을 막아야 한다.

목적은 수단을 정당화한다

인간 본성의 실상에 대한 그런 인식 때문에 차나캬는 당대의 다른 인도 정치철학자들과 구별되었다. 『아르타샤스트라』는 도덕철학서가 아닌 정치에 대한 실용적인 안내서로서, 국가의 복지와 안전을 위해 필요하다면 어떤 수단을 써도 좋다는 입장을 대체로 옹호했다. 그 책은 이상적 통치자를 위한 교육 및 자기수양과 관련된 제도를 지지하고 특정 도덕성을 언급하긴 하지만, 권력의 획득과 유지를 위해 부정한 수단을 쓰는 방법을 주저하지 않고 설명한다. 차나캬는 인간의 장점뿐 아니라 단점까지 보는 기민한 관찰자로, 군주의 힘을 강화하고 적의 힘을 약화하는 데 그런 장단점을 이용하는 것을 부끄럽게 여기지 않았다.

그런 측면은 영토의 보호와 획득에 대한 그의 조언에서 특히 두드러진다. 그의 권고에 따르면, 통치자와 대신들은 적을 약화할 전략을 결정하기 전에 적의 힘을 신중히 평가해야 한다. 그런 다음에야 그들은 회유, 적의 계급 간 불화 조장, 다른 통치자와의 동맹에서 단순한 무력 사용에 이르는 여러 가지 전술 가운데 적절한 것을 선택할 수 있다. 그런 전술을 사용할 때 통치자는 무자비해야 하며 속임수, 뇌물 등 필요하다 싶으면 어떤 유인책이라도 써야 한다. 그런 행위는 차나캬가 지도자에게 필요하다고 주장하는 도덕적 권위와 모순되는 듯하지만, 그에 따르면 통치자는 일단 승리를 거두고 나면 "패배한 적의 악덕을 자신의 덕으로 대체해야" 하고 "적이 선하다면 적보다 두 배로 더 선해져야" 한다.

정보와 첩보활동

『아르타샤스트라』는 군사고문관도 필요하며 의사결정에는 정보 수집이 중요하다고 통치자들에게 일러준다. 정보원망은 이웃나라들의 위협을 평가하거나 영토 획득 가능성을 판단하는 데 매우 중요하다. 하지만 차나캬는 더 나아가 사회적 안정을 확보하려면 국가 내의 첩보활동도 필요악이라고 말한다. 국내적으로든 국제적으로든 도덕은 안보 다음의 문제다. 국가의 안녕은 경쟁세력의 위협을 줄이기 위한 비밀공작(필요시 정치적 암살까지 포함한다)을 정당화하는 사유로 쓰인다.

권력의 획득과 유지에 대한 그런 초(超)도덕적 접근법과 법·질서의 엄격한 시행에 대한 옹호는 기민한 정치의식으로 보이기도 하고 무자비한 태도로 보이기도 하는데, 그런 면 때문에 『아르타샤스트라』는 2천

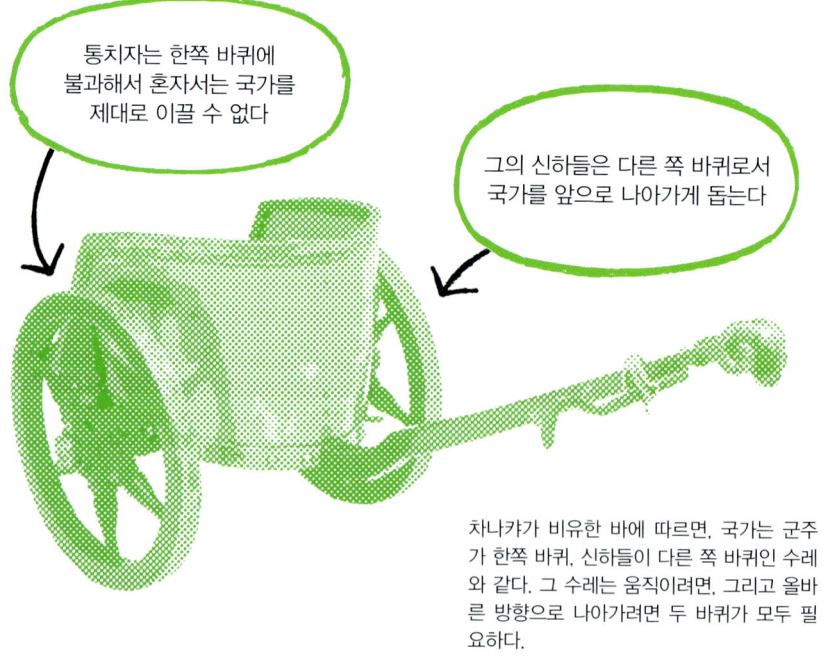

차나캬가 비유한 바에 따르면, 국가는 군주가 한쪽 바퀴, 신하들이 다른 쪽 바퀴인 수레와 같다. 그 수레는 움직이려면, 그리고 올바른 방향으로 나아가려면 두 바퀴가 모두 필요하다.

고대의 정치사상 ANCIENT POLITICAL THOUGHT 47

> 신하들의 눈을 통해 다른 사람들의 결점이 보인다.
> 차나캬

년 정도 후에 마키아벨리(Machiavelli)가 쓴 『군주론』과 비교된다. 하지만 군주와 신하의 통치에 대한 핵심원리는 공자 및 묵자, 혹은 플라톤 및 아리스토텔레스의 사상과 공통되는 부분이 더 많다. 차나캬는 탁샤실라에 학생으로 있을 때 그들의 사상을 접했을지도 모른다.

입증된 철학

『아르타샤스트라』에 담긴 조언은 차나캬의 제자 찬드라굽타 마우리아(Chandragupta Maurya)에게 받아들여지면서 곧 유용성이 입증되었다. 찬드라굽타는 기원전 321년경에 다나 난다(Dhana Nanda) 왕을 물리치고 마우리아 제국을 세웠다. 그 나라는 인도 아대륙의 대부분을 지배하는 첫 제국이 되었고, 찬드라굽타는 알렉산더 대왕이 이끈 그리스인 침략자들의 위협도 물리쳤다. 차나캬의 사상은 몇 세기 동안 정치와 정책 수립에 영향을 미치다가 중세에 인도가 결국 이슬람 무굴 왕조의 지배를 받게 되면서 명맥이 끊겼다.

20세기 초에 재발견된 『아르타샤스트라』는 1948년에 인도가 영국으로부터 독립한 후, 상징적 지위를 얻으면서 인도 정치사상에서 중요성을 어느 정도 회복했다. 그 책은 인도 정치사에서 차지하는 중요한 위치에도 불구하고 서양에 거의 알려지지 않았는데, 차나캬가 인도 외부에서 중요한 정치사상가로 인정받은 것은 최근의 일이다. ■

인도의 전쟁에서는 코끼리가 중요한 역할을 했다. 코끼리 때문에 겁을 먹은 적군은 싸우지 않고 물러나기도 했다. 차나캬는 전쟁에서 코끼리를 이용하는 새로운 전략을 개발했다.

차나캬

인도 학자 차나캬의 출생지는 불분명하다. 그는 탁샤실라(지금의 파키스탄 탁실라)에서 공부하고 학생들을 가르쳤다고 한다. 정치에 참여하기 위해 탁샤실라를 떠난 그는 파탈리푸트라로 가서 다나 난다 왕의 고문관이 되었다. 여러 가지 상충되는 설이 있지만, 모두 동의하는 바에 따르면 차나캬는 어떤 논쟁 후에 난다 조정을 떠나, 보복으로 찬드라굽타 마우리아를 교육해 난다의 경쟁자로 만들었다고 한다. 찬드라굽타는 다나 난다를 타도하고 마우리아 제국을 세웠는데, 그 나라는 지금의 인도에서 남쪽 끝 부분을 제외한 모든 지역을 지배했다. 차나캬는 찬드라굽타의 재상이었으나, 찬드라굽타의 아들 빈두사라(Bindusara)가 자기 어머니의 독살에 대한 누명을 차나캬에게 씌우자 식음을 끊고 굶어 죽었다고 한다.

주요 저술

기원전 4세기
『아르타샤스트라 Arthashastra』
『니티샤스트라 Neetishastra』

간신들이 안전과 이익을 누리는 것은 몰락의 조짐이다

한비자(기원전 280~233년)

맥락읽기

이데올로기
법가(legalism)

핵심어
국법

이전의 관련 역사

기원전 5세기: 공자가 전통적 가족관계에 기초해 군주와 신하들이 솔선수범으로 이끄는 계급제도를 옹호한다.

기원전 4세기: 묵자가 덕과 능력에 따라 대신과 고문관을 뽑는 순전히 능력주의적인 계급제도를 제안한다.

이후의 관련 역사

기원전 2세기: 전국시대가 끝난 후 중국의 한 왕조가 법가 사상을 거부하고 유교를 채택한다.

서기 589~618년: 수(隋) 왕조가 중국을 제국으로 통일하려 애쓰는 가운데 법가의 원칙이 부활한다.

기원전 5~3세기의 전국시대에는 통치자들이 중국 통일을 위해 패권을 다투는 가운데 그런 격동기에 어울리는 새로운 정치철학이 나타났다. 상앙(商鞅), 신도(愼到), 신불해(申不害) 같은 학자들은 정치에 대한 훨씬 권위주의적인 접근법을 옹호했는데, 이는 법가(法家)로 알려졌다. 한비자(韓非子)가 정리하고 실행에 옮긴 법가 사상에서는 공자의 솔선수범 개념과 인간 본성의 선량함에 대한 묵자의 믿음을 거부하는 대신, 사람이란 본래 형벌을 피하고 사익을 얻기 위해 행동하게 마련이라는 더 냉소적인 관점을 취했다. 법가 학자들의 주장에 따르면, 그런 현실을 통제하는 유일한 방법은 바람직하지 않은 행위를 처벌하는 엄격한 법으로써 개인의 권리보다 국가의 안녕을 강조하는 제도를 수립하는 것이었다.

그런 법의 집행은 통치자를 섬기는 신하들의 소관이었는데, 그들도 결국은 통치자의 총애와 처벌로 책임감을 유지시키는 법률에 지배되었다. 바로 그런 식으로, 통치자를 우두머리로 하는 계급제도가 유지되고 관료체제 내부의 부패와 음모가 통제되었다. 특히 전쟁 중에는 통치자가 신하들에게 의지할 수 있고 신하들이 개인적 출세보다 국익을 위해 행동해야 한다는 점이 국가의 안전에 지극히 중요했다. ■

법치란 옳은 것을 칭찬하고 그른 것을 비난하는 일이다.
한비자

참조: ▪ 공자 20~27쪽 ▪ 손자 28~31쪽 ▪ 묵자 32~33쪽 ▪ 토머스 홉스 96~103쪽 ▪ 마오쩌둥 260~265쪽

고대의 정치사상 ANCIENT POLITICAL THOUGHT 49

통치권은 공처럼 이리저리 튀어다니게 마련이다

키케로(기원전 106~43년)

맥락읽기

이데올로기
공화주의(republicanism)

핵심어
혼합정체

이전의 관련 역사
기원전 380년경: 플라톤이 『국가』를 쓰며 이상적 도시국가에 대한 자신의 사상을 설명한다.

기원전 2세기: 그리스 역사가 폴리비오스가 『역사』에서 로마 공화국의 발흥과 그 나라의 권력 분립제를 설명한다.

기원전 48년: 율리우스 카이사르가 전례 없는 권력을 얻어 독재하면서 로마 공화정에 마침표를 찍는다.

이후의 관련 역사
기원전 27년: 옥타비아누스가 아우구스투스로 선포되며 사실상 로마의 초대 황제가 된다.

서기 1734년: 몽테스키외가 『로마 성쇠 원인론』을 쓴다.

로마 공화국은 기원전 510년경에 그리스의 도시국가들과 비슷한 방식으로 세워졌다. 그 나라는 사소한 변화가 있긴 했지만 거의 500년간 해당 지역을 통치했다. 로마 공화국의 정치체제는 군주제(집정관으로 대체), 귀족제(원로원), 민주제(민회)의 세 가지 정체가 저마다 별개의 권한을 가지고 서로 균형을 이루며 결합되어 있었다. 혼합정체로 알려진 그 체제는 대부분의 로마인들에게, 안정을 유지하고 폭정을 예방하는 이상적 정체로 여겨졌다.

견제와 균형

로마의 정치가 키케로(Cicero)는 그 체제의 충실한 옹호자였다. 특히 율리우스 카이사르(Julius Caesar)에게 독재적 권력이 부여됨에 따라 혼합정체가 위협을 받을 때는 더욱더 그러했다. 키케로는 공화정이 붕괴되면 정치체제의 파괴적인 순환 과정이 다시 시작될 것이라고 경고했다. 그에 따르면 권력은 군주에게서 독재자에게로, 독재자에게서 귀족이나 민중에게로, 민중에게서 과두나 독재자에게로 넘어갈 것이다. 혼합정체의 견제와 균형이 없으면 통치권이란 "공처럼 이리저리 튀어 다니게" 마련이라고 그는 믿었다. 키케로의 예측대로 로마는 카이사르가 죽고 나서 얼마 지나지 않아 아우구스투스(Augustus)라는 황제의 지배를 받게 되었고, 아우구스투스의 권력은 이어서 일련의 전제적 통치자들에게로 넘어갔다. ■

로마군의 기에는 혼합정체의 주요 기관들을 기념하는 명각 'SPQR(로마의 원로원과 민회)'이 들어갔다.

참조: ▪ 플라톤 34~39쪽 ▪ 아리스토텔레스 40~43쪽 ▪ 몽테스키외 110~111쪽 ▪ 벤저민 프랭클린 112~113쪽 ▪ 토머스 제퍼슨 140~141쪽 ▪ 제임스 매디슨 150~153쪽

MEDIEVAL POLITICS

AL
S

중세의 정치
서기 30~1515년

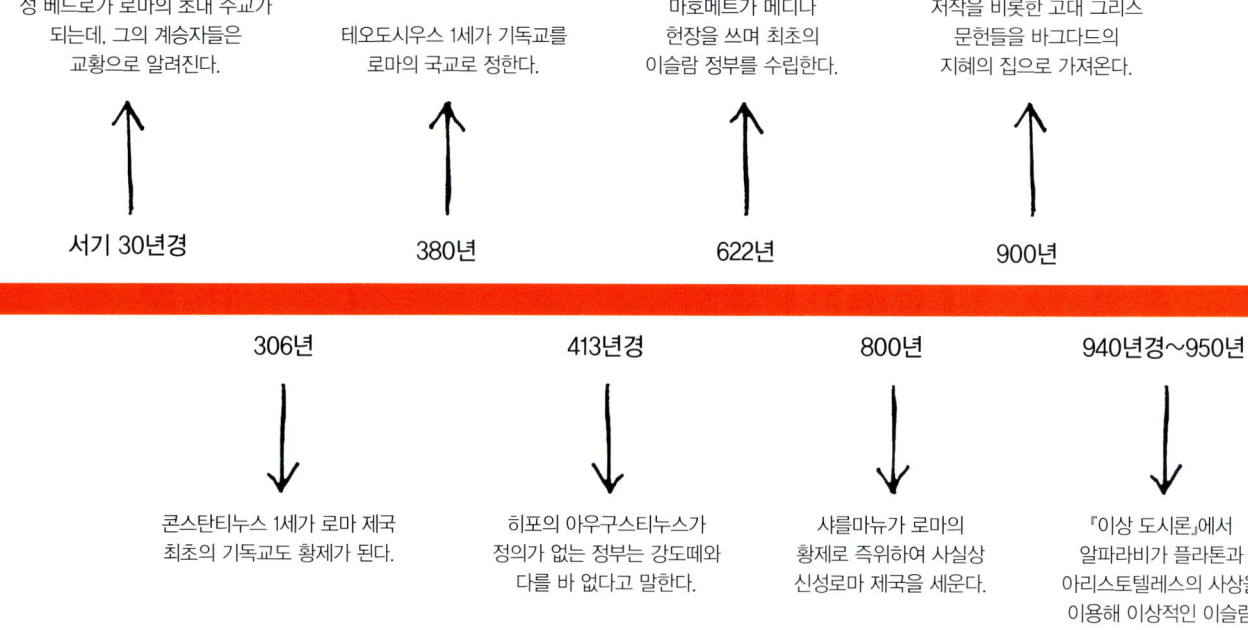

초창기인 기원전 1세기부터 로마 제국은 힘을 키우며 유럽, 지중해 연안 아프리카, 중동의 곳곳으로 지배권역을 넓혔다. 서기 2세기에는 국력이 정점에 이르며, 번영과 안정을 중요시하는 로마 제국 문화가 아테네와 로마의 공화정과 관련된 철학적·학문적 가치관을 대체할 조짐을 보였다. 그러는 가운데 새로운 종교가 제국 안에 뿌리를 내리고 있었으니, 그것은 바로 기독교였다.

다음 천 년간 유럽의 정치사상은 기독교에 지배되었는데, 중세의 정치이론은 기독교 신학의 영향을 받아 형성되었다. 7세기에는 또 다른 강력한 종교, 이슬람이 나타났다. 이슬람교는 아라비아에서 아시아와 아프리카로 전파되었을 뿐 아니라 기독교권인 유럽의 정치사상에도 영향을 미쳤다.

기독교의 영향

플로티노스 같은 로마 철학자들은 플라톤의 사상으로 돌아갔는데, 그런 '신(新)플라톤주의' 운동은 초창기 기독교 사상가들에게 영향을 미쳤다. 히포의 아우구스티누스는 기독교 신앙인의 관점에서 플라톤 사상을 해석하여 '신법과 인간법의 차이는 무엇인가?', '정당한 전쟁이 존재하는가?' 같은 문제를 고찰했다.

기독교를 믿지 않았던 로마 제국에서는 철학과 이론을 탐구할 겨를이 거의 없었지만, 초창기 기독교 유럽에서는 정치사상이 교리보다 경시되었고 고대 그리스·로마 사상이 대체로 무시되었다. 사상이 그렇게 경시된 주요인 가운데 하나는 교회와 교황이 정치권력을 얻은 데 있었다. 중세 유럽은 사실상 교회의 지배를 받았는데, 그런 상황은 800년에 샤를마뉴의 신성로마 제국이 창건되면서 공식화되었다.

이슬람교의 영향

한편 아라비아에서는 마호메트가 제국주의적 강령을 갖춘 이슬람교를 창시했는데, 그 종교는 얼마 지나지 않아 종교적으로는 물론이고 정치적으로도 중요한 세력으로 확고히 자리를 잡았다. 기독교와 달리 이슬람교는 세속적 정치사상에 개방적인 태도를 취하며, 광범위한 학문과 비(非)이슬람 사상가들에 대한 연구를 장려했다. 고대 그리스·로마 문헌의 보존을 위해 이슬람 제국 곳곳의 도시에 도서관이 세워졌고, 학자들은 플라톤과 아리스토텔레스의 사상을 이슬람 신학에 통합했다. 바그다드 같은 도시들은 학문의 중심지가 되었고 알킨

중세의 정치 MEDIEVAL POLITICS 53

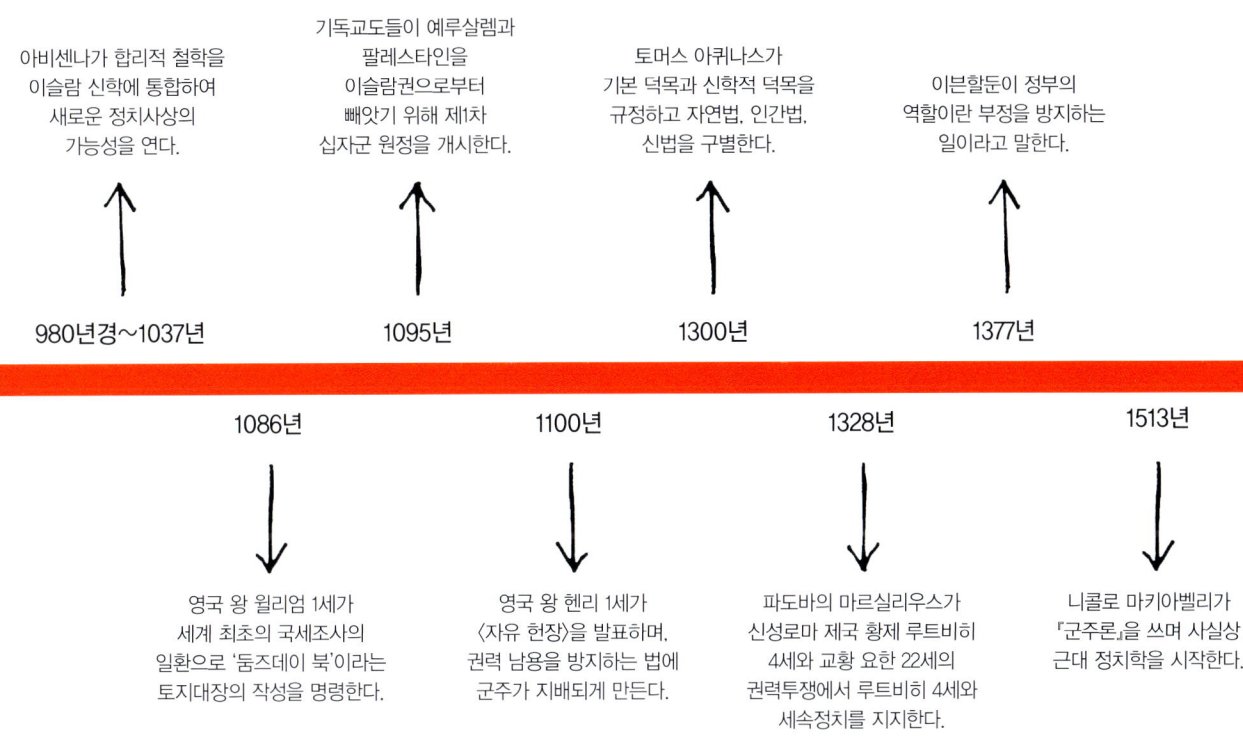

디, 알파라비, 이븐시나(아비센나), 이븐루시드(아베로에스), 이븐할둔 같은 학자들은 정치이론가로 부상했다.

반면에 유럽에서는 학문이 성직자들의 전유물이 되었고, 교회에서 사회구조를 규정하며 이견의 여지를 거의 남겨놓지 않았다. 학자들이 고대 그리스·로마 문헌을 재발견함에 따라 신선한 사상이 중세 유럽으로 들어오는 데는 이슬람의 영향이 필요했다. 이슬람 학자들이 보존하고 번역한 문헌들은 12세기에 기독교도 학자들에게 알려지기 시작했는데, 두 종교가 공존한 에스파냐에서 그런 현상이 특히 두드러졌다. 그 재발견에 대한 소식이 기독교 세계 전역으로 퍼져나가자, 교회 당국의 의심에도 불구하고 그런 문헌뿐 아니라 그것들에 대한 이슬람권의 해설서까지 찾아서 번역하는 열풍이 일었다.

어려운 문제들

새로운 세대의 기독교도 철학자들은 고대 그리스·로마의 사상에 정통하게 되었다. 토머스 아퀴나스는 아리스토텔레스의 사상을 기독교 신학에 통합하려 했다. 그러자 전에 금기시되던 신수왕권 같은 주제에 대한 문제들이 제기되었고, 세속법 대 신법에 대한 논쟁이 다시 일어났다. 지적 생활에 도입된 세속적 사상은 신성로마 제국 내부에 엄청난 영향을 미쳤다. 각각의 민족국가들은 독립을 주장했고, 통치자들은 교황과 충돌하게 되었다. 민사에 대한 교회의 권위가 의문시되는 가운데 에지디우스 로마누스, 파도바의 마르실리우스 같은 철학자들은 양자택일을 해야 했다.

중세가 끝나갈 무렵 새로운 국가들은 교회의 권위에 도전했지만, 국민들은 군주의 권력도 의문시하기 시작했다. 영국 왕 존은 자신의 권력 중 일부를 귀족들에게 어쩔 수 없이 내주었다. 이탈리아에서는 전제군주치하의 나라들이 공화국으로 바뀌었는데, 그 중 하나인 피렌체에서는 르네상스가 시작되었다. 바로 그 피렌체에서 르네상스 사상의 강력한 대표자 니콜로 마키아벨리는 도덕성과 관련하여 완전히 실용주의적인 태도를 취하는 정치철학을 제시하여 세계를 놀라게 했다. ■

정의가 없는 정부는 대규모의 강도떼가 아니고 무엇인가

히포의 아우구스티누스(서기 354~430년)

맥락읽기

이데올로기
기독교(christianity)

핵심어
정당한 정부

이전의 관련 역사
기원전 4세기: 『국가』와 『법률』에서 플라톤이 이상적 국가에서 정의가 띠는 중요성을 강조한다.

기원전 1세기: 키케로가 로마 공화정이 전복되고 황제가 집권하는 데 반대한다.

서기 306년: 콘스탄티누스 1세가 로마 제국 최초의 기독교도 황제가 된다.

이후의 관련 역사
서기 13세기: 토머스 아퀴나스가 아우구스티누스의 주장을 이용해 정당한 전쟁을 정의한다.

서기 14세기: 이븐할둔이 정부의 역할이란 부정을 방지하는 일이라고 말한다.

서기 1600년경: 프란시스코 수아레스와 살라망카 학파가 자연법에 대한 철학을 세운다.

서기 380년에 기독교는 사실상 로마 제국의 국교로 채택되었다. 교회의 힘과 영향력이 커지자 교회와 정부의 관계가 논란거리가 되었다. 일찍이 그런 문제를 다룬 정치철학자 가운데 한 명은 히포의 아우구스티누스(Augustine of Hippo)라는, 기독교로 개종한 학자 겸 선생이었다. 고대 그리스·로마의 철학을 종교와 통합하려고 시도하면서 그는 자신의 플라톤 연구에서 큰 영향을 받았는데, 그 연구는 그의 정치사상의 토대가 되기도 했다.

아우구스티누스는 로마의 공민으로서는 국가가 법규의 제한을 받는 전통이 좋다고 믿었지만, 학자로서는 아리스토텔레스 및

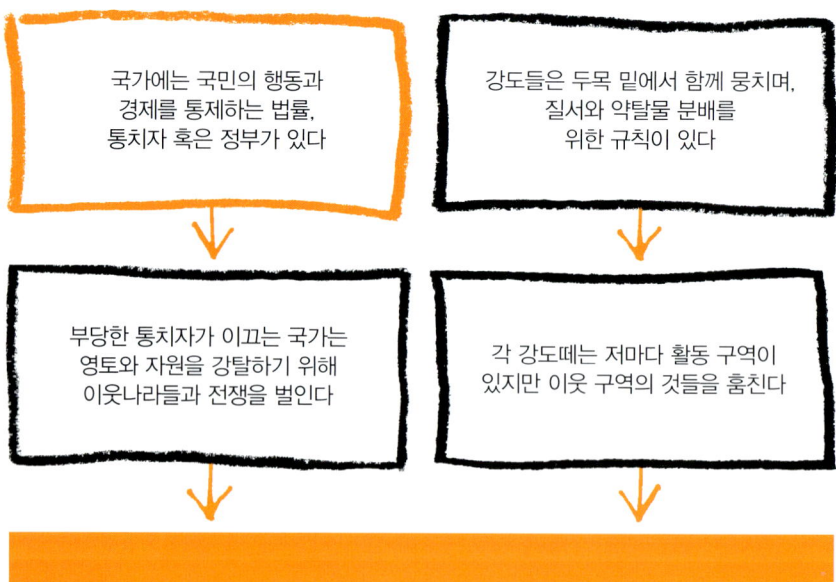

중세의 정치 MEDIEVAL POLITICS

참조 : ■ 플라톤 34~39쪽 ■ 키케로 49쪽 ■ 토머스 아퀴나스 62~69쪽 ■ 프란시스코 수아레스 90~91쪽 ■ 토머스 홉스 96~103쪽

> 법률에 속박된 사람들의 단체는
> 정의가 없으면 절대 존속할 수 없다.
> 히포의 아우구스티누스

플라톤과 마찬가지로 국가의 목적이란 국민들이 훌륭하고 도덕적인 삶을 살 수 있게 하는 것이라고 생각했다. 기독교도에게 그런 삶이란 교회가 정한 신법에 따르는 삶을 의미했다. 하지만 아우구스티누스는 실제로 신법에 따라 사는 사람은 거의 없다고, 대다수는 죄가 있는 상태로 산다고 믿었다. 그는 신의 나라(civitas Dei)와 세속의 나라(civitas terrena)를 구별했다. 세속의 나라에서는 죄가 판친다. 아우구스티누스는 교회가 국가에 영향을 미치는 것이 세속의 법을 신법과 관련하여 만들어 국민이 신의 나라에서 살 수 있게 하는 유일한 방법이라고 본다. 그런 정당한 법률이 존재해야 국가는 강도떼와 구별된다. 강도와 해적들은 두목 밑에서 함께 뭉쳐 이웃을 약탈한다. 강도들에게도 규칙이 있겠지만, 그것이 정당한 규칙이 아니다. 하지만 아우구스티누스는 더 나아가, 심지어 죄 많은 세속의 나라에서도 국가의 권위자는 법규로써 질서를 확보할 수 있고 질서란 우리 모두가 바랄 만한 것이라고 말한다.

정당한 전쟁

기독교 교리에 뿌리를 두고 정의를 강조하는 아우구스티누스의 관점은 전쟁 문제에도 적용되었다. 그는 전쟁이란 모두 나쁘다고, 다른 나라를 공격하고 약탈하는 짓은 부당하다고 믿었지만, 침략에 맞선 국가방위나 평화 회복 같은 정당한 명분을 위해 싸우는 '정당한 전쟁'이 존재한다고 인정했다. 단, 그런 전쟁이라도 반드시 최후의 수단으로 유감스럽게 시작해야 한다고 말했다.

세속법과 신법 사이의 그런 갈등과 그 둘을 조화시키려는 시도는 중세에 끊이지 않은 교회와 정부 간의 권력투쟁으로 이어졌다. ■

아우구스티누스가 상상한, 기독교 교리에 따라 살아가는 국가의 모습은 그의 저서 『신국론』에 약술되어 있다. 그 책에서 아우구스티누스는 로마 제국과 신법의 관계를 설명했다.

히포의 아우구스티누스

성 아우렐리우스 아우구스티누스(St. Aurelius Augustine)는 로마령 북아프리카의 타가스테(지금의 알제리 수크아라스)에서 살고 있던 비기독교도 아버지와 기독교도 어머니 사이에서 태어났다. 마다우로스에서 라틴 문학을, 카르타고에서 수사법을 배웠는데, 카르타고에서는 페르시아의 마니교를 접하고 키케로의 저작을 통해 철학에 흥미를 느끼기도 했다. 타가스테와 카르타고에서 학생들을 가르치다 373년에 로마와 밀라노로 간 후, 그곳에서 신학자 암브로시우스(Ambrose) 주교의 영향으로 플라톤 철학을 탐구하고 나중에 기독교도가 되었다. 387년에 세례를 받고 391년에 타가스테에서 사제로 서품되었다. 결국 히포(지금의 알제리 보네)에 정착하고 교구를 하나 만들어 396년에 그곳의 주교가 되었다. 자서전 격인 『고백록』 외에도 신학과 철학에 관한 책을 여러 권 썼다. 430년, 히포가 반달족에게 포위되어 있던 중에 죽었다.

주요 저술

387~395년 『자유의지론 On Free Will』
397~401년 『고백록 Confessions』
413~425년 『신국론 City of God』

너희가 싫어할지라도 싸움은 너희에게 과하여진 의무니라

마호메트(서기 570~632년)

맥락읽기

이데올로기
이슬람교(Islam)

핵심어
정당한 전쟁

이전의 관련 역사
기원전 6세기 : 중국의 손자가 『손자병법』에서 군대가 국가에 꼭 필요하다고 주장한다.

서기 413년경 : 아우구스티누스가 정의 없는 정부는 강도떼와 다를 바 없다고 말한다.

이후의 관련 역사
서기 13세기 : 토머스 아퀴나스가 정당한 전쟁의 조건을 규정한다.

서기 1095년 : 기독교도들이 예루살렘과 팔레스타인을 이슬람권으로부터 빼앗기 위해 제1차 십자군 원정을 개시한다.

서기 1932년 : 『이슬람의 이해』에서 아불 알라 마우두디가 이슬람은 정치를 비롯한 인간 생활의 모든 측면을 수용한다고 주장한다.

이슬람교는 평화적인 종교이고, 이슬람교도는 모두 평화롭게 살길 바란다

↓

하지만 이슬람교도 침입에 맞서 자신을 지킬 필요가 있고…

↓

…자신의 평화와 종교를 위협하는 비이슬람교도들을 공격할 필요가 있다

↓

너희가 싫어할지라도 싸움은 너희에게 과하여진 의무니라

이슬람교도들에게 이슬람교의 예언자로 숭배되는 마호메트(Muhammad)는 이슬람 제국의 기반을 마련하기도 했다. 그는 종교적 지도자였을 뿐 아니라 정치·군사적 지도자이기도 했다. 622년에 신앙 때문에 메카에서 쫓겨난 그는 야트리브로 가서(그 여행은 '헤지라'로 알려졌다) 엄청난 수의 추종세력을 얻고는 결국 그 도시를 재조직해 통일된 이슬람 도시국가로 만들었다. 그 도시는 메디나('예언자의 도시')로 개명되었고, 세계 최초의 이슬람 국가가 되었다. 마호메트는 그 국가의 기본법, 즉 〈메디나 헌장〉을 제정하여 이슬람 정치적 전통의 토대를 닦았다.

〈메디나 헌장〉에서는 사회 내 모든 집단의 권리와 의무, 법규, 전쟁 문제를 다루었다. 이를테면 메디나의 유대인 공동체와 관련해서는 그들의 독립성을 인정하고 상호 간 의무를 그들과 약속했다. 한 조항에서는 메디나가 위협을 받을 경우 사회 전체, 즉 메디나의 모든 종교의 교인들이 함께 싸우는 것을 의무화했다. 주요 목표는 이슬람 국가 메디나 내부의 평화를 유지하고, 마호메트가 아라비아 반도 정복을 위해 신도와 병사들을 모으는 데 도움이 될 정치체제를 수립하는 데 있었다.

참조 : ▪ 히포의 아우구스티누스 54~55쪽 ▪ 알파라비 58~59쪽 ▪ 토마스 아퀴나스 62~69쪽 ▪ 이븐할둔 72~73쪽 ▪ 아불 알라 마우두디 278~279쪽 ▪ 알리 샤리아티 323

이슬람 순례자들이 사우디아라비아의 성도 메디나에 있는 예언자 마호메트 모스크 근처에서 기도하고 있다. 그 도시는 마호메트가 최초의 이슬람 국가를 세운 곳이다.

〈메디나 헌장〉의 권위는 종교적이면서도 세속적이었다. 그 헌장에는 다음과 같은 말이 나온다. "의견이 엇갈리는 문제는 모두 신과 마호메트에게 물어보라." 신이 마호메트를 통해 말했기 때문에 마호메트의 말에는 의심할 여지가 없는 권위가 실렸다.

평화를 사랑하는 비평화주의 종교

〈메디나 헌장〉에는 더 나중에 쓰인 이슬람 성서 『코란』에 실린 내용의 상당부분이 공식화되어 있다. 하지만 『코란』에서는 실제적인 정치 문제보다 종교적 의무를 더 자세히 다룬다. 『코란』에 따르면, 이슬람교는 평화를 사랑하는 종교이지만 평화주의적인 종교는 아니다. 마호메트는 이슬람을 비(非)이슬람교도로부터 지켜야 한다고 거듭 강조하며, 경우에 따라서는 선제조치를 취해야 할 수도 있음을 암시한다. 폭력은 이슬람교도에게 혐오스럽기 마련이지만, 종교를 보호하고 발전시키기 위한 필요악이 될 수 있다. 신앙을 방어하는 일이 모든 이슬람교도의 도덕적 의무라는 것이다.

그런 의무는 이슬람교의 지하드(jihad), 즉 성전(聖戰, 문자 그대로는 '투쟁' 내지 '분투'라는 뜻)이라는 개념에 요약되어 있다. 그것은 원래 마호메트의 이슬람 국가를 공격하는 이웃도시들에 맞서는 행위였다. 하지만 그런 도시들이 하나씩 정복됨에 따라 싸움은 신앙을 전파하는 방법, 정치적으로는 이슬람 제국을 확장하는 방법이 되었다.

『코란』에서는 지하드가 종교적 의무이며 싸움이 혐오스럽지만 필요하다고 이야기하지만, 전쟁행위를 통제하는 엄격한 규칙이 있다는 점도 언급한다. '정당한 전쟁'의 조건(정당한 명분, 올바른 목적, 적절한 권위, 최후의 수단)은 기독교 유럽에서 발전한 그런 조건 개념과 매우 비슷하다. ▪

마호메트

마호메트는 서기 570년 메카에서 태어났다. 아버지가 죽은 직후였다. 여섯 살 때 어머니도 여읜 마호메트는 조부모와 삼촌에게 맡겨졌는데, 삼촌은 마호메트를 시리아와 무역하는 대상(大商)들의 관리자로 고용했다. 삼십대 후반에 마호메트는 종종 히라 산의 동굴에 기도하러 갔는데, 610년에 천사 가브리엘로부터 첫 계시를 받았다고 한다. 그는 설교를 시작했고 서서히 추종세력을 얻었으나 결국 추종자들과 함께 메카에서 쫓겨났다. 그들이 622년에 메디나로 피신한 날은 이슬람력의 원년 첫날로 잘 알려져 있다. 632년에 마호메트가 죽을 무렵에는 아라비아의 대부분이 그의 지배 아래에 있었다.

주요 저술

622년경 〈메디나 헌장Constitution of Medina〉
632년경 『코란Quran』
8~9세기 『하디트Hadith』(마호메트의 언행록)

알라의 이름으로 알라의 방식으로 싸워라. 알라를 믿지 않는 자들과 싸워라.
수니파 『하디트』

민중은 도덕적인 사람의 통치를 받으려 하지 않는다

알파라비(서기 870년경~950년)

맥락읽기

이데올로기
이슬람교(Islam)

핵심어
정치적 덕

이전의 관련 역사
기원전 380년경~360년 : 플라톤이 『국가』에서 '철인 왕'의 정치를 제안한다.

서기 3세기 : 플로티노스 같은 철학자들이 플라톤의 저작을 재해석하여 신학적·신비주의적 사상을 내놓는다.

서기 9세기 : 아랍 철학자 알킨디가 고대 그리스 문헌들을 바그다드의 지혜의 집으로 가져온다.

이후의 관련 역사
서기 980년경~1037년 : 페르시아의 저술가 아비센나가 합리적 철학을 이슬람 신학에 통합한다.

서기 13세기 : 토머스 아퀴나스가 기본 덕목과 신학적 덕목을 규정하고 자연법, 인간법, 신법을 구별한다.

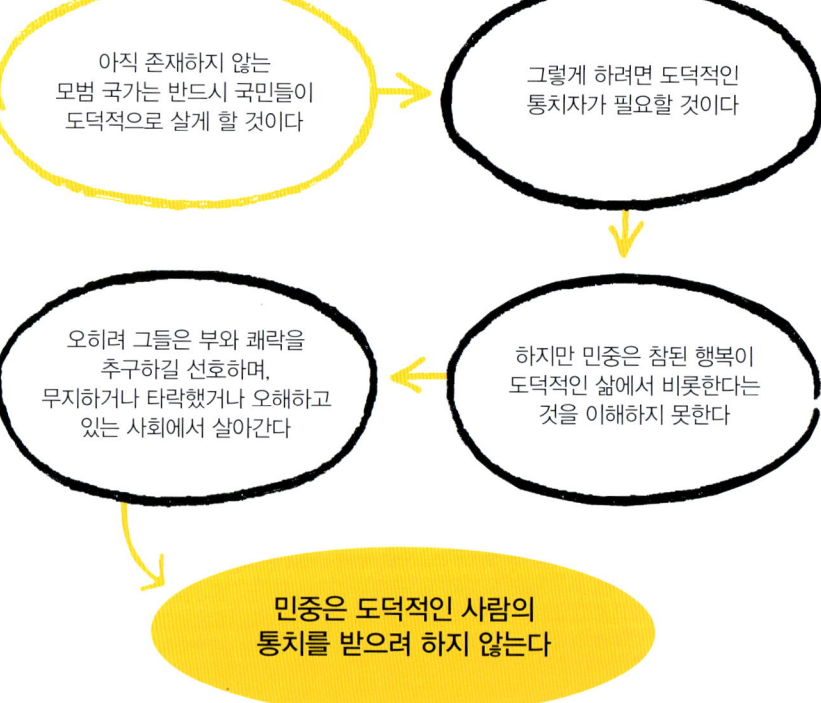

- 아직 존재하지 않는 모범 국가는 반드시 국민들이 도덕적으로 살게 할 것이다
- 그렇게 하려면 도덕적인 통치자가 필요할 것이다
- 하지만 민중은 참된 행복이 도덕적인 삶에서 비롯한다는 것을 이해하지 못한다
- 오히려 그들은 부와 쾌락을 추구하길 선호하며, 무지하거나 타락했거나 오해하고 있는 사회에서 살아간다
- 민중은 도덕적인 사람의 통치를 받으려 하지 않는다

7~8세기에 이슬람 제국은 영향권을 넓히는 가운데, 흔히 이슬람의 황금기라 불리는 문화와 학문의 융성기를 맞았다. 제국의 여러 주요 도시에 세워진 도서관에서는 위대한 그리스·로마 사상가들의 문헌이 보존되고 번역되었다. 특히 바그다드는 학문의 중심지로 유명해졌는데, 바로 그곳에서 알파라비(Al-Farabi)는 철학자로서, 그리고 그리스 철학자 아리스토텔레스의 저작에 대한 주석자로서 명성을 쌓았다.

아리스토텔레스와 마찬가지로 알파라비는 인간이란 본래 훌륭하고 행복한 삶을 살

참조: ■ 플라톤 34~39쪽 ■ 아리스토텔레스 40~43쪽 ■ 히포의 아우구스티누스 54~55쪽 ■ 토머스 아퀴나스 62~69쪽

> 모범 국가의 목표는 국민이 물질적 번영을 얻게 하는 것뿐 아니라 그들의 미래 운명을 선도하는 데에도 있다.
>
> 알파라비

려면 도시국가 같은 사회구조 안에서 살아야 한다고 믿었다. 또 그는 도시란 그런 일이 가능한 최소 규모의 구조일 뿐이라 믿고, 같은 원리를 민족국가, 제국, 심지어 세계국가에도 적용할 수 있다고 생각했다. 하지만 알파라비에게 가장 큰 영향을 준 인물은 아리스토텔레스의 스승 플라톤이었다. 플라톤은 특히 이상 국가와 그 국가의 통치 방식에 대한 생각으로 알파라비에게 지대한 영향을 미쳤다. 정의 같은 덕목의 본질을 유일하게 이해하는 '철인 왕'의 정치를 플라톤이 옹호했듯이, 그는 『도덕 국가』에서 도덕적인 지도자가 통치하는 모범 국가에 대해 설명한다. 그에 따르면, 그런 지도자는 국민들이 도덕적인 삶으로 참된 행복을 얻을 수 있도록 인도하고 지도한다.

신의 지혜

알파라비와 플라톤은 이상적 통치자가 갖추는 덕의 본질과 기원에 대해 다른 시각을 가졌다. 알파라비에게 그런 덕은 곧 신의 지혜였다. 알파라비는 철인 왕이 아닌 '철학자 겸 예언자' 혹은 그의 표현으로는 정당한 이맘(Imam)의 통치를 옹호했다.

하지만 알파라비는 자기가 말하는 도덕 국가란 정치적 이상향임을 분명히 밝힌다. 또 그는 현실세계에 존재하는 다양한 정치 체제를 설명하며 그런 체제의 국가들이 그의 이상에 미치지 못하는 주된 이유 세 가지를 이야기한다. 그런 국가들은 무지하거나, 어떤 사실을 오해하고 있거나, 타락해 있다는 것이다. 무지한 국가의 국민들은 참된 행복이 도덕적 삶에서 비롯함을 전혀 모르고, 오해하고 있는 국가의 국민들은 덕의 본질을 잘못 이해하고 있고, 타락한 국가의 국민들은 무엇이 도덕적인 삶인지 알지만 그런 삶을 추구하지 않기로 결심한다. 세 종류의 불완전한 국가 모두에서 국민들은 훌륭한 삶 대신 부와 쾌락을 추구한다. 알파라비가 믿은 바에 따르면, 무지하거나 오해하고 있는 사람들의 영혼은 그들이 죽은 후에 그냥 사라지고, 타락한 사람들의 영혼은 사후에 영원한 슬픔을 맛보게 된다. 오로지 도덕 국가 사람들의 영혼만이 영원한

알파라비는 이라크 바그다드에서 자신의 사상을 전개했다. 그곳은 이슬람의 황금기에 학문의 중심지였는데, 지금도 세계에서 가장 오래된 대학들을 자랑한다.

행복을 누릴 수 있다. 하지만 무지하거나 오해하고 있거나 타락한 국민과 지도자가 세속적 쾌락을 추구하는 한, 국민들은 도덕적인 지도자의 통치를 받으려 하지 않을 것이다. 도덕적인 지도자는 그들이 바란다고 믿고 있는 것을 그들에게 주지 않을 것이기 때문이다. 그런 까닭에 모범적인 도덕 국가는 아직 세워지지 않았다. ■

알파라비

알파라비는 이슬람 철학자들 사이에서 (아리스토텔레스 다음의) '두 번째 스승'으로 불리지만, 그의 생애에 대해서는 확실히 알려진 바가 거의 없다.

그는 870년경에 아마도 파라브(지금의 카자흐스탄 오트라르)에서 태어난 듯하며, 그곳의 학교와 지금 우즈베키스탄의 일부인 부하라의 학교를 다니다가 901년에 학업을 계속하기 위해 바그다드로 갔다. 바그다드에서 그는 기독교도 학자 및 이슬람교도 학자들과 함께 연금술과 철학을 공부했다. 그는 유명한 음악가이자 언어학자이기도 했다. 생애의 대부분을 바그다드에서 카디(법관)와 선생으로서 보냈지만, 알파라비는 이집트, 다마스쿠스, 하란, 알레포 등지를 널리 여행하기도 했다. 그는 시리아 통치자 사이프 알다울라(Sayf al-Dawla)의 궁정에서 일하며 알레포에 머물던 시절에 대부분의 저서를 썼다고 여겨진다.

주요 저술

940년경~950년
『도덕 국가 Virtuous City』
『지식인에 대한 서간 Epistle on the Intellect』
『서간집 Book of Letters』

자유민은 국법에 의거해서가 아니면 투옥되지 않는다

존 왕의 귀족들(서기 13세기 초)

맥락읽기

이데올로기
의회주의(parliamentarism)

핵심어
자유

이전의 관련 역사

기원전 509년경: 로마의 군주제가 타도되고 공화정이 수립된다.

기원전 1세기: 율리우스 카이사르가 원로원으로부터 정권을 빼앗자 키케로가 로마 공화정으로의 복귀를 주장한다.

이후의 관련 역사

서기 1640년대: 영국 내전이 일어나고 결과적으로 군주제가 타도됨에 따라, 군주가 의회의 동의 없이 나라를 다스릴 수 없게 된다.

서기 1776년: 미국 독립 선언서에서 '생명권, 자유권, 행복추구권'을 생득적 권리로서 열거한다.

서기 1948년: 국제연합 총회가 파리에서 세계인권선언을 채택한다.

영국의 왕 존(John)은 재위기간에 갈수록 인망을 잃었다. 프랑스와의 전쟁에 잘못 대처한 데다, 그에게 기사와 세금을 제공한 봉건귀족들에게 고압적인 태도를 취했기 때문이었다. 1215년 반란에 직면한 그는 런던에 도착한 귀족들과 어쩔 수 없이 협상을 벌여야 했다. 그들은 요구사항을 상세히 설명한 문서(100년 전에 국왕 헨리 1세가 발표한 〈자유 헌장〉을 본떠서 만들었다)를 존 왕에게 제시했다. 그것은 사실상 왕의 권력을 축소하고 귀족들의 특권을 보호하는 문서였다. 그 '귀족들의 헌장'은 그들의 재산, 권리, 의무와 관련된 조항을 포함했을 뿐 아니라 왕을 국법의 적용대상으로 만들었다.

전제정치로부터의 자유

제39항은 특히 의미심장했다. "자유민은 그와 동등한 사람들의 합법적 판결에 의거하거나 국법에 의거해서가 아닌 한, 체포되거나 투옥되거나 권리나 재산을 빼앗기거나 법의 피보호자에서 배제되거나 추방되거나 그 밖의 어떤 방식으로든 지위를 박탈당하지 않을 것이고, 우리는 그에게 무력을 행사하거나 다른 사람들로 하여금 무력을 행사하게 하지 않을 것이다." 귀족들의 요구사항에는 인신보호법(habeas corpus)이라는 개념이 내포되어 있었다. 그것은 피구속자를 법원에 제시하라는 내용으로, 독단적 권력남용으로부터 사람들을 보호하는 데 목적이 있었다. 최초로 전제적 통치자로부터의 개인적 자유가 명시적으로 보장되었다. 존은 그런 조건을 받아들이고, 나중에 〈마그나 카르타('대헌장'을 뜻하는 라틴어)〉로 알려진 그 문서에 국새를 찍을 수밖에 없었다.

안타깝게도 존의 승인은 형식적인 행위에 불과했고, 그 문서의 상당부분은 나중에 무시되거나 폐지되었다. 그럼에도 핵심적

우리는 어떤 사람에게도 권리나 정의를 팔거나 부정하거나 유예하지 않을 것이다.
〈마그나 카르타〉 제40항

중세의 정치 **MEDIEVAL POLITICS** **61**

참조 : ▪ 키케로 49쪽 ▪ 존 로크 104~109쪽 ▪ 몽테스키외 110~111쪽 ▪ 장 자크 루소 118~125쪽 ▪ 올리버 크롬웰 333쪽

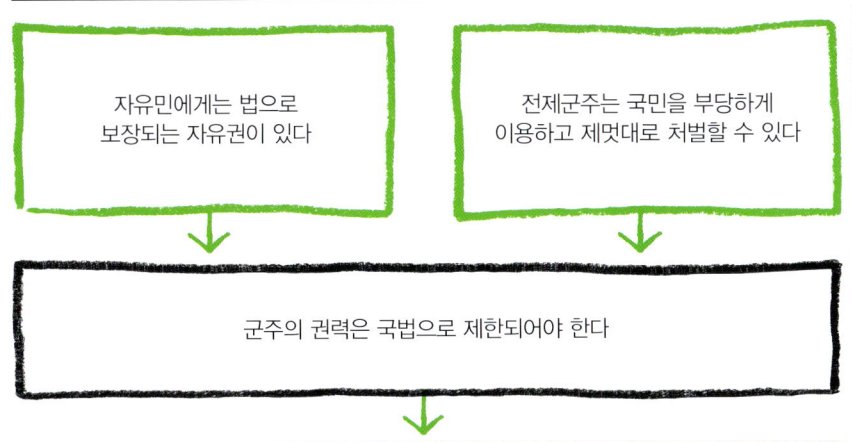

영국의 봉건귀족들

정복왕 윌리엄(William the Conqueror)이 11세기경 처음 만든 귀족 신분(barony)은 왕이 부여한 일종의 봉토 보유권이었다. 그 보유자에게는 특정한 의무와 특권도 할당되었다. 귀족들은 토지를 보유하는 대가로 왕에게 세금을 냈을 뿐 아니라, 요청을 받으면 왕을 위해 싸울 기사들을 할당된 수만큼 제공할 의무(servitium debitum)도 있었다. 그 대신 왕의 의회에 참여할 특권도 부여받았으나, 왕의 부름으로 소집되었을 때만 그런 활동을 할 수 있었다. 그들은 정기적으로 모이지 않았고, 왕의 조정이 이곳저곳으로 자주 이동하다 보니 정규적인 회합 장소도 없었다.

존 왕의 재위기간에 귀족들이 왕에게 〈마그나 카르타〉를 받아들이도록 강요하긴 했지만, 봉건귀족의 권력은 13세기 동안 약해지다가 영국 내전 기간에 거의 없어졌다.

인 조항들은 존속했고, 〈마그나 카르타〉의 정신은 영국의 정치적 발달에 지대한 영향을 미쳤다. '자유민(당시에는 봉건지주만을 의미하여 농노를 포함하지 않았다)'의 권리를 위한 군주권 제한은 독립적인 의회의 토대가 되었다. 1265년의 반체제적인 드몽포르 의회는 최초의 그런 조직체로서, 최초로 귀족은 물론이고 선출된 대표, 기사, 자치도시 관리(burgess)들로 구성되었다.

의회를 위해

17세기에, 영국 군주를 국법으로 속박한다는 개념은 영국 내전이 일어나는 가운데 정점에 이르렀고, 〈마그나 카르타〉는 올리버 크롬웰(Oliver Cromwell)이 이끈 의회파의 대의명분을 상징했다. 당시 이미 특권이 있는 소수의 국민들에게만 적용되긴 했지만 〈마그나 카르타〉는 전제권력으로부터 개인의 자유를 보호하는 법이라는 개념을 개척했다. 또 그 헌장은 수많은 인권선언에는 물론이고 전(前) 영국 식민지를 비롯한 여러 나라의 현대 헌법에 명시된 권리장전에도 영향을 미쳤다. ∎

주요 저술

1100년 〈자유 헌장 Charter of Liberties〉
1215년 〈마그나 카르타 Magna Carta〉

영국 런던의 국회의사당은 군주가 의회의 동의 없이 추가 세금을 징수할 수 없다고 1215년에 귀족들이 주장한 데서 기원한다.

전쟁이 정당해지려면 정당한 명분이 필요하다

토머스 아퀴나스(서기 1225~1274년)

맥락읽기

이데올로기
자연법(natural law)

핵심어
정당한 전쟁(正戰)

이전의 관련 역사
기원전 44년 : 『의무론』에서 키케로가 국가를 방어하고 평화를 회복하는 최후의 수단이 아닌 전쟁에 반대한다.

서기 5세기 : 히포의 아우구스티누스가 국가는 덕을 고취해야 한다고 주장한다.

서기 620년대 : 마호메트가 이슬람교도들에게 이슬람교를 지키기 위해 싸울 것을 요청한다.

이후의 관련 역사
서기 1625년 : 『전쟁과 평화의 법』에서 휘호 흐로티위스가 정당한 전쟁에 관한 이론을 국제법의 맥락에 집어넣는다.

서기 1945년 : 국제연합(UN) 헌장에서 국제분쟁 중에 UN의 인가 없이 무력을 사용하는 것을 금지한다.

중세 유럽에서 로마 가톨릭교회는 몇 세기 동안 학문을 독점했다. 서기 4세기 말에 콘스탄티누스 1세가 기독교를 로마 제국의 국교로 채택한 이후 정치사상은 줄곧 기독교 교리에 지배되어왔다. 정부와 교회의 관계는 철학자와 신학자들의 마음을 사로잡았는데, 그 중 대표적 인물인 히포의 아우구스티누스는 플라톤의 『국가』에 나오는 정치적 분석을 기독교 교리와 통합함으로써 그 논쟁의 토대를 마련했다. 하지만 12세기에 이슬람 학자들과의 접촉을 통해 고대 그리스 문헌의 번역서를 유럽에서 구할 수 있게 되자 유럽의 몇몇 사상가들은 다른 철학자들, 특히 아리스토텔레스와 그의 주석자인 안달루시아 지방의 박식가 아베로에스(Averroes)에게도 관심을 보이기 시작했다.

합리적 방법

중세 말엽에 등장한 기독교 사상가들 가운데 단연 가장 중요한 인물은 이탈리아의 학자 토머스 아퀴나스(Thomas Aquinas)로, 새로 결성된 도미니크 수도회에 속했다. 스콜라철학의 전통을 중요시한 그 수도회의

> 평화는 정의가 평화의 장해물을 제거하는 한 정의의 간접적 결과물이지만, 그 개념 자체에 따르면 다름 아닌 자비의 결과물이다.
>
> **토머스 아퀴나스**

수도사들은 교리만 가르친 것이 아니라 추론을 교육방법으로 이용했다. 그런 분위기 속에서 아퀴나스는 기독교 신학을, 플라톤과 아리스토텔레스 같은 철학자들이 제시한 합리적 논증과 조화시키기 시작했다. 역사가들은, 때로 아퀴나스가 자신이 원하는 각각의 요소들을 골라 모두 부드럽게 함께 섞듯이 기독교 사상과 아리스토텔레스의 철학을 '통합'했다고 말하곤 한다. 사실

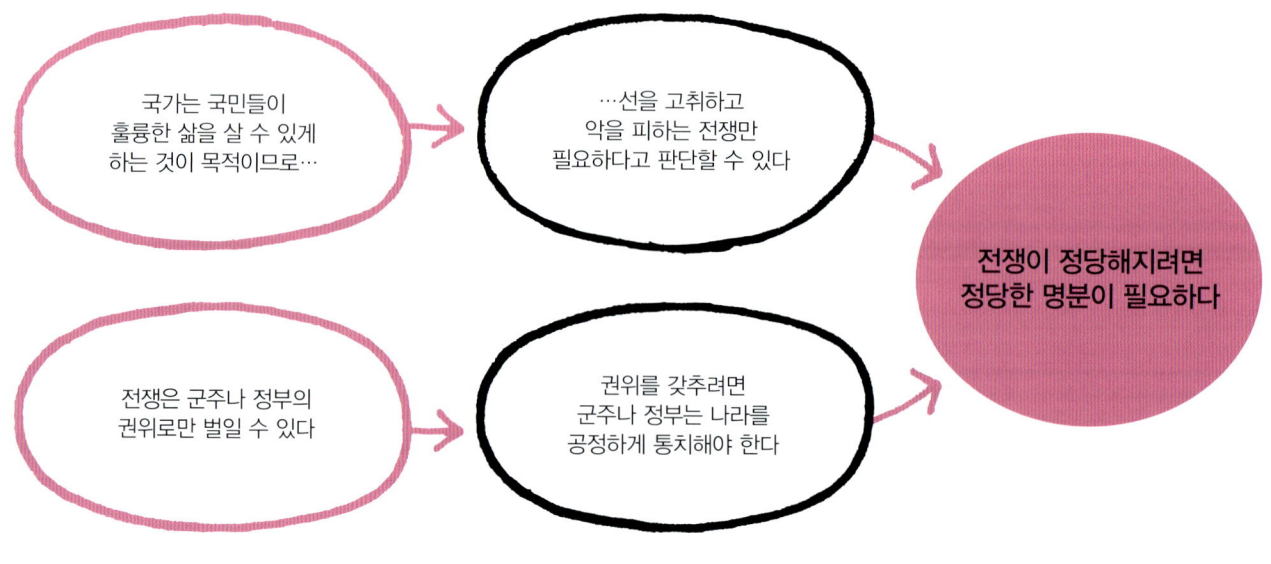

중세의 정치 MEDIEVAL POLITICS **65**

참조 : • 아리스토텔레스 40~43쪽 • 키케로 49쪽 • 히포의 아우구스티누스 54~55쪽 • 마호메트 56~57쪽 • 파도바의 마르실리우스 71쪽 • 프란시스코 수아레스 90~91쪽 • 마이클 왈저 324~325쪽

상 대부분의 기독교도들과 마찬가지로 아퀴나스에게도 교회의 가르침은 예외나 타협 없이 모두 받아들여져야 했다. 하지만 아퀴나스는 특이하게도, 제대로 이해되기만 한다면 아리스토텔레스의 사상은 기독교의 가르침에 위배되지 않는다고 여겼다. 성직자로서 그는 주로 신학적인 문제에 관심이 있었지만, 당시는 교회가 지배적인 정치세력이었기 때문에 신학과 정치가 오늘날처럼 뚜렷이 구별되지 않았다. 이성과 교리, 철학과 신학의 통합을 옹호한 아퀴나스는 여러 나라에서 커지고 있던 교회·국가 간 갈등, 세속적 권력 대 신적 권위와 관련된 문제를 다루었다. 그리고 '어떤 경우에 전쟁이 정당화되는가?' 같은 윤리적 문제에도 그런 방법을 적용했다.

정의, 최고의 덕목

도덕철학에서 아퀴나스는 정치적인 문제를 숨김없이 검토하며, 신학적 논증에서와 마찬가지로 철학적 사고에서도 추론이 중요함을 강조한다. 그는 히포의 아우구스티누스의 저작을 출발점으로 삼았다. 아우구스티누스는 훌륭하고 도덕적인 삶의 장려가 국가의 목적이라는 고대 그리스의 관념을 자신의 기독교 신앙에 성공적으로 통

아퀴나스가 생각하기에, 기독교 가치관을 지키기 위한 전쟁은 정당화될 수 있었다. 예루살렘이 점령되고 수많은 사람이 학살된 1096~1099년의 제1차 십자군도 그런 전쟁에 포함되었다.

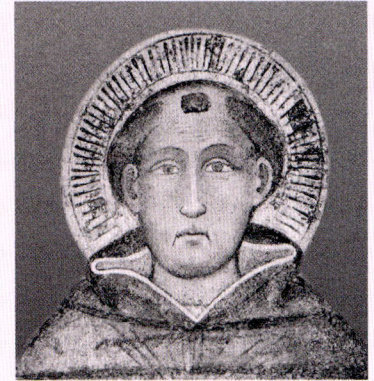

토머스 아퀴나스

토머스 아퀴나스는 이탈리아 로카세카에서 아퀴노 백작의 아들로 태어나 몬테카시노 수도원과 나폴리대학에서 공부했다. 베네딕트회 수사가 되리라는 기대를 받았지만, 1244년에 신흥 도미니크회에 들어간 다음 1년 후 파리로 이주했다. 1259년경에는 나폴리와 오르비에토에서, 그리고 산타사비나 성당의 새 학교에서 학생들을 가르치고 로마에서 교황의 고문 역할을 했다.

그는 아베로에스·아리스토텔레스 철학과 기독교 교리의 양립 가능성에 대한 논쟁 때문이었는지 1269년에 파리로 돌려보내졌다. 그리고 1272년에 나폴리에 새로운 도미니크회 대학을 세웠다. 그곳에서 신비로운 경험을 한 그는 자신이 써온 글들이 '지푸라기처럼' 느껴진다고 말했다. 아퀴나스는 1274년에 리옹 공의회에 고문으로 참석하라는 명령을 받았는데, 그곳으로 가는 도중에 어떤 사고를 겪은 후 병에 걸려 죽었다.

주요 저술

1254~1256년 『명제집 주해 Commentary on the Sentences』
1258년경~1260년 『대(對)이교도대전 Summa Contra Gentiles』
1267~1273년 『신학대전 Summa Theologica』

> 그러므로 전쟁에 출정하는 유일한 이유는 무사히 평화롭게 살기 위해서다.
> 키케로

합한 바 있었다. 아우구스티누스는 그런 관념이 신법(충실히 지키면 부정을 막을 수 있는 법)과 조화를 이룬다고 주장했다. 플라톤과 아리스토텔레스의 저작에 푹 빠져 있던 아퀴나스에게 정의는 그의 정치철학 전체를 뒷받침하는 최고의 정치적 덕목이었고, 정의 관념은 정치의 핵심요소였다. 정당한 법은 좋은 정부가 나쁜 정부와 구별되는 차이로, 통치에 대한 정당성을 정부에 부여했다. 국가활동의 도덕성을 결정하는 것도 다름 아닌 정의였는데, 그 원칙은 '정당한 전쟁'에 대한 아퀴나스의 이론에 매우 뚜렷이 나타나 있다.

정당한 전쟁이란?

아우구스티누스의 주장을 출발점으로 삼은 아퀴나스는 기독교가 신자들에게 평화주의를 설파하긴 하지만 국가가 공격에 직면할 경우 평화 유지·회복을 위해 싸워야 할 수도 있다는 데 동의했다. 하지만 그런 전쟁은 선제공격이 아닌 방어전이어야 하며, 특정 조건이 충족되는 경우에만 시작되어야 한다. 그는 그런 조건을 '전쟁 개시의 정의(jus ad bellum)'라 부르며, 그것으로 전쟁의 정의를 확보할 수 있다고 믿었다. 이는 전쟁 중의 정당한 행동에 대한 규칙인 '전쟁 수행의 정의(jus in bello)'와 구별된다.

아퀴나스는 정당한 전쟁의 세 가지 기본 요건을 찾았다. 올바른 목적, 군주의 권위, 정당한 명분. 그런 원칙은 오늘날까지도 정전(正戰) 이론의 기본 기준으로 남아 있다. 기독교도에게 '올바른 목적'이란 오직 하나, 즉 평화 회복만을 의미했다. 하지만 다른 두 가지 조건에는 더 세속적인 접근법이 들어 있다. '군주의 권위'는 정부나 국가 통치자 같은 권위자만이 전쟁을 개시할 수 있음을 암시하고, '정당한 명분'은 개인의 이익이나 영광이 아닌 국민의 이익을 위해서만 전쟁을 할 수 있도록 권위자의 권력을 제한한다. 그런 기준이 충족되려면 적절하게 조

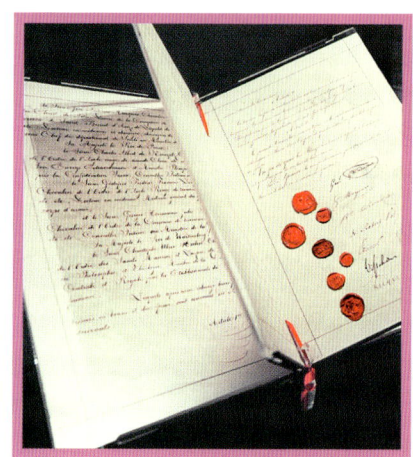

제네바 협약은 1864~1949년에 조인된 네 조약으로 구성된다. 대체로 정전(正戰) 개념에 기초한 그 조약들은 전시에 군인과 민간인을 공정하게 대우하는 방식을 규정했다.

직된 정부나 적절하게 임명된 통치자가 그들 활동의 정의를 확보하는 법에 속박되어 있어야 하는데, 그런 정의는 결국 교회와 정부 양쪽 모두의 요구사항을 고려하는, 정당한 통치에 대한 이론에 기초해야 한다.

자연법과 인간법

정부의 역할과 권위에 대한 그런 인식 때문에 아퀴나스는 정치철학과 관련하여 당대의 다른 사상가들과 구별되었다. 플라

전쟁 개시의 정의(正義)

아퀴나스에 따르면, 정당한 전쟁의 올바른 목적은 평화 회복뿐이다.

정당한 전쟁은 군주의 권위 아래에서만 수행될 수 있다.

정당한 명분으로 전쟁을 하려면 그 전쟁이 국민들에게 이로워야 한다.

우리가 자신과 사회를 위해 만드는 법은 자연법에 기초해야 한다.
자연법은 우주 전체를 이끄는 영원법을 반영한다.

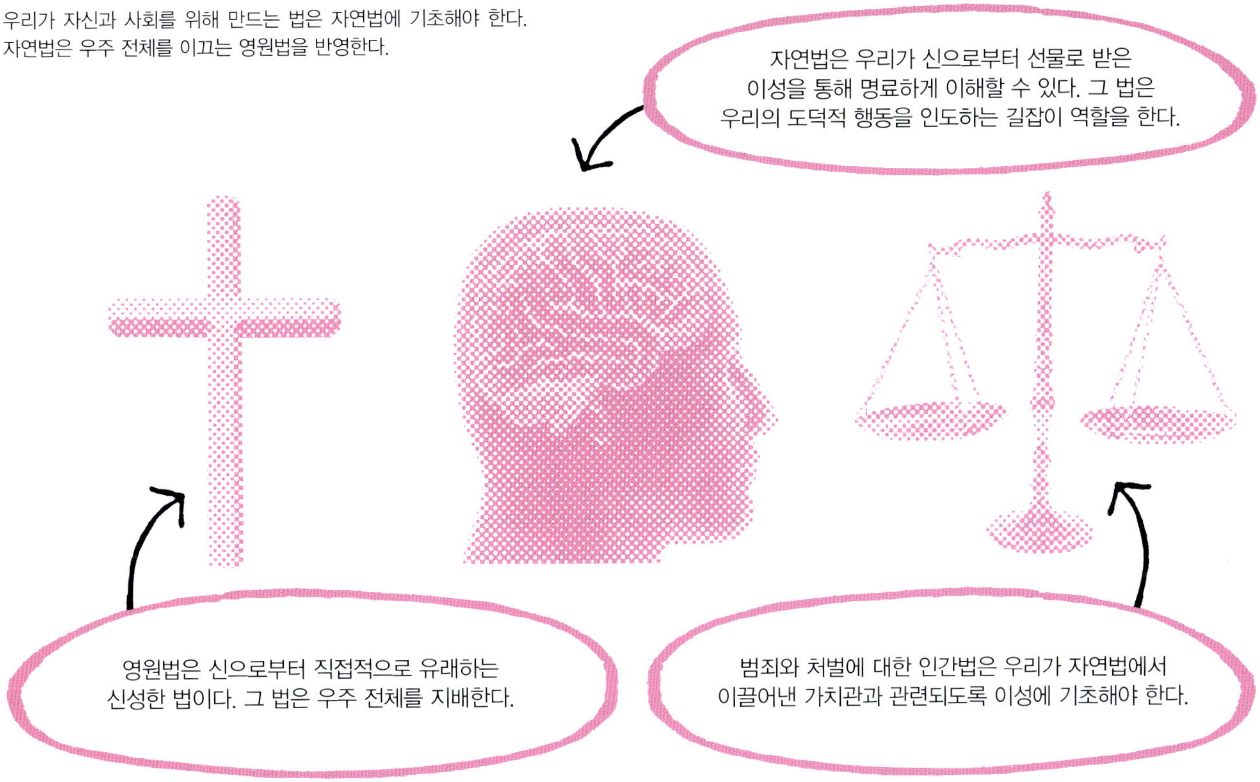

자연법은 우리가 신으로부터 선물로 받은 이성을 통해 명료하게 이해할 수 있다. 그 법은 우리의 도덕적 행동을 인도하는 길잡이 역할을 한다.

영원법은 신으로부터 직접적으로 유래하는 신성한 법이다. 그 법은 우주 전체를 지배한다.

범죄와 처벌에 대한 인간법은 우리가 자연법에서 이끌어낸 가치관과 관련되도록 이성에 기초해야 한다.

톤과 아리스토텔레스를 연구하면서 정의를 필수 덕목으로 중요시하게 된 그는 사회에서 법이 차지하는 위치에 대해 숙고하게 되었는데, 법에 대한 그런 관심은 아퀴나스 정치사상의 토대가 되었다. 그리고 당시 사회가 갈수록 다원화되다 보니 아퀴나스는 당연하게도 신법과 인간법의 차이, 함축적으로는 교회법과 정부법의 차이도 고찰하게 되었다.

기독교도로서 아퀴나스는 영원하고 신성한 법이 우주를 지배한다고, 유일한 이성적 동물인 인간은 그 법과 독특한 관계가 있다고 믿었다. 추론능력 때문에 우리는 그가 말하는 '자연법'의 지배를 받는데, 그것은 우리가 인간 본성을 고찰하고 행동의 도덕률을 추론함으로써 도달한 법이다. 하지만 아퀴나스의 설명에 따르면 그런 추론은 신법에 모순되기는커녕 우리가 영원법에 관계하는 방식이다.

그의 주장에 따르면, 이성은 우리가 스스로 자연법에 대해 궁리할 수 있게 하는 능력이고, 자연법은 사실상 영원법이 사회적 동물인 우리의 본성에 부합되도록 인간에게 적용되는 방식이다. 하지만 도덕과 관련된 자연법은 일상적인 일을 통제하는 인간법과 혼동되지 말아야 한다. 인간법은 우리가 사회 공동체의 순조로운 운영을 위해 만든 법이다. 인간이 만든 그 법은 창조자인 인간과 마찬가지로 본질상 완벽하지 않아서 부정을 초래할 수 있는데, 인간법의 권위는 그 법을 자연법과 비교해야만 판단할 수 있다.

공동체에 대한 욕구

아퀴나스는 자연법이 드러난 것은 합리적 사고를 하려는 우리의 성향 때문이지만, 인간법이 출현한 것은 인간 본성의 또 다른 측면, 즉 사회 공동체를 이루려는 욕구 때문이라고 설명한다. 그 생각은 아리스토텔레스가 『정치학』(아퀴나스는 그 책에 대한 긴 주해를 쓴 바 있다)에서 말한 것, 즉 인간이란 본래 '정치적 동물'이라는 견해와 매우 비슷

인간의 이성은 세상의 신과 같다.
토머스 아퀴나스

1928년에 15개국이 조인한 켈로그–브리앙 조약에서는 조인국들의 전쟁 개시를 금지했다. 그 조약은 전쟁을 평화 회복을 위해서만 이용해야 한다는 아퀴나스의 원칙과 부합했다.

정당한 경우에는 군주정으로, 부당한 경우에는 참주정으로 알려져 있고, 소수가 통치하는 체제는 정당한 경우에는 귀족정, 부당한 경우에는 과두정으로 알려져 있으며, 다수가 통치하는 체제는 정당하면 공화정 혹은 혼합정, 부당하면 민주정이라 불린다.

그런 정치체제가 정당한가 혹은 부당한가를 결정하는 요소는 국가의 질서를 세우는 수단인 법이다. 아퀴나스는 법을 '공동체의 책임자가 반포한, 공익을 위한 합리적 규칙'으로 정의했다. 그 정의에는 정당한 통치에 대한 그의 기준이 요약되어 있다. 법은 스스로 자연법을 추론하고자 하는 인간의 욕구를 충족시킬 수 있도록, 교회가 국가에 강요하는 신법이 아닌 이성에 기초해야 한다.

질서 유지

이어서 아퀴나스는 순수한 인간법이 사회질서 유지에도 필요하다고 설명한다. 자연법은 우리가 옳고 그름을 판단하는 데 길잡이가 되고, 무엇이 범죄 혹은 부정행위인지 결정하는 도덕률의 지표가 된다. 하지만 무엇이 적절한 형벌이고 그것을 어떻게 집행해야 하는가를 결정하는 것은 바로 인간법이다. 그런 인간법은 질서 잡힌 문명사회에 꼭 필요하며, 잠재적인 범법자들에게 당근과 채찍이 되어 그들로 하여금 공익을 존중하게 한다. 그리고 결국은 그들이 '두려움 때문에 하던 행동을 자진해서 하며 도덕적인 사람이 되게' 한다. 인간법의 정당성은 그것이 자연법에 얼마나 잘 부합하는가로 판단할 수 있다. 자연법에 어긋나는 법은 아예 법으로 여기지 말아야 한다.

하다. 사회 공동체를 이루려는 욕구는 우리 인간을 다른 동물들과 뚜렷이 구별 짓는 특징이다. 아리스토텔레스와 마찬가지로 아퀴나스는 인간이란 자연히 가족 단위를 형성하고 이어서 그 단위로 모여 마을을 이루고 결국 도시국가나 민족국가 같은 정치사회를 이루며 질서정연한 사회구조를 만들게 마련임을 인정한다. 그는 그런 국가가 완벽한 공동체라는 아리스토텔레스의 의견에 원칙적으로는 동의했지만, 그의 국가 개념은 고대 그리스의 국가 개념과 같지 않았다. 고대 그리스의 그 개념은 13세기 기독교의 관점과 양립할 수 없었다.

그리스 철학자들에 따르면, 그런 사회의 목적은 구성원들이 덕과 이성에 따라 '훌륭한 삶을 살 수 있게 하는 데 있었다. 아퀴나스의 해석은 미묘하게 달랐다. 그는 그리스 철학자들의 그 생각을 기독교 신학 및 자신의 자연법 개념과 조화시켰다. 아퀴나스에게 정치사회의 목적은 구성원들이 추론력을 키워 도덕감, 즉 자연법을 이해할 수 있게 하는 데 있었다. 그것을 이해하고 나면 그들은 자연법에 따라, 그리고 기독교도로서 신법에 따라 잘살 수 있게 된다는 것이었다.

공정한 통치

이어지는 문제는 이것이었다. 어떤 정치체제가 그런 정치사회의 목적을 달성하는 데 가장 적합한가? 또다시 아퀴나스는 아리스토텔레스를 본보기로 삼아, 통치자의 수와 통치의 정당성에 따라 다양한 정치체제를 분류한다. 한 사람이 통치하는 체제는

결국에는 정당한 전쟁이 더없이 순조로운 평화보다 인간의 영혼에 훨씬 더 유익하다.
시어도어 루스벨트

정치체제의 정당성을 판단하는 데 결정적인 요소는 아퀴나스가 제시한 정의(定義)의 두 번째 부분일 듯하다. 시행되는 법은 통치자나 통치자들만을 위한 것이 아니라 국민 전체를 위한 것이어야 한다. 그런 법이 있어야만 국가는 국민들이 지적·도덕적 발전을 자유롭게 추구할 수 있는 체제를 제공할 수 있다. 하지만 '누가 통치해야 하는가?' 하는 문제는 여전히 남아 있다. 아리스토텔레스와 마찬가지로 아퀴나스는 대다수의 사람들에게는 통치에 필요한 도덕을 제대로 인식할 수 있는 추론력이 없다고 믿었다. 이는 정치를 민중이 아닌 적절한 개인, 군주, 귀족에게 맡겨야 함을 암시한다. 아퀴나스는 그런 사람들이 부패할 가능성도 염두에 두고서 혼합정체를 옹호했다.

국가란 기독교 교리에 따르는 삶을 장려하기 위해 존재한다는 그의 생각을 고려해볼 때, 놀랍게도 아퀴나스는 비기독교인이 적절한 통치자가 될 가능성을 무시하지 않는다. 완벽한 통치를 하진 못하겠지만 비기독교인도 인간법에 따라 공정하게 나라를 다스리며, 국민들이 추론력을 키워 도덕률을 추론해내게 할 수 있다. 그리하여 자연법에 따라 살게 된 국민들은 결국 기독교사회를 이룰 것이다.

급진적 사상가

900년 가까이 지난 지금의 관점으로 보면, 아퀴나스는 단순히 아리스토텔레스의 정치이론을 재발견하고 되풀이해 이야기한 것 같기도 하다. 하지만 중세 기독교라는 배경과 대비되는 맥락 속에서 충분히 살펴보면, 그의 견해는 로마 가톨릭교회의 전통적 권력에 도전한 급진적 정치사상이었음을 알 수 있다. 그럼에도 그의 학식과 신앙심 덕분에 그의 사상은 곧 국교회에 받아들여졌고 오늘날까지 가톨릭 정치철학의 상당부분을 뒷받침하는 토대로 남아 있다.

정당한 전쟁의 기준(올바른 목적, 군주의

국제연합은 1945년에 제2차 세계대전이 끝난 후, 아퀴나스가 자연법이라 불렀을 원칙을 권장하고 국제평화를 유지하기 위해 창건되었다.

권위, 정당한 명분)에서 우리는 그런 원칙이 아퀴나스의 더 일반적인 정치적 정의론과 잘 부합함을 알 수 있다. 그가 말한 정치적 정의는 신적 권위가 아닌 자연법과 합리주의에 기초했다. 아퀴나스의 자연법 개념은 이후의 정전이론에 큰 영향을 미쳤을 뿐 아니라, 신학자와 법 전문가들에게도 수용되었다. 유럽에서 신흥 민족국가들이 교황으로부터의 독립을 주장함에 따라 교회와 세속세력들 간의 갈등이 커지면서 인간법의 필요성은 수세기 동안 중요한 문제가 되었다. ■

정당한 전쟁의 조건(올바른 목적, 권위, 정당한 명분)에 대한 아퀴나스의 생각은 오늘날에도 여전히 유효하며 수많은 반전운동가들에게 동기가 되고 있다.

정치적으로 산다는 것은 훌륭한 법에 따라 산다는 뜻이다

에지디우스 로마누스 (서기 1243년경~1316년)

맥락읽기

이데올로기
입헌주의(constitutionalism)

핵심어
법치

이전의 관련 역사
기원전 350년경: 『정치학』에서 아리스토텔레스가 인간이란 본래 정치적 동물이라고 말한다.

서기 13세기: 토머스 아퀴나스가 아리스토텔레스의 사상을 기독교철학 및 정치사상에 통합한다.

이후의 관련 역사
서기 1328년: 파도바의 마르실리우스가 신성로마 제국 황제 루트비히 4세와 교황 요한 22세의 권력투쟁에서 루트비히 4세와 세속정치를 지지한다.

서기 1600년경: 프란시스코 수아레스가 『법과 입법가인 신에 관한 논고』에서 왕권신수설을 반박한다.

서기 1651년: 『리바이어던』에서 토머스 홉스가 자연상태에서의 삶이란 "고독하고 빈곤하고 추잡하고 야비하며 단명하다"고 표현하고, 사회 구성원 모두를 보호하는 사회계약을 옹호한다.

그리스 철학자 아리스토텔레스의 사상은 유럽에서 오랫동안 무시되다가 13세기에 무엇보다 도미니크회 사제 토머스 아퀴나스와 그의 제자 에지디우스 로마누스(Giles of Rome)의 연구 덕분에 교회에 받아들여졌다. 에지디우스는 아리스토텔레스 저작에 대한 중요한 주해를 썼을 뿐 아니라 그의 사상을 더욱더 발전시켰는데, 특히 인간을 '정치적 동물'로 보는 개념을 더 깊이 다루었다. 아리스토텔레스가 '정치적(political)'이란 말을 쓴 것은 정치체제와 관련해서가 아니라 폴리스(polis) 혹은 문명사회에서 산다는 의미에서였다.

에지디우스는 문명사회의 일부로 존재하는 것이 곧 '정치적으로 사는 것'이고 덕에 따라 훌륭한 삶을 사는 데 꼭 필요한 일이라고 생각했다. 왜냐하면 문명사회는 구성원들의 도덕성을 확보하고 보호하는 법에 통제되기 때문이다. 그는 훌륭한 법이라면 정의 같은 덕목들을 강요해야 한다고 말한다. 사회 구성원으로 존재하려면, 즉 정치적으로 살려면 그런 법을 준수해야 한다. 그런 법을 지키지 않는다는 것은 곧 사회 밖에

프랑스 왕 필리프 4세(Philip IV)는 〈우남 상탐Unam Sanctam〉을 공개적으로 불태우게 했다. 그것은 왕을 교권권에 복종시키려고 시도한 문서였는데, 에지디우스는 그런 복종 원칙에 동의했다.

서 산다는 뜻이다. 그렇게 보면 '정치적' 삶은 법치라는 측면에서 전제정치와 구별된다. 전제군주는 법을 준수하지 않음으로써 자신을 문명사회에서 배제하는 셈이다.

에지디우스는 세습군주제가 정치사회의 통치에 가장 적합한 정체라고 믿긴 했지만, 대주교이다 보니 충성심이 교회와 세속권력 사이에서 나뉘어 있었다. 하지만 결국 그는 왕이 교회에 복종해야 한다고 선언함으로써 교황을 편들었다. ■

참조: ▪ 아리스토텔레스 40~43쪽 ▪ 토머스 아퀴나스 62~69쪽 ▪ 파도바의 마르실리우스 71쪽 ▪ 프란시스코 수아레스 90~91쪽 ▪ 토머스 홉스 96~103쪽

교회는 그리스도를 본받는 데 전념하고 세속적 권력을 포기해야 한다

파도바의 마르실리우스(서기 1275~1343년)

맥락읽기

이데올로기
세속주의(secularism)

핵심어
교회의 역할

이전의 관련 역사
기원전 350년경: 『정치학』에서 아리스토텔레스가 도시국가의 사법과 행정에서 국민이 수행하는 역할을 설명한다.

서기 30년경: 가톨릭 전설에 따르면 성 베드로가 로마의 초대 주교가 된다. 그 이후의 주교들은 '교황'으로 알려진다.

서기 800년: 샤를마뉴가 로마의 황제로 즉위하여 신성로마 제국을 창건한다.

이후의 관련 역사
서기 1328년: 신성로마 제국의 새 황제로 즉위한 바이에른의 루트비히가 교황 요한 22세를 퇴위시킨다.

서기 1517년: 독일의 신학자 마르틴 루터가 가톨릭교회의 교리와 의식을 비판하며 종교개혁을 촉발한다.

성직자가 아니라 대학교수였던 파도바의 마르실리우스(Marsilius of Padua)는 사람들 중 상당수가 믿고 있던 바를 터놓고 말하기에 신학자들보다 더 좋은 위치에 있었다. 그 믿음이란 '교회, 특히 교황은 정치권력이 전혀 없어야 한다'는 것이었다.

마르실리우스는 신성로마 제국 황제로 선출된 바이에른의 루트비히(Ludwig of Bavaria)와 교황 요한 22세(John XXII)의 권력 투쟁에서 황제를 변호하기 위해 『평화 옹호자 Defensor Pacis』라는 논문을 쓴 바 있다. 그 논문에서 그는 정치는 교회의 본분이 아니라고 설득력 있게 주장한다. 그는 하나님이 부여한 '전권(全權, plenitude of power)'에 관한 여러 교황들의 주장을 논박하며, 그런 권력이 국가에 해롭다고 믿는다.

아리스토텔레스의 『정치학』에 나온 논증을 이용하여 마르실리우스는 효과적인 정치란 통치자 선출권, 입법 참여권 등의 권리가 있는 민중에게서 비롯된다고 말한다. 그에 따르면, 인간사는 신법이 아닌 인간법에 따라 민중이 관리하는 것이 가장 바람직하다. 신법으로 인간사를 관리하는 것은 성경에서도 허가하지 않는다. 그리스도는 세인에 대한 강압적 권력을 성직자들에게 일절 허락하지 않고, 그들의 교육자 역할을 강조했다. 그러므로 교회는 예수와 그의 제자들을 본받아 정치권력을 정부에 돌려주어야 한다. 그러고 나면 세속정부는 민중의 다수가 뽑은 통치자 아래에서 법과 질서, 경제·군사 문제 같은 전문 정치 분야를 더 잘 다룰 수 있게 될 것이다. ■

선거에서만 권위를 얻는 선출직 공무원은 그 이상의 확정이나 승인이 필요하지 않다.
파도바의 마르실리우스

참조: ■ 아리스토텔레스 40~43쪽 ■ 아우구스티누스 54~55쪽 ■ 에지디우스 로마누스 70쪽 ■ 니콜로 마키아벨리 74~81쪽

정부는 부정을 저지르는 경우가 아니면 부정을 막는다

이븐할둔(서기 1332~1406년)

맥락읽기

이데올로기
이슬람교(Islam)

핵심어
권력 부패

이전의 관련 역사
기원전 1027~256년 : 주(周)나라 시대의 중국 역사가들이 제국들이 쇠퇴하고 교체되는 '조대순환(朝代循環)'을 설명한다.

서기 950년경 : 알파라비가 플라톤과 아리스토텔레스의 사상에 기초하여 '도덕 국가'라는 자신의 이슬람 이상국 개념과 정치체제들의 결점을 설명한다.

이후의 관련 역사
서기 1776년 : 『국부론』에서 영국의 경제학자 애덤 스미스가 분업의 원리를 설명한다.

서기 1974년 : 미국 경제학자 아서 래퍼가 이븐할둔의 조세 개념을 이용해 래퍼곡선을 고안한다. 그것은 세율과 정부 세입의 관계를 보여주는 곡선이다.

정치사회의 통일성은 공동체의식에서 비롯한다

↓

그런 공동체의식은 정치의 기반으로서 부정을 막는다

↓

사회가 발전하다 보면 사회의 결속력이 떨어지고 정부가 해이해지며…

↓

…정부의 이익을 위해 국민을 이용하면서 부정을 저지르게 된다

↓

결국은 또 다른 정부가 나타나 그 타락한 정부를 대신하게 된다

↓

정부는 부정을 저지르는 경우가 아니면 부정을 막는다

영국 인류학자 어니스트 겔너(Ernest Gellner)가 정치이론의 역사상 정부에 대한 최고의 정의라고 평한 이븐할둔(Ibn Khaldun)의 주장 "정부는 부정을 저지르는 경우가 아니면 부정을 막는다"는 정치제도에 대한 냉소적인 현대적 비판, 혹은 마키아벨리식의 현실주의로 여겨질 수 있다. 사실 그 정의는 정치적 불안정의 원인에 대한 14세기의 획기적 분석에서 중심에 자리한다.

공동체의식을 기반으로

동시대의 어느 정치철학자들과 달리 이븐할둔은 역사학·사회학·경제학적 관점으로 정치제도의 흥망성쇠를 고찰했다. 그는 아리스토텔레스와 마찬가지로 인간이란 사회 공동체를 형성하게 마련임을 인정했는데, 그 원인이 아랍어로 '아사비야(asabiyyah)'라는 개념에 있다고 보았다. 그것은 '공동체의식', '집단유대', '동족의식' 정도의 뜻이다. 그런 사회적 결속력은 국민의 이익을 보호하고 국민을 공격으로부터 지키는 것을 목적으로 하는 정부라는 제도를 낳는다.

그런 정부는 어떤 체제를 취하든 간에 자멸의 씨앗을 품고 있다. 힘이 커짐에 따라 정부는 갈수록 국민의 행복을 소홀히 하고 이기적으로 활동하여 국민을 부당하게 이용하며 부정과 분열을 초래한다. 처음에 부정을 막기 위한 제도로서 출발한 기구가 이제 직접 부정을 저지르고 있는 것이다. 그리하여 공동체의 아사비야가 약해지다 보면, 또 다른 정부가 나타나 그 타락한 정부를 대신해야 할 지경에 이르게 된다. 문명은 바로 그런 식으로 통치세력의 순환 속에서 흥망성쇠를 겪는다고 이븐할둔은 주장한다.

부패는 쇠퇴로 이어진다

이븐할둔은 권력 있는 엘리트의 존재가 초래하는 경제적 결과에 대해서도 언급한다. 정치사회의 초창기에는 아사비야를 유지하는 데 필요한 조치에만 세금이 쓰이지만, 사회가 문명화되다 보면 통치자들은 자

> 정신적으로 패배한 국가는 곧 종말을 맞게 된다.
> 이븐할둔

신의 갈수록 호화로워지는 생활방식을 유지하기 위해 더 많은 세금을 부과하게 된다. 이는 국가의 통일성을 위협하는 부정행위일 뿐 아니라, 역효과를 초래하는 행위이기도 하다. 과세가 지나치면 생산활동이 좌절되어 결국 세입이 늘어나는 것이 아니라 줄어들기 때문이다. 그런 생각은 20세기에 미국 경제학자 아서 래퍼(Arthur Laffer)에 의해 재발견되었다. 이븐할둔의 분업이론과 노동가치설 또한 주류 경제학자들이 그런 것을 '발견'하기에 앞서 제시되었다.

이븐할둔은 정치적 변화의 끊임없는 순환이 불가피하다고 믿긴 했지만, 어떤 정치체제는 다른 체제보다 낫다고 생각했다. 그에 따르면, 아사비야는 이슬람 국가의 칼리프 같은 단일 통치자 아래에서 가장 잘 유지된다(칼리프는 종교적으로도 사회를 결속시킨다는 추가적 이점이 있다). 반면에 독재자 아래에서는 가장 덜 만족스럽게 유지된다. 이븐할둔이 생각하기에 정부는 필요악이지만, 어떤 사람이 다른 사람을 지배한다는 본유적 부당성을 내포하고 있으므로 권력은 최소한으로 유지되어야 한다. ■

이븐할둔

1332년 튀니지의 튀니스에서 태어난 이븐할둔은 정치와 깊이 관련된 집안에서 자라며 코란과 이슬람 율법을 공부했다. 그는 북아프리카 마그레브 지역에서 공직을 맡았는데, 그곳에서 여러 정권이 정치적으로 불안정해지는 상황을 직접 목격했다. 페스에서 일하던 중에는 정권 변화 후 투옥되었고, 풀려난 후에는 에스파냐 남부의 그라나다로 가서 카스티야의 잔인왕 페드로(Pedro the Cruel)와의 평화교섭을 주도했다. 나중에 북아프리카로 돌아와 몇몇 조정에서 일했으나, 개혁을 시도하다 거부당한 후 사막의 베르베르족에게로 도망쳤다. 1384년 카이로에 정착해 그곳에서 『세계사』를 완성했다. 1401년에는 마지막 여행으로 다마스쿠스에 가서 이집트와 몽골 칸 티무르 간의 평화교섭을 주재했다.

주요 저술

1377년 『역사 서설 Introduction to History』
1377~1406년 『세계사 History of the World』
1377~1406년 『자서전 Autobiography』

신중한 통치자는 약속을 지킬 수 없고 지켜서도 안 된다

니콜로 마키아벨리(서기 1469~1527년)

맥락읽기

이데올로기
현실주의(realism)

핵심어
치국술(治國術)

이전의 관련 역사
기원전 4세기 : 차나캬가 국가의 안녕을 위해 필요한 일이면 무엇이든 하라고 통치자들에게 조언한다.

기원전 3세기 : 한비자가 인간이란 본성상 사익을 추구하며 처벌을 피하게 마련이라 추정하고, 그의 법가 사상을 채택한 정부가 엄격한 법을 제정한다.

기원전 51년 : 로마의 정치가 키케로가 『국가론』에서 공화정치를 옹호한다.

이후의 관련 역사
서기 1651년 : 토머스 홉스가 『리바이어던』에서 자연상태에서의 삶이란 "추잡하고 야비하며 단명하다"고 말한다.

서기 1816~1830년 : 카를 폰 클라우제비츠가 『전쟁론』에서 전쟁의 정치적 측면을 논한다.

정치이론가 중에 가장 유명한 (그리고 가장 자주 오해받는) 니콜로 마키아벨리(Niccoló Machiavelli)의 저작은 '마키아벨리주의자(Machiavellist)'라는 말을 낳았다. 그 말은 '목적은 수단을 정당화한다'고 믿는 교활하고 부정직하며 대체로 이기적인 정치인의 전형을 나타낸다. 하지만 그 말에는 마키아벨리가 『군주론』이라는 논문에서 제시한 훨씬 광범위하고 혁신적인 정치철학이 요약되어 있지 않다.

마키아벨리는 르네상스로 알려질 시대의 초기에 정치적 격변을 겪으며 살았다. 유럽 역사의 전환점이었던 그 시기에는 신의 인도에 따라 세상이 다스려진다는 중세의 기독교 세계관이 인간이 자기 운명을 통제할 수 있다는 생각으로 대체되었다. 교회의 힘이 르네상스 인본주의 때문에 약화됨에 따라, 마키아벨리의 고향인 피렌체 같은 번영한 이탈리아 도시국가들은 공화국으로 자리를 잡았으나, 메디치(Medici)처럼 세력을 확장하려던 부강한 가문들로부터 위협과 지배를 수차례 받았다. 마키아벨리는 외교관으로서 피렌체 공화국의 관공서에서 직접 쌓은 경험과 고대 로마의 사회와 정치를 연구하며 받은 영향을 토대로 하여 정치이론 연구에 대한 색다른 접근법을 발전시켰다.

현실주의적 접근법

마키아벨리는 당위성과 관련하여 사회를 보기보다는 '문제의 허상이 아닌 진상을 직접 다루'려고 애썼다. 다시 말해 문제의 핵심을 찌르고 정치학을 도덕철학의 분과로서가 아니라 순전히 실질적이고 현실적인 측면에서 다루려고 애썼다는 뜻이다.

이전의 정치사상가들과 달리 마키아벨리는 국가의 목적을 국민의 도덕성 고양이 아닌 국민 복지·안전의 확보로 본다. 그래서 옳고 그름이라는 개념을 유용, 필요, 성공, 위험, 피해 같은 개념으로 대신한다. 실리를 도덕보다 중요시한 까닭에 그는 어떤 이데올로기나 도덕적 청렴이 아닌 실력과 신중함을 지도자의 바람직한 자질로 여긴다.

마키아벨리 정치철학의 중심에는 교회에서 강요한 종교적 이상과 전혀 상관없이 인간적 측면에서 인간사회를 보는 르네상스 사상이 있다. 그런 관점을 취하기 위해 그는 우선 역사상 나타난 인간 행동에 기초해 인간 본성을 분석하는데, 대다수의 사

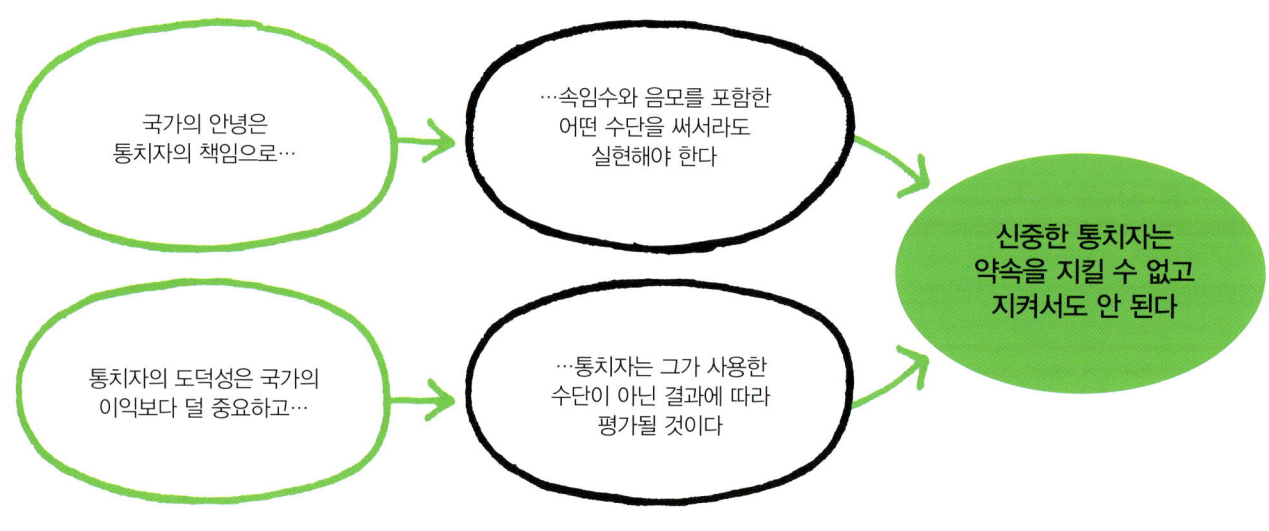

참조: ▪ 차나캬 44~47쪽 ▪ 한비자 48쪽 ▪ 이븐할둔 72~73쪽 ▪ 토머스 홉스 96~103쪽 ▪ 카를 폰 클라우제비츠 160쪽 ▪ 안토니오 그람시 259쪽

유능한 통치자는 양치기 개가 양 떼를 다루듯이 국민의 인간적 약점들을 이용해 훌륭한 결과를 얻을 수 있다.

람들은 본래 이기적이고 근시안적이고 변덕스러우며 속임수에 잘 넘어간다고 결론짓게 된다. 그의 관점은 다소 냉소적이긴 하지만 현실주의적이며, 이전 정치사상가들의 관점과 사뭇 다르다. 마키아벨리의 주장에 따르면, 인간의 그런 결점들은 효율적이고 안정적인 사회를 세우는 데 걸림돌이 될 것처럼 보이기도 하지만, 적절한 통솔력을 갖춘 지도자가 있으면 사실상 성공적인 사회를 건설하는 데 유용할 수도 있다.

인간 본성의 이용

예를 들어 인간의 선천적인 자기중심성은 자기보호본능에서 드러난다. 하지만 인간은 공격이나 적대적 환경의 위협을 받으면 용기 있는 행동, 노력, 협동으로 반응한다. 마키아벨리는 인간이 타고난 무덕한 본성과 사회에서 획득한 유익한 특징을 구별한다. 후자는 도덕적인 방식으로 작용하며 사회에 이득이 된다. 인간의 다른 부정적 특성도 공익에 이바지할 수 있는데, 스스로 생각하기보다 다른 사람을 모방하려는 성향도 그런 예다. 마키아벨리는 그런 성향 때문에 사람들이 지도자를 본받고 서로 협동한다고 말한다. 또 변덕스럽고 우직한 특성 때문에 사람들은 자비롭게 행동하도록 수완 좋은 지도자가 유도하기 쉽다. 사익과 야망에 대한 인간의 욕구에서 나타나는 이기성 같은 특성은 적절한 목적을 향하면 강력한 원동력이 될 수 있는데, 지도자의 자질로서 특히 유용하다.

바람직하지 않은 인간 본성을 자비로운 사회적 특성으로 바꾸는 데 매우 중요한 두 가지 요소는 사회 조직과 '신중한' 통솔력인데, 마키아벨리가 말하는 그런 통솔력이란 국가의 성공에 유용한 지도력을 뜻한다.

새 통치자들을 위한 조언

마키아벨리의 유명한 (그리고 지금 악명 높은) 논문 『군주론』은 지도자들을 위한 지침서의 형식으로 집필되었다. '군주의 거울'로 알려진 그런 형식의 책은 중세와 르네상스기에 흔했다. 『군주론』은 새 통치자를 독자로 설정한 책으로(강력한 메디치 가문의 일원에게 헌정되었다), 국익을 위해 기본적인 인간 본성을 이용하는 방법에 대한 조언을 담고 있다. 하지만 후대의 해석에 따르면, 마키아벨리는 지배계층에 이미 알려진 비밀을 더 광범위한 독자들에게 폭로하는 식으로 그 장르를 다소 교묘하게 이용했던 것 같기도 하다. 자기중심적이지만 유순한 인간 본성을 설명한 후, 그는 통치자가 나라를 신중하게 다스리는 데 필요한 자질로 관심을 돌린다.

산드로 보티첼리(Sandro Botticelli)가 1475년에 그린 〈동방박사의 경배Adoration of the Magi〉에는 강력한 메디치 가문 사람들의 인물화가 삽입되어 있다. 그 가문은 마키아벨리가 『군주론』을 쓰던 시대에 피렌체를 지배했다.

지도자의 자질

혼란스럽게도 마키아벨리는 그런 지도자적 자질을 설명하기 위해 '비르투(virtù)'라는 단어를 쓴다. 하지만 그 말은 교회에서 이해하는 덕(virtue) 개념과는 물론이고 현대의 도덕적 덕 개념과도 크게 다르다. 마키아벨리는 기독교도였던 만큼 일상생활에서 기독교의 덕목을 옹호하지만, 통치자의 활동과 관련해서는 도덕보다 국가의 안전과 실리를 중요시해야 한다고 믿는다. 그런 점에서 마키아벨리의 비르투 개념은 고대 로마의 '덕(virtue)'성을 연상시킨다. 그 덕성은 야망과 명예 추구가 동기인 군사지도자로 구현되었는데, 그런 동기는 기독교 덕목인 겸손과 거의 정반대된다. 마키아벨리는 그런 동기도 인간 본성에 내재하는 이기심에서 비롯된 것이며, 마찬가지로 공익을 위해 이용될 수 있다고 말한다.

나아가 마키아벨리는 군사지도자와 정치지도자 간의 유사점을 찾아 대담성, 통제력, 조직력 같은 비르투의 다른 측면도 언급한다. 그리고 지도자는 조치를 취하기 전에 상황을 합리적으로 분석해야 하는데, 그 조치는 사람들의 이상적 행동이 아닌 (자기 이익을 추구하는) 현실적 행동에 근거해야 한다고 강조한다. 마키아벨리의 의견에 따르면, 사회갈등은 이기적인 인간 본성이 초래하는 불가피한 결과다(이는 이기심이 자연 상태가 아니라고 본 중세 기독교적 관점과 대조된다). 지도자는 그런 이기적 성향을 다루려면 전술을 쓸 필요가 있다.

마키아벨리는 인간이 자기 운명의 상당 부분을 개척한다고 믿긴 하지만, 운(運)이라는 요소도 작용함을 인정한다. 그는 그것을 '포르투나(fortuna)'라고 부른다. 통치자는 그런 가능성과 싸우는 한편, 포르투나와 밀접하게 관련된 변덕스러운 인간 본성과도 싸워야 한다. 특히 정치생활은 비르투라는 요소와 포르투나라는 요소 간의 끊임없는 경쟁으로 볼 수 있는데, 그런 점에서 전쟁상태와 비슷하다.

음모의 유용성

군사이론으로 정치를 분석한 마키아벨리는 음모가 일반적인 정치생활의 핵심이라고 결론짓는다. 전쟁의 성공이 첩보활동, 방첩활동, 책략에 달려 있듯이, 정치적 성공에는 비밀 유지, 모의활동, 속임수가 필요하다. 음모라는 개념은 군사이론가들에게 오래전부터 알려져 있었고 수많은 정치지도자들의 행동으로 옮겨졌지만, 서양에서 정치적 음모에 대한 이론을 공공연히 제시한 것은 마키아벨리가 최초였다. 국가가 국민의 도덕성을 보호해야 한다는 관념과 상반되는 듯한 속임수를 옹호한 마키아벨리의 이론은 종래의 사상에서 벗어난 충격적인 견해였다.

'마키아벨리의 문제'를 해결하는 가장 손쉬운 방법은 정치의 영역과 도덕의 영역을 구별하는 것이다. 마치 뛰어난 예술작품을 창조하는 것이 목적인 예술가들이 상식적 도덕으로부터 벗어나려는 경향이 있듯이, 번영하는 강한 국가를 창조하는 것이 목적인 정치가들 역시 상식적 도덕으로부터 벗어나야 한다는 주장이다. 즉 정치와 도덕은 서로 독립적인 두 개의 영역이라는 것이다.

군주는 약속을 어길 만한
이유가 늘 충분히 있다.
니콜로 마키아벨리

중세의 정치 MEDIEVAL POLITICS

정책을 평가할 때는 그것을 집행한 수단이 아니라 그것으로 성취한 결과를 고려해야 한다.
니콜로 마키아벨리

마키아벨리에 따르면, 음모와 속임수는 사생활에서는 도덕적으로 정당하지 않지만, 신중한 지도자의 성공비결이며 공익을 위해 쓰이는 경우에는 용납이 된다. 게다가 마키아벨리는 인간 본성의 바람직하지 않은 면을 도야하려면 통치자가 (신중하게) 부정직해야 하며 약속을 지키지 않아야 한다고 주장하기까지 한다. 약속을 지키면 그의 통치력과 국가의 안정성이 위태로워진다는 것이다. 그러므로 자신이 직면한 불가피한 갈등을 처리해야만 하는 통치자에게 목적은 수단을 정당화한다.

중요한 것은 목적이다

통치자로서 군주의 성공 여부는 그의 도덕성이나 이데올로기가 아니라 그의 행동이 가져온 결과와 그에 따른 국가의 이득으로 판단된다. 마키아벨리는 『군주론』에서 이렇게 말한다. "정의에 의존하지 않는 경우에 군주를 비롯한 모든 사람들의 행동에서 중요한 것은 목적뿐이다. 군주는 국가를 정복하거나 유지하는 일에만 관심을 기울여야 한다. 수단은 항상 모든 사람으로부터 훌륭하다는 평가를 받을 것이다. 대중은 늘 일의 결과와 겉모습만 좇고 세상은 대중에 불과하기 때문이다." 하지만 그는 이것이 편의의 문제이지 사회적 행동의 본보기가 아님을 강조한다. 부도덕한 수단은 공익을 위해 쓰이는 경우에만 용납된다. 그리고 음모와 속임수 같은 방법은 목적을 위한 수단이어야지 그 자체가 목적이 되어서는 안 된다. 따라서 그런 방법은 정치 · 군사 지도자에게만 사용될 수 있어야 하고 엄격하게 통제되어야 한다.

마키아벨리가 군대에서 빌려온 또 다른 전술은 무력 · 폭력의 사용이다. 그 방법 또한 사생활에서는 도덕적으로 옹호 불가능하지만, 공익을 위해 쓰이는 경우에는 용납된다. 그런 정책이 불러일으키는 두려움은 통치자의 안전을 확보하는 수단이다. 마키아벨리는 국민이 지도자를 두려워하는 것과 사랑하는 것 중 어느 편이 나은가 하는 문제를 특유의 실용주의적 관점으로 다룬다. 이상적인 세계에서는 국민이 지도자를 사랑하면서도 두려워해야 하지만, 실제로는 두 가지가 좀처럼 양립하지 않는다. 국민이 두려워하는 지도자는 그렇지 않은 지도자보다 훨씬 더 강력한 위치에 있게 되므로 국가의 안녕에 더 유익하다. 비르투를 발휘하여 권력을 얻은 통치자는 반대세력을 제압하고 국민의 존경을 받으며 가장 안전한 지위에 머물게 되지만, 계속 그런 지지를 받고 권력을 지키려면 끊임없이 권위를 과시해야 한다.

이상적인 공화국

『군주론』의 예상 독자가 성공적인 통치자(군주)가 되려는 사람들로 설정되긴 했지만, 마키아벨리는 피렌체 공화국의 정치가였고, 그리 유명하지 않은 저서 『로마사 논고』에서 군주제나 과두제보다 공화제를 강력히 옹호했다. 또 그는 평생 가톨릭교도였

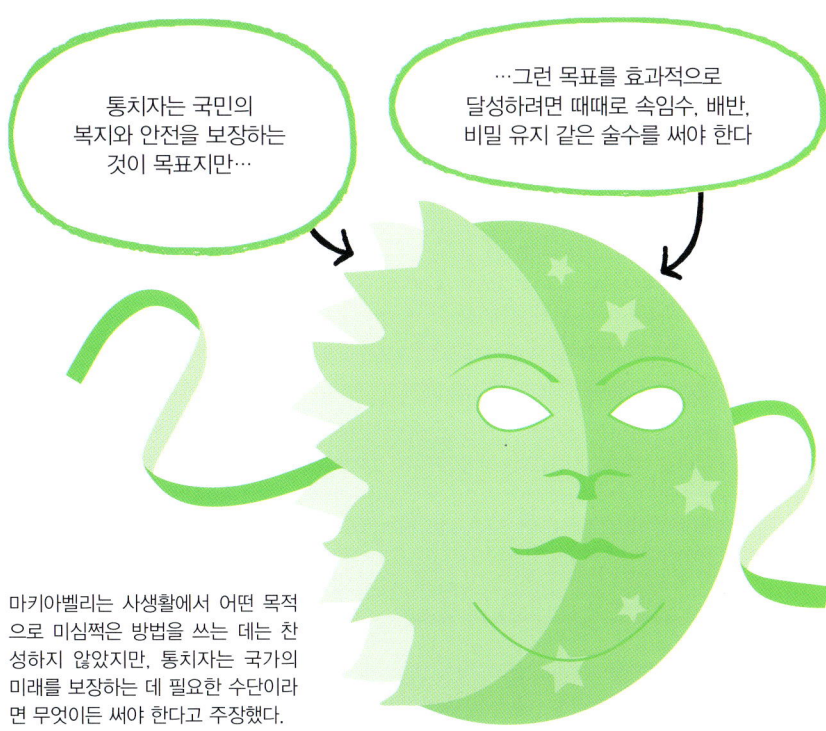

통치자는 국민의 복지와 안전을 보장하는 것이 목표지만…

…그런 목표를 효과적으로 달성하려면 때때로 속임수, 배반, 비밀 유지 같은 술수를 써야 한다

마키아벨리는 사생활에서 어떤 목적으로 미심쩍은 방법을 쓰는 데는 찬성하지 않았지만, 통치자는 국가의 미래를 보장하는 데 필요한 수단이라면 무엇이든 써야 한다고 주장했다.

이탈리아의 독재자 베니토 무솔리니는 사람들이 사랑하기보다는 두려워할 강압적이고 무자비한 지도자였다. 그는 『군주론』의 영향을 받았다고 주장했다.

사랑과 두려움이 공존하기란 무척 어려우므로 둘 중 하나를 선택해야 한다면 사랑보다 두려움의 대상이 되는 편이 훨씬 더 안전하다.

니콜로 마키아벨리

음에도 불구하고 교회가 정치생활에 개입하는 데 반대했다. 그가 선호한 정치체제는 로마 공화정을 본뜬 형태로, 국민이 정치에 참여하고 용병 의용군이 아닌 국민 정규군이 나라를 보호하는 혼합정체였다. 그는 그런 체제를 수립하면 국민의 자유를 보호하고 일반 국민과 지배 엘리트 간의 사회적 갈등을 최소화할 수 있다고 주장했다. 하지만 그런 공화제를 수립하거나 기존의 국가를 개혁하려면, 적절한 비르투와 신중함을 갖춘 지도자의 통솔력이 필요하다. 처음에는 강력한 지도자와 다소 야비한 수단이 필요하겠지만, 일단 정치사회가 확립되고 나면 통치자는 그 사회가 이상적인 공화국으로서 존속하는 데 필요한 법률과 사회조직을 도입할 수 있다. 이는 실용적 수단으로 바람직한 목적을 달성하는 방식의 일례다.

개인적 경험과 객관적 역사 연구에 기초한 마키아벨리의 철학은 정치도덕에 대한 통념과 교회의 권세에 대한 도전이었다. 그래서 가톨릭 당국은 그의 저서들을 금서로 묶었다. 마키아벨리는 정치를 철학적이거나 윤리적이지 않은 현실적 연구대상으로 다룸으로써, 국가의 목적을 도덕에서 실리로 바꾸고 중점을 정치활동의 도덕적 목적에서 그런 활동의 결과로 옮겼다.

마키아벨리가 남긴 유산

『군주론』은 명확하고 간결한 언어로 쓰여 그 뜻을 이해하는 데에 전혀 어려움이 없다. 그러나 1513년에 집필, 그의 사후에 출판된 이 책에 대해서는 극과 극으로 다른 해석들이 존재한다. 이 책은 마키아벨리가 죽은 후 오랫동안 영국 왕 헨리 8세(Henry VIII), 신성로마 제국 황제 카를 5세(Charles V), 올리버 크롬웰, 나폴레옹 같은 지도자를 비롯한 많은 사람들에게 큰 영향을 미쳤다. 프로이센의 프리드리히 대왕이 이 책을 악덕의 책으로 비판하면서도 군주로서는 마키아벨리즘적 정책을 취하지 않을 수 없었던 것은 유명하다. 마키아벨리즘은 그것으로부터 아무리 눈을 돌리고 싶어도 정치 현실의 일면을 찌르고 있다는 것을 부인할 수가 없다. 현대에 들어와서는 사회주의자들도 마키아벨리를 재평가했다. 이탈리아의 사회주의 이론가 안토니오 그람시(Antonio Gramsci)는 고독하고 영웅적인 투쟁을 하는 마키아벨리의 '군주'에서 사회주의 정당이 가져야 할 모습을 보았다. 훗날 파시스트 독재자 베니토 무솔리니(Benito Mussolini) 같은 다양한 인물들도 그 책의 영향을 받았음을 인정했다.

마키아벨리를 비판하는 사람도 정치권 전반에서 나왔다. 가톨릭교도들은 그가 프로테스탄트 운동을 지지한다고 비난했고, 프로테스탄트들은 정반대 입장을 취했다. 주류 정치사상에 대한 그의 중요성은 엄청나게 컸다. 그는 명백히 종교보다 인본주의가, 신앙과 교리보다 경험주의가 중시된 르네상스기가 낳은 인물로, 정치사에 대해 최초로 객관적·과학적 접근법을 썼다.

그런 객관성은 인간 본성에 대한 그의 냉소적 분석의 밑바탕에도 깔려 있는데, 이는 나중에 자연상태의 삶에 대한 토머스 홉스(Thomas Hobbes)의 냉혹한 설명으로 이어졌다. 마키아벨리의 실리 개념은 19세기 자유주의의 기둥이 되었다. 더 넓은 의미에서 보면 그는 도덕과 이데올로기를 정치에서 분리함으로써, 특히 국제관계와 관련하여 나중에 정치적 현실주의로 알려질 운동의 기반을 마련했다.

'마키아벨리적' 행동

오늘날 '마키아벨리적(Machiavellian)'이라는 말은 보통 교활하고 부정직하게 행동하는 듯한(혹은 그렇게 행동하는 것으로 밝혀진) 정치인을 경멸하는 뜻으로 사용된다. 야당 본부 잠입 및 도청기 설치를 은폐하려다 그 추문 때문에 사임한 미 대통령 리처드 닉슨(Richard Nixon)은 음흉한 마키아벨리적 행동의 현대판 실례를 보여준 인물이다. 마키아벨리가 『군주론』에서 다소 불분명한 주장을 했을 가능성도 있다. 어쩌면 그는 성

중세의 정치 MEDIEVAL POLITICS

누구나 당신의 겉모습을 보지만,
당신이 어떤 사람인지 제대로
아는 이는 거의 없다.
니콜로 마키아벨리

공한 통치자들이 '마키아벨리적' 방식으로 행동한 듯하다고, 하지만 그들의 행동은 그리 면밀히 검토된 적이 없다고 말했는지도 모른다. 그들이 성공을 거둔 방식이 간과되어온 이유는 초점이 그들의 성과로 옮겨졌기 때문이다. 우리는 대체로 지도자들을 평가할 때, 그들이 사용한 수단보다 그들이 이룩한 결과에 근거하는 듯하다.

이 주장을 더 확장하면 우리는 전쟁의 패자는 도덕적으로 문제가 있는 반면 승자는 나무랄 데가 없다는 통념(역사는 승자가 쓴다는 관념)에 대해서도 생각해볼 수 있다. 마키아벨리를 비판하다 보면 우리는 자신을 성찰하며, 결과가 자신에게 이로울 경우 정부의 미심쩍은 책략을 눈감아주려는 성향을 반성하게 된다. ■

리처드 닉슨은 1974년 미국 대통령직에서 사임했다. 그는 민주당 전국 위원회 본부에 잠입해 도청기를 설치하는 일을 허가했는데, 그 행위는 '마키아벨리적'이라는 평을 받았다.

니콜로 마키아벨리

피렌체에서 법률가의 아들로 태어난 니콜로 마키아벨리는 피렌체대학에서 공부했다고들 하지만, 1498년 피렌체 공화국 정부의 관리가 되기 전까지 어떻게 살았는지에 대해서는 알려진 바가 거의 없다. 1498년부터 14년간 그는 외교 업무로 이탈리아, 프랑스, 에스파냐의 곳곳을 여행했다.

1512년 피렌체는 에스파냐의 공격을 받고 다시 메디치 가문의 지배 하에 들어갔다. 마키아벨리는 메디치 가문에 맞서 음모를 꾸몄다는 누명을 쓰고 투옥되어 고문당하다가 풀려난 후, 공직에서 물러나 피렌체 밖의 한 농장으로 갔다. 그리고 그곳에서 저술에 매진하여 『군주론』을 비롯한 정치 · 철학서들을 썼다. 그는 다시 메디치 가문의 환심을 사려고 애썼으나 별 성과를 거두지 못했다. 1527년 메디치 가문이 타도된 후 마키아벨리는 그 가문과의 관계 때문에 새 공화정부에서 직위를 얻지 못하고 있다가 숨을 거두었다.

주요 저술

1513년경(1532년 출판) 『군주론 The Prince』
1517년경(1531년 출판) 『로마사 논고 Discourses on Livy』
1519~1521년 『전술론 The Art of War』

RATIONA
ENLIGHT

LITY AND
ENMENT

합리성과 계몽
서기 1515~1770년

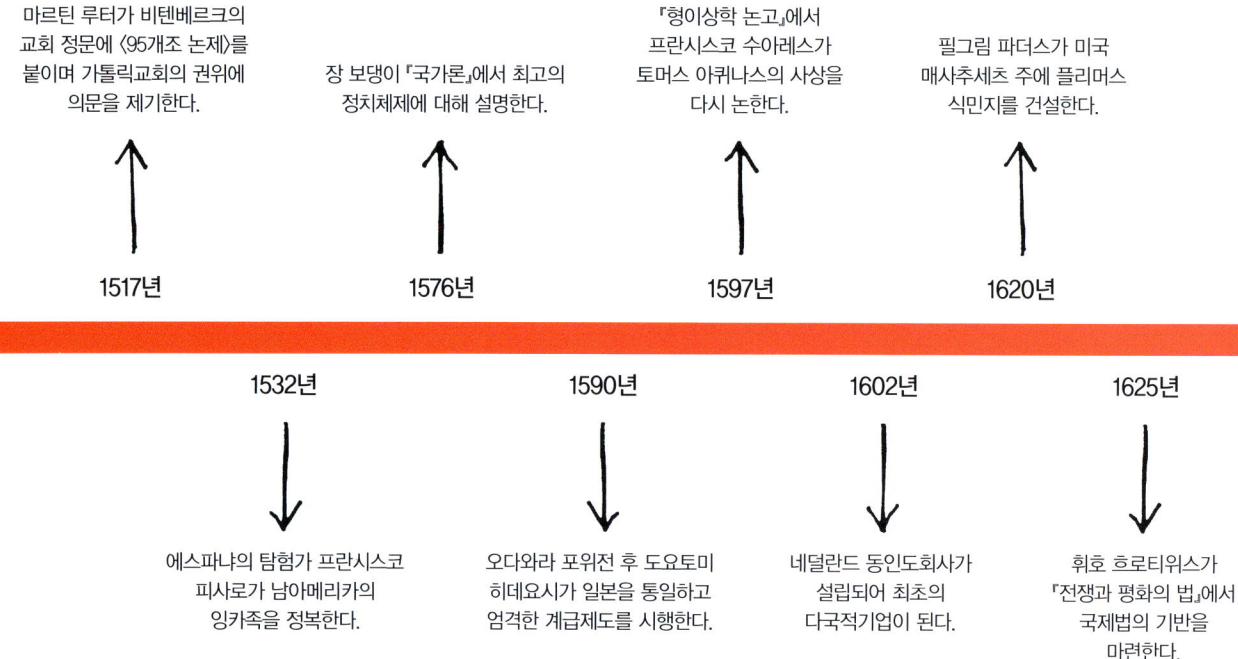

현대 서양 정치사상 가운데 대부분의 기원은 유럽의 중세 다음에 온 '이성의 시대'의 학문으로 거슬러 올라간다. 인쇄기의 발명, 민족국가들의 발흥, 아메리카 대륙의 발견은 중세가 이성의 시대로 넘어가는 데 영향을 미친 요인 중 일부였다. (1517년에 마르틴 루터가 〈95개조 논제〉로 촉발한) 종교적 정통성에 대한 의문 제기는 프로테스탄트의 종교개혁과 그에 따른 가톨릭의 반종교개혁으로 이어졌다.

유럽의 민간·종교 집단들 사이와 내부에서는 권한과 통치권이 겹치는 영역 때문에 격렬한 싸움이 발생했다. 종교적 교리가 없는 경우에 사람들은 정치질서를 세우고 정당화할 새로운 방법이 필요했다. 두 가지 개념이 근본적인 요소로 자리 잡았으니, 하나는 신에게서 부여받은 '신수왕권'이었고, 하나는 타당한 도덕률에 이르기 위해 인간 행동을 분석하는 '자연법'이었다. 두 개념 모두 절대주의 국가를 옹호하는 데 쓰였다.

절대주권

프랑스의 장 보댕은 유럽에서 교황의 권위가 실추된 후 일어난 파벌 싸움을 피하기 위해, 절대주권을 갖춘 강력한 중앙권력을 옹호했다. 토머스 홉스는 영국에서 피비린내 나는 내전이 일어난 기간에 책을 썼다. 그는 강력한 주권의 필요성에 대해서는 보댕과 의견을 같이했지만, 보댕의 저작이 정당화 근거로 자주 쓰인 신수왕권에 대해서는 동의하지 않았다. 홉스는 통치권력이 신으로부터 부여되는 것이 아니라 피통치자들과의 사회계약을 통해 부여되는 것이라고 생각했다. 국민이 암묵적 혹은 명시적 계약을 통해 통치권력을 부여한다는(그리고 통치자는 계약을 어기면 권력을 빼앗길 수 있다는) 생각은 오늘날에도 정치제도에 대한 지식의 핵심에 해당한다.

또 다른 주요 통찰을 제시한 이로는 요하네스 알투시우스와 몽테스키외가 있었다. 알투시우스는 정치란 평화와 복지를 보장하기 위해 국민을 통합하는 기술이라고 보았고, 몽테스키외는 정부가 입법권·집행권 분립의 원칙에 기초해야 한다고 강조했다. 그런 사상가들은 모두 강력한 중앙집권국가에 반대했다.

계몽기의 도래

살라망카 학파의 프란시스코 데 비토리아와 프란시스코 수아레스 같은 신학자들은 합리성에 기초해 성경을 해석하기 시작

합리성과 계몽 RATIONALITY AND ENLIGHTENMENT

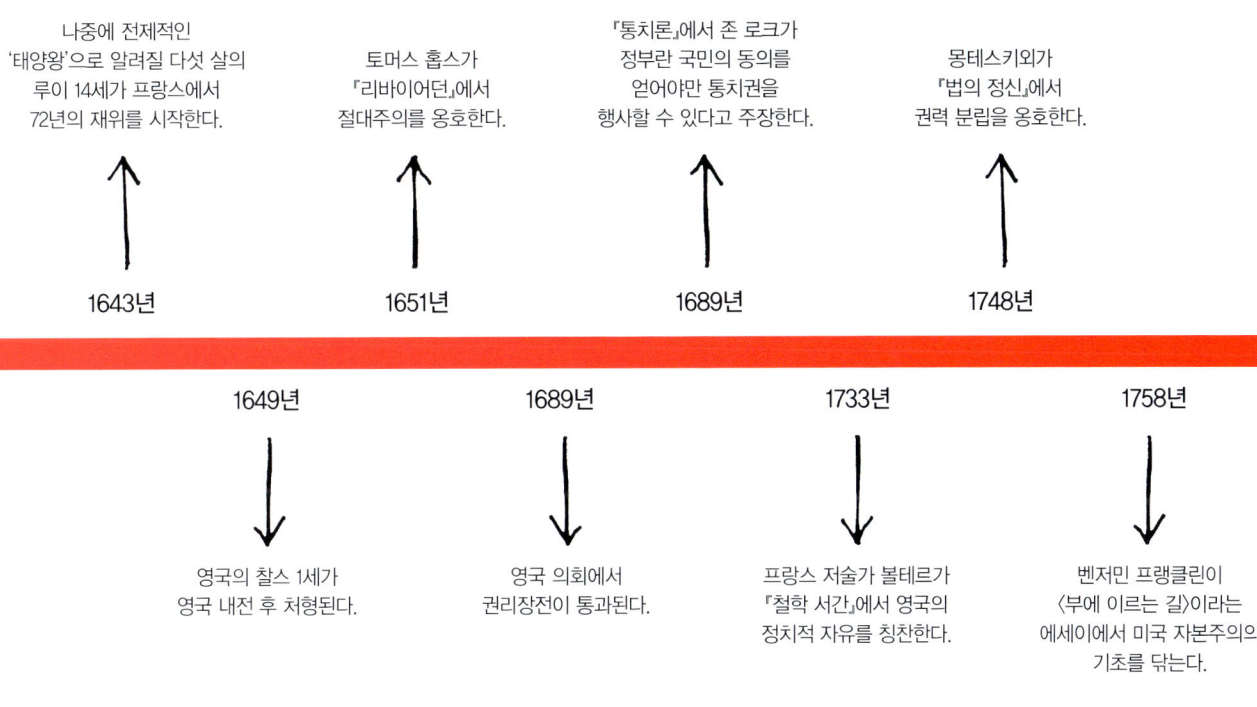

했다. 그 결과로 데 비토리아는 당시 교회의 이름으로 행해지고 있던 식민지 정복을 비판하게 되었다. 수아레스는 인정법(人定法), 자연법, 신의 인도를 구별했다. 그는 신수왕권을 그 세 법원(法源)을 잘못 이해하고 합친 것으로 보고 반대했다.

그 이후의 당대 학자들은 분석의 근거를 신학이 아닌 순수이성에 두었다. 그들은 이른바 '계몽기의 이상'에 가까웠다. 계몽(enlightenment)이라는 말은 1784년 이마누엘 칸트가 타인의 안내를 받지 않고 자신의 지성을 사용하는 능력 및 자유를 설명하기 위해 만들었다.

보댕과 홉스 같은 학자들이 정치적 안정성에 초점을 맞추고서 절대주의를 옹호하는 데 자연법 개념을 쓴 데 반해, 계몽기 저술가들은 자연법을 자유주의 이론과 국제법의 초석으로 이용하며, 인정법에 우선하는 권리가 인간에게 있다고 주장했다.

개인의 권리

국제법의 아버지로 여겨지는 휘호 흐로티위스는 자유와 권리란 신으로부터 부여받은 특징이 아니라 개인이 확고히 소유하는 것이라고 보았다. 그런 생각은 자유주의의 발전과 법적 권리 및 의무 개념의 분리에 매우 중요한 영향을 미쳤다. 존 로크도 개인의 권리와 자유를 옹호했다. 그는 정부와 법의 목적이 인간의 자유를 보호하고 확장하는 데 있다고 주장했다. 홉스처럼 사회계약을 믿긴 했지만 인간 본성을 더 긍정적으로 본 로크는 정부란 절대적인 존재가 아니라 권력이 제한되고 국민을 보호하는 기구여야 한다고 결론지었다.

아메리카의 계몽운동은 미국 독립선언에 영향을 미쳤을 뿐 아니라, 흔히 유럽 계몽운동의 정점으로 여겨지는 1789년 프랑스 혁명의 이상과도 밀접하게 관련되어 있었다. 당시 중요한 인물이었던 벤저민 프랭클린은 기업가정신을 국민의 덕목으로 봄으로써 자본주의의 발전에 지대한 영향을 끼쳤다.

인권, 자유, 견제와 균형, 국제법, 대의민주제, 이성은 모두 이 시대의 사상가들이 처음 제대로 탐구한 근대적 개념들이다. ■

처음에는 모든 것이 누구에게나 공통되었다

프란시스코 데 비토리아 (서기 1483년경~1546년)

맥락읽기

이데올로기
정당한 전쟁(just war)

핵심어
식민주의

이전의 관련 역사
서기 1267~1272년: 토머스 아퀴나스가 서양에서 가장 영향력 있는 기독교 신학서 『신학대전』을 쓴다.

서기 1492년: 제노바의 탐험가 크리스토퍼 콜럼버스가 신세계에 상륙하며 구세계의 정복 경쟁에서 선두에 선다.

이후의 관련 역사
서기 1625년: 휘호 흐로티위스가 데 비토리아의 사상에 기초하여, 국제법의 성립에 중요한 영향을 미친 책 『전쟁과 평화의 법』을 출판한다.

서기 1899년: 제1차 헤이그 평화회의가 열려 전쟁법에 대한 첫 공식 조약이 맺어진다.

프란시스코 데 비토리아(Francisco de Vitoria)는 16세기 초에 에스파냐 살라망카대학에서 살라망카 학파를 창시한 신학자 집단의 중심인물이었다. 그들은 개인의 자유, 권리, 평등을 강조함으로써 자연법 개념을 혁신했다.

신세계가 발견되고 교황의 권위가 떨어지는 가운데 유럽 국가들은 새 정복지를 최대한 많이 식민지화하려고 경쟁했다. 살라망카 학파는 그런 활동을 비판한 가장 강력한 최초의 지식인세력이었다. 데 비토리아는 법이 다름 아닌 자연에서 기원한다고 믿었다. 모든 인간이 같은 자연에서 태어나고 같은 자연을 공유한다는 점을 고려하여 그는 누구에게나 생명과 자유에 대한 동등한 권리가 있다고 주장했다.

부당한 정복

데 비토리아가 주장한 자연법 원리와 보편적 권리는 교회와 유럽 식민국들의 지배적 관점과 상반되었다. 기독교 교리에서 비롯한 지배적 도덕률에서는 아메리카 원주민을 정복하고 지배하는 일이 정당하다고 보았다. 데 비토리아는 '처음에는 모든 것

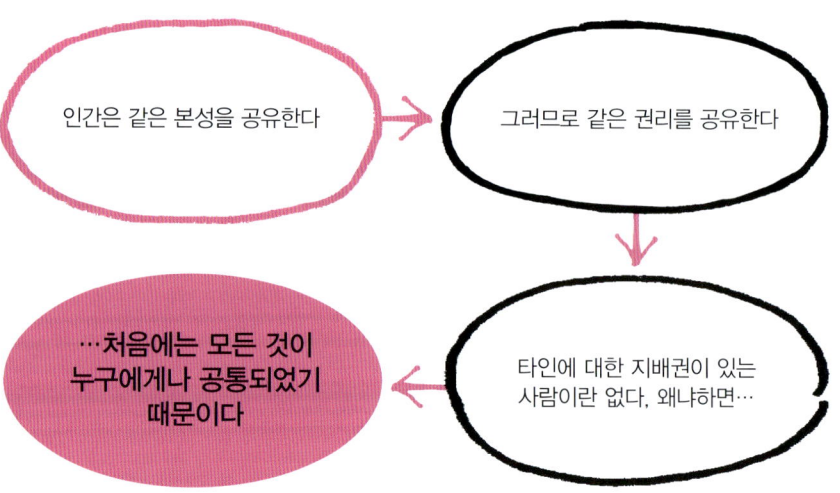

합리성과 계몽 RATIONALITY AND ENLIGHTENMENT　87

참조 : ▪ 토머스 아퀴나스 62~69쪽 ▪ 프란시스코 수아레스 90~91쪽 ▪ 휘호 흐로티위스 94~95쪽

이 누구에게나 공통되었다'라는 논리에 기초하여 그런 정복을 부당한 행위로 간주했다. 비기독교도라고 해서 모두 악인은 아니고 기독교도도 악행을 저지를 수 있다면, 기독교도에게 비기독교도에 대한 권리가 있다고 생각하는 것은 사리에 맞지 않았다.

그 관점은 신수왕권의 기반도 약화시켰다. 에스파냐 왕이자 신성로마 제국 황제인 카를 5세는 그런 이유로 데 비토리아와 의견충돌을 자주 겪었는데, 그럼에도 데 비토리아에게 계속 조언을 구했다.

전쟁이 정당해질 수 있는가?

데 비토리아의 자연법 원리와 인권 개념은 정전론에 대한 그의 학식과도 관련되어 있었다. 전쟁의 도덕적·종교적 정당화 사유는 신세계 정복 당시 엄청난 논쟁거리였다. 중심 문제는 어떻게 해야 그리스도의 가르침과 정치적 현실을 조화시킬 수 있는가 하는 것이었다. 살라망카 학파는 전쟁의 정당한 명분과 정당한 수행을 구별한 토머스 아퀴나스의 저작을 출발점으로 삼아, 그런

> 소유권과 통치권은 자연법이나 인간법에 기초하므로 믿음이 부족하다고 해서 무효화되지 않는다.
> 프란시스코 데 비토리아

생각을 더욱더 발전시켰다. 데 비토리아는 종교적 주장을 전쟁의 정당화 사유로 받아들이지 않았다. 전쟁은 단지 사람들이 비기독교도라는 이유로, 혹은 사람들이 개종을 거부했다는 이유로 정당화되지 않았다. 믿음은 강요될 수 없었다. 믿음이란 신으로부터 부여받은 자유의지에 따르는 행위였다.

데 비토리아는 정의 및 도덕 문제를 종교로부터 분리했을 뿐 아니라, 국제법과 인권에 대한 학문의 기반도 마련했다. 교전국에는 책임이 있고 민간인에게는 권리가 있다는 원칙(헤이그 조약과 제네바 조약으로 보장되었다)은 유래가 데 비토리아의 사상으로 거슬러 올라간다. 오늘날에도 데 비토리아의 원칙은 국제법상 원주민의 권리를 논할 때 언급된다. ▪

데 비토리아는 아메리카 정복을 개탄하며, 기독교도 정복자들이 비기독교도 원주민보다 우월하다는 가정을 부정했다.

프란시스코 데 비토리아

프란시스코 데 비토리아는 비토리아의 바스크인 소도시에서 태어났다. 살라망카대학에서 직책을 맡기 전에 그는 파리에서 18년간 인격 형성기를 보내며 소르본대학에서 공부하고 도미니크회 대학에서 강의했다.

데 비토리아는 도미니크회 수사 겸 살라망카대학의 신학 교수가 되었는데, 1526년에는 학과장으로 선출되었다. 또 그는 살라망카 학파(도밍고 데 소토(Domingo de Soto), 마르틴 데 아스필쿠에타(Martin de Azpilcueta), 토마스 데 메르카도(Tomas de Mercado), 프란시스코 수아레스 등을 포함한 영향력 있는 학자 집단의 창시자 중 한 명으로 가톨릭 전통 안에서 인간과 신의 관계를 재정립하려고 애썼다. 데 비토리아는 동년배 도미니크회 수사이자 신학자인 토머스 아퀴나스의 사상을 연구했는데, 아퀴나스의 저작은 살라망카 학파의 초석이 되었다.

주요 저술

1532년 『인디언에 대하여Of Indians』
1532년 『에스파냐인과 야만인의 전쟁에 대하여Of the Spanish War Against the Barbarians』
1557년 『신학 강의Theological Reflections』

주권은 국가의 절대적이고 영속적인 권력이다

장 보댕(서기 1529~1596년)

맥락읽기

이데올로기
절대주의(absolutism)

핵심어
군주의 권력

이전의 관련 역사
기원전 380년: 『국가』에서 플라톤이 이상 국가는 철인 왕의 통치를 받을 것이라고 주장한다.

서기 1532년: 군주에게 현실적인 조언을 들려주는 마키아벨리의 『군주론』이 출판된다.

이후의 관련 역사
서기 1648년: 베스트팔렌 조약으로 유럽 민족국가들의 근대적 체제가 세워진다.

서기 1651년: 『리바이어던』에서 토머스 홉스가 절대군주의 통치에도 국민과의 사회계약이 수반된다고 주장한다.

서기 1922년: 카를 슈미트가 최고 통치자는 전쟁 같은 예외적 상황에서 법 시행을 중지할 권리가 있다고 주장한다.

경쟁적인 권력구조는 내전과 혼란을 낳는다

그러므로 신에게만 자기 행동을 해명할 의무가 있는, 절대권력을 가진 단일 통치자가 있어야 한다

통치자의 권력이 절대적이려면 타인으로부터 부여되거나 시간적으로 제한되지 않고 영속적이어야 한다

주권은 국가의 절대적이고 영속적인 권력이다

'국가는 영토 안에서 자주적이어야 한다'는 관념은 프랑스 법학자 장 보댕(Jean Bodin)의 저작으로부터 큰 영향을 받았다. 주로 가톨릭교도와 위그노 프로테스탄트들이 내전을 벌인 프랑스 종교전쟁 기간(1562~1598년)을 겪은 보댕은 당대의 복잡하고 중첩적인 권력구조의 위험성을 보았다. 교회, 귀족, 군주가 너나없이 국민의 충성을 받기 위해 경쟁했는데, 그런 싸움은 종종 내전과 무질서로 이어졌다. 독일 신학자 마르틴 루터(Martin Luther)는 (영국 철학자 존 로크와 미국 헌법 제정자 토머스 제퍼슨 같은 후대의 사상가들과 마찬가지로) 그런 충돌을 피하기 위해 교회와 정부의 분리를 옹호했다. 하지만 보댕에게는 강력한 중앙주권이 평화와 번영을 보장하는 열쇠였다.

『국가론』에서 보댕은 주권이 효과적이려면 절대적이고 영속적이어야 한다고 주장했다. 절대적 주권은 영토에 대한 중앙의 권력을 강화할 것이다. 충돌을 피하려면 통치자는 외부 파벌 때문이든 국민 때문이든 법, 의무, 조건에 속박되지 않아야 한다. 보댕은 절대적 주권의 필요성을 주장함으로써 유럽에서 절대군주제가 부상하는 데 밑받침이 될 지적 토대를 마련했다. 그는 주권이 영속적이어야 한다고도 주장했다. 권

합리성과 계몽 RATIONALITY AND ENLIGHTENMENT

참조 : ■ 플라톤 34~39쪽 ■ 토머스 아퀴나스 62~63쪽 ■ 니콜로 마키아벨리 74~81쪽 ■ 토머스 홉스 96~103쪽 ■ 존 로크 104~109쪽 ■ 카를 슈미트 254~257쪽

> 군주는 신에게만 자기 행동을
> 해명할 의무가 있다.
> 장 보댕

력은 타인으로부터 통치자에게 부여되어서도 안 되고 시간적으로 제한되어서도 안 된다. 그렇게 되면 절대주의라는 원칙에 모순되기 때문이다. 보댕은 공법(公法) 문제와 관련하여 국가라는 뜻으로 '레스 푸블리카(res publica)'라는 라틴어[프랑스어로는 '레피블리크(république)', 영어로는 '코먼웰스(commonwealth)']를 썼는데, 어떤 정치사회에든 레스 푸블리카의 번영을 위해 자유롭게 법을 만들고 어길 수 있는 통치자가 있어야 한다고 믿었다.

신수왕권

보댕에 따르면 통치자의 정당성은 자연법과 신수왕권에서 비롯했다(사회의 도덕률과 군주의 주권 모두 신으로부터 직접적으로 유래했다). 그런 점에서 보댕은 통치자의 정당성이 통치자와 피통치자 간의 사회계약에서 비롯한다는 개념, 즉 나중에 프랑스 철학자 장 자크 루소(Jean-Jacques Rouseau) 같은 계몽사상가들이 발전시킨 개념에 반대

했다. 보댕은 민주주의라는 민중 정치체제를 싫어하긴 했지만, 통치자가 무조건적으로 행동하고 권력을 휘두를 수 있다는 마키아벨리적 입장에 동의하지 않았다. 통치자는 절대권력이 필요했지만, 한편으로는 신에게 자연법과 관련하여 자기 행동을 해명할 의무가 있었다.

1648년에 유럽 열강이 맺은 일련의 조약으로 구성된 베스트팔렌 조약은 '각 영토 안에서는 주권이 최고 권력'이라는 보댕의 견해에 기초하여, 유럽을 국지적 계급제라는 중세 정치체제에서 근대적 국가체제로 나아가게 했다. 베스트팔렌 체제는 그 이후 줄곧 국제관계의 구성적 틀로서, 자주적 영토 내의 정치적 자결, 상호 인정, 그리고 타국의 국내 문제에 대한 불간섭을 기본 원칙으로 삼아왔다. ■

장 보댕

장 보댕은 1529년 프랑스 북서부의 앙제 근처에서 부유한 재봉사의 아들로 태어났다. 아주 어렸을 때 카르멜 수도회에 들어갔고, 1545년 파리로 가서 철학자 기욤 프레보(Guillaume Prévost) 밑에서 공부했다. 그런 다음 툴루즈에서 법을 공부하고 1560년 파리로 돌아와 왕의 고문 변호사가 되었는데, 나중에는 궁정 재판관으로 임명되었다.

보댕은 역사, 경제, 자연사, 법, 마법, 종교 등 광범위한 주제에 대해 글을 썼다. 보댕의 저작은 그의 생전에는 물론이고 사후에도 오랫동안 영향력이 컸지만, 그의 종교적 견해는 정통과 거리가 멀어 상당한 논란을 일으켰다. 그는 가톨릭교도였음에도 교황의 권위에 의문을 제기했는데, 만년에는 다른 종교와의 건설적인 대화를 시도하기도 했다.

주요 저술

1576년 『국가론 Six Books of the Republic』

프랑스 종교전쟁에서 가톨릭군은 교황을 최고 권력자로 여겼지만, 프로테스탄트들은 왕의 권력을 지지했다.

자연법은 인간법의 기반이다

프란시스코 수아레스 (서기 1548~1617년)

맥락읽기

이데올로기
법철학(philosophy of law)

핵심어
자연법과 인간법

이전의 관련 역사
서기 1274년 : 토머스 아퀴나스가 『신학대전』에서 자연법과 인간법을 구별한다.

서기 1517년 : 종교개혁이 가톨릭 교리에 의문을 제기하는 한편, 신수왕권을 정당화하는 데 이용된다.

이후의 관련 역사
서기 1613년 : 신수왕권을 비판하는 수아레스의 반(反) 영국 국교회 논문을 영국 왕 제임스 1세가 금서로 묶는다.

서기 1625년 : 휘호 흐로티위스가 국제법에 대한 최초의 체계적 논문을 쓴다.

서기 1787년 : 미국 헌법에서 자연법을 실정법의 기초로 삼는다.

16세기 유럽에서는 종교개혁, 아메리카 대륙 발견, 인문주의 발흥 같은 사건이 일어남에 따라 '법의 근원은 자연인가, 신인가, 아니면 같은 인간인가?'라는 문제가 특히 화제가 되었다.

자연법과 신법을 관련지은 토머스 아퀴나스는 인간법은 자연법에 대한 부합 여부로 평가하고 자연법은 신법의 맥락에서 이해해야 한다고 말한 바 있었다. 자연법이란 자연(자연의 일부인 인간도 포함)을 분석함으로써 추론할 수 있는 보편적 도덕률을 의미하고, 인간법(실정법)은 특정 사회에서 인간이 만든 법을 말한다.

인간법의 위반

에스파냐 철학자 프란시스코 수아레스(Francisco Suárez)는 아퀴나스의 전통을 계승하여, 자연법이 인간법의 기반이라고 주장했다. 그는 인간법이 부당할 수 있음을 설명하며 개인의 자유를 더 중요시했다. 수아레스의 관점에 따르면, 인간이 만든 법은 특정 경우에는 위반해도 괜찮다. 예컨대 통치자는 국민으로부터 권력을 부여받지만, 부당한 법을 만든 경우에는 권력을 빼앗길

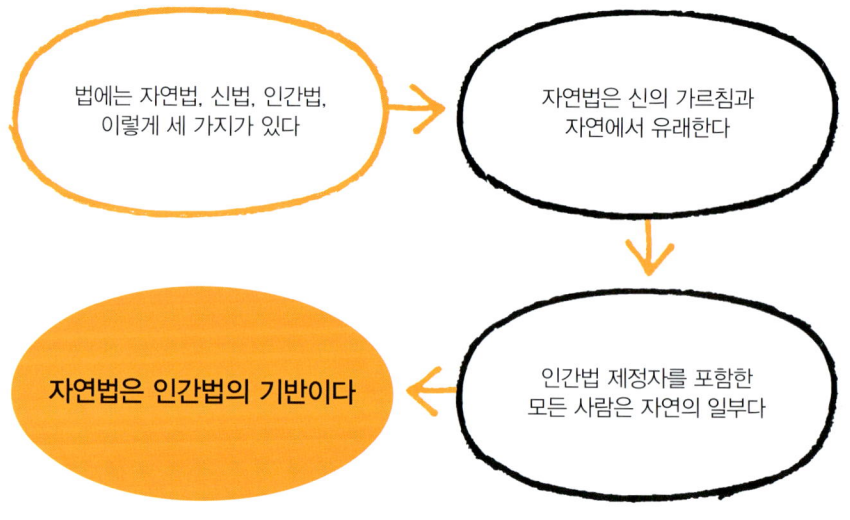

합리성과 계몽 RATIONALITY AND ENLIGHTENMENT

참조 : ▪ 토머스 아퀴나스 62~69쪽 ▪ 프란시스코 데 비토리아 86~87쪽 ▪ 휘호 흐로티위스 94~95쪽
▪ 존 로크 104~109쪽

살라망카대학은 살라망카 학파가 탄생한 곳이다. 수아레스를 비롯한 그 신학자 집단은 아퀴나스 사상과 변화하는 세계를 조화시키려고 애썼다.

교적인 것의 혼합을 부정하고 권력의 영역을 분리했다. 또 그는 사회계약이라는 개념도 도입했는데, 그에 따르면 통치자는 국민의 동의에 따라 나라를 다스리고, 국민은 통치자가 자연법의 요구사항을 소홀히 할 경우 동의를 정당하게 번복할 수도 있다.

국제법

수아레스는 국제법과 자연법을 구별했다. 국제법은 주로 보편적 법칙보다 관습과 실정법(實定法)에 기초한다는 것이었다. 오늘날에도 자연법과 실정법의 차이는 국내법과 국제법 모두에 남아 있다. 영국은 관습법이 자연법 이론의 영향을 많이 받았고, 미국은 독립선언서와 헌법이 자연법과 관련되어 있다. ■

수도 있다. 어떤 경우에도 인간법이 생명과 자유에 대한 사람들의 자연권보다 우선시되어서는 안 된다. 그리고 국가의 권위와 권력은 인간으로부터 기원하므로, 종교적 권위에 다음가는 것으로 여겨져야 한다.

신권(神權)?

수아레스의 생각은 논란을 불러일으켰다. 북유럽 곳곳의 군주들은 신으로부터 절대권력을 부여받았다는 '왕권신수설'을 주장했기 때문이다. 수아레스의 결론은 통치자란 교회나 국민이 아닌 신에게만 자기 행동을 해명할 의무가 있다는 관념에 대한 도전이었다. 수아레스는 법의 원천들(자연, 신, 인간)을 구별함으로써 세속적인 것과 종

분명히 신은 자연법의 충분한 원인이며, 말하자면 자연법을 가르쳐주는 스승이다. 하지만 그렇다고 해서 신이 입법자라고 말할 수는 없다.
프란시스코 수아레스

프란시스코 수아레스

프란시스코 수아레스는 에스파냐 남부에서 태어나 열여섯 살 때 살라망카에서 예수회 학생이 되었다. 신학자 겸 철학자로서 그는 토머스 아퀴나스와 같은 스콜라철학의 입장에서 저술활동을 했는데, 국제법과 정전 이론의 발달에 상당한 영향을 미쳤다. 가장 영향력 큰 저서는 1597년작 『형이상학 논고』였지만, 다작 학자였던 수아레스는 그 밖에도 자연법·정부·교회의 관계와 신학에 대해 중요한 논문을 많이 썼다. 수아레스는 헌신적인 예수회원으로 근면하고 절제력 있고 겸손하고 독실했다. 그는 동시대인들에게 현존하는 최고의 철학자로 여겨졌다. 교황 바오로 5세는 그를 '비범하고 독실한 박사(Doctor Eximius et Pius)'라는 명예로운 칭호로 불렀고, 교황 그레고리우스 13세는 수아레스가 로마에서 한 첫 강의에 참석했다고 한다.

주요 저술

1597년 『형이상학 논고 Metaphysical Disputations』
1612년 『법률론 On Laws』
1613년 『영국 국교회에 반대하는 로마 가톨릭교회 옹호론 Defence of the Catholic and Apostolic Faith against the Errors of Anglicanism』

정치는 사람들을 연합하는 기술이다

요하네스 알투시우스(서기 1557~1638년)

맥락읽기

이데올로기
연방주의(federalism)

핵심어
연합

이전의 관련 역사
기원전 350년경 : 아리스토텔레스가 인간이란 본래 사교적 존재라고 주장한다.

서기 1576년 : 장 보댕이 유럽 국가들의 주권을 옹호하며 권력과 권위를 군주에게 집중시킨다.

이후의 관련 역사
서기 1762년 : 장 자크 루소가 주권이 국민에게 있다는 것이 사회계약 개념의 핵심이 되어야 한다고 주장한다.

서기 1787년 : 미국 헌법의 마지막 네 조항에 연방제의 원칙이 명시된다.

서기 1789년 : 프랑스 혁명이 일어나 왕이 타도되고 국민의 주권이 주장된다.

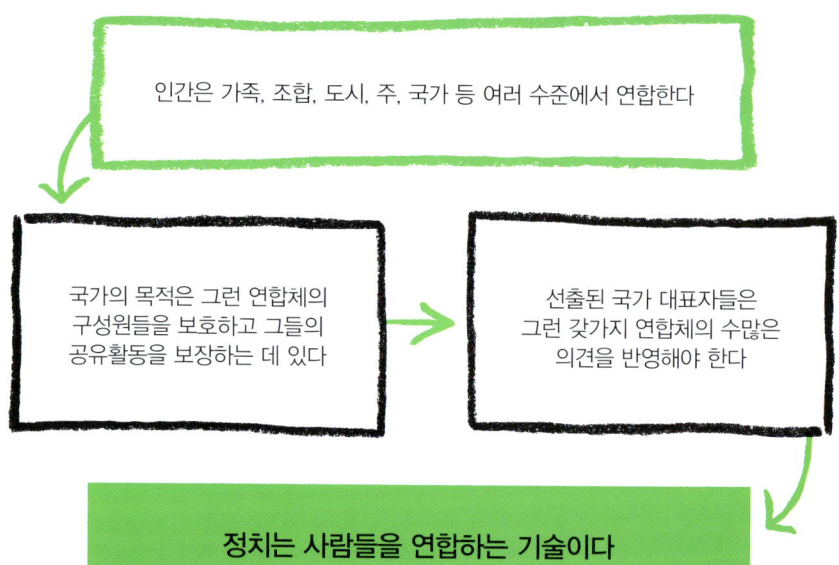

인간은 가족, 조합, 도시, 주, 국가 등 여러 수준에서 연합한다

국가의 목적은 그런 연합체의 구성원들을 보호하고 그들의 공유활동을 보장하는 데 있다

선출된 국가 대표자들은 그런 갖가지 연합체의 수많은 의견을 반영해야 한다

정치는 사람들을 연합하는 기술이다

정치사상가들은 정부, 지역사회, 개인의 권력 균형에 대해 오랫동안 숙고해왔다. 16~17세기의 지배적 사상은 권력이 군주에게 부여된 중앙집권국가에 대한 것이었다. 하지만 칼뱅파 정치철학자 요하네스 알투시우스(Johannes Althusius)는 국가의 역할, 주권, 정치에 대한 급진적 견해로 근대적인 연방주의 개념의 기초를 닦았다. 알투시우스는 정치를 다시 정의했다. 그에 따르면 정치는 국가와만 관련된 활동이 아니라, 사회생활의 여러 측면에 스며들며 국가보다 훨씬 낮은 수준의 정치적 집단에서도 전개되는 활동이다. 대표작『정치학』1장에서 그는 '연합(consociation)'이라는 개념을 소개하는데, 그것은 이후 줄곧 연방주의 사상의 기반이 되었다.

알투시우스는 인간의 공동체(가족과 조합 같은 사적 공동체에서 도시 같은 공적 공동체에 이르기까지)란 일종의 사회계약을 통해 생성된 자주적 독립체라고 주장했다. 아

합리성과 계몽 RATIONALITY AND ENLIGHTENMENT

참조: • 아리스토텔레스 40~43쪽 • 장 보댕 88~89쪽 • 토머스 홉스 96~103쪽 • 장 자크 루소 118~125쪽 • 토머스 제퍼슨 140~141쪽 • 미셸 푸코 310~311쪽

무도회 같은 마을 생활의 공동적 측면은 알투시우스가 말하는 연합 개념(사람들이 공통된 욕구, 서비스, 가치관에 따라 무리를 이루는 활동)의 일례다.

리스토텔레스와 마찬가지로 알투시우스는 사람들이 사교적 존재이며 함께 평화롭게 살기 위해 기꺼이 물품과 서비스를 공유하고 서로의 권리를 존중한다고 믿었다. 사람들의 각 연합은 누군가 공통의 욕구, 서비스, 가치관을 인식하고 집단의 복지에 기여하고자 할 때 시작된다.

위에서 아래로가 아닌 아래에서 위로

보댕과 홉스가 옹호한 절대주권은 알투시우스가 보기에 비논리적이고 억압적이었다. 그는 권력과 권위가 군주로부터 아래로 내려오지 않고 연합을 통해 아래에서 위로 올라가야 한다고 믿었다. 연합체들은 자주적으로 국가에 종속되어 있긴 하지만, 총체적으로 보면 국가보다 우월하다. 정부는 연합체 위계의 맨 위에 자리하며, 상호작용하는 여러 집단으로 구성된 국가를 관리하는 일이 임무다. 그리고 사람들의 목표, 가치관, 물품, 서비스를 인식하고 나누며 그들의 의사소통을 조정하는 일도 사회계약의 일부다.

알투시우스의 이론에서 주권은 군주가 아니라 국민에게 있다. 정부의 선출된 대표자들은 개인이나 하나의 공동 의지를 대표하는 사람이 아니라 수많은 의지, 즉 국가라는 하나의 큰 공동체 안에 존재하는 모든 공동체의 의지를 대표하는 사람이다.

공생적 연합에 초점이 맞춰져 있다는 점에서 알투시우스의 연방제 개념은 오늘날 우리가 알고 있는 연방정부, 이를테면 미국 헌법에서 인정하는 연방제와 차이가 있다. 현대의 연방제는 사회집단이 아니라 개인주의에 기초한다. 하지만 두 개념 모두 국가를, 구성단위들과 무관한 단일 독립체가 아닌 정치적 연합체로 본다. ■

그런 상호 공유활동, 즉 공동 사업은 물자, 서비스, 일반적 권리를 수반한다.
요하네스 알투시우스

요하네스 알투시우스

요하네스 알투시우스는 1557년 독일 베스트팔렌의 디덴스하우젠이라는 칼뱅파 지역에서 태어났다. 한 지역 백작의 후원으로 1581년부터 쾰른에서 법, 철학, 신학을 공부했고 일련의 학교 직책들을 맡은 후 1602년 헤르보른대학의 총장이 되었다. 대표작인 『정치학』을 출판한 이듬해인 1604년에는 엠덴의 시장으로 선출되었다.

알투시우스는 나중에 시의원 겸 장로가 되어, 1638년에 죽을 때까지 시를 위해 외교가 및 법률가로 활동했다. 『정치학』은 그의 생전에는 크게 인기를 얻었지만, 이후 두 세기 동안은 당대를 지배한 절대주권의 원칙에 모순된다는 이유로 관심을 받지 못했다. 그러다 19세기에 오토 폰 기르케(Otto von Gierke)가 알투시우스 사상에 대한 흥미를 다시 불러일으켰는데, 오늘날 알투시우스는 연방주의의 조상으로 여겨진다.

주요 저술

1603년 『정치학 Politics : A Digest of its Methods(Politica)』
1617년 『디켈로지케 Dicaelogicae』

자유는 우리가 자신에 대해 가지는 권한이다

휘호 흐로티위스(서기 1583~1645년)

맥락읽기

이데올로기
자연법(natural law)

핵심어
개인의 권리

이전의 관련 역사
서기 1517년: 『로마사 논고』에서 니콜로 마키아벨리가 자유의 보장을 공화국의 정치적 기본 과업으로 본다.

서기 1532년: 프란시스코 데 비토리아가 살라망카대학에서 국민의 권리에 대해 강의한다.

이후의 관련 역사
서기 1789년: 자유, 평등, 박애를 요구하는 프랑스 혁명이 일어남에 따라 프랑스와 나머지 유럽이 큰 변화를 겪는다.

서기 1958년: 정치이론가 이사야 벌린이 두 가지 자유 개념, 즉 소극적 자유(간섭의 부재, 타인에게 속박되지 않을 기회)와 적극적 자유(자신을 지배하는 능력)에 대해 강의한다.

생명권과 재산권은 누구에게나 있는 자연권이다

↓

사람들은 그런 권리를 주장할 권한이 있다

↓

국가는 그런 자유를 빼앗을 정당한 권한이 없다

↓

자유는 우리가 자신에 대해 가지는 권한이다

개인의 자유와 권리라는 개념은 인류 역사에서 비교적 늦게 주목받았다. 중세에는 권리가 집단적 개념으로, 자연법이나 신법과 관련하여 판단되었다. 개인에게는 권리가 없었다. 권리는 자연이나 신으로부터 나왔다. 자유는 개인과 관련하여 논의되는 일이 드물었다. 오히려 개인에게는 신의 계획을 수행할 의무가 있었다. 개인의 자연권은 16세기에 살라망카대학에서 처음에는 프란시스코 데 비토리아가, 다음에는 프란시스코 수아레스가 이론화하기 시작했다. 하지만 자유와 권리가 개인에게 있다고 분명히 주장함으로써 중세의 통념을 결정적으로 바꾼 사람은 바로 휘호 흐로티위스(Hugo Grotius)였다.

흐로티위스는 자연법을 다시 정의하고,

합리성과 계몽 RATIONALITY AND ENLIGHTENMENT

참조 : ▪ 프란시스코 데 비토리아 86~87쪽 ▪ 프란시스코 수아레스 90~91쪽 ▪ 존 로크 104~109쪽 ▪ 존 스튜어트 밀 174~181쪽

권리와 자유의 새로운 개념을 제시했다. 신이 자연법에 영향을 미친다는 생각은 버려졌다. 그 대신 인간 본성을 연구하면 입법자와 정책 입안자에게 충분한 정보를 알려줄 수 있다고 여겨졌다. 간단히 말하면, 인간의 행동이 자연법을 낳는다. 사람들은 신이나 군주로부터 부여받지 않은 고유의 특정 자연권이 있다. 자유는 누구로부터 부여받은 것이 아니라 자연권이다.

자신에 대한 권한

자유가 사람들이 자신에 대해 가지는 권한이라고 봄으로써 흐로티위스는 어떤 일의 수행능력과 제약으로부터의 자유를 구별했다. 흐로티위스의 주장에 따르면, 인간은 생명권과 재산권이 있으므로, 그런 권리를 행사하는 데 필요한 조치를 취할 권한도 부여받는다. 그런 상황에서 국가에는 정당하고 우월한 권한이 없다. 이처럼 권리와 개인이 연결됨에 따라, 개인의 자유 개념은 자유의지의 문제에 불과하지 않게 된다. 그 개념은 제약 없이 행동할 자유도 포함하는 것이다. 이렇듯 인간의 힘에 초점이 맞춰져 있다는 점에서 흐로티위스의 사상은 종래의 사상에서 확실히 탈피했다.

권리를 개인 소유의 능력으로 여긴 흐로티위스는 권리의 상품화도 감안했다. 권리는 이를테면 군주를 상대로 '거래'될 수 있다. 그 경우에 국가의 권력은 사람들이 권리를 자발적으로 양도한 데서 비롯할 것이다. 흐로티위스는 두 부류의 관계를 구별했다. '부모와 자식, 주인과 하인, 왕과 백성' 간의 관계는 동등하지 않은 사람들의 관계였고 '형제, 국민, 친구, 동맹자들' 간의 관계는 동등한 사람들의 관계였다.

사람들이 권리를 타고난다는 흐로티위스의 생각은 자유주의 이론의 초석이 되었다. 하지만 '일부 사람들은 우월한 위치에 대한 권리가 있다'는 그의 믿음은 분명히 현대의 자유주의 사상과 부합하지 않는다. ■

공해의 자유를 자연권으로 여긴 흐로티위스는 그 믿음을 이용해, 네덜란드령 동인도 제도 함대가 다른 나라들의 독점을 막은 일을 정당화했다.

휘호 흐로티위스

휘호 흐로티위스는 네덜란드 독립전쟁이 일어나고 있던 1583년에 네덜란드 남부의 델프트라는 도시에서 태어났다. 신동으로 여겨진 흐로티위스는 열한 살에 레이던대학에 들어가 열여섯 살에 박사 학위를 받았다. 그리고 스물네 살 때는 네덜란드의 법무관으로 일했다. 네덜란드 역사의 격동기에 흐로티위스는 민사에 대한 교회 권력의 제한을 주장했다는 이유로 종신형을 선고받고 루베스테인 성에 수감되었다.

전하는 바에 따르면 흐로티위스는 큰 가방에 숨어서 파리로 망명했는데, 그곳에서 대표작인 『전쟁과 평화의 법』을 썼다. 흐로티위스는 흔히 국제법과 해상법의 아버지로 여겨진다. 그가 다룬 자연법과 개인의 자유라는 주제는 나중에 존 로크 같은 진보적 철학자들에게 받아들여졌다.

주요 저술

1605년 『포획법론 De Jure Praedae Commentarius』
1609년 『자유해론 Mare Liberum』 (원래는 『포획법론』의 일부)
1625년 『전쟁과 평화의 법 De Jure Belli ac Pacis』

인간의 자연상태는 만인 대 만인의 투쟁상태다

토머스 홉스(서기 1588~1679년)

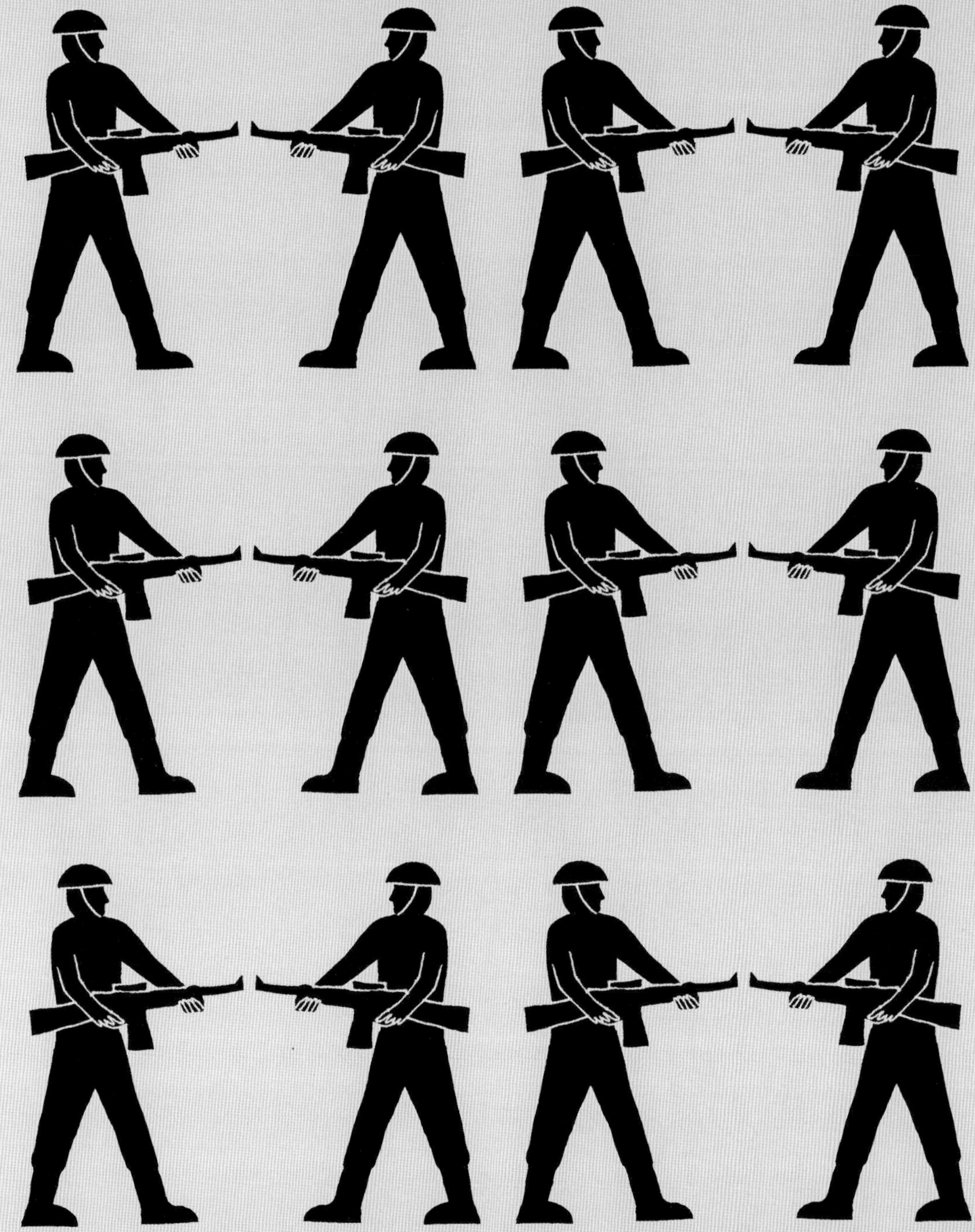

맥락읽기

이데올로기
현실주의(realism)

핵심어
사회계약

이전의 관련 역사
서기 1578년 : 장 보댕의 『국가론』의 영향으로 주권과 신수왕권이라는 개념이 생겨난다.

서기 1642~1651년 : 영국 내전이 군주가 의회의 동의 없이 통치권을 행사할 수 없다는 일시적 선례가 된다.

이후의 관련 역사
서기 1688년 : 영국의 명예혁명이 1689년의 권리장전으로 이어져 군주의 권력이 법으로 제한된다.

서기 1689년 : 존 로크가 전제정치에 반대하며, 정부는 국민을 대표하고 생명, 건강, 자유, 재산에 대한 국민의 권리를 보호해야 한다고 주장한다.

중세 다음의 계몽기에 유럽에서는 종교적 교리가 아니라 합리적 사고에 기초해 인간 본성을 보는 새로운 관점이 나타났다. 일부 계몽사상가들 간의 의견 충돌은 대개 인간 환경과 행동의 본질에 대한 의견 차이에서 비롯했다. 그런 추상적이고 근본적인 차이를 해결하기 위해 학자들은 이른바 '자연상태(사회구조와 규범이 도입되기 전에 인간이 처했을 법한 이론적 상황)'에 대한 자신의 견해를 이야기하기 시작했다.

사상가들 중 상당수는 그런 자연상태의 인간 '본능' 및 행동을 분석하면, 국민의 필요를 충족하고 권선징악하는 정치체제를 고안할 수 있으리라고 믿었다. 예컨대 편협한 사익 너머를 보고 공익을 추구할 수 있다면 사람들은 민주적 권리의 혜택을 누리게 될 것이다. 하지만 사람들이 자기 이익을 챙기고 자기 힘을 극대화하는 데 주로 관심을 기울인다면, 강력한 통제권이 있어야 혼란을 막을 수 있다. 영국의 저술가 토머스 홉스(Thomas Hobbes)는 자연상태에 대한 명료한 견해를 숨김없이 주장의 근거로 삼은 최초의 계몽기 철학자였다. 홉스는 자연상태란 끔찍한 '서로 잡아먹고 잡아먹히는' 상황이므로 정부가 사람들을 통치해야 한다고 생각했다.

잔혹한 자연상태

대표작 『리바이어던』에서 홉스는 인간을, 자기보호를 위해 권력과 사익을 추구하는 합리적 행위자로 그린다. 책의 제목은 국가와 인간 본성에 대한 홉스의 관점을 암시한다. 리바이어던은 성경 〈욥기〉에 나오는 괴물의 이름인데, 홉스에게 국가란 이런 것이다. "위대한 리바이어던… 인조인간에 불과하지만 자연인보다 크고 강하며 자연인의 보호를 위해 만들어진 것이다. 국가의 주권은 온몸에 생기를 불어넣고 온몸을 움

사람들은 그들을 모두 두려워하게 하는 공적 권력이 없으면 이른바 투쟁상태에 있게 된다.

토머스 홉스

토머스 홉스

1588년에 태어난 토머스 홉스는 영국 옥스퍼드대학에서 공부한 후 데번셔 백작 윌리엄 캐번디시(William Cavendish)의 가정교사로 일했다. 영국 내전 때문에 그는 파리에서 10년간 망명생활을 했는데, 그때 『리바이어던』을 썼다. 그 책은 우리가 정부의 역할을 인식하고 사회계약을 통치권의 정당화 근거로 보는 데 지대한 영향을 미쳤다. 홉스의 정치철학은 그의 관심사인 과학으로부터는 물론이고, 그가 편지를 주고받은 르네 데카르트(René Descartes) 같은 철학자들로부터도 영향을 받았다. 과학 논문들에 근거하여 홉스는 인간 본성을 포함해 무엇이든 주요 구성요소로 환원할 수 있다고 믿었다. 기하학과 물리학의 단순함과 우아함에 고무된 그는 그런 과학적 방법을 정치이론의 추론에 적용함으로써 그 분야를 혁신했다. 그는 1651년에 영국으로 돌아와 1679년에 죽었다.

주요 저술

1628년 『펠로폰네소스 전쟁 History of the Peloponnesian War』 (투키디데스의 저서 번역)

1650년 『인간론 Treatise on Human Nature』

1651년 『리바이어던 Leviathan』

합리성과 계몽 RATIONALITY AND ENLIGHTENMENT

참조: ■ 플라톤 34~39쪽 ■ 장 보댕 88~89쪽 ■ 존 로크 104~109쪽 ■ 장 자크 루소 118~125쪽 ■ 존 롤스 298~303쪽

『리바이어던』의 표지에는 작은 사람들로 구성된 통치자가 각각 세속적 권력과 종교적 권력을 상징하는 검과 홀(笏)을 들고 땅위로 솟아 있는 모습이 그려져 있다.

> 사람들은 통제 없이 방치되면 자연상태에서 서로를 위협할 것이다

> 그런 상태에서 사람들은 자기를 보호하고 과시하기 위해서라면 무슨 일이든지 할 것이다

> **인간의 자연상태는 만인 대 만인의 투쟁상태다**

> 그런 자연상태로 전락하지 않으려면 사람들은 사회계약을 맺고 군주의 권위와 보호에 복종해야 한다

> 파벌 싸움과 혼란을 막으려면 군주는 불가분의 무한한 권력을 가진 절대적 통치자여야 한다

> 군주가 직무를 제대로 해내지 못하면 사회계약이 깨지고 사람들이 조치를 취하여 자연상태로 돌아가게 될 것이다

직이게 하는 인공적인 혼이다." 국가는 그렇게 무정한 인공적 구조물이지만 국민의 보호를 위해 필요한 존재다.

영국 내전(1642~1651년) 중에 쓰인 그 책은 왕권에 대한 도전에 반대한다. 자연상태, 즉 만인 대 만인의 투쟁은 홉스가 보기에 내전과 비슷한 상태로, 사람들이 빠짐없이 사회계약을 맺음으로써 제삼자(군주)에게 무기를 넘겨주어야만 피할 수 있었다. 합리적 행위자들이 자신의 자유를 절대적 통치자에게 넘겨주려 한 이유는 자연상태의 삶이 너무나 "고독하고 빈곤하고 추잡하고 야비하며 단명"하다 보니 자유란 늘 이차적 관심사, 부담스러운 사치였기 때문이었다. 홉스에 따르면, 그런 자연상태에서 사람들은 자연권이 있었겠지만, 무엇보다도 생존 확보에 필요하다면 무슨 일이든 하는 데 가장 큰 관심을 두었을 것이다. 어떤 행동이라도 정당화될 수 있었다. 권리로 자신을 보호할 수는 없었다.

사회계약에 따른 통치

홉스는 내전의 원인이 된 헌법논쟁과 교회통치의 문제를 둘러싼 정치투쟁의 해결을 찾기 위해 노력했다. 그는 시대적 쟁점의 성격을 응시하여 성직자의 세속적 전관

(專屬)사항을 세속의 주권자에게 이행시키고, 그 권력의 정통성과 절대적 우위를 주장하는 일종의 세속주의적인 국가론을 주창했다. 자연상태에 있어서 자기보존이 전쟁상태를 초래하고, 그 자기모순을 깨달은 인간은 계약에 의해 자연권의 상호 양도(讓渡)를 실행하며, 계약의 규범력을 담보하는 물리적 강제로써 단일 인격으로 공통의 권력을 설립하고, 그것이 주권적 권력을 갖는 하나의 인간 또는 하나의 합의체로 나타난다는 것이다. 그 상호 양도 후 자기보존 수단의 판정권은 주권자인 국가에 절대적으로 수권된다. 이론의 적극성이 절대주권의 성립에 있다는 점에서는 복종계약을 중핵으로 한 사회계약론이라고 할 수 있다.

다시 말해, 분쟁을 해결하거나 약자를 보호할 공적 권력이 없으면, 생존에 필요한 바가 무엇인지 결정하는 일은 각 개인에게 달려 있게 될 것이다. 자연상태의 사람들은 본래 타인에 대한 의무가 없이 자유롭고 독립적이다. 홉스는 물자가 늘 부족하고 사람들이 똑같이 연약할 것이라고 가정한다. 어떤 사람들은 식량과 주거지를 얻기 위해 싸울 것이고, 어떤 사람들은 권력과 명예를 얻기 위해 싸우려 할 것이다. 그리하여 공포가 끊이지 않는 가운데 선제공격이 수시로 일어날 것이다.

홉스는 인간의 자유가 통제받지 않으면 그런 투쟁과 혼란의 상태에 이를 수밖에 없다고 본다. 그런 결과를 막으려면 국가는 국민을 통제할 불가분의 권력과 권위가 필요하다. 이는 프랑스 법학자 장 보댕이 마찬가지로 내전 중에 주권에 대해 이야기한 내용과 비슷하다. 하지만 홉스는 권위의 근거를 신수왕권에 두지 않고, 합리적인 사람이라면 누구나 동의할 사회계약이라는 개념에 두었다.

인간의 자연상태라는 개념은 홉스의 동시대인들과 후대의 정치이론가들에게 깊이 영향을 미치긴 했지만, 다르게 해석되는 경우가 많았다. 홉스는 자연상태라는 개념으로 어떤 가상의 상황을 나타냈다. 말하자면 질서와 정부가 없는 경우에 삶이 어떠할지를 순이론적으로 재현해본 것이었다. 이는 존 로크와 장 자크 루소 같은 후대의 사상가들이 사회계약과 이상적 정치체제에 관한 저서에서 그 개념을 사용한 방식과 달랐다. 로크와 루소는 자연상태를 순이론적 개념이 아닌 실제 상황으로 여겼다.

필요악

계몽사상가들은 다양한 통치방식의 정치적 정당성 문제에 답하기 위해 통치자와 피통치자 간의 사회계약이란 개념을 언급했다. 통치가 정당해지려면, 피통치자들이 각자의 자유를 포기하고 종속관계에 속박되기로 동의할 경우 통치자가 피통치자들과 그들의 자연권을 보호할 것이라는 명시적 혹은 암묵적 합의가 있어야 한다.

홉스는 사람들이 선택할 수 있는 생활방식이 크게 두 가지(정부 없이 자연상태에서 살거나 정부가 있는 상태에서 살거나)라고 주장했다. 홉스가 생각하기에, 통치자에게 불가분의 권력을 부여하는 사회계약은 강력한 권력이 사람들의 파괴적 충동을 억제하지 못할 경우 그들을 기다릴 가혹한 운명을 피하기 위한 필요악이었다. 홉스는 "사람들은 그들을 모두 두려워하게 하는 공적 권력이 없이 살면 이른바 투쟁상태, 즉 만인 대 만인의 투쟁상태에 있게 된다"고 믿었다. 하지만 왕권신수설을 옹호한 이전 학자들과 달리 홉스는 통치자와 피통치자 간의 관계를 순전히 계약적인 관계로 보았다. 그 계약은 주로 사회 내부의 개인들 사이에서 이루어졌는데, 통치자는 외부의 제삼자였다.

홉스는 영국 내전 중에 『리바이어던』을 썼다. 군주가 막은 '자연상태'에 대한 홉스의 관점은 전쟁의 야만성에서 비롯한 듯했다.

합리성과 계몽 RATIONALITY AND ENLIGHTENMENT   101

홉스는 자연상태를 바람직하지 않은 것으로 보고, 사람들이 자진해서 통치자에게 복종하여 사회를 보호해야 한다고 주장했다.

자연상태의 사람들은 서로 투쟁하며 항상 타인을 두려워하는 상태로 지낸다

사회계약으로 사람들은 안전과 법치를 위해 모든 권력을 제삼자인 통치자에게 부여한다

집합행동

사람들은 합리적이므로, 자연상태가 바람직하지 않으며 평화가 좋다는 것을 이해할 수 있다. 하지만 자연상태에서는 사람들이 저마다 자기 이익을 보호해야 하기 때문에 '집합행동 문제(collective action problem)'가 발생한다. 홉스가 그 용어를 만든 것은 아니지만, 자연상태의 사람들이 서로 믿고 무기를 내려놓지 못하는 홉스식 딜레마는 현대의 그 개념과 매우 비슷하다. 집합행동의 딜레마란 개인들(결과가 성공적이면 모두가 이익을 얻을 것이다)이 집합적으로 행동해야만 극복할 수 있는 문제가 존재하는 상황을 말한다. 홉스의 해결책은 급진적이었다. 모든 권력을 제삼자, 즉 통치자에게 부여하라. 현대의 학자들은 강력한 정부 없이도 사람들이 집합행동 문제를 극복하는 방법을 여러 가지 찾아냈다. 영국 철학자 마거릿 길버트(Margaret Gilbert)에 따르면, 집합행동은 사실상 사람들이 한 사람의 일부로서 하나의 목적을 추구하는 행동방침에 대한 공동 약속을 수반한다. 그래도 정부는 여전히 갈등을 조정하고 공익을 제공하는 주체다.

정부 권력에 대한 홉스의 계약적 관점은 통치자의 의무에도 영향을 미쳤다. 피통치

> 통치자에 대한 피통치자들의 의무는 그가 그들을 보호할 힘이 존속하는 동안만 존속하는 것으로 여겨진다.
> **토머스 홉스**

자들은 통치자가 그들을 보호할 수 있는 동안에만 사회계약에 속박되었다. 하지만 홉스는 민중혁명도 나랏일에 대한 종교의 영향도 권장하지 않았고, 민주정치를 선호하지도 않았다. 정부의 주된 목적은 개인의 자유가 아니라 안정과 평화였다.

실용주의 정치

사회계약에 대한 홉스의 관점에서는 정권 변화를 정당화했다. 1649년에 올리버 크롬웰이 영국 왕 찰스 1세(Charles I)를 폐위했을 때, 홉스의 생각에 따르면 한 통치자가 다른 통치자로 교체되었을 뿐이므로 사회계약은 그대로 유지되었다. 바꿔 말하면 홉스는 반(反)민주주의자이자 절대주의자였지만 실용주의자이기도 했다. 그는 어떤 정치체제가 최고인가에 대해 결정적인 태도를 취하진 않았지만, 분명히 찰스 1세의 군주제를 훌륭하고 안정적인 정치체제로써 선호했다. 하지만 그는 의회 주권도 적

올리버 크롬웰은 1649년에 반(反)왕당파 군대를 이끌며 국왕 찰스 1세를 폐위했다. 홉스는 통치권이 고스란히 의회로 넘어갔으므로 사회계약이 그대로 유지된다고 믿었다.

자연상태 반대론

홉스는 인간 본성에 대해 숙고한 바에 기초하여 강력한 절대주의 옹호론을 펼쳤다. 그의 반대자들, 즉 절대주의 반대론을 펼친 이들은 홉스가 인간을 권력과 싸움에 굶주린 존재로 묘사한 것에 대해 이의를 제기했다. 낭만적 관점을 취한 장 자크 루소가 보기에, 자연상태에 있는 인간의 삶은 순결하고 소박한 삶으로, 부정직한 근대사회의 삶과 대조되었다. 그러므로 사람들은 자연상태에서 벗어나려고 애쓸 것이 아니라, 오히려 정부 체제 안에서 자연상태를 최대한 잘 되살려야 마땅했다. 그래서 루소는 작은 공동체의 직접민주제를 옹호했다. 홉스가 영국 내전을 판단기준으로 여기며 산 데 반해, 루소는 스위스의 제네바라는 고요한 도시에서 살았다. 이는 그들의 다른 배경이 그들의 정치이론에 영향을 미쳤음을 말해준다. 홉스와 달리 루소는 자연상태 개념을, 사회 형성 전의 자연상태에서 산 사람에 대한 역사적 설명으로 여겼다. 이후 정치이론가들은 홉스와 루소라는 양극단 사이에서 갈팡질팡하며, 인간이 처한 상황을 투쟁상태로 보거나 자연과 조화를 이루며 사는 상태로 보았다.

다른 두 명의 영향력 큰 철학자들(존 로크와 스코틀랜드 철학자 데이비드 흄)도 홉스를 비판했다. 로크는 『통치론』에서 자연상태에 대해 이야기하며, 그런 상태를 지배하는 자연법을 언급한다. 홉스와 반대로 로크는 자연상태에서 사는 사람이라도 타인을

절한 정치체제로 보았다. 단, 정치적 교착상태를 막기 위해 입법부인 의회의 의원 수가 홀수여야 한다고 주장했다.

홉스식 사회계약을 뒷받침한 논리는 여러 학자들에게 의문시되었다. 존 로크는 다음과 같은 말을 누가 믿겠느냐며 풍자적인 비판을 내놓았다. "사람들은 너무 어리석어서 족제비나 여우 때문에 무슨 피해를 입을까봐 조심하면서도, 사자에게 잡아먹히는 것은 좋다고, 아니 안전하다고 생각한다." 로크가 보기에, 권위주의적인 정치는 시민 소요 못지않게 위험하다. 그는 종속상태보다 자연상태를 선호했다. 하지만 홉스는 불가분의 무한한 권력이 있는 정부만이 사회 붕괴 및 내전 발발을 막을 수 있다고, 다른 경우에는 그런 사태가 불가피하다고 믿었다. 홉스에 보기에, 개인의 자유와 권리를 옹호하는 사람들은 문명사회에서 당연시되는 기본적 안전이란 강력한 중앙집권적 정부가 존재하는 동안에만 지속된다는 것을 이해하지 못했다. 평화를 유지하려면 복종이 필요했다. 국민은 자기 목숨이 위태로워질 경우 자신을 보호할 권리가 있었지만, 그 밖의 모든 문제와 관련해서는 정부에 복종해야 파벌싸움이나 정치적 마비상태를 막을 수 있었다.

사회계약

우리 국민은 법을 준수하기로, 그리고 불가분의 무한한 권력이 있는 통치자의 권위를 존중하기로 동의한다.

> 짐승의 어리석음과 문명인의 치명적 개화로부터 천성적으로 같은 거리만큼 떨어져 있을 때 원시상태의 인간처럼 온화한 것은 없다.
> 장 자크 루소

해칠 권리는 없다고 말한다. 흄은 그 논쟁에 덧붙여, 인간이란 본래 사교적이므로 홉스가 설명한 야만적인 상태는 존재하기 힘들 것 같다고 말한다.

홉스의 방법

오늘날 학자들은 계속해서 홉스의 방법과 자연상태 개념을 이용해 갖가지 정치제도를 옹호하고 반대한다. 존 롤스(John Rawls)는 합리적인 사람들이 동의할 만한 사항을 체계적으로 설명하면서, 안정적인 사회의 요건에 대한 홉스의 생각을 이용했다. 『정의론』에서 롤스가 주장하는 바에 따르면, 사람들은 '무지의 베일(veil of ignorance)' 뒤에서, 즉 자신이 그 가상의 사회에서 특권층인지 아닌지 알 수 없는 상태에서 선택을 해야 할 경우, 누구에게나 기본권과 경제적 보호수단이 어느 정도 있는 상태를 선택할 것이다. 하지만 홉스는 이상적 사회에 대해서가 아니라 강력한 정부의 필요성에 대해 이론을 세웠다.

오늘날 학자들은 대부분 인간의 상황에 대한 홉스의 견해를 비관론으로 여기겠지만, 홉스는 계속해서 정치사상에 상당한 영향을 미치고 있다. 권력 연구를 중요시하는, 국제관계에 대한 현실주의적 전통은 인간이 처한 상태란 투쟁상태라는 홉스의 전제에서 벗어난다. 하지만 홉스가 자연상태 개념에서 이야기한 무질서상태는 국가들이 주된 행위자인 국제체제와 관련해서도 사실로 받아들여진다. 오늘날 국제체제에 대한 현실주의적 관점은 냉전이 끝났음에도 불구하고 여전히 우위를 차지하고 있다.

> 만인 대 만인의 전쟁에서는 부당한 것이란 있을 수 없다. 공적 권력이 없으면 법도 없고, 법이 없으면 부정행위도 없다.
> 토머스 홉스

홉스 이론과의 주된 차이는 국제적인 수준에서는 파괴적인 권력·사익 추구 활동을 억제하기 위해 국가라는 리바이어던에 의지할 수 없다는 데 있다. 국가들은 서로를 신뢰할 수 없으므로 군비 경쟁과 전쟁을 겪을 수밖에 없다. ■

피터르 브뤼헐(Pieter Bruegel the Elder)의 〈죽음의 승리The Triumph of Death〉에는 죽음이 부자와 빈자를 가리지 않고 찾아오면서 벌어진 무질서상태가 묘사되어 있다. 홉스는 자연상태를 이와 비슷하게 무질서하고 야만적인 상태로 보았다.

법의 목적은 자유를 보호하고 확장하는 것이다

존 로크(서기 1632~1704년)

맥락읽기

이데올로기
자유주의(liberalism)

핵심어
법치

이전의 관련 역사
서기 1642년 : 찰스 1세가 영국에 절대주의를 도입하려 한다는 우려 때문에 영국 내전이라는 일련의 충돌이 일어난다.

서기 1661년 : 루이 14세가 프랑스에서 친정(親政)을 시작하고 "짐이 곧 국가다(L'état, c'est moi)"라는 말로 절대주의를 표현한다.

이후의 관련 역사
서기 1689년 : 영국에서 권리장전이 제정되어 의회의 권리가 확보되고 선거가 왕의 간섭을 받지 않게 된다.

서기 18세기 : 프랑스와 아메리카에서 민중혁명이 일어나 자유주의 원칙에 기초한 공화국이 수립된다.

정치이론상의 중요한 문제 가운데 하나는 정부의 역할 및 당위적 기능과 관련되어 있다. 마찬가지로 중요한 것으로는 무엇이 정부에 통치권을 부여하는가, 정부 권한의 한계는 어디까지여야 하는가 하는 문제가 있다. 중세 학자들 가운데 일부는 왕이 신으로부터 부여받은 통치권을 가진다고 주장했고, 다른 일부는 귀족이 통치권을 타고난다고 선언했다. 계몽사상가들은 그런 이론에 의문을 제기하기 시작했다. 하지만 통치권이 신의 뜻에 따라 부여되거나 나면서부터 가지게 되는 것이 아니라면, 정당성의 다른 원천을 찾아야 했다.

영국 철학자 존 로크(John Locke)는 정부에 대한 자유주의적 원칙을 최초로 표명했다. 그에 따르면 정부의 목적은 자유, 생명, 재산에 대한 국민의 권리를 보호하고, 공익을 추구하며, 타인의 권리를 침해한 사람들을 처벌하는 것이었다. 따라서 정부의 최고 기능은 다름 아닌 입법이었다. 로크가 보기에, 사람들이 자진해서 사회계약을 맺고 정부의 지배를 받기로 하는 주된 이유 가운데 하나는 정부가 의견 차이와 충돌을 중립적인 방식으로 조정하리라고 그들이 기대하기 때문이다. 그런 논리에 따라 로크는 부당한 정부의 특징도 설명할 수 있었다. 결론인즉, 국민의 자연권을 존중하고 보호하지 않는(혹은 불필요하게 국민의 자유를 제한하는) 정부는 부당하다는 것이었다. 그래서 로크는 절대주의 정치체제에 반대했다. 동시대인인 토머스 홉스가 야만적인 '자연상태'에서 사람들을 구하려면 절대군주가 필요하다고 믿은 데 반해, 로크는 정부의 권력과 기능이 제한되어야 한다고 주장했다.

법의 중요성

로크가 정치에 대해 쓴 책의 상당부분은 권리와 법에 초점이 맞춰졌다. 그는 정치권력이란 '위반시 사형에 처한다는 조건의 법을 제정할 권리'라고 정의했다. 로크의 주장에 따르면, 사람들이 무법의 자연상태에서 자발적으로 벗어나려 한 주된 이유 중 하나는 독립적인 심판자가 없었기 때문이다. 공정한 법치를 위해 폭력을 행사하고 형을 선고할 독점적 권리를 정부에 부여하는 편이 더 나았던 것이다. 그뿐 아니라 로크에 따르면 정당한 정부는 입법권·집행권 분립의 원칙을 지킨다. 입법부가 사법부보다 우월하다. 전자는 정치 문제에 대한 일반 규칙을 세우는 최고 권력을 가지는 데를 보는 매우 현대적인 방식이었다.

주요 저술

1689년 『통치론 Two Treatises of Government』
1689년 『관용에 관한 편지 A Letter Concerning Toleration』
1690년 『인간 오성론 An Essay Concerning Human Understanding』

존 로크

존 로크는 영국 역사상 가장 격변한 시기에 살며 영향을 미쳤다. 일련의 내전이 일어나 프로테스탄트, 영국 국교도, 가톨릭교도들이 서로 싸우는 가운데 권력이 왕과 의회 사이를 오락가락했다. 로크는 1632년 영국 브리스틀 근처에서 태어났다. 그는 국왕 찰스 2세(Charles II)에 대한 암살 음모에 연루되었다는 혐의 때문에 오랫동안 프랑스와 네덜란드에서 망명생활을 했다. 그의 저서 『통치론』은 권력의 균형점을 영구적으로 왕에서 의회 쪽으로 옮긴 1688년 명예혁명의 지적 토대가 되었다. 그는 사람들이 본유관념을 타고나는 것이 아니라 정신이 빈 서판과 같은 상태로 태어난다는 생각을 널리 알렸는데, 이는 자아

합리성과 계몽 RATIONALITY AND ENLIGHTENMENT 107

참조 : ■ 토머스 홉스 96~103쪽 ■ 몽테스키외 110~111쪽 ■ 장 자크 루소 118~125쪽 ■ 토머스 제퍼슨 140~141쪽 ■ 로버트 노직 326~327쪽

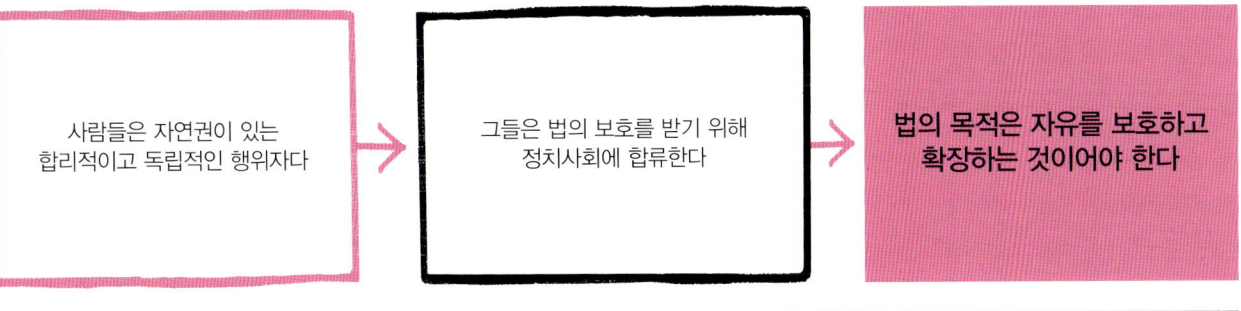

사람들은 자연권이 있는 합리적이고 독립적인 행위자다 → 그들은 법의 보호를 받기 위해 정치사회에 합류한다 → 법의 목적은 자유를 보호하고 확장하는 것이어야 한다

반해, 후자는 특정 경우에 법을 집행하는 일에만 책임이 있다.

로크의 저작에서 법이 중요시되는 이유 가운데 하나는 법이 자유를 보호하기 때문이다. 법의 목적은 자유를 없애거나 억누르는 것이 아니라 보호하고 확장하는 것이다. 로크는 정치사회에 '법이 없으면 자유도 없다'고 믿는다. 따라서 법은 자유를 제한하면서도 존재 가능하게 한다. 자유롭게 산다는 것은 자연상태에서 법 없이 산다는 뜻이 아니다. 로크는 이렇게 말한다. "자유는 흔히들 말하듯 모든 사람이 자기가 원하는 것을 할 권리가 아니라(다른 사람의 변덕에 휘둘리는 상황에서 누가 자유로울 수 있겠는가?), 그런 법이 허용하는 범위 안에서 자기 몸, 행동, 재산 등 모든 소유 대상을 자기 바람대로 다룰 권리다." 바꿔 말하면, 법은 자유를 보호할 뿐 아니라 자유권이 행사될 수 있게도 한다. 법이 없으면, 우리의 자유는 무질서하고 불안정한 자연상태 때문에 제한될 것이고, 어쩌면 사실상 아예 존재하지 않게 될지도 모른다.

인간의 원시적 상황

로크는 인간의 초기 상황과 본성을 염두에 두고서 법을 만들고 시행해야 한다고 말한다. 여느 사회계약 이론가들과 마찬가지로 그는 사람들이 평등하고 자유롭고 독립적이라고 생각한다. 로크에 따르면, 자연상태는 사람들이 대체로 서로 조화를 이루며 공존하는 상황, 그러나 분쟁을 중립적으로 해결할 정당한 정치권력 혹은 심판자가 없는 상황이다. 로크는 이렇게 말한다. "사람들이 자기들 사이에서 판결을 내리는 공적인 윗사람이 없이 이성에 따라 살아가는 상황은 당연히 자연상태다."

홉스와 달리 로크는 자연상태와 전쟁상태를 동일시하지 않는다. 로크에 따르면,

태초에 모든 인간은 평등했다. 자신의 행동은 자신이 각자 '자유'롭게 결정했다. 그러나 인간이 자신의 자유를 속박할지도 모르는 정치공동체를 결성한 것은 단지 자연상태가 불편했기 때문이었다. 단적인 예로, 전쟁상태는 사람들이 자연법, 즉 로크가 말하는 이성의 법을 따르지 않는 상태다. 홉스는 사람들이 자기보호에 주로 관심을 기울이며 '권력을 극대화'하기 위해 행동한다고 믿지만, 로크는 자연상태에서 사람들이 이성을 따르며 관대하게 행동할 수 있다고 본다. 그러므로 자연상태라고 해서 갈등이 꼭 자주 발생하는 것은 아니다. 하지만 인구밀도가 높아지면 자원이 부족해지고, 화폐가 도입되면 경제적 불평등과 갈등 증가

절대주의 정치체제에 반대한 로크는 어릴 때인 1649년에 국왕 찰스 1세가 '독재자, 반역자, 살인자, 이 나라에 해로운 공공의 적'이라는 이유로 처형되는 모습을 목격했다.

>
> 법을 다룰 수 있는 창조물들의 온갖 나라에서는 법이 없으면 자유도 없다.
> 존 로크

정부의 역할

정부는 훌륭한 법을 만들어… …국민의 권리를 보호하고… …공익을 염두에 두고 그 법을 시행해야 한다

가 뒤따르게 마련이다. 그래서 인간사회는 분쟁을 객관적으로 해결할 심판자, 조정자, 법이 필요하게 된다.

정부의 목적

정당성 문제는 로크 정치사상의 중심에 자리했다. 홉스의 예를 따라 그는 인간의 자연상태에 대한 이해에 기초하여 정부의 적절한 역할을 추론하고자 했다.

홉스와 마찬가지로 로크는 정당한 정부란 사회 구성원들 간의 사회계약에 기초한다고 본다. 자연상태의 문제는 법을 집행하는 재판관이나 경찰이 없다는 데 있다. 사람들은 정부에 그런 역할을 맡기려고 자진해서 문명사회에 합류한다. 그러므로 바로 그것이 정부의 적절한 역할이다. 정당한 정부의 또 다른 중요한 측면은 국민의 동의에 따른 정치라는 것이다. 로크가 보기에, 이는 꼭 민주주의를 의미하는 말은 아니었다. 국민 대다수는 군주가 집권해야 할지 귀족이 집권해야 할지 민주의회가 집권해야 할지를 합리적으로 결정할 수 있었다. 중요한 것은 국민이 통치권을 부여했으며 그런 특권을 철회할 권리가 있다는 점이었다.

로크는 토머스 홉스가 옹호한 강력한 절대군주 체제에 반대했다. 그런 강력한 인물은 개인의 자유를 불필요하게 제한하기 때문이었다. 로크가 보기에 전적인 예속은 위험했다. 그는 이렇게 썼다. "나는 다음과 같이 결론지을 만한 이유가 있다. 내 동의 없

1689년에 영국 왕 윌리엄 3세(William III)가 비준한 권리장전은 왕권의 한계를 확립한 법률로, 군주란 국민의 동의를 얻어야만 통치권을 행사할 수 있다는 로크의 주장에 부합했다.

이 나를 자기 권력에 예속시키려는 사람은 일단 그렇게 되면 나를 제멋대로 이용할 것이고, 마음이 내키면 나를 해치기도 할 것이다. 내 자유권에 반하는 상태, 즉 노예상태로 나를 강제로 몰고 가려는 경우가 아닌 한 그 누구도 나를 자신의 절대권력에 예속시키고자 할 리가 없기 때문이다."

로크는 오히려 정부의 제한된 역할을 선호한다. 정부는 국민의 사유재산을 보호하고, 평화를 유지하고, 국민 전체를 위해 공공 물품을 확보하고, 가능한 한 외세의 침략으로부터 국민을 보호해야 한다. 로크는 "바로 그것이 모든 국가의 (최고) 입법권의 원형이요, 용도이며, 한계다"라고 말한다. 정부의 목적은 자연상태에 결핍된 일을 하여 국민의 자유와 복지를 확보하는 데 있다. 국민을 절대군주 치하의 노예로 만들 필요는 전혀 없다. 정부의 주요 기능은 국민의 권리를 보호하는 훌륭한 법을 제정하고, 공익을 염두에 두고서 그 법을 시행하는 것이다.

반란을 일으킬 권리

정당한 정부와 부당한 정부를 구별한 로크의 사상에는 부당한 통치에 대한 반항이

용인된다는 관념도 내포되어 있다. 로크는 국민이 정부에 부여했던 권리를 철회하기 위해 반란을 일으킬 권리를 가질 만한 다양한 시나리오를 이야기한다. 이를테면 국민은 다음과 같은 경우에 정당하게 반란을 일으킬 수 있다. 선출된 국민대표들이 방해를 받아 의회를 열지 못할 때, 외세가 국민에 대한 권력을 부여받을 때, 선거 제도나 절차가 국민의 동의 없이 바뀔 때, 법치가 유지되지 않을 때, 정부가 국민들에게서 권리를 빼앗으려고 할 때 등등. 로크는 부당한 정치체제를 노예제에 버금가는 것으로 여겼다. 심지어 로크는 군주가 국민과의 사회계약을 어긴 경우라면 군주의 처형도 용납했다.

홉스는 사회계약을 통해 모든 권리를 정부에 양도했다고 주장하지만, 로크는 그렇지 않다고 말한다. 결코 양도할 수 없는 권리로 자유를 주장하는 대목에서 로크는 정치적 자유주의의 틀을 세운 자유주의의 아버지가 된다. 로크가 제공한 정부론은 1688년 명예혁명의 이론적 토대가 되었다.

영국 내전 때 의회파 운동을 지지한 청교도들의 아들인 로크에게 이것은 이론상의 문제에 불과하지 않았다. 로크의 저작은 찰스 1세의 처형을 정당화하는 분명한 사유를 제시한다. 명예혁명 이후 영국은 더 이상 헌정 질서의 중단이 없었기 때문에 로크가 제공한 정부론은 지금도 기능하고 있는 셈이다. 또 그의 정치철학은 영국이라는 지역적 공간을 뛰어넘어 미국 독립혁명과 프랑스혁명, 그리고 전 세계로 확산되었다.

로크가 남긴 유산

존 로크의 정치사상은 당시부터 '자유주의(liberalism)'로 알려졌다. 그것은 자유와 평등의 원칙을 지지하는 사상이었다. 18세기 말에 프랑스와 북아메리카에서 일어난 혁명은 자유주의 사상에 기초했다. 실제로 미국 헌법과 독립선언문의 기초자 가운데 한 명인 토머스 제퍼슨은 로크를 존경했고, 건국 문서에서 로크의 구절을 많이 이용했다. 미 헌법의 권리장전에서 '생명, 자유, 재산'의 보호가 강조되는 것도, 미 독립선언문에서 '생명, 자유, 행복추구'에 대한 양도 불가능한 권리가 강조되는 것도 모두 한 세기 전 존 로크의 철학에서 직접적으로 유래한다. ■

로크에 따르면, 정부가 정당해지려면 하원 같은 선출된 국민대표들의 의회가 회합과 토론을 하는 것이 허가되어야 한다.

> 권리장전은 국민이 모든 정부에 맞서 주장할 권리가 있는 법이며, 올바른 정부라면 거부하지 말아야 할 법이다.
> 토머스 제퍼슨

입법권과 집행권이 하나의 조직체 안에서 통합되면 자유란 존재할 수 없다

몽테스키외(서기 1689~1755년)

맥락읽기

이데올로기
입헌정치(constitutional politics)

핵심어
권력 분립

이전의 관련 역사
기원전 509년 : 국왕 루키우스 타르퀴니우스 수페르부스가 타도된 후 로마 공화정이 수립되어 삼분 정치체제가 발달한다.

서기 1689년 : 영국에서 '명예혁명' 후 입헌군주제가 확립된다.

이후의 관련 역사
서기 1787년 : 필라델피아에서 미국 헌법이 채택된다.

서기 1789~1799년 : 프랑스 혁명이 일어나는 동안 세속적인 민주공화제가 군주와 교회의 통치체제를 대체한다.

서기 1856년 : 알렉시 드 토크빌이 프랑스 군주제의 몰락을 분석한 책 『구체제와 프랑스 혁명』을 발표한다.

18세기 계몽기에는 교회의 전통적 권위가 과학적 발견 때문에 약화되고 왕권신수설에도 의문이 제기되었다. 유럽, 특히 프랑스에서는 수많은 정치철학자들이 군주, 성직자, 귀족의 권력에 대해 연구하기 시작했다. 그들 중 대표적인 인물로는 볼테르(Voltaire), 장 자크 루소, 몽테스키외(Montesquieu)가 있었다.

루소는 권력이 군주에게서 국민에게로 넘어가야 한다고 주장했고, 볼테르는 교회와 정부의 분리를 옹호했다. 몽테스키외는 누가 정권을 잡는가에 대해서는 그다지 관

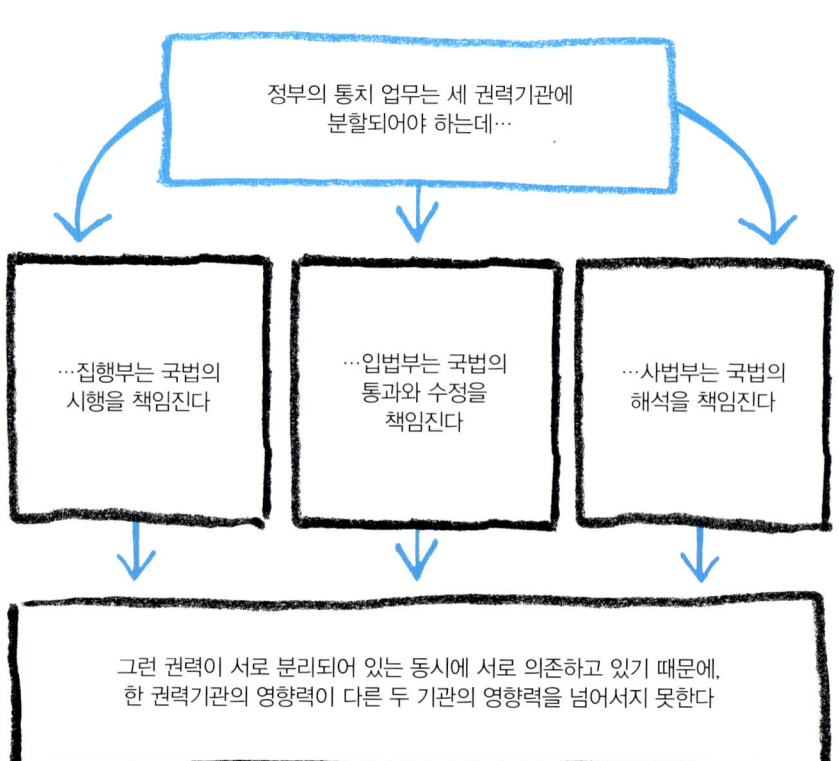

합리성과 계몽 RATIONALITY AND ENLIGHTENMENT

참조: ▪ 키케로 49쪽 ▪ 장 자크 루소 118~125쪽 ▪ 토머스 제퍼슨 140~141쪽 ▪ 제임스 매디슨 150~153쪽 ▪ 알렉시 드 토크빌 170~171쪽 ▪ 헨리 데이비드 소로 186~187쪽 ▪ 놈 촘스키 314~315쪽

정부의 퇴보는 거의 항상
그 원칙의 붕괴 때문에 시작된다.
몽테스키외

심이 없었다. 그에게 더 중요했던 것은 독재정치를 막을 헌법의 존재였다. 그는 그런 목적을 달성하려면 정부의 권력을 분립해야 한다고 주장했다.

몽테스키외는 독재정치야말로 국민의 자유에 대한 가장 큰 위협이라고, 군주제와 공화제 모두 적절한 헌법의 통제를 받지 않으면 독재정치로 타락할 위험이 있다고 주장했다. 그의 주장의 핵심은 국가 통치권을 다음 세 범주로 분립해야 한다는 것이었다. (법의 행정과 시행을 책임지는) 집행부, (법의 통과, 폐지, 수정을 책임지는) 입법부, (법의 해석과 적용을 책임지는) 사법부.

권력 분립

정부 권력을 이렇게 나누는 것은 '삼권분립(trias politica)'이라 불리기도 했는데, 새로운 개념은 아니었다. 고대 그리스인과 로마인들도 비슷한 분립에 대해 알고 있었다. 몽테스키외가 획기적이었던 것은 분리된 조직체들이 그런 권력을 행사해야 한다고 그가 주장한 데 있었다. 그렇게 하면 균형이 이루어져, 독재정치로 타락할 위험이 최소화된 안정적인 정부를 얻을 수 있다는 것이었다. 권력을 분립하면 한 정치조직체가 전능해질 수 없게 되었다. 각 조직체가 다른 조직체들의 권력 남용을 막을 수 있게 되기 때문이다. 몽테스키외의 사상은 프랑스에서 권력자들의 적대적 반응에 부딪힐 수밖에 없었지만, 그의 권력 분립 원칙은 곳곳에 지대한 영향을 미쳤다. 특히 미국에서는 그 원칙이 헌법의 초석이 되었다. 또 프랑스혁명 후에는 그 원칙이 새 공화정체의 모델이 되기도 했고, 다음 세기에는 세계 곳곳에 민주정체가 수립됨에 따라, 그런 나라들의 헌법에 대체로 어떤 형태의 삼분체제가 명시되었다. ■

미국 의회는 미 연방정부의 입법부로, 대통령(집행부) 및 사법부의 권력과 다르며 분리된 권력을 가진다.

몽테스키외

몽테스키외는 프랑스의 보르도 근처에서 샤를루이 드 세콩다(Charles-Louis de Secondat)라는 이름으로 태어났는데, 1716년 삼촌이 죽은 후 몽테스키외 남작(Baron de Montesquieu)이라는 칭호를 물려받았다. 보르도에서 법을 공부했으나, 1715년에 결혼하면서 상당한 지참금을 얻고 또 따로 유산을 상속받은 덕분에 저술활동에 매진할 수 있게 되었다. 첫 작품은 『페르시아인의 편지』였다.

몽테스키외는 1728년 파리 아카데미 회원으로 선출되어 이탈리아, 헝가리, 터키, 영국을 잇달아 여행했다. 1731년 보르도로 돌아와 로마 제국의 역사에 대해 연구하고 걸작 『법의 정신』도 썼다. 1748년 익명으로 출판된 그 책은 유럽의 다른 나라에서는 찬사를 받았으나, 프랑스에서는 적대적인 반응을 받았다. 몽테스키외는 1755년 파리에서 열병으로 죽었다.

주요 저술

1721년 『페르시아인의 편지Persian Letters』

1734년 『로마인의 성쇠 원인론 Considerations on the Causes of the Greatness of the Romans and Their Decline』

1748년 『법의 정신The Spirit of the Laws』

독립적인 기업가들은 훌륭한 국민이 된다

벤저민 프랭클린(서기 1706~1790년)

맥락읽기

이데올로기
자유주의(liberalism)

핵심어
기업가적 국민

이전의 관련 역사
서기 1760년 : 영국이 프랑스령 북아메리카 식민지를 점령하며 신세계에서 토지 취득에 열을 올린다.

서기 1776년 : 13개 식민지가 영국으로부터의 독립을 선언하고 미합중국이 된다.

이후의 관련 역사
서기 1879년 : 토머스 페인의 『인간과 시민의 권리 선언』이 프랑스에서 발표된다.

서기 1868년 : 미국 수정헌법 제14조가 비준됨에 따라 미국의 흑인들이 시민권을 얻는다.

서기 1919년 : 미국 수정헌법 제19조를 통해 미국의 여자들이 투표권을 얻는다.

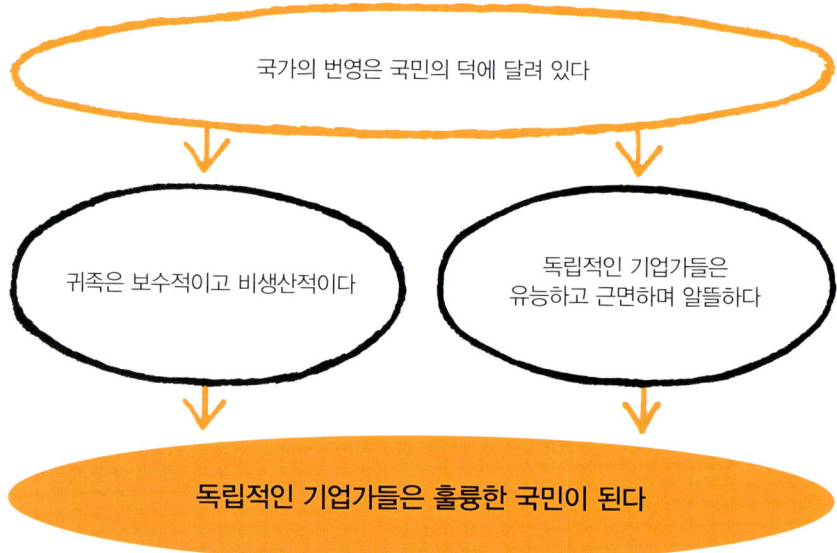

미국이 영국의 지배로부터 독립한 전후의 시기는 정치적으로 그랬던 만큼이나 지적으로도 혁명적이었다. 미국 계몽기라 불린 그 시기의 주요 사상가들은 존 로크, 에드먼드 버크, 장 자크 루소, 볼테르, 몽테스키외 같은 유럽의 계몽 저술가들로부터 영향을 받았다. 새 정치체제를 고안할 때 그 새 나라의 헌법 제정자들은 자유주의적·공화주의적 원칙을 선호했다. 그래서 중앙집권적 절대권력과 귀족적 특권에는 반대했다. 그 대신 다원주의적 이상, 개인적 자유의 보호, 보편적인 시민권을 초석으로 삼았다. 그 새로운 정치체제를 뒷받침한, 인간 본성에 대한 관점은 국민의 덕을 훌륭한 사회의 기반으로 본 고전적 공화주의에서 비롯했다. 미 헌법 제정자 중 한 명인 벤저민 프랭클린(Benjamin Franklin)은 독립적인 기업가들이 훌륭하고 도덕적인 국민이 된다고 보았다. 이로써 프랭클린은 장차 미국에 나타날 자본주의 정신을 명료하

참조 : ■ 존 로크 104~109쪽 ■ 몽테스키외 110~111쪽 ■ 에드먼드 버크 130~133쪽 ■ 토머스 페인 134~139쪽 ■ 토머스 제퍼슨 140~141쪽

기업가적 덕

자유주의자들은 대체로 개인의 권리(생명권과 재산권 등)에 초점을 맞추지만, 고전적 공화주의자들은 개인이 국민으로서 국가에 지는 의무와 국민이 그런 역할을 하는 데 필요한 덕목을 더 중요시한다. 덕이라는 개념은 이탈리아 외교관 니콜로 마키아벨리 같은 이전의 고전적 공화주의자들이 통치자의 특성을 이야기할 때 중요시했다. 하지만 국민 개개인의 덕은 좀처럼 논의되지 않았다.

프랭클린은 개인적인 수준에서 덕을 논한다. 그가 보기에, 번영하는 국가의 기반은 귀족 같은 사회계층이나 통치자의 특성이 아니라 개개의 근면하고 생산적인 국민들의 덕이다. 프랭클린은 유럽의 여러 계몽

선구적인 컴퓨터 제조자이자 마이크로소프트의 창립자인 빌 게이츠(Bill Gates)가 보여준 기업가정신과 자선활동은 프랭클린이 말한 훌륭한 국민 개념의 핵심이다.

시간을 낭비하지 말고, 항상 유익한 일에 힘쓰며, 불필요한 행동을 모두 그만두어라.
벤저민 프랭클린

사상가들과 마찬가지로 상인과 과학자들이 사회의 실질적 원동력이라고 믿었지만, 개인의 특성과 책임의 중요성을 더 강조하기도 했다. 그는 기업가정신을, 중요한 덕이 있는 개인적 특성으로 여겼다.

공익의 증진

오늘날 기업가정신은 자본주의 체제와 크게 관련되어 있다. 예컨대 오스트리아 경제학자 조지프 슘페터(Joseph Schumpeter)에 따르면, 기업가정신은 자본주의 체제를 형성하는 '창조적 파괴' 과정에서 매우 중요했다. 하지만 프랭클린의 기업가 개념은 자본주의적 비즈니스맨의 현대적 이미지와 분명히 달랐다. 첫째, 그는 기업가정신이 자선활동 등을 통해 공익을 증진하는 경우에만 그것을 덕으로 보았다. 둘째, 그는 자원봉사단체가 개인주의를 완화하는 데 중요한 역할을 한다는 것을 인식했다. ■

벤저민 프랭클린

벤저민 프랭클린은 비누·양초 제조업자의 아들이었는데, 나중에 정치가, 과학자, 발명가로 출세했다. 1706년 보스턴에서 태어난 그는 미합중국이 탄생한 긴 과정에서 주도적인 역할을 했다. 정치가로서 프랭클린은 영국의 인지 조례에 반대했고, 런던과 파리에서 미국 대사로 활동했으며, 매우 중요한 미국 헌법 제정자 중 한 명으로 꼽힌다.

과학자로서 프랭클린은 전기와 관련된 실험으로 가장 유명하다. 그의 수많은 발명품 중에는 피뢰침, 고효율 난로, 이중 초점 안경, 유연한 도뇨관 등도 있다. 기업가로서 그는 성공적인 신문 편집자, 인쇄업자, 대중문학 작가였다. 그는 미국의 최고 공직에 오르지는 않았지만, 그 나라의 정치 풍토에 프랭클린만큼 지속적으로 많은 영향을 미친 미국인은 거의 없다.

주요 저술

1733년 『가난한 리처드의 달력Poor Richard's Almanack』
1787년 『미합중국 헌법United States Constitution』
1790년 『프랭클린 자서전 Autobiography』

REVOLUT
THOUGHT

IONARY
S

혁명사상
서기 1770~1848년

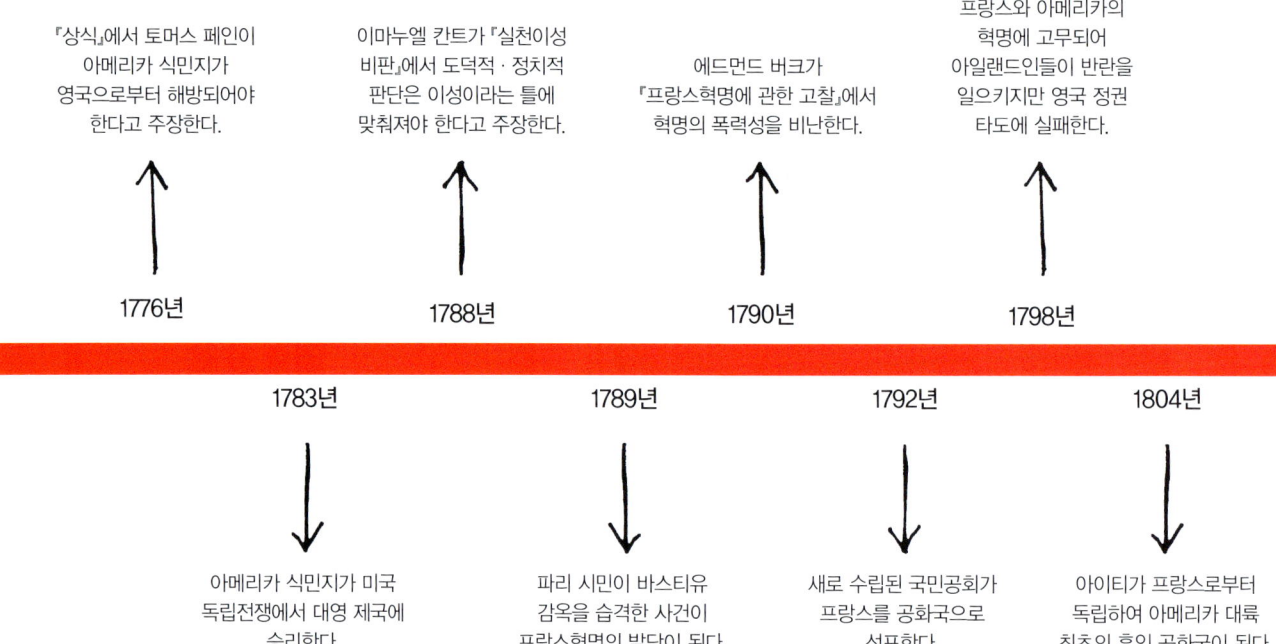

17세기에는 자연계에 대한 이해가 엄청나게 증진되었다. 과학적 발견 때문에 나타난 문제들에 대한 새로운 접근법은 결국 사회문제에 접근하는 다양한 방법을 알아내는 데도 도움이 되었다. 영국 철학자 토머스 홉스는 자연상태에서 합리적인(그러나 이기적인) 개인들이 어떻게 행동할 것인가에 대한 자기 견해에 기초해 '사회계약' 개념을 소개했고, 또 다른 영국인 존 로크는 사유재산에 대한 합리적 옹호론을 제시했다. 하지만 사회구조를 합리화하기 위한 그런 초창기 계몽운동은 마찬가지로 계몽주의라는 전통에서 활동하고 있다고 주장하는 저술가들 때문에 와해되었다. 그것은 인간의 지식에서 수세기의 스콜라 철학을 제거하고 신앙이 아닌 이성으로 사회를 개혁하려 한 대단한 지적 운동이었다.

국민의 주권

스위스 태생의 프랑스 철학자 장 자크 루소는 사회계약 개념을 이용해 정치의 근대적 기능에 대한 급진적인 새 관점을 제시했다. 프랑스 철학자 볼테르를 비롯한 여러 계몽사상가들은 계몽된 전제군주가 현명하게 나라를 통치하는 것을 권장하며 중우정치에 반대했지만, 루소는 오로지 국민에게만 참된 주권이 있다고 주장했다. 그는 기존 권력을 최초로 비판한 인물은 아니었지만, 계몽주의적 근거에서 비롯한 사상체계 안에서는 최초로 그렇게 한 인물이었다. 루소에 따르면, 계몽운동은 엘리트의 운동이기는커녕 합리성과 진보를 중요시함으로써 대중을 위한 운동이 되었다.

루소가 사망한 1778년 이후의 수십 년은 그런 새로운 사회관과 관련된 충돌들로 특징지어졌다. 계몽주의적 이상은 18세기 후반의 여러 사건에 영향을 미치기 시작했는데, 가장 극적인 사례는 1770년대와 1780년대에 아메리카와 프랑스에서 일어난 혁명이었다. 이를테면 토머스 페인은 『상식』에서 독립, 공화국, 민주주의에 대한 간단한 옹호론을 제시하여 아메리카 혁명가들의 요구사항을 널리 알렸는데, 그 책은 곧 베스트셀러가 되었다. 프랑스에서는 자코뱅파라는 가장 급진적인 혁명 당파가 루소를 숭배하여, 그를 국민영웅으로서 파리의 판테온에 이장하는 일을 계획했다. 그가 묻힐 곳의 맞은편에는 마찬가지로 우상화된 볼테르가 묻혀 있었다.

19세기 초에는 과거와의 급진적 단절을 통해서라도 사회를 합리적으로 재건할 수 있다는 믿음이 널리 퍼지고 있었다. 1850년

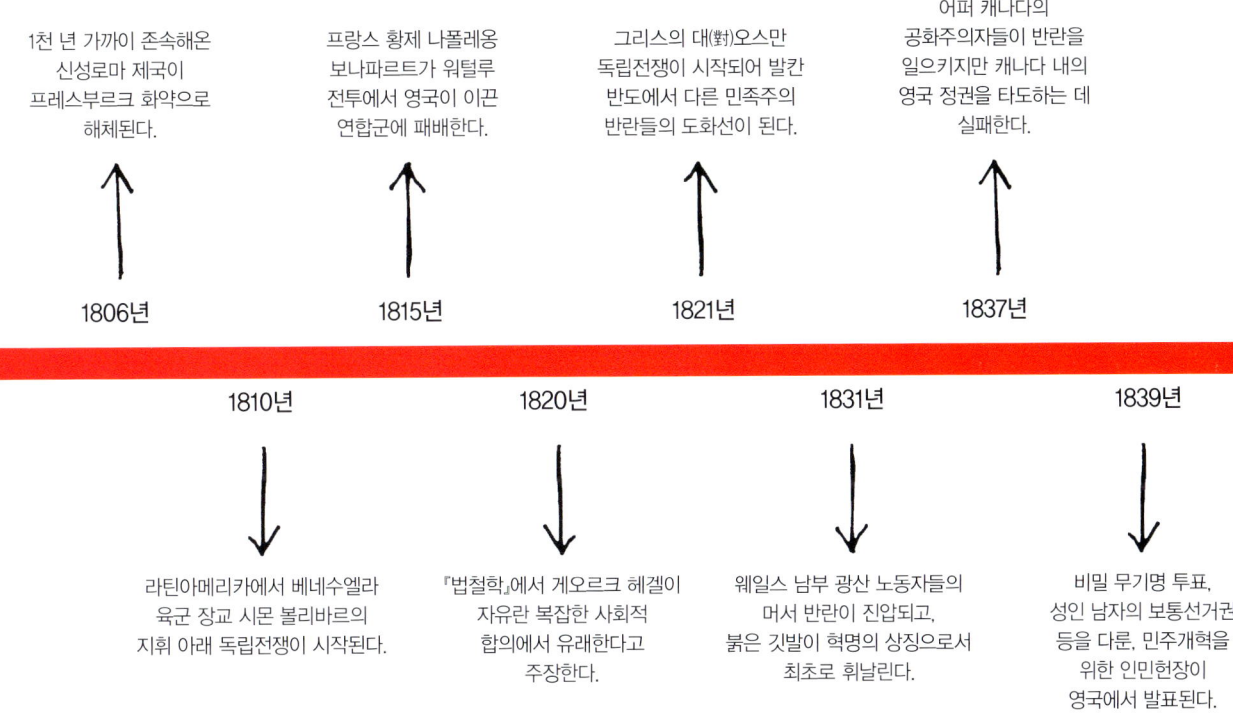

신보수주의

대는 이미 혁명이 유럽을 뒤흔들고 민족해방운동이 라틴아메리카 곳곳에서 성공을 거둔 상황이었다. 영국의 저술가 메리 울스턴크래프트는 자유에 대한 계몽주의적 이상에서 인류의 절반이 배제되어서는 안 되며 여성의 권리가 공정한 사회의 필수요소라는 주장을 전개하는 데 힘썼다.

신보수주의

이들을 비롯한 급진적 사상가들에 대한 반응으로, 새롭고 더 정교한 방식의 보수주의 사상이 발전했는데, 대표적인 인물은 아일랜드의 철학자이자 정치가인 에드먼드 버크였다.

버크는 자유와 권리의 언어를 이용해 가장 현명한 사람들의 통치를 정당화했고, 급진적 개혁의 시도보다 사회적 안정성의 유지가 더 중요하다고 믿었다. 그의 믿음에 따르면, 건강한 사회는 여러 세대에 걸쳐서만 발전할 수 있다. 버크가 생각하기에 프랑스혁명 후의 잔혹한 공포정치는 급진주의의 결점을 보여준 실례였다.

한편 독특한 방식의 자유주의적 권리옹호론도 전개되기 시작했다. 인간의 행복추구 욕구에 대한 간단한 주장에 기초하여, 영국 철학자 제러미 벤담은 소유권을 존중하고 정부의 한계를 밝히는, 제한된 민주적 자유의 정당화 사유를 생각해냈다. 벤담에 따르면, 과거에는 어떤 권리들이 획득되었지만, 미래에는 상충하는 요구들을 정부가 조율해야 하므로 그런 권리들이 결코 크게 확장되지 못할 것이다.

독일 철학자 게오르크 헤겔은 같은 결론을 더 모호한 형태로 내놓았다. 그는 먼저 프랑스혁명을 칭찬한 후, 자유란 오직 완전히 발달된 문명사회에서만 구현 가능함을 이해해야 한다고 주장하고, 독재국가 프로이센의 지지자로서 생애를 마쳤다. 그의 복잡한 논증은 후대의 사상가들이 혁명 후 세계의 결점을 고찰하는 틀이 되었다. ■

자유를 포기하는 것은 인간이기를 포기하는 것이다

장 자크 루소(서기 1712~1778년)

맥락읽기

이데올로기
공화주의(republicanism)

핵심어
일반의지

이전의 관련 역사
서기 1513년: 니콜로 마키아벨리가 『군주론』에서 통치자의 도덕성과 국가에 관한 일이 엄격히 분리된 근대적 정치 체제를 제안한다.

서기 1651년: 토머스 홉스가 『리바이어던』에서 사회계약에 근거하여 국가 수립을 옹호한다.

이후의 관련 역사
서기 1789년: 자코뱅파가 파리에서 회합을 시작한다. 그 단체의 극단주의적 구성원들은 루소의 사상을 혁명정치에 적용하려고 시도한다.

서기 1791년: 영국의 에드먼드 버크가 프랑스 혁명의 '과격성'과 관련하여 루소를 비난한다.

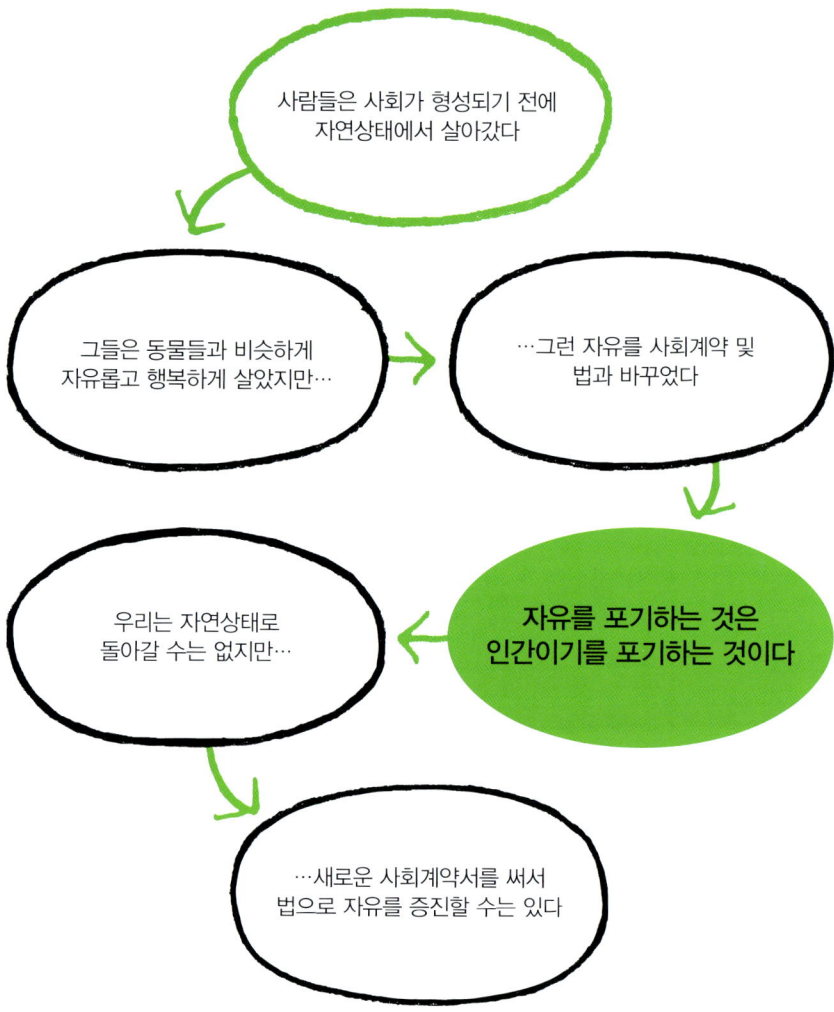

수세기 동안 서유럽에서는 인간사에 대한 특정 사고방식이 유행했다. 가톨릭교회의 지배 아래 히포의 아우구스티누스와 토머스 아퀴나스 같은 뛰어난 지식인들이 고대 사상가들을 재발견하는 가운데 고대 그리스·로마의 문헌이 꾸준히 연구되고 복원되었다. 그리하여 역사와 사회란 근본적으로 불변하고 도덕의 고차원적 목표는 신이 정해두었다고 본 스콜라철학의 접근법이 사회에 대한 사고방식을 지배하게 되었다. 그런 접근법은 자본주의 및 도시생활과 관련된 격변이 일어난 후에야 해체되기 시작했다.

현재 상태에 대한 재고

16세기에 니콜로 마키아벨리는 과거에서 완전히 벗어나, 『군주론』에서 스콜라철학의 전통을 근본적으로 뒤엎으며 고대의 실례들을 근거로 언급했는데, 이는 도덕적 삶의 길잡이를 제시하기 위해서가 아니라 효과적인 치국술 혹은 정치술이 냉소적으로 발휘된 방식을 보여주기 위해서였다. 토머스 홉스는 17세기 중엽의 영국 내전 기간에 『리바이어던』을 쓰면서, 고대 문헌 연구가 아닌 추론이라는 과학적 방법을 이용하여, 국민의 안전을 보장하려면 강력한 국가가 필요함을 주장했다.

하지만 과거와의 가장 철저한 단절을 보여주며 사생활로 상류사회를 분개시킨 인물은 바로 스위스 제네바 출신의 특이한 망명자 장 자크 루소(Jean-Jacques Rousseau)였다. 사후에 출판된 루소의 자전적 작품 『고백록』에 따르면, 그는 이탈리아의 베네치아에서 박봉의 대사 비서로 일하고 있을 때 '모든 것은 전적으로 정치에 달려 있다'고 판단하게 되었다. 사람들

혁명사상 REVOLUTIONARY THOUGHTS

참조 : ▪ 이븐할둔 72~73쪽 ▪ 니콜로 마키아벨리 74~81쪽 ▪ 휘호 흐로티위스 94~95쪽 ▪ 토머스 홉스 96~103쪽 ▪ 에드먼드 버크 130~133쪽 ▪ 한나 아렌트 282~283쪽

땅에서 나는 열매는 우리 모두의 것이지만 땅 자체는 누구의 것도 아님을 잊으면 파멸하게 될 것이다.

장 자크 루소

은 본래 악하지 않았지만, 악한 정부의 지배 아래에서는 악해질 수 있었다. 그가 제네바에서 본 덕과 베네치아에서 본 악덕(특히 그 도시국가가 영예로운 과거를 뒤로하고 안타깝게도 쇠퇴한 것)은 인간의 특성이 아니라 인간의 제도에서 기인했다.

정치가 형성한 사회

1754년에 저술한 『인간 불평등 기원론』에서 루소는 이전의 정치철학과 절연했다. 사회에 관해 저술한 고대 그리스인과 그 밖의 사람들(14세기의 이븐할둔 등)은 정치 과정을 그 자체의 법에 속박된 것으로 보며 불변하는 인간 본성을 연구했다. 특히 그리스인들은 정치적 변화를 냉소적으로 보았다. 즉 훌륭하거나 도덕적인 정치체제(군주정이건 민주정이건 귀족정이건 간에)도 결국은 다양한 형태의 폭정으로 타락하고 그런

루소가 보기에 베네치아의 타락은 나쁜 정부가 어떻게 국민을 나쁘게 만드는지를 잘 보여주는 실례였다. 그는 이를 고향인 제네바의 적절성과 대조했다.

순환이 다시 시작되게 마련이라는 것이다. 그러므로 사회는 변하지 않았다. 사회의 정치체제만 변했을 뿐.

루소는 이에 동의하지 않았다. 그의 주장인즉, 사회가 정치제도의 영향을 받아 형성될 수 있다면, (이론상으로는) 정치활동으로 사회를 더 좋게 재형성할 수 있는 가능성이 무한하다는 것이었다.

그런 주장 때문에 루소는 독특하게 근대적인 사상가로 꼽힌다. 루소 이전의 누구도 사회를 그 정치제도와 별개의 것으로서, 그 자체로 연구대상이자 행동의 근거가 될 수 있는 독립체로서 체계적으로 고찰하지 않았다. 루소는 심지어 계몽기 철학자들 중에서도 최초로 사람들 간의 사회적 관계와 관련하여 추론을 전개한 인물이었다.

그 새 이론은 뻔한 질문을 불러왔다. 인간사회가 정치적 변화에 개방적이라면, 왜 그렇게 명백하게 불완전한가?

재산과 불평등

루소는 또 특이한 대답, 동료 철학자들을 분개시킬 대답을 내놓았다. 우선 그는 사회가 없는 상태의 사람들을 생각해보라고 말했다. 토머스 홉스는 그런 사람들이란 야만인으로 "고독하고 빈곤하고 추잡하고 야비하며 단명한" 삶을 살 것이라고 주장했지만, 루소는 정반대의 주장을 펼쳤다. 사회에 속하지 않은 인간은 마음씨 곱고 행복한 사람들로 자신의 자연상태에 만족했다. 오직 두 가지 원칙만이 그들의 길잡이가 되었다. 첫째는 자연스러운 자기애와 자기보호 욕구였고, 둘째는 같은 처지의 인간에 대한 연민이었다. 그 둘이 결합되면, 다른 동물들이 사는 상태와 비슷한 상태에서 인간애가 대대손손 이어질 수밖에 없었다.

하지만 그런 행복한 상황은 문명사회가 만들어짐에 따라, 특히 사유재산 개념이 발달함에 따라 무참히 끝나게 되었다. 사유재산 개념이 생기자 곧 인간은 전에 존재하

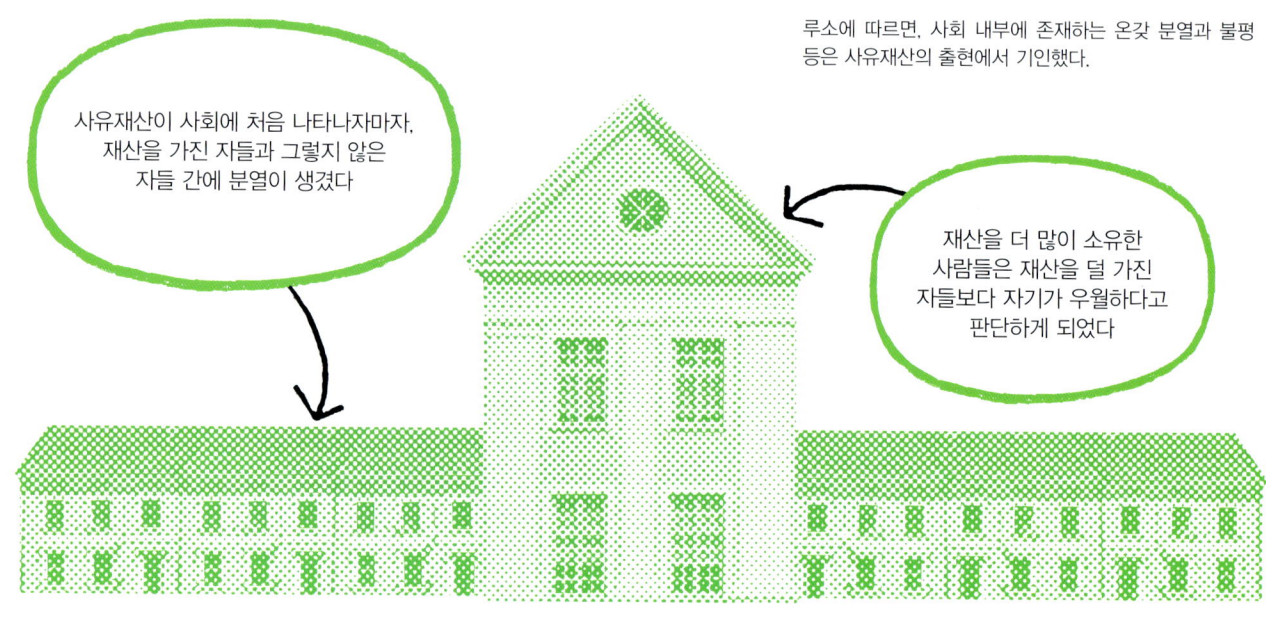

루소에 따르면, 사회 내부에 존재하는 온갖 분열과 불평등은 사유재산의 출현에서 기인했다.

사유재산이 사회에 처음 나타나자마자, 재산을 가진 자들과 그렇지 않은 자들 간에 분열이 생겼다

재산을 더 많이 소유한 사람들은 재산을 덜 가진 자들보다 자기가 우월하다고 판단하게 되었다

지 않았던 불평등(재산을 소유한 자들과 그렇지 않은 자들 간의 불평등)을 겪을 수밖에 없었다. 그런 불평등을 수반한 사유재산 개념은 또 다른 사회분열(주인과 노예 간의 분열, 그리고 가족들의 분열)의 기반이 되었다. 그런 새로운 분열이 발생한 상황에서 사유재산 개념은 자연스러운 자기애가 파괴적인 자기 사랑으로 바뀌는 메커니즘을 낳았다.

단순히 욕망에 따라 충동적으로 행동하는 것은 노예상태이고, 우리가 스스로 규정한 법을 준수하는 것은 자유다.

장 자크 루소

질투심과 자만심에 이끌려 그런 자기 사랑에 빠지면 다른 사람들에게 등을 돌릴 수 있게 되었다. 이제 소유와 획득이 가능해졌고, 그런 물질적 부에 근거해 한 사람을 다른 사람과 비교하여 평가할 수 있게 되었다. 문명사회는 자연적 조화에 반대되는 분열과 갈등의 결과였다.

자유의 상실

루소는 1762년에 출판된 『사회계약론』에서 그런 논증을 기반으로 삼았다. 그는 이렇게 썼다. "인간은 자유롭게 태어났지만 어디에서나 쇠사슬에 얽매어 있다." 그는 이전 저작들에서는 종래 사회를 반대하며 절망적인 태도를 고수했지만, 『사회계약론』에서는 정치를 위한 긍정적인 기반을 제공하고자 애썼다. 이전의 홉스와 휘호 흐로티위스처럼 루소는 사회에 주권이 출현한 것이 사회계약의 결과라고 보았다. 사람들은 왕(홉스의 설명에 따르자면)으로부터 보호를 받는 조건으로 자진해서 자기 권리를 정부에 넘겨주고 자유를 통치자에게 이양할 수 있다. 홉스는 통치자 없이 살면 다시 비참한 자연상태로 내몰리게 된다고 주장했다. 사람들은 어느 정도의 자유(특히 폭력을 쓸 자유)를 넘겨주고 복종을 맹세함으로써 평화를 보장받을 수 있다. 통치자는 분쟁을 중단시키고 형벌을 가할 수 있기 때문이다.

루소는 그런 견해를 받아들이지 않았다. 그가 생각하기에, 어떤 사람이 자신의 자유를 넘겨주면서 자신의 인간성을 넘겨주지 않고 따라서 도덕성을 파괴하지 않기란 불가능했다. 통치자는 절대권력을 가질 수 없었다. 자유민이 스스로 노예가 되는 것은 불가능했기 때문이다. 통치자를 나머지 사회 구성원들보다 우월한 위치에 세우면, 인간의 자연적 평등이 영구적인 정치적 불평등으로 변질될 수밖에 없었다. 루소가 보기에, 홉스가 상상한 사회계약은 부자들이 빈자들에게 골탕을 먹이려는 일종의 짓궂은 장난이었다. 부자들에게 속지 않고서야 빈자들이, 사회계약이 불평등을 유지시킬 상황에 동의할 리가 없었다.

그렇다면 기존의 사회는 자연상태에서 형성되며 당시의 진보에서 정당성을 얻은 것이 아니었다. 루소에 따르면, 오히려 그런 사회는 사람들이 자연상태를 떠나고 재산권과 그에 따른 불평등이 확립된 후에 형성되었다. 일단 재산권이 확립되고 나면, 그런 권리의 분배와 관련된 갈등이 뒤따르게 마련이었다. 전쟁이 일어나고 국가가 전쟁 수행의 매개체가 된 것은 바로 문명사회와 재산 때문이었다.

사회계약의 수정

루소는 『사회계약론』에서 그런 끔찍한 상황을 반전시킬 가능성을 제시했다. 국가와 문명사회는 사람들에게서 선천적 자유를 빼앗아간 부담스러운 존재였다. 하지만 정치제도와 사회를 효과적으로 조직하면, 그런 국가와 문명사회를 우리 자유의 긍정적인 확장 수단으로 바꿀 수 있었다. 사회계약은 우리의 사악한 본성이 두려워서 맺은 계약이 아니라, 우리 자신을 개선하길 바라며 맺은 계약이 될 수 있었다. 자연상태는 자유로웠겠지만, 그런 상태에서 사람들은 동물적 욕망에 따른 이상보다 큰 이상은 품지 않았다. 더 세련된 욕망은 자연상태 밖에서만, 즉 문명사회에서만 나타날 수 있었다. 그런 목적을 달성하려면 새로운 종류의 사회계약서를 써야 했다.

홉스는 법을 억제 수단으로만 보고 법이 없어야만 자유가 존재할 수 있다고 믿었지만, 루소는 법에 속박되는 사람들이 법을 규정하기도 한다면 법이 우리 자유의 확장 수단이 될 수 있다고 주장했다. 자유는 국가에 저항하지 않고 국가 안에서 얻을 수 있다. 그러려면 국민 전체가 주권자가 되어야 한다. 정당한 국가는 자연상태에서 얻을 수 있는 것보다 큰 자유를 제공하는 국가다. 그런 긍정적 자유를 확보하려면 국민은 평등하기도 해야 한다. 루소의 새로운 세계에서는 자유와 평등이 대립하지 않고 함께 걸어간다.

국민주권

『사회계약론』에서 루소는 이후 수세기 동안 좌파 발전의 기반이 될 여러 주장을 개략적으로 제시했다. 자유와 평등이 적이 아니라 동반자라는 믿음, 법과 국가가 사회를 개선할 수 있다는 믿음, 국민이 주권을 가진 독립체이며 그들로부터 국가가 정당성을 얻는다는 믿음 등등. 루소는 사유재산을 맹렬히 비난하긴 했지만, 사회주의자는 아니었다. 루소는 사유재산제를 완전히 폐지하면 자유와 평등이 충돌하게 되지만 재산을 적당히 공평하게 분배하면 자유를 증진할 수 있다고 믿었다. 사실상 그는 나중에 소규모 자작농들의 농업 공화국을 옹호하기도 했다. 그럼에도 루소의 사상은 당시

홉스와 루소의 비교

	자연상태에서⋯	사회계약은⋯	자유는⋯
홉스	⋯삶은 추잡하고 야비하며 단명한다	⋯평화를 보장하고 자연상태를 피하기 위해 필요하다	⋯법이 없는 경우에만 존재할 수 있다
루소	⋯사람들은 자족하는 행복한 존재다	⋯불평등을 유지시키고 인간성을 파괴한다	⋯법의 테두리 안에서 얻을 수 있다

루소는 공평하게 분배되는 재산에는 반대하지 않았다. 그는 국민 모두가 소규모 자작농인 작은 농업 공화국을 이상적인 국가 형태로 여겼다.

에 극적으로 급진적이었다. 국민 전체에게 주권을 부여함으로써, 그리고 주권과 평등권을 동일시함으로써 그는 서양 정치사상의 기존 전통 전체에 도전했다.

새로운 계약

루소는 그런 국민주권 개념을 이른바 민주주의와 동일시하지 않았다. 모든 국민의 참여를 요하는 직접민주정체는 유난히 부패와 내전으로 이어지기 쉽다고 생각해서였다. 그 대신 루소는 (새로운 사회계약, 즉 헌법을 통해) 정치 업무를 한 명의 행정관에게 위임할 수 있는 민중 의회에 주권을 부여하는 방식을 상상했다. 주권국민(주권자로서의 국민)은 '일반의지(general will)'를 표현할 것이다. 그것은 곧 대중의 동의의 표현이다. 하지만 일상의 정치는 특수한 결정에 의존하며, '개별의지(particular will)'를 필요로 할 것이다.

루소에 따르면, 바로 그런 차이 때문에 '일반의지'와 '개별의지' 간의 갈등이 일어나 주권국민이 타락하기 쉽게 된다. 루소가 보기에 당대의 세계를 특징지은 것은 바로 그런 타락이었다. 당시 국민들은 집합적인 주권자 조직체로서 활동하지 않고 사익추구에 빠져 있었다. 사회는 국민들에게 국민주권의 자유를 주지 않고, 그들을 개개의 사적 영역(미술, 과학, 문학, 분업 등등)에 힘쓰도록 밀어붙였다. 그래서 무감각해진 사람들은 습관적으로 복종하게 되었고 수동적인 태도가 몸에 배었다.

루소는 정치가 공적인 일반의지의 진정한 표현이 되게 하려면 국민이 정치 과정에 의무적으로 참여하게 하여 (가능한 한) 개별의지의 유혹을 제거해야 한다고 믿었다. 하지만 사적 욕망과 싸워야 한다는 그런 믿음은 바로 후대의 자유주의 비평가들이 루소의 사상에서 가장 큰 잘못을 찾은 부분이다.

개별의지 대 일반의지

일반의지는 이론상으로 아무리 바람직하더라도, 매우 억압적인 합의에 쉽게 부여될 수 있었다. 실제로 일반의지를 알아내는 일도 결코 만만하지 않았다. 개인이나 한 집단이 개별의지를 행사하고 있을 뿐이면서 일반의지를 표현한다고 주장할 길은 분명히 활짝 열려 있었다. 루소는 국민을 주권자로 만들기를 갈망했다는 점에서 전체주의의 선조로 여겨질 수도 있다. 그의 시대 이후로, '국민'을 지지한다고 주장하려 하지 않은 압제정권이 있었던가?

사실상 국민의 파벌싸움과 분열(마키아벨리와 마찬가지로 루소도 이를 국가의 약화 요인으로 보았다)에 대한 루소의 대비는 분명히 다수의 횡포로 바뀔 수 있다. 즉 일반의지를 행사하는 다수 때문에 비일반적 소수

장 자크 루소

장 자크 루소는 스위스 제네바에서 태어났다. 시 선거의 투표권이 있는 자유민의 아들이었던 그는 제네바의 진보적 제도를 늘 주저 없이 높이 평가했다. 상당한 장서와 열렬한 독서욕을 물려받은 루소는 정규 교육을 전혀 받지 않았다. 열다섯 살 때 귀부인 프랑수아즈 루이즈 드 바랑(Françoise-Louise de Warens)을 소개받은 후 가톨릭으로 개종하는 바람에 제네바에서 추방되고 아버지로부터 의절을 당했다.

루소는 이십대에 본격적으로 공부를 시작했고, 1743년 베네치아 대사의 비서로 임명되었다. 그는 얼마 지나지 않아 파리로 가서, 논란을 불러일으키는 논문 집필가로서 명성을 쌓았다. 저서들이 프랑스와 제네바에서 금서로 묶였을 때 잠시 런던으로 피신했지만, 곧 프랑스로 돌아와 여생을 보냈다.

주요 저술

1754년 『인간 불평등 기원론Discourse on the Origin and Basis of Inequality Among Men』
1762년 『에밀Emile』
1762년 『사회계약론The Social Contract』
1770년 『고백록Confessions』

혁명사상 REVOLUTIONARY THOUGHTS   125

우리는 위기 상황과 혁명 시대에 가까워지고 있다.
장 자크 루소

프랑스혁명은 1789년 7월 14일에 성난 군중이 파리의 바스티유를 습격하면서 시작되었다. 중세의 요새 겸 감옥인 바스티유는 왕권의 상징이었다.

가 고통받을 수 있는 것이다. 이 딜레마에 대해 루소가 권한 대책은 파벌싸움의 불가피성을 인정하고 파벌을 무한히 늘리라는 것이었다. 즉 개별의지를 아주 많이 만들어서 한 파벌이 일반의지를 대표할 가능성이 없게, 혹은 한 파벌이 일반의지에 반대할 수 있을 만큼 우세해지지 않게 하라는 말이었다.

권력자의 속임수에 기초한 부당한 사회계약 아래에서 세워진 국가는 일반의지를 표현할 수 없었다. 국민들이 상호 동의에 근거해서가 아니라 오로지 권위에 대한 복종심으로 인해 권력자에게 속박되었기 때문이다. 하지만 통치자와 피통치자 간의 명백한 계약이 부당할 경우, 일반의지가 표현되기는커녕 국민주권이 거부당한 것이므로, 국민은 통치자를 물러나게 할 모든 권리를 가지게 된다. 적어도 이것은 더 급진적인 후대의 루소 추종자들이 그의 사상을 해석한 방식이다. 루소 본인은 전면적인 반란이라는 문제에 대해 기껏해야 모호한 입장을 취했을 뿐이며, 종종 폭력과 민중 소요를 비난하고 현행법 존중을 강조했다.

혁명의 아이콘

주권이 국민에게 있고 사람들과 사회가 모두 완전해질 수 있다는 루소의 믿음은 엄청난 영향을 미쳤다. 프랑스혁명에서 자코뱅파는 프랑스 사회에 무자비하게 완전한 평등주의적 변혁이 필요하다는 신념과 관련하여 루소를 표면상의 대표로 받아들였다. 1794년에 그는 파리의 판테온에 국민영웅으로서 이장되었다. 프랑스혁명 지도자 중 한 명인 로베스피에르(Robespierre)가 공포시대에 자신의 목적을 달성하려고 루소의 철학을 오용한 데 반해, 마르크스는 자본주의사회에 대한 루소의 분석과 그 사회를 대체할 혁명 수단을 제대로 이해하고 발전시켰다. 마르크스는 『공산당 선언』의 말미에서 "프롤레타리아가 잃은 것은 쇠사슬 뿐이다"라는 말로 루소에게 경의를 표하며 노동자들을 선동했다. 마르크스만이 아니라 다음 두 세기에 걸쳐 루소의 저작물은 사회가 공익을 위해 철저히 정비되길 바란 모든 이들에게 시금석이 되기도 했다.

이와 비슷하게, 루소의 생전과 사후에 나온 그에 대한 반대론은 보수주의 사상과 자유주의 사상 모두의 형성에 기여했다. 1791년 근대 보수주의의 창시자 중 한 명인 에드먼드 버크는 루소가 프랑스혁명과 그 '과격성'에 대해 개인적으로 책임이 있다고 믿었다. 거의 200년 후에 활동한 급진·자유주의 철학자 한나 아렌트는 루소 사상의 오류 덕분에 혁명이 자유주의적 뿌리에서 벗어나게 되었다고 믿었다. ■

일반적으로 정당한 입법 원칙은 행복에 기초할 리가 없다

이마누엘 칸트(서기 1724~1804년)

맥락읽기

이데올로기
자유(freedom)

핵심어
개인적 책임

이전의 관련 역사
기원전 380년 : 플라톤이 『국가』에서 국가의 주목적은 모든 국민을 행복하게 하는 것이라고 주장한다.

서기 1689년 : 『제2통치론』에서 존 로크가 사람들이 '사회계약'으로 자기방어 권리를 정부에 위임한다고 말한다.

이후의 관련 역사
서기 1851년 : 피에르 조제프 프루동이 사회계약은 개인들과 정부 간이 아닌 개인들 간의 계약이어야 한다고 주장한다.

서기 1971년 : 『정의론』에서 존 롤스가 칸트의 자율 개념과 사회적 선택 이론을 결합한다.

17 93년 독일의 위대한 철학자 이마누엘 칸트(Immanuel Kant)는 지금 흔히 『이론과 실천』으로 불리는 논문, 『'그것은 이론상으로는 옳을지 모르지만 실천상으로는 쓸모없다'는 속설에 대하여』를 썼다. 그 논문은 중대한 정치적 변화가 일어난 해에 쓰였다. 조지 워싱턴(George Washington)이 미국의 초대 대통령이 되었고, 독일의 도시 마인츠가 독립 공화국을 선포했고, 국왕 루이 16세(Louis XVI)와 왕비 마리 앙투아네트(Marie Antoinette)가 처형되면서 프랑스혁명이 정점에 이르렀다. 칸트의 논문은 정치적 이론 및 실천뿐 아니라 정치 자체의 정당성도 고찰했다. 그

참조 : ▪ 플라톤 34~39쪽 ▪ 토머스 홉스 96~103쪽 ▪ 존 로크 104~109쪽 ▪ 장 자크 루소 118~125쪽 ▪ 제러미 벤담 144~149쪽 ▪ 존 롤스 298~303쪽

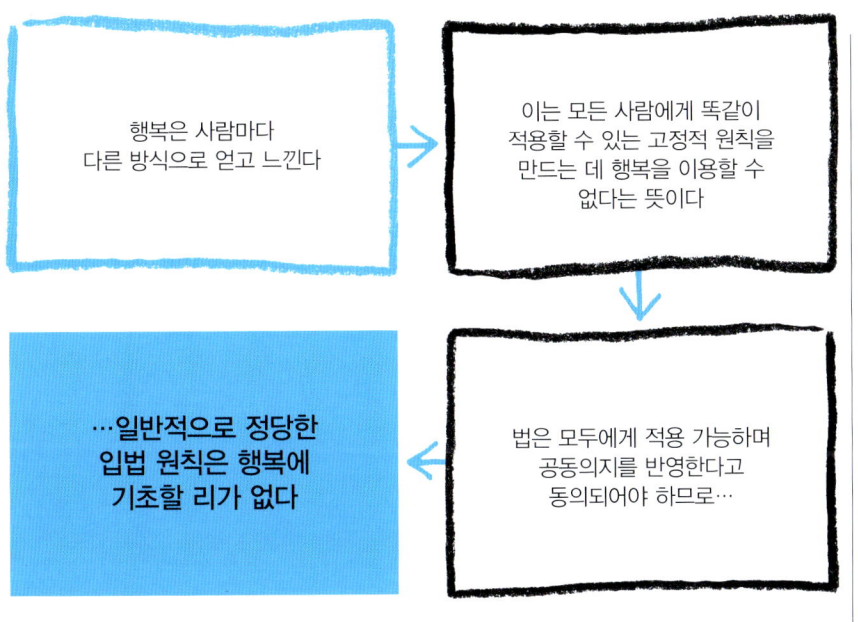

행복은 사람마다 다른 방식으로 얻고 느낀다

이는 모든 사람에게 똑같이 적용할 수 있는 고정적 원칙을 만드는 데 행복을 이용할 수 없다는 뜻이다

법은 모두에게 적용 가능하며 공동의지를 반영한다고 동의되어야 하므로…

…일반적으로 정당한 입법 원칙은 행복에 기초할 리가 없다

것은 문자 그대로 생사가 걸린 문제가 된 주제였다.

"일반적으로 정당한 입법 원칙은 행복에 기초할 리가 없다"라고 말하면서 칸트는 약 2천 년 전에 그리스 철학자 플라톤이 취한 입장에 반박한다. 칸트의 논문은 행복이 법의 기초로써 쓸모없다고 이야기한다. 그 누구도 다른 누군가에게 행복이란 무엇인지 규정지을 수 없고 그래서도 안 되므로, 행복에 기초한 규칙이 일관되게 적용되어서는 안 된다는 것이다. 칸트는 이렇게 썼다. "행복이 무엇인가에 대한 크게 상충하며 쉽게 변하는 착각들은 고정적 원칙을 전혀 세울 수 없게 만들므로, 행복은 단독적으로 적절한 입법 원칙이 될 수 없다." 칸트에 따르면, 중요한 것은 "같은 처지에 있는 국민 전체의 합법적 자유와 권리를 침해하지 않는 한 각자가 자기 나름의 최선의 방식으로 자유롭게 행복을 추구할 수 있도록" 국가가 법의 테두리 안에서 국민의 자유를 보장하는 일이다.

칸트는 사람들이 '자연상태'에서 살며 자기 욕구를 자유롭게 좇는 사회에서 어떤 일이 일어날지 생각해본다. 그는 이해 충돌이 가장 큰 문제라고 본다. 예컨대 이웃이 여러분의 집으로 이사를 와서 여러분을 내쫓는데, 그를 막거나 여러분에게 보상을 해줄 법이 없다면 어떻게 하겠는가? 칸트에 따르면, 자연상태는 분쟁을 평화롭게 해결할 수 없는 무질서상태를 초래할 공산이 크다. 그런 까닭에 사람들은 자진해서 "자연상태를 떠나… 외부의 공적·합법적 강제력에 복종하려" 한다. 칸트의 입장은 영국 철학자 존 로크가 더 일찍 이야기한 사회계약 개념에 뒤따라 나온 것이다. 그 개념에 따르면, 사람들은 각자 자신의 자유 중 일부를 포기하는 대신 국가의 보호를 받기로 자유롭게 동의하는 계약을 국가와 맺는다.

모두의 동의

칸트의 주장에 따르면, 정부는 오로지

프랑스 왕 루이 16세는 1793년에 처형되었다. 칸트가 보기에, 프랑스혁명은 정부란 반드시 국민 모두를 위해 나라를 통치해야 한다는 경고였다.

국민의 동의에 의거해서만 통치한다는 점을 잊지 말아야 하는데, 그 동의란 몇몇 국민이나 대다수 국민의 동의가 아니라 국민 전체의 동의여야 한다. 중요한 것은 국민 중 어느 누구도 통과된 법안에 반대할 수 없을 것이라는 점이다. "왜냐하면 국민 전체가 도저히 찬성할 수 없는 법안이라면 부당하겠지만, 국민의 동의가 적어도 가능하기는 한 법안이라면 그것을 정당하다고 생각하는 것이 우리의 의무이기 때문이다."

칸트의 생각은 정부는 물론이고 국민에게도 중요한 길잡이가 된다. 그는 여러분이 보기에 잘못된 법안을 정부가 통과시키더라도 그 법을 준수하는 것이 여러분의 도덕적 의무라고도 말하고 있기 때문이다. 여러분은 전쟁자금이 될 세금을 정부에 내는 일이 잘못되었다고 생각할 수 있지만, 전쟁이 부당하거나 불필요하다는 생각 때문에 세금을 미납해서는 안 된다. "전쟁이 불가피하고 세금이 꼭 필요한 경우가 적어도 있을 수는 있기" 때문이다.

하지만 칸트에 따르면 국민은 법을 준수할 의무도 있지만, 자신의 도덕적 선택에 대한 개인적 책임도 져야 한다. 그는 도덕이 '정언명령(categorical imperative)'을 수반한다고 말한다. 그 말인즉, 개인은 스스

> 그 누구도 타인의 행복에 대한
> 그의 개념과 부합하게 행복해지라고
> 나에게 강요할 수 없다.
> 이마누엘 칸트

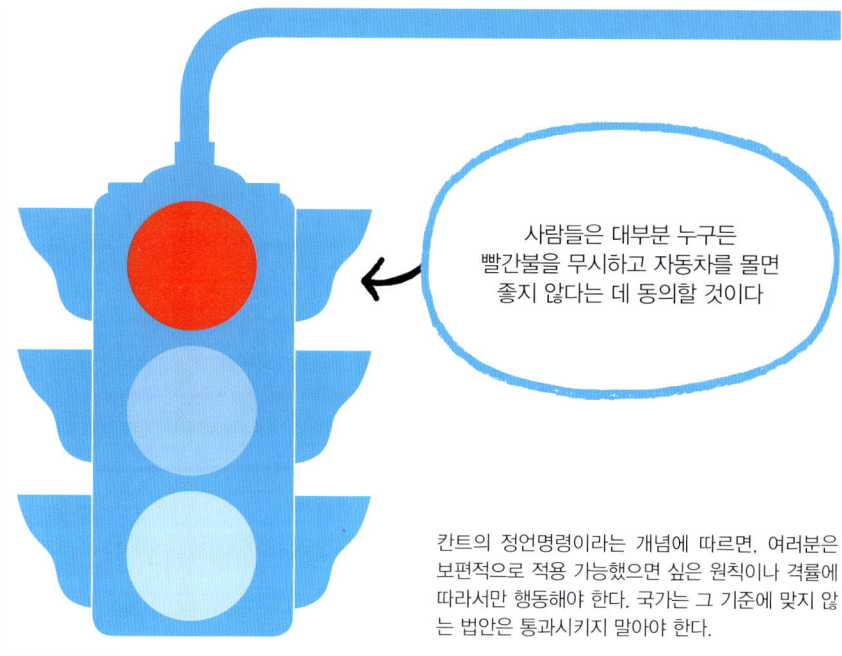

사람들은 대부분 누구든 빨간불을 무시하고 자동차를 몰면 좋지 않다는 데 동의할 것이다

칸트의 정언명령이라는 개념에 따르면, 여러분은 보편적으로 적용 가능했으면 싶은 원칙이나 격률에 따라서만 행동해야 한다. 국가는 그 기준에 맞지 않는 법안은 통과시키지 말아야 한다.

로 생각하기에 모든 사람에게 적용해야 마땅한 규칙이나 격률만 따라야 한다는 뜻이다. 각 개인은 도덕적 선택을 할 때마다 마치 입법자인 것처럼 행동해야 한다고 칸트는 말한다.

국민의 의지

도덕학과 정치학 모두에 적용할 수 있는 칸트 철학의 핵심개념으로 자율(autonomy)이란 것이 있다. 그것은 인간이 완전히 독립적인 존재가 되려고 하며 그래야만 한다는 개념이다. 자유는 어떤 법에도 속박되지 않는 것이 아니라, 우리가 만든 법에 속박되어 있다. 도덕과 국법의 관계는 직접적이다. 도덕과 법 모두의 정당성은 그것들이 국민의 합리적 욕구에 기초한다는 데 있다. 사회계약은 "국가 내 모든 개인의 의지의 연합에 기초"한다. 국법은 문자 그대로 '국민의 의지'여야 한다. 그러므로 우리는 통치받기로 동의한다면, 정부가 통과시키는 모든 법을 준수하는 데 합리적으로 동의해야 한다. 하지만 같은 이유로 점령군이나 식민국 등 외부 정부의 법은 정당성을 띠지 않는다.

칸트는 정부가 국민의 행복을 증진하는 역할을 하는지 묻는다. 그의 확신에 따르면, 개인만이 자기가 어떻게 해야 행복해질지 판단할 수 있으므로, 국민의 운명을 개선하기 위해 만들어진 법은 정부가 보기에 국민에게 좋을 듯싶은 바가 아니라 국민이 실제로 바라는 바에 기초해야 한다. 또 정부는 개인에게 다른 사람들을 행복하게 만들라고 강요해서도 안 된다. 예컨대 노인들을 자손들이 잘 챙긴다면 국가의 전체적인 행복이 증진될 수도 있겠지만, 정부가 여러분에게 할머니를 자주 찾아뵈라고 강요할 수는 없다.

행복 없는 국가?

어떤 해설자들의 주장에 따르면, 칸트는 정부가 행복에 전혀 관여하지 않아야 한다고 본다. 하지만 정말 그렇다면 국가는 국민을 물리적으로 보호하는 일 말고는 하지 않아야 할 것이다. 국가는 교육을 제공하거

> 모든 권리는 오로지 타인의
> 자유를 제한하는 데에만 있다.
> 이마누엘 칸트

나, 병원, 미술관, 박물관, 도로, 철도 같은 것을 만들거나, 어떤 식으로든 국민의 복지를 살펴서는 안 될 것이다. 그런 입장은 논리적 일관성은 있지만, 우리 대부분이 살고 싶어 할 만한 국가의 방식은 아니다.

그럼에도 지난 50년간 일부 사상가들은 칸트에 대한 그런 해석에 기초하여 국유산업의 민영화와 복지제도의 해체를 지지했다. 사람들에게 타인의 행복을 위해 세금을 내게 하는 것은 개인 자유의 침해라는 논리였다. 하지만 이것이 칸트 생각에 대한 오해라고 믿는 해설자들도 있다. 그들의 주장에 따르면, 칸트는 꼭 국가가 행복 증진을 고려하지 않아야 한다고 말하는 것은 아니다. 그저 행복이 유일한 기준이 될 수 없다고 말할 뿐. 게다가 칸트는 국가의 역할을 설명하는 헌법이 확립된 후에야 행복을 찾을 수 있다고 언급한다. 『이론과 실천』에서 그는 이렇게 말한다. "'공공복지가 국가의 최고 법규다'라는 원칙은 가치와 권위가 여전히 건재하다. 하지만 가장 먼저 고려해야 할 공공복지는 바로 법의 테두리 안에서 모두의 자유를 보장하는 그 헌법에 있다."

권리와 행복

『이론과 실천』보다 2년 전에 발표한 논문 『영구 평화론 Perpetual Peace』에 칸트는 정부에 두 가지 의무가 있다고 썼다. 하나는 정의와 관련하여 국민의 권리와 자유를 보호하는 일이고, 하나는 국민의 권리와 자유를 줄이지 않는 한도 내에서 국민의 행복을 증진하는 일이다.

최근에 해설자들은 정부들이 칸트의 조언에 대한 편협한 해석의 영향을 여전히 많이 받아서 그런지 경제와 정의에 너무 치중하고 행복을 경시해오지 않았나 하고 생각했다. 그런 비판에 대한 반응으로 2008년 프랑스 대통령 니콜라 사르코지(Nicolas Sarkozy)는 미국 경제학자 조지프 스티글리츠(Joseph Stiglitz)가 이끄는 팀에 프랑스 '웰빙(wellbeing)'의 평가보고서를 의뢰했다. ■

아프가니스탄에 대한 간섭이 미국과 유럽의 대중에게 좋지 않게 여겨질 수도 있지만, 칸트에 따르면 그런 불만이 있다고 해서 개인들이 납세 거부권을 가지게 되는 것은 아니다.

이마누엘 칸트

독일의 철학자 이마누엘 칸트는 프로이센의 쾨니히스베르크(지금의 러시아 칼리닌그라드)에서 태어나 평생을 보냈다. 루터파 부모의 아홉 자녀 중 넷째였던 그는 루터파 학교에서 공부하면서 라틴어를 좋아하고 종교적 성찰을 몹시 싫어하게 되었다. 열여섯 살 때 신학도가 되었으나 곧 철학, 수학, 물리학에 매료되었다.

칸트는 쾨니히스베르크대학에서 무급 강사와 부사서로 15년간 일한 후 마흔여섯 살에 논리학 및 형이상학 교수가 되었다. 그는 『순수이성 비판』과 『실천이성 비판』을 발표하여 국제적 명성을 얻고, 계속해서 학생들을 가르치며 여생을 보냈다. 그는 수많은 사람들에게 18세기의 가장 위대한 사상가로 여겨진다.

주요 저술

1781년 『순수이성 비판 Critique of Pure Reason』 (1787년에 개정)
1788년 『실천이성 비판 Critique of Practical Reason』
1793년 『이론과 실천 Theory and Practice』

개인의 열정은 종속되어야 한다

에드먼드 버크(서기 1729~1797년)

맥락읽기

이데올로기
보수주의(conservatism)

핵심어
정치적 전통

이전의 관련 역사
서기 1688년 : 영국의 지주들이 명예혁명에서 제임스 2세를 퇴위시킨다.

서기 1748년 : 몽테스키외가 영국의 자유는 사회 여러 부분의 권력 균형으로 유지된다고 주장한다.

이후의 관련 역사
서기 1790~1791년 : 페인의 『인간의 권리』와 울스턴크래프트의 『여성의 권리 옹호』가 버크의 사상에 반박한다.

서기 1867~1894년 : 마르크스가 『자본론』에서 현재 상태의 전복이 불가피하다고 말한다.

서기 1962년 : 마이클 오크샷이 공공기관에 대한 전통의 중요성을 인정한다.

17 90년 영국의 정치가이자 정치이론가인 에드먼드 버크(Edmund Burke)는 지난해에 시작된 프랑스혁명에 대한 매우 설득력 있는 최초의 비판서를 썼다. 『프랑스혁명에 관한 고찰』이라는 제목의 책에서 그는 개인들의 열정이 정치적 판단에 영향을 미치게 해서는 안 된다고 주장했다.

혁명이 시작되었을 때 버크는 놀랐지만 공공연히 비난을 하지는 않았다. 그는 반란자들의 흉포한 행동에 충격을 받았지만, 그들의 혁명정신에 감탄했다(영국 정부와 싸운 미국 혁명가들에게도 마찬가지로 감탄했었다).

버크가 그 책을 쓸 무렵 프랑스혁명은

혁명사상 REVOLUTIONARY THOUGHTS

참조 : ■ 장 자크 루소 118~125쪽 ■ 토머스 페인 134~139쪽 ■ 토머스 제퍼슨 140~141쪽 ■ 게오르크 헤겔 156~159쪽 ■ 카를 마르크스 188~193쪽 ■ 블라디미르 레닌 226~233쪽 ■ 마이클 오크샷 276~277쪽 ■ 미셸 푸코 310~311쪽

가속화되고 있었다. 식량이 부족했고, 왕과 귀족들이 제3계급(반란자들)을 타도할 것이라는 소문이 무성했다. 소작농들이 영주들에게 맞서 들고일어나자, 영주들은 목숨을 잃을까 두려워 〈인간과 시민의 권리 선언〉으로 소작농들에게 자유를 부여했다. 그 선언서는 모든 사람에게 자유, 재산, 안전에 대한 '자연권', 억압에 저항할 '자연권'이 있음을 확언했다.

하지만 왕이 그 선언서를 인정하지 않자, 1789년 10월 5일 파리 시민들이 베르사유로 행진해 농민들과 합류하여 왕과 그의 가족들을 다시 파리로 보냈다. 버크는 그것이 지나친 조치라고 생각하여 그 비판서를 쓰게 되었다. 그 책은 이후 줄곧 혁명가 지망자들에 대한 고전적인 반론서로 여겨졌다.

정부라는 유기체

버크는 휘그당원, 즉 사회의 점진적 진보를 선호한 영국 정당의 구성원이었다. 그 당과 반대되는 토리당은 현재 상태를 유지하려고 애썼다. 버크는 아일랜드 가톨릭교도들의 해방과 부패한 동인도회사에 지배되었던 인도의 해방을 옹호했다. 하지만 다른 휘그당원들과 달리 그는 정부의 연속성이 신성불가침이라고 믿었다. 『프랑스혁명에 관한 고찰』에서 그는 정부란 과거와 미래가 있는 생명체와 같다고 주장한다. 즉 정부를 죽이고 새로 시작하면 안 된다는 것이다. 프랑스 혁명가들이 하려고 했듯이.

버크는 정부를, 시간 흐름에 따라 성장하여 현재의 미묘한 생존 형태가 되는 복잡한 유기체로 본다. 정부의 정치적 존재(상속되는 군주들의 행동 관례에서 귀족들의 관례에 이르기까지)의 뉘앙스는 아무도 원리를 모두 이해할 수 없을 만큼 정교한 방식으로 대대손손 발전해왔다. 정부의 관습은 지배계층 사이에 너무나 깊이 뿌리내리고 있어서 그들이 그것에 대해 생각할 필요가 거의 없을 정도다. 이성의 힘을 이용해 기존 사회를 파괴하고 더 나은 사회를 맨 처음부터 세울 수 있다고 믿는 자들, 이를테면 계몽사상가 장 자크 루소 같은 자들은 모두 어리석고 오만한 사람들이다.

추상적 권리

버크는 계몽기의 자연권 개념을 특히 비난한다. 버크에 따르면, 그 개념은 이론상으로는 매우 그럴듯하지만, 바로 거기에 문제가 있다. "그것들의 추상적 완전함이 곧

존 불(John Bull, 영국인을 가리키는 별명)이 자유의 나무에 매달린 악마의 유혹을 받고 있다. 그 악마는 버크가 활동하던 시대에 영국에 퍼지고 있던 무시무시한 프랑스혁명의 열정을 상징한다.

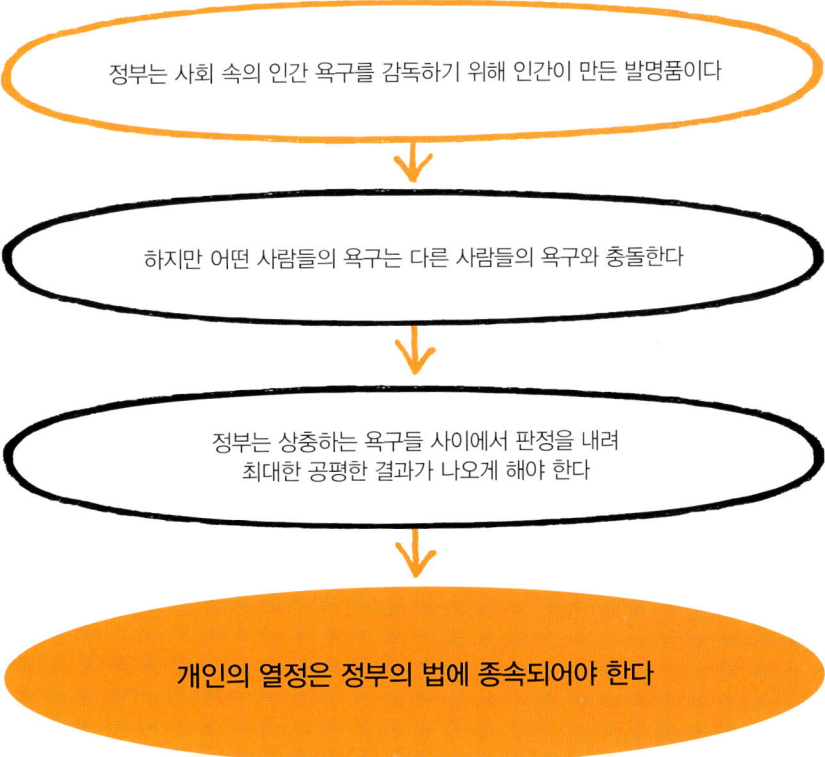

정부는 사회 속의 인간 욕구를 감독하기 위해 인간이 만든 발명품이다

↓

하지만 어떤 사람들의 욕구는 다른 사람들의 욕구와 충돌한다

↓

정부는 상충하는 욕구들 사이에서 판정을 내려 최대한 공평한 결과가 나오게 해야 한다

↓

개인의 열정은 정부의 법에 종속되어야 한다

그것들의 현실적 결점이다." 또 버크가 보기에 물품과 서비스에 대한 이론상의 권리는 그것을 얻을 수단이 없다면 아무짝에도 쓸모가 없다. 사람들이 권리라고 합리적으로 주장할 수 있는 대상에는 끝이 없다. 실제로 권리란 그냥 사람들이 욕구하는 것일 뿐이고, 사람들의 욕구들을 중간에서 조정하는 일이 바로 정부의 임무다. 심지어 어떤 욕구는 다른 사람들의 욕구에 대한 제한을 수반하기도 한다.

"그 누구도 자기 사건의 재판관이 되어서는 안 된다"는 모든 문명사회의 기본적인 원칙이라고 버크는 말한다. 자유롭고 공정한 사회에서 살려면, 사람은 꼭 필요하다 싶은 여러 대상에 대해 결정할 권리를 포기해야만 한다. "개인의 열정은 종속되어야 한다"라는 버크의 주장은 사회가 개인의 제멋대로인 의지를 통제해 나머지 구성원을 보호해야 한다는 뜻이다. 모든 사람이 자기 마음대로 행동하며 온갖 열정과 변덕을 표출할 수 있도록 허용하면, 결국 혼란이 초래될 것이다. 사실상 개인들뿐 아니라 대중 전체도 '자신들에게서 비롯한 권력에' 그렇게 속박되어야 한다.

그런 조정자 역할은 '인간 본성과 인간에게 필요한 것들에 대한 깊은 이해'를 필요로 하며, 너무나 복잡해서 이론적 권리로 이해하려고 하면 혼란만 가중된다.

관습과 편견

버크는 개인의 권리에 대해 회의적이었던 대신 전통과 관습을 옹호했다. 정부를, 미래로 안전하게 넘겨야 할 유산으로 본 그는 영국의 1688년 명예혁명과 프랑스혁명을 구별했다. 가톨릭 성향의 국왕 제임스 2세(James II)를 프로테스탄트 윌리엄(William)과 메리(Mary)로 교체한 영국의 혁명은 정도가 지나친 군주에 대항하여 현재

> 사회계약은… 살고 있는 사람들, 죽은 사람들, 태어날 사람들 간의 계약이다.
> 에드먼드 버크

상태를 유지한 일이었다. 버크가 '혐오감과 공포감'을 느낄 법한 새 정부를 만들어낸 일이 아니었던 것이다.

버크는 생각 없이 감정적으로 왕과 의회를 존경하는 반응을 '국가들의 보편적인 은행 및 자본'으로 보며 옹호했다. 그는 그런 반응이 개인 이성의 변덕보다 훨씬 낫다고 보았고, 편견을 아주 오래된 지혜(비상사태에 이성적인 사람처럼 우물쭈물하지 않고 재빨리 무의식적으로 반응할 수 있게 하는 지혜)로 여겼다.

그런 전통을 무시하면 끔찍한 결과를 맞게 될 것이라고 버크는 경고했다. 정치 싸움판에 새로 들어온 사람들은 새 정부를 세우기는커녕 기존 정부도 운영하지 못할 것이다. 권력 공백에 들어가려는 파벌들의 싸움은 유혈사태와 공포, 그리고 너무 소모적이어서 군대가 처리해야 할 혼란을 초래할 수밖에 없을 것이다.

버크의 혁명

버크는 프랑스혁명 중 1793~1794년의 공포정치와 1799년 나폴레옹 보나파르트(Napoleon Bonaparte)의 발흥을 모두 예측함으로써 대단한 선지자라는 평판을 얻었다. 그의 주장은 우파의 관심을 끌었을 뿐

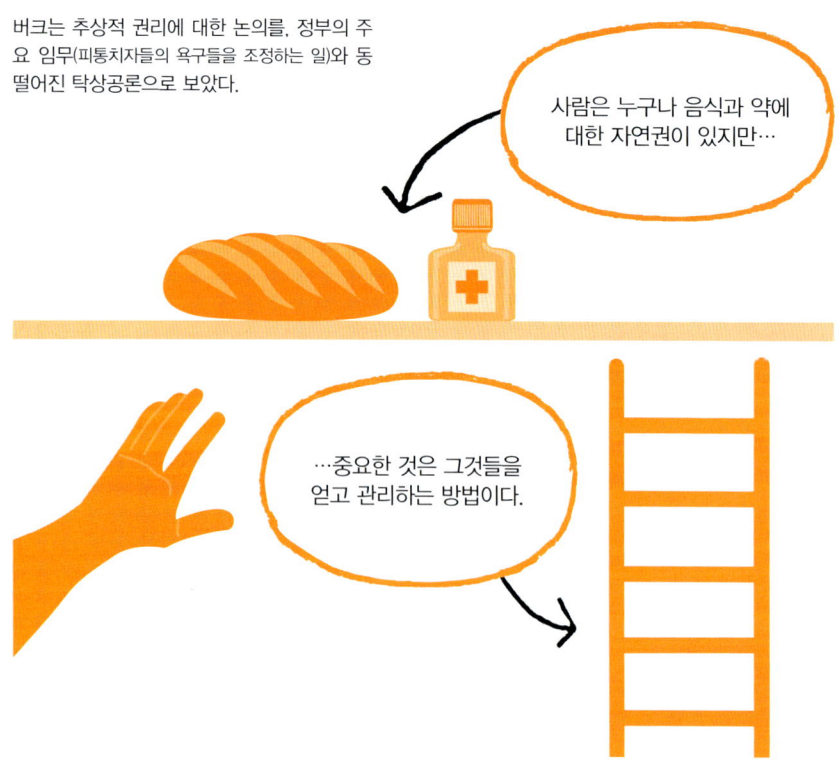

버크는 추상적 권리에 대한 논의를, 정부의 주요 임무(피통치자들의 욕구들을 조정하는 일)와 동떨어진 탁상공론으로 보았다.

사람은 누구나 음식과 약에 대한 자연권이 있지만…

…중요한 것은 그것들을 얻고 관리하는 방법이다.

혁명사상 REVOLUTIONARY THOUGHTS

나폴레옹 보나파르트는 1799년에 정권을 잡으며, 에드먼드 버크가 1790년에 한 예측을 실현시켰다. 그때 버크는 프랑스에서 군주제가 혁명으로 타도된 후 군부독재정권이 세워질 것이라고 내다보았다.

아니라 좌파도 놀라게 했다. 당시 미국 외교관으로서 프랑스에 살고 있던 토머스 제퍼슨은 "프랑스의 혁명은 버크 선생의 혁명만큼은 놀랍지 않다"라고 썼다. 영국의 토머스 페인은 곧 『인간의 권리』(1791년 출판)를 쓰며 버크의 자연권 반대론에 이의를 제기했다.

재산의 힘

버크는 상속재산, 즉 지주 귀족의 막대한 상속재산이 사회의 안정성을 뒷받침한다고 믿었다. 버크의 주장에 따르면, 오직 그런 지주들만이 군주가 과욕으로 실패하는 것을 막을 권력, 사용, 물려받은 정치적 기술을 가지고 있었다. 그들이 소유한 엄청난 규모의 토지는 그들 주변의 소규모 재산을 자연스럽게 보호하는 역할도 했다. 어쨌든 소수로부터 다수로의 재분배는 '믿기 힘들 만큼 작은' 이익을 가져올 수 있을 뿐이라고 그는 주장했다.

나폴레옹은 결국 패배했지만, 버크가 죽은 후 오랫동안 유럽 곳곳에서 일어난 혁명에 놀란 사람들은 버크의 사상을 각별히 여기게 되었다. 정부와 사회의 연속성을 기원한 버크는 미친 세상에서 방향을 인도하는 온전한 정신의 불빛으로 여겨지기도 했다. 하지만 카를 마르크스(재산에 대한 버크의 생각에 특히 비판적이었다)를 비롯한 여러 사람들은 버크의 불평등 옹호론을 받아들일 수 없었다. 버크는 전통 타파 반대론을 설득력 있게 전개했지만, 비판가들에 따르면 이는 결국 다수가 지위 향상에 대한 기대도 미래에 대한 결정권도 없이 계속 노예상태로 살아가는 사회에 대한 옹호론으로 이어진다. 버크가 사람들의 타고난 성향에 대한 공감을 요청하기 위해 주장한 편견 옹호론은 결국 맹신을 옹호하는 주장이 될 수도 있다. 개인의 열정이 종속되어야 한다는 그의 주장은 어쩌면 검열제도, 반대자 박해, 경찰국가를 정당화하는 사유일지도 모른다. ■

대봉건 영주들은 농민들을 토지에서 몰아냄으로써 비교가 안 될 만큼 더 많은 프롤레타리아를 만들어냈다.

카를 마르크스

에드먼드 버크

1729년 아일랜드 더블린에서 태어난 에드먼드 버크는 가톨릭교도로 자란 누이 줄리아나(Juliana)와 달리 프로테스탄트로 자랐다. 그는 원래 법률가 교육을 받았으나, 곧 법 공부를 그만두고 저술가가 되었다. 1756년 토리당 지도자 볼링브로크(Bolingbroke) 경의 종교관을 풍자한 작품 『자연사회 옹호론』을 발표했다. 그리고 얼마 지나지 않아 휘그당 소속의 수상 로킹엄(Rockingham) 경의 개인비서가 되었다.

버크는 1774년 국회의원이 되었으나, 나중에 가톨릭교도 해방에 대한 견해로 인기를 잃는 바람에 낙선했다. 그는 사형제도 폐지를 위해 투쟁한 것 때문에 진보적이라는 평판을 얻었다. 하지만 프랑스혁명을 비판한 일 때문에 휘그당의 급진파와 불화를 겪었는데, 오늘날 버크는 그의 진보적 견해보다 보수주의적 철학과 관련하여 더 많이 회고된다.

주요 저술

1756년 『자연사회 옹호론
A Vindication of Natural Society』
1770년 『현재의 불만에 관한 고찰
Thoughts on the Cause of the Present Discontents』
1790년 『프랑스혁명에 관한 고찰
Reflections on the Revolution in France』

재산에 따른 권리는 극히 불안정하다

토머스 페인(서기 1737~1809년)

맥락읽기

이데올로기
공화주의(republicanism)

핵심어
남자 보통선거권

이전의 관련 역사
기원전 508년: 아테네의 민주정체에서 모든 남자 시민들에게 선거권을 준다.

서기 1647년: 올리버 크롬웰 휘하 신형군의 급진파가 남자 보통선거권과 군주제 폐지를 요구한다.

서기 1762년: 장 자크 루소가 『사회계약론』을 발표하며, 주권이 국민 전체에게 있다고 주장한다.

이후의 관련 역사
서기 1839~1848년: 영국의 대중운동 차티즘에서 남자 보통선거권을 요구한다.

서기 1871년: 새로 통일된 독일 제국이 남자들에게 보통선거권을 부여한다.

서기 1917~1919년: 제1차 세계대전이 끝남에 따라 유럽 곳곳에서 군주제가 민주공화제로 교체된다.

지금의 선거권은 소유 재산에 좌우된다

↓

부자들은 자신의 특권적 위치를 악용해 사회를 운영하며 사익을 추구한다

↓

그런 상황은 빈자들을 분개시키는데, 그들은 자기들의 요구가 무시되면 부자들에게 항의하여 들고일어날 것이다

↓

재산에 따른 권리는 극히 불안정하다

↓

권리는 재산 조건 없이 부여되어야 한다

영국의 혁명은 1649년 찰스 1세의 재판과 처형으로 급진주의의 정점에 이르렀으나 17세기 말에는 흐지부지되어버렸다. 1688년의 '명예혁명'에서는 군주제가 의회에 종속된 형태로 부활하고 영국의 상태가 안정화되었다. 공식적인 헌법은 작성되지 않았고, 올리버 크롬웰 치하의 공화국 체제 실험은 얼마 안 가서 끝났다. 새 정부는 부패한 비대표 하원, 부패한 비선출 상원, 아직 명목상 국가원수인 군주로 구성된 혼합체였다.

새 정부의 한계를 제시한 1689년 권리장전은 만족스러워하는 사람이 거의 없는 타협안이었다. 그것으로부터 아주 명백히 배제된 아일랜드인과 가톨릭교도와 비국교도, 빈자와 기능공, 심지어 더 부유한 중산층과 공무원들은 특히 더 그러했다. 1774년 미국으로 이주한 토머스 페인(Thomas Paine)이 부상한 것은 바로 그런 상황에서였다. 일련의 선동적이고 널리 인기를 얻은 책들에서 페인은 크롬웰 시절에 나온 민주주의·공화주의 옹호론을 다시 주장하고자 했다.

민주주의 옹호론

1776년 필라델피아에서 익명으로 발표한 『상식』에서 페인은 영국의 북아메리카 식민지가 대영 제국 및 입헌군주제와 급진적으로 절연하는 것을 옹호했다. 이 책을 통해 페인이 주장하는 바는 한마디로 말해 미국의 독립이 지극히 상식적인 진실이라는 것이다. 그는 "지금부터 나는 지극히 단순한 사실, 평범한 논의, 그리고 상식을 말하겠다"고 서두를 꺼내며 군주제에 대해 신랄하게 비판하고 민주적 공화제만이 우리의 대안이라고 주장했다. 페인의 주장은 오

참조 : • 토머스 홉스 96~103쪽 • 존 로크 104~109쪽 • 장 자크 루소 118~125쪽 • 에드먼드 버크 130~133쪽 • 토머스 제퍼슨 140~141쪽 • 올리버 크롬웰 333쪽 • 존 릴번 333쪽 • 조지 워싱턴 334쪽

우리는 후대를 위해 계획을 세울 때, 덕은 유전되지 않음을 잊지 말아야 한다.
토머스 페인

늘의 입장에서 보면 당연한 상식이지만 당시에는 그렇지 않았다.

이전의 홉스와 루소처럼 그는 사람들이란 자연스럽게 서로 애착을 느끼며 사회를 형성하게 마련이라고 주장했다. 가족, 교우, 거래 등의 그런 애착관계가 복잡해지다 보면 그들은 결국 규칙이 필요하게 된다. 그런 규칙들은 법으로 체계화되고, 그런 법을 만들고 시행할 정부가 세워진다. 그런 법은 국민을 위해 기능하도록 만들어졌지만, 집합적 의사결정을 할 사람이 너무 많다. 그리하여 대표를 선출하기 위해 민주정체가 필요하게 된다.

페인에 따르면 민주주의는 사회의 요구와 정부의 요구 간의 균형을 잡는 가장 자연스러운 방식이었다. 선거는 사회와 정부의 관계를 조정하는 매개체 역할을 했다. 선거 덕분에 사회는 사회의 요구에 좀더 부

합하는 정부를 형성할 수 있었다. 군주제 같은 제도는 부자연스러웠다. 세습 원칙은 사회 전체와 동떨어져 있었고 군주는 사익을 추구할 수 있었기 때문이다. 존 로크가 옹호한 입헌군주제 같은 혼합적 정체도 위험했다. 군주는 쉽게 권력을 더 얻고 법의 허점을 찌를 수 있었기 때문이다. 페인은 군주제를 완전히 폐지하는 편이 낫다고 믿었다.

그러므로 아메리카가 대영 제국과의 전쟁에서 취할 수 있는 최선의 행동방침은 군주제 문제에 대한 타협을 일절 거부하는 것이었다. 완전한 독립을 얻어야만 민주사회가 건설될 수 있었다. 민주공화제에 대한 페인의 명쾌한 요청은 미국 독립전쟁 중에 곧바로 성공을 거두었다. 1787년 영국으로 돌아간 그는 2년 후 프랑스에 가서 프랑스혁명의 충실한 지지자가 되었다.

『프랑스혁명에 관한 고찰』

프랑스에서 돌아오자마자 페인은 불쾌한 사실을 알게 되었다. 브리스틀 하원의원이자 근대 보수주의 사상의 창시자 가운데 한 명인 에드먼드 버크는 아메리카 식민지의 독립권을 강력히 지지한 바 있었다. 페인은 영국으로 돌아온 후 버크와 좋은 관계를 유지하고 있었으나, 버크는 1790년 『프랑스혁명에 관한 고찰』에서 프랑스혁명이 급진주의로 사회질서 자체를 위협한다며 그 혁명을 맹렬히 비난했다. 버크는 사회란 유기적 통일체로 갑작스러운 변화를 잘 받아들이지 못한다고 보았다. 미국 독립혁명과 영국의 '명예혁명'은 오래전부터 내려온 권리를 직접 위협한 것이 아니라, 제도의 몇몇 명백한 결점을 바로잡았을 뿐이었다. 특히 그 두 혁명은 재산권을 위협하지 않았다. 하지만 폭력으로 '앙시앵레짐(구제도)'이 타도된 프랑스의 상황은 분명히 달랐다.

버크의 반대론 때문에 페인은 자기 입장

윌리엄 호가스(William Hogarth)의 풍자화 〈재판관 The Bench〉에 나오는 부주의한 판사들은 사회의 권리에 거의 신경 쓰지 않는 나태하고 무능하며 부패한 사법부의 구성원으로 묘사되어 있다.

프랑스 국회는 프랑스혁명의 국민공회에서 유래한다. 국민공회는 남자 보통선거권으로 선출된 프랑스 최초의 집권 의회였다.

을 옹호하게 되었다. 그는 1791년 초에 인쇄된 『인간의 권리』로 대응했다. 검열제도에도 불구하고 그 책은 영국의 프랑스혁명 옹호론 가운데 가장 잘 알려지고 널리 유포되었다. 페인은 모든 세대가 기존 권위에 속박되지 않고 적절하다 싶은 정치·사회 제도를 다시 만들 권리가 있다고 주장했다. 세습군주는 그런 권리보다 우월한 권리가 없었다. 재산이 아니라 권리가, 대대로 전달되는 유일한 세습적 원칙이었다. 1792년 발표된 그 책의 제2부는 주요 사회복지 프로그램을 옹호했다. 그해 말까지 두 책은 20만 부가 팔렸다.

군주제 폐지

기소의 위협 아래에서, 그리고 '교회와 왕'을 옹호하는 군중이 그의 인형을 불태우던 상황에서 페인은 훨씬 더 급진적인 조치를 제안했다. 그의 『최근 성명서의 발신인들에게 보내는 서한』은 '반란적 비방(국가를 비난하는 문서의 집필과 인쇄)'에 맞서 칙허 성명서를 발표한 '수많은 부패한 자치시 당국의 발신인들'에게 대항하여 쓴 글이었다. 페인은 이를 비롯한 권력 남용을 새로운 폭정이라며 비난하고, 선출된 국민공회가 영국의 새 공화헌법안을 작성할 것을 요청했다. 이는 사실상 프랑스의 공화주의 국민공회를 본보기로 삼아 직접적으로 혁명을 요청한 행위였다. 페인은 『최근 성명서의 발신인들에게 보내는 서한』이 출판된 직후에 프랑스로 돌아갔는데, 영국에서는 그가 없는 상태에서 반란적 비방 혐의의 유죄 판결이 내려졌다.

『최근 성명서의 발신인들에게 보내는 서한』에 담긴 주장은 간단하지만, 버크와 정면으로 맞서는 내용이다. 영국의 1689년 권리장전은 모든 국민이 입헌군주제에서 누릴 자유를 보장하긴 했지만, 악용되기 쉬웠다. 페인은 매우 추악한 부패 사례를 몇 가지 상술했을 뿐 아니라, 나아가 그 체제 자체를 문제로 다루고자 했다. 세습재산을 최고 법규로 보호함으로써 그 체제는 부패와 권력 악용을 조장했다. 윌리엄 피트(William Pitt) 정부의 폭정은 그런 재산 보호의 직접적인 결과였다. 정권의 맨 위에는 세습군주가 있었고, 의회는 정부와 재산을 보호하는 역할만 했다. 부패한 의회를 개혁하는 것만으로는 충분하지 않았다. 체제 전체를 완전히 뜯어고쳐야 했다.

남자 보통선거권

페인은 주권이 군주가 아니라 국민에게

선거권의 재산 조건은 부자와 빈자 간의 불평등을 초래하여 부패와 권력 독점을 불러온다.

남자 보통선거권은 그 균형을 바로잡는다. 그러므로 정책을 세울 때는 부자와 빈자의 권리를 고려해야 한다.

혁명사상 REVOLUTIONARY THOUGHTS

> 부자가 빈자의 권리를 보호하면 빈자는 부자의 재산을 보호할 것이다.
>
> 토머스 페인

명하고 공정한 선거로 공회를 만듦으로써 사익추구 활동과 부패한 관습을 타파해야 했다. 그리고 남자 보통선거권으로 공회를 구성할 대표자들을 결정하고, 그 대표들에게 영국의 새 헌법 제정을 맡겨야 했다. 페인이 보기에 영국의 선거제도가 부패한 가장 큰 원인은 선거권의 재산 조건에 있었다. 부자와 빈자는 양쪽의 권리가 동등하게 여겨지는 체제에서만 서로를 약탈하려 하지 않고 존중할 것이다.

개혁을 위한 유산

페인의 『최근 성명서의 발신인들에게 보내는 서한』은 결코 『상식』과 『인간의 권리』만큼 성공을 거두진 못했다. 하지만 그 책에서 제시한 급진적 주장(공화제, 새 헌법, 남자 보통선거권으로 선출한 국민공회에 대한 옹호론)은 다음 50년간 영국 개혁가들이 내놓은 요구사항의 핵심이 되었다. 런던통신협회는 1790년대부터 줄곧 국민공회를 요청했고, 1840년대의 차티스트들은 실제로 국민공회를 열어 당국을 대단히 놀라게 했고, 미움을 받던 선거권의 재산 조건은 1867년 제2차 선거법 개정에서 마침내 제거되었다.

있어야 한다고, 국민에게는 법과 정부를 나름대로 적절하게 만들고 바꿀 절대적 권리가 있다고 주장했다. 기존 체제에는 국민이 정부를 바꿀 수 있게 하는 메커니즘이 없었다. 페인에 따르면, 그러므로 새 국회, 즉 프랑스에 있는 것과 같은 국민공회를 선출함으로써 기존 체제에서 벗어날 필요가 있었다.

페인은 국가가 국민의 '일반의지'에 따라 통치되어야 한다는 루소의 주장을 널리 알리려고 애썼다. 페인에 따르면, 영국은 투

차티스트 공회는 1848년 4월 10일에 런던의 케닝턴 코먼에서 대중집회를 열고, 토머스 페인이 옹호한 것과 같은 선거법 개정을 요구했다.

페인의 사상이 가장 영향을 많이 미친 곳은 그의 제2의 조국인 미국과 프랑스였다. 특히 미국에서는 그가 독립과 헌법의 기반을 닦은 인물 중 한 사람으로 여겨지고 있고, 그의 저작에 고무된 수많은 사람들이 민주주의·공화주의 운동에 뛰어들었다. ■

토머스 페인

토머스 페인은 영국 셋퍼드에서 태어났다. 그는 세무서에서 일하던 중 임금 및 근무 조건 개선을 요구하다 일자리를 잃고 1774년 미국으로 이주했다. 그리고 벤저민 프랭클린의 추천으로 펜실베이니아 주에서 지역 잡지의 편집자가 되었다.

1776년에 출판된 『상식』은 인구 200만 명의 식민지에서 3개월 만에 10만 부가 팔렸다. 1781년 페인은 미국 독립혁명을 위해 프랑스 왕과 협상하여 거액을 얻는 일에 일조했다. 1790년에 런던으로 돌아와 프랑스혁명에서 영감을 받은 그는 『인간의 권리』를 썼는데, 그 책 때문에 반란적 비방 혐의로 기소되었다. 프랑스로 피신한 후 국민공회의 의원으로 선출되었다가, 공포정치 기간에 투옥되었으나 처형은 면했다. 그는 1802년에 대통령 제퍼슨의 초대로 미국에 돌아가 있다가 7년 후 뉴욕에서 죽었다.

주요 저술

1776년 『상식 Common Sense』
1791년 『인간의 권리 The Rights of Man』
1792년 『최근 성명서의 발신인들에게 보내는 서한 Letter Addressed to the Addressers on the Late Proclamation』

사람은 모두 평등하게 태어났다

토머스 제퍼슨(서기 1742~1826년)

맥락읽기

이데올로기
민족주의(nationalism)

핵심어
보편적 권리

이전의 관련 역사
서기 1649년 : 영국 왕 찰스 1세가 '공익과 국민의 권리, 자유, 정의, 평화에 반하는' 행동을 한 결과로 재판을 받고 처형된다.

서기 1689년 : 존 로크가 왕권신수설을 반박하고, 주권이 국민에게 있다고 주장한다.

이후의 관련 역사
서기 1789년 : 프랑스혁명의 〈인간과 시민의 권리 선언〉에서 '인간은 자유롭고 평등하게 태어났다'고 주장한다.

서기 1948년 : 국제연합이 세계인권선언을 채택한다.

서기 1998년 : DNA 검사로 제퍼슨이 그의 노예였던 세라 헤밍스의 자녀의 아버지일 수 있음이 암시된다.

미국 독립선언서는 매우 유명한 영문 문서 가운데 하나다. 누구에게나 '생명, 자유, 행복추구'에 대한 권리가 있다는 그 선언서의 주장은 지금도 훌륭한 삶과 그런 삶에 필요한 조건을 규정하는 데 도움이 된다. 그 선언서는 미국 독립혁명 중에 초안이 작성되었다. 그 혁명은 13개 영국령 아메리카 식민지들이 정부의 통치에 반대해 일으킨 반란이었다. 영국은 1763년 일련의 전쟁에서 프랑스를 물리치고 그 식민지들을 차지했는데, 그 전쟁비용을 벌충하려고 식민지에 세금을 부과하고 있었다. 영국 의회는 아메리카 식민지들을 대표하는 하원이 한 명도 없었는데도 그들을 대신해 결정을 내리고 있었다. 대표 없는 과세에 항의하는 시위가 보스턴에서 일어난 후 영국의 무력 개입이 뒤따랐는데, 그런 상황은 결국 전쟁으로 이어졌다. 1774년의 제1차 대륙회의에서 식민지 주민들은 자기들만의 의회를 요구했다. 그리고 1년 후 제2차 대륙회의에서 그들은 국왕 조지 3세(George III)로부터 그 요구를 거절당한 가운데 완전한 독립을 요구했다.

구세계에서 신세계로

제2차 대륙회의에 참석한 대표 중 한 명이었던 토머스 제퍼슨(Thomas Jefferson)은 미국 독립선언서의 초안 작성자로 임명되었다. 그는 미국 계몽운동, 즉 미국 독립혁명의 서곡이 된 지적 운동에서 핵심적인 인물이었다.

유럽에서 온 식민지 주민들은 구세계를 되돌아볼 수 있었다. 그곳에서는 절대군주들과 부패한 소수 집권층이 자신들의 탐욕을 위해 전쟁마저 일삼는 사회를 지배하고 있었다. 제퍼슨을 비롯한 신세계 지식인들은 영국의 자유주의 철학자 존 로크 같은 사상가들에게 관심을 기울였다. 로크는 인간의 '자연권'과, 정부가 피통치자와의 '사

신은 우리에게 생명을 주면서 자유도 주었다. 무력이 그것들을 파괴할 수는 있겠지만 분리할 수는 없다.
토머스 제퍼슨

혁명사상 REVOLUTIONARY THOUGHTS

참조: ■ 휘호 흐로티위스 94~95쪽 ■ 존 로크 104~109쪽 ■ 장 자크 루소 118~125쪽 ■ 토머스 페인 134~139쪽 ■ 조지 워싱턴 334쪽

사람은 모두 평등하게 태어났다, 그들은 양도 불가능한 고유의 권리를 타고난다

↓ ↓

세습정체는 양도 불가능한 인권과 모순된다

오로지 공화정체만이 양도 불가능한 인권과 양립할 수 있다

↓ ↓

식민지들은 유럽의 세습정체와 절연하고 독립 공화국이 되어야 한다

토머스 제퍼슨

토머스 제퍼슨은 버지니아 주 섀드웰에서 태어났다. 그는 농장주였다가 법률가가 된 후 1801년 제3대 미국 대통령이 되었다. 계몽운동의 핵심인물이었던 그는 1776년 6월에 미국 독립선언서의 주요 집필자로 임명되었고, 제2차 대륙회의에 버지니아 주 대표로 참가했다.

농장주로서 제퍼슨은 100명이 훨씬 넘는 노예를 소유했는데, 그런 입장과 자신의 평등 신념을 조화시키려고 애썼다. 선언서 초안에서 그가 노예제를 비난한 부분은 의회에서 삭제되었다. 1783년 미국이 영국에 승리를 거둔 후 새 공화국에서 제퍼슨이 펼친 노예제 금지운동은 의회에서 한 표 차로 좌절되었다.

1808년 대통령직을 잃은 후 제퍼슨은 공적 생활을 계속 활발히 했는데, 1819년에는 버지니아대학을 세우기도 했다. 그는 1826년 7월 4일에 죽었다.

주요 저술

1776년 〈미국 독립선언서Declaration of Independence〉
1785년 『버지니아 주에 관한 기록 Notes on the State of Virginia』

회계약'을 지킬 필요성을 강조한 인물이었다. 로크는 영국의 입헌군주제를 옹호했지만, 제퍼슨을 비롯한 사람들은 로크의 저작에서 훨씬 더 급진적인 메시지를 받았다. 사유재산과 사상의 자유에 대한 로크의 옹호론에 제퍼슨은 공화주의를 덧붙였다. 이와 관련하여 그는 토머스 페인의 영향을 많이 받았다. 1776년 초에 나온 페인의 책 『상식』은 공화제 옹호론을 널리 알렸다. 미국 독립선언서는 식민주의뿐 아니라 온갖 세습통치 체제로부터의 절연을 상징했다. 그런 세습정체는 '사람은 모두 평등하게 태어났다'는 관념과 양립할 수 없고 인간의 '양도 불가능한 권리'와 모순된다고 여겨졌다.

1776년 7월 4일에 13개 주 대표들의 서명을 받은 그 선언서 전문은 군주의 독단적 통치를 맹렬히 비난하는 본래의 박력을 지금도 고스란히 간직하고 있다. 그 선언서는 프랑스혁명이 일어나는 데 힘을 실어주었고, 간디에서 호찌민에 이르기까지 후대의 독립운동 지도자들에게 영감을 주었다. ■

제퍼슨은 미국 독립선언서의 초안을 의회에 상정했다. 그 선언서의 최종안은 사람들을 고무하여 투쟁에 참여시킬 목적으로 길에서 크게 낭독되었다.

각 민족은 저마다 행복의 중심을 내포하고 있다

요한 고트프리트 헤르더(서기 1744~1803년)

맥락읽기

이데올로기
민족주의(nationalism)

핵심어
문화적 정체성

이전의 관련 역사
서기 98년: 로마의 정치가이자 역사가인 타키투스가 『게르마니아』에서 게르만족의 특성을 이야기한다.

서기 1748년: 몽테스키외가 민족성과 정부의 특성에 기후가 반영된다고 주장한다.

이후의 관련 역사
서기 1808년: 독일 철학자 요한 피히테가 낭만적 민족주의 운동에서 '민족(Volk)'이라는 개념을 발전시킨다.

서기 1867년: 카를 마르크스가 민족주의란 사람들이 더 나은 대우를 받을 자격이 있음을 자각하지 못하게 막는 '허위의식'이라고 비판한다.

서기 1925년: 아돌프 히틀러가 『나의 투쟁』에서 게르만 민족의 인종적 우월성을 옹호한다.

사람들은 자기가 자라는 곳의 영향을 받는데…

↓

…이는 공유되는 언어와 풍경이 '민족정신'의 형성에 도움이 되기 때문이다

↓

그 민족정신은 특수한 민족성을 띠는 공동체를 만들어낸다

↓

사람들은 그런 민족 공동체에 의존하여 행복을 얻는다

↓

각 민족은 저마다 행복의 중심을 내포하고 있다

18세기에 유럽의 계몽철학자들은 이성의 빛으로 인류를 미신에서 벗어나게 이끌 수 있음을 보여주려 했다. 하지만 요한 고트프리트 헤르더(Johann Gottfried Herder)가 믿은 바에 따르면, 이성에만 기초하여 보편적 진리를 찾는 데는 문제가 있다. 그런 방식은 인간 본성이 문화적·물리적 환경에 따라 다르다는 사실을 무시하고 있기 때문이다. 사람들은 소속감이 필요하고, 사람들의 관점은 그들이 자라는 곳의 영향을 받아 형성된다.

민족정신

헤르더는 자아감을 형성하는 데 언어가 매우 중요하다고, 따라서 인간의 자연스러운 집단은 민족이라고 주장했다. 그것은 꼭 국가는 아니고, 언어, 관습, 기억을 공유하는 문화적 민족을 말한다. 헤르더에 따르면 공동체는 '민족정신(Volksgeist)' 때문에 만들어지는데, 그 정신은 언어에서 비롯하며 조국의 물리적 특성을 반영한다. 그는 자연과 풍경이 사람들을 교육하고 지지하며 그들의 민족성과 묶어준다고 보았다.

사람들은 그런 민족 공동체에 의존하여 행복을 얻는다. 헤르더는 이렇게 주장한다. "각 민족은 저마다 행복의 중심을 내포하고

참조 : • 몽테스키외 110~111쪽 • 주세페 마치니 172~173쪽 • 카를 마르크스 188~193쪽 • 프리드리히 니체 196~199쪽 • 테오도어 헤르츨 208~209쪽 • 마르쿠스 가비 252쪽 • 아돌프 히틀러 337쪽

> 사람들을 교육하는 주체는 자연이다. 그러므로 가장 자연스러운 상태는 단일민족, 즉 단일한 민족성을 띠는 확장된 가족이다.
> 요한 고트프리트 헤르더

있다. 이는 모든 구체에 그 자체의 무게중심이 있는 것과 같은 이치다." 사람들을 민족적 환경 밖으로 나와 있게 하면, 그들은 그 무게중심과의 접촉이 끊어져 그런 자연적 행복을 빼앗기게 된다. 헤르더는 외부로의 이민뿐 아니라 내부로의 이민에 대해서도 걱정했다. 내부로의 이민은 민족문화의 유기적 통일성(정부의 유일한 참된 기초)을 해칠 수 있다는 것이었다. "국가를 부자연스럽게 확장하는 일, 다양한 인종과 민족을 하나의 통치권 아래에서 혼합하는 일보다 정부의 목적에 더 명백히 반하는 것은 없다." 헤르더는 식민주의와 제국 건설의 위험성에 대해 이야기하고 있었지만, 그의 생각은 현대의 다문화주의와도 관련될 수 있다.

민족주의의 대두

헤르더의 사상은 19세기에 유럽을 휩쓴 낭만적 민족주의에 영향을 미쳤다. 그리스인에서부터 벨기에인에 이르기까지 다양한 민족들이 저마다 독립국가의 지위와 민족자결권을 주장하던 시기였다. 하지만 민족이나 인종의 우월성이 상정되는 경우도 많았는데, 이는 독일의 유대인 박해와 '인종 청소'로 정점에 이르렀다. 유대인 대학살의 직접적인 책임이 헤르더에게 있다고 할 수는 없지만, 그는 실제로 유대인들이 "세계의 이 부분(독일)과 맞지 않는다"라고 분명히 말했다. 민족적 무게중심에 대한 헤르더의 생각은 각 민족 내부의 관점 및 문화의 다양성도 무시하고 있어서 민족적 고정관념을 초래한다. 민족문화를 강조하는 그의 관점은 다른 영향요인(경제, 정치, 다른 민족과의 사회계약 등)을 무시하고 있어서, 현대의 세계화된 세계에서는 신뢰성이 떨어진다. 아마도 그는 사람들의 우선사항에서 민족의 중요성을 과대평가한 듯한데, 그 중요성은 가족관계에서 종교관에 이르기까지 갖가지 요인 때문에 흔들릴 수 있다. ■

헤르더가 옹호한 민족주의는 나치 이데올로기의 중요한 부분이 되었다. 1938년의 이 여행 책자에는 아리아인 남녀가 전통 포크댄스를 즐기는 모습이 그려져 있다.

요한 고트프리트 헤르더

요한 고트프리트 헤르더는 1744년 프로이센의 모룽겐(지금의 폴란드 모롱크)에서 태어났다. 그는 열일곱 살에 쾨니히스베르크대학에서 칸트의 가르침과 요한 하만(Johann Hamann)의 감화를 받았다. 그리고 졸업 후 리가에서 학생들을 가르치다가 파리를 거쳐 스트라스부르로 가서 괴테(Goethe)에게 큰 영향을 주었다. 괴테가 이끈 독일 낭만주의 문학 운동은 시인이 민족의 창조자라는 헤르더의 주장 때문에 어느 정도 고무되었다. 괴테의 영향으로 헤르더는 바이마르에서 공직을 얻고, 세계에 대한 사람들의 반응, 언어, 민족에 관한 자신의 사상을 발전시켰다. 그리고 게르만 민족의 민족정신을 담고 있는 민요를 수집하는 일도 시작했다. 헤르더는 바이에른 선거후 덕분에 귀족이 되었는데, 그래서 자신을 '폰(von)' 헤르더라고 부를 수 있게 되었다. 그는 1803년 바이마르에서 죽었다.

주요 저술

1772년 『언어 기원론 Treatise on the Origin of Language』
1773년 『노래에 나타난 민족의 소리 Voices of the People in their Songs』

정부는 악할 수밖에 없다

제러미 벤담(서기 1748~1832년)

맥락읽기

이데올로기
공리주의(utilitarianism)

핵심어
공공정책

이전의 관련 역사
서기 1748년: 몽테스키외가 『법의 정신』에서 영국의 자유가 사회 여러 부분의 권력 균형으로 유지된다고 주장한다.

서기 1748년: 데이비드 흄이 선과 악을 유용성과 관련하여 볼 수 있다고 말한다.

서기 1762년: 장 자크 루소가 『사회계약론』에서 국민이 직접 비준하지 않은 법은 법이 아니라고 주장한다.

이후의 관련 역사
서기 1861년: 존 스튜어트 밀이 '다수의 횡포'를 경고하며, 정부는 누군가 타인에게 해를 끼치는 경우에만 개인의 자유를 제한해야 한다고 주장한다.

영국 철학자 제러미 벤담(Jeremy Bentham)의 저작물에는 정부가 악할 수밖에 없다는 생각이 가득하다. 벤담이 젊은 수습 법률가였던 1769년부터 그가 영국과 유럽의 정치사상에 엄청난 영향을 미치는 인물이 된 50년 후의 말년에 이르기까지 그러하다.

1769년은 벤담이 반세기 후에 쓴 바에 따르면 '매우 흥미로운 해'였다. 당시 그는 몽테스키외, 베카리아(Beccaria), 볼테르 같은 철학자들의 저작을 읽고 있었다. 모두 유럽 대륙 계몽운동의 진보적인 지도자들이었다. 하지만 젊은 벤담의 마음에 폭로의 불꽃을 크게 일으킨 것은 바로 영국의 두 저술가, 즉 데이비드 흄과 조지프 프리스틀리(Joseph Priestley)의 저작이었다.

도덕과 행복

『인간 오성에 관한 철학 논집』에서 흄은 선과 악을 구별하는 기준 가운데 하나로 유용성을 꼽는다. 즉 어떤 좋은 특성이든 그것이 유용하게 쓰일 때에만 정말로 좋다는 것이다. 하지만 예리하고 현실적인 법률가 벤담에게는 그 말도 너무 모호했다. 만약 유용성, 즉 '공리성'을 유일한 도덕성으로 보면 어떻게 될까? 만약 어떤 행동의 유용성으로만, 즉 그것이 좋은 결과를 낳는지로만, 특히 그것이 사람들을 행복하게 하는지로만 그 행동의 좋고 나쁨을 결정하면 어떻게 될까?

그런 식으로 보면, 도덕은 모두 근본적으로 행복을 가져오고 불행을 피하는 문제가 된다. 그 밖의 다른 설명은 불필요한 부연, 혹은 일부러 진실을 감추는 행위일 뿐이다. 벤담에 따르면, 종교는 종종 그렇게 진실을 이해하기 힘들게 모호하게 만드는 잘못을 저지른다. 그리고 야심적인 정치적 이상주의자들도 사람들의 권리를 주장하다 보니, 그것이 사실상 사람들을 행복하게 만드는 문제일 뿐이라는 핵심을 놓친다.

벤담은 이것이 사적·도덕적 수준에서뿐 아니라 공적·정치적 수준에서도 사실이라고 주장한다. 만약 사적 도덕성과 공적 정책이 그런 단순한 목적에 맞게 축소되면, 모든 사람이 이에 동의할 수 있을 것이고, 좋은 뜻을 품은 남녀들이 그런 같은 목적을 달성하기 위해 협력할 수 있을 것이다.

그렇다면 무엇이 행복하고 유용한 결과일까? 현실주의자인 벤담은 심지어 최선의 행동도 선과 더불어 악을 어느 정도 수반함을 인정한다. 한 아이가 사탕을 두 개 가지

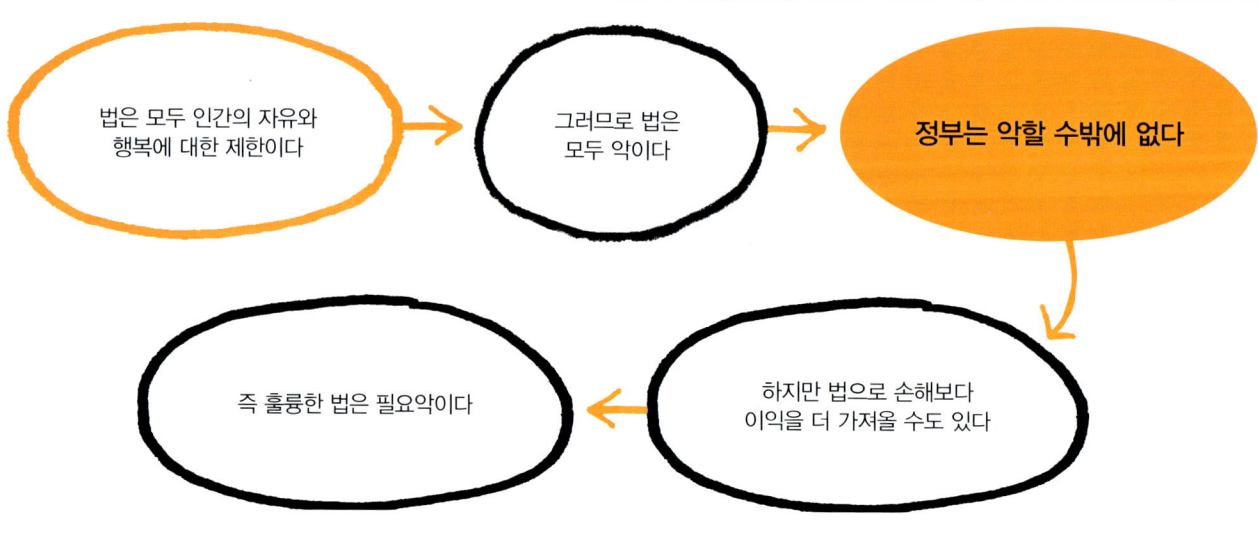

참조 : ▪ 장 자크 루소 118~125쪽 ▪ 이마누엘 칸트 126~129쪽 ▪ 존 스튜어트 밀 174~181쪽 ▪ 프리드리히 하이에크 270~275쪽 ▪ 존 롤스 298~303쪽

고 있고, 다른 아이가 사탕을 하나 가지고 있고, 또 다른 아이가 사탕을 하나도 가지고 있지 않다면, 아이들의 부모가 할 수 있는 가장 공평한 행동은 사탕이 두 개인 아이에게서 하나를 가져와 사탕이 없는 아이에게 주는 것일 것이다. 하지만 그래도 아이 한 명은 사탕을 하나 잃게 된다. 마찬가지로 정부의 행동은 모두 어떤 이들에게는 유리하나 어떤 이들에게는 불리하게 작용할 것이다. 벤담은 그런 행동을 다음 기준에 따라 판단해야 한다고 말한다. 고통보다 쾌락을 더 많이 가져오는 행동이라면 좋은 것이다.

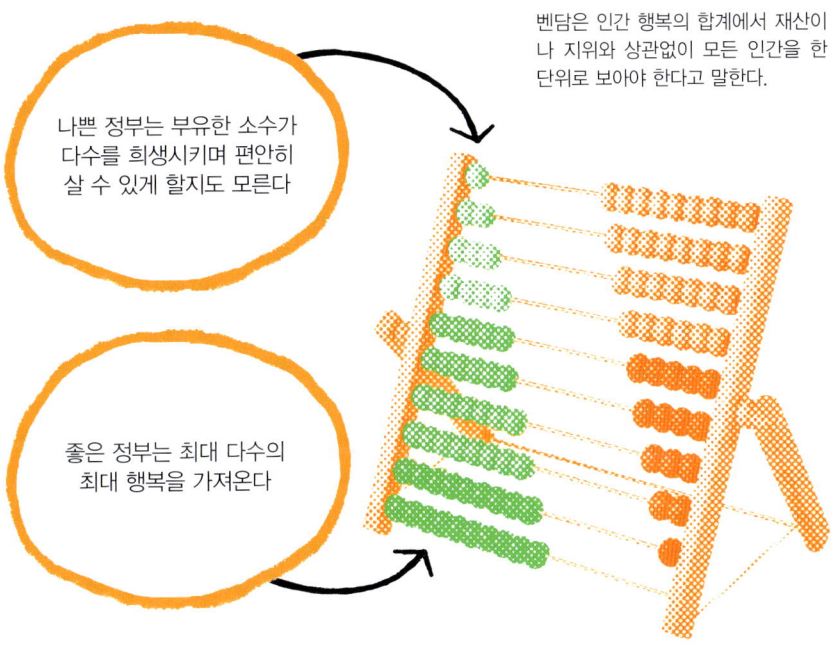

벤담은 인간 행복의 합계에서 재산이나 지위와 상관없이 모든 인간을 한 단위로 보아야 한다고 말한다.

나쁜 정부는 부유한 소수가 다수를 희생시키며 편안히 살 수 있게 할지도 모른다

좋은 정부는 최대 다수의 최대 행복을 가져온다

최대 이익

프리스틀리의 『정치의 제1원칙에 관한 소론』을 읽은 벤담은 1769년에 두 번째 대폭로를 하게 되었다. 프리스틀리의 영향으로 그는 좋은 행동이란 최대 다수의 최대 행복을 가져오는 행동이라는 결론을 내린다. 바꿔 말하면 그것은 모두 계산의 문제다. 정치는 한 가지 문제로 단순화할 수 있다. 정치 때문에 행복해지는 사람이 불행해지는 사람보다 많은가? 벤담은 특정 정부 행동이 행복을 더 혹은 덜 가져오는지를 알아내기 위해 '행복 계산법(felicific calculus)'이라는 수학적 방법을 개발했다.

바로 여기가 '정부는 악할 수밖에 없다'는 생각과 관련되는 부분이다. 벤담에 따르면, 법은 모두 인간의 자유에 대한 제한, 즉 개인이 완전히 자기 마음대로 행동할 자유에 대한 제한이다. 그러므로 법은 모두 악일 수밖에 없다. 하지만 아무 조치도 취하지 않는 것 또한 악일지 모른다. 결정은 계산에 달려 있다. 새로운 법은 손해보다 이익을 더 많이 가져오는 경우에만 정당화될 수 있다. 벤담은 정부를, 치료가 해롭기보다 이롭다고 확신하는 경우에만 개입해야 하는 의사에 비유했다. 이는 벤담의 시대에 적절한 비유였다. 당시 의사들은 종종 병을 씻어낸답시고 환자의 피를 빼내어 환자를 더 아프게 만들었다. 예를 들어, 범죄자에 대한 형벌을 결정할 때 입법자는 악행의 직접적 결과뿐 아니라 이차적 결과도 고려해야 한다. 강도질은 피해자에게만 해로운 것이 아니라 사회에 불안을 조성한다. 형벌은 강도도 더 불행해지게 만들어서, 그가 범죄로 얻은 이익보다 그 불행이 더 크게 해야 한다.

불간섭주의 정치

벤담은 자기 사상을 경제학의 영역으로 확장해서, 스코틀랜드 경제학자 애덤 스미스(Adam Smith)의 견해를 옹호했다. 스미스는 정부의 규제가 없을 때 시장이 가장 잘 돌아간다고 주장한 인물이었다. 벤담의 시대 이후로 사람들은 종종 입법자에 대한 그의 경고를 '불간섭주의' 정치(관료제도 축소와 규제 완화)의 정당화 사유로 이용했다. 심지어 그의 견해는 새로운 법, 특히 사람들의 행동을 변화시키기 위한 새로운 법을 도입하지 않으려는 보수주의 정치에 대한 옹

옳고 그름의 척도는 바로 최대 다수의 최대 이익이다.
제러미 벤담

> 선은 고통의 면제 혹은 쾌락이고,
> 악은 쾌락의 상실 혹은 고통이다.
> 제러미 벤담

호론으로도 이용되었다.

하지만 벤담의 주장에는 훨씬 더 급진적인 의미도 담겨 있다. 정부는 모든 사람이 무한히 행복해질 때까지는 가만히 있으면 안 되는데, 그런 일은 결코 일어나지 않을 것이다. 즉 정부가 할 일이 언제나 있다는 뜻이다. 사람들 대부분이 평생 행복을 계속 추구하듯이, 정부는 더 많은 사람이 행복해지도록 끊임없이 노력해야 한다.

벤담의 행복 계산법에서는 행복의 혜택뿐 아니라 대가도 중요시한다. 누군가 행복해지려면 다른 사람이 대가를 치러야 할지도 모른다. 예컨대 아주 부유한 소수가 편안하게 살려면, 수많은 다른 사람들이 불편하게 살아야 한다. 벤담의 인간 행복 합계에서는 모든 사람을 한 단위로만 본다. 이는 그런 불균형이 비도덕적이라는 뜻이다. 정부는 모두 그런 상황을 바로잡기 위해 끊임없이 노력해야 한다.

실용적 민주주의

그렇다면 어떻게 해야 부를 분배하도록 통치자들을 설득할 수 있을까? 부를 분배하면 그들은 덜 행복해지지 않겠는가? 답은 벤담의 주장에 따르면 민주주의의 강화, 즉 선거권의 확대에 있다. 통치자들은 최대 다수를 위해 인간의 행복을 증진하지 못하면, 다음 선거에서 직위를 잃을 것이다. 민주정체에서 정치가들은 다시 선출되기 위해서 다수의 행복을 증진하려고 한다. 루소에서 페인에 이르는 다른 사상가들은 민주주의를 자연권(그것이 없는 자는 인간으로 인정받지 못하는 셈이다)으로서 요구했지만, 벤담은 민주주의를 완전히 실용주의적인 관점에서, 즉 목적에 필요한 수단으로 옹호했다. 자연법과 자연권이라는 개념은 벤담이 보기에 '터무니없는 헛소리'에 불과하다.

대가와 혜택, 이익과 손실에 근거하여 선거권 확대를 옹호한 벤담의 주장은 영국의 고집 센 기업가들(산업혁명에서 부상한 신흥세력기반)의 관심을 끌었다. 이상주의와 인간의 자연권을 아무리 많이 논한들 그럴 수는 없었다. 벤담의 현실적인 '공리주의적' 주장은 1830년대에 영국이 의회 개혁과 자유주의로 방향을 돌리는 데 일조했다. 오늘날 공리주의적 접근법은 공공정책 결정에서 흔히 쓰이는 유용한 기준으로, 모든 것

사회의 불평등은 부유한 소수가 빈자들과 함께 존재하는 상황을 의미한다. 벤담은 이것이 도덕적으로 용납 불가능하며, 정부가 그 균형을 잡는 역할을 해야 한다고 본다.

찰스 디킨스는 벤담의 사상을 풍자했다. 소설 『고된 시기』의 등장인물 미스터 그래드그라인드는 재미의 여지를 거의 남겨두지 않고 확실한 사실에 기초하여 학교를 운영한다.

을 감안할 때 각 정책이 국민 대다수에게 이로운지를 고려하도록 정부를 유도하고 있다.

확실한 사실

하지만 벤담의 공리주의라는 무(無)이상방안에는 실제로 문제가 어느 정도 있다. 영국의 작가 찰스 디킨스(Charles Dickens)는 벤담을 추종하는 공리주의자라는 새로운 유형의 인간들을 몹시 싫어하여, 소설 『고된 시기Hard Times』에서 그들을 인정사정없이 풍자했다. 그 소설에서 그들은 상상력을 짓밟으며 흥을 깨는 인물, 고집스럽게 삶을 확실한 사실들로 환원하면서 인간의 정신을 무기력하게 만드는 인물로 묘사되었다. 이는 매우 공감적인 사람이었던 벤담이 꼭 인정할 법한 그림은 아니지만, 모든 문제를 계산으로 환원하는 벤담의 태도에 대한 분명한 언급이었다.

벤담의 사상에 대해 되풀이되는 비판 가운데 하나는 그 사상이 '희생양 만들기'를

조장한다는 것이다. 최대 행복의 원칙을 따르다 보면, 전체 결과가 전반적인 행복인 경우에 엄청난 부당행위가 허용될 수도 있다. 예컨대 끔찍한 폭탄테러 후 경찰은 범인을 잡아야 한다는 엄청난 압박감에 눌리게 된다. 실제로 가해자가 아니더라도 그럴듯한 사람을 경찰이 체포하면 일반 대중은 불안한 상태에서 벗어나 훨씬 행복해질 것이다(더 이상의 테러가 없다면).

일부 비판가들은 벤담의 주장에 따르면 결백한 사람을 처벌해도 그의 고통보다 일반 대중의 행복 증가치가 더 크다면 그 처벌이 도덕적으로 용납 가능하다고 주장한다. 벤담 지지자들은 결백한 사람이 희생양이 되는 사회에서 사는 일반 대중은 불행할 것이라고 말함으로써 그 문제를 해결할 수 있다. 하지만 그 문제는 대중이 진실을 알게 되는 경우에만 일어난다. 벤담의 논리에 따르면, 희생양을 만든 일은 비밀로 유지되면 정당한 것처럼 여겨질 것이다. ■

공리주의적 주장은 다수가 행복해진다는 데 근거하여 결백한 사람[아일랜드 공화국 군대의 폭탄테러 때문에 기소된 제리 콘론(Gerry Conlon) 등]의 기소를 정당화하는 데 사용되기도 했다.

제러미 벤담

제러미 벤담은 1748년 런던 하운즈디치의 유복한 가정에서 태어났다. 법률가가 되리라는 기대를 받은 그는 겨우 열두 살에 옥스퍼드대학에 들어가 열다섯 살에 졸업하고 법정 변호사 교육을 받았다. 하지만 법조계의 속임수에 실망하고서 법학과 철학에 더 흥미를 느끼게 되었다.

벤담은 글을 쓰기 위해 은퇴를 하고 런던의 웨스트민스터로 갔는데, 이후 40년간 법과 도덕에 대한 해설과 사상을 다룬 저작들을 내놓았다. 그는 우선 영국 법률에 근본적으로 잘못된 것이 전혀 없다고 가정한 주요 법률 권위자 윌리엄 블랙스톤(William Blackstone)을 비판한 후, 도덕과 정책에 대한 완전한 이론을 발전시켰다. 그 이론은 벤담이 죽은 1832년 무렵에 이미 영국의 정치생활을 지배하게 된 공리주의 윤리의 기초가 되었다.

주요 저술

1776년 『정부 소론 Fragment on Government』
1780년 『도덕과 입법의 원리 서설 Introduction to Principles of Morals and Legislation』
1787년 『파놉티콘 Panopticon』

국민은 무기를 보유하고 소지할 권리가 있다

제임스 매디슨(서기 1751~1836년)

맥락읽기

이데올로기
연방주의(federalism)

핵심어
무기를 소지한 국민

이전의 관련 역사
기원전 44~43년 : 키케로가 『안토니우스 탄핵 연설』에서 사람들이 자연 속의 짐승처럼 자신을 보호할 수 있어야 한다고 주장한다.

서기 1651년 : 토머스 홉스가 『리바이어던』에서 인간은 본래 무력으로 자신을 보호할 권리가 있다고 주장한다.

이후의 관련 역사
서기 1968년 : 미국에서 로버트 케네디와 마틴 루터 킹이 암살된 후 연방정부의 총기 소유 규제가 시작된다.

서기 2008년 : 미국 대법원이 수정헌법 제2조에 따라 개인이 가정에 호신용 총기를 보유할 권리가 보장된다고 판결한다.

마침 미국 건국의 아버지들이 1788년 헌법 제정 작업을 마무리하고 있을 때, 권리장전을 추가할 필요가 생겼다. 국민에게 무기를 보유하고 소유할 권리가 있다는 생각은 그 권리장전에 미국 수정헌법 제2조로서 다음과 같이 나와 있다. "국민이 무기를 보유하고 소지할 권리가 침해되어서는 안 된다." 그 표현은 한 마디 한 마디가 매우 중요하다. 그 조항은 현대의 총기 규제에 대한 논쟁, 미국 국민에게 총기 소유 및 휴대의 자유가 법적으로 얼마나 있는가에 대한 논쟁에서 초점이 되었기 때문이다.

권리장전의 기초자는 버지니아 주 출신

혁명사상 REVOLUTIONARY THOUGHTS

참조 : • 키케로 49쪽 • 토머스 홉스 96~103쪽 • 존 로크 104~109쪽 • 몽테스키외 110~111쪽 • 피에르 조제프 프루동 183쪽 • 제인 애덤스 211쪽 • 마하트마 간디 220~225쪽 • 로버트 노직 326~327쪽

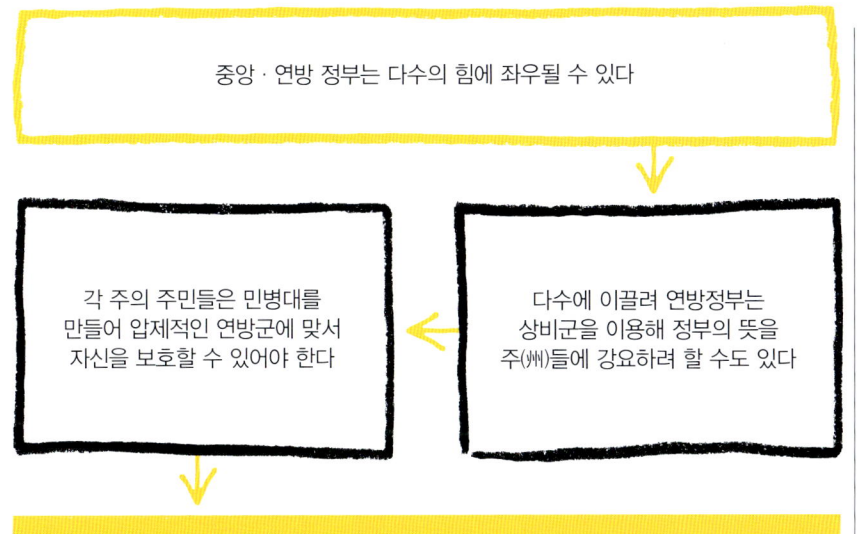

중앙·연방 정부는 다수의 힘에 좌우될 수 있다

각 주의 주민들은 민병대를 만들어 압제적인 연방군에 맞서 자신을 보호할 수 있어야 한다

다수에 이끌려 연방정부는 상비군을 이용해 정부의 뜻을 주(州)들에 강요하려 할 수도 있다

국민이 무기를 보유하고 소지할 권리가 침해되어서는 안 된다

의 제임스 매디슨(James Madison)으로, 헌법 자체를 만든 주요 인물 중 한 명이기도 했다. 아마도 그는 그렇게 자기 사상을 직접적으로 실행에 옮길 수 있었다는 점에서 독특한 정치사상가일 것이다. 그 사상은 두 세기가 지난 지금까지도 세계 최강국의 정치적 생활방식의 기초로 남아 있다. 사실 나중에 미국 대통령이 되면서 매디슨은 자기가 직접 만들어놓은 정치체계의 맨 꼭대기까지 올라갔다.

권리장전은 자연권에 대한 계몽주의 사상의 화신으로 여겨지기도 한다. 존 로크가 처음 내놓은 그 사상은 토머스 페인의 고무적인 인권 요구로 정점에 이르렀다. 페인이 자신의 논문에서 민주주의(보통선거권)를 원칙으로 강조하긴 했지만, 매디슨의 목적은 더 실용주의적이었다. 그 목적은 영국 정치의 전통에 뿌리를 두고 있었다. 영국에서는 의회가 기본적인 보편적 자유를 보호하기 위해 힘쓰기보다는 군주의 권력 남용을 막기 위해 노력했다.

다수에 대한 방어

매디슨이 토머스 제퍼슨에게 보낸 편지에서 인정했듯이, 그가 권리장전을 제안한 유일한 이유는 다른 사람들의 요구를 충족하기 위해서였다. 그는 헌법의 제정과 그에 따른 적절한 정부의 수립만으로 기본적인 권리가 충분히 보장되었어야 했다고 믿었다. 실제로 그는 권리장전의 추가가 헌법이 불완전하며 그 자체로 그런 권리를 보호할 수 없음을 암시한다고 인정했다. 또 특정 권리를 규정하면, 명시되지 않은 권리들의 보호에 해를 끼치게 될 위험도 있었다. 게다가 매디슨은 미국에서 권리 선언들의 역사가 순탄하지 않았다고 시인했다.

하지만 권리장전이 좋은 아이디어일 수 있는 강력한 이유도 있었다. 다른 대부분의 미 헌법 제정자들처럼 매디슨은 다수의 힘에 대해 걱정했다. 토머스 제퍼슨은 이렇게 썼다. "민주정치란 국민의 51퍼센트가 나머지 49퍼센트의 권리를 빼앗을 수 있는 중우정치에 불과하다." 권리장전은 국민 다수로부터 소수를 보호하는 데 도움이 될 수도 있었다.

매디슨은 이렇게 썼다. "우리 정부에서 실권은 그 공동체의 다수에게 있다. 주로 걱정해야 할 개인 권리 침해의 원인은 구성원들의 생각에 반대되는 정부 행동이 아니라, 구성원 중 다수의 매개체에 불과한 정부의 행동이다." 바꿔 말하면, 권리장전은 사실상 다수의 민주적 본능으로부터 재산 소유자들을 보호하기 위해 만들어진 것이다.

1786~1787년 셰이스의 반란에서는 한 민병 반란군이 매사추세츠 주 법원 청사를 점령했다. 그들이 정부군에 진압된 후 미국 헌법에는 강력한 정부의 원칙이 세워졌다.

매디슨은 헌법의 존재로 기본권이 연방정부 아래에서 보장되리라고 믿긴 했지만, 민주국가에서 다수의 힘에 대응하는 추가적 수단으로 권리장전을 만들었다.

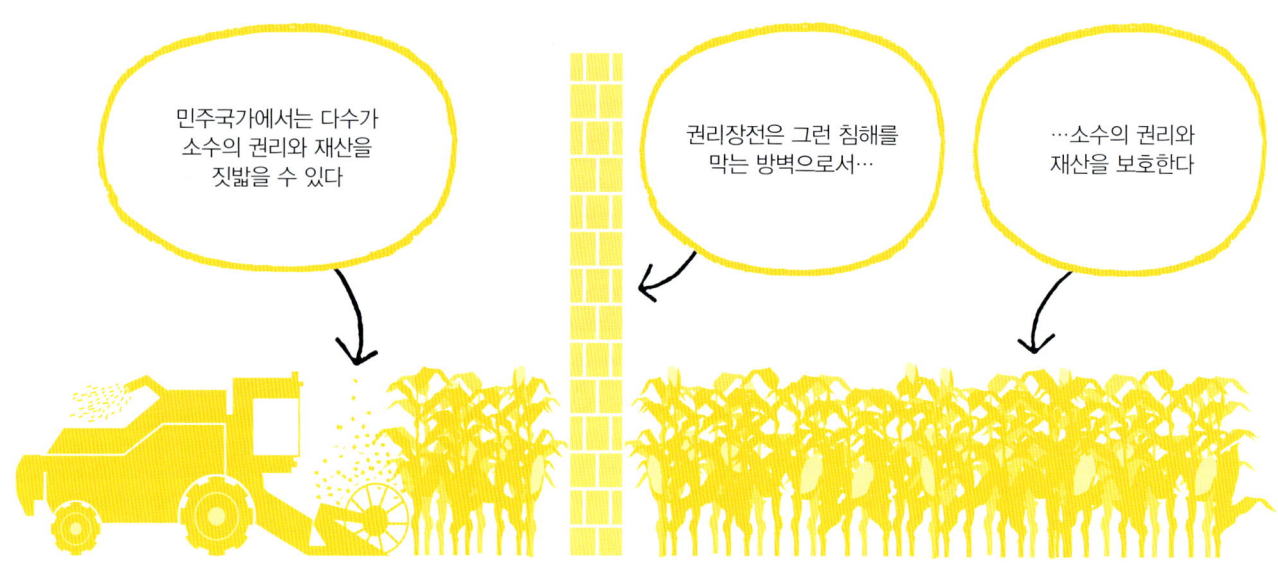

민주국가에서는 다수가 소수의 권리와 재산을 짓밟을 수 있다

권리장전은 그런 침해를 막는 방벽으로서…

…소수의 권리와 재산을 보호한다

민병대의 합법화

매디슨은 권리장전을 만든 단순한 정치적 이유도 있었다. 그는 그것을 만들지 않으면 몇몇 주의 대표들로부터 헌법안에 대한 지지를 얻을 수 없으리라는 것을 알고 있었다. 어쨌든 미국 독립전쟁이란 중앙집권적 권력의 압제에 저항한 싸움이었기에, 그런 대표들은 새 중앙정부를 경계했다. 그들은 중앙정부로부터의 보호를 어느 정도 보장받아야만 헌법안에 비준하려 했다. 따라서 권리는 자연법이 아니라, 연방정부로부터 주들(과 재산 소유자들)을 지키는 보호물이었다.

바로 그런 상황에서 수정헌법 제2조가 만들어졌다. 매디슨은 주나 국민들이 영국 정부에 대항해서 그랬듯이 위압적인 중앙정부에 대항하는 민병대를 조직함으로써 스스로를 보호할 능력을 빼앗기지 않게 했다. 그런 상황이 오면 공동체가 단결해서 압제적인 군대에 저항할 듯했다. 수정헌법 제2조는 최종 버전에서 실제로 다음과 같이 말한다. "자유로운 주의 안보에 잘 정비된 민병대가 필요하므로, 국민이 무기를 보유하고 소지할 권리가 침해되어서는 안 된다." 그러니까 그 조항은 개개의 사람들이 아니라, 주를 보호하는 민병대와 '국민(즉 공동체)'에 대한 항목이었다.

개인의 자기방어

매디슨은 개인들이 개인적 범죄행위에 맞서 자신을 지키기 위해 무기를 휴대하는 것에 대해 이야기하고 있지 않았다. 하지만 수정헌법 제2조의 그 말은 바로 그런 식으로 쓰이게 되었고, 지금 미국인 중 상당수는 총기를 휴대할 권리가 헌법에 명시되어 있다고 주장하며, 총기 규제법을 제정하려는 시도를 모두 위헌으로 간주해 반대한다.

법정에서 그런 해석을 뒤집으려는 시도는 거듭해서 실패로 돌아갔다. 국민이 국가뿐 아니라 자신도 지키기 위해 무기를 소지할 권리를 미국 헌법이 지지한다는 주장 때문이었다. 심지어 매디슨의 목적과 상관없이 총기의 소유 및 휴대는 기본적 자유로 여겨져야 한다고 주장하는 이들도 많다.

매디슨의 권리장전이 나오기 한 세기 전에 영국 철학자 존 로크는 자기방어 권리가 자연권임을 증명하면서, 문명 이전의 가상적 '자연' 시대에서 실마리를 얻었다. 마치 야생동물이 궁지에 몰리면 폭력으로 자신을 지키듯이, 인간도 그럴 수 있다고 로크는 주장한다. 이는 정부란 사람들을 보호해

최고 권위는… 국민에게만 있다.
제임스 매디슨

주어야 하는 어느 정도 부자연스러운 제도임을 암시한다. 돌이켜 생각해보면 어떤 해설자들은 권리장전을 로크의 사상으로 꾸미며, 권리장전이 폭력적 수단을 이용한 자기방어를 양도 불가능한 자연권으로 확정한다고 여겼다.

하지만 매디슨과 그의 동료 미 헌법 제정자들은 로크보다 스코틀랜드 철학자 데이비드 흄의 정부론과 더 잘 맞을 수도 있다. 흄은 워낙 실용주의적이어서, 권리가 문명 때문에 축소되기 전의 자유로운 자연 시대라는 개념에 그다지 주의를 기울이지 않는다. 흄이 보기에, 사람들이 정부를 원하는 이유는 그것이 이치에 맞기 때문이고, 권리는 법의 다른 모든 측면처럼 협상과 합의의 대상이다. 그러므로 무기를 보유할 권리에는 근본적인 근거가 없다. 그것은 사람들이 대체로 동의하느냐 그러지 않느냐의 문제일 뿐이다. 흄에 따르면, 자유와 권리는 사람들이 동의하는(그리고 아마도 그것이 지켜지도록 그것을 법에 명시하기로 합의하는) 주요 원칙의 예일 뿐이다. 이렇게 보면, 무기를 보유할 권리와 관련된 중대한 근본적 원칙이란 없다. 그런 권리가 있다는 것은 일반적 합의에 불과하다. 그리고 일반적 합의에 꼭 민주적 다수가 필요한 것은 아니다.

계속되는 논란

미국에서 총기 규제는 전미총기협회(NRA) 같은 강력한 압력단체들이 전면적인 반대운동을 벌이는 가운데 여전히 뜨거운 쟁점으로 남아 있다. 대부분의 주들이 사람들의 총기 소유를 허가하고 있는 만큼 총기 규제 반대자들은 우위를 점하고 있는 듯하다. 하지만 총기 소유가 전적으로 규제되지 않는 주는 거의 없고, 사람들이 총기를 몰래 가지고 다녀도 되는가 같은 문제에 대한 논쟁이 일어나고 있다. 미국은 총기 범죄율이 높고 대량살인 사건(2012년 7월 콜로라도 주 오로라의 극장 살인 사건 등)이 증가하다 보니, 더 이상 변방 국가가 아닌 나라에서 총기 소유를 규제하지 않는 것이 과연 적절한가 하는 문제가 많이 제기되고 있다.

매디슨의 권리장전이 아주 조금만 바뀐 채로 미국 정치제도의 중심에 남아 있다는 점은 주목할 만하다. 아마 매디슨 본인도 포함하는 일부 사람들은 훌륭한 정부라면 권리장전 같은 법안 없이도 그런 권리를 보호했을 것이라고 주장할 것이다. 하지만 미국 권리장전은 역사상 가장 강력한, 정치이론과 실제의 혼합물로 남아 있는 듯하다. ∎

자연법 옹호자들은 야생동물들이 다른 동물의 공격에 대응하는 자연적 자기방어를 예로 들며, 개인이 어떻게든 자신을 보호할 권리를 정당화한다.

제임스 매디슨

제임스 매디슨 주니어(James Madison Jr)는 버지니아 주 포트콘웨이에서 태어났다. 아버지는 오렌지카운티에서 가장 큰 담배 농장 몬트필리어의 소유주로, 100명 정도의 노예를 부렸다. 1769년 매디슨은 뉴저지대학(지금의 프린스턴대학)에 들어갔다. 그리고 미국 독립전쟁 때는 버지니아 주 의회에서 일하며 토머스 제퍼슨의 도움을 받았다. 스물아홉 살에 그는 1780년 대륙회의의 최연소 대표가 되었는데, 법안 작성능력과 연합 수립능력으로 존경을 받았다. 매디슨의 법안(버지니아 플랜)은 미국 헌법의 기초가 되었다. 그는 미 헌법의 원리를 설명하고 그 법안을 비준시키기 위해, 85편의 글로 구성된 『연방주의자 논고』를 공동으로 집필하기도 했다. 매디슨은 신흥 민주공화당의 지도자 가운데 한 명이었다. 그는 1809년에 제퍼슨의 뒤를 이어 제4대 미국 대통령이 되었고 두 임기 동안 재임했다.

주요 저술

1787년 〈미국 헌법 United States Constitution〉
1788년 『연방주의자 논고 Federalist Papers』
1789년 〈권리장전 The Bill of Rights〉

가장 존경할 만한 여자들은 가장 억압받는 여자들이다

메리 울스턴크래프트(서기 1759~1797년)

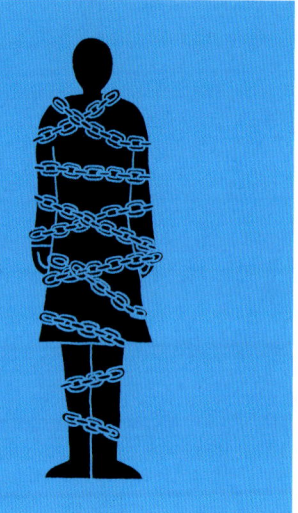

맥락읽기

이데올로기
페미니즘(feminism)

핵심어
여성 해방

이전의 관련 역사

서기 1589년 : 영국 소설가 제인 앵거가 『여성 보호』에서 남자들이 여자들을 성적 욕망의 대상으로만 본다고 비난한다.

서기 1791년 : 프랑스 극작가 올랭프 드 구주가 『여성과 여성 시민의 권리 선언』에 "여자는 자유롭고 남자와 동등하게 태어난다"라고 쓴다.

이후의 관련 역사

서기 1840년대 : 미국과 영국에서 여자들의 재산이 남편으로부터 법적으로 보호된다.

서기 1869년 : 『여성의 종속』에서 존 스튜어트 밀이 여자들에게 선거권을 주어야 한다고 주장한다.

서기 1893년 : 뉴질랜드에서 세계 최초로 여자들이 투표권을 얻는다.

여자들은 재정적 지원을 받기 위해 남자들에게 의존한다

여자들은 오로지 남자들을 기쁘게 하기 위해서만 교육받는다

↓

여자들은 남자의 지원을 얻기 위해 자신의 성적 매력에 의존하게 된다

↓

자신의 성적 매력을 이용하지 않는 존경할 만한 여자들은 남자의 지원을 얻지 못하지만, 자활에 필요한 지식을 교육받은 적이 없다

↓

가장 존경할 만한 여자들은 가장 억압받는 여자들이다

1792년 영국의 저술가 메리 울스턴크래프트(Mary Wollstonecraft)가 발표한 『여성의 권리 옹호』는 최초의 주요 페미니즘 논문으로 꼽힌다. 그 책은 지적·정치적 동기에 집필되었다. 계몽운동은 인권을 정치적 논쟁의 중심에 자리 잡게 했는데, 그런 논쟁은 울스턴크래프트가 『여성의 권리 옹호』를 쓰던 바로 그해에 프랑스에서 군주제에 대항해 일어난 혁명으로 정점에 이르렀다. 하지만 여자의 사회적 위치에 대해 이야기한 사람은 거의 없었다. 사실상 정치적 자유의 열렬한 옹호자였던 프랑스 철학자 장 자크 루소는 『에밀』에서 여자는 훌륭한 아내가 되어 남자를 기쁘게 하

혁명사상 REVOLUTIONARY THOUGHTS

참조 : • 존 스튜어트 밀 174~181쪽 • 에멀라인 팽크허스트 207쪽 • 시몬 드 보부아르 284~289쪽

어떤 직무를 완수해서 생계를 꾸리는 여자는 아름다움을 완성한 대부분의 여자들에 비해 얼마나 더 훌륭한가.
메리 울스턴크래프트

기 위해서만 교육받아야 한다고 주장했다.

일할 자유

울스턴크래프트는 루소가 여자에 대해 얼마나 잘못 생각하고 있는지 보여주기 위해 『여성의 권리 옹호』를 썼다. 그녀는 남자들뿐 아니라 여자들도 행복해져야만 세상이 활력을 회복할 수 있을 것이라고 주장했다. 그러나 여자들은 남자에 대한 의존성 때문에 기대라는 거미줄에 걸려 있었다. 그들은 자신의 매력을 이용하여 묶게 아래 남자의 애정을 얻어야 했다. 존경할 만한 여자들, 즉 그런 유혹 게임에 빠지지 않은 여자들은 엄청나게 불리한 처지에 놓였다.

울스턴크래프트는 여자들에게 생계를 꾸릴 자유, 남자에게 의존하지 않을 자유가 필요하다고 주장했다. 그런 자유를 얻으려면 교육을 받아야 했다. 여자가 남자보다 지적으로 열등하다고 주장하는 이들에게 울스턴크래프트는 그런 오해란 여자들의 교육 부족 때문에 생긴 것뿐이라고 반박했다. 그녀는 여자들이 적절한 교육과 기회를 받으면 수많은 직업에 종사할 수 있다고

주장했다. "얼마나 많은 여자들이 그렇게 불만의 희생자로 삶을 낭비하는가? 그들은 의사로 일할 수도 있었고, 농장을 관리할 수도 있었고, 가게를 운영할 수도 있었고, 자기 사업으로 똑바로 설 수도 있었거늘." 여자들의 독립과 교육은 남자들에게도 이로울 것이었다. 결혼생활이 상호의 애정과 존중에 기초하게 될 것이기 때문이다. 울스턴크래프트는 사교육과 공교육을 결합하는 일 같은 교육 개혁과, 학교 교육에 대한 더 민주적이고 참여 지향적인 접근법을 제안했다.

여성의 교육과 해방에 대한 울스턴크래프트의 제안은 그녀 생전에 대체로 간과되었다. 그리고 사후에 그녀는 그녀의 사상보다 독특한 생활방식으로 더 잘 알려졌다. 하지만 후대의 운동가들(이를테면 1869년 케임브리지대학에 '거턴 여자 칼리지'를 세운 에밀리 데이비스(Emily Davies) 같은)은 그녀의 사상에서 지대한 영향을 받았다. 그럼에도 변화는 천천히 왔다. 『여성의 권리 옹호』가 출판된 지 150년이 넘게 지난 후에야 케임브리지대학은 비로소 여자들에게 온전한 학위를 수여했다. ■

18세기 유럽 사회에서 여자가 출세하려면 여성다운 매력이 꼭 필요했다. 울스턴크래프트는 여자가 부양을 받기 위해 남자를 매혹해야 한다는 사실을 혐오했다.

메리 울스턴크래프트

메리 울스턴크래프트는 1759년 가세가 기울어가는 집안에서 태어났다. 그녀는 이십대 초반 런던에 진보적인 학교를 세운 다음, 아일랜드에서 킹스버러 부인(Lady Kingsborough) 자녀들의 가정교사가 되었는데, 그 부인의 허영심과 오만한 태도는 울스턴크래프트의 여성관에 큰 영향을 미쳤다.

1787년에 그녀는 런던으로 돌아가 〈애널리티컬 리뷰Analytical Review〉지에 글을 기고했다. 1792년에는 프랑스로 가서 혁명을 축하하고, 미국 작가 길버트 임레이(Gilbert Imlay)와 사랑에 빠졌다. 자식을 한 명 낳았으나 그와 결혼은 하지 않았는데, 결국 그로부터 버림받고 말았다. 스웨덴으로 이주하고 자살 시도에 실패한 후 그녀는 런던으로 돌아와 윌리엄 고드윈(William Godwin)과 결혼했다. 그녀는 1797년 그들의 외자식 메리(Mary)를 낳고 죽었다. 메리는 결혼 후의 성인 셸리(Shelley)라는 이름으로 소설 『프랑켄슈타인Frankenstein』을 썼다.

주요 저술

1787년 『딸의 교육에 대하여Thoughts on the Education of Daughters』
1790년 『인간의 권리 옹호』
1792년 『여성의 권리 옹호』
1796년 『여자, 즉 마리아의 잘못The Wrongs of Woman, or Maria』

노예는 자기 존재가 외적인 것이라고 생각한다

게오르크 헤겔(서기 1770~1831년)

맥락읽기

이데올로기
관념론(idealism)

핵심어
인간의 의식

이전의 관련 역사

기원전 350년 : 아리스토텔레스가, 세상에는 선천적으로 지도자인 사람도 있고 굴종적인 사람도 있으므로 노예제는 자연스러운 제도라고 주장한다.

서기 1649년 : 르네 데카르트가, 누구든 자기 정신의 존재를 부정하는 동시에 자기 정신을 그 부정에 이용할 수는 없으므로 정신(의식)의 존재는 자명하다고 주장한다.

이후의 관련 역사

서기 1840년대 : 카를 마르크스가 헤겔의 변증법을 이용해 계급투쟁을 분석한다.

서기 1883년 : 프리드리히 니체가, 선과 악에 대한 자신의 직관적 감각을 믿는 '초인(Übermensch)'의 이미지를 만들어 낸다.

독일 철학자 게오르크 헤겔(Georg Hegel)의 명저 『정신 현상학』은 언뜻 보면 정치와 별 관계가 없는 것 같기도 하다. 그 책은 인간 의식의 본질에 대한 난해하고 추상적인 논증을 다루고 있기 때문이다. 하지만 우리가 자기 인식이라는 상태에 이르는 방식에 대한 그의 결론은 사회가 조직되는 방식에 지대한 영향을 미치며, 인간관계의 본질에 관한 어려운 문제들을 제기한다.

헤겔의 철학은 사고하는 정신이 세계를 보는 방식에 초점을 맞추고 있다. 그는 각 인간 의식이 어떻게 특유의 세계관을 만들어내는지 이해하고자 한다. 헤겔 주장에서

혁명사상 REVOLUTIONARY THOUGHTS

참조 : ▪ 아리스토텔레스 40~43쪽 ▪ 휘호 흐로티위스 94~95쪽 ▪ 장 자크 루소 118~125쪽 ▪ 카를 마르크스 188~193쪽 ▪ 프리드리히 니체 196~199쪽

> 두 정신 혹은 의식이 만나면, 인정을 받기 위해 싸우게 된다

↓

> 생명보다 자유를 선호하는 정신은 주인이 되고,
> 자유보다 생명을 선호하는 정신은 노예가 된다

↓

> 주인의 의식의 존재는 노예를 통해 확인된다

↓

> 노예는 실체적인 외부 세계에서 주인을 위해 일함으로써 자신의 의식을 발견한다

↓

> **노예는 자기 존재가 외적인 것이라고 생각한다**

게오르크 헤겔

게오르크 헤겔은 독일 뷔르템베르크 공국의 슈투트가르트에서 태어났다. 그는 일생의 대부분을 프로테스탄트 남독일의 고요 속에서 살았지만, 당시 유럽의 한편에서는 프랑스혁명이 일어나고 있었다. 그 혁명이 한창일 때 헤겔은 튀빙겐대학의 학생이었다. 『정신 현상학』을 완성한 예나에서는 나폴레옹과 마주치기도 했다.

뉘른베르크의 김나지움 교장으로 8년간 일한 후 그는 마리 폰 투허(Marie von Tucher)와 결혼하고 논리에 대한 명저를 썼다. 1816년 아내를 때아니게 여읜 후 그는 하이델베르크로 이주했는데, 헤겔 사상의 상당부분은 그곳에서 그의 강의를 들은 철학과 학생들의 필기록에 담겨 있다. 그는 1831년 콜레라가 유행할 때 베를린으로 돌아와서 죽었다. 매우 복잡한 사상을 펼친 철학자답게 그는 죽기 직전에 이렇게 말했다고 한다. "그러나 그 사람도 나를 이해하지 못했다."

주요 저술

1807년 『정신 현상학 The Phenomenology of Mind』
1812~1816년 『논리학 The Science of Logic』
1821년 『법철학 The Philosophy of Right』

매우 중요한 부분은 그가 강조하는 자기 인식이다. 헤겔이 보기에, 인간의 정신은 인정받기를 갈망하는데, 그런 인정이 정말 필요한 이유는 자기 인식을 이루기 위해서다. 헤겔에 따르면 바로 그런 까닭에 인간의 의식은 상호작용하는 사회적 과정이다. 헤겔은 누구든 고립되어 살고 있으면서도 그런 상황을 제대로 자각하지 못할 수 있다고 믿는다. 하지만 정신은 온전히 존재하려면, 즉 자유롭게 있으려면, 자기를 의식해야 한다. 그리고 자기를 의식하려면, 또 다른 의식이 자신에게 반응하는 모습을 보는 수밖에 없다.

주인과 노예

헤겔에 따르면, 두 정신이 만날 때 둘 모두에게 중요한 문제는 인정받는 것, 즉 상대로부터 자기 존재를 확인받는 것이다. 하지만 각 개인의 정신에는 오직 하나의 세계관이 자리할 공간만 있으므로, 누가 누구를 인정할 것인가(누구의 세계관이 승리할 것인가)를 놓고 싸움이 벌어지게 마련이다. 헤겔은 각 정신이 다른 정신을 죽이려 해야 한다고 말한다. 하지만 문제는 한쪽이 다른 쪽을 죽여버리면 패자가 승자의 존재를 더 이상 확인해주지 못하게 된다는 데 있다. 이 딜레마에서 벗어나는 방법은 한 사람이

다른 사람에게 '항복하는' 주인·노예 관계다. 생명보다 자유를 중요시하는 사람은 주인이 되고, 자유보다 생명을 중요시하는 사람은 노예가 된다. 그런 관계는 문자 그대로 주인과 노예의 상황에서뿐 아니라, 두 정신이 만나는 모든 상황에서 발전한다.

헤겔의 말에 담긴 의미는 이러한 듯하다. 노예가 노예인 이유는 그들이 죽느니 굴복하는 쪽을 택하기 때문이다. 그들은 주인과 결탁하는 셈이다. 헤겔은 이렇게 썼다. "자유를 얻으려면 목숨을 걸어야만 한다." 그는 죽음의 공포가 역사상 모든 압제의 원인이며 노예제도와 계급차별의 근원이라고 주장한다. 헤겔은 그런 이유로 나폴레옹을 존경했고, 자기 목적을 달성하기 위해 기꺼이 목숨을 거는 나폴레옹의 태도를 칭찬했다. 헤겔은 노예상태란 무엇보다 정신의 상태라고 말하고 있는데, 이는 훗날 탈출한 미국 노예 프레더릭 더글러스(Frederick Douglass)의 사례와 잘 어울리는 이야기다. 주인에게 다시 끌려온 더글러스는 죽게 되더라도 맞서 싸우기로 결심했는데, 나중에 이렇게 썼다. "형식적으로 내가 아무리 오랫동안 노예로 남아 있더라도 실제로 내가 노예일 수 있는 날은 영영 지나가버렸다."

변증법적 관계

오늘날 죽음과 노예상태 중에 선택해야 하는 상황은 받아들이기 어려울 것이다. 하지만 주인·노예 관계에 대한 헤겔의 주장은 문자 그대로보다 훨씬 미묘하고 복잡한 듯하다. 그는 사실상 노예가 주인보다 그 관계에서 이익을 더 얻을 수 있다고 말한다. 그는 그들 관계의 발전이 변증법적 발전이라고 이야기한다. 여기서 그가 말하는 변증법이란 정(正)과 그에 따른 반(反)이 함께 합(合)을 낳는 특별한 종류의 논리를 의미한다. 이 경우에 정은 정신들이고, 반은 정신들이 만난 결과이고, 합은 주인과 노예로의 해결이다. 이 변증법은 꼭 노예 소유자와 노예 간의 실제 싸움에 대한 설명이기만 한 것은 아니다. 헤겔은 두 정신이 서로를 지배하기 위해 싸우는 상황을 이야기하고 있다. 그리고 그의 개념에는 협력이 고려될 여지가 전혀 없다. 반드시 주인과 노예로의 해결이 있어야만 하는 것이다.

나폴레옹 보나파르트는 전투에서 새로운 질서와 용기에 대한 통찰력을 발휘하여, 헤겔에 따르면 '존경하지 않을 수 없는' 사람이 되었다. 헤겔이 보기에 나폴레옹은 '주인'의 정신을 품고 있었다.

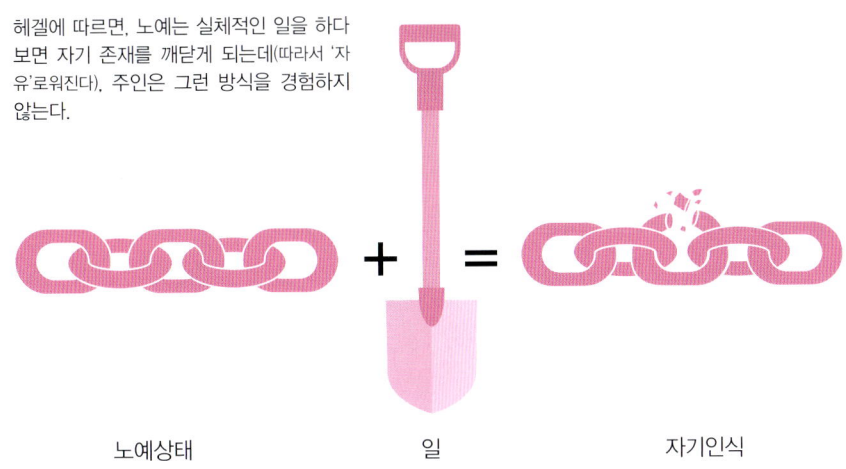

헤겔에 따르면, 노예는 실체적인 일을 하다 보면 자기 존재를 깨닫게 되는데(따라서 '자유'로워진다). 주인은 그런 방식을 경험하지 않는다.

노예상태 + 일 = 자기인식

그는 이어서 그 관계가 어떻게 더 발전하는지 보여준다. 합은 주인의 정신의 존재를 확정하는 듯하다. 처음에는 모든 것이 그를 중심으로 돌아가는 것처럼 보인다. 그리고 자기 마음대로 노예를 부릴 수 있는 주인의 능력은 그의 자유와 자기인식을 강화한다. 반면에 노예의 독립적인 자기인식은 완전히 사라져버린다. 하지만 이 시점에서 또 다른 변증법적 관계가 발전한다.

주인은 아무 일도 하지 않기 때문에, 노예에 의존해서 자신의 존재와 자유를 확인한다. 그는 사실상 노예와 의존적인 관계를 맺고 있다. 즉 결코 자유롭지 않은 것이다. 하지만 노예는 오로지 주인만을 위해서 일지언정 실제 사물(자연)을 다루며 일하고 있다. 그런 상황은 게으른 주인이 모방하고자 할 수 없는 실체적·외적 방식으로 노예의 존재를 다시 확인해준다. "주인을 위해 일하면서 노예는 자기 존재가 외적인 것, 객관적 사실이라고 생각한다." 뭔가를 만들고 어떤 일을 하는 가운데 "자기 존재가 고유의 참된 존재로 명확하게 느껴지고, (노예는) 자신이 독립적으로 존재함을 자각하게" 된다. 따라서 이제 그들의 상황은 역전된다. 독립적 정신이던 주인은 사라지고, 노예가 그런 정신으로 나타나는 것이다. 헤겔에 따르면 결국 주인·노예의 변증법적 관계는 노예에게보다 주인에게 더 해로울 수 있다.

노예 이데올로기

그렇다면 노예가 그런 새로운 종류의 자기인식에 도달했으나 아직 목숨을 걸고 싸울 준비는 안 되었다면 어떻게 될까? 헤겔에 따르면, 그 시점에서 노예는 자기 입장을 정당화하는 다음과 같은 '노예 이데올로기'를 찾는다. 금욕(정신적 자유를 위해 외적 자유를 거부한다), 회의(외적 자유의 가치를 의심한다), 불행한 의식(종교에 귀의하고 다른 세상에서만 탈출한다) 등등.

헤겔은 강국과 약국의 전쟁, 사회계층을 비롯한 집단들 간의 갈등 등 여러 가지 경우에서 그런 주인·노예 관계를 발견한다. 헤겔이 보기에, 인간의 존재는 인정을 받기 위한 끝없는 필사적 싸움이고, 그런 싸움은 결코 적절하게 해결될 수 없다.

헤겔의 영향

헤겔 사상에서 큰 영향을 받은 카를 마르크스는 헤겔의 변증법 개념을 받아들였으나, 헤겔이 의식을 중요시하면서 지나치게 추상적이고 신비주의적인 태도를 취한다고 생각했다. 마르크스는 그 대신 유물론적 접근법을 선택했다. 어떤 사람들은 오로지 공포 때문에 사람들이 노예상태로 머물게 된다는 헤겔의 주장에 고무되고, 어떤 사람들은 굴복이 선택이라는 헤겔의 주장은 피해자 비난론으로, 권력관계가 복잡한 현실과 잘 부합하지 않는다고 생각한다. 헤겔은 극히 이해하기 힘든 정치철학자, 논란의 여지가 극히 많은 정치철학자 중 한 명으로 남아 있다. ■

어떤 사람이 노예라면, 그 노예상태에 대한 책임은 그의 의지에 있다. 노예상태의 잘못은 누군가를 노예로 만드는 사람이나 정복자에게 있는 것이 아니라 노예와 피정복자 자신에게 있다.
게오르크 헤겔

헤겔의 논리에 따르면, 주인에게 채찍을 맞기 직전의 노예는 그 상황에 대한 책임이 있다. 헤겔의 비판자들은 그런 상황이 명백히 부당하다고 주장한다.

전쟁은 다른 수단을 동원하는 정치의 연장이다

카를 폰 클라우제비츠(서기 1780~1831년)

맥락읽기

이데올로기
현실주의(realism)

핵심어
외교와 전쟁

이전의 관련 역사
기원전 5세기: 손자가 국가에는 병법이 꼭 필요하다고 말한다.

서기 1513년: 니콜로 마키아벨리가 군주는 평화로운 시기에도 전쟁에 대비해 군대를 제대로 갖추고 있어야 한다고 주장한다.

서기 1807년: 게오르크 헤겔이 역사란 인정을 받기 위한 투쟁으로 주인·노예 관계를 낳는다고 말한다.

이후의 관련 역사
서기 1935년: 독일 장군 에리히 프리드리히 빌헬름 루덴도르프가 국가의 물리적·도덕적 힘을 모두 동원하는 '총력전'이라는 개념을 발전시킨다.

서기 1945년: 아돌프 히틀러가 벙커에서 작성한 유서에서 '위대한 클라우제비츠'를 언급한다.

군사이론의 경구 가운데 프로이센 군인 카를 폰 클라우제비츠(Karl von Clausewitz)의 다음 말처럼 영향력이 큰 것은 거의 없다. "전쟁은 다른 수단을 동원하는 정치(Politik)의 연장(延長)이다." 이는 그의 사후인 1832년에 출판된 저서 『전쟁론 On War』에서 가져온 말이다. 그 경구는 클라우제비츠가 전쟁의 철학적 기반을 고찰함으로써(철학자들은 국가의 역할을 탐구하겠지만) 전쟁을 맥락 속에 넣으려고 시도하면서 만들어내는 일련의 공리 가운데 하나다. 독일어 '폴리티크(Politik)'는 정치와 정책 모두를 의미하는 말로, 정치의 이론과 실제를 모두 포함한다.

전쟁은 정치로 이어진다

클라우제비츠에게 전쟁이란 대립하는 의지들의 충돌이다. 그는 이렇게 말한다. "전쟁은 대규모의 결투, 적이 우리 요구를 충족하게 하려는 폭력행위일 뿐이다." 목적은 적의 무장을 해제시켜 내가 주인이 되는 데 있다. 하지만 전쟁에서 단 하나의 결정타란 없다. 패배한 국가는 정치로 패배의 피해를 복구하려고 노력한다. 클라우제비츠는 전쟁이 단순한 모험이 아니라 심각한 목적을 띠는 일임을 강조하고 싶어 한다. 그에 따르면, 전쟁은 모두 한 국가가 (항복의 위험을 무릅쓰고) 다른 국가에 자기 의지를 강요하려 한다는 점에서 정치적 행위다.

전쟁은 아마 다른 수단으로도 달성할 수 있을 정치적 목적의 수단에 불과하다. 그의 논지는 전쟁을 일으키는 정치인들의 냉소적인 면을 강조하는 것이 아니라, 전쟁을 수행하는 사람들이 더 중요한 목적을 항상 염두에 두게 하는 것이다. ■

오토 폰 비스마르크는 1871년 프로이센의 빌헬름 1세를 독일 황제로 선포했다. 비스마르크는 그런 정치적 목적을 달성하기 위해 프랑스와의 전쟁을 도발했다.

참조: ■ 손자 28~31쪽 ■ 니콜로 마키아벨리 74~81쪽 ■ 토머스 홉스 96~103쪽 ■ 게오르크 헤겔 156~159쪽 ■ 스메들리 D. 버틀러 247쪽

노예제 폐지와 미합중국은 공존할 수 없다

존 C. 칼훈(서기 1794~1850년)

맥락읽기

이데올로기
주(州)의 권리(State's Rights)

핵심어
노예제도

이전의 관련 역사
기원전 5세기: 아리스토텔레스가 어떤 사람들은 선천적으로 노예이고 노예제도는 기술을 훈련하고 덕을 쌓는 데 도움이 된다고 말한다.

서기 426년: 아우구스티누스가 노예상태의 주원인은 죄라고 말한다. 즉 죄 때문에 누군가가 신의 벌로 다른 사람의 지배를 받게 된다는 것이다.

서기 1690년: 존 로크가 선천적 노예라는 개념과 전쟁 포로를 노예로 만들 수 있다는 생각에 반박한다.

이후의 관련 역사
서기 1854년: 일리노이 주 피오리아 연설에서 에이브러햄 링컨이 자신이 노예제에 반대하는 도덕적·경제적·정치적·법적 논거를 설명한다.

서기 1865년: 미국에서 노예들이 해방된다.

미국의 상원의원인 존 C. 칼훈(John C. Calhoun)은 1837년 노예제도 문제에 대한 열띤 연설을 했다. 1830년대에 미국에서는 노예제 폐지에 대한 압력이 커지는 가운데 남부의 노예 소유자들이 난감해하고 있었다. 그런 압력에 대응해 그들은 신이 정한 자연적 불평등이 존재한다고, 즉 어떤 이들은 명령을 내리는 것이, 어떤 이들은 노동을 하는 것이 제격이라고 주장했다. 나아가 그들은 노예제 폐지운동 못지않게 국가 안녕을 위협한 임금노예의 횡포와 노동자·고용주 간의 갈등을 흑인 노예제도로 막을 수 있다고 주장하기도 했다.

두 인종 모두에게 절대선

그 문제가 상원 위원회로 회부됨에 따라 칼훈은 헌법으로 보장된 노예 소유의 기본권을 국회가 침해할 여지란 전혀 없음을 강조했다. 노예제 폐지가 실제로 진행되면, 노예 소유를 허용하는 주들과 노예 소유를 허용하지 않는 주들이 다른 정치체제 아래에서 존속하게 될 것이었다. "미합중국을 결속하는 고리가 강력하긴 하지만, 상충하는 요소들은 이 나라를 산산이 깨어지게 할 것이다. 노예제 폐지와 미합중국은 공존할 수 없다." 그는 노예제를 필요악으로서 옹호하기는커녕 흑인 노예제가 사실상 두 인종 모두에게 절대선이라고 단언한다. "중앙아프리카의 흑인종이… 물리적으로뿐 아니라 도덕적·지적으로도 이렇게 개선되고 문명화된 상태에 이른 적은 지금껏 한 번도 없었다." ■

노예 소유를 허용하는 주들에서
지금 존재하는 관계는… 절대선이다.
존 C. 칼훈

참조: ▪ 아리스토텔레스 40~43쪽 ▪ 토머스 제퍼슨 140~141쪽 ▪ 에이브러햄 링컨 182쪽 ▪ 헨리 데이비드 소로 186~187쪽 ▪ 마르쿠스 가비 252쪽 ▪ 넬슨 만델라 294~295쪽

지나치게 광대한 국가는 본질적으로 결국 부패하게 마련이다

시몬 볼리바르(서기 1783~1830년)

맥락읽기

이데올로기
자유 공화주의(liberal republicanism)

핵심어
혁명전쟁

이전의 관련 역사
서기 1494년: 토르데시야스 조약으로 아메리카 대륙이 에스파냐와 포르투갈에 분할된다.
서기 1762년: 장 자크 루소가 왕권신수설을 반박한다.

이후의 관련 역사
서기 1918년: 제1차 세계대전 후에 미국 대통령 우드로 윌슨이 자유 민족주의 원칙에 기초한 유럽 재건계획을 제시한다.
서기 1964년: 체 게바라가 국제연합에서 연설하며, 라틴아메리카가 아직 제대로 독립하지 못했다고 주장한다.
서기 1999년: 우고 차베스가 볼리바르주의라는 정치 이데올로기를 품고 베네수엘라 대통령이 된다.

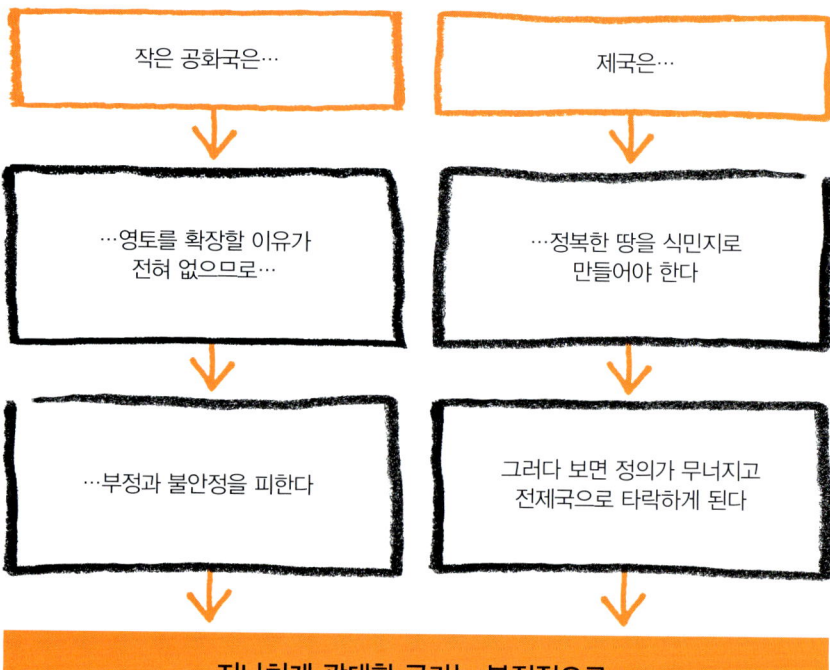

작은 공화국은… → …영토를 확장할 이유가 전혀 없으므로… → …부정과 불안정을 피한다

제국은… → …정복한 땅을 식민지로 만들어야 한다 → 그러다 보면 정의가 무너지고 전제국으로 타락하게 된다

지나치게 광대한 국가는 본질적으로, 혹은 그 속령들 때문에 결국 부패하게 마련이다

크리스토퍼 콜럼버스(Christopher Columbus)는 1492년에 아메리카를 에스파냐 영토로 선언하며, 장차 다섯 대륙에 걸쳐 확장될 제국을 위한 길을 열었다. 에스파냐인들은 그 지역 엘리트들의 협조에 의존하여 그 땅을 관리했다. 베네수엘라의 혁명가 시몬 볼리바르(Simón Bolívar)는 에스파냐 제국의 그런 측면이 활력의 원천이지만 잠재적 약점이기도 하다고 보았다.

작지만 강력한 공화국들

에스파냐는 나폴레옹과의 전쟁에서 패

혁명사상 REVOLUTIONARY THOUGHTS

참조 : • 니콜로 마키아벨리 74~81쪽 • 장 자크 루소 118~125쪽 • 제러미 벤담 144~149쪽 • 체 게바라 312~313쪽

작은 공화국만의 특징은 영속성이다.
시몬 볼리바르

배했을 때부터 쇠락하기 시작했다. 볼리바르는 바로 그때가 에스파냐 속령들이 식민주의의 굴레를 벗어던질 기회라고 생각했다. 18년간의 투쟁 중에 자메이카에서 1년간 망명생활을 했는데 이때 그는 미래를 계획하면서 『자메이카 편지』를 썼다. 그 저술에서 그는 자신이 군주제를 거부하는 이유를 설명했다. 왕국들은 본질적으로 왕의 '끊임없이 재산을 늘리려는 욕망' 때문에 팽창을 지향한다는 것이었다. 반면에 공화국은 '국가의 유지, 번영, 영광이라는 문제에만 한정'되어 있었다.

볼리바르는 에스파냐령 아메리카가 열일곱 개의 독립 공화국이 되어야 한다고 믿었다. 그리고 그 나라들의 야망은 국민을 교육하는 것, 국민들이 공정하게 소망을 추구하도록 돕는 것, 모든 국민의 권리를 보호하는 것이어야 한다고 믿었다. 각 공화국은 영토를 확장할 이유가 전혀 없을 것이다. 영토를 확장하면 소중한 자원만 고갈될 뿐 돌아오는 이득이 전혀 없을 것이기 때문이다. 아울러 "지나치게 광대한 국가는 본질적으로, 혹은 그 속령들 때문에 결국 부패하게" 마련이다. 그뿐 아니라 "자유정체가 독재체제로 변하고", 건국이념이 무시되며, "전제국으로 타락"하게 마련이다. 볼리바르는 작은 공화국들은 영속성을 누리지만, 큰 국가들은 제국과 불안정상태 쪽으로 방향이 바뀐다고 말했다.

아메리카의 공화국들

해방전쟁 후 에스파냐령 아메리카에 출현한 독립 공화국들은 크기에 대해서만큼은 볼리바르의 이상을 반영했으나 자유와 관련해서는 그러지 않았다. 정치권력이 소수 엘리트들에게 독점되었기 때문이다. 어쩌면 그런 점에서 그들은 볼리바르 특유의 엘리트주의적 본능과, 완전한 민주주의를 지향하는 양면 가치를 반영했는지도 모른다. 라틴아메리카에서는 '해방자(El Libertador)' 볼리바르의 혁명이상이 지금도 숭배되지만 이를 악용하는 이들 또한 존재했다. ■

베네수엘라에서 열린 우고 차베스(Hugo Chávez) 지지 집회에서 볼리바르의 초상화가 높이 들려 있다. 차베스는 자신의 정치운동을 '볼리바르 혁명'이라 표현하며 그 운동의 반(反)제국주의적 태도를 강조한다.

시몬 볼리바르

베네수엘라의 귀족 집안에서 태어난 시몬 볼리바르는 유명한 학자 시몬 로드리게스(Simón Rodríguez)를 가정교사로 맞아 가르침을 받았다. 로드리게스는 볼리바르에게 유럽 계몽주의의 이상을 소개해주었다. 볼리바르는 열여섯 살에 군사훈련을 마친 후 멕시코와 프랑스의 곳곳을 여행한 다음 에스파냐로 가서 결혼했다. 하지만 그의 아내는 8개월 후에 죽었다.

1804년 볼리바르는 나폴레옹 보나파르트가 프랑스 황제가 되는 것을 목격했다. 유럽에서 접한 민족주의 사상에 고무된 그는 남아메리카가 에스파냐로부터 독립할 때까지 쉬지 않고 노력하겠다고 맹세했다. 볼리바르는 지금의 에콰도르, 콜롬비아, 베네수엘라, 파나마, 페루 북부, 브라질 북서부를 에스파냐로부터 독립하도록 이끌었다. 하지만 초창기의 이상주의에서 후퇴한 볼리바르는 1828년 그란콜롬비아라는 신생국의 독재자가 되는 수밖에 없겠다고 생각하게 되었다. 2년 후 그는 자신이 이끈 혁명의 결과에 환멸을 느끼며 죽었다.

주요 저술

1812년 『카르타헤나 선언
The Cartagena Manifesto』
1815년 『자메이카 편지 The Jamaica Letter』

교양 있는 현명한 정부는 사회 발전의 필요성을 인식한다

호세 마리아 루이스 모라(서기 1780~1850년)

맥락읽기

이데올로기
자유주의(liberalism)

핵심어
근대화

이전의 관련 역사

서기 1776년: 미국 독립혁명의 지도자들이 자기들이 정치제도를 인간 조건에 이롭도록 재조직하고 있다고 선언한다.

서기 1788년: 이마누엘 칸트가 진보란 자동적으로 일어나는 것이 아니라 교육으로 촉진해야 하는 것이라고 주장한다.

이후의 관련 역사

서기 1848년: 오귀스트 콩트가 사회란 세 단계를 거쳐, 계몽된 합리적 과학 시대로 진보한다고 말한다.

서기 1971년: 페루의 성직자 구스타보 구티에레스가 『해방 신학』을 쓰며, 기독교도들이 부당한 경제적·정치적·사회적 상황으로부터의 해방을 주도해야 한다고 주장한다.

1830년대의 멕시코는 격동하는 곳이었다. 오래도록 계속된 독립전쟁 때문에 그 나라는 냉혹한 분위기 속에서 분열되었다. 1821년에 마침내 에스파냐로부터 독립하긴 했지만 멕시코는 다음 55년간 대통령이 75명에 이르렀고, 대지주와 군대와 교회의 힘이 변함없이 굳건했다. 18세기 계몽철학자들뿐 아니라 프랑스와 미국의 정치적 발전에서도 큰 영향을 받은 라틴 아메리카의 자유주의자들은 그런 견고한 세력이 사회의 진보를 막고 있다고 믿었다. 젊은 멕시코인 자유주의자 호세 마리아 루이스 모라(José María Luis Mora)는 조국의 완강한 보수주의에 도전했다. 그는 사회란 앞으로 나아가지 않으면 죽게 마련이라고 주장했다. 자라는 아이들에게 양육이 필요함을 부모가 알듯이, "현명한 정부는 사회 발전의 필요성을 인식"한다.

모라의 근대화 요청은 무시되었다. 그는 막시밀리안(Maximilian)의 황제 추대를 반대했다가 투옥되었고, 대통령 산타안나(Santa Anna)와 마찰을 빚은 후 파리로 추방되었다. 독립한 지 50년이 지난 후 멕시코는 1인당 소득으로 볼 때 사상 최대로 빈곤했다. ■

1864년 막시밀리안은 모라 같은 자유주의자들의 강력한 반대에도 불구하고 멕시코 군주로 취임했다. 3년 후에 그는 타도되고 처형되었다.

참조: ● 플라톤 34~39쪽 ● 이마누엘 칸트 126~129쪽 ● 오귀스트 콩트 165쪽 ● 카를 마르크스 188~193쪽 ● 안토니오 그람시 259쪽

'가족'을 공격하는 경향은 사회적 혼란의 징후다

오귀스트 콩트(서기 1798~1857년)

맥락읽기

이데올로기
실증주의(positivism)

핵심어
가족

이전의 관련 역사

서기 14세기 : 이븐할둔이 『역사 서설』에서 과학적 추론으로 사회의 결속과 갈등을 고찰한다.

서기 1821년 : 프랑스의 선구적 사회주의자 앙리 드 생시몽이, 새 산업사회 덕분에 새로운 유토피아, 즉 과학자들이 새로운 정치를 이끄는 이상적 사회가 세워질 것이라고 주장한다.

서기 1835년 : 벨기에 철학자 아돌프 케틀레가 평균인을 연구하는 사회학이라는 개념을 내놓는다.

이후의 관련 역사

서기 1848년 : 카를 마르크스가 『공산당 선언』에서 가족의 폐지를 주장한다.

서기 1962년 : 마이클 오크샷이 사회를 합리적으로 이해하기란 불가능하다고 주장한다.

프랑스 철학자 오귀스트 콩트(Auguste Comte)가 『실증철학 강의 The Course in Positive Philosophy』에서 제시한 가족 옹호론은 단순히 감상적인 애착에만 기초하는 이야기가 아니다. 콩트의 '실증'철학에서는 사회에 대한 참된 이해와 관련하여 유효한 자료란 오로지 감각에서만, 그리고 그런 자료에 대한 논리적 분석에서만 비롯한다고 본다. 콩트의 주장에 따르면, 사회는 자연과학의 물질계처럼 법칙에 따라 작용한다. 그 사회를 연구하고 그런 법칙을 알아내는 것은 사회학자의 임무다.

가족이 사회적 단위다

특이한 개인적 해석에 사로잡히지 않고 일반적 법칙을 보는 일이 매우 중요하다고 콩트는 믿는다. "과학정신에 따르면, 사회가 개인들로 구성되어 있다고 보아서는 안 된다. 참된 사회적 단위는 가족이다." 사회는 다름 아닌 가족에 기초해서 건설된다. 개인의 요구에서 출발하는 사회학은 결국 실패할 수밖에 없다. 개인의 변덕이 사회에 이롭게 활용되는 것 또한 가족 안에서 일어

가족이 모여 부족이 되고, 부족이 모여 민족이 된다.
오귀스트 콩트

나는 일이다. 인간은 개인적 본능과 사회적 본능 모두에 이끌린다. "가족 안에서는 사회적 본능과 개인적 본능이 혼합되고 조화된다. 또 가족 안에서는 복종 및 상호 협력의 원리 또한 예시된다." 콩트의 입장에서는 사회 유대를 강조하지만, 사회주의에서는 그와 정반대다. 가족의 폐지를 주장하는 마르크스주의자들은 콩트의 관점에서 보면 인간사회 자체의 파괴를 주장하고 있는 셈이다. ■

참조 : ▪ 이븐할둔 72~73쪽 ▪ 카를 마르크스 188~193쪽 ▪ 막스 베버 214~215쪽 ▪ 마이클 오크샷 276~277쪽 ▪ 에인 랜드 280~281쪽

THE RISE
THE MAS

OF
SES

대중의 부상
서기 1848~1910년

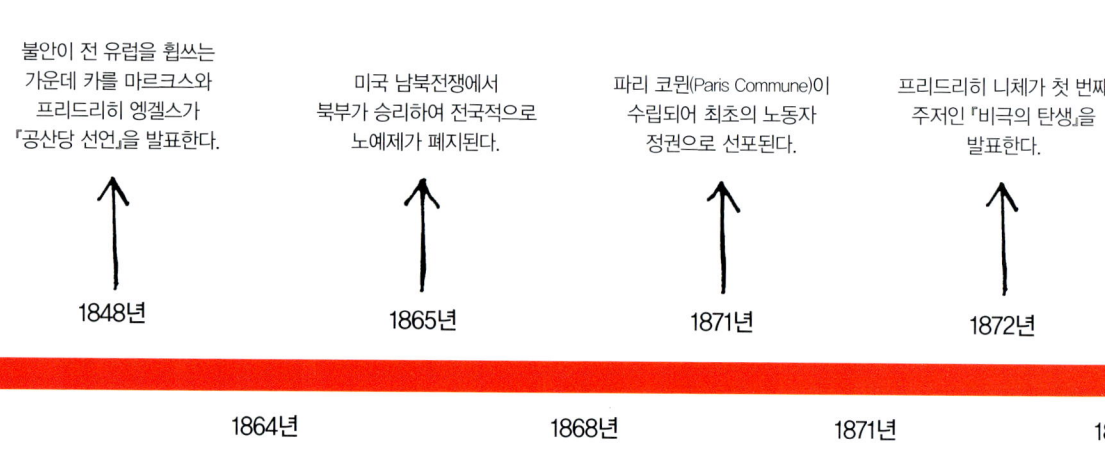

18세기 말부터 19세기 초에 걸친 혁명과 전쟁은 유럽에 불확실한 유산을 남겼다. 1815년에 파리 조약(Treaty of Paris)의 체결로 나폴레옹전쟁이 종결된 후, 유럽 열강들 사이에서는 거의 100년 동안 이렇다 할 분쟁이 없었다. 세계 경제는 산업화와 철도 및 통신의 급속한 발달에 힘입어 지속적으로 성장했다. 19세기 초반에 정치적 합의를 이룬 결과 인류에게 안정된 제도적 기틀이 마련되었다는 믿음이 싹트고 있었다. 독일 철학자 게오르크 헤겔은 1830년대에 프로이센이 가장 완벽한 형태의 국가에 도달했다고 믿었고, 유럽의 식민주의를 세계의 나머지 국가들을 위한 문화적 사명으로 여기는 사람도 많았다. 이제 시민권과 참정권만 확보되면 공정한 사회가 출현할 터였다.

공산주의 사상

헤겔의 젊은 두 제자 카를 마르크스와 프리드리히 엥겔스는 스승의 결론에 격하게 반발했다. 두 사람은 산업화 과정에서 정치적 자유는 늘었지만 경제적으로는 일종의 노예상태인 새로운 무산노동자 계급이 등장했다고 지적했다. 또 헤겔이 발전시킨 분석방법을 적용하여 이 계급에 정치적 권리를 경제적 영역까지 관철시킬 잠재력이 있음을 입증할 수 있다고 믿었다.

혁명운동이 전 유럽에서 지지를 모으는 가운데 마르크스와 엥겔스는 『공산당 선언』을 집필했다. 새로운 대중정치의 실현에 필요한 급진적인 강령을 제시하려는 시도였다. 독일 사회민주당(SPD) 같은 신생 노동자 정당들은 이 선언을 기본 지침으로 삼아, 국민 대다수가 정치적·경제적 권력을 행사하게 될 미래가 오리라고 확신했다. 수백만 명이 정치단체에 참여하고, 참정권의 확대에 따라 다시 수백만 명이 선거에 참여하면서, 정치가 엘리트의 관심사에서 대중의 활동 영역으로 전환되었다.

물러나는 구체제

미국에서는 새로운 지역의 노예제 실시를 둘러싼 입장차가 내전으로까지 번졌다. 결국 북부의 승리로 전국에서 노예제가 폐지되고 국가에 새로운 활력을 불어넣으면서, 미국의 경제적·정치적 세력이 확대되기 시작했다. 남쪽에서는 라틴아메리카의 새로운 공화국들이 헌법에서 약속한 정치적 안정을 이루기 위해 분투했고, 소수 엘리트의 파벌들 사이에서 권력이 오고갔다. 이 지역의 국가 대부분이 정체상태에 빠졌

대중의 부상 THE RISE OF THE MASSES

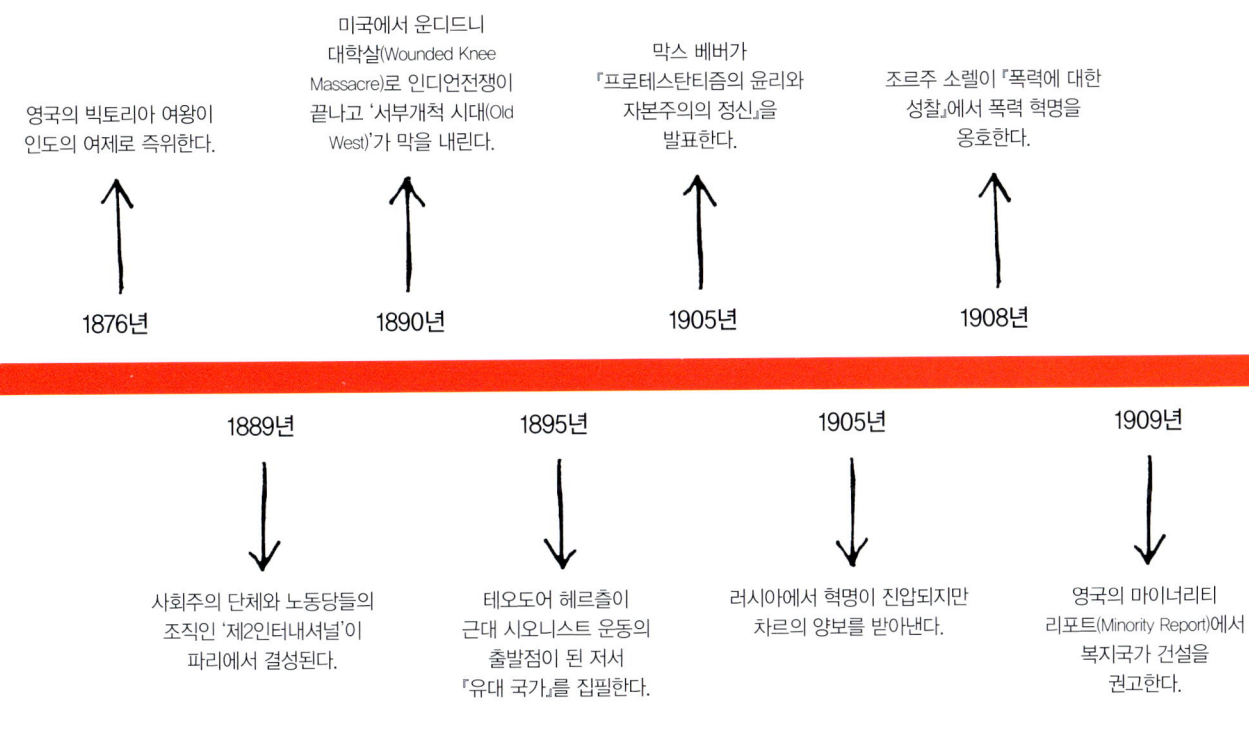

1876년	1890년	1905년	1908년
영국의 빅토리아 여왕이 인도의 여제로 즉위한다.	미국에서 운디드니 대학살(Wounded Knee Massacre)로 인디언전쟁이 끝나고 '서부개척 시대(Old West)'가 막을 내린다.	막스 베버가 『프로테스탄티즘의 윤리와 자본주의의 정신』을 발표한다.	조르주 소렐이 『폭력에 대한 성찰』에서 폭력 혁명을 옹호한다.

1889년	1895년	1905년	1909년
사회주의 단체와 노동당들의 조직인 '제2인터내셔널'이 파리에서 결성된다.	테오도어 헤르츨이 근대 시오니스트 운동의 출발점이 된 저서 『유대 국가』를 집필한다.	러시아에서 혁명이 진압되지만 차르의 양보를 받아낸다.	영국의 마이너리티 리포트(Minority Report)에서 복지국가 건설을 권고한다.

지만, 멕시코에서는 개혁을 요구하는 목소리가 높아져 1910년에 혁명이 일어났다.

아시아에서는 정치적 권리를 위해 싸우는 반식민주의 단체들이 최초로 결성되었고, 일본의 전통 지배세력 중 한 분파가 전면적인 근대화를 추진하여 낡은 봉건적 질서를 타파했다. 전 세계에서 구체제가 물러나는 듯 보였다.

그러나 일부 마르크스주의자가 어떻게 믿었든 간에, 대중이 정권을 장악하리라는 보장은 어디에도 없었다. 프리드리히 니체는 대중이 개혁할 사회의 역량에 대해 철저히 냉소를 보낸 대표적인 인물이었다. 이후 막스 베버가 그의 사상을 받아들여, 사회를 마르크스주의에서와 같은 계급투쟁의 장이 아닌 상충되는 신념체계 간의 대결로 재해석했다.

혁신운동

자유주의자와 보수주의자들은 각자 대중 정당을 만들어 변화하는 세계에 적응하는 한편, 좌파의 점점 늘어나는 복지 및 경제적 정의에 대한 요구에 대처할 길을 모색했다. 자유주의 철학은, 마르크스주의의 계급투쟁보다 개개인의 자유가 정의로운 사회의 기초가 되어야 한다고 주장한 영국의 존 스튜어트 밀 같은 사상가로부터 확고한 이론적 기반을 얻었다.

생산의 사회적 소유를 추구하던 사회주의자들 역시 점점 자본주의 체제 내로부터의 개혁 가능성을 찾기 시작했다. 에두아르트 베른슈타인은 당시 새로 통일된 독일의 남성 보통선거권을 활용하는, 투표제를 통한 개혁을 주장했다. 영국에서는 시드니와 비어트리스 웨브 같은 개혁파 사회주의자들이 빈민층을 보호하기 위한 포괄적인 복지체계를 주창했다.

한편 러시아에서는 블라디미르 레닌 등이 끊임없이 사회주의혁명을 선동했다. 유럽의 구(舊) 엘리트들 사이에도 점점 긴장이 고조되고 있었다. 이로써 장차 전 세계를 휩쓸 격동의 변화가 일어날 무대가 마련되었다. ■

사회주의는 새로운 형태의 노예제다

알렉시 드 토크빌(서기 1805~1859년)

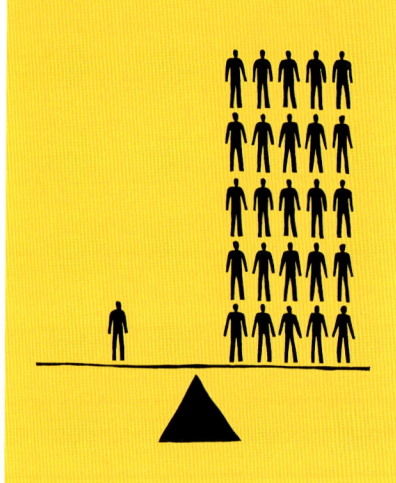

맥락읽기

이데올로기
자유주의

핵심어
계급 없는 사회(Classless society)

이전의 관련 역사
기원전 380년 : 플라톤이 민주주의는 다른 정치체제보다 열등하다고 주장한다.

서기 1798년 : 프랑스혁명이 시작되어 공화국 수립으로 이어진다.

서기 1817년 : 사회주의 이론가 앙리 드 생시몽(Henri de Saint-Simon)이 전적으로 사회주의 원리에 입각한 새로운 유형의 사회를 주장한다.

이후의 관련 역사
서기 1922년 : 소비에트 연방이 수립되어 동유럽 대부분이 공산주의 지배 아래 들어간다.

서기 1989년 : 베를린 장벽(Berlin Wall)이 붕괴되면서 동유럽 전역에서 사회주의의 몰락과 자본주의·민주주의 정치체제의 확대를 예고한다.

1848년 9월, 알렉시 드 토크빌(Alexis de Tocqueville)은 그해 2월에 루이 필리프(Louis-Philippe) 왕을 몰아내고 소집된 프랑스 제헌국민의회(Constituent Assembly)에서 열정적인 연설을 했다. 그는 1789년 프랑스혁명의 이상이 프랑스 민주주의에 대한 기대와 사회주의에 대한 거부였다고 주장했다.

드 토크빌은 세 가지 점을 들어 사회주의를 공격했다. 첫째, 사회주의는 부의 창출을 목표로 삼아 '인간의 물질적 욕망'을 파고든다고 했다. 혁명의 싹이 되는 관용과 미덕 등 인간의 가장 숭고한 이상은 무시한다는 뜻이었다. 둘째, 사회주의는 그가 자유의 필수요건이라 여기던 사유재산의 원칙을 침해했다. 사회주의 국가가 재산을 몰수하지는 않더라도 약화시키는 것만은 분명했다. 마지막으로 그가 가장 격렬히 비판한 것은 사회주의가 개인을 경시한다는 점이었다.

드 토크빌은 사회주의 아래에서는 개인의 자주성이 고압적인 국가에 말살당한다고 주장했다. 국가는 사회 전체를 총괄하지만, 점차 '각 개인의 주인'으로 군림하게 된다. 민주주의는 개인의 자율성을 향상시키는 반면, 사회주의는 축소시킨다. 사회주의와 민주주의는 이처럼 상반되므로, 결코 병행될 수 없다는 것이다.

계급 없는 사회

드 토크빌은 프랑스혁명의 이상이 배신당했다고 믿었다. 1789년의 혁명은 모두에

혁명사상 REVOLUTIONARY THOUGHTS

참조 : ▪ 플라톤 34~39쪽 ▪ 아리스토텔레스 40~43쪽 ▪ 몽테스키외 110~111쪽 ▪ 장 자크 루소 118~125쪽 ▪ 존 스튜어트 밀 174~181쪽 ▪ 막스 베버 214~215쪽

> 민주주의는 자유의 평등을 지향하고, 사회주의는 제약과 예속의 평등을 지향한다.
>
> 알렉시 드 토크빌

게 자유를 부여하고자 했고, 이는 계급 구분의 철폐를 의미했다. 그러나 혁명 이래로 상류층은 점점 더 많은 특권을 누리며 타락해갔다. 또 하층계급은 분노와 불만으로 끓어올라, 사회주의의 이상에 더욱 쉽게 현혹되었다.

드 토크빌은 사회주의 대신 자유롭고 계급 없는 사회라는 혁명의 본래 이상을 재천명하는 데서 해법을 찾아야 한다고 주장했다. 유산계급을 프롤레타리아와 대립시키는 사회주의는 또다시 사회의 분열을 조장하여 혁명의 이상을 배신하게 될 터였다. 게다가 사회주의 체제를 확립하는 것은 혁명 이전의 군주제로 복귀하는 것이나 다름없었다. 드 토크빌이 보기에 위압적인 사회주의 국가는 자유나 경쟁과 양립할 수 없었던 것이다.

드 토크빌은 사기업이 번창할 수 있으면서도 자선이라는 기독교적 이상을 통해 가난하고 취약한 자들이 보호받는 민주사회를 지지했다. 그리고 그 전범으로서 미국이 가장 선진적인 민주주의에 도달했다고 믿었다.

드 토크빌이 상정한 자유로운 민주주의와 구속적인 사회주의라는 대립 구도는 19세기와 20세기 논쟁에서 계속 반복되는 모티브가 되었다. 그가 연설했던 1848년만 해도 유럽 전역에서 사회주의 이상에 따른 혁명과 봉기가 일어나고 있었다. 그러나 그 후로는 봉기가 잦아들면서 일시적으로나마 사회주의가 드 토크빌이 우려하던 방식으로 뿌리내리는 데 실패했다. ■

사회주의 하에서 노동자는 국가라는 억압적인 기계의 일개 부품에 불과하다고 드 토크빌은 주장했다.

알렉시 드 토크빌

알렉시 드 토크빌은 파리의 귀족 가문에서 태어났다. 1830년 오를레앙 공 루이 필리프가 왕위에 올랐을 때 드 토크빌도 새 정권에서 요직을 맡았으나, 정세의 변화로 지위가 불안해지자 프랑스를 떠나 미국으로 피신했다. 그 결과물이 그의 가장 유명한 저서 『미국의 민주주의』로, 여기에서 그는 미국이 가장 민주적이고 평등한 국가라고 주장했다. 한편 물질주의와 과도한 개인주의 등 민주주의의 위험성에 대해서도 경고했다.

1848년 혁명 이후 드 토크빌은 제2공화정(Second Republic)의 헌법을 제정하는 프랑스 제헌국민의회의 일원이 되었다. 그는 1851년 루이 나폴레옹 보나파르트(Louis-Napoléon Bonaparte)의 쿠데타에 반대하여 하룻밤 감금당한 후 정계에서 은퇴했다. 평생 병마에 시달리던 그는 8년 후 53세의 나이에 폐결핵으로 사망했다.

주요 저술

1835년, 1840년 『미국의 민주주의 Democracy in America』
1856년 『앙시앵레짐과 프랑스혁명 The Old Regime and the Revolution』

'나'가 아닌 '우리'를 이야기하라

주세페 마치니(서기 1805~1872년)

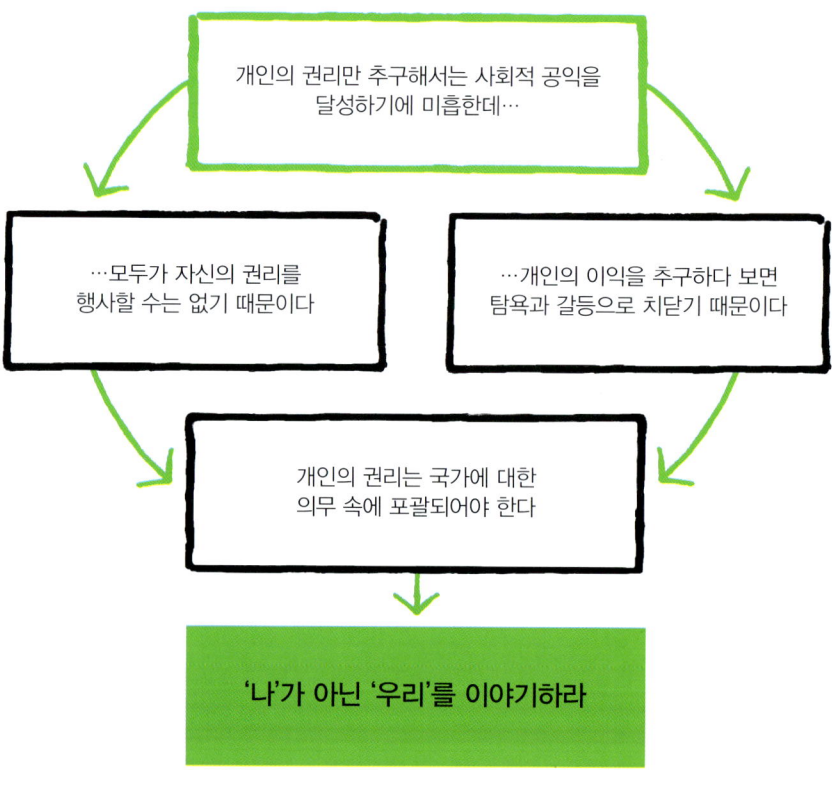

맥락읽기

이데올로기
민족주의

핵심어
권리와 의무

이전의 관련 역사
서기 1789년 : 프랑스혁명 중에 발표된 〈인간과 시민의 권리 선언〉에서 시민의 보편적 권리를 규정한다.

서기 1793년 : 독일 철학자 요한 고트프리트 헤르더가 민족의 중요성을 설파한다.

이후의 관련 역사
서기 1859년 : 존 스튜어트 밀이 『자유론』에서 개인의 권리를 주창한다.

서기 1861년 : 이탈리아가 통일된다.

서기 1950년대 : 전 세계에서 민족주의운동이 일어나 식민지들이 독립을 얻는다.

서기 1957년 : 유럽 6개국의 로마 조약(Treaty of Rome) 체결로 유럽경제공동체(EEC)가 출범한다.

이탈리아의 정치사상가이자 운동가인 주세페 마치니(Giuseppe Mazzini)는 대중에게 민족국가의 개념을 중심으로 단결하라고 촉구했다. 그는 저서 『인간 의무론』에서 개인의 이익보다 국가에 대한 의무를 우선시할 것을 주장했다. 마치니의 민족주의는 이전 세기 유럽의 정치적 변화에 대한 비판에서 비롯되었다. 그런 격변을 배후에서 부추긴 것은 '자유'라는 개념이었고, 이것은 개인의 권리를 추구함으로써 획득

참조 : ■ 요한 고트프리트 헤르더 142~143쪽 ■ 시몬 볼리바르 162~163쪽 ■ 존 스튜어트 밀 174~181쪽 ■ 테오도어 헤르츨 208~209쪽 ■ 잔프랑코 밀리오 296쪽

> 올바른 원칙에 따라 조국을 위해 일하는 것은 곧 인류를 위해 일하는 것이다.
> 주세페 마치니

될 터였다. 근로대중(working mass)은 권리를 얻으면 물질적 안정도 확보될 것이라고 기대했다.

그러나 마치니는 자유가 신장되면 전체적인 부와 상업은 확대되겠지만 노동자의 여건이 나아지리란 보장은 없다고 믿었다. 경제발전의 혜택은 언제나 다수 대중이 아닌 소수의 특권층에게 돌아갔다. 마치니는 개인의 권리만 추구해서는 두 가지 문제가 발생한다고 보았다. 첫째, 자유란 그것을 누릴 입장이 못 되는 대다수 사람에게는 "환상이자 씁쓸한 역설"에 불과하다. 일례로, 교육을 받을 시간이나 여력이 없는 사람에게 교육의 자유란 아무런 의미가 없었다. 둘째, 개인이 각자 물질적 이익을 추구하다 보면 서로를 짓밟게 되어, 인류 공동의 유대가 약화된다는 것이다.

권리에 선행하는 의무

마치니는 권리추구에 앞서 인류에 대한 의무가 먼저 요구된다고 주장했다. 이 의무는 개인들에게 공통의 목적을 위해 협력할 것을 요구했다. 그러나 개인이 독자적으로 행동하여 그 광범위한 인류에 직접 공헌하기란 쉽지 않았다. 그래서 마치니는 신이 별개의 국가들을 만들어, 인류를 부문별로 나눠놓았다고 믿었다. 국가란 개인이 인류에 기여하기 위한 일종의 '작업장(workshop)'이었다. 개인은 국가에 대한 의무를 통해, 즉 '나' 대신 '우리'의 관점에서 생각함으로써 인류라는 거대한 집단과 연계될 수 있었다.

1861년에 이탈리아 토리노에서 이탈리아 통일을 기념하는 시가행진이 벌어졌다. 마치니는 근대 이탈리아 건국의 아버지로 알려져 있다.

마치니에게 국가란 일정 지역에 사는 개인들의 집단을 훨씬 넘어서서, 형제애로 결속된 사람들의 연대였다. 마치니의 사상은 이탈리아가 통일 국가를 형성해가던 1848년에 잇따른 유럽 혁명에 참여한 이들에게 영감을 불어넣었다. 또 20세기에는 식민 통치에 맞선 투쟁 속에서 민족주의를 고취시켰다. 마치니가 꿈꾸던 유럽국들 사이의 협력은 1957년 유럽경제공동체(EEC)의 창설로 실현되었다. ■

주세페 마치니

주세페 마치니는 이탈리아 제노바에서 의사의 아들로 태어났다. 이십대 때 지하정치조직에 가담하여 1831년까지 옥고를 치른 후 활동을 위해 망명했다. 그는 선동과 봉기를 통해 이탈리아 통일을 추구하는 정치조직 '청년 이탈리아당(Young Italy)'을 결성했다. 이를 본보기 삼아 유럽 전역의 운동가들이 유사한 조직을 설립했다.

1848년 유럽의 혁명 이후 마치니는 이탈리아로 귀국하여 로마의 공화정을 이끌었다. 그러다 이 공화정이 무너지자 다시 한 번 망명길에 올랐다. 그는 1860년대 초반에 북부 이탈리아 왕국이 수립되던 시기에 다시 이탈리아로 돌아왔다. 이 왕국은 마치니의 공화주의 비전과 맞지 않았으므로 그는 새로운 의회에서 보직을 거부했다. 그는 로마 점령(Capture of Rome)으로 이탈리아 통일이 완성된 지 2년 만인 1872년에 피사에서 사망했다.

주요 저술

1852년 『민족론 On Nationality』
1860년 『인간 의무론 외 The Duties of Man and Other Essays』

파격적으로 행동하려는 사람이 그토록 적다는 것이 이 시대의 중대한 위기를 말해준다

존 스튜어트 밀(서기 1806~1873년)

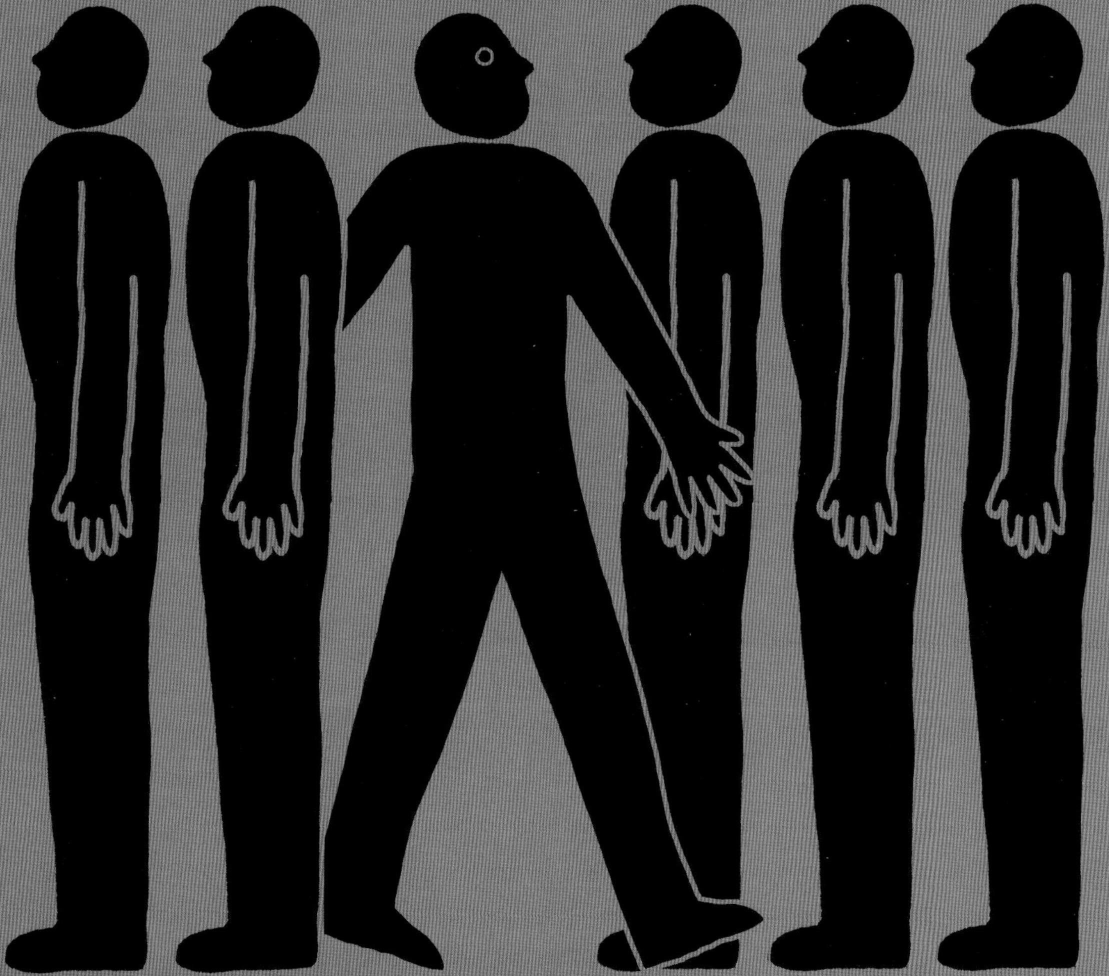

존 스튜어트 밀

맥락읽기

이데올로기
자유주의

핵심어
개인의 자유

이전의 관련 역사
서기 1690년: 존 로크가 독재정부에 반대하며 자유주의 사상을 개척한다.
서기 1776년: 〈미국 독립선언서〉에서 모든 인간은 자유, 생명, 행복추구의 권리를 갖고 평등하게 태어났다고 선언한다.

이후의 관련 역사
서기 1940년대: 자유주의자들이 대공황 이후 자유시장에 대한 신념을 잃고 복지국가를 지지한다.
서기 1958년: 영국 학자 이사야 벌린(Isaiah Berlin)이 '소극적' 자유와 '적극적' 자유를 구분한다.
서기 1974년: 미국 철학자 로버트 노직이 개인의 자유는 신성불가침이라고 주장한다.

잘 알려져 있듯이, 존 스튜어트 밀(John Stuart Mill)은 『자유론』에서 개성이 건전한 사회의 토대를 이룬다는 자유주의의 중요한 신념을 설파했다. 그의 연구는 개인적 자유와 사회적 통제 간의 적절한 균형점을 찾는 정치이론의 근본 문제에서 출발했다.

밀은 19세기 중반에 정치 상황이 급변하여 이 문제를 새롭게 바라볼 필요가 있다고 주장했다. 전제군주들이 전권을 휘두르던 이전 시대에는 통치자의 전횡을 투표제로 견제하기가 불가능했다. 그래서 국가의 이익은 으레 개인의 이익에 반하는 것으로 여겨졌고, 정부의 개입은 의혹을 사기 일쑤였다.

19세기 들어 민주주의 체제가 확산되자 이런 긴장은 해소되는 듯했다. 일반선거를 통해 대중이 궁극적인 통치자가 되면서 국가의 이익과 국민의 이익이 일치하게 되었다. 이런 상황에서 정부의 개입이 그 정부를 선출한 개인들에게 해악이 될 리도 없어 보였다.

다수의 횡포

밀은 이런 시각의 무사안일주의에 대해 경고했다. 선출된 정부는 다수의 입장을 대변하고, 이 다수는 결국 소수를 억압하려 들 것이라는 논지였다. 이런 '다수의 횡포'는 아무리 국민이 뽑은 정부라도 그 간섭이 국민에게 해악을 끼칠 위험이 있음을 의미했다. 또 정치적 횡포 못지않게 심각한 것이 여론의 사회적 횡포였다. 이런 유형의 횡포는 신념과 행동의 순응성을 조장하는 데다, 여론이란 것이 개개인의 이해타산과 취향에 따라 무분별한 경우가 많기 때문에 더더욱 위험했다. 결국 사회적 통념이란 그 사회에서 가장 지배적인 집단의 이해관계에 불과했던 것이다.

당시 영국은 여전히 근대 민주주의로 이행해가던 과도기라, 밀은 국민들이 아직 이런 위험을 충분히 인식하지 못하고 있다고 지적했다. 정부에 대한 만연한 불신은 이제 국가가 개인을 위협한다고 보던 구시대의 유물로 여겨졌고, 민주적인 다수의 횡포 가능성은 아직 널리 인식되지 않은 상태였다. 이런 혼란은 곧 정부의 조치가 불필요하게 요구되거나 부당하게 비난받는다는 의미

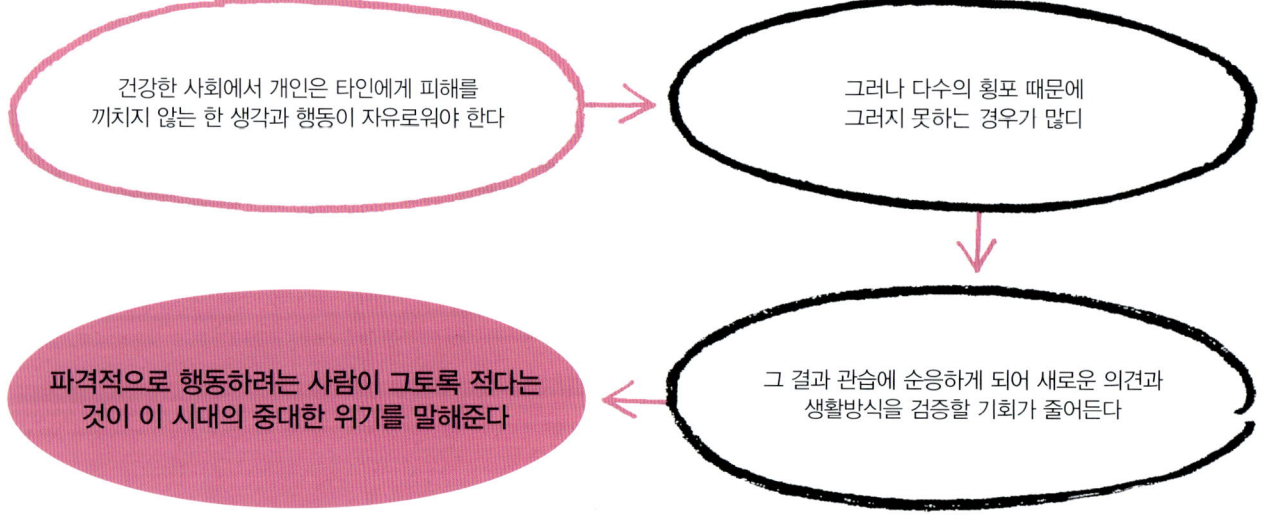

참조 : ▪ 토머스 홉스 96~103쪽 ▪ 존 로크 104~109쪽 ▪ 제러미 벤담 144~149쪽 ▪ 알렉시 드 토크빌 170~171쪽 ▪ 로버트 노직 236~237쪽 ▪ 존 롤스 298~303쪽

이 파리의 동성애자 자긍심 행진(gay pride parade)의 집회의 자유 등 행동의 자유는 사상의 자유 및 의견의 자유와 더불어 밀의 개인적 자유 사상의 핵심이었다.

였다. 게다가 여론의 횡포가 점점 늘고 있어, 밀은 사회 전반적으로 개인에 대한 사회의 통제가 점점 심해져가는 추세를 우려했다.

정당한 개입

이런 추세를 막자면 도덕적 경계가 필요했으므로, 밀은 개인의 자율성과 정부의 간섭 사이에서 적절한 균형을 정의할 수 있는 명확한 원칙을 제시하고자 했다. 그는 타인에게 미치는 피해를 방지하는 경우에만 개인의 자유에 대한 사회의 간섭이 정당화될 수 있다고 주장했다. 또 타인에게 당사자의 이익을 위해 다른 행동을 취하도록 설득해 볼 수는 있어도 그것을 강요하는 것은 정당하지 않다고 말했다. 밀의 말대로 "자신에 대해, 즉 자신의 신체와 정신에 대해서는 각자가 주권자"인 것이다. 이런 개인적 자유의 원칙은 사상, 의사표현, 행위에 모두 적용되었다.

밀은 만일 이 원칙이 무너지면, 사회 전체가 손실을 입게 된다고 주장했다. 예를 들어 의견의 자유가 없다면, 인간의 지식과 혁신은 제한될 것이다. 이 점을 입증하기 위해, 밀은 인류가 진리에 도달하는 과정을 설명했다. 인간 정신은 오류를 범하기 쉬우므로, 어떤 의견의 진위는 그와 경합하는 의견들의 각축장 속에서 검증을 거쳐야만 확인될 수 있다. 따라서 의견을 억압하는 사회는 진리인 의견을 놓칠 가능성이 있다. 또 잘못된 의견이지만 다른 의견을 검증하여 그 진실성을 밝혀내는 데 도움이 되는 의견마저 억압하게 된다. 밀은 진위를 떠나 사회적으로 특별히 유용한 의견이 있다는 주장에 동의하지 않았다. 이런 주장은 의견의 유용성을 판단하는 과정에서 오류가 없다는 것을 전제로 하기 때문이었다. 이교도들이 화형에 처해지던 시대는 지났지만, 밀은 정통적이지 않은 의견에 대한 사회적 불관용이 정신을 둔하게 하고 사회발전을 저해할 위험이 있다고 믿었다.

풍성한 의견들

설사 사회의 일반적인 통념이 진리라고 해도 의견의 다양성을 유지하는 것이 중요하다고 밀은 주장했다. 진리가 생명력과 영향력을 잃지 않으려면, 끊임없는 자극과 검증이 필요하기 때문이다. 특히 사회나 정치 사상에는 수학적 진리와 같은 확실성이 없으므로 더욱 그러했다. 의견을 검증하는 최선의 방법은 입장이 상충되는 사람들의 의견을 경청하는 것이다. 설령 반대자가 없다면, 그런 입장을 상상이라도 해볼 필요가 있다. 이런 토론과 논의 없이는, 아무리 진리라고 해도 사람들이 속속들이 파악하지 못하여, 제대로 알지도 못한 채 앵무새처럼 말만 따라 하는 죽은 독단론으로 흐르고 만다. 올바른 행동 및 도덕 원칙이라도 메마른 구호로 전락하면 더 이상 진심어린 행동을 촉발할 수 없게 된다.

> 자유와 권위의 투쟁은 우리가 아는 한 가장 오래된 역사에서 가장 뚜렷하게 나타나는 특징이다.
> 존 스튜어트 밀

밀의 들끓는 의견의 각축장 속에서는 모든 의견이 다른 의견의 검증을 거쳐야 한다. 이 각축장은 마치 증류기 같은 역할을 한다. 거짓되거나 불완전한 의견은 내버려져 증발되지만, 진실한 의견은 뒤섞인 채 남아 점점 더 강력해진다.

> '다수의 횡포'는 이제 일반적으로 사회가 경계해야 할 해악에 포함된다.
>
> **존 스튜어트 밀**

밀은 이 자유의 원칙을 통해 개인의 행동의 자유도 옹호했다. 그러나 행동은 의견에 비해 타인에게 피해를 가하기 쉬우므로, 행동의 자유는 의견의 자유보다 제한적일 수밖에 없다는 사실을 인정했다. 또 의견의 자유와 마찬가지로 개성, 즉 남다른 삶을 살아갈 자유도 사회 혁신을 촉진한다고 주장했다. "다양한 생활방식의 가치는 실제 시도를 통해 입증되어야 한다"고 밀은 말했다. 설사 전통을 유용한 삶의 지침으로 삼더라도, 각자 처한 특수한 상황과 기호에 맞게 창의적으로 활용해야 했다. 밀은 무의식적으로 관습에 따르다 보면, 무조건적으로 맹신하는 경우와 마찬가지로 생활이 척박해지고 개인의 도덕성이 무뎌진다고 믿었다.

모두를 위한 실험

의견을 자유롭게 표현하는 이들처럼 남다르게 행동하는 이들도 사회 전반에, 심지어 인습적인 사람들에게까지 이득을 준다. 개성 있는 사람들은 새로운 행동방식을 발견하는데, 이 중 일부는 다른 사람들에게 전파되기도 한다. 그러나 이런 이득이 실현되려면, 사회 혁신자들의 자유로운 실험이 허용되어야 한다.

다수 의견이 위력을 발휘하는 상황에서, 자유로운 영혼과 괴짜들은 사람들에게 새로운 방식으로 행동하도록 영감을 불어넣는다. 밀이 『자유론』을 저술하던 때는 영국이 산업혁명을 통해 세계 최고의 경제 선진국으로 군림하던 시절이었다. 밀은 이런 성공이 당시 유럽에 존재하던 비교적 다양한 사상과 행동의 자유에서 비롯되었다고 확신했다. 그는 유럽의 역동성과 중국의 정체상태를 대조하며, 중국은 관습과 전통으로 개성을 억누르고 속박하여 쇠퇴에 이르렀다고 주장했다. 반면 영국에서는 경제가 발전하면서 대중 교육, 통신 발달과 기존에 소외된 계층에 대한 더 많은 기회 제공이 가능해졌다. 그러나 한편으로는 취향의 평준화 현상을 부추겨 개성이 줄어드는 결과를 낳았다. 밀은 만일 이런 추세가 지속된다면, 영국도 중국과 똑같은 운명을 겪게 되리라고 믿었다. 그는 영국 사회가 이미 너무 순응적이고, 개성과 독창성의 가치를 폄하하고 있다고 보았다. 사람들은 자신의 양심 대신 사회적 계급에 따라 행동했다. 바로 이런 이유에서 밀은 파격적인 행동이 줄어들면 그렇게 위험하다고 믿었던 것이다.

해악의 원칙

밀이 제시한 해악의 기준은 정부와 국민의 관계가 급변하던 시기에, 국가와 개인 사이에 적절한 경계선을 규정하기에 유용하고 명료한 원칙이었다.

20세기의 금연 정책은, 정부가 개인 행위에 대한 규제방안을 결정할 때 이 해악의 원칙(Harm Principle)을 어떻게 적용하는가를 보여주는 단적인 사례이다. 흡연이 인간에게 해롭다는 사실은 오래전부터 인식되어 왔지만, 사회는 결코 개인의 흡연을 금지하지 않았다. 대신, 건강정보를 제공해가며 사람들의 금연을 유도한 결과, 20세기 후반에 이르러서야 미국과 유럽의 여러 국가에서 흡연자가 감소하기에 이르렀다.

이런 정책은 밀의 자유의 원칙에 따른 것이다. 즉 사람들은 흡연이 아무리 몸에 해롭더라도 타인에게 피해를 미치지 않는 한 자유롭게 흡연할 수 있었다. 그러다가 간접흡연도 몸에 해롭다는 사실을 입증하는 새로운 의학정보가 등장했다. 이것은 공공장소에서의 흡연이 이제 해악의 원칙을 위반한다는 의미였다. 그러자 새로운 정보를 반영하고 밀의 원칙을 다시 적용하여 공공장소에서의 흡연이 금지되기 시작했다. 담배의 인기가 급속도로 떨어지면서 이제는 흡연도 어떤 의미로는 유별난 취향이 되었지만, 그러나 담배가 건강에 위험하다는 근거가 계속 늘어난다고 해서 전면적인 금연을 지지할 사람도 거의 없을 것이다.

해악 대 행복

해악의 원칙이 언제나 자유주의자들이 기대하는 결과만 초래하는 것은 아니다. 예를 들어, 동성애를 부도덕하고 혐오스럽게 여기는 사람들은 어디선가 동성애가 벌어진다는 사실만으로도 피해를 입는다며, 성도덕을 유지하기 위해 국가가 개입해야 한다고 주장할 것이다. 이런 경우는 밀의 개인존중 사상에 깔린 윤리적 기반의 문제를 제기한다. 『자유론』은 밀이 지지하던 공리

> "우월한 계급이 존재하는 곳에서는 어디에서나 그 나라 도덕의 대부분이 그 계급의 이익과 계급적 우월감에서 발생한다.
> 존 스튜어트 밀"

주의 철학체계를 바탕으로 집필되었다. 밀은 영국 철학자 제러미 벤담의 추종자였는데, 벤담은 어떤 행위가 인류 행복의 총량에 기여하는 정도에 따라 그 행위의 도덕성을 판단해야 한다고 주장했다. 예를 들자면, 거짓말 자체가 나쁘다고 판단하기보다는, 그로 인한 다양한 결과를 종합적으로 따져볼 때 행복보다 더 많은 불행을 초래하기 때문에 비난해야 한다는 식이다. 밀은 벤담의 이론을 다듬고 발전시켰다. 일례로 그는 '고급' 쾌락과 '저급' 쾌락을 구분하며, 만족한 돼지가 되느니 불만족한 소크라테스가 되는 게 낫다고 말했는데, 이는 소크라테스만이 고급 쾌락을 맛볼 수 있다는 의미였다.

혹자는 밀의 공리주의와 『자유론』의 입장이 충돌한다고 보기도 한다. 개인의 자유를 옹호한다고 하면 공리주의에서 우선시되는 행복의 원칙과 상충되는 별개의 원

시위대가 신나치주의 집회에서 시위를 벌이고 있다. 밀은 신나치주의자의 집회의 권리처럼 개인의 자유가 행복보다 더 큰 불행을 초래할 경우 제한될 수 있다고 주장했다.

칙처럼 들리기 때문이다. 예를 들어, 동성애가 다수에게 불쾌감을 준다면, 공리주의에서는 동성애를 금지하도록 권하겠지만, 이는 명백히 개인의 자유를 침해하는 일이다. 이렇듯 상충되는 것처럼 보여도, 밀은 여전히 공리성이 자신의 이론에서 궁극적이고 포괄적인 원리라고 주장한다.

밀은 개인의 자율성을 절대적으로 주장하지는 않는다. 일각에서는 밀의 주장이 국가와 개인의 행동이 충돌하는 지점에 행복의 원칙을 구체적으로 적용한 것이라고 본다. 실제로 밀은 개인의 자유가 사회 혁신과 지식 확대로 이어져, 결국 행복에 기여한다고 주장한다. 밀의 이런 주장은 행복의 원칙이 언제나 자유를 지향한다고 보았다는 점에서 지나치게 낙관적이라고 해석될 여지가 있다. 밀은 비단 행동기준뿐 아니라 의견의 표현에 관해서도 과도하게 낙관적이었다. 예를 들면 오늘날 독일에서 아돌프 히틀러(Adolf Hitler)에 대한 지지 표명이 금기시되듯이, 특정한 의사표현은 오히려 금지되는 편이 불행을 감소시켜 공리주의적 관점에서 정당화될 수도 있다는 것이다.

런던 하이드파크의 '스피커스 코너(Speaker's Corner)'에서 한 종교 설교자가 행인들에게 발언하고 있다. 밀은 어떤 의견이 표현되든 검열에 반대하며 언론의 자유를 주장했다.

소극적 자유

밀의 주장에 대해 제기될 수 있는 또 다른 비판은 서로 경합하는 의견들의 각축장 속에서 진리가 도출된다는 그의 신념에 관한 부분이다. 밀은 사회가 개인의 생각이나 행동에 대해 일체의 개입을 삼갈 때 이 각축장이 가장 뜨겁게 달아오른다고 믿었다. 이것은 영국의 정치이론가이자 철학자인 이사야 벌린이 추후에 행동에 대한 제약이 부재한다는 의미에서 '소극적 자유(negative liberty)'라고 명명했던 자유의 개념이다.

좌파 비평가들은 소극적 자유만으로는 불충분하다고 생각한다. 이들은 사회의 극빈층이나 권리가 없는 여성과 같이 억압받는 집단은 자신들의 비정통적인 의견을 표현할 방도가 없다고 지적한다. 이들은 주변부로 밀려나 있어, 자신의 견해를 표현하고 공론화할 수 있는 매체나 제도에 거의 접근이 불가능한 것이다. 그렇기 때문에 좌파세력은 보통 '적극적 자유'를 통해 이 소외된 집단에 스스로 의견을 표현하고 정책에 영향을 미칠 권한을 부여하지 않는다면, 소극적 자유는 무의미하다고 주장한다. 만약 밀이 20세기에 페미니즘이 거둔 성과를 목격했다면, 여성이 자신들의 의견을 적극적으로 표출하여 어떻게든 정치적 평등을 이루는 것은 당연하다고 주장했을 것이다. 그러면 좌파세력은 또다시 동일임금 지불과 노동권 보장 등의 적극적인 자유가 없는 형식적인 정치적 권리만으로는 아무 의미가 없다고 반박했겠지만 말이다.

실용적 공리주의

탁상공론만 하는 학자가 아닌 밀은 자기 사상을 실천에 옮겨야 한다고 믿었다. 그는 정부 및 입법과 관련하여 자기 사상에 어떤 의미가 있을지 고민했다. 그가 보기에 행복 추구에 대한 개인의 자유를 제약하는 행위는 모두 압제였다. 그것이 (민주적 선거를 통

> 그렇게 개인의 자유는 제한을 받아야 한다. 즉 타인에게 성가신 존재가 되어서는 안 되는 것이다.
> **존 스튜어트 밀**

한) 다수의 집단적 압제든 폭군 한 사람의 통치든 상관없었다. 그래서 그는 사회가 개인에게 행사하는 힘을 제한할 방법, 개인이 의사를 자유롭게 표현할 권리를 보호하는 실용적 방법을 제안했다.

하원의원 시절 밀은 수많은 개혁안을 내놓았다. 비록 그 개혁안들은 한참 후에야 실현되었지만, 그의 발언 덕분에 공리주의 철학의 자유주의적 실용성이 대중의 관심을 받게 되었다. 철학자이자 정치가로서 밀은 언론의 자유를 옹호하는 한편, 기본인권 신장을 주장하고 노예제도를 반대하는 데 힘썼다. 이것들은 모두 그가 공리주의를 현실에 적용한 예다.

실용적 자유주의

밀의 정치철학, 즉 공리주의와 개인적 자유를 옹호하는 입장은 전 세계 자유민주주의의 발전에 지대한 영향을 미쳤다. 그의 철학은, 추상적이고 양도할 수 없는 권리보다 집단적인 행복의 원칙을 강조하는 실용적 자유주의 입장 중에서도 아마 가장 유명하고 자주 인용되었을 것이다.

현대 자유민주주의 국가, 특히 영국과 미국에서는 성도덕과 흡연, 자유시장의 경제적 역할 등에 대한 수많은 논의가 여전

히 밀이 약 200년 전에 제기했던 논점을 중심으로 이루어진다. 그러나 이런 국가에서도 개인 행위에 대한 수많은 사회적 제약들이 소극적 자유라는 최소한의 기준 이상으로 정당화된다. 예를 들어, 기분전환용 약물은 후견주의 원칙에 따라 금지되고, 자유시장 국가조차 경제적 형평성을 제고하기 위해 정부가 상업을 규제한다. 이런 것은 모두 밀이 제시한 국가의 간섭 조건에서 벗어나는 행위지만, 사회의 적절한 통제 범위에 대한 논의가 수그러들지 않는 가운데 상대적으로 자유주의 성향이 강한 진영에서는 여전히 밀의 주장을 근거로 내세우고 있다. ■

존 스튜어트 밀

존 스튜어트 밀은 1806년 런던에서 태어나 19세기의 가장 영향력 있는 철학자 중 하나가 되었다. 아버지인 제임스 밀(James Mill)은 공리주의 철학의 대부인 제러미 벤담이 이끄는 사상가 그룹에 속해 있었다. 조숙한 아들을 위대한 사상가로 키우겠다는 아버지의 계획에 따라, 밀은 어릴 적부터 라틴어, 그리스어, 역사학, 수학, 경제학을 공부했다. 그러나 스무 살 때 스스로 이런 지적인 노력 때문에 정서적 발육이 지체되었다는 사실을 깨닫고 한동안 심한 우울증에 시달렸다.

밀은 1830년부터 해리엇 테일러(Harriet Taylor)와 가까운 친구로 지내다가 1851년에 해리엇의 남편이 사망한 후 그녀와 결혼했다. 밀은 해리엇의 도움 덕분에 인간의 삶에 대한 개념을 아버지의 금욕적인 윤리에서 감정과 개성을 중시하는 쪽으로 확장시킬 수 있었다. 이런 변화는 밀의 공리주의 및 자유주의 사상에도 큰 영향을 미쳤다고 전해진다.

주요 저술

1859년 『자유론 On Liberty』
1865년 『공리주의 Utilitarianism』
1869년 『여성의 예속 The Subjection of Women』

밀의 세 가지 기본적 자유

사상과 의견의 자유 : 의견과 감각의 절대적 자유와 그것을 글이나 말로 표현할 자유

자신의 취향과 일을 추구할 자유 : 사회 내에서 타인에게 해를 미치지 않는 한 자신에게 가장 잘 맞는 방식으로 살아가는 것

개인들의 결사의 자유 : 강압적이지 않는 한 타인을 해치지 않는 어떤 목적을 위해서도 남들과 단결할 권리

누구도 당사자의 동의 없이 남을 지배할 만큼 훌륭하지는 않다

에이브러햄 링컨(서기 1809~1865년)

맥락읽기

이데올로기
노예제 폐지론

핵심어
평등권

이전의 관련 역사
서기 1776년 : 미국 헌법에 따라 새로운 공화국이 수립된다.

서기 1789년 : 프랑스혁명의 인권선언에서 "인간은 자유롭고 평등한 권리를 갖고 태어나 그 권리를 유지한다"고 명시된다.

이후의 관련 역사
서기 1860년 : 링컨이 미국의 16대 대통령으로 당선되자 남부 주들이 노예제를 유지할 권리를 지키기 위해 분리 독립을 선택한다.

서기 1865년 : 남군의 로버트 E. 리(Robert E. Lee) 장군이 항복하면서 미국 남북전쟁이 북군의 승리로 막을 내린다.

서기 1964년 : 미국의 민권법(Civil Rights Act)이 인종, 피부색, 종교, 국적에 따른 고용차별을 금지한다.

영국과의 독립전쟁 이후 미합중국이 수립되었을 때, 이 신생 공화국의 성격은 아직 확립되지 않은 상태였다. 그래서 공식적으로는 1776년의 미국 독립선언을 통해 '만인'의 평등이 선포되었지만, 노예제를 위해 수백만 명의 아프리카인이 대서양을 건너 남부 주의 대농장으로 이송되었다. 1820년에 미주리 협정(Missouri Compromise)이 체결되어 북부 주에서는 노예제가 불법화되었지만, 남부 주에는 해당 사항이 없었다.

에이브러햄 링컨(Abraham Lincoln)은 1854년의 연설에서 "누구도 당사자의 동의 없이 남을 지배할 만큼 훌륭하지는 않다"고 선언했다. 또 미국의 건국이념은 '자치권'보다 개인의 자유권을 더 중시한다고 역설하며, 주들은 자체 법을 고수할 권한이 없다고 반박했다. 공화국은 자유와 평등의 이념 위에 수립된 것이지, 정치적 편의성이나 각기 주권을 보유한 주들의 타협에 기초한 것이 아니었다. 온건한 노예제 반대론자였던 링컨은 그전까지만 해도 노예제의 확대에 반대했을 뿐, 철폐를 주장하지는 않았다. 그러나 이 연설로 공화국의 가치를 수호할 뜻을 만방에 알렸고, 1861년 남북전쟁이 터지자 북부 주들은 그 가치를 지키기 위해 한데 뭉쳤다. 링컨의 주장은 점점 급진적으로 변하여, 1863년 노예해방선언(Emancipation Proclamation)과 1865년 미국 전역의 노예제 폐지로 이어졌다. ■

우리나라의 한쪽에서는 노예제도가 정당하고 확대 시행되어야 한다고 믿는 반면, 다른 한쪽에서는 그것이 옳지 못하고 확대되어서는 안 된다고 믿습니다.

에이브러햄 링컨

참조 : ▪ 휘호 흐로티위스 94~95쪽 ▪ 장 자크 루소 118~125쪽 ▪ 토머스 제퍼슨 140~141쪽 ▪ 존 C. 칼훈 161쪽

소유란 도둑질이다

피에르 조지프 프루동(서기 1809~1865년)

맥락읽기

이데올로기
사회주의, 상호주의

핵심어
사유재산

이전의 관련 역사
기원전 462년 : 플라톤이 공통의 목표 추구에 도움이 된다며 공동소유권을 지지한다.

서기 1689년 : 존 로크가 인간에게는 천부적인 재산권이 있다고 주장한다.

이후의 관련 역사
서기 1848년 : 카를 마르크스와 프리드리히 엥겔스가 『공산당 선언』에서 사유재산이 없는 사회에 대한 비전을 제시한다.

서기 1974년 : 미국 철학자 로버트 노직이 사유재산의 도덕적 우월성을 역설한다.

서기 2000년 : 페루 경제학자 에르난도 데 소토(Hernando de Soto)가 개발도상국이 빈곤에서 벗어나려면 재산권 보장이 필수적이라고 주장한다.

프랑스의 정치가 겸 사상가 피에르 조지프 프루동(Pierre-Joseph Proudhon)은 대다수의 프랑스인이 과거 수십 년간의 혁명의 성과에 좌절하던 시기에 "소유란 도둑질이다"라는 유명한 선언을 했다. 프루동이 『소유란 무엇인가? What is Property?』를 출간한 것은 1830년의 혁명으로 부르봉 왕조가 퇴위한 지 10년이 지난 시점이었다. 새로이 7월 왕정이 들어설 때만 해도 마침내 1789년 프랑스혁명이 제시한 자유와 평등의 이상이 실현되리라는 기대가 드높았다. 그러나 1840년에 이르도록 계급갈등이 첨예해지고 상류층만 부유해졌을 뿐 대중은 여전히 가난을 면치 못했다. 이에 정치투쟁의 결실은 자유와 평등이 아니라 부패와 불평등의 심화라고 여기는 사람이 많아졌다.

프루동은 자유, 평등, 안전이 천부적이고 절대적인 신성불가침의 권리로서 사회의 근간을 이룬다고 말했다. 그러나 소유권은 이와 달라서, 오히려 기본권을 침해한다고 주장했다. 예컨대 부자의 자유는 빈자의 자유와 공존할 수 있지만, 부자의 재산에는

사회의 퇴락과 사멸은 소유가 갖는 축적의 힘에 기인한다.
피에르 조지프 프루동

다수의 빈곤이 수반된다는 것이다. 그러므로 소유는 본질적으로 반사회적이다. 소유는 19세기 유럽에서 대두하던 사회주의운동과 노동계급의 주요 쟁점이었고, 프루동의 타오르는 듯한 선언에는 당대 혁명의 뜨거운 열기가 고스란히 응축되어 있다. ■

참조 : ● 휘호 흐로티위스 94~95쪽 ● 토머스 페인 134~139쪽 ● 미하일 바쿠닌 184~185쪽 ● 카를 마르크스 188~193쪽 ● 레온 트로츠키 242~245쪽

특권을 누리는 자는 정신과 마음이 타락한다

미하일 바쿠닌(서기 1814~1876년)

맥락읽기

이데올로기
무정부주의

핵심어
권력 부패

이전의 관련 역사
서기 1793년 : 영국의 정치철학자 윌리엄 고드윈(William Godwin)이 정부가 사회를 타락시킨다고 주장하며 무정부주의 철학을 제시한다.

서기 1840년 : 피에르 조지프 프루동이 정치권력 없는 공정한 사회체제를 구상한다.

이후의 관련 역사
서기 1892년 : 표트르 크로폿킨이 생산뿐 아니라 분배도 공동으로 하는 방식을 주장하며 '무정부주의적 공산주의'를 제안한다.

서기 1936년 : 스페인의 무정부주의자 노조인 전국노동연합(CNT)의 조합원 수가 100만 명을 넘어선다.

서기 1999년 : 미국 시애틀의 반자본주의 시위에서 무정부주의 사상이 재출현한다.

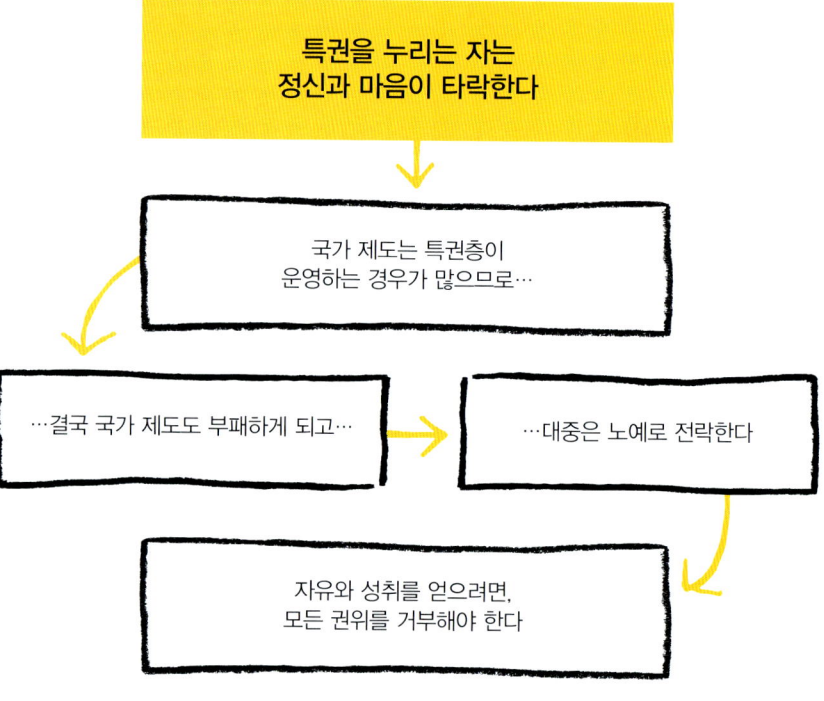

19세기 유럽에서는 근대 민족국가가 출현하고 민주주의가 전파되면서 개인과 권위의 관계가 재구성되었다. 러시아 혁명가 미하일 바쿠닌(Mikhail Bakunin)은 『신과 국가』에서 도덕적이고 정치적인 인간사회의 실현을 위한 필수요건을 연구했다.

당대의 사회는 정부나 교회의 권위에 짓눌린 개인들의 집합체로 비춰졌다. 바쿠닌은 인간이 진정으로 실현되려면, 스스로 사고력을 발휘하여 신이든 인간이든 그 권위에 맞서야 한다고 주장했다. 또 '종교적 환상'이란 인민의 노예근성을 유지시키는 억압수단으로, 권력자들의 지위 보전에 기여

혁명사상 REVOLUTIONARY THOUGHTS

참조 : ▪ 게오르크 헤겔 156~159쪽 ▪ 피에르 조지프 프루동 183쪽 ▪ 카를 마르크스 188~193쪽 ▪ 표트르 크로폿킨 206쪽

할 뿐이라고 신랄하게 비판했다. 대중에게 삶이란 비참한 것으로, 신을 믿으면 당장의 위안을 얻을 수는 있다. 그러나 종교에 맞추어 살다 보면 지적 능력이 흐려져 인간 해방이 영영 불가능해진다. 바쿠닌은 사제, 군주, 은행가, 경찰, 정치가 같은 인민의 압제자는 "만일 신이 존재하지 않는다면 신을 발명해야 한다"라는 볼테르의 잠언에 동의하겠지만, 자유를 원한다면 신을 폐기해야 한다고 주장했다.

국가라는 인위적인 제도를 당연시하는 태도 역시 인간을 노예로 전락시킨다. 바쿠닌은 인간의 활동 범주가 자연법에 따라 부득이하게 제한을 받지만, 일단 이런 법칙이 발견되어 모두에게 공유되고 나면 사회를 규제하기 위한 정치조직은 불필요하다고 주장했다. 개개인이 자연법을 인식하게 될 테니 각자 알아서 그 법칙에 따를 수 있다는 것이다. 이에 반해 국가와 같은 외부적 권위가 부여되는 한, 아무리 옳은 법일지라도 개인은 더 이상 자유로울 수가 없었다.

모스크바의 성 바실리 성당(St. Basil Cathedral)은 바쿠닌이 사람들에게 스스로 자유를 행사하여 맞서 싸우라고 촉구했던 권위를 상징한다.

권력은 부패한다

바쿠닌은 아무리 학식 있고 박식한 사람이라도 사회의 관리자 역할을 맡으면 반드시 타락하게 마련이라고 주장했다. 진리 추구를 단념하고 권력 유지 방안을 모색하기 때문이다. 대중이 계속 무지상태에 머물러야 그들의 보호를 필요로 하게 된다. 이런 이유로, 바쿠닌은 사회적 특권이 정신과 마음을 파괴한다고 믿었다.

결국 바쿠닌의 논지는 설령 보통선거로 선출되었다고 해도 모든 권위를 거부해야 한다는 것이었다. 이것이 바로 무정부주의 철학의 근간으로, 바쿠닌은 무정부주의가 인간의 자유로 향하는 길을 비춰줄 것이라고 단언했다. 이런 바쿠닌의 저작과 행동주의에서 영감을 얻어 19세기 무정부주의운동이 등장했다. 그의 사상이 마르크스주의와 공존하면서도 뚜렷이 구별되던 또 하나의 혁명 사조를 잉태한 것이다. ■

신이란 개념에는 인간의 이성과 정의를 포기한다는 의미가 함축되어 있다.
미하일 바쿠닌

미하일 바쿠닌

미하일 바쿠닌은 청년 시절 러시아군에서 탈영하면서 처음으로 반골 기질을 분명히 드러냈다. 그는 모스크바와 독일에서 지내면서 독일 철학과 헤겔 사상에 심취했다. 이내 혁명에 관한 글을 쓰기 시작하여 당국의 주시를 받게 되었고, 1848년 프랑스혁명에 감명받아 반란을 선동하다가 1849년에 체포되었다.

바쿠닌은 러시아에서 8년간의 감옥 생활 끝에 런던과 이탈리아를 여행하며 혁명활동을 재개했다. 1868년에는 좌익 혁명단체 연합인 제1인터내셔널(First International)에 합류했으나 카를 마르크스와의 의견 충돌로 제명당했다. 두 사람 모두 혁명을 신봉했지만, 바쿠닌은 사회주의 국가의 권위주의를 거부했던 것이다. 바쿠닌은 죽을 때까지 혁명을 부르짖다가 스위스에서 사망했다.

주요 저술

1865~1866년 『혁명가의 교리문답The Revolutionary Catechism』
1871년 『신과 국가God and the State』
1873년 『국가주의와 무정부Statism and Anarchy』

가장 좋은 정부는 전혀 다스리지 않는 정부다

헨리 데이비드 소로(서기 1817~1862년)

맥락읽기

이데올로기
개인주의

핵심어
직접행동(direct action)

이전의 관련 역사
기원전 380년 : 플라톤의 대화편 『크리톤Crito』에서 소크라테스가 아테네 시민으로서 법을 지킬 의무가 있다고 주장하며 사형을 면할 기회를 거부한다.

서기 1819년 : 영국의 시인 퍼시 비시 셸리(Percy Bysshe Shelley)가 불의에 대한 비폭력적인 저항 가능성을 상상하며 〈무질서의 가면극The Masque of Anarchy〉이란 시를 쓴다.

이후의 관련 역사
서기 20세기 초반 : 여성 참정권운동가들이 영국의 여성 투표권 불인정에 항의하기 위해 위법행위를 저지른다.

서기 1920년대 : 마하트마 간디가 인도의 독립을 위해 사탸그라하(Satyagraha)라는 특유의 시민 불복종 방식을 도입한다.

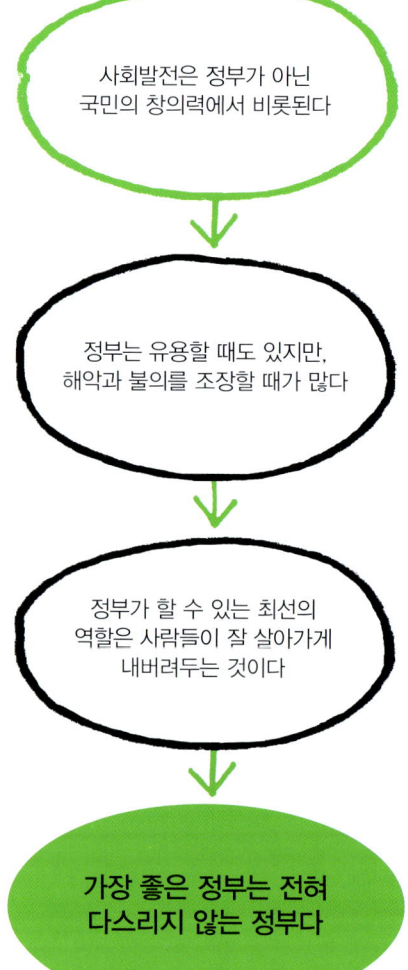

미국의 작가 헨리 데이비드 소로(Henry David Thoreau)는 1849년에 발표한 에세이 『시민 불복종』에서 개인들이 법보다 자신의 도덕적 양심에 비추어 올바른 일을 해야 한다고 주장했다. 만약 그러지 않으면, 정부가 순식간에 불의를 대변하게 되기 때문이다. 소로는 이런 견해에 대한 근거를, 남북전쟁 이전의 미국 정부와 특히 노예제의 존속에서 찾았다. 이 에세이는 미국이 멕시코의 영토를 탈취한 멕시코-미국 전쟁(1846~1848년) 직후에 쓰였다. 소로는 이 전쟁이 새로운 영토로 노예제를 확대하려는 시도라고 여겨, 전쟁에 격렬히 반대했다.

소로가 보기에 미국 정부는 노예제의 존속 때문에 정당성을 잃고 있었다. 그는 노예의 정부이기도 한 정부는 어떤 경우도 정부로 인정할 수 없다고 단언했다. 나아가 시민들이 소극적으로 이런 불의와 결탁하다 보면, 정부가 금방 이런 불의를 실행하는 도구로 전락한다고 주장했다. 그는 도덕관념이 무딘 사람을 나무나 돌처럼 억압기구를 만들어내는 재료에 비유했다. 그가 볼 때 노예제에 대해 도덕적으로 비난받아야 할 사람은 노예주인뿐이 아니었다. 남부의 노예제와 무관해 보이는 매사추세츠 주의 시민들도 실은 노예제를 허용하는 정부

혁명사상 REVOLUTIONARY THOUGHTS

참조 : ▪ 표트르 크로폿킨 206쪽 ▪ 에멀라인 팽크허스트 207쪽 ▪ 마하트마 간디 220~225쪽 ▪ 마틴 루터 킹 316~321쪽 ▪ 로버트 노직 326~327쪽

소로에 따르면, 이런 사우스캐롤라이나의 노예제는 비단 노예주인만의 잘못이 아니라 그런 제도를 허용한 모든 시민이 도덕적인 책임을 져야 했다.

를 묶인함으로써 노예제의 존속에 일조해 온 셈이었다.

소로 사상의 논리적 귀결은 "가장 좋은 정부는 전혀 다스리지 않는 정부다"라는 그의 선언으로 요약된다. 그에 따르면 미국의 발전은 정부가 아닌 국민의 창의력에서 비롯되므로, 정부가 할 수 있는 최선은 국민이 잘 살아가도록 방해하지 않고 내버려두는 것이다.

소로는 개인이 사회에 불만이 있다면 단지 선거에서 반대표를 던지는 것 이상을 실천해야 한다고 주장했다. 투표제는 국가의 일부에 불과하지만, 개인의 도덕적 양심은 그런 제도적 범위를 훨씬 넘어서는 것이다. "당신의 온몸으로 투표하라. 단지 한 조각의 종이가 아니라 당신의 영향력 전부를 던지라"고 그는 촉구했다. 개인이 자연적 정의를 인식하면 정부 기구나 다수의 의견과 상관없이 직접행동에 나서게 된다. 소로가 생각한 직접행동이란 정부에 대한 인정을 철회하여 관료들에게 협조하지 않고 세금을 내지 않는 것이었다. 소로 본인도 노예제에 반대하여 매사추세츠 주에 인두세 납부를 거부했다는 이유로 1846년에 잠시 철창 신세를 졌다.

소로는 후대의 사상가와 활동가에게 영향을 미쳤고, 마틴 루터 킹도 소로에게서 영감을 얻었다고 밝힌 바 있다. 1960년대의 미국에서는 시민권 투쟁이 가열되면서 시민 불복종 행위에 참여한 운동가들에게 소로의 사상이 새롭게 재조명받았다. ■

헨리 데이비드 소로

헨리 데이비드 소로는 1817년 매사추세츠 주의 콩코드에서 연필 제조업자의 아들로 태어났다. 그는 하버드대학에 진학하여 수사학, 고전학, 철학, 과학을 공부했다. 그 후 형인 존이 1842년에 사망할 때까지 둘이 함께 학교를 운영했다.

소로는 28세 때 작가인 랠프 월도 에머슨(Ralph Waldo Emerson)의 소유부지 내 월든 호수에 오두막을 짓고 2년 동안 기거했다. 그는 소박하고 자족적인 삶을 탐구한 저서 『월든』에서 인간의 직접적인 자연 경험과 고독의 미덕을 찬양했다. 소로는 에머슨과 (개인의 근본적인 선함을 믿는) '초월주의자(transcendentalist)' 무리에 합류했다. 그가 1862년에 폐결핵으로 사망하면서 남긴 "무스(북미에 서식하는 사슴의 일종), 인디언"이란 유언은 자연생활에 대한 그의 애정을 표현한 말로 해석된다.

주요 저술

1849년 『시민 불복종 Resistance to Civil Government, or Civil Disobedience』
1854년 『월든 Walden』
1863년 『원칙 없는 삶 Life without Principle』

공산주의는 역사의 수수께끼에 대한 해결책이다

카를 마르크스(서기 1818~1883년)

카를 마르크스

맥락읽기

이데올로기
공산주의

핵심어
노동 소외

이전의 관련 역사
기원전 380년: 플라톤이 이상적인 사회는 사유재산을 강력히 제한한다고 주장한다.

서기 1807년: 게오르크 헤겔이 역사철학을 제시하여 마르크스의 이론에 영감을 준다.

서기 1819년: 프랑스 작가 앙리 드 생시몽이 일종의 사회주의를 주창한다.

이후의 관련 역사
서기 1917년: 블라디미르 레닌이 마르크스의 사상에 감화되어 러시아에서 볼셰비키혁명을 이끈다.

서기 1940년대: 공산주의가 전 세계로 전파되며 냉전이 시작된다.

서기 1991년: 소비에트 연방이 붕괴되고 동유럽 국가들이 자본주의 경제체제를 도입한다.

철학자, 역사학자 겸 혁명가의 상징인 카를 마르크스(Karl Marx)는 19세기 중반에 역사상 가장 야심찬 자본주의 분석 중 하나에 착수했다. 노동의 변화하는 특성과 그 함의에 대한 연구의 일환으로, 사회가 다양한 경제체제로 변천해온 과정을 관장하는 법칙을 찾아내겠다는 목표였다. 마르크스의 연구는 산업 자본주의의 발흥이 생활여건과 사회의 도덕적 건전성에 미친 영향, 정치·경제 제도의 정비 및 시행 가능성 등 당대의 주된 관심사를 다루었다.

마르크스가 활약하던 때는 유럽에서 새로운 혁명사상이 등장하여 1848년의 일대혁명으로 이어지던 시기였다. 그는 1844년의 저서 『경제학-철학 소고』에서 자본주의 체제가 노동자의 삶을 파멸시키는 과정을 묘사하며, 자신의 경제사상의 핵심요소를 짚어나갔다. 그리고 공산주의가 자본주의의 고질적인 문제, 즉 노동구조 문제를 해결할 수 있다고 주장했다. 『경제학-철학 소고』에서 마르크스는 인간이 자신의 고유한 본성과 성취 가능성에서 분리되는 '소외된 노동' 개념을 발전시켰다. 그가 볼 때 자본주의 노동시장에서는 다양한 종류의 소외가 나타날 수밖에 없었다.

그러므로 사유재산은…
소외된 노동의 산물이다.
카를 마르크스

노동의 성취감

마르크스는 노동이 인간의 모든 행위 중 성취감이 가장 높을 수 있다고 믿었다. 노동자는 노력과 창의력을 투입하여 자연적 대상을 제품으로 변형한다. 따라서 노동자가 만드는 상품은 그의 노력과 창의력을 실현한다. 자본주의 아래에서는 사유재산의 유무에 따라 사회가 공장과 기계설비 등 생산수단을 소유한 자본가와 가진 것이라곤 노동력뿐인 노동자로 구분된다. 노동력은 사고파는 상품이 되고, 노동자는 자본가에게 고용되어 그를 위해 제품을 만들어 팔아

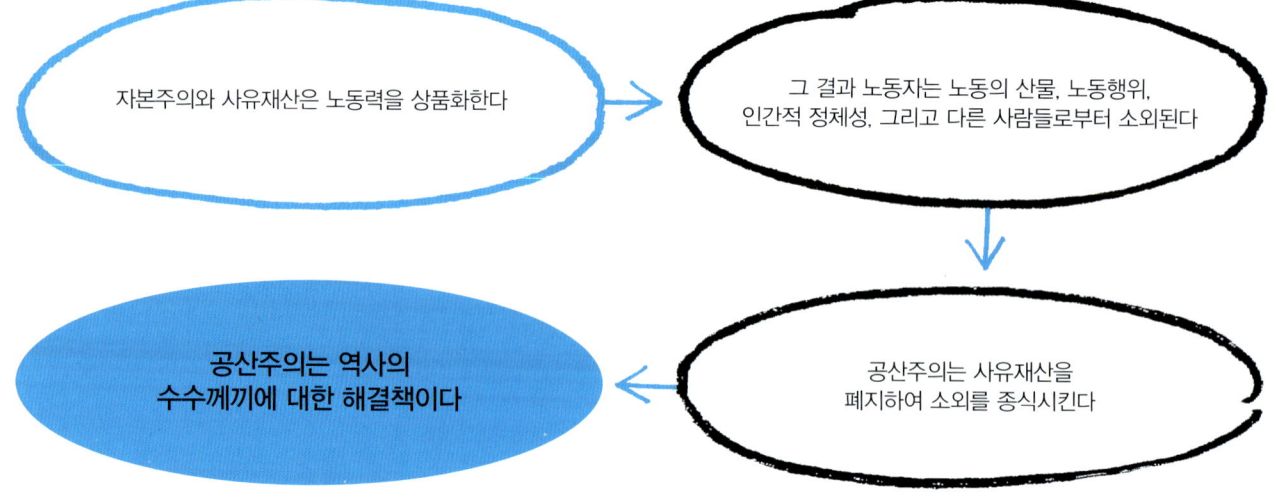

혁명사상 REVOLUTIONARY THOUGHTS

참조 : • 프란시스코 데 비토리아 86~87쪽 • 게오르크 헤겔 156~159쪽 • 피에르 조지프 프루동 183쪽 • 블라디미르 레닌 226~233쪽 • 로자 룩셈부르크 234~235쪽 • 이오시프 스탈린 240~241쪽 • 조모 케냐타 258쪽

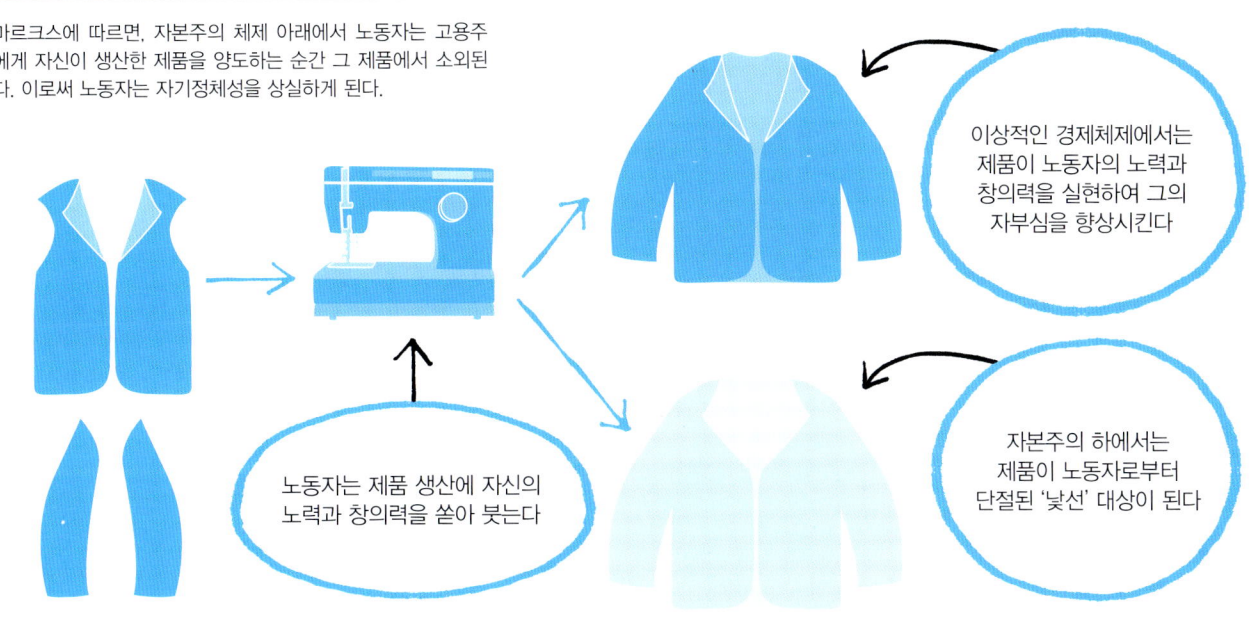

마르크스에 따르면, 자본주의 체제 아래에서 노동자는 고용주에게 자신이 생산한 제품을 양도하는 순간 그 제품에서 소외된다. 이로써 노동자는 자기정체성을 상실하게 된다.

이상적인 경제체제에서는 제품이 노동자의 노력과 창의력을 실현하여 그의 자부심을 향상시킨다

노동자는 제품 생산에 자신의 노력과 창의력을 쏟아 붓는다

자본주의 하에서는 제품이 노동자로부터 단절된 '낯선' 대상이 된다

이익을 창출한다. 마르크스는 이런 구조가 노동의 성취감을 박탈하고 소외와 불만을 야기한다고 주장했다.

이런 소외 중 일부는 노동자가 자본가에게 고용되어 만든 제품이 노동자에게 속하거나 남아 있지 않는다는 점에서 비롯된다. 의류공장에서 재봉사가 만든 옷은 그 공장을 소유한 자본가의 재산이므로, 노동자는 옷을 완성하면 고용주에게 고스란히 넘겨야 한다. 노동자에게 본인이 만든 제품은 그와는 상관없는 '낯선' 대상인 것이다. 노동자가 자신이 속하지 못한 세계를 위해 만드는 제품이 늘어날수록, 그의 내면적 삶은 위축되고 성취감은 줄어든다. 남들이 즐기고 사용할 멋진 물건을 만드는 동안 정작 노동자 본인은 지루함과 한계를 느끼게 된다.

단절된 노동자들

마르크스는 노동자가 노동행위 자체에서도 소외를 겪는다고 주장했다. 자본주의 체제 아래의 노동자는 자신의 고유한 창조성이 아니라 남을 위해 일해야 할 실용적 필요성에 따라 일한다. 노동자는 일을 좋아하지 않는데, 그것은 일이 그의 신체와 정신을 망가뜨리고 그를 불행하게 만들기 때문이다. 일이란 결국 다른 대안이 있다면 선택하지 않을 일종의 강제적 행위가 된다. 노동자가 생산하는 제품과 마찬가지로, 노동행위 역시 그와는 사실상 무관한 외재적 존재가 된다. "그리하여 노동자는 일을 벗어나야만 자신을 되찾고, 일할 때에는 자신을 벗어나 있다고 느낀다." 노동자는 다른 누군가의 지배를 받게 된다. 그의 노동력은 더 이상 그의 것이 아니고, 그의 행위는 더 이상 자발적·창조적이지 않으며, 그를 단지 생산의 도구로 여기는 타인의 지시에 따르게 된다.

이렇듯 노동의 산물과 노동행위에서 소외된 노동자는 급기야 인간적 정체성에서도 소외된다. 인간적 정체성이란 자연의 원재료를 사물로 변형시키는 인간의 능력에 기반을 두므로, 마르크스는 이를 '종적인 존재(species being)'라고 표현한다. 자본주의 체제 아래의 노동자는 이 기본적 정체성과의 연결이 단절된다. 경제적 필요성에 따른 생산행위는 목적을 위한 수단일 뿐, 개

공산주의는 인간의 자기 소외인 사유재산을 적극적으로 지양한다.
카를 마르크스

마르크스는 전 세계 혁명으로 노동자들이 생산수단을 지배하게 되리라 예견했다. 실제 공산주의의 가치를 역설하는 선동을 통해 러시아혁명과 중국혁명이 일어났다.

인의 고유한 정체성을 구현하고 발현하는 방편이 아니기 때문이다. 이런 행위가 인생을 이루므로, 일단 노동행위에서 소외된 노동자는 인간으로서의 자의식마저 상실하고 만다.

사유재산 비판

이처럼 노동의 산물, 노동행위, 인간적 정체성에서 소외된 인간은 점차 서로 간에도 소원해지게 된다. 노동시장을 통해 자신의 본질적 정체성과도 멀어지다 보니, 서로 상대의 정체성에서도 멀어지게 될 것이다. 노동자는 특히, 자신의 축재를 위해 노동자의 노동행위를 지배하고 노동의 결실을 차지하는 자본가와 대립관계에 놓인다.

마르크스는 노동자의 소외가 사유재산에서 비롯된다고 믿었다. 사회가 재산이 있는 자본가와 재산이 없는 노동자로 분열되다 보니 노동자의 소외가 발생한다. 그리고 나면 소외 자체가 이런 분열을 강화시켜 사

> 우리에게 인간의 인간에 대한 착취를 폐지한다는 것보다 더 의미 있는 공산주의의 정의는 없다.
> **체 게바라**

유재산을 영속화한다. 사유재산의 특징은 교환과 '분업'이다. 노동이 전문화되어, 노동자 한 명은 핀 머리만 만들고, 또 한 명은 핀 침만 만들며, 나머지 한 명은 핀 조립만 하는 식이 된다. 자본가들도 특정 제품만 전문적으로 생산하여 서로 교환한다. 이 전 과정에서 노동자는 거대한 경제장치를 이루는 작은 부품이자 일개 톱니로 전락한다.

마르크스는 노동자 소외와 사유재산 축적 과정이 자본주의의 기본 법칙이고, 이 과정에서 인간이 근본적인 본성으로부터 소외되기 때문에 인간사회의 갈등이 고조된다고 보았다. 그러므로 이 문제의 해결책은 임금 인상이 아니었다. 임금이 올라도 노동자는 여전히 노예상태로 남기 때문이다. 소외된 노동과 사유재산은 서로 맞물려 있어, "어느 한쪽이 무너지면 필히 나머지 한쪽도 무너질 터였다."

공산주의라는 해결책

마르크스에 의하면, 공산주의는 사유재산을 폐지하여 노동자 소외에 따른 갈등을 해소함으로써 마침내 자본주의가 봉착한 난제를 해결할 수 있었다. 그러면 인간과 자연, 인간과 인간 사이의 갈등도 사라져 결국 사람들이 본연의 인간성을 되찾을 수 있었다. 인간들 간의 상호작용과 노동은 소외로 인해 그 자체로 목적이 아닌, 경제적 이익을 위한 수단으로 전락했다. 그렇지만 공산주의 아래에서는 그런 행위들이 목적으로서의 본래 위상을 회복하여, 인간의 진정한 가치를 드러낸다. 예를 들어, 노동자들의 연대는 이제 모종의 의무감이 아닌 형제애에서 출발한다. 이처럼 공산주의는 인간을 "사회적 존재로서의 그 자신으로" 되돌리는 것이다.

공산주의가 역사의 수수께끼를 해결한다는 마르크스의 주장은 그가 후기 저작에서 더욱 충실히 발전시킨 그의 역사관으로 뒷받침된다. 그는 역사의 발전이 '유물론적' 또는 경제적 요인들에 의해 결정된다고 믿었다. 인류에게는 물질적 욕구가 있고, 재화를 생산하여 이를 충족시킬 능력도 있다. 재화의 생산방식은 다양하게 조직될 수 있는데, 이 방식에 따라 사회·정치 체계가 결정되고 신념과 이데올로기도 달라진다. 이처럼 마르크스는 유물론적 경제요인이 가장 근본적인 결정요인이자, 결과적으로 역사의 원동력이라고 주장했다.

자본주의의 전복

자본주의는 여러 생산조직 양식 중 하나로서, 인간의 물질적 욕구에 대한 응답이다. 자본주의는 이전의 봉건적 생산 양식이 소멸되면서 등장했다. 자본주의 아래에서 생산력이 발전할수록 노동자의 고통이 두드러지자, 역사는 필연적으로 혁명과, 자본주의를 대체할 공산주의의 미래를 향해 나아가게 된다.

마르크스의 유산

마르크스의 영향력은 실로 엄청나다. 그의 연구는 당장 몇 가지만 꼽아봐도 경제학, 정치이론, 역사학, 문화연구, 인류학, 철학 등의 영역에서 새로운 사조를 낳았다. 마르크스의 사상은 세계를 아우르는 광범위한 분석과 변혁 및 해방의 메시지란 점에서 호소력을 지닌다. 그와 프리드리히 엥겔스가 1848년 『공산당 선언』에서 제시한 예언, 즉 자본주의가 공산주의혁명을 통해 종말을 맞이하리라는 예견은 20세기 정치에 크나큰 영향을 미쳤다. 유럽과 아시아에서 공산주의 체제가 출현하는가 하면, 20세기 내내 공산주의 사상이 수많은 정권과 혁명운동에 영감을 주었다.

마르크스의 유산을 평가할 때의 한 가지 과제는 그가 진정으로 의미한 바와 그의 이름 아래 실제로 행해진 바를 구분하는 것이다. 무엇보다도 공산주의 사상이 여러 시기와 수많은 지역에서 폭정과 전체주의를 정당화하는 데 악용되었기 때문이다. 20세기 말에 이르자 동유럽의 공산권 국가는 거의 다 붕괴되었고, 최대 부국들은 강고한 자본주의 체제를 구축했다. 그래서 마르크스의 자본주의 사회 분석에 여전히 일말의 진실성이 남아 있다고 해도, 마르크스주의와 특히 자본주의의 종말에 대한 그의 예측이 역사적으로 부정당했다고 보는 비평가들이 많다. 그러나 최근 들어서는 21세기 초반의 글로벌 경제위기가 자본주의 체제의 심각한 내적 모순을 드러내는 징후라는 주장에서 마르크스의 사상이 다시 한 번 울려 퍼지고 있다. ■

카를 마르크스

카를 마르크스는 프로이센에서 반유대법 때문에 개신교로 개종한 진보적인 유대인 부모 밑에서 태어났다. 그는 기자로 일하면서 점점 급진적인 정치·경제학에 빠져들었다. 1843년에는 파리로 이주하여 프리드리히 엥겔스를 만나 1848년 『공산당 선언』을 공동 집필했다.

1848년 혁명 이후 프로이센, 벨기에, 파리에서 모두 추방당한 마르크스는 런던에서 망명생활을 하며 경제학과 역사학 연구에 매진했다. 그 결과물이 그의 대표작인 『자본론』이었다. 마르크스는 생활고를 해결하지 못하여 엥겔스에게 재정적 지원을 받으며 소호(Soho)의 슬럼가에서 가난하게 지냈다. 그와 아내는 건강이 안 좋았고, 자식들 몇 명은 일찍 죽고 말았다. 마르크스 본인도 『자본론』 2, 3권이 미처 출간되기 전에 사망했다.

주요 저술

1844년 『경제학-철학 소고 Economic and Philosophic Manuscripts』
1848년 『공산당 선언 Communist Manifesto』
1867년 『자본론 1권 Capital Volume I』 (2권과 3권은 그의 사후인 1885년과 1894년에 출간됨)

프리드리히 엥겔스는 독일의 기업가 집안에서 태어났다. 그는 1842년에 마르크스를 만나 처음에는 그를 싫어했지만, 결국 역사상 가장 광범위한 영향을 미친 선언문을 함께 저술하게 되었다.

공화국을 선포한 자들이 자유의 암살자가 되었다

알렉산드르 헤르첸(서기 1812~1870년)

맥락읽기

이데올로기
사회주의

핵심어
혁명 비판

이전의 관련 역사
서기 1748년 : 몽테스키외가 다양한 정부 형태를 분석하며, 공화정을 군주제 및 전제정치와 구분한다.

서기 1789년 : 프랑스혁명이 시작되어, 프랑스 안팎에서 혁명활동의 시대를 불러온다.

이후의 관련 역사
서기 1861년 : 러시아에서 차르 알렉산드르 2세(Alexander II)가 자유주의자와 급진주의자의 압력에 못 이겨 농노제를 폐지한다.

서기 1890년 : 독일 사회민주당이 합법화되어 개혁적 사회주의 정당을 지향하기 시작한다.

서기 1917년 : 러시아혁명으로 차르 정권이 완전히 물러나고 볼셰비키가 집권한다.

러시아의 혁명가 알렉산드르 헤르첸 (Alexander Herzen)은 유럽의 혁명이 실패로 돌아간 1848년에 에세이 모음집 『다른 쪽 해안에서From the Other Shore』를 쓰기 시작했다. 이 작품에서 그는 새로운 땅을 찾아 항해하다가 돌풍과 폭풍우를 만나는 배의 이미지를 형상화하여, 당대의 희망과 불확실성을 표현했다. 그러나 1850년에 이르면, 헤르첸은 이 책의 후반부에서 개혁에 대한 한층 보수화된 비전 때문에 진정한 혁명의 열망이 꺾이고 배반당했다는 믿음을 드러낸다.

한 에세이에서 헤르첸은 1848년 9월에 프랑스에서 열린 공화국 기념식을 풍자했다. 그는 그 성대한 행사와 구호 아래 '낡은 가톨릭-봉건제의 질서'가 고스란히 남아 있었다고 주장했다. 또 그렇기 때문에 모두에게 진정한 자유를 부여한다는 혁명의 참된 이상이 실현될 수 없었다고 분석했다. 혁명을 지지한다고 공언했던 수많은 자유주의자들이 실은 혁명의 논리적 귀결로 질서가 일소될 것을 두려워했다는 것이다. 실제 그들이 추구한 것은 "검어진 손에 도끼"

프랑스 기아나의 죄수 유형지는 19세기에 더욱 확장되었다. 1789년에 프랑스혁명이 일어났지만, 봉건 시대의 형벌은 계속 유지되었던 것이다.

를 든 노동자의 자유가 아니라 자신들이 속한 무리의 자유일 뿐이라고 헤르첸은 주장했다. 어떻게 보면, 공화국 설립자들이 사슬을 끊고서도 감옥 벽을 그대로 세워둔 채 "자유의 암살자"로 돌변한 것이다. 헤르첸은 사회가 모순에 시달리며 생명력과 창의력을 말살하고 있다고 믿었다. 그의 1848년 혁명에 대한 실망에 많은 이들이 공감했고, 그의 저작들은 이후의 포퓰리스트운동에 영향을 미쳤다. ■

참조 : ▪ 장 자크 루소 118~125쪽 ▪ 게오르크 헤겔 156~159쪽 ▪ 블라디미르 레닌 226~233쪽 ▪ 마오쩌둥 260~265쪽 ▪ 체 게바라 312~313쪽

혁명사상 REVOLUTIONARY THOUGHTS

민족의 자유는 완전히 보장받아야 한다

김구(서기 1876~1949년)

맥락읽기

이데올로기
반식민주의 민족주의

핵심어
민족주권

이전의 관련 역사

서기 15세기 후반 : 스페인, 영국 등 유럽 국가들이 아메리카, 아프리카, 인도양 등을 정복하고 착취한다.

서기 19세기 후반 : 미국, 독일, 러시아, 일본 등 열강이 제국주의적 식민 체제를 확립한다.

서기 1894년 : 한반도에서 반봉건·반외세를 표방한 동학농민운동이 발발한다.

서기 1895년 : 조선의 왕후가 일본의 자객집단에 의해 살해된다.

서기 1910년 : 대한제국이 일본에 통치권을 빼앗기고 국권을 상실한다.

이후의 관련 역사

서기 1940년대 : 제2차 세계대전 이후 반식민주의적 민족 저항으로 수많은 독립 국가들이 탄생한다.

서기 1950년대 : 선진 자본주의 국가들이 신생 독립국들을 정치·경제·군사적으로 종속시키는 양상이 나타난다.

수십 년에 걸친 부패한 관료들의 세도 정치 아래 사회불안이 고조되고, 왕조를 지탱해오던 유교적 관념이 쇠퇴하면서 민중의 사회의식이 강해졌던 19세기 말 조선은, 잇따른 열강의 침입과 내정간섭, 쇄국파와 개화파의 충돌로 근대화에 따른 심각한 통증을 앓고 있었다. 설상가상으로 1895년에는 일본인들에 의해 왕비가 살해당하는 참변이 벌어졌고, 1904년에는 일본에 외교권을 빼앗겼다. 당시 조선의 왕인 고종(高宗)은 1907년 만국평화회의가 열린 네덜란드의 헤이그에 밀사를 파견하여 일본의 침략행위를 고발하고자 했으나 무산되었고, 결국 1910년 한국은 일본에 강제 병합되어 식민국으로 전락했다.

독립운동 전개

조국의 격변기를 고스란히 목격하며 사회의식을 키워나간 청년 김구(金九)는 18세에 동학농민운동에 가담하고 만주에서 의병단으로 활동했다. 20세에 명성황후 시해에 대한 보복조치로 일본인을 살해하여 사형선고를 받기도 했으나 고종 황제 특사로 감형되었고, 복역 중 탈옥했다. 이후 신민회라는 비밀결사에 가입한 김구는 각지에서 구국활동을 전개하다가, 상하이로 망명해 임시정부 활동을 이어나갔다. 한인애국단을 결성해 이봉창, 윤봉길 등의 항일 무력활동을 지휘했으며, 광복군을 조직해 군사작전을 추진하기도 했다. 1945년 제2차 세계대전 종결로 식민통치에서 해방된 후 신탁통치 반대와 정부 수립 추진을 이끌던 김구는, 1949년 우익 테러범에 의해 암살당했다. ■

내 소원은 첫 번째도, 두 번째도, 세 번째도, 우리나라 대한의 완전한 자주독립이다.
김구

참조 : ■ 마하트마 간디 220~225쪽 ■ 무스타파 케말 아타튀르크 248~249쪽 ■ 넬슨 만델라 294~295쪽 ■ 프란츠 파농 304~307쪽

권력에의 의지

프리드리히 니체(서기 1844~1900년)

맥락읽기

이데올로기
니힐리즘(Nihilism)

핵심어
도덕

이전의 관련 역사

서기 1781년 : 칸트가 『순수이성 비판』에서 우리의 사고와 그것이 이해하려는 세계 간의 간극을 묘사한다.

서기 1818년 : 쇼펜하우어가 칸트의 통찰을 받아들여 그 간극은 결코 좁혀질 수 없다고 주장하는 『의지와 표상으로서의 세계』를 발표한다.

이후의 관련 역사

서기 1937년 : 조르주 바타유가 니체에 대한 모든 정치적 해석은 부적절하다고 일축한다.

서기 1990년 : 프랜시스 후쿠야마(Francis Fukuyama)가 『역사의 종말The End of History and the Last Man』에서 자유시장 자본주의의 확실한 승리를 묘사하는 데 니체의 '말인'의 비유를 사용한다.

프리드리히 니체(Friedrich Nietzsche)라는 이름은 여전히 적대감을 불러일으킨다. 그의 광범위하고도 애매모호한 저작과 도덕에 대한 적나라한 비판은, 굳이 대부분 사실무근의 파시즘 연루설까지 들먹이지 않고도 논쟁을 유발한다. 프랑스 철학자 폴 리쾨르(Paul Ricoeur)의 표현을 빌리자면, 니체는 마르크스, 프로이트와 더불어 기존의 통념과 안이한 신념에서 베일을 벗겨내는 데 주력했던 '의심학파(school of suspicion)'의 대가였다. 니체는 존재에서 의미를 찾기란 불가능하다고 믿었던 허무주의 철학자였다.

니체는 전통적인 철학의 체계적 사고에

혁명사상 REVOLUTIONARY THOUGHTS

참조: ▪ 이마누엘 칸트 126~129쪽 ▪ 제러미 벤담 144~149쪽 ▪ 게오르크 헤겔 156~159쪽 ▪ 카를 마르크스 188~193쪽

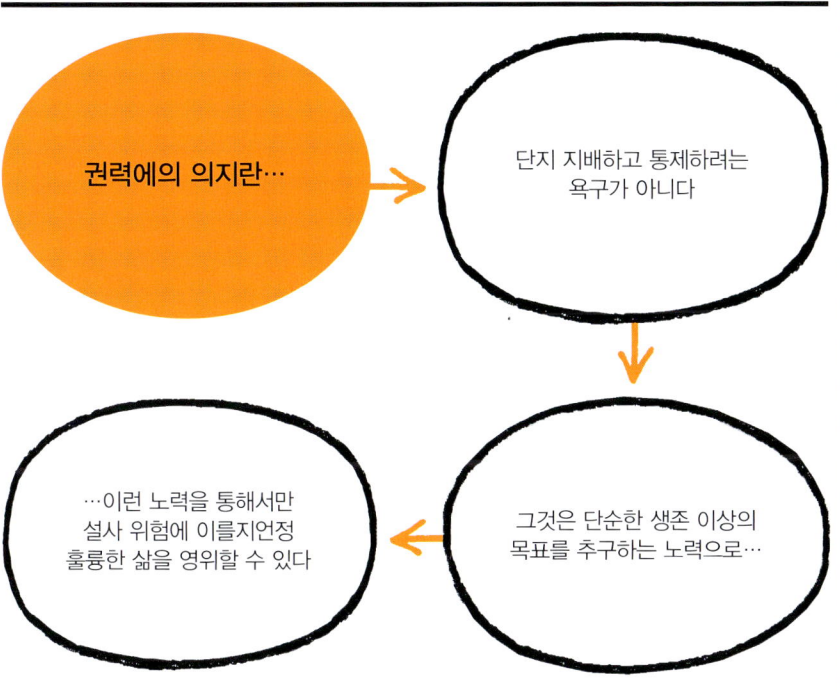

프리드리히 니체

프리드리히 니체는 프로이센의 대단히 종교적인 부모 밑에서 태어났다. 그러나 신학과 문헌학에 대한 공부를 마친 뒤로는 종교를 거부했다. 그는 24세의 젊은 나이에 바젤대학의 고전문헌학 교수로 임명되었고, 그곳에서 작곡가 리하르트 바그너를 만나 친해지면서 초기 저작에 뚜렷한 영향을 받았다. 니체의 학문적 관심은 점차 문헌학에서 철학적 문제로 옮겨갔다. 니체는 존재의 무의미함을 강조하는 허무주의적 입장을 취했지만, 그리스 비극은 이 무의미함을 긍정함으로써 이런 허무주의를 극복했다고 주장했다. 이것이 그의 후기 저작에서 되풀이되던 주제였다.

늘 병마에 시달리던 니체는 1879년 디프테리아에 걸린 후 교수직을 사퇴하고, 유럽에서 수시로 거처를 옮겨가며 글쓰기를 이어갔지만, 큰 반향을 얻지는 못했다. 그는 1889년 몇 차례 정신분열을 일으킨 후 56세가 된 직후에 사망했다.

주요 저술

1872년 『비극의 탄생 The Birth of Tragedy』
1883~1885년 『차라투스트라는 이렇게 말했다 Thus Spoke Zarathustra』
1886년 『선악의 저편 Beyond Good and Evil』
1887년 『도덕의 계보 Genealogy of Morals』

반대하면서도, 정치철학을 지향했던 수많은 족적을 남겼다. 그렇다고 그가 나치의 원형이었다는 일반적 인식이 정당하다는 뜻은 아니다. 니체는 반유대주의자가 아니었고 오히려 반유대주의와 그에 수반되는 민족주의가, 실패한 개인들이 자신들의 실패의 책임을 타인에게 전가하는 수단이라고 보았다. 니체가 친구인 리하르트 바그너(Richard Wagner)와 결별한 것도 부분적으로는 바그너의 인종차별주의와 민족주의 성향이 점점 강해졌기 때문이었다. 그러나 이런 그도 여동생이 작품을 훼손하는 것까지 막지는 못했다. 그녀는 니체가 말년에 병 때문에 일을 못하게 되자, 자기라도 편집을 끝내야 한다고 생각했다. 그래서 니체의 많은 저작을 자신이 속한 독일 민족주의 및 반유대주의 집단에 우호적으로 수정하려 애썼다.

권력에의 의지

"권력에의 의지(will to power)"라는 니체의 유명한 말은 그가 주저로 여겼던 『차라투스트라는 이렇게 말했다』라는 얇은 책에서 처음 등장했다. 이 밀도 높고 문학적인 텍스트에서, 주인공인 차라투스트라[고대 페르시아 종교의 창시자 조로아스터(Zoroaster)의 독일식 이름]는 폐허가 된 세상을 살펴보며 군중에게 새로운 사고방식과 생활방식을 가르치려 한다. 이 작품은 전형적인 철학서나 정치서가 아니다. 문체상으로는 서사시에 가깝고, 중요한 주장도 대부분 직접 제시되기보다 비유적으로 표현된다. 그러나 핵심주제만큼은 명확하다.

니체에게 권력에의 의지란 단순히 지배하고 통제하려는 욕구가 아니다. 그가 말한 권력에의 의지는 비단 타인을 향한 것만이 아니다. 그보다 그가 인간의 행동에 동기를 부여하는 요인이라 믿고 있던 인생의 목

표와 극도의 성취감을 끝없이 추구하는 태도를 의미했다. 그 목표가 실제로 무엇인지는 상관없이 말이다. 이 개념을 발전시킬 때 니체는 독일 철학자 아르투어 쇼펜하우어(Arthur Schopenhauer)의 책에서 압도적인 영향을 받았다. 쇼펜하우어는 어떤 가치도 의미가 없는 현실을 암울하게 묘사했고, 이런 현실은 우주의 모든 생명이 죽음이라는 종말을 피하기 위해 필사적으로 노력하는 '생의 의지(will to live)'를 통해서만 밝아질 수 있다고 믿었다. 반면 니체는 동일한 개념을 긍정적으로 발전시켜, 무언가를 피하기 위한 노력이 아니라 얻기 위한 노력으로 보았다.

니체는 권력에의 의지가 생의 의지보다 더 강하다고 주장한다. 최대의 특권을 누리는 인간이라도 목숨을 걸면서까지 목표를 추구할 때가 있다. 원초적인 생존보다 더 중요한 가치가 분명히 존재하고, 그런 가치를 손에 넣으려는 의지야말로 훌륭한 인생의 특징이라는 것이다.

만족 비판

권력에의 의지는 당대 사회철학을 지배하던 공리주의 사상에 대한 응답이었다. 공리주의에 따르면 사람들은 단순히 자신의 행복을 추구하고, 만족하는 데 인생의 최대 목표를 둔다. 니체는 공리주의가 영국 부르주아 계급, 즉 행복하고 철저히 속물적인 이들의 사상을 천박하게 표현한 것으로, 사회철학을 위기에 빠뜨리고 있다고 생각했다.

『차라투스트라는 이렇게 말했다』에는 이런 식의 사회사상에 반박하는 주장이 담겨 있다. 이 책에서 묘사하는 '말인(末人, Last Man)'은 자족한 채 소극적으로 세상을 내다보며 "눈만 깜빡이는" 딱한 존재다. 말인은 모든 유의미한 투쟁이 중단될 때 역사 자체의 종말을 알리는 전조인 것이다.

그러나 만약 우리가 단지 현실에 만족하지 않고 더 높은 목표를 추구해야 한다면, 그 목표가 무엇이어야 하는가라는 질문이 남는다. 니체는 목표가 되지 말아야 할 것에 대해서는 명쾌했다. 차라투스트라는 최초로 도덕체계를 구축했던 자로서 이제 그것을 파괴하는 자가 되어야 했다. 우리의 도덕은 저열하고, 우리가 숭배하는 신은 우리 자신의 부족함을 드러낼 뿐이었다. 니체는 "신은 죽었다"고 썼다. 마찬가지로 이런 도덕에 갇혀 있는 우리 인간 역시 이것을 극복해야 했다. "인간은 초극되어야 할 그 무엇이다. 그대들은 자신을 극복하기 위해 무엇을 했는가?"라고 차라투스트라는 군중에게 질문을 던진다.

낮은 도덕의 거부

니체는 후기작 『선악의 저편』과 『도덕의 계보』에서 기존 도덕과 절연해야 한다는 주장을 명확히 밝힌다. 두 작품 모두 '선'과 그 대립항인 '악'이 반드시 짝을 이루던 서양 도덕의 역사와 그에 대한 비판을 제시한다. 니체는 이런 형태의 도덕적 사고가 현재의 모든 도덕체계의 근간을 이루고, 그 자체도 고대의 귀족적 질서에 대한 선호도 수준에 기반을 둔다고 믿었다. '주인'의 도덕은 고대 그리스 때부터 도덕적 사고의 주요 체계로 등장하며, 세계를 '선'과 '악', '삶의 긍정'과 '삶의 부정'으로 나누었다. 건강, 힘, 부와 같은 귀족의 특징은 선에 해당했고, 반대로 질병, 나약함, 가난과 같은 '노

> **성직자들은 가장 사악한 적이다. 그들 내면에서는 증오가 기괴하고 섬뜩할 정도로 자라나, 가장 종교적이고도 유독한 종류의 증오가 된다.**
> 프리드리히 니체

니체는 공리주의 사회철학이 수동적이고 속물적이며 궁극적으로 자신의 만족에만 신경 쓴다는 점에서 우리에 갇힌 돼지와 같다고 비난했다.

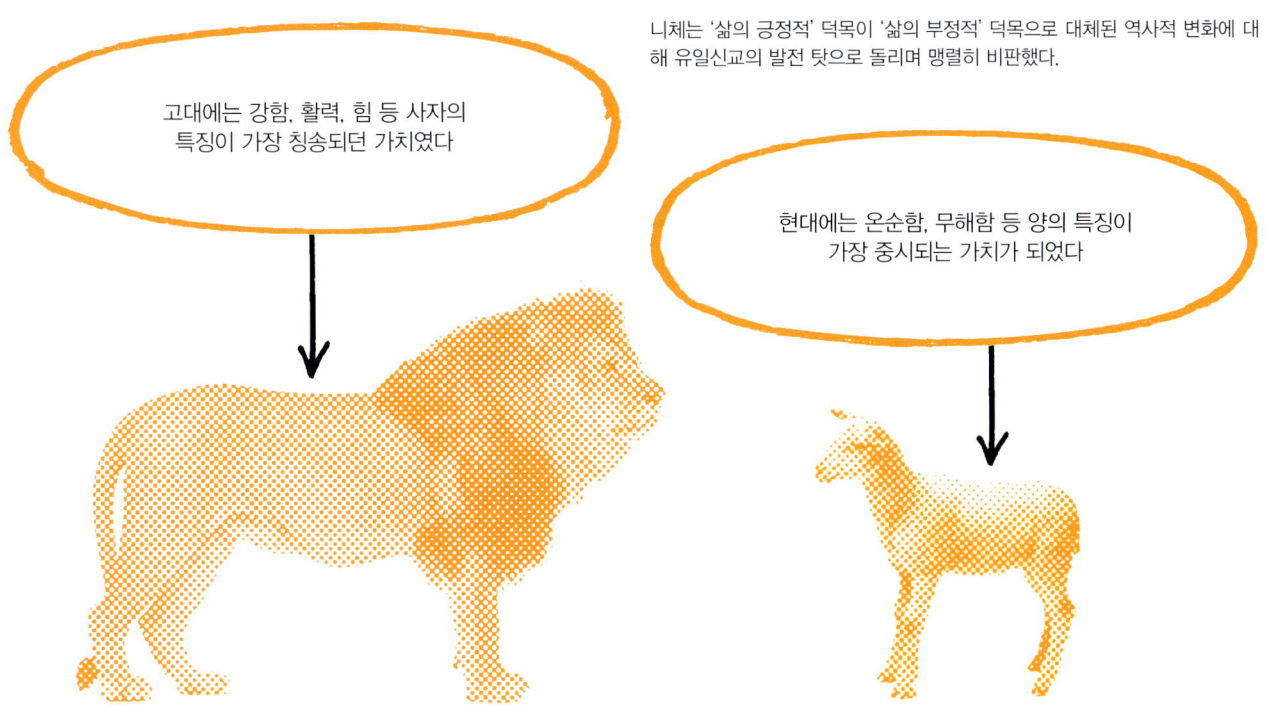

예'의 특징은 악에 해당했다.

그러나 노예들은 주인의 도덕에 맞서 독자적인 도덕체계를 발전시켰다. 이 새로운 노예의 도덕은 주인의 도덕과 정반대의 입장을 취하며, 자신들의 덕목이 선이라고 주장했다. 주인의 도덕의 가치를 전복시켜, 주인의 도덕이 힘을 찬양했다면 노예의 도덕은 약함을 찬양하는 식이었다. 이를 통해 노예들은 자신의 현실적인 사회적 위상에 따라 살면서도 자기혐오와 분노에 빠지지 않을 수 있었다. 예를 들면 노예의 도덕은 인간의 선천적인 불평등을 부정하고 노예와 주인 간의 이상적이고도 허위적인 평등을 주장함으로써, 노예들이 스스로 주인과 평등하다고 생각할 방도를 제시했다. 현실에서는 물론 그렇지 않았지만 말이다. 니체는 이 노예의 도덕을 특히 기독교 및 유대교와 관련지으며, 이런 종교들이 인생의 문제에 대해 환상에 불과한 해결책을 제시한다고 비판했다.

『차라투스트라는 이렇게 말했다』에서 니체는 조직화된 종교의 신을 타도한 자리에 '초인(Übermensch)'의 형상을 제시한다. 인간은 단지 동물에서 초인으로 넘어가는 가교일 뿐이다. 그러나 초인도 완성된 존재는 아니고, 인간보다 지적·생물학적으로 진화된 존재는 더더욱 아니다. 초인은 자신을 완전히 지배하고, 자신의 진실을 추구하며, '대지에 대한 충실성'을 지키고, 어떤 종류이든 '다른 세상의 진실'을 논하는 자들을 거부하는 존재다.

반정치적 사고

이런 극도의 개인주의 때문에 일각에서는 니체가 반(反)정치가였다고 주장한다. 정치적인 논조에도 불구하고, 니체의 도덕에 대한 거부는 공공영역에 대한 이해와는 무관한 니힐리즘을 전제로 한다. 니체는 개인에 대해서만 글을 썼을 뿐, 운동이나 조직에 대해서는 쓰지 않았다. 이런 의미에서 그는, 프랑스 철학자 조르주 바타유(Georges Bataille)의 표현대로 "좌우의 저편"에 있었다. 그럼에도 니체는 좌·우파 정치사상가에게 모두 깊은 영향을 미쳐왔다. 프랑스 철학자 질 들뢰즈(Gilles Deleuze)는 『니체와 철학Nietzsche and Philosophy』에서 니체의 권력에의 의지에 대한 관심을 강조했다. 들뢰즈는 권력에의 의지가 모든 것을 구별 짓고 다르게 만드는 원동력이자 기존 세계에 대한 모든 초월적이거나 초자연적인 주장을 '경험적으로' 거부하는 중심이라고 보았다. 니체는 들뢰즈의 손을 거쳐 차이의 철학자이자 속박에 저항하는 철학자로 거듭났다. 관습적인 도덕은 오로지 "인생을 비하하는 슬픈 정념"에 이를 뿐이었다. 니체는 그 후 (마르크스주의처럼 해방을 목적으로 하는 체제를 비롯하여) 각종 지배체계를 연구하는 후기 구조주의 사상가들 사이에서 중요한 위상을 차지하게 되었다. ∎

신화는 그 자체로 중요하다

조르주 소렐(서기 1847~1922년)

맥락읽기

이데올로기
생디칼리슴(Syndicalism)

핵심어
영웅 신화

이전의 관련 역사

서기 1848년 : 혁명이 전 유럽을 휩쓰는 가운데 카를 마르크스와 프리드리히 엥겔스가 『공산당 선언』을 출간한다.

서기 1864년 : 사회주의와 무정부주의 세력이 합심하여 런던에서 국제노동자연맹, 이른바 '제1인터내셔널'을 창설한다.

서기 1872년 : 사회주의와 무정부주의 세력의 분열로 제1인터내셔널이 붕괴된다.

이후의 관련 역사

서기 1911년 : 소렐의 지지자들이 반민주주의 사상을 고취하기 위해 프루동 서클(Cercle Proudhon)을 결성한다.

서기 1919년 : 소설가 엔리코 코르라디니(Enrico Corradini)가 이탈리아 민족주의와 생디칼리슴을 결합시키기 위해, 이탈리아가 '프롤레타리아 국가(proletarian nation)'라고 주장한다.

- 사회는 점점 거대한 두 계급, 즉 노동자와 관리자로 분열되어간다
- 의회 민주주의는 노동계급을 실망시키고 중간계급만을 지지한다
- 노동계급은 믿을 수 있는 위대한 신화가 필요하고, 폭력을 통해 실행에 옮김으로써 이를 실현할 것이다
- **신화는 그 자체로 중요하다**

20세기 전환기에 유럽은 발달된 자본주의 사회를 이루고 있었다. 자본주의에서 창출된 부와 산업이 놀랄 만큼 집중되면서, 새로운 거대한 사회세력이 출현했다. 바로 산업 노동자계급이었다. 이에 노동자 유권자를 지지기반으로 하는 정치 정당이 등장했고, 선거에 미치는 영향력이 커지면서 점차 안정된 조직으로 자리 잡았다. 그러나 이 정당들은 의회정치에 연연하며 기존 체제 내에서 조금씩 양보를 얻어내는 데만 힘썼으므로, 많은 급진주의자들의 눈에는 그저 기성사회의 또 다른 버팀대로만 보일 뿐이었다.

조르주 소렐(Georges Sorel)은 카를 마르크스, 프리드리히 니체, 프랑스 철학자 앙리 베르그송(Henri Bergson)에게 종합적으로 영향을 받은 독특한 작품세계에서 이런 관료화에 이의를 제기했다. 그는 주요 에세이 모음집인 『폭력에 대한 성찰』에서 객관적인 과학이란 단지 본질적으로 혼란스럽고 비논리적인 현실에 질서를 부여하기 위해 구성된 '허구' 체계일 뿐이라고 일축한다. 게다가 그런 현실 중에서도 가장 혼란스런 부분인 인간사회를 마치 이성적으로 이해해야 할 대상처럼 다루는 것은 인간의 상상력과 창조력에 대한 모독이라고 믿었다.

혁명사상 REVOLUTIONARY THOUGHTS

참조 : • 카를 마르크스 188~193쪽 • 프리드리히 니체 196~199쪽 • 에두아르트 베른슈타인 202~203쪽 • 블라디미르 레닌 226~233쪽 • 로자 룩셈부르크 234~235쪽

사회주의가 현대 세계를 구원하기 위한 숭고한 윤리적 가치들은 바로 폭력에서 나오는 것이다.

조르주 소렐

신화의 힘

소렐은 객관적인 과학과 사회이론 대신 위대한 신화에 의지하여 현실을 바꿀 수 있다고 제안한다. 실제로 대중은 자기 자신과 새롭게 도래할 세상에 대한 영웅적인 신화를 믿음으로써 기존 사회를 전복할 수 있었다. 의회 민주주의는 그저 '평범한' 새로운 중간계급에 나머지 사회 전체를 지배할 수단을 제공하여, 사회주의자들까지 의회정치로 끌어들임으로써 실패했다. 이성과 질서가 자유와 행동을 대체하게 된 것이다. 정통 마르크스주의 역시 경제가 역사를 결정하는 사회에 대한 '과학적' 이해를 제시하려 했다는 점에서, 중간계급에 의한 지배의 불씨를 품고 있었다.

부르주아적 이성의 지배를 무너뜨리려면, 굳게 믿고 실천에 옮길 수 있는 신화가 있어야 했다. 소렐은 '폭력'을 통해 신화가 실현될 수 있다고 보았다. 그리고 그런 신화와 실천의 사례로 초기 기독교의 기독교 무장단체부터 프랑스혁명을 거쳐 당대의 혁명적인 노동조합주의자들까지 상세히 열거했다.

생디칼리슴(Syndicalism)은 노동조합주의운동의 가장 전투적인 진영으로서, 정치적 책략은 노동자의 이해관계를 변질시킨다는 이유로 거부했다. 모든 조업을 단체로 중단하는 총파업이야말로 생디칼리슴 전략의 정점이었고, 소렐은 이것이 바로 새로운 사회를 구축할 현대판 신화라고 믿었다. "영웅적인 폭력"은 새 사회를 수립하기 위한 윤리적이고도 필수적인 노선으로 환영받아 마땅했다.

소렐의 연구는 양면적이다. 그는 정치적 분류를 거부하고, 그의 사상은 정치적 좌·우 성향을 쉽게 판가름하기 어려움에도 불구하고 양쪽 모두에서 적절히 이용되었다. ■

1980년대 영국의 광부 파업은 영웅적 힘에 고취된 집단시위의 사례로서, 소렐의 급진적 사상과 상당 부분 맥을 같이했다.

조르주 소렐

조르주 소렐은 프랑스 셰르부르에서 태어나 토목기사로 일하다가 사회문제를 연구하기 위해 오십대에 은퇴했다. 독학으로 사회이론가가 된 그는 초기에 에두아르트 베른슈타인의 '수정주의' 마르크스주의에 따르다가 점차 의회정치에 대한 더욱 급진적인 도전에 나서게 되었다. 그의 에세이는 프랑스의 급진좌파에서 넓은 독자층을 확보했다. 소렐은 처음에는 의회정치에 반대하며 혁명적인 생디칼리슴과 프랑스의 노동총동맹(CGT) 창설을 지지했다. 그러나 이내 환멸을 느낀 후, 귀족과 노동자의 연합으로 중간계급의 프랑스 사회를 타도할 수 있다고 믿고 극우운동인 악시옹 프랑세즈(Action Francaise)로 돌아섰다. 그 후 제1차 세계대전을 맹렬히 비난하며 러시아의 볼셰비키를 지지하다가 말년에 가서는 볼셰비즘과 파시즘에 대해 양면적인 입장을 취했다.

주요 저술

1908년 『폭력에 대한 성찰 Reflections on Violence』
1908년 『진보의 환상 The Illusions of Progress』
1919년 『프롤레타리아 이론의 자료 Matériaux d'une Thérie du Prolétariat』

우리는 노동자를 있는 그대로 받아들여야 한다

에두아르트 베른슈타인(서기 1850~1932년)

맥락읽기

이데올로기
사회주의

핵심어
수정주의

이전의 관련 역사
서기 1848년 : 카를 마르크스와 프리드리히 엥겔스가 『공산당 선언』을 발표한다.

서기 1871년 : 독일 사회민주당(SPD)이 마르크스주의를 채택하고, 급진적인 사회주의 선언인 고타 강령(Gotha Programme)을 수용하기로 결정한다.

이후의 관련 역사
서기 1917년 : 러시아에서 10월혁명으로 자본주의 체제가 전복된다.

서기 1919년 : 독일에서 공산주의혁명이 진압된다.

서기 1945년 : 영국에서 복지 공약으로 당선된 노동당 정부가 혼합경제를 도입하기 위해 개혁을 단행한다.

서기 1959년 : 독일 사회민주당이 바트고데스베르크 전당대회(Bad Godesberg Conference)에서 마르크스주의와 공식적으로 결별한다.

1890년대 초반까지 좌익세력인 독일 사회민주당의 전망은 충분히 낙관적이었다. 1878년에 불법정당으로 규정된 후 10년 동안 당 지지세는 오히려 확장일로였던 것이다. 이 유럽을 대표하는 사회주의 정당의 행보에 전 유럽의 좌파들이 뒤따랐고, 당내의 논의가 곧 운동 전체의 이론적 기틀로 정립되었다. 1890년에 합법화되었을 때, 사회민주당 앞에는 집권을 향한 탄탄대로가 펼쳐진 듯했다. 그러나 당 지도부의 에두아르트 베른슈타인(Eduard Bernstein)이 지적했듯이, 문제가 하나 있었다. 사회민주당은 사회주의적 미래를 지향하며, 마르크스주의 정책에 따랐다. 그러나 당이 안정기에 접어들고 불법조직이라는 불안요인이 제거되자, 정당활동이 방향성을 잃게

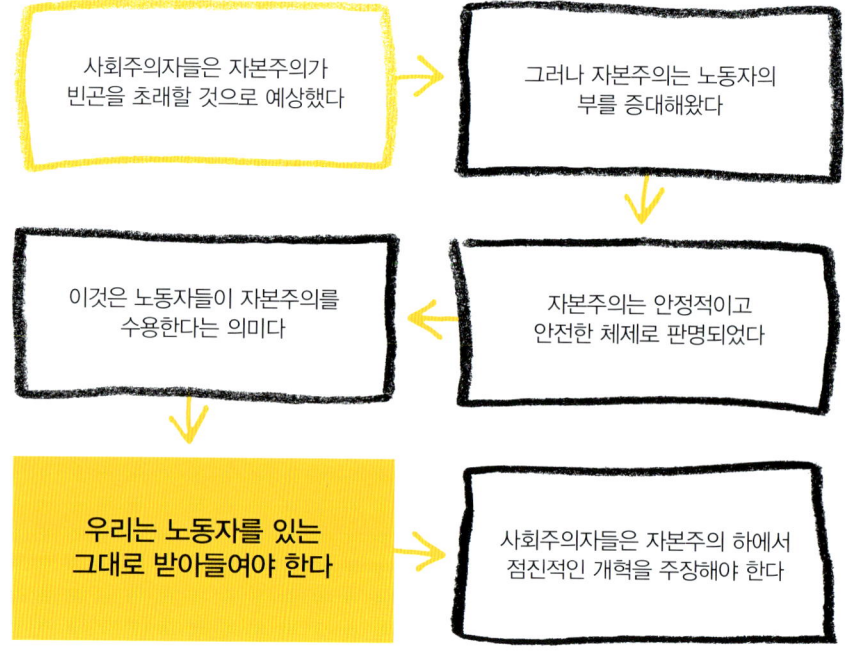

혁명사상 REVOLUTIONARY THOUGHTS

참조: • 카를 마르크스 188~193쪽 • 블라디미르 레닌 226~233쪽 • 로자 룩셈부르크 234~235쪽

되었다. 당원들은 여전히 사회변혁이 필요하다고 목소리를 높였지만, 실제 당은 의회 입법활동을 통해 변화를 모색하는 점진적 노선에 따르고 있었던 것이다.

베른슈타인은 이런 모순에 정면으로 도전했다. 1890년대부터 그는, 노동자들이 필연적으로 빈곤으로 내몰려 혁명으로 나아가게 된다는 등의 마르크스의 여러 예견이 실현되지 못했다고 반박했다. 오히려 자본주의가 작은 개혁을 통해 단계적으로 사회주의에 이를 수 있는 안정적인 체제로 판명되었다는 주장이었다.

점진적인 변화

베른슈타인은 1899년에 저서 『점진적 사회주의 Evolutionary Socialism』를 발표하여 사회민주당 내에서 일대 논쟁을 일으키며, 다음 세기의 사회주의 사상가를 위한 핵심논제를 규정하게 되었다. 바로 '자본주의를 받아들여 작은 개혁이라도 얻을 것인가, 아니면 자본주의를 타도할 것인가?'의 문제였다. 이 논쟁의 중심에는 과연 노동자

독일 노동자들은 임금 및 노동조건 개선을 위해 파업할 권한을 얻었다. 베른슈타인은 노동계급이 자본주의 내에서도 중요한 권리를 얻어낼 수 있다고 믿었다.

모든 선진국에서 자본주의 부르주아 계급의 특권이 민주적인 조직에 단계적으로 이전되는 것을 볼 수 있다.
에두아르트 베른슈타인

의 머릿속에서는 무슨 일이 벌어지는가에 대한 입장차가 존재했다. 마르크스는 노동계급이 일단 스스로의 잠재력을 깨닫고 나면 사회를 사회주의로 이끌어갈 것이라 예견했다. 그러나 현실에서는 반대로 자본주의 체제 내에서 부분적인 개혁을 추구하는 정당에 대한 지지를 확대하는 쪽으로 귀결되었다. 베른슈타인은 노동자들이 혁명적인 결론에 도달할 것이라는 생각은 버리라고 제언했다. 대신 현 세계에 대한 노동자들의 실질적 믿음을 직시하고, 바로 그 지점에서 출발해야 했다. 이로써 최초로 '수정주의' 또는 점진적 사회주의가 견고한 이론으로 제시되었다.

정통 마르크스주의는 여기에 격하게 반발했고, 베른슈타인의 생전에 사회민주당에서 그의 견해를 공식적으로 채택한 적은 없었다. 사회민주당이 공식적으로 마르크스주의를 포기한 것은 1959년 바트 고데스베르크 전당대회 때였다. 그러나 공식 입장과는 무관하게, 사회민주당의 실제 정치활동은 훨씬 오래전부터 베른슈타인이 주장한 노선에 따르고 있었다. ■

에두아르트 베른슈타인

에두아르트 베른슈타인은 독일 사회주의운동의 마르크스주의 진영에 가입하면서 22세에 사회주의자가 되었다. 1878년에 사회주의 조직활동을 금하는 반사회주의자법이 통과되자, 스위스와 런던으로 옮겨갔다. 그는 프리드리히 엥겔스 등 다른 망명자들과 어울리며, 동료로서 두터운 친분을 쌓았다.

베른슈타인은 취리히로 돌아와 새로 통합된 사회민주당의 기관지 편집장이 되었다. 1890년에 당이 합법화되자, 그는 신문에서 좀더 온건한, '수정주의' 형태의 사회주의를 주창하기 시작했다. 1901년에는 독일로 복귀하여 이듬해에 제국의회 의원으로 당선되었다. 그는 제1차 세계대전에 반대하여 1915년에 사회민주당과 절연하고, 독일독립사회당(USPD)이라는 새로운 조직을 결성했다. 그러다 1920년부터 1928년까지는 다시 사회민주당 국회의원으로 활동했다.

주요 저술

1896~1898년 『사회주의의 문제들 Problems of Socialism』
1899년 『사회주의의 전제와 사회민주당의 과제 The Prerequisites for Socialism and the Tasks of Social Democracy』

라틴아메리카의 최대 위협요인은 가공할 이웃국가를 경시하는 것이다

호세 마르티(서기 1853~1895년)

맥락읽기

이데올로기
반제국주의

핵심어
미국의 간섭

이전의 관련 역사
서기 1492년 : 크리스토퍼 콜럼버스가 일부 스페인의 지원을 받아 신대륙을 탐험한다.

서기 1803년 : 베네수엘라가 라틴아메리카 국가 중 최초로 스페인의 지배에 맞서 반란을 일으킨다.

이후의 관련 역사
서기 1902년 : 쿠바가 미국에서 공식적으로 독립했으나, 관타나모 만 해군기지는 여전히 미군 소속으로 남는다.

서기 1959년 : 쿠바의 독재자 바티스타(Batista) 장군이 피델 카스트로(Fidel Castro)의 7·26운동으로 축출된다.

서기 1973년 : 칠레에서 국민선거로 선출된 대통령 살바도르 아옌데(Salvador Allende)가 미국 CIA의 사주를 받은 쿠데타로 물러나고, 준타(Junta)라는 군사독재정권이 들어선다. 1980년까지 라틴아메리카 전역을 준타가 지배했다.

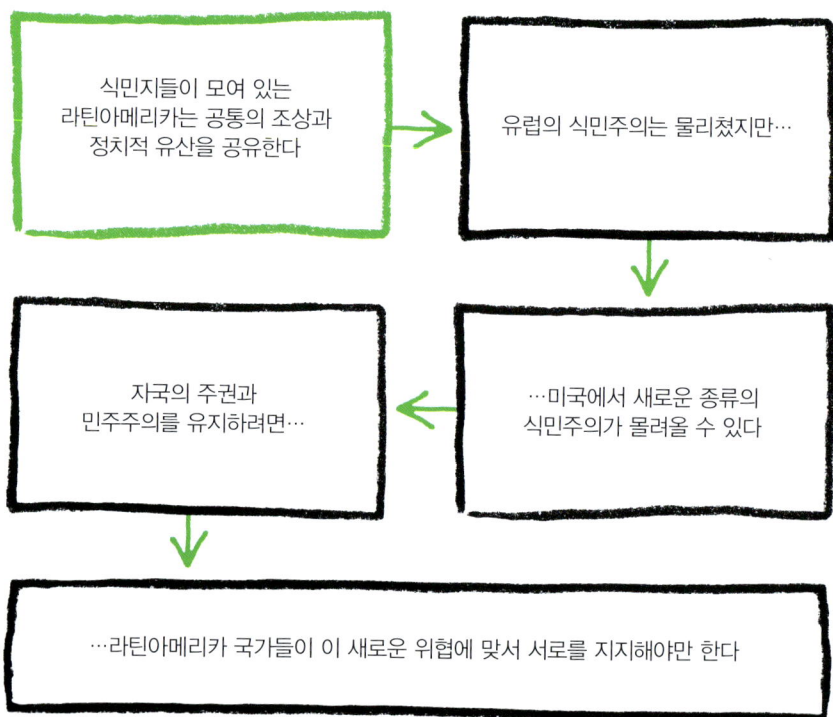

식민지들이 모여 있는 라틴아메리카는 공통의 조상과 정치적 유산을 공유한다 → 유럽의 식민주의는 물리쳤지만… → …미국에서 새로운 종류의 식민주의가 몰려올 수 있다 → 자국의 주권과 민주주의를 유지하려면… → …라틴아메리카 국가들이 이 새로운 위협에 맞서 서로를 지지해야만 한다

19세기에 이르자 스페인과 포르투갈의 식민지 통제력이 약해졌다. 프랑스혁명과 미국 독립혁명은 당시 식민지였던 라틴아메리카 전역에서 유럽의 지배에 대항한 일련의 봉기가 일어나는 계기가 되었다. 1830년대에 이르자 이 식민지들 대부분이 공식적인 독립을 인정받고, 푸에르토리코와 쿠바만이 직접적인 식민지배 아래 남게 되었다.

호세 마르티(José Martí)는 쿠바의 독립투쟁을 이끈 지도자들 중 하나였다. 스페인 제국과의 싸움이 진행되는 동안, 19세기 후반기의 연이은 반란과 전쟁을 통해 마르티는 라틴아메리카의 주권을 위협하는 훨씬

참조: ■ 시몬 볼리바르 162~163쪽 ■ 에밀리아노 사파타 246쪽 ■ 스메들리 D. 버틀러 247쪽 ■ 체 게바라 312~313쪽 ■ 피델 카스트로 339쪽

> "권리는 요구하는 것이 아니라 획득하는 것이고, 구걸하는 것이 아니라 빼앗는 것이다."
>
> 호세 마르티

중대한 요인을 명확히 인식하게 되었다.

북쪽에서 미국은 1776년에 13개 주의 식민지가 독립을 선언하고 1783년에는 미국 독립전쟁에서 승리하는 등 자국의 독립을 위해 싸워왔다. 그러다가 1865년에 미국 남북전쟁이 끝날 때쯤에는 이 연방공화국이 대륙 북부의 대부분을 지배하며 국경 밖을 넘보고 있었다.

1823년의 먼로 독트린(Monroe Doctrine)에서 미국 대통령 제임스 먼로(James Monroe)는 미국이 유럽의 식민주의에 반대 입장을 고수하며 구(舊)세계가 아메리카에서 식민지를 세우거나 확대하려는 어떠한 시도도 공격행위로 간주하겠다고 선언했다. 결정적으로 먼로 독트린은 북부 및 남부 아메리카가 똑같이 미국의 보호 아래 놓여 있는 것으로 상정했다.

새로운 식민열강

라틴아메리카의 혁명가들은 처음에는 먼로 독트린을 열렬히 환영했다. 베네수엘라의 지도자 시몬 볼리바르도 이제 그들의 자유를 위해 싸울 강력한 동맹국이 생겼다고 믿었다. 그러나 미국은 세를 불려가는 과정에서 점점 이 독트린을 자국의 '영향권' 지배를 정당화하는 목적으로 이용했다.

마르티는 말년에 이르러서도 라틴아메리카가 힘들게 얻은 자유를 지키기 위해 공동으로 맞서야 한다고 주장했다. 북쪽에서 등장하는 잠재적인 식민열강에서 민주주의에 대한 새로운 위협을 발견했던 것이다. 아울러 그는 미국이 라틴아메리카에 미치는 영향에 개의치 않고 자국의 경제적·정치적 이해관계를 추구할 것이라며, 라틴아메리카가 다가올 세기에 떠안게 될 반제국주의라는 공통의 과제를 분명히 알리는 데 힘썼다.

마르티는 1895년에 사망했다. 3년 후에 미국은 스페인에서 쿠바 지배권을 넘겨받았다. 제2차 세계대전 이래로 미국은 이 지역에서 군사 쿠데타와 독재정권을 지원한다는 비난을 받아오고 있다. ■

1973년에 미국에서 사주받은 라틴아메리카의 여러 군사 쿠데타 중 하나로, 칠레에서 대통령궁이 폭격당하고 사회주의자 대통령 살바도르 아옌데가 사망했다.

호세 마르티

호세 마르티는 쿠바의 저널리스트, 시인, 수필가 겸 혁명가였다. 당시 스페인의 지배를 받던 하바나(Havana)에서 태어난 그는 1868년 스페인에 대항한 10년 전쟁(Ten Years' War)이 터지자 쿠바 독립운동에 적극 뛰어들었다. 그 결과 1869년에 반역죄로 붙잡혀 6년형을 선고받았다. 그는 병에 걸려 스페인으로 유배되어, 그곳에서 학업을 이어갔다.

마르티는 법학과를 졸업하자마자 미국을 순회하며 라틴아메리카의 독립과 단결을 촉구했다. 1892년에는 쿠바혁명당(Cuban Revolutionary Party)을 창당했다. 마르티는 1895년에 스페인에 맞서 독립전쟁을 벌이던 중에, 5월 19일의 도스 리오스(Dos Ríos) 전투에서 전사했다. 쿠바는 미국이 스페인-미국 전쟁으로 참전한 1898년에 마침내 스페인에서 해방되었다.

주요 저술

1891년 《우리들의 아메리카Our America》 (에세이)

1891년 《단순한 시구Simple Verses》 [쿠바의 가장 유명한 애국민요 '관타나메라(Guantanamera)'의 가사도 이 시에서 따온 것임]

1892년 《조국La Patria》

승리하려면 과감히 맞서야 한다

표트르 크로폿킨(서기 1842~1921년)

맥락읽기

이데올로기
무정부주의적 공산주의
(anarcho-communism)

핵심어
정치행위

이전의 관련 역사

서기 1762년 : 장 자크 루소가 『사회계약론』을 저술하며 "인간은 자유롭게 태어났지만 어디에서나 쇠사슬에 얽매여 있다"고 선언한다.

서기 1840년 : 피에르 조지프 프루동이 『소유란 무엇인가?』에서 자신을 무정부주의자라고 칭한다.

서기 1881년 : 상트페테르부르크에서 차르 알렉산드르 2세가 암살당한다.

이후의 관련 역사

서기 1917년 : 러시아에서 볼셰비키 세력이 집권한다.

서기 1960년대 : 유럽과 미국에서 반문화운동 세력이 빈 건물을 무단 점유하고 공동체를 형성한다.

서기 2011년 : 글로벌 경제위기 동안 월스트리트에서 경제적 불평등에 항의하는 점령시위가 벌어진다.

19세기 말의 제정 러시아는 파시즘부터 급진적 공산주의까지 온갖 새로운 사회운동의 온상이었다. 명문 귀족 출신이었지만 특권적 삶을 거부했던 표트르 크로폿킨(Peter Kropotkin)은 권위의 파괴를 주장했던 그 시대의 산물이었다. 크로폿킨은 1892년 저서 『빵의 쟁취The Conquest of Bread』에서 인간은 최고의 장점인 협동력 덕분에 모든 억압구조를 타파할 수 있다고 주장했다. 그는 노동운동을 전개하면서 성직자부터 자본가까지 온갖 압제자를 타도하고 상호 존중과 협력을 바탕으로 새로운 사회를 구축할 가능성을 확인했다. 그는 오늘날 무정부주의적 공산주의로 알려진 원칙, 즉 국가와는 무관한 협력적이고 평등주의적인 사회에 대한 신념을 제시했다.

행동의 촉구

무정부주의는 행동의 이론으로, 크로폿킨은 자신의 말을 경청하는 이들에게 늘 행동하라고 촉구했다. 그는 1917년의 볼셰비키혁명에는 동조했지만, 그 후 내전에서 드러난 그들의 권위주의는 맹비난했다. 새로운 세상을 만드는 데 필요한 것은 새로운 법이 아니라 모든 억압에 맞서 용감하게 행동할 수 있는 무정부주의자들이었다. 타협이나 정치적 계산은 무정부주의와 거리가 멀었다. 무정부주의 지지자라면 도덕적 열정을 갖고 부패한 세상에 맞서 행동해야 했다. 이렇게 크로폿킨은 다른 무정부주의자들과 마찬가지로 '행동의 정치', 즉 다음 세기 내내 급진적 이데올로기에서 되풀이될 신념을 확립하는 데 기여했다. ■

우리는 '법에 복종하라'는 비겁한 말 대신 '모든 법에 저항하라'고 외친다.
표트르 크로폿킨

참조 : 피에르 조지프 프루동 183쪽 • 미하일 바쿠닌 184~185쪽 • 헨리 데이비드 소로 186~187쪽 • 카를 마르크스 188~193쪽 • 블라디미르 레닌 226~233쪽

혁명사상 REVOLUTIONARY THOUGHTS

여성을 죽이든지 아니면 여성에게 투표권을 부여해야 한다

에멀라인 팽크허스트(서기 1858~1928년)

맥락읽기

이데올로기
페미니즘

핵심어
시민 불복종

이전의 관련 역사

서기 1792년 : 메리 울스턴크래프트가 『여성의 권리 옹호』를 출간하여 일찍이 여성의 평등성을 옹호한다.

서기 1865년 : 자유주의 철학자 존 스튜어트 밀이 여성 참정권을 공약으로 내걸고 성공적인 국회의원 선거운동을 벌인다.

서기 1893년 : 뉴질랜드가 주요국 중 최초로 여성에게 투표권을 부여한다.

이후의 관련 역사

서기 1990년 : 스위스의 아펜첼 인너로덴 주가 마지못해 여성 참정권을 인정한다(다른 주들은 1971년에 인정했다).

서기 2005년 : 쿠웨이트에서 여성에게 투표권과 국회의원에 출마할 권리가 부여된다.

1900년대 초반에 이르자 세계적으로 국민에게 투표권을 인정하는 국가들이 늘어났지만, 여성 투표권을 인정하는 국가는 훨씬 적었다. 뉴질랜드는 1893년에 주요국 중 최초로 여성에게 투표권을 부여했으나, 유럽과 북아메리카에서는 완고한 정치가, 보수적인 여론, 종종 악의적인 언론 등의 방해로 그 진전이 대단히 더디었다.

여성운동가인 에멀라인 팽크허스트(Emmeline Pankhurst)는 1903년에 영국에서 다른 운동가들과 함께 여성사회정치연맹(WSPU)을 결성했다. '여성참정권운동가'로 알려진 이들의 시민 불복종과 무력행위에는 유리창 깨기, 폭행, 방화 등이 포함되었다. 1913년에는 에밀리 데이비슨(Emily Davidson)이란 운동가가 경마대회(Derby)에서 왕의 말 앞에 몸을 내던져 사망했고, 수감된 운동가들은 단식투쟁을 벌이다가 강제급식을 당했다.

팽크허스트는 1913년에 "여성을 죽이든지 아니면 여성에게 투표권을 부여해야 한다"고 선언하여, 여성참정권운동가에게 스스로 정당한 대의를 추구하기에 적합하다고 믿는 대로 행동할 도덕적 권한이 있음을 주장하는 동시에, 반드시 그 대의를 이루고 말겠다는 확고한 결심을 강조했다. 그러나 제1차 세계대전이 발발하자 여성사회정치연맹은 전쟁 준비를 지원하기 위해 여성 참정권운동을 중단했다. 이 전쟁이 끝난 후 영국에서는 30세가 넘은 여성에게 참정권이 부여되었고, 1928년부터는 모든 성인 여성이 투표할 수 있게 되었다. ■

에멀라인 팽크허스트가 1914년 5월에 버킹엄 궁전 앞에서 체포되었다. 여성사회정치연맹은 목표 달성을 위한 직접행동을 강력히 주장했다.

참조 : ■ 메리 울스턴크래프트 154~155쪽 ■ 존 스튜어트 밀 174~181쪽 ■ 시몬 드 보부아르 284~289쪽 ■ 시린 에바디 328쪽

유대민족의 존재를 부정하는 것은 어리석은 짓이다

테오도어 헤르츨(서기 1860~1904년)

맥락읽기

이데올로기
시오니즘(Zionism)

핵심어
유대 국가

이전의 관련 역사
서기 1783년 : 독일 철학자 모제스 멘델스존(Moses Mendelssohn)이 『예루살렘 : 종교권력과 유대교에 관하여Jerusalem or On Religious Power and Judaism』에서 세속적 국가의 종교적 관용을 촉구한다.

서기 1843년 : 독일 철학자 브루노 바우어(Bruno Bauer)가 저서 『유대인 문제 The Jewish Question』에서 유대인이 정치적으로 해방되려면 종교를 포기해야 한다고 언명한다.

이후의 관련 역사
서기 1933년 : 아돌프 히틀러가 독일 총통에 올라, 독일의 민족주의와 반유대주의를 부추긴다.

서기 1942년 : 나치 수뇌부가 반제 회의(Wannsee Conference)에서 유대인 문제에 대한 최종 해법(Final Solution)을 논의한다.

서기 1948년 : 이스라엘이 수립된다.

- 근대 국가는 모두에게 보편적이고 평등한 권리를 약속하지만…
- 반유대주의는 계속 존속하며 사회에 고착화된다
- 반유대주의를 근절할 수도 없고, 유대인이 동화될 수도 없으므로…
- …유일한 대안은 유대 국가를 수립하는 것이다

혁명의 세기가 끝나갈 무렵 수립된 프랑스 제3공화정은 모든 시민에게 평등한 법적 권리를 보장하겠다고 약속했다. 그러나 이 헌법적 평등은 중대한 시험대에 오르게 되었다. 1894년 12월에 젊은 포병장교 알프레드 드레퓌스(Alfred Dreyfus)가 독일 스파이라는 혐의로 유죄 판결을 받고 무기징역에 처해진 것이다. 문제는 정작 기밀을 넘긴 사람은 따로 있고, 드레퓌스 재판에 제시된 근거는 날조되었다는 명백한 증거가 있었다는 사실이다. 이 사건을 취재한 사람은 당시 오스트리아의 신문사에서 일하던 젊은 유대인 기자 테오도어 헤르츨(Theodor Herzl)이었다. 드레퓌스 역시 유대인이었고, 그의 사건은 프랑스 사회의 뿌리 깊은 분열을 드러냈다. '드레퓌스파(Dreyfusard)'로 불리던 그의 지지자들은 무고한 사람에게 누명을 씌운 주된 이유가 반유대주의라고 보았다. 드레퓌스의 석방을 요구하는 이들의 운동은 정치가와 노동조합주의자들뿐 아니라 에밀 졸라(Émile Zola) 같은 지식인의 참여도 이끌어냈다.

그러나 반(反)드레퓌스파에게는 이 사건이 전혀 다른 문제를 드러냈다. 바로 프랑스의 적들을 경계해야 할 필요성이었다. 프랑스의 정신은 분명히 자유, 평등, 박애이

혁명사상 REVOLUTIONARY THOUGHTS

참조 : ■ 요한 고트프리트 헤르더 142~143쪽 ■ 마르쿠스 가비 252쪽 ■ 한나 아렌트 282~283쪽 ■ 아돌프 히틀러 337쪽

지만, 프랑스에 거주한다고 모두 프랑스인으로 볼 수는 없다고 이들은 주장했다. 결국 드레퓌스의 석방을 요구하는 시위대는 "유대인에게 죽음을!"을 부르짖는 폭도들과 맞붙게 되었다.

반유대주의는 유럽의 장구하고도 추악한 역사로, 차별을 공인했던 교회 칙령과 대중의 편견이 어우러져 인종 청소로 이어지는 경우도 허다했다. 유대인은 과거에 여러 국가에서 추방되었고, 나머지 국가에서도 완전한 권리를 인정받지 못했다. 19세기 말경 계몽주의의 이성적인 이상에서 영감을 얻은 많은 근대 민족국가들이 종교적 신념에 근거한 국가 차원의 차별을 공식적으로 중단했고, 프랑스도 이런 국가 중 하나였다. 점차 소수집단이 더 큰 사회에 완전히 흡수될 수 있다고 믿는 '동화(同化)'가 일반적인 이상으로 자리 잡았다.

동화에 반대하여

이러한 변화에도 불구하고, 드레퓌스 사건을 본 헤르츨은 반유대주의가 사회에 이미 고착화되어 그것을 물리치려는 시도나 유대인의 동화를 위한 노력은 전부 실패로

헤르츨에 따르면, 유대인이 단결할 수 있는 유대 국가를 세우는 것이 그들의 정체성의 핵심이었다. 그는 유대인이 반유대주의적 태도를 피할 수 있는 방법은 이 길뿐이라고 믿었다.

>
> 우리는 어디를 가나 우리가 거주하는 민족 공동체에 동화되고자 진심으로 노력하며, 오로지 조상들의 신념을 지킬 수 있기만을 바랐다. 그러나 그런 바람은 우리에게 허용되지 않았다.
> 테오도어 헤르츨
>

돌아갈 수밖에 없다고 확신했다. 그가 보기에 유대인이 계몽주의에서 차용해야 할 것은 전혀 다른 개념, 바로 민족주의였다. 헤르츨은 유대인이 '하나의 민족'이므로 흩어져 있는 유대인들이 단일한 유대 국가로 뭉쳐 유대인으로서의 권리를 지켜야 한다고 주장했다. 헤르츨은 유대 국가 건설운동을 시작했고, 유럽 열강들에게 유대 국가를 세울 부지 마련에 협조를 요청하며, 유대인에게는 대의를 위한 재정 기부를 독려했다. 그는 새로운 유대인의 모국은 유럽의 외부에, 즉 아르헨티나나 이스라엘에 수립되어야 한다고 믿었다.

헤르츨의 사상은 급속도로 전파되었으나 여전히 동화를 선호하는 부류의 유대인사회에서는 강경한 저항에 부딪혔다. 시오니스트운동은 그가 사망한 지 수십 년 후에야 실질적인 진척을 보였다. 영국이 1917년에 팔레스타인에 유대 국가 수립을 인정하면서 앞길이 열렸고, 홀로코스트의 여파로 1948년에 이스라엘 국가가 수립되었다. 알프레드 드레퓌스는 1906년에 결국 사면되었다. ■

테오도어 헤르츨

테오도어 헤르츨은 오스트리아-헝가리 제국 페스트(Pest)의 대단히 세속적인(비종교적인) 유대인 부모 밑에서 태어났다. 그는 18세에 빈으로 건너가 법학 공부를 시작했다. 독일 민족주의 학생조직인 알비아(Albia)에서 처음 정치활동을 시작했으나, 나중에 그들의 반유대주의에 반대하여 탈퇴했다.

헤르츨은 짧은 법조인 생활을 거쳐 언론계에 투신했고, 〈신(新)자유신문Neue Freie Presse〉의 파리 통신원 시절에 드레퓌스 사건을 취재하기 시작했다. 그는 이 사건이 드러낸 프랑스 사회의 지독하고도 광범위한 인종차별주의를 목격한 후 기존의 동화론적 신념을 포기했다. 그는 시오니즘 사상의 유능한 대변인이자 주동자가 되었고, 1896년에 『유대 국가』를 출간하여 상당한 논쟁을 불러일으켰다. 1년 후에는 스위스 바젤에서 시오니스트 국가의 상징적 의회에 해당하는 제1차 시오니스트 회의(First Zionist Congress)를 개최했다. 헤르츨은 44세의 나이에 심장마비로 사망했다.

주요 저술

1896년 『유대 국가The Jewish State』
1902년 『오래된 새로운 땅The Old New Land』

노동자가 몰락한 국가는 구제할 길이 없다

베아트리스 웹(서기 1858~1943년)

맥락읽기

이데올로기
사회주의

핵심어
사회복지

이전의 관련 역사
서기 1848년 : 프랑스 철학자 오귀스트 콩트가 『실증주의 서설 A General View of Positivism』에서 과학적인 사회분석을 주창한다.

서기 1869년 : '자격 있는 빈민'에 대한 자선사업을 확대하기 위해 영국에서 자선조직협회(Charity Organization Society)가 설립된다.

서기 1889년 : 영국 사회운동가 찰스 부스(Charles Booth)가 런던 인구의 3분의 1이 빈곤상태로 생활한다는 사실을 발견한다.

이후의 관련 역사
서기 1911년 : 영국에서 국민보험법이 제정되어 실업 및 질병 보험이 확대된다.

서기 1942년 : 경제학자 윌리엄 베버리지(William Beveridge)가 『사회보험 및 관련 서비스』로 영국에서 복지국가의 기틀을 마련한다.

19세기 말에 이르러 영국에서 산업자본주의가 확고히 정착하자, 국민의 관심은 그 결과로 쏠렸다. 공업도시와 대도시에는 일자리를 빼앗기고 사회에서 밀려나 비참하게 살아가는 사람들이 넘쳐나고 있었다. 1905년에 이 문제를 해결하기 위한 왕립위원회(Royal Commission)가 신설되었으나, 이곳에서 1909년에 내놓은 보고서의 제안들은 미흡한 수준이었다. 이 위원회의 일원이던 선구적인 사회연구가 베아트리스 웹(Beatrice Webb)은 실업과 질병으로부터 보호해줄 수 있는 복지국가를 주창하며, 훨씬 더 급진적인 〈마이너리티 리포트 minority report〉를 작성했다. 남편이자 공동 연구자인 시드니 웹(Sidney Webb)과 그녀는 가난이 개인의 탓이라는 시각에 반대했다. 두 사람은 모든 국민에게 최선의 이익이 돌아가도록 사회를 운영하는 자애로운 정책 입안자만이 사회문제를 해결할 수 있다고 주장했다.

계획사회

웹 부부는 규제 없는 시장의 우월성과

'사회 저변을 정화하는' 작업이 시급히 요구된다.
베아트리스 웹

빈민의 자선 의존성향, 빈민의 자조(自助)를 강조하는 입장에 반대하며, 조화로운 사회에 대한 새로운 비전을 제시했다. 그러나 많은 동시대인과 마찬가지로, 그들 역시 이런 자애로운 정책을 도입하면 인간이란 '종자'를 개조할 수 있다고 믿었던 우생학자였다. 웹에게 빈민층의 소망이나 자신의 처지를 개선하려는 노력은 크게 의미가 없었다. 그녀는 다수의 국민이 정책 입안자의 현명한 통치를 받아들일 때 합리적인 사회가 등장한다고 믿었다. ■

참조 : • 에두아르트 베른슈타인 202~203쪽 • 제인 애덤스 211쪽 • 존 롤스 298~303쪽 • 미셸 푸코 310~311쪽

혁명사상 REVOLUTIONARY THOUGHTS 211

미국의 고용인 보호법제는 부끄러울 만큼 미비하다

제인 애덤스(서기 1860~1935년)

맥락읽기

이데올로기
혁신주의운동

핵심어
사회개혁

이전의 관련 역사
서기 1880년대 : 독일 총리 오토 폰 비스마르크가 최초의 사회보험제도를 도입한다.

서기 1884년 : 빈민층에 편의시설을 제공하기 위해 이스트런던 화이트채플 지구에 토인비 홀(Toynbee Hall)이 설립된다. 제인 애덤스는 1887년에 이곳을 방문한다.

이후의 관련 역사
서기 1912년 : 아동복지 규정을 시행하기 위해 미국 아동국(Children's Bureau)이 설치된다.

서기 1931년 : 제인 애덤스가 미국 여성 중 최초로 노벨 평화상을 수상한다.

서기 1935년 : 미국에서 최초로 전국적인 사회보장제도가 도입된다.

미국에서 서부 정착지의 한계를 정하는 국경은 1890년의 인구조사를 통해 지정되었지만, 그때는 이미 미국을 기업가적인 '개척자정신'이 지배하는 사회로 보는 시각이 깊숙이 뿌리내린 후였다. 사회개혁가들은 이런 무한 성장과 기회의 신화에 이의를 제기하면서, 미국의 빈민과 노동계급이 유의미한 기회의 부재와 빈곤에 직면해 있다고 지적했다. 근본적인 변화가 필요했다.

선구적인 사회학자이자 여성참정권운동가인 제인 애덤스(Jane Addams)는 1889년 시카고에 헐 하우스(Hull House)를 설립했다. 이곳은 도시빈민층, 특히 여성과 아이들에게 편의시설과 복지서비스를 제공하는 최초의 '사회복지관'이었다. 부유한 자선가와 자원봉사자의 도움을 받아, 애덤스는 헐 하우스에서 사회의 다양한 계급이 협력에 따른 실질적 혜택을 배워가는 과정을 보여주고자 했다. 또 젊은이들이 넘치는 헐기를 생산적인 활동에 투입하게 되면 일찍부터 좋은 습관을 배우고 가난으로 인한 범죄와 질병이 줄어들 것이라고 확신했다.

애덤스는 여성과 아이들에 대한 고용인

헐 하우스는 모두에게 기회를 제공하는 핵심요소로 교육을 장려하면서 유치원, 청소년을 위한 모임, 성인을 위한 야간 강의를 운영했다.

보호법 측면에서 미국이 다른 국가들에 비해 훨씬 후진적이라고 지적했다. 그녀는 개인에게 직접 자선을 베푸는 것은 비효과적이고, 법적으로 뒷받침되는 단합된 공공활동만이 사회문제를 해결할 수 있다고 보았다. 이렇듯 애덤스는 사회복지사업이 개인뿐 아니라 사회 전체를 바꾸는 일이라는 인식을 심는 데 기여했다. ■

참조 : ▪ 베아트리스 웹 210쪽 ▪ 막스 베버 214~215쪽 ▪ 존 롤스 298~303쪽

토지는 경작자에게!

쑨원(서기 1866~1925년)

맥락읽기

이데올로기
민족주의

핵심어
공평한 토지 분배

이전의 관련 역사
서기 1842년 : 영국이 난징 조약으로 중국과의 통상권과 홍콩 항을 얻는다.

서기 1901년 : 외세의 지배에 대항한 의화단운동(Boxer Rebellion)이 실패하고 8개국 연합군이 베이징을 점령한다.

이후의 관련 역사
서기 1925~1926년 : 신해혁명의 결과 국민당이 집권하여, 공산당이 후퇴하는 대장정으로 이어진다.

서기 1932년 : 일본이 중국을 침략한다. 국민당과 공산당이 저항운동을 주도한다.

서기 1949년 : 일본의 패전 이후 중국에서 내란이 일어나 공산당이 승리한다.

중국은 기원전 222년에 진(秦) 왕조가 들어선 이래 단일 국가를 유지해왔다. 그러나 19세기 후반 '불평등 조약'을 강요하는 주요 서구 열강들 틈바구니에서 분할되고 말았다. 불평등 조약은 중국의 세습 군주들이 외세의 강압에 못 이겨 체결한 잇따른 조약들로, 국가 발전을 저해하고 백성을 빈곤에 빠뜨렸다. 중국 황실은 국가도, 부양해야 할 백성들도 지키지 못하게 되면서 오랜 위기 국면에 접어들었다. 상황이 악화되자 정권은 극도로 민심을 잃었고, 연이은 봉기는 점점 더 거세어졌다.

중국의 독특한 민족주의는 이런 사회적 갈등과 서구 열강 및 일본의 침략을 배경으

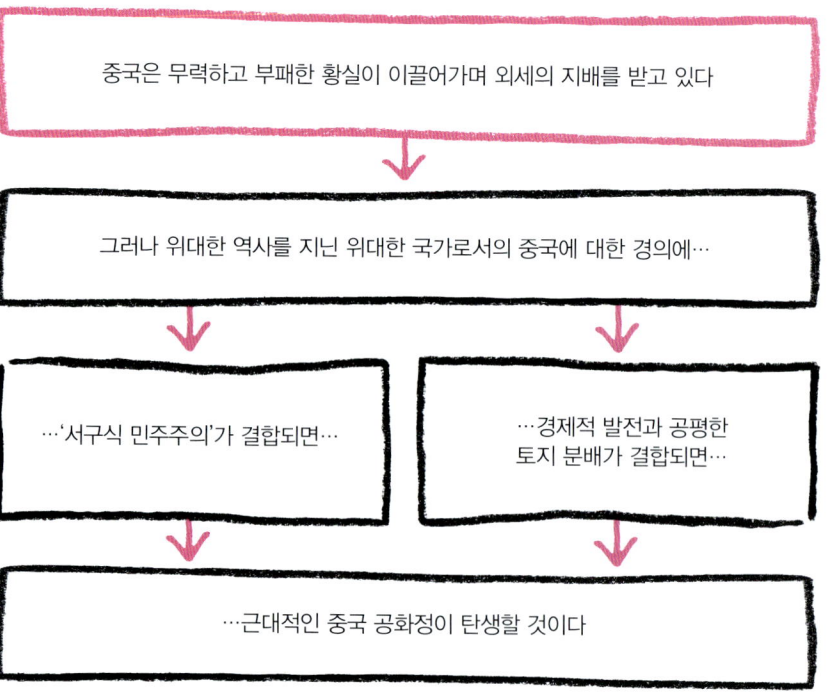

참조: ▪ 호세 마르티 204~205쪽 ▪ 에밀리아노 사파타 246쪽 ▪ 무스타파 케말 아타튀르크 248~249쪽 ▪ 마오쩌둥 260~265쪽

쑨원의 삼민주의는 중국의 수많은 소작농에게 경작할 토지 제공을 약속했다. 그는 경제발전이 공평한 토지 분배에서 시작된다고 믿었다.

로 등장했다. 그래서 서구의 문물을 익혀, 실패한 제국이나 후진적인 농민반란을 척결하고 중국을 근대 국가로 탈바꿈시켜야 한다고 주장했다. 쑨원(孫文)은 1880년대부터 민족주의 단체를 결성하고 황실의 지배에 반대하는 봉기를 준비하던 사람들 중 하나였다. 많은 동시대인과 달리, 그는 중국 문명의 힘을 강조하며 중국 역사에 대한 경의를 잃지 않으면서 '서구적' 가치를 유입해야 한다고 역설했다.

세 가지 기본 이념

쑨원은 '삼민주의(三民主義)'라고 알려진 민족주의, 민권주의, 민생주의를 중심으로 사상을 체계화했다. 민생주의는 보통 경제적 발전을 의미하지만, 쑨원은 중국의 자원, 특히 토지를 '경작자'인 농민에게 공평하게 분배하는 데 기초한 발전으로 해석했다. 부패한 지주제는 그것이 지지하는 부패한 세습군주제와 함께 타파하여, 근대적인 중국 민주공화국으로 향하는 길을 열어야 했다.

쑨원은 중국 혁명운동에서 유일하게 통합을 이룬 인물이 되었다. 그가 결성한 공화파의 국민당(KMT)은 1911년 청(淸) 왕조가 붕괴된 후의 혼란 정국을 빠르게 지배해나갔다. 국민당은 1922년 공산당과의 합작에 성공했으나, 영토다툼을 벌이는 군벌세력과 연이어 즉위하는 새로운 황제들 때문에 중앙정부를 수립하기란 불가능했다. 1926년에는 국민당이 상하이에서 공산당이 주도한 봉기를 진압하면서, 양 진영도 갈라서게 되었다. 1949년 혁명에서는 공산당이 승리하여 국민당은 대만으로 강제 추방당했다.

최근에는 공산주의 국가인 중국이 시장주도경제로 전환하는 과정에서 쑨원으로부터 영감을 얻었다고 칭송하면서, 그의 유산을 포용해가고 있다. ▪

우리 사회는 발전하기에 자유가 부족하고, 백성들은 생계수단이 부족하다.
쑨원

쑨원

쑨원은 중국 남부의 췌이헝이라는 마을에서 태어났다. 그는 13세 때 하와이 호놀룰루로 건너가 학업을 이어갔다. 그곳에서 그는 영어를 배우고 다양한 책을 읽었다. 홍콩으로 건너가 공부를 마친 후 기독교로 개종했다. 쑨원은 의사가 되었으나 나중에는 혁명활동에 전념하기 위해 의술을 포기했다.

쑨원은 중국을 근대 국가로 개조하기 위해 운동가로 나섰다. 일련의 반란이 실패로 돌아가자 강제추방을 당했다. 그러나 1911년 10월 우창에서 무장봉기가 시작되어 중국 남부 전체를 휩쓸었다. 쑨원은 '임시공화국(중화민국)'의 대통령으로 추대되었으나, 북부의 기존 청 왕조 세력과 화의를 맺고 물러났다. 1912년에는 중국이 내란으로 치닫는 가운데 통일된 공화국을 지키기 위해 싸울 국민당 창당에 참여했다.

주요 저술

1922년 『중국의 국제적 발전 The International Development of China』
1927년 『삼민주의 San Min Chu I : Three Principles of the People』

개인은 끝없이 돌아가는 기계의 일개 톱니바퀴다

막스 베버(서기 1864~1920년)

맥락읽기

이데올로기
자유주의

핵심어
사회

이전의 관련 역사

서기 1705년 : 네덜란드 철학자 버나드 맨더빌(Bernard Mandeville)이 『꿀벌의 우화 The Fable of the Bees』를 집필하여 집단적 제도가 개인의 행동에서 비롯된다는 것을 입증한다.

서기 1884년 : 마르크스의 『자본론』 마지막 권이 미완성된 채로 출간된다.

이후의 관련 역사

서기 1937년 : 미국 사회학자 탤컷 파슨스(Talcott Parsons)가 『사회적 행위의 구조 The Structure of Social Action』를 출간하여 새로운 전 세계 독자에게 베버의 연구를 소개한다.

서기 1976년 : 영국 사회학자 앤서니 기든스(Anthony Giddens)가 『자본주의와 현대사회 이론 Capitalism and Social Theory』에서 베버의 사회학을 비판하며, 사회적 행위에서 구조가 가장 우선시된다고 주장한다.

19세기에 자본주의가 부상하자 세계를 바라보는 새로운 사고방식이 요구되었다. 전통적인 생활방식이 해체되면서 사람들 간의 관계도 변하게 되었다. 과학 및 기술 지식은 끊임없이 발전하는 듯했고, 사회는 연구 및 이해 가능한 대상으로 간주되었다. 막스 베버(Max Weber)는 '사회학'이라는 새로운 학문분과를 통해, 사회 연구에 대한 새로운 접근법을 제시했다. 그의 미완성작 『경제와 사회』는 사회의 기능을 설명하려는 시도이자 그런 연구를 진행하기 위한 방법론이었다. 베버의 연구방법 중 하나는 '이념형(Ideal type)'과 같은 추상적 개념을 사용하는 것이었다. 이념형이란

```
[개인의 행위는 자신의 세계관에 좌우된다]    [개인은 복잡한 방식으로 상호작용한다]
                          ↓                                    ↓
          [개인들의 세계관은 종교와 같은 집단적 이해로 통합된다]
                                        ↓
     [그러나 이런 집단적 이해를 통해 형성된 사회구조가 개인의 자유를 제한할 수 있다]
                                        ↓
```

개인은 끝없이 돌아가는 기계의 일개 톱니바퀴다

혁명사상 REVOLUTIONARY THOUGHTS

참조 : ■ 미하일 바쿠닌 184~185쪽 ■ 카를 마르크스 188~193쪽 ■ 조르주 소렐 200~201쪽 ■ 베아트리스 웹 210쪽

불개미는 각 개미의 역할이 개미굴의 성패를 가름하는 복잡한 공동체에서 살아간다. 이와 유사하게, 베버는 개개인의 행위를 거대한 인간사회의 일부로 보았다.

인물 캐리커처와 유사하게 중요한 특징은 과장하고 덜 중요한 특징은 축소하되, 재미보다는 내재적 진리를 표현해내는 것이 목표였다. 이런 접근법은 베버의 방법론의 핵심으로, 베버는 사회의 복잡한 부분들을 이렇게 단순화된 버전을 통해 이해해나갔다. 그에게 사회학자의 역할은 현실에 대한 관찰을 바탕으로 이념형을 구성하고 분석하는 것이었다. 이런 입장은 카를 마르크스나 기존 사회문제 연구자들과 상반되는 것으로, 이들은 직접관찰보다는 사회의 내적 논리에 따라 그 작동방식을 추론하고자 했다.

집단적 이해

베버의 주장에 따르면, 사회는 그 구성요소, 무엇보다 개인들에 기초해서만 이해할 수 있었다. 이 개인들의 상호작용 방식은 매우 복잡했지만, 사회학자들이 이해 못할 정도는 아니었다. 개인은 행위능력을 보유하고, 그 행위는 각자의 세계관에 좌우되므로, 이들의 세계관은 집단적 이해로 나타날 터였다. 종교나 자본주의 같은 정치체제가 이런 집단적 이해의 사례다. 베버는 초

기작 『프로테스탄티즘의 윤리와 자본주의의 정신』에서 개인주의적 프로테스탄티즘이라는 새로운 '정신'이 자본 축적과 시장사회(market society) 출현의 발판을 마련했다고 주장했다. 또 『경제와 사회』에서는 이 사상을 발전시켜, 종교적 신념의 유형을 구분하고 개인들이 대단히 다양한 신념구조를 이용해 사회적 행위를 수행하는 방식을 분석했다.

행위의 제약

베버는 사회의 집단적 구조가 일단 정착되고 나면, 인간의 자유 확대에 기여하지 못하는 제약요인이 된다고 지적한다. 베버가 인간을 '기계'의 '톱니바퀴'로 묘사한 이유도 바로 여기에 있다. 사람들이 만들어낸 구조는 그들의 행위를 제한하여 추가적인 결과를 낳았다. 즉 프로테스탄트들이 지시에 따라 열심히 일하고 소비를 삼간 결과 축적된 저축이 자본주의를 탄생시킨 것이다. ■

사회학적 목적으로는, '행동'하는 집단적 인격 따위는 없다.
막스 베버

막스 베버

막스 베버는 독일 에어푸르트 출신으로, 처음에는 하이델베르크대학에서 법학을 공부했다. 당시는 사회학이란 분야가 생기기 전이라 베버의 연구는 법이론, 역사학, 경제학을 아울렀다. 그는 마침내 프라이부르크대학의 경제학 교수가 되었다. 학계 진출 초기부터 정치활동에 몸담았던 베버는 1890년대에 폴란드인 이민에 관한 논문을 쓰고 독일의 사회개혁운동 중 하나인 복음주의 사회의회(Evangelical Social Congress)에 참여하여, 사회정책 사상가로 명성을 얻었다. 제1차 세계대전 후에는 독일민주당 창당에 가담했다.

베버는 1897년에 부친이 사망할 때까지 부자 간에 극심한 갈등을 겪었다. 그 후 베버는 신경쇠약에 걸려 끝내 완치되지 못했다. 그는 다시는 영구 교수직을 얻지 못한 채, 수차례의 우울증과 불면증에 시달렸다.

주요 저술

1905년 『프로테스탄티즘의 윤리와 자본주의의 정신 The Protestant Ethic and the Spirit of Capitalism』
1922년 『경제와 사회 Economy and Society』
1927년 『사회경제사 General Economic History』

THE CLA
OF IDEOL

SH
OGIES

이데올로기의
충돌
서기 1910~1945년

들어가며

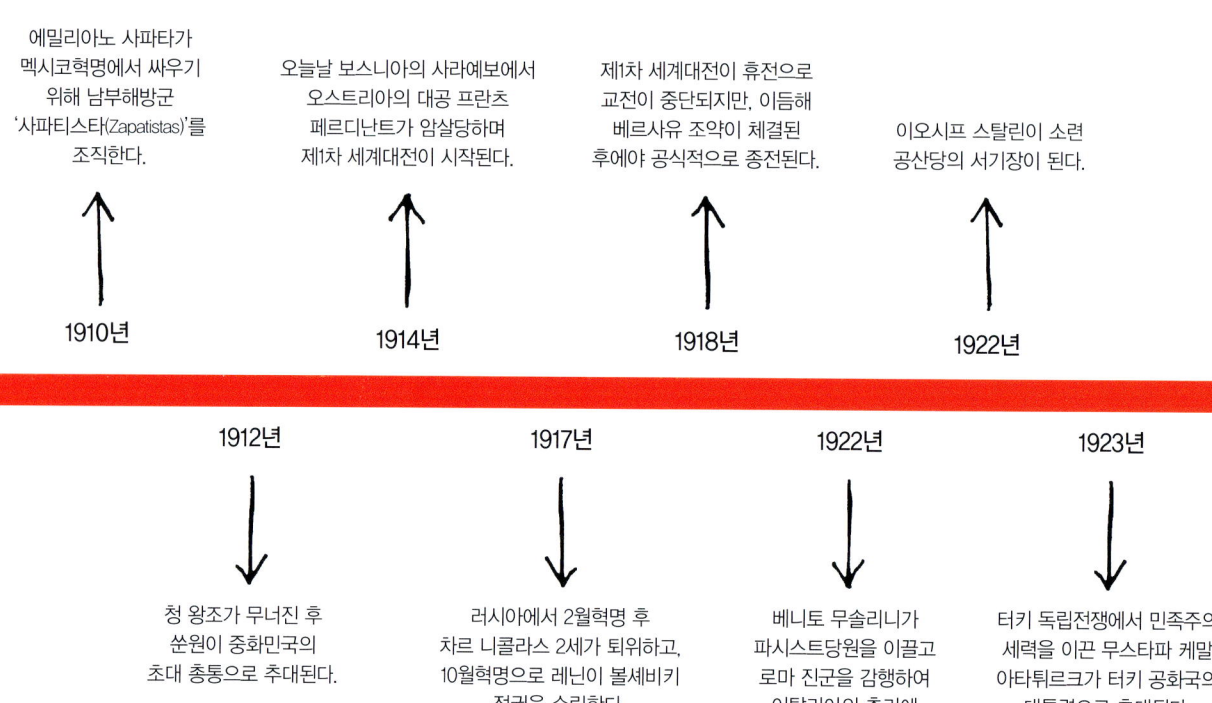

20세기 전반기에는 구(舊) 제국 열강이 몰락하고 새로운 공화국들이 수립되었다.

20세기 전반기에는 구(舊) 제국 열강이 몰락하고 새로운 공화국들이 수립되었다. 그 결과 정치적 불안이 만연했고, 특히 유럽에서는 두 차례의 세계대전이 벌어져 당대를 압도했다. 유럽의 구질서가 대체되는 과정에서 극우 민족주의 독재정권이 잇달아 출현했고, 러시아는 1917년의 볼셰비키혁명을 기점으로 전체주의적 공산당 독재를 향해 나아가기 시작했다. 반면 미국에서는 1930년대 초 대공황의 영향으로 경제적·사회적 자유주의가 빠르게 확산되었다.

1930년대 말에 이르자, 주요 열강들의 정치사상은 크게 파시즘·공산주의 이데올로기와 자유시장 자본주의의 사회민주주의로 양극화된 상태였다.

세계의 혁명

이런 정치사상의 대대적 재편을 초래한 혁명은 유럽에서 먼저 시작된 것이 아니었다. 1910년 멕시코에서는 포르피리오 디아스(Porfirio Díaz)의 구(舊)정권이 힘을 잃으면서 멕시코혁명(Mexican Revolution)이라는 10년간의 무장투쟁이 시작되었다. 중국에서는 1911년의 신해혁명(辛亥革命)으로 청 왕조가 무너지고, 이듬해 쑨원을 주축으로 한 공화국이 수립되었다. 그러나 당대에 가장 큰 영향을 미친 혁명적 사건의 진원지는 러시아였다. 극심한 정치적 불안으로 1905년에 혁명이 일어났으나 실패하고, 1917년에 제2차 혁명을 통해 볼셰비키가 차르 니콜라스 2세(Nicholas II)를 무력으로 타도했던 것이다.

제1차 세계대전이 끝날 때 많은 이들이 품었던 낙관주의는 금방 자취를 감추었다. 영구적인 평화를 보장하리란 기대 속에 창설된 국제연맹(League of Nations)도 유럽에서 고조되는 긴장을 막기에는 역부족이었다. 가혹한 전쟁배상금과 전후의 경제침체는 극단주의운동의 설득력을 키워준 결정적 요인이었다.

독재정권과 저항

이탈리아와 독일에서는 군소 극단주의 정당들 가운데 베니토 무솔리니의 파시스트당과 아돌프 히틀러의 나치당이 부상했다. 스페인에서는 에스파냐 제2공화국의 수립에 반대하며 국민파가 프란시스코 프랑코(Francisco Franco)의 지휘 아래 집권투쟁에 나섰다. 러시아에서는 1924년에 블라디미르 레닌이 사망하자 이오시프 스탈린

이데올로기의 충돌 THE CLASH OF IDEOLOGIES

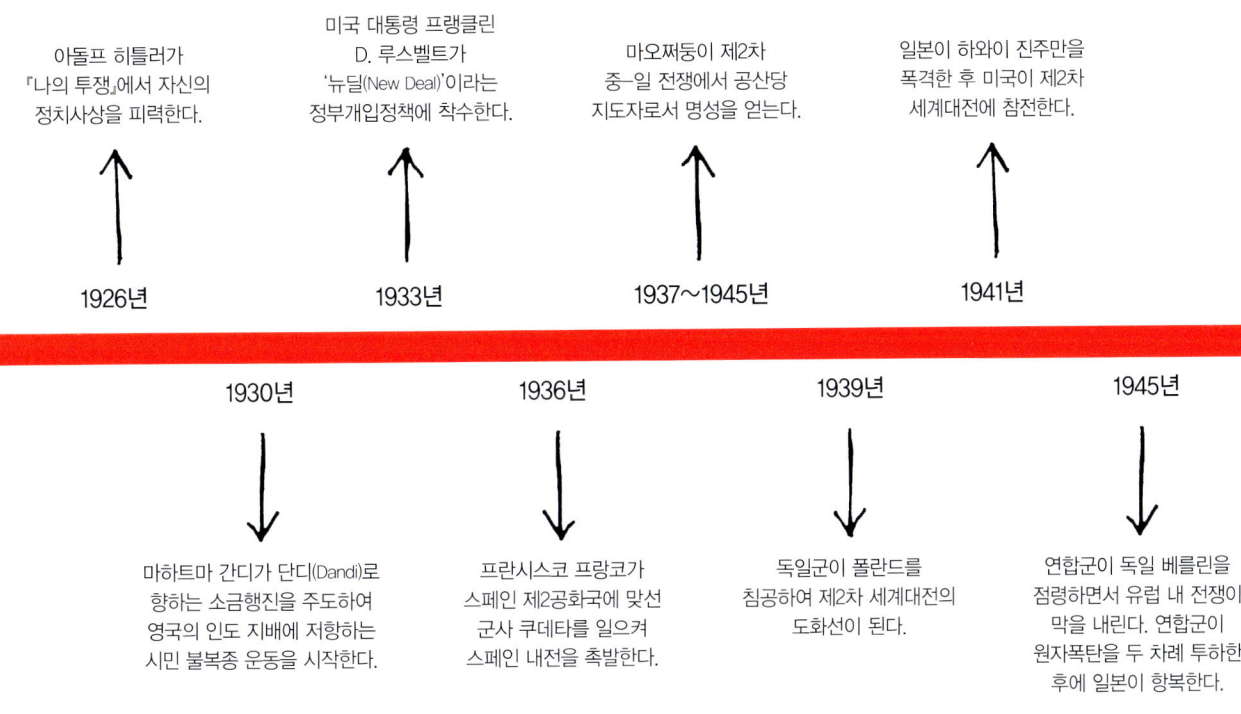

이 반대파를 숙청하고 소련을 산업·군사 강대국으로 자리매김하며 독재체제를 구축했다.

유럽 대륙에서 전체주의 정권들이 세력을 키워가는 동안, 영국은 제국의 해체 위기에 직면했다. 식민지들이 독립운동을 벌여 영국의 지배를 위협하고 나선 것이다. 특히 인도에서는 마하트마 간디가 이끄는 비폭력 시민 불복종 운동이 전개되었고, 아프리카에서는 케냐의 조모 케냐타 같은 운동가들이 저항세력을 결집해나갔다.

전쟁 가담

미국에서는 1929년 뉴욕 주식시장의 대폭락으로 1920년대의 호황기가 끝나고 대공황으로 접어들었다. 그러자 1933년에 대통령 프랭클린 D. 루스벨트(Franklin D. Roosevelt)가 뉴딜 정책을 도입하여, 미국 정치에 새 자유주의(new liberalism)를 등장시켰다. 미국은 유럽의 불안정한 정세 속에서 중립을 지키려 애썼으나, 나치 독일의 반유대주의 정책 때문에 유럽 지식인들이 대거 미국으로 이주했고, 그 중에는 마르크스주의의 영향을 받은 프랑크푸르트 학파가 대표적이었다. 이런 이민자들은 루스벨트의 일부 정책에 반하는 새로운 사상을 몰고 왔다.

미국이 애써 외면하려던 것은 유럽뿐만이 아니었다. 아시아 역시 일본의 군국주의가 1937년의 중-일 전쟁으로 번지면서 정치적 격동기를 겪고 있었다. 전세가 중국에 불리하게 기우는 가운데, 마오쩌둥이 공산당 지도자로서 입지를 굳혔다.

영국 역시 파시즘의 위협 속에서도 각종 분쟁에 개입하길 꺼려하고 있었다. 1936년에 각각 독일과 소련을 등에 업은 양 세력이 스페인 내전에 돌입했을 때도, 영국은 먼발치에서 지켜만 봤다. 그러나 영국과 미국 내에서도 히틀러의 영토 요구를 계속 들어줘서는 안 된다는 압력이 커지고 있었다. 1939년에 제2차 세계대전이 시작된 후로 독일에 맞서는 연합국은 점점 늘어갔고, 미국도 1941년에 일본의 진주만 공격을 계기로 참전했다.

제2차 세계대전에서는 영국, 미국, 소련이 합세하여 승리를 거두었으나, 일단 파시즘이 물러가자 다시 정치노선이 갈라졌다. 이내 동유럽의 공산주의와 서유럽의 자본주의가 대치하는 교착상태가 나타났고, 나머지 유럽 국가들은 그 틈새에서 설 자리를 찾아야 했다. 이런 상태는 냉전기로 고착되어 전후(戰後) 정치를 지배하게 되었다. ■

비폭력은 내 신념의 제1조다

마하트마 간디(서기 1869~1948년)

맥락읽기

이데올로기
반식민 민족주의

핵심어
비폭력 저항

이전의 관련 역사
기원전 5~6세기 : 인도에서 비폭력과 자기 수양을 강조하는 자이나교의 교리가 발달한다.

서기 1849년 : 헨리 데이비드 소로가 저서 『시민 불복종』을 출간하여 부당한 법에 양심적으로 저항하는 도덕성을 설파한다.

이후의 관련 역사
서기 1963년 : 민권 지도자 마틴 루터 킹이 "나에게는 꿈이 있습니다"라는 워싱턴DC 연설에서, 흑백 인종이 평화롭게 공존하는 비전에 대해 이야기한다.

서기 2011년 : 카이로의 타흐리르 광장에서 평화시위가 벌어져 이집트 대통령 호스니 무바라크(Hosni Mubarak)가 퇴진한다.

유럽 열강이 16세기부터 구축해온 세계 제국에서, 식민 지배에 반대하여 봉기하는 민족주의운동을 태동시킨 것은 궁극적으로 제국주의자들 자신이었다. 식민지 개척자들에게서 민족과 지리적 국경 내 주권의 중요성을 강조하는 유럽 사상에 기초한 강력한 민족정체성을 목격하면서, 식민지 주민들 사이에도 독립국가의 지위와 자결권에 대한 열망이 불붙었던 것이다. 그러나 경제력과 군사력의 부족에 기인하여 대부분의 반식민주의운동은 유럽과는 현저히 다른 양상으로 발전하게 되었다.

정신적 무기

20세기 전반기에 영국에 맞선 인도의 독립투쟁을 특징지은 것은 모한다스 간디(Mohandas Gandhi), 보통은 '마하트마(Mahatma, 위대한 영혼)'라는 존칭으로 더 유명한 이 정신적 지도자의 정치 및 도덕 철학이었다. 간디는 강력한 민주주의 국가를 신봉했지만, 그런 국가는 어떤 형태의 폭력으로도 얻거나 세우거나 유지할 수 없다고 주장했다. 그가 '사탸그라하(Satyagraha, 원래 산스크리트어로 '진리의 파지(把持)']'라고 이름 붙인 급진적인 비폭력 시민 불복종의 윤리는 20세기의 정치 지형을 바꿔가던 반식민주의 민족주의의 물결을 도덕성과 양심의 관점에서 조명한 것이었다. 그는 이 방법을 '순수하게 정신적인 무기'라고 표현했다.

간디는 그가 '사탸(Satya, 진리)'라고 부르는 최고 원리가 이 우주를 관장한다고 믿었다. 그에게 이것은 신의 또 다른 이름이자, 모든 위대한 세계종교의 기초를 이루는 사랑의 신이기도 했다. 간디는 모든 인간이 이 신성한 존재의 소산이므로, 인간들의 관계에서 사랑만이 유일하게 참된 원리라고 믿었다. 사랑은 타인에 대한 배려와 존중, 그리고 "모든 이의 눈에서 모든 눈물을 거두어갈" 대의에 대한 일평생 사심 없는 헌

이데올로기의 충돌 THE CLASH OF IDEOLOGIES

참조: • 이마누엘 칸트 126~129쪽 • 헨리 데이비드 소로 186~187쪽 • 표트르 크로폿킨 206쪽 • 아르네 네스 290~293쪽 • 프란츠 파농 304~305쪽 • 마틴 루터 킹 316~321쪽

신을 의미했다. 사랑은 간디의 추종자들에게 아힘사(Ahimsa), 즉 불살생(不殺生)의 원칙을 명했다. 간디는 힌두교 신자였지만 다양한 종교적 전통을 바탕으로 자신의 도덕 철학을 개발했는데, 그 중에는 살아있는 어떠한 존재도 해치지 말라고 웅변하는 자이나교와 러시아의 문호 레프 톨스토이(Leo Tolstoy)의 평화주의적 기독교사상이 포함되어 있었다.

정치적 목적

간디의 이데올로기는 삶의 모든 영역에서 사랑의 원칙을 실천하려는 시도였다. 그러나 그는 고통을 인내하고, 타인이나 국가로부터 모욕적인 취급을 당해도 폭력적으로 저항하거나 보복하는 대신 "다른 쪽 뺨을 내미는 것"이 정신적 목표는 물론 정치적 목표까지 달성하는 방법이라고 믿었다. 이런 자발적인 자기희생이 인간의 본성에 내재한 진실의 원리를 작동시켜 적의 마음을 돌리고 협력을 이끌어낸다는 것이다. 그러면 사회 전체에, 즉 정치적 우군과 적군 모두에게 본보기로 비춰질 터였다. 간디에게 인도의 자치는 이런 평화롭고 초월적인 다양한 원칙들의 조합에 기초한 대중의 행동혁명이 이르게 될 필연적인 결과였다.

남아프리카 공화국의 운동가

간디가 맨 처음 영국의 지배에 반대했던 것은 인도가 아니라 남아프리카 공화국에서였다. 그는 런던에서 법정 변호사 수련을 거친 뒤 당시 또 다른 영국 식민지였던 남아프리카 공화국에서 21년간 인도 이민자들의 민권 변호사로 일했다. 그가 '인도성(Indianness)'의 개념을 발전시킨 것도 바로 이 시기였다. 그는 이 개념이 모든 인종, 종교, 계급의 차이를 아우른다고 보고, 추후 통합된 인도 민족이라는 자신의 비전의 근간으로 삼았다. 남아프리카 공화국에서 그는 사회적 불의, 인종차별적 폭력, 식민 통치라는 명분 아래의 가혹한 정부 착취 등을 직접 목격했다. 간디의 대응책은 자신의 평화주의의 이상을 실질적인 저항 형태로 발전시키는 것이었다. 그는 1906년에 아시아

간디는 살생하지 말라는 것이 중심 교리인 자이나교에서 영향을 받았다. 자이나교 수도승은 숨 쉴 때 무심코 곤충을 들이마시는 일이 없도록 마스크를 쓰고 다닌다.

마하트마 간디

모한다스 카람찬드 간디(Mohandas Karamchand Gandhi)는 1869년 10월 2일 영국령 인도의 봄베이 관구에 속하던 포르반다르(Porbandar)의 유명한 힌두교 집안에서 태어났다. 간디의 부친은 정부 고관이었고 모친은 독실한 자이나교도였다.

간디는 겨우 13세 때 결혼했다. 5년 후에는 아버지의 명에 따라 런던으로 건너가 법학을 공부했다. 그는 1891년 변호사 자격 면허를 취득하고 남아프리카 공화국에서 변호사로 개업하여 인도 이민자들의 민권을 변호했다. 이곳에서 간디는 힌두교의 엄격한 자기절제 방침인 브라흐마차랴(brahmacharya)에 따르기 시작하여 금욕주의 생활로 접어들었다. 1915년에 그는 인도로 복귀하여, 청빈하게 살기로 서약하고 아시람(ashram, 힌두교도들이 수행하며 거주하는 곳)을 세웠다. 4년 후에는 인도국민회의의 대표가 되었다. 간디는 기도모임에 가던 중, 그가 인도의 분할과 파키스탄 수립에 책임이 있다고 믿은 힌두교 극단주의자에게 암살당했다.

주요 저술

1909년 『힌두 스와라지 Hind Swaraj』
1929년 『간디 자서전: 나의 진리실험 이야기 The Story of My Experiments with Truth』

인의 국가 등록을 의무화한 억압적인 신규 법안에 맞선 불복종운동에서 수천 명의 가난한 인도 이주민을 이끌면서 탁월한 지도자적 자질을 선보였다. 7년간의 투쟁과 폭력적인 진압 끝에 남아프리카 공화국의 지도자 얀 크리스티안 스무트(Jan Christiaan Smuts)가 시위대와 절충안에 합의함으로써 비폭력 저항의 위력이 입증되었다. 비폭력 저항은 시간이 걸리지만, 상대가 부끄러움을 느끼고 올바른 일을 행하게 만들어 결국에는 승리를 얻어낼 수 있었다.

그 후로도 간디는 상당한 성과를 거두며 비폭력 저항이 가장 효과적인 저항임을 만방에 알렸다. 그는 인도의 민족주의자로서 국제적 명성을 얻고 1915년에 인도로 귀국하여 바로 인도 민족주의 정치운동인 인도국민회의(Indian National Congress)에서 중책을 맡았다. 간디는 영국산 제품, 특히 섬유의 불매운동을 주창하며, 모든 인도인에게 외국 산업에 대한 의존도를 줄이고 자국 경제를 살리기 위해 카디(Khadi), 즉 집에서 짠 천으로 옷을 만들어 입도록 독려했다. 그는 이런 불매운동이 평화로운 비협력 원칙의 논리적 연장선상에 있다고 보고, 인도인에게 영국 학교나 법정을 이용하지 말고 정부 고용직에서 사퇴하며 영국의 작위나 훈장을 거부하라고 촉구했다. 언론의 관심과 홍보가 점점 더해가는 동안, 그는 미디어가 여론에 발휘하는 위력을 깨닫고, 스스로 빈틈없는 정치 흥행사로서 자신을 알리는 방법을 터득했다.

간디는 목적을 달성하기 위해 사용하는 비폭력적인 방법이 목표 못지않게 중요하다고 믿었다. 그는 이 논지를 전달하기 위해 타인의 시계를 얻는 방법을 예로 들었다.

만약 내가 당신에게 시계 값을 지불한다면, 그것은 내 재산이 된다

만약 내가 당신과 싸워 시계를 뺏는다면, 그것은 장물이 된다

만약 내가 당신에게 간청하여 시계를 받는다면, 그것은 기부가 된다

공개적 저항

1930년에 영국 정부가 인도의 자치령 지위를 요구하는 간디의 결의안을 무시하자, 인도국민회의는 일방적으로 완전 독립을 선언해버렸다. 그 직후에 간디는 영국 소금세를 거부하는 새로운 사탸그라하마하트마 간디에 의해 시작된 비폭력 저항운동의 철학이다. 사탸(satya)는 '진리', 그라하(graha)는 '주장'을 뜻하는 용어로 '진리의 주장' 정도로 이해된다에 착수하여, 수천 명에게 바닷가까지 걸어가는 장거리 행진에 동참해달라고 당부했다. 전 세계가 지켜보는 가운데, 간디는 드넓게 펼쳐진 하얀 해변에서 한 줌의 소금을 집어든 후 즉각 체포되었다. 간디는 수감되었지만, 그의 저항행위는 이 소식을 접한 전 세계 사람들에게 영국의 인도 지배의 부당성을 공개적으로 알렸다. 이 세심하게 조율된 비폭력 불복종 행위로 인해 대영 제국의 인도 지배권이 흔들리기 시작했다.

간디의 활동과 투옥에 대한 보도는 전 세계 신문을 장식했다. 독일 물리학자인 알베르트 아인슈타인(Albert Einstein)은 간디에 대해 이렇게 논평했다. "그는 억압받는 국

수천 명의 인파가 간디의 영국 소금세 반대시위에 동참했다. 그들은 소금물을 모아 직접 소금을 만들기 위해 1930년 5월 구자라트(Gujarat)의 단디라는 해안마을까지 행진했다.

현실의 사건을 설명하거나 그 문제를 해결하는 데 도움이 되지 않는 종교는 종교가 아니다.

마하트마 간디

가의 전혀 새롭고도 인간적인 해방투쟁 방식을 고안해냈다. 그가 전체 문명사회의 모든 의식 있는 사람들에게 미칠 도덕적 영향력은 잔혹한 폭력을 과신하는 이 시대가 예상하는 것보다 훨씬 더 오랫동안 지속될 것이다."

철저한 평화주의

그러나 간디의 비폭력 원칙에 대한 절대적 확신은, 가끔 그가 더 넓은 세계에서 벌어지는 갈등에까지 이 원칙을 적용하려 들 때면 적합하지 않게 느껴지는 경우도 있어, 많은 사람들에게 그를 비판하는 빌미를 제공했다. 그가 영국인 인도 총독에게 영국이 무기를 버리고 정신력만으로 나치에 대항해야 한다고 간곡히 탄원했을 때처럼, "고통을 자초하는 인내"란 때로는 집단자살을 권하는 것처럼 보이기도 했던 것이다. 실제로 간디는 홀로코스트에서 탈출하거나 독일의 압제에 맞서 싸우려 했던 유대인을 비판하며, "유대인은 자신의 목을 도살자의 칼에 바쳐야 했다. 스스로 절벽에서 바다로 몸을 던져야 했다. 그래야만 전 세계와 독일 국민을 각성시켰을 것이다"라고 말했다. 일부 좌파 진영도 간디에게 비판적이어서, 영국 마르크스주의 저널리스트인 라즈니 팜 덧(Rajani Palme Dutt)은 그가 "유산계급에 대한 지지를 감추기 위해 인간성과 사랑이라는 가장 종교적인 원리를 동원한다"라고 비난했다. 한편 영국 수상 윈스턴 처칠(Winston Churchill)은 그를 "반 벌거숭이 땡중"이라며 무시하려 들었다.

간디의 저항방식은 다른 상황에 적용하기에는 한계가 있었을지 몰라도, 인도에서는 결과적으로 1947년에 독립을 얻어내는 데 성공했다. 비록 간디는, 인도를 종교적 노선에 따라 두 개의 국가, 즉 힌두교가 지배하는 인도와 무슬림의 파키스탄으로 분할하여 수백만 명의 인구 대이동을 초래한 정부 결정에 격렬히 반대했지만 말이다. 이 분할 직후에, 간디는 그가 무슬림의 요구를 들어주었다고 비난하던 힌두교 민족주의자에게 암살당했다.

오늘날 급속히 산업화되어가는 인도는 간디의 정치사상의 특징인 목가적 낭만주의나 금욕주의와는 거리가 멀어도 한참 멀다. 또 이웃국가인 파키스탄과의 끊임없는 긴장은, 인도인의 정체성은 종교를 초월한다던 간디의 신념이 궁극적으로 실현되지 못했음을 시사한다. 간디가 굳세게 반대하던 카스트제도 역시 여전히 인도 사회를 강력하게 지배하고 있다. 그럼에도 인도는 아직도 평화로운 방법을 통해서만 올바른 국가가 등장할 수 있다는 간디의 기본 신념에 부합하는 세속적이고도 민주적인 국가로 남아 있다. 간디가 보여준 모범과 저항방식은 전 세계 운동가들에게 전수되었고, 특히

> 예수는 우리에게 목표를 부여했고, 마하트마 간디는 방법을 부여했다.
> **마틴 루터 킹**

민권 지도자인 마틴 루터 킹은 1950년대와 1960년대에 그가 미국에서 벌였던 인종차별적 법들에 대한 평화적 저항이 간디에게서 영감을 얻은 것이라고 밝혔다. ■

도로 봉쇄부터 불매운동까지 각종 비폭력시위는 오늘날 정치현장에서 자주 사용되는 강력한 시민 불복종 방법으로 자리 잡았다.

정치는 대중이 있는 곳에서 시작된다

블라디미르 레닌(서기 1870~1924년)

블라디미르 레닌

맥락읽기

이데올로기
공산주의

핵심어
대중 혁명

이전의 관련 역사
서기 1793년 : 프랑스혁명에 뒤이은 공포 시대에 수천 명이 '혁명의 적'으로 내몰려 처형당한다.

서기 1830년대 : 프랑스 정치운동가 루이 블랑키(Auguste Blanqui)가 소수정예의 공모자들만으로도 혁명적인 권력 장악이 가능하다고 설파한다.

서기 1848년 : 카를 마르크스와 프리드리히 엥겔스가 『공산당 선언』을 발표한다.

이후의 관련 역사
서기 1921년 : 중국 공산당(CPC)이 레닌주의 전위 정당으로 조직된다.

서기 1927년 : 스탈린이 레닌의 신경제정책을 폐지하고 농업을 집산화한다.

20세기 전환기에 러시아 제국은 경제적으로 서유럽의 산업국가들에 비해 한참 뒤처진, 낙후되고 거대한 농업국가였다. 이 제국의 인구는 러시아인, 우크라이나인, 폴란드인, 벨로루시인, 유대인, 핀란드인, 독일인 등 다양한 민족으로 구성되었고, 그 중 40퍼센트만이 러시아어를 사용했다. 국가 전체가 전제군주인 차르 니콜라스 2세의 지배 아래 있었고, 엄격한 사회적 위계질서가 무자비할 만큼 강요되었다. 자유로운 출판물, 결사 및 언론의 자유, 소수자의 권리란 전무했고, 정치적 권리도 거의 없었다. 이런 억압적인 분위기 속에서 자연스럽게 강력한 지지기반을 확보해가던 혁명세력은 블라디미르 레닌(Vladimir Lenin)이라는 정치선동가를 만나면서 1917년 10월혁명에서 마침내 승리를 거두었다.

역사의 법칙

19세기 동안 사회주의는 유럽에서 새로운 산업노동자 계급의 삶을 지배하던 고통스러운 현실에 대응하는 과정에서 발전했다. 전통적인 조합이나 사회제도로 보호받지 못하던 노동자들은 특히 새로운 고용주에게 착취당할 위험에 처해 있었다. 노동자들의 고통을 지켜보며 계급갈등은 그 자체 내에 사회변혁의 원동력을 품고 있다고 확신한 카를 마르크스와 프리드리히 엥겔스는 자본주의에 대항한 전 세계적 혁명이 불가피하다고 선언했다. 이들은 1848년 『공산당 선언』에서 전 유럽 프롤레타리아의 국제적 단결을 촉구했다.

그러나 두 사람은 서유럽 산업사회 노동자들이 점차 안정되고 생활수준이 높아질수록 부르주아에 맞서 싸우기보다는 스스로 부르주아(상인계급)가 되길 열망하리라고는 예측하지 못했다. 사회주의자들은 점점 노동자계급에 유리한 방향으로 투표함으로써 민주적 절차를 통해 변화를 이루겠다는 목표를 세우고, 합헌적이고 합법적인 방안을 모색하기 시작했다. 사회주의는 결국 투표제를 통한 개혁을 지지하는 입장과 혁명을 통한 개혁을 주장하는 입장으로 양분되어갔다.

러시아의 상황

19세기에 접어들면서 러시아에서 프랑스혁명의 여파로 자유 평등사상이 전파되고 농노제도에 대한 거부적인 사상이 팽배했다. 그러나 러시아는 산업화의 후발주자

반란이 성공하려면 대중의 행동에 기반을 두어야 한다

대중을 행동으로 이끌려면, 전위 정당이 필요하다

대중을 이끌어가려면, 전위 정당의 목표와 이해관계를 대중에게 맞추어야 한다

정치는 대중이 있는 곳에서 시작된다

> 우리는 적과 싸우겠다는 목표 아래,
> 자유로운 결정에 따라 뭉쳤다.
> 블라디미르 레닌

였기 때문에, 러시아의 노동자계급은 19세기 말에 이르도록 고용주로부터 아무런 실질적인 양보도 얻어내지 못한 상태였다. 서유럽인들과 달리 대다수의 러시아인은 산업화로부터 아무런 물질적 혜택도 받지 못했다. 이에 1890년대에는 급진적인 젊은 법대생이던 블라디미르 레닌을 비롯하여 점점 더 많은 러시아 정치운동가들이 갈수록 탄압이 심해지는 국가와 비밀경찰을 타도할 음모에 가담했고, 1905년에는 혁명의 물결이 온통 전국을 휩쓸었다. 이 최초의 혁명 시도는 결국 차르를 몰아내는 데는 실패했지만, 민주주의를 향한 몇 가지 변화를 이끌어내기는 했다. 그러나 러시아 노동자들은 여전히 가혹한 현실을 견뎌야 했고, 혁명가들은 계속 차르 정권을 완전히 전복할 계획을 꾸몄다.

레닌은 평생에 걸쳐 마르크스 이론을 현실정치로 실현하는 데 주력했다. 그는 마르크스의 관점에서 러시아의 상황을 분석한 결과, 러시아가 봉건주의에서 자본주의로 급격히 도약하는 중이라고 판단했다. 레닌은 소농경제를 자본주의 착취구조를 이루는 주축 중 하나로 보고, 소농경제만 무너뜨리면 자본주의 경제 전체가 붕괴될 것이라고 믿었다. 그러나 곧 소농은 자기 땅에 대한 소유욕과 열망이 너무 크기 때문에, 사적 소유를 영구히 종식시키는 것이 주목적 중 하나인 사회주의혁명을 일으킬 계급이 아님을 깨달았다. 이로써 레닌에게는 혁명을 이끌어갈 주체가 당시 급팽창하고 있던 산업노동자 계급이어야 한다는 사실이 자명해졌다.

레닌은 처음에는 러시아 소농에게서 혁명 지지세력을 찾으려 했다. 그러나 이들은 토지 소유를 열망하여 혁명계급이 될 수 없다고 결론 내렸다.

전위 정당

마르크스의 분석에 따르면, 부르주아는 (공장 등의) 생산수단을 소유한 상인계급인 반면, 프롤레타리아는 노동력을 파는 것 외에는 아무런 생계수단이 없는 사람들로 구성을 쓰면서 다가올 혁명을 준비했다. 그러다 1917년 10월혁명으로 전 러시아를 통치하게 되었다. 레닌은 1918년의 암살위기를 무사히 넘겼으나, 끝내 건강을 완전히 회복하지 못했다.

주요 저술

1902년 『무엇을 할 것인가?』
1917년 『제국주의 : 자본주의의 최고단계 Imperialism, the Highest Stage of Capitalism』
1917년 『국가와 혁명』

블라디미르 레닌

블라디미르 일리치 울리야노프(Vladimir Ilich Ulyanov)는 러시아 심비르스크(현 울리야노프스크)에서 태어나 나중에 성을 '레닌'으로 바꾸었다. 그는 고전학 교육을 받으며 라틴어와 희랍어에 재능을 보였다. 1887년에는 형 알렉산드르(Aleksandr)가 차르 알렉산드르 3세의 암살을 모의하다가 처형당했다. 같은 해에 레닌은 법을 공부하기 위해 카잔대학에 입학했으나 학생시위로 퇴학당했다. 그 후 할아버지의 집으로 피신하여 카를 마르크스의 저작에 심취하게 되었다. 그는 법학 학위를 받고 전문 혁명가로서 본격적인 경력을 쌓기 시작했다. 그는 체포되고 수감되어 시베리아로 유배당했다가, 그 후 유럽을 여행하고 글성된다. 또 부르주아 내에는 레닌 자신처럼, 부르주아의 프롤레타리아 착취가 부당하다고 보고 변화에 앞장서는 의식 있는 개인들도 있었다. 이런 '혁명적 부르주아'들은 1789년 프랑스혁명을 비롯한 이전 혁명에서 주도적인 역할을 담당해왔다. 그러나 당시 러시아에서는 주로 해외 자본에 의존하여 급속한 산업화가 추진되던 참이라, 부르주아계급의 규모가 상대적으로 작았다. 게다가 그 소수 중에 혁명가는 극히 드물었으므로 상황은 더욱 여의치 않았다.

레닌은 혁명을 위해서는 지도력과 조직이 필요하다는 사실을 깨닫고, 엥겔스와 마르크스의 '전위 정당(vanguard party)' 개념을 주창했다. 전위 정당이란 정치적 인식이 확고하고 대부분 노동자계급에서 모집된 "결의에 찬 개인"들의 집단으로, 혁명의 선봉대였다. 이들의 역할은 프롤레타리아를 '대자적 계급(class for itself, 특정한 경제적·정치적 목표를 추구하는 어느 정도 조직화된 집단)'으로 변화시켜, 부르주아 지배를 타도하고 민주적인 "프롤레타리아 독재(dictatorship of the proletariat)"를 수립하는 것이었다. 레닌은 볼셰비키라는 이름으로 전위 정당을 모집했고, 이 당이 종국에 가서는 소련 공산당이 되었다.

세계혁명

마르크스처럼 레닌 역시, 국경과 민족정체성, 자민족 중심주의와 종교를 초월하여 사실상 국경과 계급이 없는 상태로 나아가는 위대한 혁명의 물결 속에서 단결된 프롤레타리아가 등장할 것이라고 믿었다. 이것은 "가난한 자를 위한 민주주의"가 국제적으로 확대되는 과정으로, 이 새로운 민주주의에서는 사라져야 할 착취적이고 억압적인 계급에 대한 강제 진압과 동시에 이루어질 터였다. 레닌은 이런 과도기가 민주주의에서 공산주의로 이행하는 데 필수적인 과정이라고 보았다. 프롤레타리아 독재 이후에 등장할 공산주의는 마르크스가 꿈꾸던 혁명의 최종적인 결말로서, 계급을 넘어서고 사유재산이 철폐되는 궁극적인 상태였다.

레닌은 "수천 명이 아니라 수백만 명이 모인 곳"에서 자신의 정치사상이 힘을 얻고, "바로 그곳에서 본격적인 정치가 시작된다"고 선언했다. 중무장한 제국주의 국가의 무력과 폭력에 대항하자면, 이 나라에서 소외된 반체제적인 노동자 수백만 명의 동참이 필수적이었다. 전문 혁명가들의 조직 아래 단결한 수백만 명의 노동자들 속에서만, 군비와 재정 면에서 월등히 우세한 자본주의 정권을 무너뜨릴 희망이 엿보였다.

노동자들이 국경을 초월한 계급 연대의식을 강조하는 레닌의 말을 인용하여 "세계 사회주의혁명 만세!"라는 구호에 따라 진군하자. 부유한 은행가들이 도망가고 있다.

제1차 세계대전의 끔찍한 사상자들에게 질린 반란군은 1917년 10월혁명을 성공시키는 데 결정적인 역할을 했다. 이 전쟁으로 구(舊)정권은 신임을 잃었다.

노동자계급과 소농들은 차르의 치하에서 생산설비 소유주나 지주들의 이해관계에 따라 자신들의 삶이 휘둘리는 경우를 수없이 겪어왔지만, 마르크스주의자인 레닌은 권리와 행복이 오로지 자신의 사회계급에 따라 결정된다고 믿을 것을 촉구했다. 대중은 고통에 못 이겨 단일한 정치체로 뭉치게 되었고, 레닌의 볼셰비키 당원들의 지속적인 교화를 통해 한층 더 강해졌다. 레닌에게는 대중의 힘이 유일하고도 효과적인 혁명세력이었다.

1917년 혁명이 성공하고 이듬해인 1918년 3월 6일에 열린 러시아 공산당 제7차 당대회에서, 레닌은 "우리의 모든 결정이 진정 마르크스주의적으로 실체화"되었던 혁명에 대한 소회를 밝혔다. 그의 볼셰비키당은 본질적으로 무혈 쿠데타였던 1917년 10월혁명을 통해 임시정부로부터 권력을 장악했다. 이들은 세계 최초로 성공을 거둔 공산주의 혁명가들이었다. 러시아는 세계 자본주의 체제 내에서 가난한 국가에 속하여 프롤레타리아의 세력이 비교적 약했지만, 부르주아 세력은 더욱 약했기 때문에 도시 노동자계급을 비롯한 대중이 부르주아의 지위를 몰수하려 결집하자 '손쉬운 승리'를 거두게 되었다.

혁명이 성공한 주된 요인 중 하나는 제1차 세계대전에서 러시아가 처한 상황 때문이었다. 1917년 당시 이 전쟁은 러시아 국민에게 참을 수 없는 고통을 떠안기고 있었다. 암살대조차 군대 폭동과 탈영을 막을 수 없었고, '제국주의' 전쟁은 이내 볼셰비키 적군과 반볼셰비키 백군 사이의 내란으로 비화되었다. 레닌은 "이 내전에서 국민의 압도적 다수가 우리 편인 것으로 드러났고, 그래서 그토록 쉽게 승리를 거머쥘 수 있었다"라고 썼다. 그는 어디를 가나 프롤레타리아가 끔찍한 경험을 통해 부르주아 국가와는 협력할 수 없음을 터득함에 따라 대중혁명의 '결실'이 저절로 '무르익어'갈 것이라는 마르크스의 예언이 실현되는 광경을 목도했다.

실제로는 그밖에도 많은 성공요인이 있었다. 1917년의 혁명이 진행되던 당시에는 지방정부, 군대, 교회 등 구질서 체제가 이미 권위를 상실하고, 도시와 농촌 경제가 모두 붕괴된 상태였다. 제1차 세계대전에서 러시아의 강제 철군과 뒤이은 내전은 극심한 물자 부족과 그로 인한 대대적인 고통에 따른 것이었다. 레닌은 이 극도의 혼란 속에서 새로운 질서를 찾으려면 지배력과 강제력이 필요하다는 것을 깨달았다. 볼셰비키당은 전위대였지만, 혁명세력의 주체는 아니었다. 그는 마르크스가 말한 대중의 범주와 노동자·농민 블록에 대해 숙고한 끝에, 노동자 소비에트(평의회 또는 집단)의 프롤레타리아 민주주의가 새로운 '코뮌' 국가의 근본적 실체라고 결론지었다. 이 집단들은 "소비에트에 전권을!"이란 구호 아래 하나로 뭉쳤다. 이로써 1917년 10월에 세계 최초의 사회주의 국가인 러시아 소비에트 사회주의 연방공화국이 탄생했다.

승리는 대중을 신뢰하는 이들, 대중의 창조성이라는 생명의 샘에 몸담은 이들만이 얻게 될 것이다.
블라디미르 레닌

전시 공산주의

경제적으로는 혁명이 끝난 후 3년 동안 전시 공산주의가 이어졌다. 이 시기에 볼세비키 군대와 도시를 부양하고 반볼세비키 백군과의 내전을 원조하기 위해 농촌에서 생산된 식량을 징발하여 이송시킨 결과, 러시아의 농민 수백만 명이 아사했다. 참혹한 상황이 극에 달하다 보니, 레닌과 볼세비키는 얼마 전까지 그들의 정치를 지지하던 바로 그 대중의 봉기에 직면하게 되었다. 역사가 데이비드 크리스천(David Christian)은 전시 공산주의가 레닌의 새로운 공산당의 이상에 반하여, "노동자계급의 대표를 자처하던 정부가 바로 그 계급에 의해 타도될 위기에 처하게 되었다"고 기술한다.

전시 공산주의는 혁명의 결과로 야기된 임시상태로서, 내전이 끝나자 레닌이 제안한 특수한 정책으로 대체되었다. 레닌이 국가 자본주의라 불렀던 이 신경제정책(New Economic Policy) 아래에서는 농장 등의 일부 소규모 기업체에 사적 이윤을 위해 잉여 농산물을 판매할 수 있도록 허용했다. 반면 대형 기업과 은행은 여전히 국가가 소유했다. 이 정책은 많은 볼세비키들에게 사회주의 경제를 자본주의적 요소로 오염시킨다고 비난받았지만, 농민들이 각자의 이익을 위해 더 많은 농작물을 생산하도록 유도함으로써 결과적으로 농작물 생산량을 늘리는 데 성공했다. 그러나 레닌이 사망한 후 몇 년 만에 스탈린이 이 정책을 강제 집산주의 정책으로 전환함으로써, 1930년대에는 기근사태가 더욱 심각해졌다.

프롤레타리아의 힘

레닌의 10월혁명이 과연 어느 정도나 진정한 사회주의혁명이었는가의 문제는 볼세비키가 실제로 얼마나 '대중'과 공감대를 형성하고 그들을 대표했는가에 달려 있다. 고통받던 프롤레타리아가 진정 '아래로부터' 스스로를 해방시켰던 것일까, 아니면 볼세비키 지도자들이 고통받는 대중에게 승리를 안겨준다는 마르크스주의의 논리를 빌어 집권에 성공했던 것일까? 이 새로운 프롤레타리아의 힘, 즉 레닌이 실체로 구현한 후에도 끊임없이 규정하고 설명하며 찬양해 마지않던 대중의 힘은 과연 어디까지 진실일까?

레닌과 동시대를 살았던 볼세비키혁명 비평가이자 사회주의운동가인 니콜라이 수하노프(Nikolai Sukhanov)는 회의적인 입장을 취하며 이렇게 썼다. "레닌은 복잡한 문제를 단순화하는 위대한 능력을 가진 웅변가다. 그는 사람들이 의지를 상실하고 자신의 노예가 될 때까지 그들의 정신을 두들기고, 두들기고, 또 두들겨댄다."

노동귀족

볼세비키가 일당독재는 진정한 노동자들의 국가와 동의어라고 주장할 때에도, 그들이 실은 노동자들에 대한 당의 지배를 합리화하고 있을 뿐이라고 생각하는 사람들이 많았다. 레닌은 이런 지배에 대해 해명하기 위해, '전문 혁명가' 없이 노동자들만으로는 '노동조합 의식' 수준을 벗어날 수 없다는 엘리트주의적인 신념을 밝혔다. 노동자들이 직접 현장에서 같이 일하는 동료들과의 연대를 넘어서, 보다 광범위한 계급적 연대를 생각하기는 어렵다는 의미였다.

게다가 문제를 더욱 심각하게 만드는 것은, 일부 서유럽에서 노동계급이 얻어낸 권

> 이 투쟁은 혁명활동에 전문적으로 참여하는 사람들에 의해 조직되어야 한다.
> 블라디미르 레닌

혁명 후 이어진 내전에서 볼세비키는 반혁명적인 '백군'과 싸웠다. 전시 비상조치가 시행되면서 대중의 지지를 시험하게 되었다.

이데올로기의 충돌 THE CLASH OF IDEOLOGIES **233**

중국의 문화혁명에서는 어린 홍위병들이 반혁명적 태도를 근절하기 위한 전위대를 결성했다. 레닌은 혁명을 이끌려면 전위대가 필요하다고 믿었다.

하러던 레닌의 야심과 그 목표를 달성하기 위해 기꺼이 "궂은 일에 발 벗고 나선" 그의 의욕을 상찬한다. 현대의 레닌주의자들은 오늘날 세계화가 레닌이 반대하던 19세기 제국주의의 연장선상에 있다고 본다. 자본가들이 새로이 착취할 노동력을 찾아 가난한 국가들로 눈을 돌린다는 공통점 때문이다. 그리고 역시 100년 전의 레닌처럼 노동자들의 전 세계적인 대중운동을 그 해결책으로 제시하고 있다. ■

리가 노동계급 전체에 혜택을 주지 못하고, 오히려 레닌이 '노동귀족'이라 부르는 계층을 양산했다는 사실이었다. 노동귀족이란 상당한 특권을 얻어낸 결과 진정한 계급 연대의식과는 거리가 멀어진 노동자 집단이었다. 레닌이 보기에 이런 상황을 타개하려면, 마르크스주의의 계급 단결의 원칙을 이해할 수 있는 '혁명적 사회주의 의식'이 필수적이었다. 이 의식은 오로지 노동계급 내부로부터 전위대를 통해서만 형성될 수 있었기 때문에, 볼셰비키는 전위 정당을 결성했던 것이다.

레닌에 따르면 마르크스의 사상과 학설의 체계인 마르크스주의는 19세기의 세 가지 정신적 주조(主潮), 즉 독일의 고전철학, 영국의 고전경제학, 프랑스의 혁명적 학설과 결합된 프랑스 사회주의를 그 원천 또는 구성부분으로 하고 있다고 한다. 레닌은 절대적인 진리는 무조건적으로 존재하고, 마르크스주의는 이견의 여지가 없는 진리라고 주장했다. 이 절대론 때문에 볼셰비즘은 '아래로부터의 민주주의'에 대한 신념과는 배치되는 듯 보이는 권위적이고 반민주적이며 엘리트주의적인 성격을 띠게 되었다. 그 후로 대만의 우익 반공산주의 국민당에서부터 중국의 공산당까지 모든 정치 스펙트럼에서 레닌의 전위 정당 혁명방식을 모방해왔다. 일부 지식인들은 여전히 스스로 '레닌주의자'를 자처하고, 그 중에서도 슬로바키아 철학자인 슬라보예 지젝(Slavoj Zizek)은 마르크스주의 이론을 실전에 적용

레닌만이 러시아를 환상적인 수렁으로 끌고 갈 수 있었고, 레닌만이 그 수렁에서 빠져나오는 길을 찾을 수 있었다.

윈스턴 처칠

대중 파업은 역사적으로 불가피한 사회적 상황에서 기인한다

로자 룩셈부르크(서기 1871~1919년)

맥락읽기

이데올로기
혁명적 사회주의

핵심어
대중 파업

이전의 관련 역사
서기 1826년 : 영국에서 광부들이 광산 소유주의 임금삭감 방침에 맞서 최초의 총파업을 일으킨다.

서기 1848년 : 카를 마르크스가 『공산당 선언』에서 혁명과 역사적 변화는 지배계급과 피지배계급의 계급투쟁의 결과라는 이론을 제시한다.

이후의 관련 역사
서기 1937~1938년 : 스탈린이 소련을 산업 강대국으로 강제로 바꾸려 하면서, 수십만 명이 처형당하는 대숙청이 벌어진다.

서기 1989년 : 폴란드의 노동조합 솔리대리티가 레흐 바웬사가 이끄는 연립정부와 손잡고 공산당을 참패시킨다.

마르크스주의 이론가 로자 룩셈부르크(Rosa Luxemburg)는 대중 파업의 개념을, 그 자연발생적 성격을 강조하는 혁명적 방식으로 설명했다. 그녀는 정치적·경제적 대중 파업을 노동자 권력투쟁의 가장 중요한 수단으로 보았다.

룩셈부르크의 사상은 대대적인 노동자 투쟁과 상트페테르부르크의 '피의 일요일(Bloody Sunday)' 시위가 1905년 러시아혁명으로 급격히 번져나가던 시대상황 속에서 형성되었다.

사회혁명

카를 마르크스와 프리드리히 엥겔스는 프롤레타리아의 대중 파업이 노동계급의 외부 또는 '상위'에 존재하는 전문적인 전위대의 주도 아래 일어나리라 예상했고, 무정부주의 이론가들은 선동과 파괴 같은 예외적 행위를 통해서만 혁명이 점화된다고 믿었다. 그러나 룩셈부르크는 어느 쪽도 대중 파업을 이해하거나 촉진하는 올바른 방법이 아니라고 생각했다. 그녀가 보기에 사회혁명 속에는 수없이 다양한 동인들이 함께 작용하고 있었다.

룩셈부르크는 저서 『자발성과 조직의 변증법 Dialectic of Spontaneity and Organization』

참조 : • 카를 마르크스 188~193쪽 • 에두아르트 베른슈타인 202~203쪽 • 블라디미르 레닌 226~233쪽 • 이오시프 스탈린 240~241쪽 • 레온 트로츠키 242~245쪽

레흐 바웬사(Lech Walesa)는 1980년 폴란드에서 솔리대리티(Solidarity)를 결성했다. 이 독립 노동조합은 노동자의 생활 개선의 방편으로 대중 파업을 이용했고, 이 파업은 정치적 변화의 기폭제가 되었다.

에서 정치조직은 내부로부터 자연스럽게 발전한다고 주장했다. 노동자들이 임금 개선과 나아가 정치적 목적을 위한 파업에 참여하는 과정에서 학습이 이루어지기 때문이었다. 혁명은 그 과정에 참여하는 대중에게 저절로 전수될 터였다. 룩셈부르크는 지도자란 대중의 정서와 야심을 의식적으로 체현하는 데 그칠 뿐, 새로운 형태의 사회주의를 탄생시키는 것은 대중 파업이라고 믿었다. 그리고 1905년의 일련의 사건을 통해 총파업은 간부들이 결정하여 지시할 수도 없고, 풀뿌리 단체들의 선동으로 보장되지도 않는, 프롤레타리아 의식의 자연스러운 발로라는 사실을 확인했다. 그것은 사회적 현실, 특히 먹고 살기 위해 중부 유럽과 러시아의 새로운 산업현장에서 과중한 업무와 저임금에 혹사당해야 하는 노동자들의 고통에서 비롯된 불가피한 결과였다.

노동자의 발전

룩셈부르크는 국가의 무력 및 재정 지배에 반대하는 프롤레타리아의 불만이 쌓여가며 실패 또는 성공적인 파업으로 폭발하다가 자발적인 대중 파업에서 절정을 이룬다고 확신했다. 이 파업은 노동자들의 목적을 달성시키고, 당 지도부를 변화시키는 한편 자본주의에 맞서는 혁명을 전진시킬 것이었다. 또 이런 진행 과정에서 노동자들은 지적 향상을 이루어, 장래의 추가적인 발전을 보장할 터였다.

대중 파업은 단지 이 시점의 혁명적 투쟁 형식일 뿐이다.
로자 룩셈부르크

블라디미르 레닌은 이 "혁명의 자발성" 때문에 계몽된 지도자가 이끄는 혁명의 내적 규율과 향후 계획성 같은 장점이 사라진다며 반박했다. 그리고 혁명 지도자 역할을 그의 볼셰비키당에 맡겼다. 룩셈부르크는 이런 방침이 독재정권과 궁극적으로는 "공공생활의 야만화"를 초래하리라 예상했다. 레닌의 '적색 테러(Red Terror)'의 공포와 스탈린의 살인 행각을 통해 결국 그녀가 옳았음이 입증되었다. ■

로자 룩셈부르크

자모시치(Zamosc)라는 폴란드 마을에서 태어난 로자 룩셈부르크는 여러 언어에 능통하고 재기 넘치던 학생으로, 16세 때부터 사회주의 정치에 빠져들었다. 1898년에 독일 시민이 되어 베를린으로 이주한 뒤로 국제 노동운동과 사회민주당에 가담했다. 그녀는 사회주의 문제, 여성참정권, 경제학에 관해 글을 썼고, 노동자혁명을 위해 싸웠다. 1907년 런던에서 열린 러시아 사회민주당(Russian Social Democrats) 회의에서 레닌과 조우했다.

룩셈부르크는 1916년 브레슬라우(Breslau)에서 옥고를 치른 뒤 지하정치조직인 스파르타쿠스단(Spartakusbund)을 결성했다. 그리고 1919년 1월 베를린에서 혁명활동을 벌이다가 육군 장교에게 붙잡혀 사살당했다. 그녀의 시신은 란트베어(Landwehr) 운하에 버려져 수개월 후에야 발견되었다.

주요 저술

1904년 『러시아 사회민주주의의 조직화 문제 Organizational Questions of the Russian Social Democracy』
1906년 『대중 파업론 The Mass Strike』
1913년 『자본 축적론 The Accumulation of Capital』
1915년 『유니우스 팸플릿 The Junius Pamphlet』

타협가는 맨 나중에 잡아먹히기를 바라면서 악어에게 먹이를 주는 사람이다

윈스턴 처칠(서기 1874~1965년)

맥락읽기

이데올로기
보수주의

핵심어
비타협주의

이전의 관련 역사
기원전 350년경 : 정치인이자 연설가인 데모스테네스(Demosthenes)가 마케도니아 필리포스 2세의 제국에 대한 야심을 예상하지 못한 동료 아테네인들을 비판한다.

서기 1813년 : 유럽 열강들이 나폴레옹과 화해를 모색하다가 그가 군사 원정을 재개하자 연합군을 파견해 라이프치히에서 그를 격파한다.

이후의 관련 역사
서기 1982년 : 영국 수상 마거릿 대처(Margaret Thatcher)가 포클랜드 전쟁(Falklands War)에서 아르헨티나와의 타협을 권고하는 사람들에게 체임벌린의 사례를 언급한다.

서기 2003년 : 미국 대통령 조지 W. 부시(George W. Bush)와 영국 수상 토니 블레어(Tony Blair)가 이라크 전쟁 준비 기간 중에 유화정책의 위험성을 환기시킨다.

19 30년대 중반까지도 '유화(宥化)'라는 단어에는 이후의 사건들에서 얻어진 '비겁하다'거나 '불명예스럽다'는 뉘앙스가 없었다. 제1차 세계대전이 끝난 뒤 유럽 열강들은 윈스턴 처칠(Winston Churchill)의 표현대로 "유럽에 만연하던 공포에 사로잡힌 증오와 반감"을 진정시키는 데 주력했으므로, 회유적인 정책 결정이 상식으로 통하는 분위기였다. 그러나 대공황으로 전 세계가 타격을 입고 독일에서 아돌프 히틀러가 집권하면서, 처칠과 극소수의 사람들은 이런 정책에 따르는 위험성을 깨달았다.

영국의 국방비 예산은 경제침체로 인해 대폭 제한되었다. 히틀러를 견제하기 위한 재(再)무장의 필요성이 제기된 것은 영국이 여전히 제1차 세계대전의 피해 복구에 안간힘을 쓰며, 군비의 대부분을 대영 제국의 외딴 전초기지들에 배치하느라 극도의 재정 압박에 시달리던 시점이었다. 그래서 히틀러를 막기 위해 또다시 독일과 대치해야 한다는 주장은 보수당 수상이던 스탠리 볼드윈(Stanley Baldwin)과 그의 뒤를 이은 네빌 체임벌린(Neville Chamberlain)에게 완전히 묵살당했다. 이들에게는 히틀러의 점점

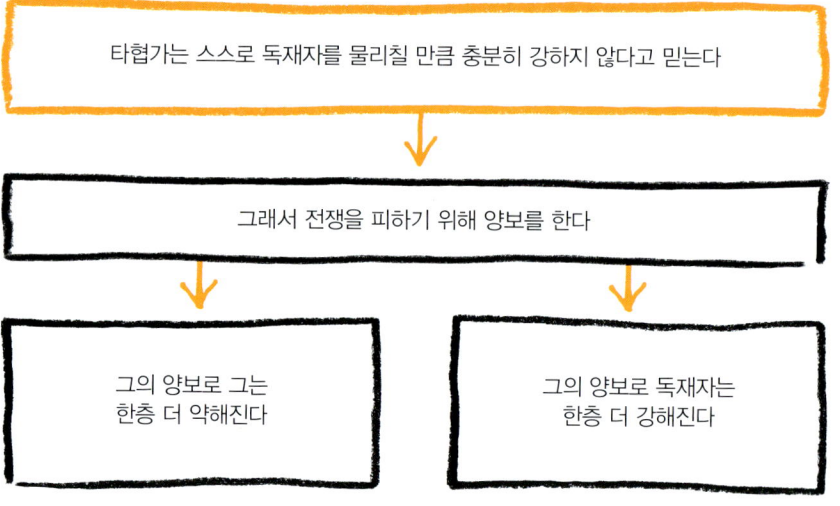

참조: ■ 마하트마 간디 220~225쪽 ■ 나폴레옹 보나파르트 335쪽 ■ 아돌프 히틀러 337쪽

처칠은 체임벌린이 1938년 뮌헨에서 히틀러와 맺은 협상을 "완전하고 돌이킬 수 없는 패배"라고 일 갈했다.

늘어가는 불만을 달래는 것만이 온건하고 현실적인 대응책으로 비춰졌다.

처칠은 비공식적인 정부 및 군사 기밀 네트워크를 통해 나치의 목표와 동향, 그리고 영국군의 무방비상태에 대해 계속 보고 받았다. 그는 1933년 영국 의회에서 히틀러의 의도에 대해 경고했고, 마냥 무사안일하게 보이는 사람들 앞에서 엄청난 웅변술을 동원해가며 끊임없이 경보를 울렸으나, 그에게 돌아온 것이라곤 '전쟁광'이라는 조롱과 하원 평의원으로의 좌천뿐이었다.

뮌헨 회담

영국 정치계에서는 유화적인 사고방식이 단단히 뿌리를 내려, 히틀러가 제1차 세계대전 말에 체결된 베르사유 조약사항을 하나씩 어기며 반유대법을 입안하는데도 영국인들은 아무런 저항이 없었다. 대담해진 히틀러는 1938년에 오스트리아를 합병하고, 같은 해 뮌헨에서는 또다시 마음에도 없는 평화를 약속하는 대가로 체임벌린에게 체코슬로바키아의 수데텐란트를 넘겨달라고 뻔뻔하게 요구했다.

너무 쉽게 원하는 바를 이룬 그는 "충격적이고도 경탄할 만한" 방식으로 프라하에 입성하여 체코슬로바키아를 "박살낼" 계획이었지만, 현실에서는 "우방국들이 그 나라를 거의 갖다 바치다시피 했던" 것이다.

처칠은 뮌헨 회담에 대해 맹렬히 비난했다. 그는 나치 괴물에게 자꾸 양보하며 먹이를 주어봤자 괴물이 점점 게걸스러워질 뿐이라고 주장했다. 다른 정치가들은 여전히 히틀러를 믿고 있었기에, 처칠은 적어도 보수당 내에서는 자신의 비방자들 틈에서 거의 단독 노선을 취하게 되었다. 그는 어느 때, 어떤 사안에 대해서도 히틀러나 그 대리인과는 논의를 거부했다. 과격하지만 이성적으로, 절대로 타협하지 않고, 필요하다면 죽음을 무릅쓰고라도 독재에 저항한다는 것이 나치를 무너뜨릴 핵심적인 신념이었다. ■

당신(체임벌린)은 전쟁과 불명예 가운데 선택권이 있었습니다. 당신은 불명예를 선택했기에, 전쟁을 치르게 될 것입니다.

윈스턴 처칠

윈스턴 처칠

영국인 랜돌프 처칠 경(Randolph Churchill)과 미국인 상속녀 제니 제롬(Jennie Jerome) 사이에서 태어난 윈스턴 레너드 스펜서 처칠 경(Winston Leonard Spencer Churchill)은 언제가 자신을 가리켜 "영어권의 결합(English Speaking Union)"이라고 묘사했다. 그는 해로 퍼블릭 스쿨(Harrow Public School)과 샌드허스트 사관학교(Sandhurst Military Academy)에서 교육을 받은 후 기병장교로 인도에 배속되었다. 1890년대에 그는 스페인에 맞선 쿠바 반란, 영국의 인도 및 수단 원정, 남아프리카 공화국의 보어 전쟁 등을 취재하며 종군기자로서 명성을 얻었다. 처음에는 자유당 하원의원으로 시작하여 나중에는 보수당으로 옮긴 그는 장장 60년에 걸쳐 하원 생활을 했다. 제2차 세계대전 동안에는 연립내각을 이끌었고, 1951년에 다시 수상으로 취임했다. 다작 작가이기도 했던 처칠은 1953년에 제2차 세계대전을 다룬 6부작 역사서로 노벨 문학상을 수상했다.

주요 저술

1953년 『제2차 세계대전』
1958년 『영어사용국민의 역사 A History of the English Speaking Peoples』
1974년 『완벽한 연설 The Complete Speeches』

파시스트의 국가 개념은 모든 것을 포괄한다

조반니 젠틸레(서기 1875~1944년)

맥락읽기

이데올로기
파시즘

핵심어
국가철학

이전의 관련 역사
기원전 27년~서기 476년 : 로마 제국이 유럽에서 아프리카와 아시아로 급속히 팽창한다.

서기 1770~1831년 : 게오르크 헤겔이 통합의 철학과 절대적 관념론을 발전시키고, 이를 기반으로 후에 젠틸레가 모든 것을 포괄하는 국가를 주창한다.

이후의 관련 역사
서기 1943~1945년 : 제2차 세계대전 말에 연합군이 이탈리아를 침공하여 파시스트 정권이 항복한다.

서기 1940~1960년대 : 네오파시즘운동이 라틴아메리카에서 점점 인기를 얻는다.

서기 1960년대 이후 : 네오파시즘 철학이 여러 민족주의운동으로 편입된다.

1918년 제1차 세계대전이 끝났을 때, 이탈리아는 사회적·정치적으로 불안한 상태였다. 이 나라는 강제로 영토를 유고슬라비아에 이양하고, 엄청난 전쟁 손실로 휘청거리고 있었다. 동시에 경제가 위축되면서 실업이 급증하고 있었다. 주류 정치학자들이 뚜렷한 해결책을 내놓지 못하는 가운데, 생활고에 시달리는 농민과 노동자들 사이에서 좌·우익 정치세력이 모두 지지층을 확대해나가고 있었다. 우익의 국가파시스트당(The National Fascist Party)은 베니토 무솔리니의 정치적 리더십과 조반니 젠틸레(Giovanni Gentile)의 철학적 지도 아래 민족주의 수사학을 동원하여 대중의 지지를 얻었다. 이들은 파시스트 국가에 바탕을 둔 새로운 형태의 급진적 사회조직을 주창했다.

집산주의를 통한 통합

새로운 이탈리아 국가의 지도원칙은 젠틸레가 무솔리니를 위해 대필한 것으로 추정되는 『파시즘의 교의The Doctrine of Fascism』라는 책에 명시되어 있다. 젠틸레는 개인주의 사상을 거부하면서, 국민이 원하는 목표와 국가가 원하는 생명력과 화합력을 동시에 실현시킬 방안은 집산주의라고 생각했다.

젠틸레는 파시즘의 국가 개념이 모든 개인과 세대가 더 높은 차원의 법과 의지, 특히 민족의 법과 의지에 따라 단결하는 삶을 지향하는 태도라고 설명한다. 파시즘도 공산주의처럼 유물론 이상의 가치를 고취하고자 했고, 젠틸레도 마르크스처럼 자신의

무솔리니는 1932년 밀라노에서 열린 파시스트 혁명전시회에 방문했다. 이목을 집중시킨 대규모 선전 행사는 젠틸레를 비롯한 지식인과 예술가들이 새로운 시대를 알리기 위해 준비한 것이었다.

참조 : ■ 게오르크 헤겔 156~159쪽 ■ 카를 마르크스 188~193쪽 ■ 프리드리히 니체 196~199쪽 ■ 블라디미르 레닌 226~233쪽 ■ 이오시프 스탈린 240~241쪽 ■ 베니토 무솔리니 337쪽

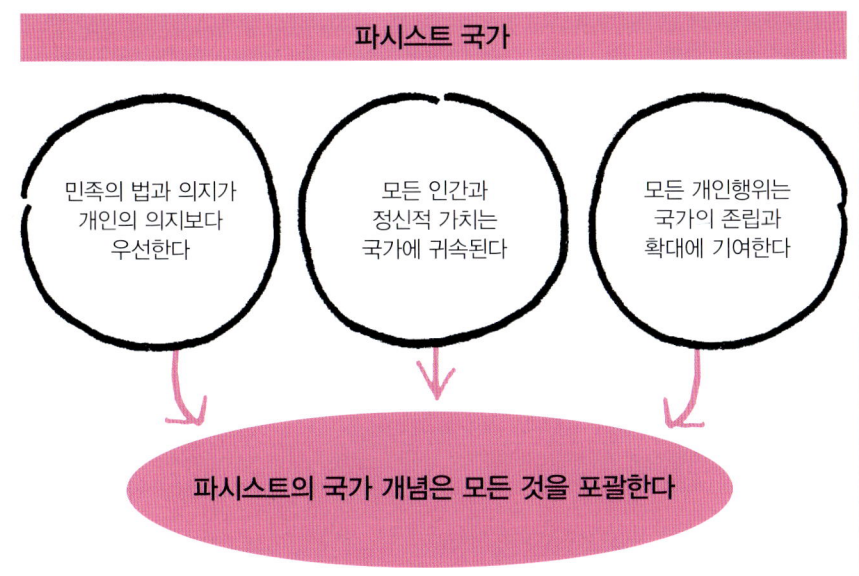

철학이 새로운 국가의 근간을 이루기를 바랐다. 그러나 젠틸레는 사회가 사회적 계급들로 분열되고 계급투쟁을 통해 역사가 변해간다는 마르크스의 주장에는 동의하지 않았다. 또 민족의 의지가 다수의 의지에 따른다고 보는 다수결 원칙 중심의 민주주의 사상에도 반대했다. 무엇보다도, 젠틸레의 파시즘 국가의 정의는 당시 유행하던 정치적·경제적 자유주의 사상과 대립했다. 역사적으로 당대에 와서야 정치적 안정을 유지할 수 없음을 인정한 자유주의와 달리, 젠틸레는 다양한 국가들의 이해관계가 상충되어 갈등이 불가피한 상황에서 영구적 평화를 추구하는 것 자체가 어리석다고 생각했다.

이 새로운 국가관은 과거 로마 시대로까지 거슬러 올라가는 자신감과 승리감에 찬 '이탈리아의 정신'에 호소하도록 의도된 것이었다. 이런 파시즘의 국가 개념과 '일 두체(Il Duce, 당수)' 무솔리니의 지도 아래에서, 이탈리아는 다시금 세계 강대국으로서의 지위를 되찾아올 계획이었다. 새로운 파시스트 국가를 이룩하자면, 반드시 모든 개인의 의지가 하나로 뭉쳐져야만 했다. 그리하여 국가 외의 모든 시민사회가 억압되었고 경제, 사회, 문화, 종교 등 삶의 모든 영역이 국가에 종속되었다. 국가는 또 주로 북아프리카 정복을 통해 식민지를 확대하여 외부로 뻗어나갈 목표를 세웠다.

젠틸레는 가장 중요한 파시즘 철학자였다. 그는 무솔리니의 교육부 장관과 최고 문화정치 조직자가 되었다. 이런 지위를 기반으로, 그는 모든 것을 포괄하는 파시스트 이탈리아 국가를 건설하는 데 핵심적인 역할을 했다. ■

조반니 젠틸레

조반니 젠틸레는 시칠리아 서부의 카스텔베트라노에서 태어났다. 그는 트라파니에서 고등학교를 마친 후, 장학금을 받고 유서 깊은 피사고등사범학교(Scuola Normale Superiore di Pisa)에 진학하여, 도나토 자자(Donato Jaja) 밑에서 이탈리아의 관념론적 전통을 중심으로 철학을 공부했다. 젠틸레는 이후 팔레르모, 피사, 로마, 밀라노, 나폴리 등지의 대학에서 강단에 섰다. 그는 나폴리에서 지내는 동안 자유주의 철학자인 베네데토 크로체(Benedetto Croce)와 함께 영향력 있는 잡지 〈비평La Critica〉을 창간했다. 두 사람은 그 후에, 젠틸레가 베니토 무솔리니의 파시스트 정권에서 요직을 맡은 반면 크로체는 그 정권을 비판하고 나서면서 서로 멀어졌다.

무솔리니의 제1차 내각에서 공교육 장관을 맡은 젠틸레는 중등학교 교육에서 역사와 철학 과목을 최우선시하는 파격적인 개혁인 일명 '젠틸레 개혁(Riforma Gentile)'을 실시했다. 또 이탈리아 역사를 다시 쓰는 급진적 시도였던 『이탈리아 백과사전Enciclopedia Italiana』의 주요 후원자이기도 했다. 그 후에는 파시스트 정권의 대표적 이데올로그가 되었다. 젠틸레는 1943년 이탈리아 과학학사원(The Academy of Italy)의 회장직에 올랐고, 이탈리아 왕국(Kingdom of Italy)이 연합군에 무너지자 살로 공화국(Republic of Salò)이라는 괴뢰정권을 지지했다. 이듬해 공산주의 저항단체에 암살당했다.

주요 저술

1897년 『사적 유물론 비판Critique of Historical Materialism』
1920년 『교육의 개혁The Reform of Education』
1928년 『파시즘 철학The Philosophy of Fascism』

부농에게서 그 존재 기반을 박탈해야 한다

이오시프 스탈린(서기 1878~1953년)

맥락읽기

이데올로기
사회주의

핵심어
집산주의

이전의 관련 역사

서기 1566년: 러시아에서 폭군 이반(Ivan the Terrible)이 중앙집권국가 수립을 꾀한 결과 농노들이 도망가고 식량 생산이 급감한다.

서기 1793~1794년: 자코뱅파(Jacobins)가 프랑스에서 공포 시대를 연다.

이후의 관련 역사

서기 1956년: 니키타 흐루시초프(Nikita Krushchev)가 스탈린이 대숙청 기간에 열렬한 공산주의자 수천 명을 처형했다고 폭로한다.

서기 1962년: 알렉산드르 솔제니친(Alexander Solzhenitsyn)의 『이반 데니소비치의 하루 One Day in the Life of Ivan Denisovich』가 러시아 강제수용소의 삶을 그려 세계적인 베스트셀러가 된다.

서기 1989년: 미하일 고르바초프(Mikhail Gorbachev)가 "나는 거짓말이 싫다"라고 말하며 글라스노스트(glasnost, 개방)를 추진한다.

19 17년의 러시아혁명 이후, 블라디미르 레닌의 볼셰비키당은 개인자산이나 기업을 정부 소유로 전환하는 국유화를 단행하며 새로운 사회주의체제 건설에 착수했다. 레닌의 뒤를 이어 소련의 지도자가 된 이오시프 스탈린(Joseph Stalin)은 1929년부터 이 과정을 가속화하여 이후 5년간 중앙명령을 통해 경제를 급속히 산업화 및 집산화했다. 소련의 농경체제를 근대화한다는 명분 아래 스탈린은 농장들을 국가가 통제하는 '사회주의 국유재산'으로 통합했다. 쿨라크(kulak)라는 비교적 부유하던 농민계급은 강제로 토지를 넘기고 집단농장으로 들어가야 했다. 스탈린의 경찰이 식량을 전부 몰수하여 도시로 싣고 가자, 농민들은 농작물을 불태우고 가축을 도살하여 이들에게 보복했다. 처참한 기근이 이어졌고, 비옥한 농토 때문에 '곡창지대'라 불

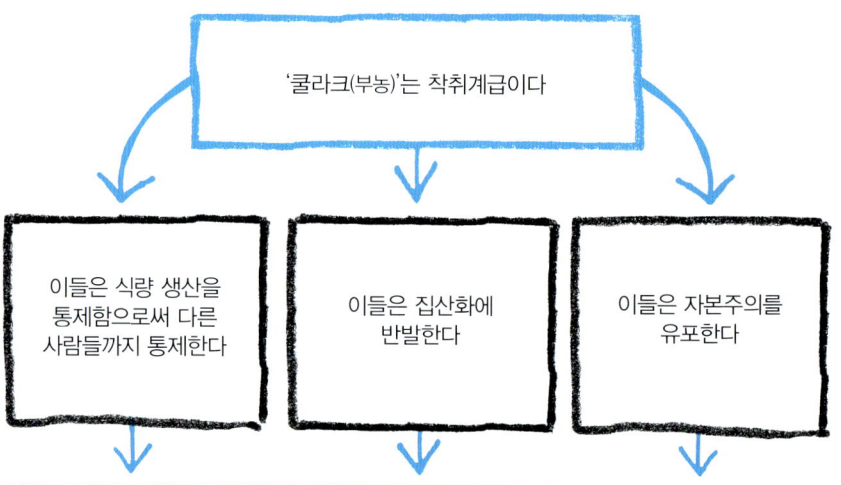

이데올로기의 충돌 THE CLASH OF IDEOLOGIES

참조: ▪ 카를 마르크스 188~193쪽 ▪ 블라디미르 레닌 226~233쪽 ▪ 레온 트로츠키 242~245쪽

리던 우크라이나 지역에서만 500만 명이 아사하거나 총살 또는 추방당했다. 1934년에 이르자, 700만 명의 쿨라크가 '제거된' 상태였다. 살아남은 쿨라크들은 이제 정부 관료가 운영하는 국영 농장에서 연명하고 있었다.

위로부터의 혁명

스탈린은 집산화가 "위로부터의 혁명"의 일환으로, 계급전쟁의 본질적인 형태라고 주장했다. 그는 이 단순한 개념 조합을 통해, 농민을 협동조합으로 조직하기 위해 설득의 방법을 택했던 레닌의 정책에서 벗어날 구실을 찾았다. 스탈린은 "쿨라크의 성향을 규제"하는 데서 시작하여, 차츰 그들을 농촌지역에서 "축출"하다가, 결국에는 쿨라크계급 전체를 "제거"해버렸다. 레닌은 소련이 자본주의 국가들에 둘러싸여 있는 한 계급투쟁은 계속 필요할 것이라고 경고한 바 있었다. 스탈린은 집산화가 진행되는 동안 이 말을 수시로 인용했다. 그는 개인적인 농민경제가 "자본주의를 조장한다"

면서, 계속 그러다보면 자본주의가 소련 경제의 특징이 될 것이라고 비난했다.

스탈린은 수백만 명의 개인에 대한 대량학살을 "그들에게서 존재의 생산적 기반을 박탈"함으로써 수행되는 계급 "청산"이라고 표현했다. 그러나 개인농장을 전부 파괴한 후에도, 그는 낡은 "쿨라크의 사고방식"이 좀처럼 사라지지 않고 공산주의 국가를

농장 집산화 과정의 선전 포스터에서는 농민들에게 가능한 모든 땅을 경작하라고 독려했다. 그러나 강제 집산화로 농작물 생산량은 처참할 정도로 감소했다.

계속 위협한다고 주장하며 공포정치를 이어갔다.

스탈린 정권의 공포가 확산됨에 따라, 이제 탄압에 시달리는 것은 쿨라크만이 아니었다. 레닌의 정치국 출신 생존자 전원을 포함하여, 스탈린 체제의 반대자로 지목된 사람들이 그 진위 여부에 상관없이 차례로 죽어나갔다. 레닌의 혁명은 스탈린의 독재정권으로 변질되었고, 레닌이 대중을 이끄는 '전위 정당'으로 만든 볼셰비키당은 스탈린 치하에서 공포도구 역할을 하는 비대하고 제도화된 국가 정당으로 전락했다. 스탈린은 처음에는 쿨라크를 박해했지만, 1930년대 중반에 이르자 국가의 공포기구로부터 무사할 사람이 거의 없었다. ∎

이오시프 스탈린

이오시프 스탈린은 그루지야의 고리(Gori)란 마을에서 이오시프 비사리오니치 주가슈빌리(Ioseb Besarionis dze Jughashvili)로 태어났다. 그는 동네 교회 부속학교에서 교육을 받았으나 나중에 마르크스주의자가 되어 티플리스신학대학(Tiflis Theological Seminary)에서 퇴학당했다. 청년 시절에는 유명한 시인이기도 했다.

스탈린의 정치 역정은 1907년 런던에서 열린 러시아 사회민주노동당(Russian Social Democratic Labour Party) 제5차 당 대회에 레닌과 함께 참석하면서 시작되었다. 그는 지하 정치조직에서 적극적으로 활동하다가 수차례 시베리아로 유배당했고, 1913년에는 러시아어 '스탈(stal, 철)'에서 따온 스탈린이란 이름을 쓰기 시작했다. 1917년 혁명이 벌어질 때는 볼셰비키당의 지도자 중 하나가 되어 있었다. 이어진 내전에서 스탈린이 보였던 무자비한 행각은 그가 레닌의 뒤를 이어 소련의 통치자가 된 후의 공포정치를 예고했다. 그는 사생활에서도 문제가 많았고, 장남과 두 번째 부인은 자살했다.

주요 저술

1924년 『레닌주의의 기초』
1938년 『변증법적 유물론과 사적 유물론』

만약 목적이 수단을 정당화한다면, 그 목적을 정당화하는 것은 무엇인가?

레온 트로츠키(서기 1879~1940년)

맥락읽기

이데올로기
공산주의

핵심어
영구 혁명(Permanent revolution)

이전의 관련 역사
기원전 360년 : 플라톤이 『국가』에서 이상국가의 특징을 설명한다.

서기 1794년 : 프랑스 작가 프랑수아 노엘 바뵈프(Francois Noel Babeuf)가 사유재산이 없고 모든 사람에게 생계를 보장하는 공산주의적 사회를 제안한다.

이후의 관련 역사
서기 1932년 : 미국 대통령 루스벨트가 미국인에게 뉴딜을 약속하며, 정부간섭과 경제규제의 시대를 연다.

서기 2007년 : 베네수엘라 대통령 우고 차베스(Hugo Chávez)가 스스로 트로츠키주의자라고 선언한다.

서기 2012년 : 러시아 펑크밴드 푸시 라이엇(Pussy Riot)이 블라디미르 푸틴(Vladimir Putin)의 '전체주의체제'를 고발한다.

러시아의 혁명가 레온 트로츠키(Leon Trotsky)는 평생 한결같이 자신이 진정한 마르크스주의라고 믿었던 바를 전파하는 데 힘썼다. 그는 카를 마르크스의 이론을 실행에 옮기기 위해 블라디미르 레닌과 긴밀히 협력해가며 1917년의 볼셰비키 혁명을 주도했다. 마르크스의 이론에 따르면, 혁명이 일어난 후에는 노동자들이 생산수단을 장악함으로써 '프롤레타리아 독재'가 뒤따라야 했다. 그러나 1924년에 레닌이 사망하자, 이오시프 스탈린은 바로 절대주의적 관료정치로 전환하여 대중운동의 희망을 짓밟고 1인 독재체제를 수립했다.

트로츠키는 전 세계 노동계급의 계속적

이데올로기의 충돌 THE CLASH OF IDEOLOGIES

참조 : ▪ 카를 마르크스 188~193쪽 ▪ 블라디미르 레닌 226~233쪽 ▪ 이오시프 스탈린 240~241쪽 ▪ 마오쩌둥 260~265쪽

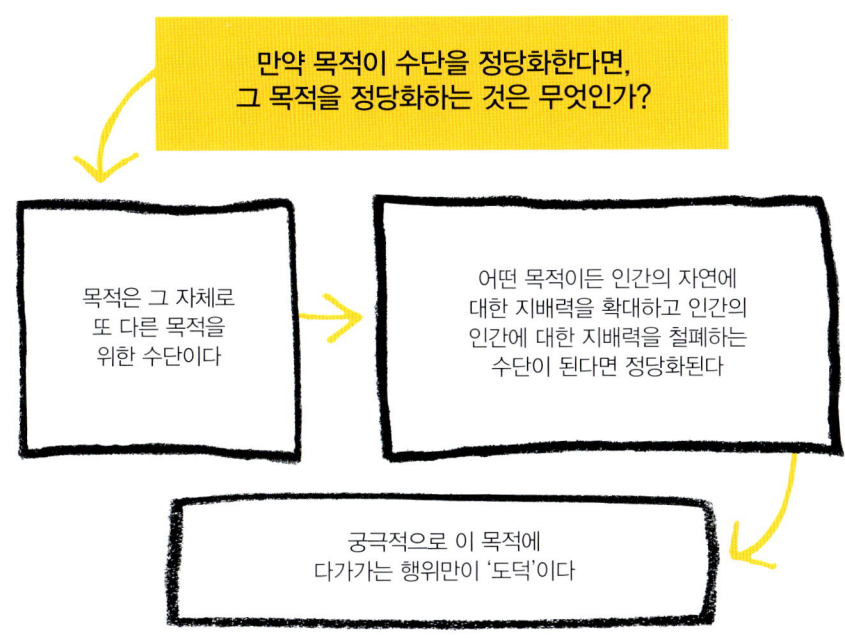

만약 목적이 수단을 정당화한다면, 그 목적을 정당화하는 것은 무엇인가?

목적은 그 자체로 또 다른 목적을 위한 수단이다

어떤 목적이든 인간의 자연에 대한 지배력을 확대하고 인간의 인간에 대한 지배력을 철폐하는 수단이 된다면 정당화된다

궁극적으로 이 목적에 다가가는 행위만이 '도덕'이다

인 지지로 보장되는 '영구 혁명' 전략을 통해, 그가 지난 혁명에서 성취했다고 믿었던 바를 계속 지켜나가고 싶어 했다. 마르크스는 세계 프롤레타리아와 동떨어진 채 어느 한 곳의 사회주의만 성공할 수는 없다고 경고하며, 혁명은 "어느 한 나라가 아니라 세계의 모든 주요 국가에서, 모든 유산계급이 지배적 입지를 박탈당할 때까지" 계속되어야 한다고 선언했다. 레닌도 러시아의 사회주의혁명이 승리하려면 반드시 다른 경제 선진국의 노동자운동으로부터 지지를 이끌어내야 한다고 역설했다. 이때부터 트로츠키의 추종자들은 국제적 지지라는 일종의 임계점에 도달하지 못했기 때문에 소련이 스탈린의 손아귀에 넘어갔다고 주장해왔다.

스탈린 치하의 공산주의

레닌이 사망한 지 4년도 안 되어, 전 세계 공산당 내에서 볼셰비즘의 초석이라 할 당내의 민주주의와 소비에트 민주주의 체제가 해체되고 말았다. 소련에서조차, 스탈린이 표방한 '일국 사회주의(Socialism in One Country)' 노선에 따라 전 세계 노동자혁명이라는 원대한 야망이 물거품 되었다.

스탈린 반대자들은 무조건 트로츠키주의자로 몰려 당내 고위층에서 축출되었다. 스탈린에 맞서던 트로츠키의 좌익 반대파(Left Opposition)가 패배하자, 트로츠키도 공산당에서 추방되어 해외 망명길에 올랐다. 1937년까지 스탈린은 좌익 반대파의 이른바 트로츠키주의자들 전원을 구속하거나 처형했고, 트로츠키 본인도 암살범을 피해 멕시코에서 숨어 지내야 했다.

도덕에 반대하여

스탈린의 폭정을 지켜본 많은 좌파 인사들은 우파로 옮겨 혁명적 마르크스주의를 거부하고 (트로츠키가 '도덕주의적'이라고 부르던) 보편적 가치를 강조하는 입장으로 전향했다. 여기에는 레닌과 트로츠키의 중앙집권체제인 볼셰비즘이 그동안 스탈린의 범죄를 용인해왔다는 전제가 깔려 있었다.

트로츠키는 『그들의 도덕과 우리의 도덕』에서 이런 주장을 가리켜 "도덕의 탈을 쓴, 계급투쟁의 반동적 발작"이라고 설명한다. 볼셰비즘에 대한 대표적인 비판 중 하나는 "목적이 수단을 정당화한다"라는 레닌의 신념이 배신, 만행, 대량학살이 난무하는 "도덕관념이 없는 상태"로 직결되었다는 것이다. 이런 비판자들은 잔혹행위를 막기

레닌, 스탈린, 트로츠키는 모두 볼셰비키혁명의 지도자들이었다. 레닌의 사후에 스탈린이 집권하자 트로츠키는 요주의 인물이 되었다.

제2차 세계대전 중에 벌어진 연합군의 독일 드레스덴 융단폭격은 자유주의·자본주의 정부라도 전시에는 스스로 도덕의 원칙을 깰 것이라는 트로츠키의 주장을 입증했다.

위해 도덕의 중요성을 강조한다. 그러나 트로츠키는 이들의 주장이 의도했든 안 했든 자본주의의 옹호론에 불과하다고 보는데, 자본주의가 "힘만으로는" 존재할 수 없어 "도덕이라는 접합제가 필요한" 체제라고 믿었기 때문이다.

트로츠키에 따르면, 도덕이 감각적 혹은 물질적 근거에서 파생된 것이 아니라 일종

가차 없이 반혁명분자를 색출하고, 수상한 자들은 강제수용소에 가두라. 기피자는 과거 전력에 상관없이 총살할 것이다.
레온 트로츠키

의 영구적 가치라고 생각하는 한, 그런 도덕 같은 것은 존재하지 않는다. 따라서 실재하는 사회적 상황이나 계급투쟁에서 비롯되지 않는 모든 행동은 비논리적이고 진실성이 없다. 경험적 근거에 기초하지 않는 추상적인 도덕 개념은 단지 지배계급이 제도적으로 계급투쟁을 억압하기 위해 사용하는 지배도구에 불과하다. 지배계급은 사회에 '도덕'이라는 의무를 부과하지만, 정작 본인들은 그것을 준수하지 않고 권세를 유지하는 데에만 이용할 뿐이다.

트로츠키는 전쟁의 도덕을 그런 사례로 든다. "평상시에는 전쟁을 '혐오한다'던 가장 '인간적인' 정부가 전시에는 최대한 많은 사람을 말살하는 것이 군대의 최고 임무라고 선언한다"는 것이다. 종교와 철학에서 정해놓은 행동기준을 강조하는 것 역시 계급 기만의 도구였다. 그리고 이런 기만성을 폭로하는 것이 트로츠키가 생각하는 혁명가의 첫 번째 임무였다.

신흥 귀족

트로츠키는 볼셰비즘의 중앙집권적 성향이 스탈린주의라는 '목적'을 위한 '수단'이 아니었음을 입증하는 데 심혈을 기울였다. 그런 중앙집권적 체제는 볼셰비키의 적을 처부수기 위해 필요했을 뿐, 궁극적인 목적은 언제나 소비에트체제로 운영되는 분권적인 프롤레타리아 독재였다는 논지였다. 트로츠키가 보기에 스탈린주의는 1917년 혁명의 진전에 역행하는 "엄청난 관료주의적 반동"이었다. 스탈린주의는 심지어 차르의 꿈조차 뛰어넘는 "권력의 페티시즘을 재현하여" 최악의 절대주의적 특권층을 부활시켰다. 이른바 '신흥 귀족(new aristocracy)'을 탄생시킨 것이다. 트로츠키는 스탈린의 범죄를 "신흥 귀족이 자신들에게 권력을 부여해준 대중과 맞붙어 싸운", 세상에서 가장 잔인한 계급투쟁의 결과라고 보았다. 그

인명의 존엄성에 대한 퀘이커교도나 가톨릭신자 같은 헛소리는 완전히 집어치워야 한다.
레온 트로츠키

리고 볼셰비즘과 스탈린주의의 비도덕성을 강조하며 둘을 한통속 취급하는 자칭 마르크스주의자들을 거세게 비난했다. 트로츠키와 그의 지지자들은 처음부터 스탈린에게 반대했지만, 트로츠키 비판자들은 스탈린의 잔혹행위가 가시화된 후에야 그런 입장으로 돌아섰다는 것이다.

마르크스주의의 비판자들은 종종 "목적이 수단을 정당화한다"라는 사상이 마르크스주의자 본인들의 이익을 위해 대중 기만은 물론 살인 행각과 만행까지 정당화하는 데 악용된다고 주장한다. 반면 트로츠키는 이런 주장이 오해라며, "목적이 수단을 정당화한다"는 것은 단지 옳은 일을 하기 위해 용인되는 방법도 있다는 의미라고 반박한다. 예를 들어 생선을 먹는 것이 허용된다면, 생선을 잡아 요리하는 것도 옳다는 것이다. 이렇듯 모든 행위의 도덕적 정당성은 그 '목적'과 연계해서 생각해야 한다. 아이를 위협하는 미친 개를 죽이는 것은 선행이지만, 괜히 심술궂게 아무 '목적' 없이 개를 죽이는 것은 범죄인 것이다.

궁극적인 목적

그렇다면 '무엇을 해도 되고, 무엇을 해서는 안 되는가?'라는 질문에는 어떻게 대답할 것인가? 대체 어떤 목적이어야 그것을 달성하는 데 필요한 수단이 정당화되는가? 트로츠키는 "인간의 자연에 대한 지배력을 확대하고 인간의 인간에 대한 지배력을 철폐하는 방향일" 때 그 목적이 정당화된다고 주장한다. 다시 말해, 목적 자체도 이 궁극적인 목적을 위한 수단일 수 있다는 것이다. 그렇다고 트로츠키의 주장이 과연 노동계급의 해방이 어떠한 파괴적 수단도 정당화될 수 있는 목적이란 의미였을까? 그는 이 문제를 계급투쟁 과정에만 국한시켜 생각할 뿐, 그 이상은 무의미한 추상적 관념론으로 치부해버린다. 그러므로 그에게 유일하게 의미 있는 선(善)이란 혁명적 프롤레타리아를 규합하여 지속적인 투쟁이 가능한 하나의 계급으로서 강화시켜가는 것뿐이다.

일부 유명한 마르크스주의자들도 트로츠키의 이런 논리를 위험하고 반혁명적이며 잘못된 것으로 여겼다. 아프리카계 미국인이자 마르크스주의자이며 레닌주의자로 1920년대와 1930년대에 소련에 머물렀던 해리 헤이우드(Harry Haywood)는 "트로츠키는 사상이 부정확하고 소련 국민의 요구와 관심사에는 물론 객관적 상황에도 맞지 않아 어차피 패배할 운명이었다"라고 믿었다. 트로츠키는 1917~1922년의 러시아 내전 중에 이른바 '전시 공산주의'의 지휘체계를 중앙집권화했다. 이런 중앙집권적인 성향도 그에게 실망한 과거 추종자들로부터 비판적인 성찰과는 담을 쌓고 자신의 분석의 절대적 타당성을 확신하며 어떤 이견도 용납하지 않는 태도라는 비난을 샀다. 게다가 그런 구조는 대중 참여라는 광범위한 기반 위에서 발전하기에는 노동자들의 시간과 노력을 너무 많이 요구하여, 필연적으로 소수 지도자에게 권력이 집중될 수밖에 없었다. 미국 마르크스주의자 폴 마틱(Paul Mattick)은 1940년대에 쓴 글에서, 러시아혁명 자체가 스탈린주의만큼이나 전체주의적이었고 볼셰비즘, 레닌주의, 트로츠키주의의 유산은 "그저 독재국가 방식으로 통제되는, 수정 자본주의(국가 자본주의) 체제의 발흥을 정당화하기 위한 이데올로기에 불과했다"고 단언했다. ■

레온 트로츠키

1879년 오늘날 우크라이나의 야노프카(Yanovka)라는 작은 마을에서 태어난 레프 다비도비치 브론시테인(Lev Davidovich Bronshtein)은 국제적 도시인 오데사(Odessa)에서 학교를 다니며 혁명활동에 참여했고, 처음에는 마르크스주의에 반대하다가 점차 빠져들게 되었다. 처음 체포되고 감금되어 시베리아로 유형을 떠났을 때 그의 나이는 겨우 18세였다.

시베리아에서 그는 교도관 이름이던 '트로츠키'로 행세하며 런던으로 탈출했고, 그곳에서 레닌과 만나 혁명 잡지 《이스크라Iskra》를 함께 만들었다. 그러다 1905년에 혁명을 지원하기 위해 러시아로 복귀했다. 곧 다시 체포되어 시베리아로 유배당했지만, 그 용감무쌍함으로 인기를 끌었다. 그는 다시 시베리아를 탈출하여 1917년 혁명을 성공적으로 이끌던 레닌과 합류했다. 러시아 내전 동안 적군을 이끌며 여러 요직을 맡았으나, 레닌의 사후에는 스탈린에게 밀려나 강제 추방당했다. 결국 1940년 멕시코에서 스탈린의 지령을 받은 라몬 메르카데르(Ramón Mercader)에게 암살당했다.

주요 저술

1937년 『거짓을 일삼는 스탈린 일당 The Stalin School of Falsification』
1938년 『그들의 도덕과 우리의 도덕 Their Morals and Ours』

러시아 내전에서 트로츠키의 '적군(Red Army)'이 대규모 학살을 자행하여, 비판자들은 볼셰비즘과 스탈린의 숙청을 비교하기 시작했다.

농민과 기업가 모두를 확신시켜 멕시코인을 통합할 것이다

에밀리아노 사파타(서기 1879~1919년)

맥락읽기

이데올로기
무정부

핵심어
토지개혁

이전의 관련 역사

서기 1876년 : 멕시코에서 포르피리오 디아스가 집권하여, 사회적 지위와 토지 소유권의 불평등을 확대시킨다.

서기 1878년 : 러시아에서 '토지와 자유(Land and Liberty)'라는 혁명정당이 등장하는데, 이 명칭을 사파타주의자들이 1990년대에 구호로 사용한다.

이후의 관련 역사

서기 1920년 : 혁명이 끝나가면서 멕시코 남부에서 토지개혁이 어느 정도 이루어진다.

서기 1994년 : 사파티스타 민족해방군(Zapatista Army of National Liberation)이 멕시코 정부의 토착민 학대에 반발하여, 치아파스라는 남부 주에서 무장봉기를 일으킨다.

1910년부터 1920년까지 이어진 멕시코혁명의 본령은 토지와 사회적 권리를 위한 투쟁이었다. 농민 출신인 에밀리아노 사파타(Emiliano Zapata)는 이 혁명운동의 핵심인물로서, 남부세력을 주도했다. 그는 권리와 약속, 무장투쟁을 혼합하여 이 갈등을 해소하는 것을 목표로 삼았다.

사파타의 사상은 멕시코의 무정부주의 전통과 그 핵심원리로서 토착민의 전통에 기초한 공동 토지 소유와 대부분 맥을 같이 했다. 멕시코의 정치적·경제적 발전을 보장하기 위해, 사파타는 플랜테이션 농장주인 하센다도(hacendado)의 독점을 무너뜨리고 정부개혁이란 의제 아래 국가, 즉 농민과 기업가를 단결시키고자 했다. 국가의 노동력과 생산자원을 활용하면 국제무대에서 국가의 독립도 보장될 터였다.

사파타의 비전은 1911년 아얄라 강령(Plan of Ayala)으로 구체화되었다. 이 개혁의 청사진에서는 자유선거, 하센다도의 지배 종식, 마을과 시민 개인에게로의 재산권 이전 등을 요구했다.

대다수의 지도자와 마찬가지로, 사파타

멕시코혁명에서 사파타를 위해 싸우던 군대는 대부분 토착농민이었고, 여자들로만 구성된 부대도 있었다.

도 분쟁이 끝나기 전에 사망했다. 토지개혁은 1920년대에 실시되었지만, 막대한 빈부격차는 여전히 해소되지 않았다. 그러나 사파타의 사상은 멕시코에 지속적인 유산을 남겼고, 최근에는 남부에 준(準)자치정부를 세운 치아파스(Chiapas) 토착농민들의 사파티스타운동에도 영감을 주었다. ■

참조: • 피에르 조지프 프루동 183쪽 • 표트르 크로폿킨 206쪽 • 안토니오 그람시 259쪽 • 호세 카를로스 마리아테기 337쪽

이데올로기의 충돌 THE CLASH OF IDEOLOGIES

전쟁은 돈벌이다

스메들리 D. 버틀러(1881~1940년)

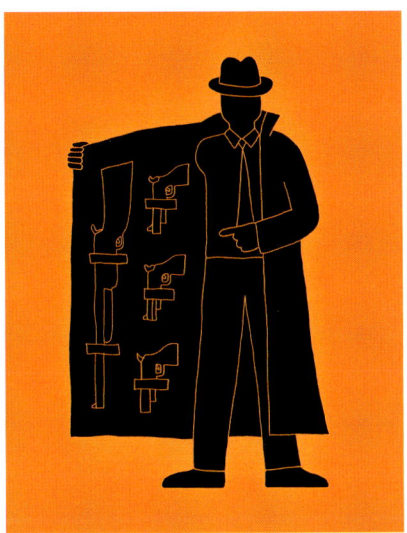

맥락읽기

이데올로기
불간섭주의

핵심어
전쟁 폭리

이전의 관련 역사
서기 1898~1934년 : 중앙아메리카와 카리브 해 지역에서 미국 기업, 특히 유나이티드프루트컴퍼니(United Fruit Company)의 이해관계를 보호하기 위해 '바나나 전쟁(Banana Wars)'이 벌어진다.

서기 1904년 : 미국 정부가 새로운 파나마 운하에 투자하고, 파나마 운하 지대에 대한 영유권을 주장한다.

이후의 관련 역사
서기 1934년 : 미국 대통령 프랭클린 D. 루스벨트가 라틴아메리카에 대한 미국의 간섭을 제한하는 선린외교정책(Good Neighbor Policy)을 제창한다.

서기 1981년 : 니카라과의 반정부세력 콘트라(Contra)가 미국의 지원을 받아 산디니스타 정권에 반기를 든다.

서기 2003년 : 미국이 주도한 이라크 침공이 미국 기업에 대한 이권 제공으로 이어진다.

서방세계의 산업화는 무역과 전쟁의 속성을 급격히 변화시켰다. 경제적 이해관계와 국제정세의 상관성은 무력분쟁의 동기와 이해타산에 대한 의문을 제기했고, 스메들리 D. 버틀러(Smedley D. Butler)를 비롯한 많은 이들이 외교정책에 앞장서는 군(軍)의 역할을 조명하기 시작했다.

버틀러는 34년간 주로 중앙아메리카에서 수많은 해외 원정에 참여해온 화려한 전적의 미국 해병대 장군이었다. 그는 특히 '바나나 전쟁' 등에서의 개인 경험을 토대로, 자신의 군 경력 중 상당부분이 해외에서 미국 기업의 이익을 보호하기 위한 목적이었고, 자신은 "자본주의의 협잡꾼이자 깡패" 노릇을 해왔음을 깨달았다.

정전(正戰)의 재정의

버틀러는 군사작전의 주된 성과가 해외시장과 투자를 확보함으로써 기업가들에게 돌아가는 이익임을 고려할 때, 자국 방어나 인권보호를 위해 전쟁을 수행한다는 합리화는 중단해야 한다고 주장했다.

그는 해병대에서 퇴역하자마자 1935년의 저서 『전쟁은 돈벌이다 War is a Racket』와 일련의 강연을 통해 이런 견해를 밝혀, 전쟁의 수익성과 정부의 해외 선제공격권을 제한해야 한다는 의제를 제기했다.

버틀러가 당대에 미친 영향은 제한적이었지만, 전쟁의 부당이득과 미국의 외교정책에 대한 그의 지적은 지금도 여진히 유효하다. ∎

전쟁은 극소수의 이익을 위해 엄청난 다수를 희생시키는 행위다.
스메들리 D. 버틀러

참조 : ▪ 호세 마르티 204~205쪽 ▪ 한나 아렌트 282~283쪽 ▪ 놈 촘스키 314~315쪽

주권은 얻는 것이 아니라 쟁취하는 것이다

무스타파 케말 아타튀르크(서기 1881~1938년)

맥락읽기

이데올로기
민족주의

핵심어
대의민주제

이전의 관련 역사
서기 1453년 : 메메드 2세(Mehmed II)가 콘스탄티노플을 공격하여, 팽창하는 오스만 제국의 수도로 삼는다.

서기 1908년 : 청년투르크혁명(Young Turks Revolution)으로 술탄이 1878년에 해산시킨 의회가 부활한다.

서기 1918년 : 오스만 제국이 제1차 세계대전에서 패한다.

이후의 관련 역사
서기 1952년 : 터키가 북대서양조약기구(NATO)에 가입하여 냉전에서 서방국 편에 가담한다.

서기 1987년 : 터키가 유럽경제공동체(EEC)에 정회원국으로 가입을 신청한다.

서기 2011년 : 터키 총사령관이 퇴임하면서 최초로 정치 지배권을 총리에게 이양한다.

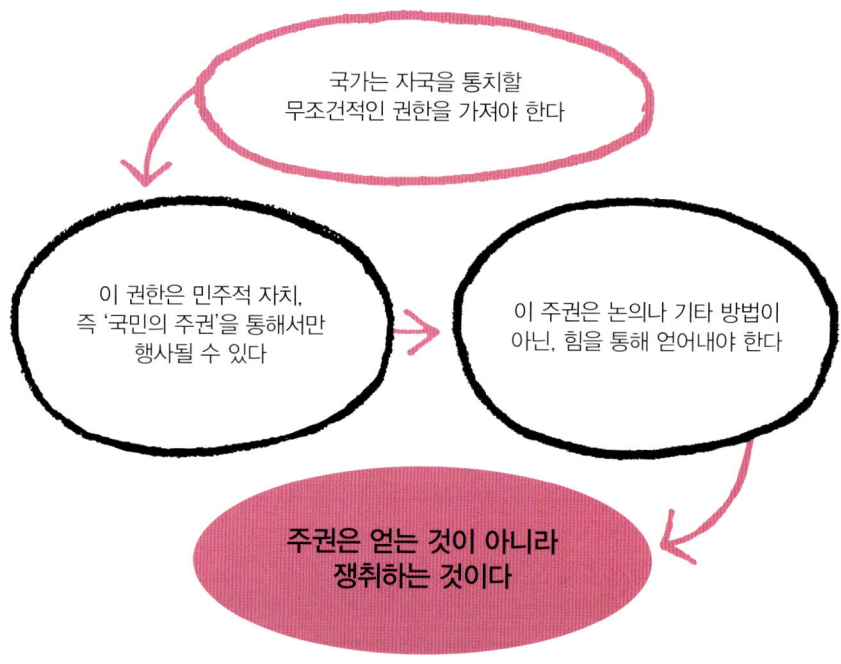

제1차 세계대전에서 오스만 제국이 패배하자, 1920년에 세브르 조약(Treaty of Sèvres)이 체결되어 오스만 제국의 아랍 영토를 몰수하고 아르메니아의 독립을 승인하며 쿠르드인의 자치를 허용하고 그리스에 터키 서부를 할양하기로 결정되었다. 이에 터키 반군은 무스타파 케말 아타튀르크(Mustafa Kemal Atatürk)의 지휘 아래 오스만 제국의 칼리프 군대와 그 배후의 점령군 세력에 맞서 봉기를 일으켰다. 터키 독립전쟁이 시작된 것이다.

아타튀르크는 러시아 볼셰비키로부터 무기와 자금을 지원받아 외국 점령군을 격퇴했고, 술탄은 영국 전함을 타고 몰타 섬으로 도주했다. 세브르 조약 후 불과 3년 만에 로잔 조약(Treaty of Lausanne)의 체결로 터키의 독립이 인정되었고, 아타튀르크는 초대 대통령으로 선출되었다.

국민의 총의(總意)

아타튀르크는 산업 발달이 거의 전무하던 봉건적 오스만 제국의 폐허 속에서 근대적인 민족국가를 수립하기로 결심했다. 그는 개인의 자유와 정의를 근본적으로 보장할 수 있는 공정하고 균형 있는 사회는 오로지 자국을 통치할 수 있는 무조건적인 국가 권한, 즉 '국민의 주권' 위에서만 건설할 수 있다고 믿었다. 또 그런 주권은 부여받거나 협상하는 것이 아니라 힘으로 빼앗아야만 한다고 주장했다.

무엇보다도 주권이란 (술탄·칼리프를 포함한) 모든 다른 권위, 종교의 정부간섭, 나아가 외부 열강들로부터 자유로운 민주적 자치를 의미했다. 아타튀르크의 '케말주의' 민족주의에 따르면, 터키인의 국가는 다른 모든 민족과 동일한 독립권을 존중하는 국민과 영토로 구성된 주권단위다. 외부 열강이나 '문명사회'와 동맹을 맺으면 새로운 국가에 필요한 지원을 받을 수 있을지는 몰라도, 국가는 정치적·문화적·경제적으로 혁명적인 자체 개혁을 통해 스스로 성립되어야 했다.

자신들의 국가를 개혁할 국민의 주권이란 이 개념은 국민 대다수에게 낯설었다. 가난한 농촌 지역의 많은 사람들은 아타튀르크의 근대화 정책이 교육받지 못하고 종교심 강한 농촌 문화에 세속적(정교 분리)인 도시 엘리트의 의지를 주입하는 것이라고 여겼다. 아타튀르크는 군대의 지지에 힘입어 새로운 터키 공화국을 세속적인 서구식 민족국가로 만들 수 있었지만, 농촌의 이슬람교도와 세속주의를 표방하는 군대 및 도시 엘리트 간의 갈등은 오늘날까지도 계속되고 있다. ■

아타튀르크의 철저한 세속적 이상에 따라, 무슬림의 머리쓰개 히잡(hijab)이 대학을 비롯한 많은 터키 기관에서 금지되었다. 이 정책은 끊임없는 분쟁의 발단이 되었다.

오로지 하나의 권력이 있다.
그것은 민족 주권이다.
오로지 하나의 권위가 있다.
그것은 국가의 존재, 양심, 마음이다.

무스타파 케말 아타튀르크

무스타파 케말 아타튀르크

무스타파 케말은 1881년에 그리스의 살로니카에서 태어났다. 그는 사관학교에서 두각을 나타내던 학생으로, 특히 수학과 문학에 뛰어났고, 콘스탄티노플의 육군참모학교에서 학업을 마쳤다. 그는 군에서도 빠르게 진급하여 제1차 세계대전 때는 제7군 사령관직을 맡았으나, 1919년 점령군에 맞서 저항운동을 주도하기 위해 오스만 군대에서 전역했다.

케말은 일찍부터 지하반정부단체에 몸담았고, 1923년에는 터키의 독립을 이끌어 새로운 세속주의 국가(근대 터키 공화국)의 초대 대통령이 되었다. 1934년에는 터키 의회에서 "터키의 아버지"라는 의미의 '아타튀르크'란 이름을 선사받았다. 그는 오랫동안 과음한 끝에 1938년 간경변증으로 사망했다.

주요 저술

1918년 『총사령관과의 대화 A Chat with the Chief Commander』
1927년 『연설 Nutuk』 [터키 대국민회의 (Grand National Assembly) 연설문]

유럽은 도덕이 없는 상태에 빠졌다
호세 오르테가 이 가세트(서기 1883~1955년)

맥락읽기

이데올로기
자유주의

핵심어
친지성주의(Pro-intellectualism)

이전의 관련 역사
기원전 380년 : 플라톤이 '철인 왕'의 통치를 옹호한다.

서기 1917년 : 스페인에서 러시아혁명 소식이 대중 통제로 국가권력을 장악한 프리모 데 리베라 정권에 공포를 심어준다.

이후의 관련 역사
서기 1936~1939년 : 스페인 내전으로 20만 명이 넘는 사망자가 발생한다.

서기 1979년 : 프랑스 철학자 피에르 부르디외(Pierre Bourdieu)가 권력과 사회적 지위가 미적 감각에 영향을 미치는 방식을 연구한다.

서기 2002년 : 미국 역사학자 존 루카치(John Lukacs)가 『자연과학을 모르는 역사가는 왜 근대를 말할 수 없는가At the End of an Age』를 출간하여 근대 부르주아 시대가 끝나가고 있다고 주장한다.

철학자 호세 오르테가 이 가세트(José Ortega y Gasset)는 스페인에서 사회적 불안이 팽배하던 1920년대에 명성을 얻기 시작했다. 왕실은 스페인령 모로코의 반란 이후 권위를 상실하고 있었고, 미겔 프리모 데 리베라(Miguel Primo de Rivera)의 독재정권은 좌·우익 세력의 분열을 심화시켰다. 이런 분열은 결국 1936년에 내전으로 비화되었다.

제1차 세계대전 때 중립국이던 스페인은 양 진영에 모두 물자를 제공하며 경제적 호황기를 맞았다. 그 결과 스페인은 급속히 산업화되었고, 팽창하는 노동자집단의 세력은 점점 더 강성해졌다. 이들은 각종 권리를 얻어냈고, 1919년 바르셀로나의 파업으로 스페인은 모든 노동자의 일일 8시간 노동제를 실시한 최초의 국가가 되었다.

대중의 등장

노동자의 세력이 커지면서 유럽에서는 사회계급의 문제가 철학적·사회학적 논의의 화두로 떠올랐으나, 오르테가 이 가세트는 사회계급이 순전히 경제적 격차에서 비롯된다는 입장에 이의를 제기했다. 그는 전통에 기초한 도덕률의 준수 여부에 따라 '대중적 인간(mass-man)'과 '고귀한 인간(noble-man)'으로 구분했다. 저서 『대중의 반역The Revolt of the Masses』에서 그는 "제멋대로 사는 것은 평민이다. 귀족은 질서와 법을 동경한다"고 설명한다. 그는 규율과 봉사에서 고귀함이 얻어진다고 믿었다. 또 대중의 권력 지배와 (파업 및 기타 형태의 사회적 불안을 통한) 반역적 성향의 증가를 대단히 심각한 문제로 여겨, "국민, 국가, 문명에 피해를 줄 수 있는 최대의 위기" 중 하나라고까지 말했다.

오르테가 이 가세트가 보기에, 대중이 가하는 위협은 전후 유럽이 전 세계에서 목적의식을 상실하면서 크게 사기가 저하된 상태와 관련 있었다. 제국주의 열강의 몰락

유럽인은 그 곁에 살아있는 영혼 하나 없이 홀로 서 있다.
호세 오르테가 이 가세트

이데올로기의 충돌 THE CLASH OF IDEOLOGIES

참조: ▪ 플라톤 34~39쪽 ▪ 이마누엘 칸트 126~129쪽 ▪ 프리드리히 니체 196~199쪽 ▪ 마이클 오크숏 276~277쪽

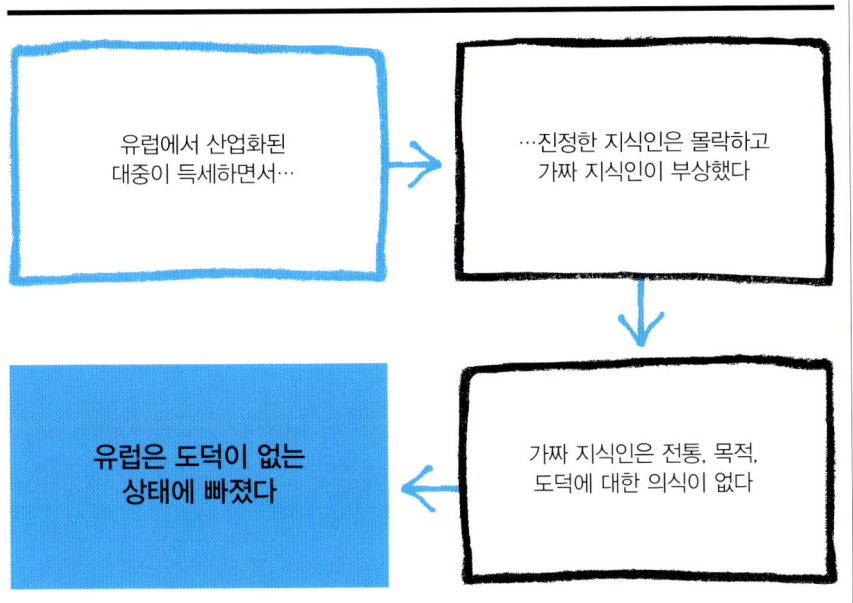

호세 오르테가 이 가세트

호세 오르테가 이 가세트는 마드리드의 자유주의 전통이 강한 정치가문에서 태어났다. 외가 쪽은 〈엘 임파르시알El Imparcial〉 신문의 소유주였고, 아버지는 그 신문의 편집자였다. 그는 스페인에서 철학을 공부한 후, 독일의 라이프치히, 뉘른베르크, 쾰른, 베를린, 마르부르크 등지에서 학업을 이어가며 신(新)칸트파 사조로부터 깊은 영향을 받았다.

1910년에 오르테가 이 가세트는 마드리드대학의 형이상학 정교수가 되었다. 그 후 〈서유럽 평론Revista de Occidente〉이란 잡지를 창간하여, 당대 가장 중요한 철학자들의 연구를 실었다. 그는 왕정과 디 리베라의 독재정권이 무너진 후 1931년 국회로 진출했으나 채 1년도 채우지 못하고 스스로 정계에서 물러났다. 스페인 내전이 터지자 그는 스페인을 떠나 아르헨티나 부에노스 아이레스를 여행하다가 1942년에야 유럽으로 돌아왔다.

주요 저술

1930년 『대중의 반역The Revolt of the Masses』
1937년 『척추 없는 스페인Invertebrate Spain』
1969년 『형이상학 강의Some Lessons in Metaphysics』

과 전쟁에 따른 파괴가 동반되면서 유럽이 여전히 강력한 산업적 세력임에도 불구하고 더 이상 스스로를 신뢰하지 못하게 되었다는 것이다.

가짜 지식인

오르테가 이 가세트는 대중이 부상하면서 지식인이 몰락했다고 주장한다. 이것은 가짜 지식인, 즉 전통이나 도덕률에 아무 관심이 없고 우월감에 가득한 천박한 자들이 승리했음을 시사한다. 가짜 지식인이 역사의 새로운 세력, 즉 방향감각을 잃은 세력을 대표하는 것이다.

오르테가 이 가세트가 보는 대중은 목적과 상상력이 결여되어 있으며, 최초의 진보를 가능케 한 고전적인 과학적 전통은 이해하지 않고 그 진보의 열매만 따먹으려 든다. 또 문명의 기본 원리나 진정한 의미의 여론 형성에도 관심이 없다. 그런 만큼, 그는 대중의 폭력적 성향이 대단히 높다고 보았다. 그의 눈에 비친 유럽은 진정한 지식인이 사라지고 무신경한 대중에게 지배당하면서 세계적으로 그 지위와 목적을 상실할 위기에 처해 있었다.

오르테가 이 가세트의 철학은 오늘날에도 여전히 영향력을 지니고 있다. 그의 추종자들은 경제적 계급과 문화의 연관성을 강조하고 있다. ■

프랑스에서 농성 중인 이 금속노조와 같은 노동자들은 제1차 세계대전 이후 상당한 이권을 얻어내며 정치적 권력을 행사하기 시작했다.

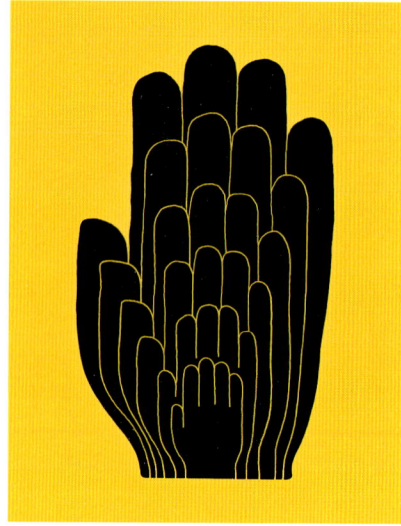

우리는 자유를 요구하는 4억 명의 인간이다

마르쿠스 가비(서기 1887~1940년)

맥락읽기

이데올로기
흑인 민족주의

핵심어
사회적 행동주의

이전의 관련 역사
서기 16세기: 대서양 연안 국가들의 노예제, 즉 '마파(Maafa)'라는 아프리카 홀로코스트가 시작된다.

서기 1865년: 미국 헌법 수정조항 제13조에서 미국 전역의 노예제가 폐지된다.

서기 1917년: 미국 역사상 최악의 인종 폭동 중 하나가 이스트세인트루이스에서 발발한다.

이후의 관련 역사
서기 1960년대: '검은 것은 아름답다(Black is Beautiful)' 운동이 지지를 모은다.

서기 1963년: 마틴 루터 킹이 워싱턴 DC에서 열린 대규모 시민권 행진에서 "나에게는 꿈이 있습니다" 연설을 한다.

서기 1965년: 미국 의회에서 미국 흑인들의 투표권 행사를 금지하는 차별을 금지하는 투표권법(Voting Rights Act)이 통과된다.

20세기 초에 자메이카의 운동가 마르쿠스 가비(Marcus Garvey)는 아메리카의 흑인들에게 백인의 패권에 맞서는 각성적인 입장을 제시했다. 그는 1914년 세계흑인지위향상협회(Universal Negro Improvement Association)를 결성하고, 전 세계 '4억 명'의 흑인들에게 인종차별로부터 아프리카 대륙과 자신들의 삶을 해방시키기 위해 단결하라고 촉구했다. 2년 후에는 활동무대를 미국으로 옮겨, 미국 흑인을 고용하기 위해 사업체를 세웠다.

흑인도 자신이 선택한 모든 문화, 정치, 학문 분야에서 성공할 수 있다고 확신한 가비는 인종을 최우선시하고, 그 다음은 개인의 자결권과 흑인의 독립국가 순으로 중시했다. 그는 인종의 구원이라는 거의 종교적인 생각에 도취되어, 모든 흑인의 이해관계를 보호하는 아프리카합중국(United States of Africa)을 구상했다. '새로운 흑인(New Negro)' 의식은 기존의 지적 전통에서 빌려오되 국제정치에 대한 자체적인 인종차별주의적 해석을 덧붙여나갈 터였다. 가비는 또 '아프리카 근본주의(African fundamentalism)'라는 용어를 만들어 몰락한 고대 아프리카 문명이 재건될 것이라는 믿음을 바탕으로 흑인이라는 자의식을 고취시켰다.

가비는 급진적인 메시지와 흑인들로만 구성된 그의 여러 사업체의 부실 운영으로, 경쟁관계의 다른 흑인 지도자들과 미국 정부로부터 분노를 샀다. 그러나 그는 최초로 '블랙파워'를 주장했고, 오늘날까지도 아프리카 민족주의자에게 영감을 주는 아프리카 해방정신을 최초로 명확히 제의했다. ■

나는 여느 백인과도 동등하다. 당신도 나와 똑같이 느끼길 바란다.
마르쿠스 가비

참조: ■ 존 C. 칼훈 161쪽 ■ 조모 케냐타 258쪽 ■ 넬슨 만델라 294~295쪽 ■ 말콤 X 308~309쪽 ■ 마틴 루터 킹 316~321쪽

이데올로기의 충돌 THE CLASH OF IDEOLOGIES

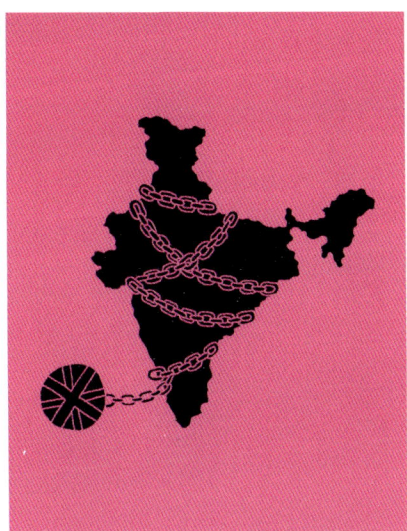

인도는 대영 제국에서 분리되지 않고는 진정으로 자유로울 수 없다

마나벤드라 나트 로이(서기 1887~1954년)

맥락읽기

이데올로기
혁명적 사회주의

핵심어
영구 혁명

이전의 관련 역사
서기 1617년 : 무굴 제국 황제가 영국 동인도회사에 인도와의 교역을 허락한다.

서기 1776년 : 미국 독립선언에서 민족의 자치권을 주장한다.

서기 1858년 : 세포이 항쟁(Indian Rebellion)의 결과 영국 왕실이 인도를 직접 통치하는 '라지(Raj)'가 시작된다.

서기 1921년 : 마하트마 간디가 인도국민회의 수장으로 선출되어 비폭력적인 시민 불복종을 촉구한다.

이후의 관련 역사
서기 1947년 : 영국령 인도 제국(British Raj)이 인도 독립법(Indian Independence Act) 제정으로 해체된다.

서기 1961년 : 프란츠 파농이 『대지의 저주받은 사람들Wretched of the Earth』에서 식민주의의 폭력과 무력저항의 필요성을 분석한다.

1931년 세계의 공산주의 정권을 둘러보고 인도로 돌아온 마나벤드라 나트 로이(Manabendra Nath Roy)는 악명 높은 형법전(Penal Code) 121-A항에 따라 영국 정부로부터 "영국 왕 겸 인도 황제의 인도 통치권을 박탈하려는 음모를 꾸민다"는 혐의로 기소당했다. 변론도, 증인도, 배심원도 허용되지 않는 채로 법정 대신 감옥에서 재판을 받은 로이는 지저분한 감옥에서 12년형을 살면서 건강이 망가졌다.

아이러니하게도 로이는 영국의 인도 통치에 대해 글을 쓸 때 항상 영국의 정의의 원칙에서 자신의 주장의 근거를 찾았다. 당국으로부터 폭력을 옹호한다고 고발당하자, 그는 폭정에 맞서 인도의 '빈민' 대중을 지키기 위해 사용하는 무력은 명예롭고, 그런 대중을 억압하기 위해 사용하는 무력은 불명예스럽다고 반박했다. 또 영국이 장장 300년에 걸쳐 인도 통치권을 몰락해가는 무굴 제국에서 (대규모 군대가 운영을 지원하던) 동인도회사를 거쳐 궁극적으로 영국 왕실로 "조용히" 이전함으로써 "이 귀중한 영토"를 손에 넣었다고도 말했다.

로이는 인도의 영국 정부가 인도 국민의 행복을 증진시키려는 목적이 아니라 오로지 "금권정치적 독재정권"의 이익만 노리고 수립되었다고 주장하면서, 필요하다면 무력을 써서라도 영국에서 완전히 분리되어야만 인도인의 이익을 도모할 수 있다고 역설했다. ■

일단 의식적으로 올바른 길에 발을 내딛고 나면, 아무것도 우리를 위압할 수 없다.
마나벤드라 나트 로이

참조 : ■ 마하트마 간디 220~225쪽 ■ 파울로 프레이리 297쪽 ■ 프란츠 파농 304~307쪽

주권자란 예외적 상황을 결정하는 자다

카를 슈미트 (서기 1888~1985년)

맥락읽기

이데올로기
보수주의

핵심어
초법적 권력

이전의 관련 역사
서기 1532년: 니콜로 마키아벨리가 『군주론』에서 통치권의 원칙을 제시한다.

서기 1651년: 토머스 홉스가 『리바이어던』에서 군주의 권력을 정당화하기 위해 사회계약의 개념을 도입한다.

서기 1934년: 아돌프 히틀러가 독일에서 집권한다.

이후의 관련 역사
서기 2001년: 미국의 정치학자 존 미어샤이머(John Mearsheimer)가 슈미트의 이론을 바탕으로 국가가 항시 전쟁을 준비하는 '공세적 현실주의(offensive realism)'를 정당화한다.

서기 2001년: 미국의 애국법에 계엄령과 긴급지휘권 조항이 상설된다.

카를 슈미트(Carl Schmitt)는 독일의 정치 이론가이자 법학자로, 20세기 초반의 연구를 통해 자유주의와 의회 민주주의에 대한 대표적 비판자로 자리매김했다. 그는 '예외적 상황(Ernstfall)', 즉 예기치 못한 사건들을 정치생활의 본질적인 특성으로 보았다. 그래서 법이 개인의 자유를 가장 잘 보장해준다는 자유주의 사상에 동조하지 않았다. 법은 '정상적' 상황을 관리하는 체계는 제공할 수 있어도 쿠데타, 혁명, 전쟁 같은 '예외적' 상황에 대처하도록 설계되지는 않았다는 것이 이유였다. 슈미트가 보기에 법 이론은 법률행위나 변화하는 사회규범과 지나치게 동떨어져 있었다. 그러므로 법

참조 : ■ 니콜로 마키아벨리 74~81쪽 ■ 토머스 홉스 96~103쪽 ■ 조반니 젠틸레 238~239쪽 ■ 호세 오르테가 이 가세트 250~251쪽 ■ 아돌프 히틀러 337쪽

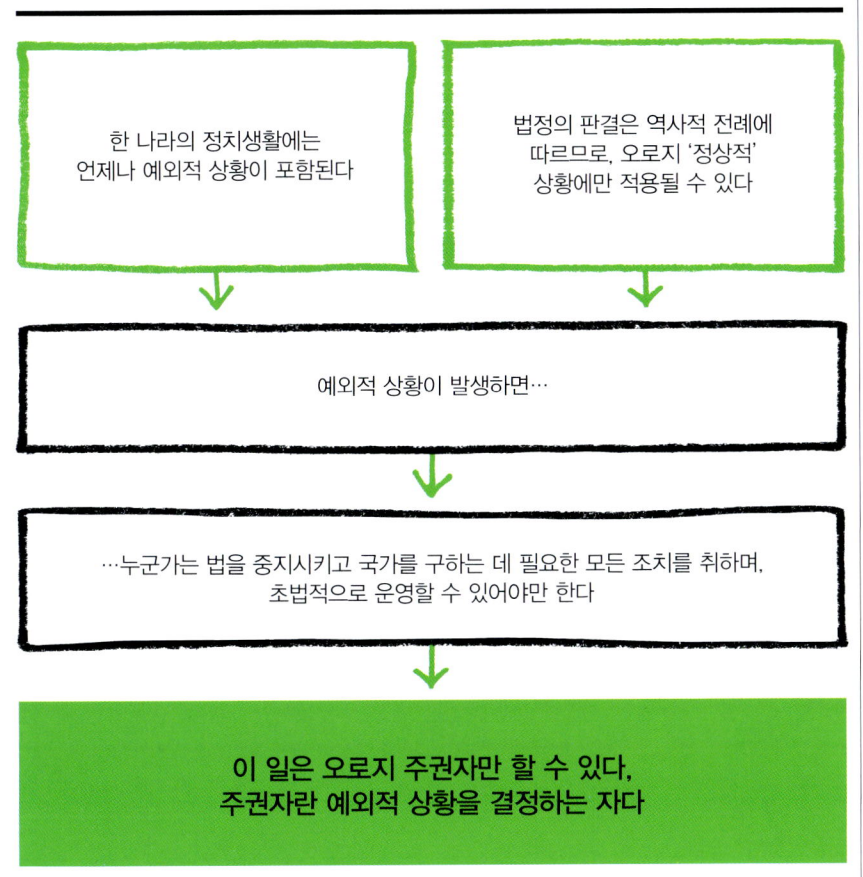

카를 슈미트

독일 플레텐버그의 독실한 가톨릭 집안에서 태어난 카를 슈미트는 나중에 신앙을 포기했음에도 불구하고 여전히 저작에는 신앙적 요소가 남아 있다. 그는 법학을 공부하고 여러 대학에서 강단에 섰다. 1933년에는 나치당에 입당하여 프로이센 추밀원의 고문관으로 임명되었다. 그러나 1936년 나치친위대(SS)로부터 비난받으며 나치당에서 쫓겨났다.

슈미트는 계속 베를린에서 교수직을 유지했으나, 제2차 세계대전이 끝나자 나치에 가담한 죄로 2년 동안 억류되었다. 1946년에 그는 플레텐버그로 돌아가, 국제사회의 외면 속에서 95세로 사망할 때까지 법학 연구에 매진했다.

주요 저술

1922년 『정치신학 : 주권론에 관한 네 개의 장Political Theology : Four Chapters on the Concept of Sovereignty』
1928년 『정치적인 것의 개념The Concept of the Political』
1932년 『합법성과 정당성Legality and Legitimacy』

은 당장 국가의 존립을 위협할 수도 있는 역사의 예기치 못한 변화를 처리하기에 부적합했다. 그는 대통령이 법정보다 일국의 헌법을 더 잘 이끌어갈 수 있으므로 반드시 법을 초월해 있어야 한다고 주장했다. 예외적 상황에서는 통치자가 궁극적인 입법자가 되어야 한다는 것이었다.

끊임없는 투쟁

슈미트의 자유주의에 대한 비판은 '정치적인 것(the political)'을 적과 동지 사이의 끊임없는 투쟁 가능성으로 이해했던 그의 독특한 시각과 직접 맞닿아 있다. 그는 적대국과의 국제적 차원에서나 정적과의 국내적 차원에서나 모두 이런 투쟁이 존재한다고 보았다. 그래서 자연을 "만인 대 만인의 투쟁상태"로 본 토머스 홉스의 시각과, 법의 지배 없이는 공존이 불가능하다는 그 함의에 동의하지 않았다. 오히려 그는 자유주의자들이 영구히 평화로운 세계가 존재할 수 있다는 착각을 부추겨 인류에, 특히 민족국가에 피해를 입혔다고 주장했다. 또 제1차 세계대전은 자유주의가 적대 가능성을 인식하지 못한 결과로, 자유주의는 '정치'의 진정한 본질을 곡해했을 뿐더러 '정치적인 것'의 진정한 본질도 심각하게 고려하지 않았다고 비난했다. 영원한 평화와 우호관계를 가정하는 한, 국가가 예외적 상황에 제

예외는 원칙보다 더 흥미롭다.
원칙은 아무것도 입증하지 않지만,
예외는 모든 것을 입증한다.
카를 슈미트

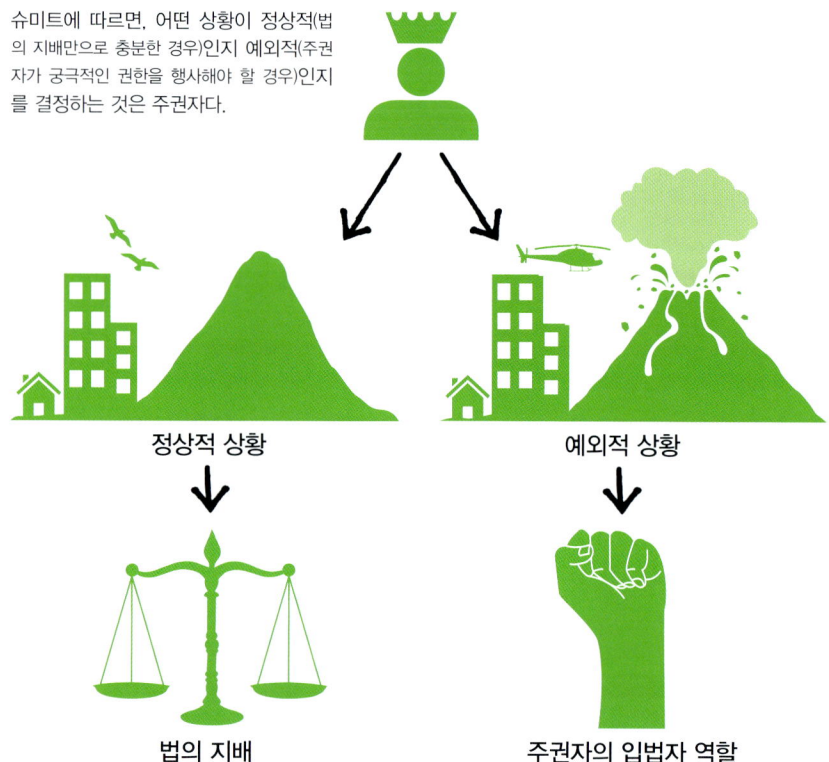

슈미트에 따르면, 어떤 상황이 정상적(법의 지배만으로 충분한 경우)인지 예외적(주권자가 궁극적인 권한을 행사해야 할 경우)인지를 결정하는 것은 주권자다.

정상적 상황 → 법의 지배

예외적 상황 → 주권자의 입법자 역할

대로 대비하지 못하여 국민의 삶을 위험에 빠뜨릴 수 있다는 지적이었다.

슈미트는 적대 가능성이 우호 및 중립 가능성과 마찬가지로 상존한다고 주장했다. 또 개인도 잠재적으로 위험한 존재로 간주했기 때문에, 결국 정치적 위험과 전쟁 가능성이 항상 존재한다는 결론에 도달했다. 따라서 주권자는 이 지속적인 가능성을 궁극적인 지침으로 삼아, 항시 거기에 대비해야 했다. 정치권은 필연적으로 적대적인 세계이고, 시민사회나 상업 분야처럼 시민들이 그 안에서만 상호작용하는 독자적인 영역이 아니다. 정상적 상황에서라면 법이 법정과 해당 관료제를 통해 적절히 작동할지 모르지만, 정치에서는 예외적 상황, 심지어 혼란도 얼마든지 발생할 수 있는데, 이런 상황에서는 법정이 올바르거나 신속한 판단을 내리기에 적합하지 않다. 따라서 누군가가 이 예외적 상황 동안 법을 중지시킬 권한을 부여받아야 한다. 슈미트는 이것이 주권자의 역할에 속한다고 주장했다. 주권자라면 언제가 '정상적' 상황이고 언제가 '예외적' 상황인지를 결정할 궁극적 권한을 보유하고, 예외적 상황일 경우 어떤 법은 적용하고 어떤 법은 적용하지 말아야 할지를 지시할 수 있다는 것이다.

그는 자유보다 생명을 우위에 두면서, 주권자의 정당성은 법의 적용 여부가 아니라 국가와 국민을 보호하는 능력에 달려 있다고 주장했다. 또 주권자의 진정한 권력은 예외적 상황, 즉 완전히 새로운 토대 위에서 결정을 내려야 할 때 발휘된다고 생각했다. 주권자가 법의 수호자가 아닌 진정한 입법자가 되어, 지정된 적에 맞서 국민을 동원할 수 있는 것은 오로지 이런 예외적 상황뿐이다. 슈미트는 주권이 최대로 행사될 때는, 평상시의 법에 따르면 도저히 정당화될 수 없고 폭력의 행사까지 요구한다고 결론 내렸다.

히틀러에 대한 옹호

슈미트는 히틀러의 집권과 정책을 옹호함으로써 자신의 이론의 한계를 극명히 드러냈다. 그는 히틀러의 정적 약 85명이 살해당한 '장검의 밤(Night of the Long Knives)' 사건이 "행정적 정의의 최고 형태"라고 주장했다. 슈미트가 보기에, 히틀러는 독일의 존립을 위협하는 예외적 상황에서 직접 자기 손으로 문제를 처리한 진정한 주권자였다. 히틀러가 유대인뿐 아니라 나치당의 좌익 진영에 폭력을 행사한 것도 슈미트의 눈에는 그들이 국가에 위협을 가한 탓으로 정당화될 수 있었다.

나치 정권에 대한 슈미트의 개인적인 지지는 그가 국가의 존립을, 그 국민들의 자유나 때로는 생명보다도 더 중요시했다는 사실을 강력히 시사한다. 그러나 모든 것을 희생해서라도 국가를 지켜야 한다는 그의 논리는 국가 역시 개인과 마찬가지로 변한다는 사실을 간과한 것이다. 국가는 그 속성이 영구히 완벽하게 고정되어 있는 단일한 개체가 아니다. 국가 역시 언제든지 의심해볼 수 있는 대상이고, 또 반드시 그래야 한다고 주장하는 사람들도 많은 것이다.

현대의 예외적 상황

슈미트는 자신의 이론의 과격한 결말을 내다보지 못했고, 더구나 집단학살은 어떤 상황에서도 용납될 수 없는 폭력이므로, 결국 학계와 지식인사회에서 기피대상이 되었다. 그러나 20세기 후반에 들어, 일부 단점에도 불구하고 그가 법철학 및 정치철학에 기여한 바를 의미 있게 평가하는 다양한 학자들이 나타나면서 그의 연구에 대한 관심이 되살아났다. 이런 학자들은 현대 사

> 예외적 상황이란 독재상태가 아니라, 법이 부재하는 상태다.
> 조르조 아감벤

회가 작동하고 정치 지도자들이 결정을 내리는 상황을 더 잘 이해하기 위해 슈미트의 '정치적인 것', '우적(友敵) 구분', '예외적 상황' 등의 개념을 활용했다.

미국의 철학자 레오 스트라우스(Leo Strauss)는 슈미트의 자유주의 비판을 기반으로, 자유주의가 '땅위의' 현실을 완전히 무시하고 극단적인 상대주의와 허무주의로 흐르면서, 실제로 있는 것이 아닌 있어야 하는 것에 중점을 둔다고 주장했다. 스트라우스는 두 종류의 허무주의를 구분하여, 나치와 마르크스주의 정권에서처럼 과거의 모든 전통, 역사, 도덕적 기준을 파괴하려 드는 '야만적' 허무주의와 서구 자유민주주의에서처럼 가치중립적이고 무목적적인 평등주의를 구현하는 '온건한' 허무주의로 나뉘었다. 스트라우스에게는 어느 쪽이든 인간의 탁월한 가능성을 파괴한다는 점에서 똑같이 위험하다.

이탈리아의 정치철학자 조르조 아감벤(Giorgio Agamben)은 슈미트의 예외적 상황을 법이 유보된 상태, 즉 법이 다시 회복될 수 있을 때까지 어딘가에 숨어 있는 상태가 아니라 법이 완전히 부재하는 상태, 즉 주권자가 시민의 삶에 대해 궁극적인 권한을 장악하는 상태로 해석한다. 제2차 세계대전 중에 세워진 나치 강제수용소에 대한 고찰에서, 아감벤은 이곳의 수감자들이 모든 인간적 가치를 상실하고 "벌거벗은 생명(bare life)"이 되어, 살아있으되 모든 인간적·법적 권리를 박탈당한 상태였다고 주장한다. 그는 예외적 상태가 조성되면 그 파장이 전혀 예측하지 못한 방식으로 번져나갈 수 있어 지극히 위험하다고 본다. 법을 '일시적으로' 중지시킨다고 하지만, 그 사이에 법을 부활시켜도 원상태로 돌이킬 수 없는 상황으로 변하므로 결코 진정으로 '일시적'인 것이 아니라는 뜻이다.

슈미트의 예외적 상황의 개념은 특히 9·11테러 이후에 보수주의자와 좌익 정치사상가들이 미국의 애국법(Patriot Act) 같은 반테러리스트 조치를 정당화 또는 비난하기 위해 이 개념을 끌어들이면서 더욱 시의성을 얻었다. 보수주의자들은 감시 확대와 기소 전 구금기간 연장 등 개인적 자유의 침해를 정당화하기 위해 이 개념을 사용했다. 한편 좌파 학자들은 바로 그런 행위에 반대하면서, 인권침해를 막는 보호장치들이 중단될 경우의 위험성을 지적했다.

관타나모 수용소 같은 시설의 존재야말로 어떤 사건을 '예외적'이라고 규정하고 예외적 조치를 부여하는 상황, 특히 현장에 아무런 견제가 없는 상태에서 운영진이 규정을 바꿀 수 있는 상황의 위험성을 적나라하게 드러낸다. 9·11테러 이후 10년이 넘게 지났지만 당시 선포된 예외적 상황은 여전히 유효하고, 또 중지될 기미도 보이지 않는 우려스러운 결과로 이어지고 있다. ■

제2차 세계대전 말에 나치 지도자들은 뉘른베르크에서 전범재판을 받았다. 슈미트는 나치 정권의 선전원으로 활동하여 수사대상에 올랐으나 결국 재판을 모면했다.

공산주의도 제국주의만큼 악영향을 미친다

조모 케냐타(서기 1894~1978년)

맥락읽기

이데올로기
탈식민주의

핵심어
보수적 범(汎)아프리카주의

이전의 관련 역사

서기 1895년 : 동아프리카에서 영국의 무역 이해관계에 따라 영국의 동아프리카 보호령이 지정된다.

서기 1952~1959년 : 케냐에서 독립을 요구하는 마우마우단(Mau Mau)의 반란으로 비상사태가 선포된다.

서기 1961년 : 초강대국으로부터 독립을 희망하는 국가들을 위해 오늘날 세르비아의 베오그라드에서 비동맹운동(Non-Aligned Movement)이 발족된다.

이후의 관련 역사

서기 1963년 : 아프리카 지역의 식민주의에 반대하는 아프리카통일기구(Organization of African Unity ; OAU)가 창설된다.

서기 1968년 : 영국의 마지막 아프리카 식민지가 독립을 얻는다.

조모 케냐타(Jomo Kenyatta)는 영국의 식민지배로부터 케냐의 독립을 이끈 지도적 인물 중 하나로, 독립 후에는 초대 총리 및 대통령을 역임했다. 정치적 온건파였던 그는 극적인 혁명보다는 점진적 변화 정책을 추구했다.

외부적 위협

케냐타의 사상에는 반식민주의와 반공산주의가 혼재되어 있다. 그는 백인의 아프리카 지배에 맹렬히 반대하면서, 케냐아프리카민족연맹(Kenya African National Union ; KANU)을 설립하여 케냐의 독립사상을 전파했다. 케냐는 혼합시장 경제노선을 추구하며 해외투자에 문호를 개방하고, 친서구적이고 반공산주의적인 외교정책을 펼쳐 나갔다.

케냐타는 식민상태에서 벗어난 국가들이 국제무대에서 자국의 입지를 강화하려는 외부세력으로부터 착취당할 위험이 있다고 믿었다. 진정한 독립을 이루려면, 소비에트 공산주의와 손잡고 밀려드는 외부의 영향력도 좌시해서는 안 될 터였다. 이런 의미에서, 공산주의는 식민통치만큼이나 케냐의 자결권을 제한하는 위협이 될 수 있었다. ■

동아프리카 신생 독립국가의 지도자들[탕가니카의 줄리어스 니에레레(Julius Nyerere), 우간다의 밀튼 오보테(Milton Obote)와 케냐타]이 1964년에 탈식민주의의 미래를 논의하기 위해 나이로비에서 만났다.

참조 : ■ 마나벤드라 나트 로이 253쪽 ■ 넬슨 만델라 294~295쪽 ■ 프란츠 파농 304~307쪽 ■ 체 게바라 312~313쪽

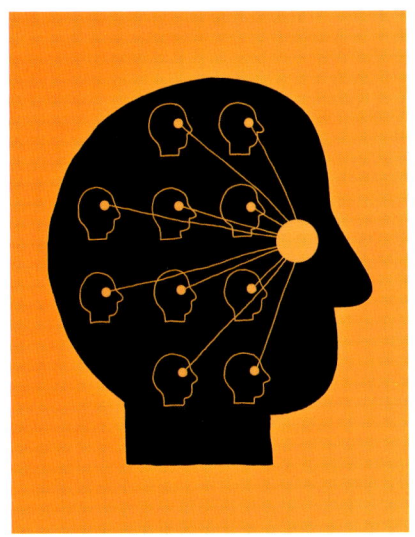

국가는 '교육자'로 인식되어야 한다

안토니오 그람시(서기 1891~1937년)

이탈리아의 마르크스주의 이론가 안토니오 그람시(Antonio Gramsci)는 이탈리아의 북부 산업화지대와 남부 농촌지역의 불균형을 폭로하는 한편, 지배계급의 권세에 맞서는 것은 혁명적 투쟁 못지않게 문화적 투쟁임을 역설했다.

그람시는 노동계급에 대한 이데올로기적·문화적 통제가 사고체계 발전에 대한 강제뿐 아니라 동의를 통해 권력자들의 입지를 강화시킨다고 주장하며 '문화적 헤게모니'의 개념을 발전시켰다.

지식인의 역할

그람시가 보기에는, 아무리 강력한 정부라도 무력만으로는 지배력을 유지할 수 없고, 반드시 합법성과 대중의 동의를 필요로 한다. 또 그는 국가의 기능이 사회를 교육하고 주입시켜 복종하게 만드는 것이라고 파악함으로써 마르크스주의 사상을 급진적으로 수정했다. 그는 사회에 대한 문화적 헤게모니의 장악력에 도전하려면 교육이 필수적이라고 보았다. 이런 맥락에서 그람시는 지식인의 역할에 대해서도 독특한 시각을 견지했다. 그는 지식인이 전통적인 엘리트계급뿐 아니라 사회의 모든 층위에서 존재할 수 있다고 믿고, 노동계급 내에서도 이런 능력을 개발해야만 지배계급의 헤게모니에 맞서려는 모든 노력이 성공할 수 있다고 주장했다. ■

대중은 스스로를 '구별 짓지'도 않고, 스스로를 조직화하지 못하여, 독립하지도 못한다.
결국 지식인 없이는 조직도 없다.
안토니오 그람시

맥락읽기

이데올로기
마르크스주의

핵심어
문화적 헤게모니

이전의 관련 역사
서기 1867년 : 카를 마르크스가 부유층이 대중을 착취하는 방식과 자본주의체제를 분석한 『자본론』 1권을 완성한다.

서기 1929년 : 호세 오르테가 이 가세트가 노동계급의 권력 확대에 따른 지식인의 종말을 개탄한다.

이후의 관련 역사
서기 1980년 : 미셸 푸코가 학교와 가족 같은 제도권사회의 권력 배분방식을 설명한다.

서기 1991년 : 선진적인 이탈리아 북부의 자치권 확대를 공약으로 내건 북부동맹(Lega Nord)이 결성된다.

참조 : ■ 카를 마르크스 188~193쪽 ■ 블라디미르 레닌 226~233쪽 ■ 로자 룩셈부르크 234~235쪽 ■ 미셸 푸코 310~311쪽

권력은 총구에서 나온다

마오쩌둥(서기 1893~1976년)

맥락읽기

이데올로기
마르크스-레닌주의

핵심어
중국 근대화

이전의 관련 역사
서기 1912년: 중화민국이 수립되어 2천년이 넘는 제국통치 시대가 마감된다.

서기 1919년: 중국에서 5·4운동이 정치적 논쟁을 촉발하며 1921년 중국공산당 창당의 직접적 계기가 된다.

이후의 관련 역사
서기 1966~1976년: 중국에서 자본주의적·전통적·문화적 요소를 근절한 마오쩌둥의 문화혁명(Cultural Revolution)이 막대한 인명손실과 파벌다툼을 초래한다.

서기 1977년: 덩샤오핑(鄧小平)이 경제 자유화 정책을 실시하여 중국의 급격한 성장을 부추긴다.

20세기 초반에 젊은 마오쩌둥(毛澤東)을 비롯한 중국 학생과 지식인들은 유럽에서 대두된 사회주의 이론을 받아들여 중국에 적용하기 시작했다. 당시 중국 젊은이들에게 마르크스주의는 미하일 바쿠닌의 무정부주의 이론이나 다른 유토피아적 사회주의 사조에 비해 매력이 떨어졌다. 마르크스는 강고한 자본주의 경제가 사회주의혁명의 필수적 기반이라고 역설하는데, 중국은 여전히 봉건적인 농업국가로서 근대화된 산업이나 도시노동자 계급이 부재했던 탓이다.

혁명의 영감

1917년의 러시아혁명 이전까지는, 자본주의 생산 과정이 어느 임계점에 도달해야만 노동자혁명이 성공할 수 있다는 마르크스의 확신에 중국의 반체제 지식인들이 동조할 만한 이유가 별로 없었다. 마오쩌둥은 후에 중국의 정치지형에서 자신이 일구어낸 엄청난 변화를 돌아보면서, 볼셰비키혁명이 당시 중국 사상가들에게 '청천벽력'처럼 다가왔다고 주장했다. 그때부터 러시아의 정세는 중국에서 초미의 관심사로 떠올랐는데, 양국이 후진적인 공룡국가라는 공통점이 있었기 때문이다. 마오쩌둥은 베이징을 여행하던 중에 대학 도서관 주임이던 리다자오(李大釗)의 조교이자 문하생이 되었다. 리다자오는 러시아 혁명운동에 대해 공부하고 세미나를 열며 글을 쓰던 선구적인 중국 공산주의자였다.

마오쩌둥은 마르크스주의와 레닌주의 사상을 받아들여, 농업국가에서의 노동자 혁명이라는 중국의 당면과제에 맞도록 수정했다. 레닌은 제국주의 이론에서 공산주의가 개발도상국으로 전파되어 점차 서구 자본주의체제를 포위해갈 것으로 예상했다. 마오쩌둥은 여전히 봉건제의 늪에 빠져 있는 국가들은 자본주의 발전 단계를 건너뛰어 곧바로 완전한 사회주의로 이행할 것이라고 믿었다. 수준 높은 계급 '의식'으로 무장한 엘리트 전위 정당이 농민층에 혁명의 기치와 프롤레타리아의 정체성을 주입시키면 가능할 터였다.

국민의 정치세력화

제1차 세계대전 이후 서방 연합국이 중국의 기대를 그렇게 가볍게 배신하지만 않았어도, 아마 러시아혁명이 몰고 온 흥분은 대학가 토론집단에서 머물고 말았을 것이

중국은 산업사회가 아니라 농업사회다 → 따라서 중국의 프롤레타리아 계급은 농민이다

권력은 총구에서 나온다

총을 치워버리려면 먼저 총을 집어 들어야 한다 ← 농민은 무장한 착취 자본가에게 맞설 힘이 없다

이데올로기의 충돌 THE CLASH OF IDEOLOGIES 263

참조 : ● 카를 마르크스 188~193쪽 ● 쑨원 212~213쪽 ● 블라디미르 레닌 226~233쪽 ● 이오시프 스탈린 240~241쪽 ● 레온 트로츠키 242~245쪽 ● 체 게바라 312~313쪽 ● 호찌민 337쪽

쌀 경작자를 비롯한 농민들이 사유지를 협동조합에 넘긴 집산화정책은 중국의 농촌경제를 개혁하기 위한 마오쩌둥식 운동의 핵심으로 자리 잡았다.

다. 14만 명이 넘는 중국 노동자들이 배를 타고 프랑스로 건너가 영국, 프랑스, 러시아의 삼국협상(Triple Entente)의 전쟁을 도왔던 것은, 무엇보다도 전쟁만 끝나면 독일이 중국 북동부 해안에서 점령하고 있던 산둥성이 다시 중국의 손에 돌아올 것이라는 믿음 때문이었다. 그러나 연합국은 1919년 베르사유 평화회의에서 이 땅을 일본에 양도해버렸다.

중국 전역의 학생들이 정부의 줏대 없는 굴복에 항의시위를 벌였다. 상하이의 도시 노동자와 기업가들도 시위에 동참했고, 다양한 집단들이 연합하여 국민의 요구에 응하라고 정부를 압박하며 5·4운동을 일으켰다. 베르사유에 있던 중국 대표단은 평화조약에 서명하기를 거부했으나, 이들의 반대는 연합국의 결정에 아무런 영향을 미치지 못했다. 5·4운동의 진정한 의의는 다수의 중국인들이 외세의 위협 앞에 무력한 조국과 자신들의 위태로운 삶을 인식하기 시작했다는 것이었다. 이 운동은 중국 정치사상에서 서구의 자유민주주의가 크게 호소력을 잃고 마르크스-레닌주의 사상이 주목받기 시작하는 결정적인 전환점으로 작용했다.

마오쩌둥은 이 시기에 중요한 역할을 했던 급진적인 지식인 중 하나로, 공산당에서 농민과 노동자의 조직책을 맡게 되었다. 그는 약자 입장에서 협상이란 곧 손해일 뿐이라는 산둥성의 교훈을 결코 잊지 않았다. 정치력이란 궁극적으로 군사력이었다. 마오쩌둥은 훗날 군사력을 강화하고 적극적으로 이용하는 데 일절 주저함이 없었다.

마오쩌둥은 1921년 상하이의 중국공산당(CPC) 제1차 전국대표대회에 참석했고, 1923년에는 공산당 중앙위원회(Central Committee) 위원으로 선출되었다. 그는 1920년대에 노동자 파업을 주도하고, 공부하고, 사상을 발전시키며 보냈다. 그는 중국에서 혁명을 수행할 주체는 도시 프롤레타리아가 아니라 농민이어야 한다고 확신하게 되었다.

공산당의 시련기

중국공산당은 국민당(KMT, 쑨원이 소비에트 러시아와 연계하여 창당한 중국 민족주의 및 반군주제 정당)과 마르크스-레닌주의라는 이데올로기적 입장과 조국통일이라는 최종 목표를 공유하고 있었다. 그러나 공산당이 주창하는 노동자와 농민의 인민운동은 국민당이 보기에 너무 과격했다. 그래서 국민당은 1927년에 동맹세력인 중국공산당을 공격하여 궤멸시키고, 도시의 공산당 조직도 진압해버렸다. 이 폭력적 분쟁은 공산당의 호된 시련기로 이어져, 농촌 기반의 게릴라식 마르크스주의 혁명전략인 마오쩌둥주의(Maoism)를 탄생시켰다.

1934년과 1935년에 마오쩌둥은 이제 중국 남동부의 장시성이라는 산악지대에서 선포된 소공화국인 중화소비에트공화국(Chinese Soviet Republic)의 주석이 되어, '대장정(The Long March)'을 통해 중국 공산주의자 중 일인자로서 입지를 굳혔다. 일련

노동자들이 손에 총을 드는 행위의 중요성을 깨닫기란 매우 어렵다.
마오쩌둥

국민을 위한 군대가 없다면,
국민을 위한 아무것도 없는 것이다.
마오쩌둥

마오쩌둥에 대한 개인 숭배는 지도자의 포스터와 『마오쩌둥 어록』을 든 사람들의 대중집회를 통해 끊임없이 강화되었다.

의 행진 중 1차로 9천600킬로미터(6천 마일) 거리에서 1년 넘게 진행된 이 고난의 행군은, 표면상으로는 일본 침략자들을 격퇴하려는 목적이었으나 실상은 공산당 적군(Red Army)이 장제스(蔣介石)의 국민당(Nationalist) 군대를 피하기 위한 군사적 후퇴였다. 이들은 18개의 산맥과 24개의 큰 강을 넘어야 했기에, 1934년 10월 장시성에서 출발할 때는 8만 명이던 군사·노동자 세력이 1년 뒤 상하이에 도착했을 때는 10분의 1로 줄어 있었다. 마오쩌둥은 지배권을 공인받고, 1935년 11월 중국공산당 지도자가 되었다. 일본이 제2차 세계대전에서 연합군에 패해 물러가자, 중국에서는 내전이 재개되어 국민당세력이 항복하고 1949년 마침내 공산국가인 중화인민공화국(People's Republic of China)이 수립되어 마오쩌둥이 국정을 이끌게 되었다.

위대한 지도자

1938년 중국공산당 중앙위원회 제6기 6차 확대전원회의의 폐회사에서 마오쩌둥은 자신의 혁명이론을 상세히 설명했다. 그는 여전히 반(半)봉건적인 중국에서 진정한 혁명계급은 농민층이고, 오직 무력투쟁만이 혁명을 달성할 수 있으며 시위, 항의, 파업만으로는 결코 충분하지 않다고 주장했다. 이제 '위대한 지도자(The Great Helmsman)'라 불리게 된 마오쩌둥은 강하게 무장한 농민 프롤레타리아와 함께 수많은 긍정적인 변화를 불러왔다. 이런 여러 정책 중에는 중매결혼 금지, 여성의 위상 제고, 취학률 두 배 향상, 문맹률 개선, 공동주택 건설 등이 포함되었다. 그러나 마오쩌둥은 스탈린을 숭배하고 마르크스주의 용어와 혁명이론에 심취하여, 마오쩌둥과 그의 군대가 집권 과정에서 저지른 수천 명의 잔혹한 살상을 합리화했다. 그 후 이런 희생자는 수백만 명이 더 늘어나는데, 일부는 중국의 적으로 몰려 폭력적인 억압에 시달리다가, 일부는 소홀히 방치되어 죽어나갔다. 마오쩌둥은 근 30년에 걸쳐 중국의 자급자족체제를 거의 완성시켰으나, 거기에는 인명, 안정, 자유, 이성 등의 말로 표현할 수 없는 희생이 뒤따랐다.

1953년에 시작된 5개년계획으로 생산량이 극적으로 증대하자, 1958년에는 대약진정책이 시행되었다. 마오쩌둥은 중국 경제가 서구 수준을 따라잡도록 농업, 공업, 기간산업 등에서 집단노동 사업을 무리하게 강행함으로써, 인류 역사상 최악의 재앙 중 하나를 야기했다. 1958년부터 1962년 사이에 고문, 혹사, 기아, 구타 등으로 4천500만 명 이상의 중국인, 대부분 농민이 사망함으

정치는 무혈의 전쟁이고,
전쟁은 유혈의 정치다.
마오쩌둥

이데올로기의 충돌 THE CLASH OF IDEOLOGIES

로써, 인구 사망률이 제2차 세계대전의 전체 사망자 수준에 약간 못 미칠 정도로 치솟은 것이다.

이 시기의 잔혹행위는 현재 다시 문을 연 공산당 기록보관소에 매우 조심스럽게 등재되어 있다. 이 기록들은 마오쩌둥과 공산당이 사회정의를 위한 위대한 투쟁의 주체로 선택한 "진정한 혁명적 계급"을 실상은 익명의 소모품으로 취급했다는 사실을 입증한다.

마르크스는 사회주의가 자본주의의 물질적·문화적 성취에 따른 필연적인 발전 결과라고 믿었던 데 반해, 마오쩌둥은 중국의 가난을 도덕적 순수성과 연계시켜, 이런 순수성이 사회적 유토피아로 이끌어줄 것이라고 확신했다. 1966년에는 중국에서 '부르주아'의 잔재를 청산한다는 목적으로 문화혁명이 시작되었다. 수백만 명이 강제노동을 통해 '재교육'받았고, 수천 명이 처형당했다.

현대 중국에서의 마오쩌둥

마오쩌둥의 '총구에서' 성장하는 정치는 결국 공포, 야만, 환상, 기만에 근거한 전체주의 정치로 판명되었다. 마오쩌둥이 사망했을 때, 중국 공산당은 그의 사상이 "앞으로 오랜 시간 동안 행동의 지침"으로 남으리라고 선언했다. 그러나 사회가 진화하고 그의 끔찍한 만행이 점점 더 많이 알려질수록, 마오쩌둥이 중국인의 사고방식에 미치는 영향은 계속 줄어들 것이다. ■

마오쩌둥

마오쩌둥은 1893년 중국 중부 후난성의 사오산에서 부농의 아들로 태어났다. 그는 엄격한 규율주의자이던 아버지는 어떤 구실로라도 자식들을 때리려 했고, 독실한 불자이던 어머니는 늘 그런 아버지를 말리려 했다고 회상했다.

마오쩌둥은 교사 수련을 마친 뒤 베이징을 여행하며 대학 도서관에서 근무했다. 그는 마르크스주의를 공부하다가, 결국 1921년 중국공산당의 창당 멤버가 되었다. 공산주의자들은 수년간의 국내외 전쟁 끝에 승리를 거두어, 1949년 마침내 마오쩌둥의 지휘 아래 중화인민공화국을 수립했다.

마오쩌둥은 '대약진운동'의 집단노동 정책과 문화혁명을 통해 무자비한 중국 근대화를 추진했다. 두 운동 모두 수백만 명의 사망자를 내며 실패로 끝났다. 마오쩌둥은 1976년 9월 9일에 사망했다.

주요 저술

1937년 『유격전 On Guerrilla Warfare』
1964년 『마오쩌둥 어록 Little Red Book, Quotations from Chairman Mao Zedong』

중국산 트랙터는 생산량을 높였을 뿐 아니라 "독립을 유지하며 우리 힘으로 살아간다"는 마오쩌둥의 정책을 상징했다.

POST-W
POLITIC

ARS

전쟁 이후의 정치
서기 1945년~현재

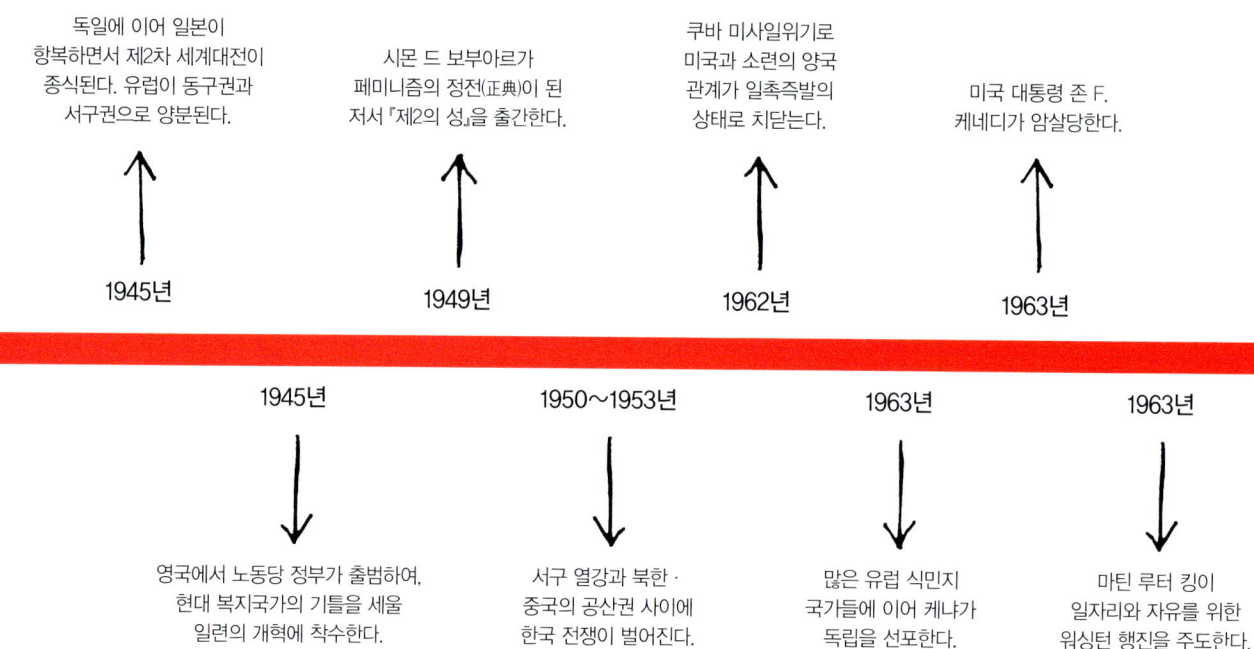

전쟁과 국가

제2차 세계대전이 끝난 후에는 산업적·사회적으로 대대적인 변화가 일어났다. 전쟁의 막대한 규모와 전쟁으로 인한 산업화, 거대한 식민 열강의 몰락, 공산주의와 자유시장 자본주의 간의 이데올로기 갈등 등 모든 요인이 정치사상에 깊은 영향을 미쳤다. 그런 엄청난 인간 비극에서 회복하자면 세계에 대한 재해석이 시급했고, 인류의 발전과 질서를 위한 새로운 처방이 필요했다.

서유럽 전반에서 새로운 정치적 합의가 이루어졌고, 민간사업과 공공사업의 혼합경제가 발전했다. 그런가 하면 전쟁 직후부터 전 세계에서 시민권과 인권에 대한 새로운 요구가 등장했고, 유럽 식민지에서는 독립운동이 지지를 얻었다.

전쟁과 국가

정치사상가들은 전 세계적인 분쟁을 경험하는 과정에서 수많은 질문을 얻었다. 제2차 세계대전 기간에는 군사력이 전례 없이 팽창하면서, 강대국의 산업기반에 극적인 영향을 미쳤다. 이 새로운 환경이 동·서 간의 이념적 충돌을 향한 발판을 제공했고, 한국 전쟁과 베트남 전쟁을 비롯한 수많은 극단적 사건들은 다양한 방식으로 치러진, 미국과 소련 간 갈등의 대리전이었다.

제2차 세계대전을 끝장낸 핵폭탄은 가공할 만한 규모로 인류를 위협하는 전쟁기술 발달의 시대가 도래했음을 알렸다. 이런 발달로 많은 학자들이 전쟁의 윤리학에 대해 재고하게 되었다. 마이클 왈저 같은 이론가들은 전쟁의 도덕적 파급효과를 연구하여 토머스 아퀴나스와 히포의 아우구스티누스가 제시한 개념을 발전시켰다.

놈 촘스키와 스메들리 D. 버틀러 같은 다른 저자들은 새로운 군산복합체 배후의 권력 역학관계에 대해 분석했다. 최근에는 세계적인 테러리즘의 등장과 그에 따른 이라크 및 아프가니스탄의 분쟁으로 이런 논의가 더욱 뚜렷이 부각되었다.

전쟁 직후에는 국가의 적절한 역할에 대해서도 심각한 문제가 제기되었다. 전후 시기에 유럽 민주주의는 복지국가의 기틀을 마련했고, 동유럽 전역에서는 공산주의가 득세했다. 여기에 대응하여 정치사상가들은 이런 시대 발전의 함의를, 특히 개인적 자유와 결부시켜 고찰하기 시작했다. 프리드리히 하이에크, 존 롤스, 로버트 노직 같은 학자는 자유와 정의를 새롭게 이해하는

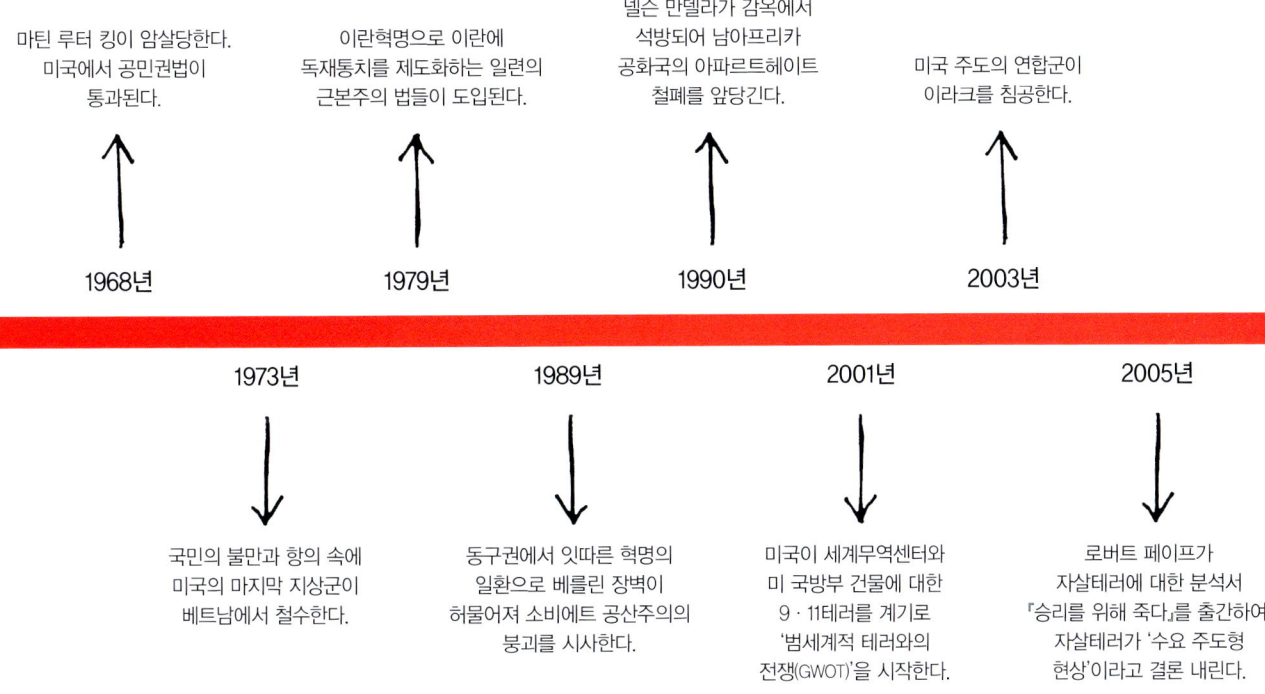

페미니즘과 시민권

1960년대부터 여성의 정치·사회적 입지에 대해 문제를 제기한 시몬 드 보부아르 같은 저자들에게 영감을 받아 새롭고 공공연히 정치적인 페미니즘 사조가 등장했다. 같은 시기에 아프리카에서는 식민주의가 몰락하고 미국에서는 인종차별에 맞서는 대중운동이 전개되면서, 프란츠 파농 같은 사상가와 넬슨 만델라나 마틴 루터 킹 같은 영감을 주는 운동가들의 주도 아래 시민권 투쟁이 박차를 가했다. 다시 한 번 권력의 문제, 특히 시민권과 참정권의 문제가 정치 사상가들의 주된 화두로 떠올랐다.

전 지구적 관심사

1970년대에는 환경 문제에 대한 관심이 아르네 네스의 '심층 생태학' 개념에 힘입고 자연보호운동으로 통합되어 본격적인 정치세력으로 성장했다. 기후변화나 값싼 석유의 종말 같은 주제가 점점 주류에 편입되면서, 환경 정치사상가들의 영향력이 점점 늘어날 것으로 보인다.

이슬람 세계에서는 정치가와 사상가들이 이슬람교의 정치적 위상에 대해 합의점을 찾고자 고심해왔다. 아불 알라 마우두디의 이슬람 국가를 향한 비전부터 시린 에바디의 이슬람권 내 여성의 역할에 대한 고찰까지, 그리고 알카에다의 부상을 거쳐 '아랍의 봄'이 제시한 희망까지, 이 지역은 역동적이고도 치열한 정치현장이다.

국경을 초월하는 산업, 문화, 통신기술과 더불어 세계화된 지구라는 과제는 우리에게 전혀 새로운 차원의 정치문제들을 떠안겼다. 특히 2007년에 발발한 금융위기는 정치사상가들이 새로운 문제에 대한 새로운 답을 모색하며 각자의 입장을 다시금 돌아보는 계기가 되었다. ■

가장 나쁜 것은 제한받지 않는 정부다

프리드리히 하이에크(서기 1899~1992년)

맥락읽기

이데올로기
신자유주의(Neoliberalism)

핵심어
자유시장 경제학

이전의 관련 역사
서기 1840년: 피에르 조지프 프루동이 자본과 정부의 유사성을 주장하며, 정부 없이도 자연적으로 질서가 유지되는 사회를 주창한다.

서기 1922년: 오스트리아 경제학자 루트비히 폰 미제스(Ludwig von Mises)가 중앙계획경제를 비판한다.

서기 1936년: 존 메이너드 케인스(John Maynard Keynes)가 경제불황을 벗어날 방법은 정부지출이라고 제안한다.

이후의 관련 역사
서기 1962년: 미국 경제학자 밀턴 프리드먼(Milton Friedman)이 정치적 자유에는 경쟁적 자본주의가 필수적이라고 주장한다.

서기 1975년: 영국 정치가 마거릿 대처가 하이에크에게서 영감을 얻었다고 밝힌다.

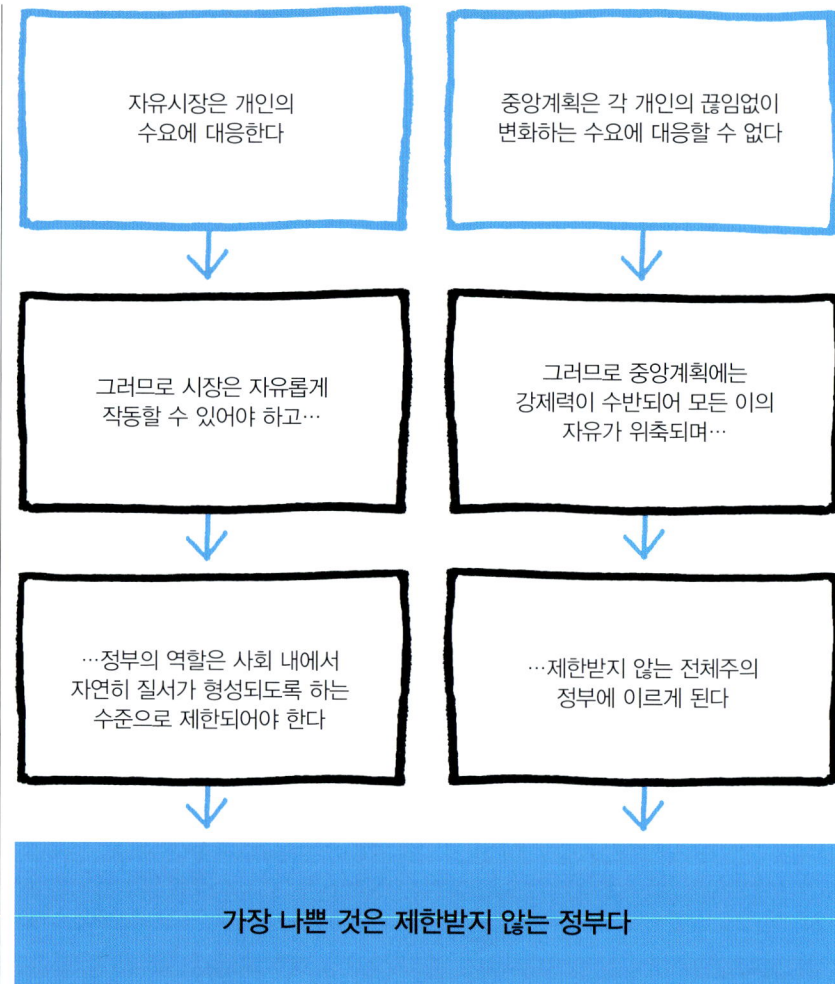

오스트리아 출신의 영국 경제학자 프리드리히 하이에크(Friedrich Hayek)는 1960년 저작 『자유헌정론』의 부록 〈나는 왜 보수주의자가 아닌가Why I am not a Conservative〉에서 제한받지 않는 정부에 대해 경고했다. 1975년에 새로 선출된 영국 보수당 당수 마거릿 대처는 함께 일할 보수당원들과 만나는 자리에서 이 책을 탁자 위에 던져놓으며 이렇게 선언했다. "이것이 우리의 신앙입니다."

하이에크의 사상을 예찬했던 보수파 정치가는 대처뿐만이 아니었기에, 하이에크는 수많은 우파 정치인들 사이에서 일종의 영웅으로 부상했다. 그런 까닭에 그가 그렇게 단호하게 자신은 보수주의자가 아니라고 강변했다는 사실이 이상하게 느껴지기도 한다. 실제로 그의 입장은 대단히 애매모호하여, 많은 비평가들이 그를 '신자유주의파(neoliberal)'라는 용어로 규정짓는가 하면, 대처나 미국 대통령 로널드 레이건(Ronald Reagan)처럼 그의 규제가 없는 자유시장 사상을 지지하는 사람들도 있다.

하이에크 대(對) 케인스

자유시장의 원칙은 "가장 나쁜 것은 제한받지 않는 정부다"라는 하이에크의 주장의 핵심이다. 하이에크는 1930년대에 영국 경제학자 존 메이너드 케인스의 대공황 대처 방안에 반기를 들면서 처음으로 대중에게 이름을 알렸다. 케인스는 실업과 소비부진의 악순환에서 빠져나올 유일한 방법은 대규모의 정부개입과 공공사업뿐이라고 주장했다. 하이에크는 이렇게 해봐야 인플레이션만 야기할 뿐이고, 주기적인 '불황'은 경기순환의 불가피한, 더 정확하게는 필수

참조 : ● 이마누엘 칸트 126~129쪽 ● 존 스튜어트 밀 174~181쪽 ● 피에르 조지프 프루동 183쪽 ● 에인 랜드 280~281쪽 ● 미하일 고르바초프 322쪽 ● 로버트 노직 326~327쪽

하이에크에 따르면, 자유시장은 수요와 공급을 통해 가용한 자원과 그에 대한 수요를 자연적으로 일치시킨다. 이런 조정을 계획적으로 하려면 일개 개인의 역량을 훨씬 뛰어넘는 지식이 요구된다.

| 제품의 수요가 공급보다 크면… | …제품 가격이 올라간다 | 소비자는 제품을 구하기가 어렵다는 것을 알고 더 높은 가격을 지불해야 할 것이다 | 이윤을 노리고 더 많은 제품이 생산된다 |

| 제품의 공급이 수요보다 크면… | …제품 가격이 떨어진다 | 소비자는 제품을 구하기가 쉽다는 것을 알고 더 낮은 가격에 구입할 수 있을 것이다 | 공급자가 제품 생산을 줄인다 |

적인 일부분이라고 반박했다. 당시의 정책 입안자들은 케인스의 주장에 손을 들어주었지만, 하이에크는 계속 사상을 발전시켜 나갔다. 그는 계획 수립자들도 모든 개개인의 끊임없이 변화하는 수요를 반영하기 위해 필요한 모든 정보를 다 고려할 수는 없으므로, 중앙계획은 반드시 실패할 수밖에 없다고 역설했다. 계획 수립자들이 그토록 다양한 이질적 수요에 부응할 만큼 전지전능하다는 생각은 착각에 지나지 않았다.

계획의 오차는 데이터에서 비롯되고, 자유시장이 관여하는 것도 바로 이 지점이다. 개인들에게는 중앙계획 수립자가 결코 파악할 수 없는 각자의 자원과 수요에 대한 정보가 있다. 하이에크는 자유시장이 이런 정보를 완벽하고 지속적으로 드러낸다고 주장한다. 바로 수요와 공급 사이의 균형상태를 알리는 가격의 움직임을 통해

서다. 가격이 상승하면 그 재화에 대한 공급이 부족하다는 신호이고, 가격이 하락하면 그 재화는 공급과잉상태일 것이다. 시장은 또 사람들이 판매에 따른 추가 이윤을 노리고 공급이 부족한 제품의 생산을 늘리는 방식으로 이 정보에 반응할 유인을 제공한다. 하이에크는 이런 가격 메커니즘이 인간의 계획적 의도에 따른 것이 아니라 언어처럼 자연발생적인 인간사회의 질서 중 하나라고 보았다.

자유의 상실

시간이 지날수록, 하이에크는 계획경제와 자유시장 간의 격차가 단지 경제에 악영향을 미칠 뿐 아니라 근본적으로 정치적 자유와 관련된 문제라고 느끼기 시작했다. 계획경제란 국민의 삶을 통제한다는 의미인 것이다. 그래서 제2차 세계대전이 맹위를

떨치던 1944년에 그는 자신의 제2의 조국인 영국 사람들에게 사회주의의 위험을 경고하기 위해 『노예의 길』이라는 유명한 저서를 집필했다.

『노예의 길』에서 하이에크는 정부가 우

물질적으로 공평한 상태에 대한 요구는 오직 전체주의적 권력을 보유한 정부만이 충족시킬 수 있다.
프리드리히 하이에크

> 경제적 통제는 인간 생활에서 나머지 부분과 분리될 수 있는 어느 한 부문만을 통제하는 것이 아니라, 우리의 모든 목적을 이루기 위한 수단을 통제한다.
> **프리드리히 하이에크**

리의 경제생활을 통제하다 보면 점점 전체주의로 치닫게 되어 우리 모두가 노예로 전락한다고 주장한다. 그는 사회주의의 중앙통제식 경제와 나치의 파시즘이 그 정책적 의도는 다를지언정 결과 면에서는 근본적 차이가 없다고 믿었다. 하이에크가 보기에는, 아무리 모두에게 혜택을 주기 위한 계획이라도, 경제종합계획을 실행에 옮기려면 그 많은 핵심 정책사안을 투표로 선출되지 않은 전문 기술관료에게 위임해야 하므로, 그런 정책은 본질적으로 비민주적일 수밖에 없다. 게다가 종합적인 경제계획 아래에서는 삶의 어떠한 측면에도 개인의 선택이 끼어들 여지가 없다.

정부에는 제한이 필요하다

자유시장과 정치적 자유의 연관성에 대한 하이에크의 주장이 가장 충분히 개진된 저서는 『자유헌정론』이다. 그는 자유시장이 사회에 질서를 부여하는 기본 메커니즘이 되어야 한다고 역설하면서도, 결코 정부 자체에 반대하지는 않는다. 대신 정부의 주요 역할이 가급적 개인의 삶에 대한 간섭을 최소화하며 '법치'를 유지하는 것이어야 한다고 주장한다. 정부는 그저 개인들이 각자의 계획에 따를 수 있도록 기본 체제를 제공하는 '시민결사체'인 것이다.

법의 기본 토대는 정부보다 선행하여 자연적으로 발생한 공동의 행동수칙이다. 하이에크는 "이런 의미에서 법은 자생적 질서가 제도화된 셈"이라고 말한다. 스스로 보수주의자가 아니라는 하이에크의 주장이 성립하는 것은 바로 이런 지점이다. 그는 보수주의자들이 민주주의를 두려워하며 당대의 폐단을 민주주의의 부상 탓으로 돌리는 것은 변화를 경계하기 때문이라고 주장한다. 그러나 본인이 문제 삼는 것은 결코 민주주의나 변화가 아니라, 적절히 통제되거나 제한되지 않는 정부라는 것이다. 그는 "어느 누구도 무제한적 권력을 휘두를 자격이 없다"고 단언하며 '국민' 역시 여기서 예외가 아님을 시사한다. 그렇지만 "근대 민주주의가 보유한 권력이 소수 엘리트의 수중에 들어간다면 더더욱 견디기 힘들 것"임을 시인한다.

하이에크는 특정한 문제를 바로잡으려는 취지의 법을 비판하면서, 사회 내에서 정부의 강제력 행사는 최소화되어야 한다고 주장한다. 그는 심지어 '사회정의'라는 개념에도 비판적이다. 그는 시장이란 "결과의 정당성 여부를 판단할 수 없는" 종류의 게임이라고 말한다. 그리고 이로부터 "사회정의란 무언가를 확정할 수 있는 내용이 없는 공허한 문구"라는 결론에 이른다. 하이에크에게는, 사회복지제도 재원 마련을 위한 증세 등 부를 재분배하려는 어떠한 시도도 그저 자유를 위협하는 행위다. 필요한 것은 오로지 "빈곤한 자들의 자포자기적 행위를 막아줄" 기초적인 사회안전망뿐이다.

오랫동안 하이에크 사상의 신봉자는 극소수였고, 케인스 경제학이 전후 시대 서방 국가의 정책을 지배해왔다. 많은 국가들이 하이에크의 경고에도 불구하고 복지국가를 건설했다. 그러나 1970년대의 석유파동과 경제침체를 계기로, 몇몇 사람들이 하이에크의 사상을 다시금 돌아보게 되었고, 1974년에는 노벨 경제학상이 그에게 돌아가 많은 이들을 놀라게 했다. 이때부터 하이에크의 사상은 규제 없는 자유시장이 경

전후 유럽에서는 존 메이너드 케인스의 사상이 하이에크보다 지지를 얻었다. 철도와 같은 기간산업은 국영기업이 운영했다.

전쟁 이후의 정치 POST-WAR POLITICS

로널드 레이건과 마거릿 대처는 정부가 과세와 국가 제공 서비스를 축소하여 규모를 줄여야 한다는 하이에크의 주장을 적극 수용했다.

제적 번영과 개인의 자유에 이르는 길이라고 주장하는 이들의 구심점이 되었다. 1980년대에 레이건과 대처는 세금을 인하하고 규제를 철폐하여 복지국가에 역행하는 정책을 추진했다. 동유럽에서 공산주의 지배에 반대하던 많은 혁명 지도자들 역시 하이에크의 사상에서 영감을 얻었다.

충격요법

자유주의자를 사칭하는 하이에크의 주장은 많은 이들의 비난을 샀다. 그 중에서 전직 영국 자유당 지도자인 데이비드 스틸(David Steel)은 자유란 오직 "사회적 정의가 존재하고 부와 권력이 공평하게 분배될" 때에만 존재할 수 있고, "그러려면 어느 정도 적극적인 정부개입이 요구된다"고 주장했다. 자유주의적 관점에서 더욱 지탄받을 만한 일은, 하이에크의 사상이 캐나다 저널리스트인 나오미 클라인(Naomi Klein)이 말하는 이른바 '충격요법(shock doctrine)'과 연관되어 있다는 것이다. 충격요법이란, 국민이 경제적 고통이나 야만적인 정부정책 등으로 쇼크상태에 빠진 나머지, '궁극적으로 그들에게 이익이 된다'는 명분에 속아 급격한 규제 완화, 국유산업 매각, 높은 실업률 등 일련의 극단적인 자유시장 정책을 받아들이는 상황을 일컫는다.

하이에크의 자유시장 이데올로기는 칠레의 아우구스토 피노체트(Augusto Pinochet) 정권 등 남아메리카의 여러 잔인한 군사독재 정권, 즉 명백히 하이에크가 반대하던 종류의 전체주의 정권과도 연루되었다. 하이에크는 개인적으로도 이런 정권들과 관계를 유지했다. 비록 본인은 늘 단순히 경제적 자문을 제공할 뿐이라고 주장했지만 말이다.

하이에크는 자유시장주의자와 다수의 우파 정치인에게는 자유의 수호자로 각광받는 반면, 수많은 좌파 정치가에게는 전 세계적으로 자본주의가 점점 강화되면서 많은 이들이 고통받고 빈부격차가 극심해져가는 현 시류의 원흉으로 경멸당하면서, 여전히 매우 논쟁적인 인물로 남아 있다. ∎

우리가 원하는 모든 것을 제공할 정도로 거대한 정부는 우리가 가진 모든 것을 빼앗아갈 정도로 막강하다.
제럴드 포드

프리드리히 하이에크

1899년에 빈에서 태어난 프리드리히 아우구스트 폰 하이에크(Friedrich August von Hayek)는 제1차 세계대전 직후 빈대학에 입학했다. 이 대학은 당시 세계에서 경제학을 공부하기 가장 좋은 세 대학 중 하나였다. 그는 법학 전공이었으나 경제학과 심리학에 매료되었고, 전후 빈의 빈곤상태를 보며 사회주의적 해법을 모색하게 되었다. 그러다가 1922년 중앙계획을 거세게 비판한 루트비히 폰 미제스의 『사회주의Socialism』를 읽은 후 미제스의 경제학 강의에 등록했다. 1931년 하이에크는 미제스의 경기순환론을 강의하기 위해 런던 정치경제대학으로 옮겼고, 경기불황의 원인을 놓고 케인스와의 논쟁을 시작했다. 1947년에는 미제스와 함께 자유주의자들의 모임인 몽페를랭협회(Mont Pelerin Society)를 출범시켰다. 3년 후에는 밀턴 프리드먼(Milton Friedman)과 함께 자유시장 경제주의자들의 시카고 학파에 합류했다. 1992년에 사망할 때에는 이미 그의 사상이 막대한 영향을 미치고 있었다.

주요 저술

1944년 『노예의 길The Road to Serfdom』
1960년 『자유헌정론The Constitution of Liberty』

의회 정치와 합리주의 정치는 한 체제에 속할 수 없다

마이클 오크숏(서기 1901~1990년)

맥락읽기

이데올로기
보수주의

핵심어
실제적 경험

이전의 관련 역사
서기 1532년: 니콜로 마키아벨리가 『군주론』에서 정치권력을 장악, 유지, 상실하는 대체로 폭력적인 방법들을 분석한다.

서기 1689년: 영국이 권리장전을 통해 군주의 권력을 제한한다.

서기 1848년: 마르크스와 엥겔스가 『공산당 선언』을 발표한다. 오크숏은 이 작품이 정치행위를 위한 '지침서'로 맹목적으로 활용된다고 본다.

이후의 관련 역사
서기 1975년: 캄보디아에서 폴 포트(Pol Pot)가 '영년(Year Zero)'을 선포하여 이전의 역사를 지운다. 그의 마오쩌둥주의 정권은 3년 만에 200만 명을 학살한다.

서기 1997년: 중국이 '1국2체제' 원칙을 도입하여 영국에서 반환된 홍콩의 자유시장경제를 인정한다.

의회제는 실제적인 통치술을 통해 발전한다

↓

의회제는 여러 세대에 걸쳐 존속해왔고, 경험과 역사를 바탕으로 통치한다

↓

합리주의 정치는 이데올로기와 추상적 개념에 기반을 둔다

↓

합리주의 정치는 파괴와 새로운 질서 창조에 주력한다

↓

의회 정치와 합리주의 정치는 한 체제에 속할 수 없다

20세기에 독일의 히틀러, 러시아의 스탈린, 중국의 마오쩌둥 등이 등장하며 전 세계의 상당부분을 집어삼킨 정치적 극단주의는, 마이클 오크숏(Michael Oakeshott)이 평생에 걸쳐 정치 이데올로기의 속성과 민족의 삶에 미치는 영향을 분석하는 계기가 되었다. 그는 마르크스주의 및 파시스트 지도자들이 정치이론가의 사상을 마치 '전염병'처럼 이용하여, 수백만 명에게 재앙과도 같은 결과를 초래했다고 보았다. 그리고 이런 전염병을 '합리주의(rationalism)'라고 명명했다.

오크숏은 영국 의회제의 출현 과정을 "가장 비이성적인 시대인 중세 시대"까지

참조 : ▪ 니콜로 마키아벨리 74~81쪽 ▪ 토머스 홉스 96~103쪽 ▪ 에드먼드 버크 130~133쪽 ▪ 게오르크 헤겔 156~159쪽 ▪ 카를 마르크스 188~193쪽

거슬러 올라가며 추적한 끝에, 영국에서는 의회가 합리주의자나 이데올로기적 질서에 따라 발전해오지 않았다고 설명했다. 그보다는 정치권력을 제한하고 폭정을 막아내야 할 의무가 견제력으로 작용하여, 유럽을 사로잡은 합리주의적 절대주의에 맞서 영국을 안정화했다는 것이다.

경직된 신념

오크숏은 정치에서 합리주의란 모든 정치가와 정당이 직접 대면해야 할 실제의 일상적인 현실을 가리는 안개와 같다고 보았다. 합리주의자는 객관적이고 '실제적인' 경험보다 자신의 확고한 이론적 신념에 따라 행동한다. 이들은 마르크스와 엥겔스의 『공산당 선언』 같은 지침서를 암기한 후에나 자신이 항해해나갈 대양으로 뛰어들기 때문에, 계속 현실과는 동떨어진 채 추상적인 이론의 이념적 안개 속에서 헤어나질 못한다. 오크숏은 "인간은 깊이를 알 수 없는

망망대해를 항해한다"라고 선언했는데, 이 말은 이 세계를 헤아리기란 어려운 일이므로 사회의 움직임을 이해하려는 시도는 필연적으로 사실을 왜곡하고 단순화할 수밖

오크숏은 정치생활을 거친 바다 위의 배에 비유했다. 파도가 어떻게 일지 정확히 예측하기란 불가능하므로, 폭풍우를 이겨내려면 경험이 필요하다.

정치적 행위에서 인간은 깊이를 알 수 없는 망망대해를 항해한다.
마이클 오크숏

에 없다는 의미였다. 그는 이데올로기가 불가해한 현실을 설명할 수 없는 추상적이고 경직된 신념이라고 여겨 경계했다. 이런 신념은 불확실성을 몹시 꺼리므로, 복잡한 상황도 단순한 공식으로 바꿔버리고 만다. 합리주의적 정치인은 자신이 인정하는 유일한 권위인 "자신의 이성이란 권위" 내에서만 행동하려는 충동을 느낀다. 이들은 마치 이 세계를 이해하고 세계가 앞으로 어떻게 변해갈지 알 수 있다는 식으로 행동한다. 오크숏은 정치에서 정부가 현실적 경험이 아닌 인위적 이데올로기에 따라 행동하는 것은 대단히 위험하다고 믿었다. 실제적인 지식이 최선의 지침이고, 이데올로기는 거짓된 지식이라는 것이다.

오크숏은 보수주의 이론가로 알려졌고, 그의 사상은 일부 현대 보수주의 정치에 반영되기도 했지만, 정작 본인은 이런 이데올로기적 분류를 인정하지 않았고, 대중에게 보수주의 정당의 지지를 호소하지도 않았다. ■

마이클 오크숏

마이클 오크숏은 1901년 런던에서 공무원과 전직 간호사인 부모 사이에서 태어났다. 그는 케임브리지대학에서 역사학을 공부하고 1925년에 졸업했다. 그 후 제2차 세계대전 당시 벨기에와 프랑스에서 '팬텀' 정찰부대 소속의 영국 비밀정보요원으로 활동한 시절을 제외하고는 근 50년간 학계에 머물렀다.

오크숏은 케임브리지 및 옥스퍼드 대학에서 강의하다가 런던정치경제대학으로 옮겨 정치학 교수가 되었다. 그는 정치학은 물론 역사철학, 종교, 미학, 법학에 관한 다양한 저서를 발표했다. 영국 수상 마거릿 대처는 그의 영국 보수당 정치에 대한 공로를 인정하여 그에게 기사 작위를 수여하려 했으나, 그는 자신의 연구가 본질적으로 정당정치와 무관하다고 여겨 이 제안을 거절했다. 1968년에 은퇴하여 1990년에 사망했다.

주요 저술

1933년 『경험과 그 양식들 Experience and Its Modes』
1962년 『정치의 합리주의 외 소론 모음집 Rationalism in Politics and Other Essays』
1975년 『인간행동론 On Human Conduct』

이슬람 지하드의 목표는 이슬람 외의 지배체제를 무너뜨리는 것이다

아불 알라 마우두디 (서기 1903~1979년)

맥락읽기

이데올로기
이슬람 근본주의

핵심어
지하드(Jihad)

이전의 관련 역사
서기 622~632년 : 메디나(Medina)에서 마호메트의 지휘 아래 공통의 신념을 가진 별개의 부족을 규합한 최초의 무슬림 공동체가 구축된다.

서기 1906년 : 아가 칸 3세(Aga Khan III)가 인도무슬림연맹(All-India Muslim League)을 창설한다.

이후의 관련 역사
서기 1979년 : 파키스탄에서 지아 울 하크(Zia ul-Haq) 장군이 마우두디의 사상을 일부 실행에 옮겨 이슬람 샤리아(Sharia) 율법에 기초한 범죄자 처벌법을 제정한다.

서기 1988년 : 오사마 빈 라덴(Osama Bin Laden)이 전 세계의 지하드와 샤리아 율법 도입을 촉구하여 알카에다를 조직한다.

서기 1990년 : 이슬람교의 카이로 인권선언(Cairo Declaration on Human Rights)이 오로지 샤리아 율법에 근거한다고 천명한다.

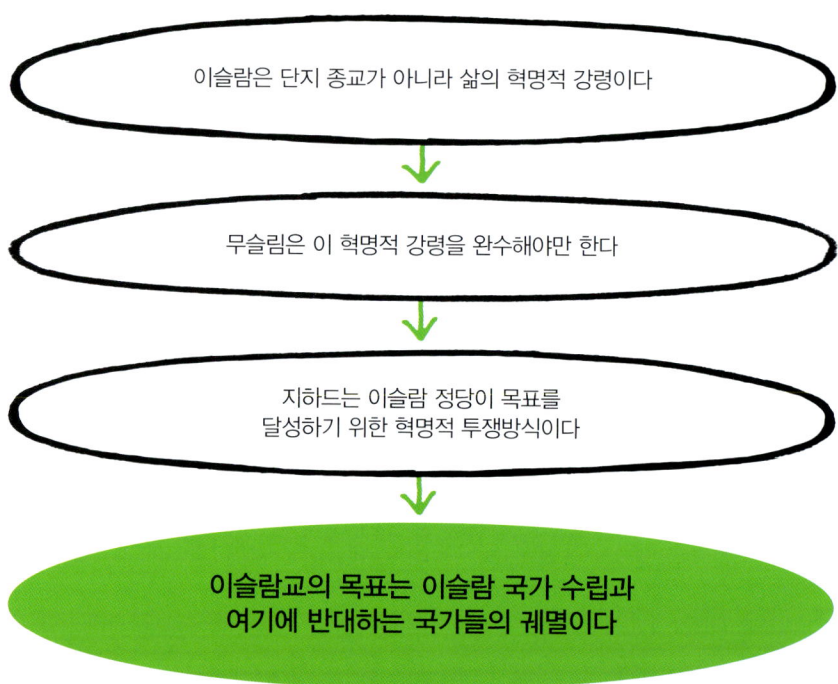

20세기 들어 전 세계 이슬람교가 부흥한 원인으로 종종 유럽 식민주의와 서구 사회 타락에 대한 아프리카와 아시아의 거부감이 지적되고는 한다. 그러나 이 현상은 또한 종파주의 정치, 무슬림의 정체성, 다종교·다민족 사회의 정치역학, 인도의 민족주의 등 이슬람 내부적 사안과도 관련이 깊었다. 아불 알라 마우두디(Abul ala Maududi)가 1941년 창당한 자마아티 이슬라미(Jama'at-i-Islami) 당은 인도에서 무슬림의 재각성에 앞장서는 혁명세력이 되었다. 마우두디는 영국령 인도 제국(British Raj)의 통치 이후 인도 무슬림들 사이에서 목격한 심각한 지적 불확실성과 정치적 불안을 해결하기 위해, 이슬람교에 대한 새로운 시각을 형성하여 보편적 이데올

참조 : ■ 마호메트 56~57쪽 ■ 카를 마르크스 188~193쪽 ■ 테오도어 헤르츨 208~209쪽 ■ 마하트마 간디 220~225쪽 ■ 알리 샤리아티 323쪽 ■ 시린 에바디 328쪽

로기에 따른 새로운 형제단을 구축함으로써 무슬림 정치권력의 몰락세를 반전시키고자 했다.

이슬람 국가

언제나 현장의 실무 정치가보다는 학자 겸 무자디드(mujaddid, 개혁가)에 가까웠던 마우두디는 개별적인 정치·사회적 이슈와는 거리를 두었다. 대신 이상적인 이슬람 국가에 대한 자신의 비전을 알리는 데 집중했다. 마우두디가 구상했던 것은 서구의 세속적인 민주주의 지배원칙이 아니라 종교(din)의 율법에 따라 '위로부터' 모든 요소가 전해지는 이슬람 국가였다. 그러면 알라(Allah)의 뜻을 직접적으로 반영하게 되어 근원적으로 민주적일 수밖에 없을 것이기 때문이다.

이 신성한 공동체는 구성원들이 무지와 오해의 상태에서 벗어나 이슬람교를 삶의 총체적 방식으로 이해하는 비타협적이고 순수한 상태로 바뀔 때에야 비로소 존재할 수 있었다. 마우두디는 각국의 노동계급 대중을 자신들의 '기반'으로 삼았던 유럽 사회주의자들을 연구했다. 그리고 동일한 방식으로 전 세계 무슬림 인구를 자신의 '기반'으로 보았다. 만약 무슬림들이 이데올로기적으로 통합되면, 정치적으로 불가분한 상태가 되어 세속적인 민족국가와는 무관해지기 때문이었다. 이슬람의 지하드(성전, 聖戰)는 비단 정신적 발전을 위한 투쟁이 아니라 모든 것을 아우르는 이슬람 이데올로기를 관철시키기 위한 정치적 투쟁이었다. 이를 통해 이슬람이 국가자원을 통제하는 데 주력하다 보면, 결국 신의 왕국이 지상에 수립될 터였다.

1947년 종교적 노선에 따라 인도와 파키스탄으로 분할되면서, 영국령 인도 제국은 해체되었다. 마우두디의 정당은 지도자들의 정책이 충분히 이슬람적이지 못하다고 비난하며 이 분할 결정에 반대했지만, 마우두디는 파키스탄으로 이주하여 그곳을 이슬람 국가로 만들기로 결심했다.

접근방식에 대한 비판

이슬람식 세계질서를 촉구했던 마우두

루홀라 호메이니(Ruhollah Khomeini)가 주도한 이란의 이슬람혁명으로 1979년에 세계 최초의 이슬람 공화국이 수립되었다. 이슬람교의 종교적 원칙에 따라 운영되는 국가는 마우두디의 평생의 숙원이었다.

디에 대해 서구권의 비판자들은, 이슬람교가 역사를 문명과 이성의 진화론적인 발전 과정이 아니라 이상적인 시조의 오랜 가계 혈통으로 이해한다고 주장한다. 반면, 마우두디의 뒤를 이은 이슬람 근본주의자들은 서방 국가들이 중동의 국내 정책에 계속 간섭하는 것을 식민지배의 연장선상으로 보고, 오로지 샤리아 율법(코란의 가르침에 의거한 정통 율법)에 따라 무슬림 종교지도자의 해석대로 통치하는 이슬람 정권만이 전 인류를 통치할 수 있다고 믿고 있다. ■

아불 알라 마우두디

인도 아우랑가바드에서 태어난 개혁가, 정치철학자 겸 신학자인 아불 알라 마우두디는 신비주의 수피(sufi) 이슬람의 한 종파인 치스티(Chisti)파에 속했다. 그는 집에서 독실한 아버지에게 교육을 받은 후, 저널리스트로 생계를 꾸려가기 시작했다. 그러다가 1928년『이슬람을 이해하기 위하여』를 출간하여 이슬람 사상가이자 작가로서 명성을 얻었다. 그는 처음에는 간디의 인도 민족주의를 지지했으나 곧 인도의 무슬림에게 이슬람을 그들의 유일한 정체성으로 인식하라고 촉구하고 나섰다.

마우두디는 1941년에 파키스탄으로 옮겨, 그곳에서 이슬람 국가를 주장했다. 1953년 폭동을 선동했다는 혐의로 체포되어 사형을 선고받았으나 후에 감형되었다. 결국 1979년에 뉴욕에서 사망했다.

주요 저술

1928년『이슬람을 이해하기 위하여 Towards Understanding Islam』
1948년『이슬람의 생활양식 Islamic Way of Life』
1972년『코란의 의미 The Meaning of the Quran』

이슬람교는 어느 한 나라나 소수의 국가를 통치하려 하지 않는다. 이슬람교의 목표는 전 세계에서 혁명을 일으키는 것이다.
아불 알라 마우두디

다른 인간 외에는, 인간에게서 자유를 빼앗을 것이 아무것도 없다

에인 랜드(서기 1905~1982년)

맥락읽기

이데올로기
객관주의(Objectivism)

핵심어
개인의 자유

이전의 관련 역사
서기 1917년 : 어린 나이의 에인 랜드가 러시아의 10월혁명을 목격한다.

서기 1930년대 : 전 유럽에서 파시즘이 발흥하며, 일련의 전체주의 국가들이 국가권력을 집중시킨다.

이후의 관련 역사
서기 1980년대 : 영국의 마거릿 대처, 미국의 로널드 레이건 등 자유시장을 옹호하는 보수정권들이 선거에서 승리한다.

서기 2009년 : 미국에서 우익 보수적인 감세 중심의 의제를 내세운 티파티(Tea Party)운동이 시작된다.

서기 2000년대 후반 : 전 세계 금융위기 이후 랜드의 작품에 대한 관심이 다시 높아진다.

20세기 중반 동안 파시즘과 공산주의의 양대 세력은 많은 서구인들에게 개인의 삶에 간섭하는 국가의 윤리에 대한 의구심을 불러일으켰다.

러시아계 미국인 철학자이자 소설가인 에인 랜드(Ayn Rand)는 개인의 이익 추구가 도덕적으로 옳다고 주장하는 일종의 윤리적 개인주의를 신봉했다. 랜드는 규제를 통해 타인의 행위를 통제하려는 모든 시도가 사회의 생산적인 구성원으로서 자유롭게 일할 개인의 능력을 저해한다고 믿었다. 바꿔 말하면, 타인의 간섭으로부터 개인의 자유를 지키는 일이 중요했다. 랜드는 특히 국가가 합법적인 무력 사용을 독점하는 것이 개인의 실질적인 이성 행사를 억압하므로 도덕적이지 않다고 보았다. 이런 이유로

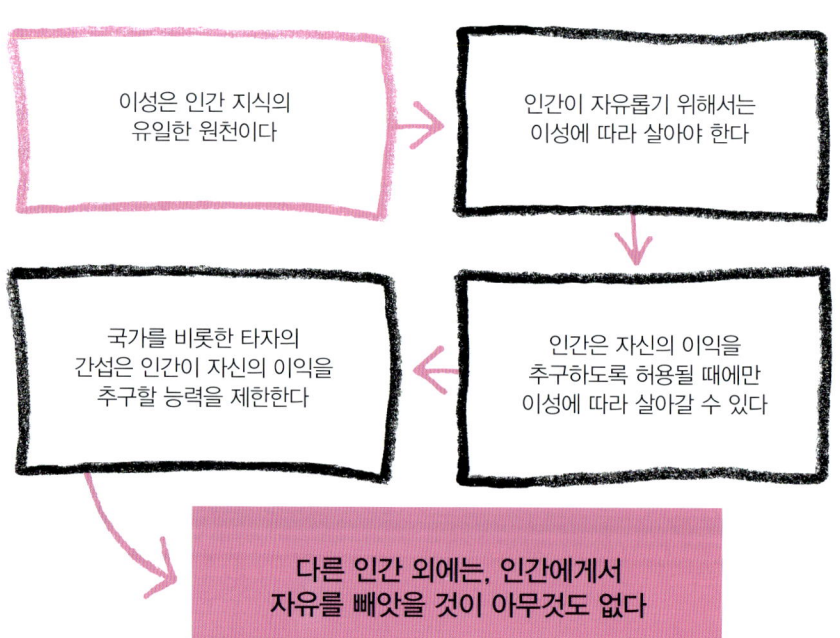

참조: ▪ 아리스토텔레스 40~43쪽 ▪ 프리드리히 니체 196~199쪽 ▪ 프리드리히 하이에크 270~275쪽 ▪ 로버트 노직 326~327쪽

> " 인간은 누구나 그 자체로 목적일 뿐, 타인의 목적을 이루기 위한 수단이 아니다. "
>
> 에인 랜드

그녀는 기업을 비롯한 대부분의 공적생활 영역에 대한 국가의 규제는 물론, 과세제도까지 비난했다.

객관주의

정치사상 측면에서 랜드의 가장 중요한 공헌은 그녀가 '객관주의'라고 명명했던 입장이다. 랜드는 이것이 정치, 경제, 예술, 관계 등 삶의 모든 측면을 관장하는 일련의 원칙을 제공하는 "지상의 삶을 위한 실용철

뉴욕 록펠러센터(Rockefeller Center)의 한 조각상에서 아틀라스가 지구를 어깨로 떠받치고 있다. 랜드는 기업가들이 이 같은 방식으로 민족국가를 떠받치고 있다고 믿었다.

학"이 되기를 바랐다. 객관주의는 인간 생활에서 절대적인 원칙은 오로지 이성과 합리성뿐이고, 종교 등의 신념이나 본능에 기초한 "단순한 앎"은 어떤 형태든 적절한 존재의 근거를 제시하지 못한다는 생각에서 출발한다. 랜드에게는, 규제 없는 자본주의만이 인간의 이성과 양립할 수 있는 유일한 사회조직체계이고, 집단적인 국가 행위는 그저 인간의 능력을 제한할 뿐이다.

랜드의 가장 영향력 있는 작품 『아틀라스: 지구를 떠받치기를 거부한 신』은 이런 신념을 명확히 전달한다. 이 소설의 배경은 정부의 간섭과 부패한 경영자들 탓에 제대로 기능하지 못하는 미국이고, 주인공은 각자의 생산성으로 사회를 떠받치고 자기들끼리의 협력으로 문명을 지탱하는 기업가와 창업가들이다.

오늘날 랜드의 사상은 정부의 축소를 지

지하는 보수주의운동과 자유지상주의자들 사이에서 공명하고 있다. 그러나 다른 한편에서는 권력자의 착취로부터 약자들을 보호할 대비책이 부족하다는 등의 문제를 지적받고 있다. ■

에인 랜드

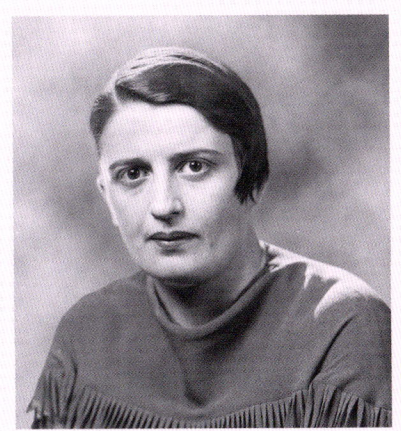

에인 랜드는 러시아 상트페테르부르크에서 알리사 지노비예브나 로젠바움(Alisa Zinov'yvena Rosenbaum)으로 태어났다. 1917년 볼셰비키혁명의 여파로 그녀의 가족은 가업을 잃고 극심한 고통의 세월을 견뎌야 했다. 그녀는 러시아에서 철학, 역사학, 영화를 공부하며 학업을 마친 후 미국으로 건너갔다.

랜드는 할리우드에서 시나리오 작가로 활동하다가 1930년대에 작가가 되었다. 그녀는 1943년에 발표한 소설 『파운틴 헤드』로 명성을 얻었지만, 그녀가 남긴 유산 중 가장 오랫동안 사랑받고 있는 작품은 마지막 소설인 『아틀라스: 지구를 떠받치기를 거부한 신』이다. 랜드는 그밖에도 논픽션 작품을 쓰고 철학 강의를 해며, 객관주의를 전파하고 그것을 현대의 삶에 적용시켰다. 랜드의 작품은 그녀의 사후에 더 큰 영향력을 발휘했고, 우파 자유지상주의(Libertarian)와 보수주의 정치에 철학적 토대를 제공한 것으로 평가받고 있다.

주요 저술

1943년 『파운틴 헤드 The Fountainhead』
1957년 『아틀라스: 지구를 떠받치기를 거부한 신 Atlas Shrugged』
1964년 『이기심이라는 덕목 The Virtue of Selfishness』

알려진 기정사실도 얼마든지 부정될 수 있다

한나 아렌트(서기 1906~1975년)

맥락읽기

이데올로기
반(反)전체주의

핵심어
진리와 신화

이전의 관련 역사

서기 1882년: 프랑스 역사가 에르네스트 르낭(Ernest Renan)이 민족의 정체성은 과거 사건들에 대한 선별적이고 왜곡된 기억에 의존한다고 주장한다.

서기 1960년: 한스 게오르크 가다머(Hans-Georg Gadamer)가 집단적인 진리 형성의 중요성을 중점적으로 다룬 『진리와 방법』을 출간한다.

이후의 관련 역사

서기 1992년: 영국 역사가 에릭 홉스봄이 "진지한 역사가는 결코 확신에 찬 민족주의자가 될 수 없다"라고 선명한다.

서기 1995년: 영국 철학자 데이비드 밀러가 신화는 사실이 아니지만 사회를 통합하는 중요한 기능이 있다고 주장한다.

서기 1998년: 위르겐 하버마스가 『진리와 정당화』에서 아렌트의 입장을 비판한다.

독일의 정치철학자 한나 아렌트(Hannah Arendt)는 나치 정권의 발흥과 몰락, 베트남 전쟁, 파리의 학생시위, 미국 대통령 존 F. 케네디와 마틴 루터 킹의 암살 등 유난히 정치적 격변으로 점철된 시대에 살며 정치의 본질에 대해 글을 썼다. 아렌트는 독일에 거주하던 유대인으로서, 나중에는 나치 점령 아래의 프랑스와 미국의 시카고, 뉴욕, 버클리 등지로 옮겨 다니며 당대의 사건들을 몸소 경험했다. 그녀의 정치철학은 이런 사건들과 이것이 일반 대중에게 전달되는 양상에서 영향을 받았다.

1967년의 에세이 『진리와 정치Truth and Politics』에서, 아렌트는 특히 역사적 사실이 정치화될 때 왜곡되는 방식, 즉 특정한 정치적 결정을 합리화하기 위한 도구로 이용되는 방식에 주목했다. 이런 역사적 사실의 왜곡은 외교와 안보 분야에서 거짓말이 늘 중요한 비중을 차지해온 정치 영역에서 그다지 새삼스런 일은 아니었다. 그러나 1960년대 이후의 정치적 거짓말은 그 범위가 엄청나게 확장되었다는 점에서 새로웠다. 아렌트는 정치적 거짓말이 단순히 국가기밀을 유지하던 차원을 넘어 집단 전체의 현실까지 아우르게 되어, 모두가 아는 사실까지 표적이 되어 서서히 말소되어가는 한편 다른 버전의 역사적 '현실'이 구성되어 기존 현실을 대체해버린다는 사실을 지적한다.

아렌트에 따르면, 이런 사실과 의견의 대중 조작은 비단 억압이 만연하고 가시화되어 사람들이 끊임없는 선동을 경계하게 되는 전체주의 정권에서뿐만 아니라, 1954~1975년의 베트남 전쟁 같은 폭력적인 정치적 개입을 정당화하기 위해 조작된 보고서와 고의적인 오보를 동원하는 미국처럼 자유민주주의 국가에서도 점점 늘어

베트남 전쟁 중에 미국 정부는 자국의 개입을 정당화하기 위해 국민에게 거짓된 정보를 제공하여 아렌트가 지적한 방식대로 사실을 왜곡했다.

참조 : ■ 이븐할둔 72~73쪽 ■ 카를 마르크스 188~193쪽 ■ 호세 오르테가 이 가세트 250~251쪽 ■ 미셸 푸코 310~311쪽 ■ 놈 촘스키 314~315쪽

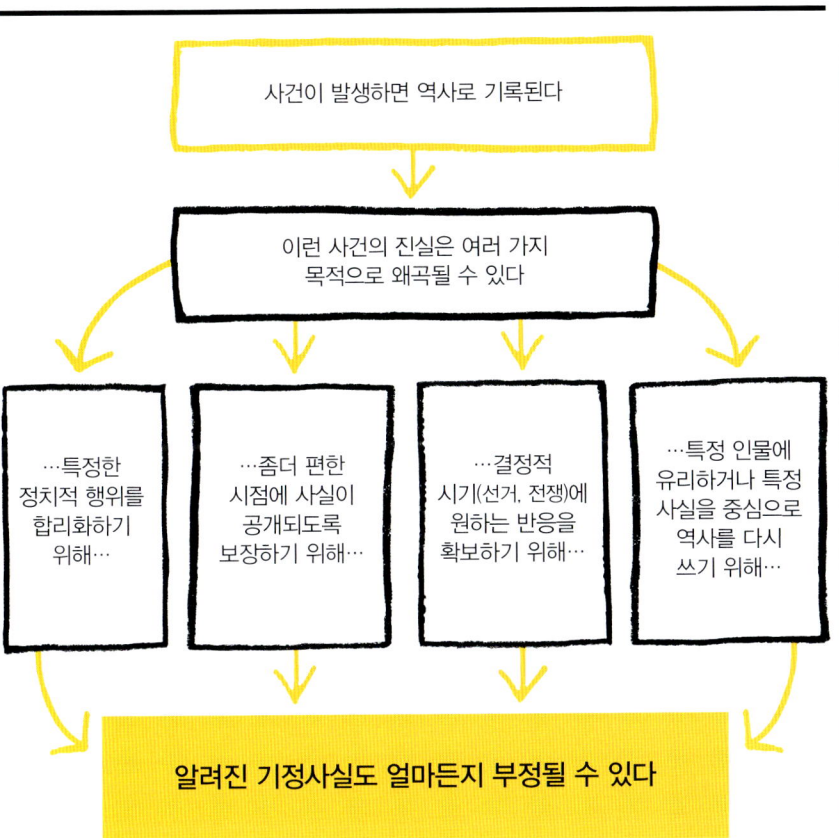

한나 아렌트

한나 아렌트는 1906년 독일 린덴의 비유대교 유대인 집안에서 태어났다. 그녀는 쾨니히스베르크와 베를린에서 자랐고, 마르부르크대학에서 마르틴 하이데거(Martin Heidegger)의 지도 아래 철학을 공부했다. 그녀는 하이데거와 학문적 동지이자 연인 관계로 발전했으나, 나중에 그가 나치당을 지지하면서 사이가 멀어졌다.

아렌트는 유대인 혈통이란 이유로 독일 대학에서 교수직을 얻을 수 없었으므로, 나치 정권 시절에는 파리와 미국으로 옮겨가 현지의 활기 넘치는 지식인 집단과 어울렸다. 그녀는 대단히 영향력 있는 저서와 에세이를 여러 권 발표했고, 캘리포니아 버클리대학, 시카고대학, 뉴스쿨(New School), 프린스턴대학(최초의 여성 강사였다), 예일대학에서 강의했다. 1975년에 심장마비로 사망했다.

주요 저술

1951년『전체주의의 기원The Origins of Totalitarianism』
1958년『인간의 조건The Human Condition』
1962년『혁명론On Revolution』

나고 있다. 그녀는 자유국가에서도 달갑지 않은 역사적 진실은 종종 일개 의견으로 치부되어 사실로서의 지위를 상실한다고 주장한다. 예를 들어, 제2차 세계대전 중에 프랑스와 바티칸의 정책이 "역사적 기록의 문제가 아니라 의견의 문제"였다는 식으로 말이다.

대체적 현실

목격자들이 버젓이 지켜보는 가운데서도 이미 알려진 기정사실을 부정하거나 무시함으로써 역사를 다시 쓰는 작업은 특정한 정치적 목적에 맞게 좀더 유리한 현실을 만들어낼 뿐만 아니라 아예 사실에 입각한 진실과는 아무 연결고리가 없는 완전한 대체적 현실을 구축하기도 한다. 아렌트는 이런 경우가 특히 위험하다고 주장하며, 나치 정권 아래에서의 대량학살을 정당화하는 대체적 현실을 그런 대표적 사례로 든다. "사실에 기초한 공통의 현실 자체"가 위험에 처하게 된 것이다.

현대의 아렌트 추종자들은 미국과 그 연합국의 2003년 이라크 침공을 이런 현상의 사례로 지목한다. 또 아렌트의 주장에 따르면 위키리크스(Wikileaks)의 창립자 줄리안 어샌지(Julian Assange)가 전 세계 정부들이 제시한 사건의 공식적 버전과는 상충되는 기밀문건을 공개하는 행위도 정당화될 수 있을 것이다. ■

여성이란 무엇인가?

시몬 드 보부아르(서기 1908~1986년)

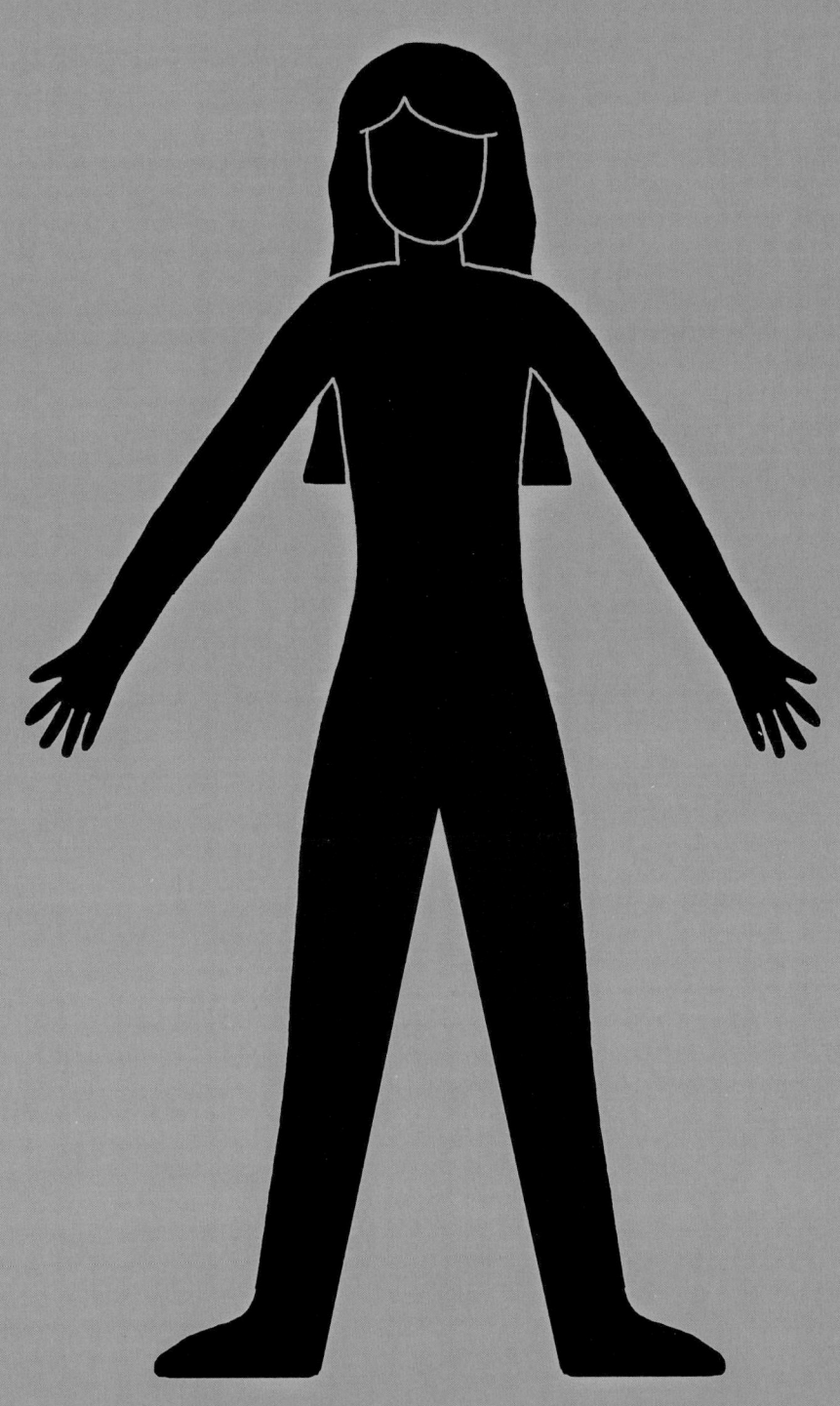

맥락읽기

이데올로기
실존주의 페미니즘

핵심어
선택의 자유

이전의 관련 역사

서기 1791년 : 올랭프 드 구즈(Olympe de Gouges)가 『여성과 여성시민의 권리선언Declaration of the Rights of Woman and the Female Citizen』을 집필한다.

서기 1892년 : 외제니 포토니 피에르(Eugénie Potonié-Pierre)와 레오니 루자드(Léonie Rouzade)가 프랑스 페미니스트 연맹을 창설한다.

서기 1944년 : 프랑스에서 여성이 마침내 투표권을 획득한다.

이후의 관련 역사

서기 1963년 : 베티 프리단이 『여성의 신비The Feminine Mystique』를 출간하여 시몬 드 보부아르의 여러 사상을 널리 대중적으로 알린다.

서기 1970년 : 호주 작가 저메인 그리어가 『여성, 거세당하다The Female Eunuch』를 통해 소비사회에서 여성의 삶에 가해지는 제약을 고찰한다.

전세계적으로 여성은 남성보다 임금이 낮고, 법적·정치적 권리를 빈번히 박탈당하며, 다양한 유형의 문화적 억압을 당한다. 이런 맥락에서 정치문제에 대한 페미니즘적 분석은 정치이론에 중대한 공헌을 하여, 여러 세대의 정치사상가들에게 영감을 제공해왔다.

19세기 동안 페미니즘이란 개념의 지지기반은 늘어났지만, 다양한 페미니스트 집단들 사이에는 깊은 사상적 간극이 존재했다. 한쪽에서는 남성과 여성이 본질적으로 다르고 사회 내 양성의 지위도 이런 차이에서 비롯된다고 인정하며, "차이 속의 평등" 개념을 지지했다. 다른 쪽에서는 여성이 남성과 결코 다르게 취급받아서는 안 된다는 입장을 견지하며, 무엇보다도 동등한 정치적 권리가 투쟁의 핵심이라고 보고 보편적인 참정권 획득에 주력했다. 이때부터 이 참정권투쟁은 '제1차 여성해방운동'으로 불리면서, 1960년대에 보다 광범위한 정치적 목표를 내세워 전 세계적으로 운동에 박차를 가했던 '제2차 여성해방운동'과 구분되었다. 이 새로운 운동은 여성이 가정과 직장에서 경험하는 차별과, 단순히 법 개정만으로는 해결되지 않는 무의식적인 편견이

> 남성은 주체이며 절대자다.
> 하지만 여성은 타자다.
> **시몬 드 보부아르**

주로 은연중에 표출되는 순간들에 주목했다. 이 운동은 프랑스 철학자 시몬 드 보부아르(Simone de Beauvoir)의 작품에서 상당한 지적 영감을 얻었다.

페미니즘의 초월

드 보부아르는 흔히 "근대 여성운동의 어머니"라 불리지만, 1949년에 대표작인 『제2의 성』을 쓸 당시에는 그다지 '페미니스트'를 자처하지 않았다. 오히려 스스로를 페미니스트라고 규정지으면 그와 관련된 주장에 함몰되기 쉽다고 보고, 그런 규정을 뛰어넘겠다는 야심을 품었다. 그래서 페미

시몬 드 보부아르

시몬 뤼시 에르네스틴 마리 베로트랑 드 보부아르(Simone Lucie-Ernestine-Marie-Bertrand de Beauvoir)는 1908년 파리에서 태어났다. 부유한 가문의 딸이었던 그녀는 개인교사에게 교육을 받고 소르본대학에서 철학 공부를 이어갔다. 대학 시절에 그녀는 장 폴 사르트르와 만나, 일생의 동반자이자 철학적 파트너 관계를 유지했다.

드 보부아르는 십대 때 공공연히 무신론자임을 선언했다. 그녀는 종교 등의 제도를 거부하여 나중에는 사르트르와의 결혼도 거부하기에 이르렀다. 그녀의 연구는 파리에서의 개인적인 경험과 국제적인 공산주의의 성장 같은 광범위한 정치적 이슈에서 영감을 얻었다. 그녀는 이런 정치적 관심을 바탕으로 이 주제로 몇 권의 책을 썼고, 그밖에도 많은 소설을 집필했다.

1980년에 사르트르가 사망한 후, 드 보부아르도 건강이 나빠졌다. 그녀는 6년 후에 사망하여, 사르트르와 같은 무덤에 묻혔다.

주요 저술

1943년 『초대받은 여자She Came To Stay』
1949년 『제2의 성The Second Sex』
1954년 『레 망다랭The Mandarins』

전쟁 이후의 정치 POST-WAR POLITICS **287**

참조 : ■ 메리 울스턴크래프트 154~155쪽 ■ 게오르크 헤겔 156~159쪽 ■ 존 스튜어트 밀 174~181쪽 ■ 에멀라인 팽크허스트 207쪽 ■ 시린 에바디 328쪽

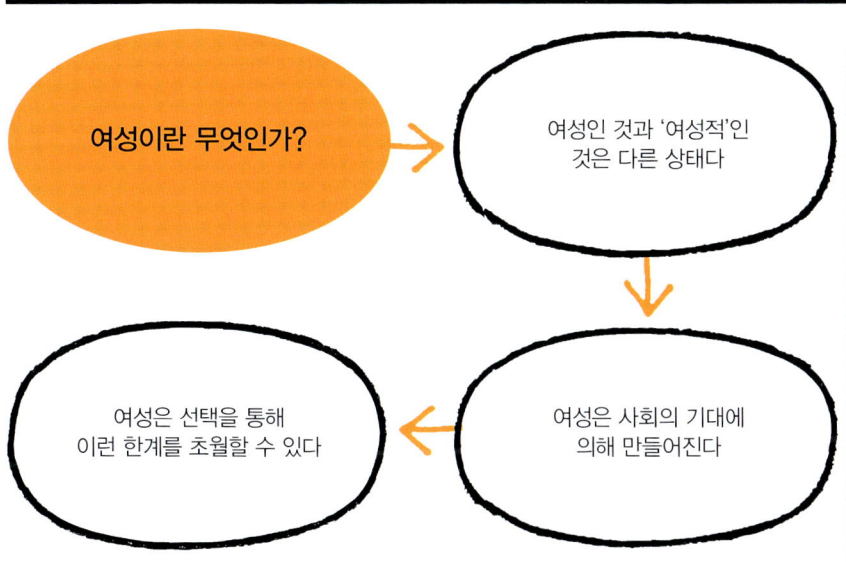

니스트의 주장과 자신의 실존주의 철학적 입장을 혼합하여, 차이의 개념에 좀더 주관적으로 접근했다. 그러나 나중에는 제2차 여성해방운동에 참여했고, 1970년대에도 일련의 소설에서 사회 내 여성의 다양한 현실을 탐색해가며 여전히 적극적으로 이 운동의 주장을 지지했다.

드 보부아르는 스스로를 규정하려 하면, 가장 먼저 "나는 여성이다"라는 문구가 떠오른다는 사실을 깨달았다. 그녀는 자기도 모르게 떠오르는 이 정의와 그 심층적 의미를 검토할 필요성을 느껴, 이것을 연구의 출발점으로 삼았다. 드 보부아르에게는 생물학적 여자(female)와 사회학적 여성(woman)의 상태를 구분하는 것이 중요하고, 그녀의 연구는 결국 "여성이라는 조건의 인간"이란 정의에 도달한다. 그녀는 여성의 본질을 신비화하여 불평등을 정당화하는 데 이용되는 '영원한 여성성' 이론을 거부한다. 『제2의 성』에서 그녀는 "여성이란 무엇인가?"를 질문한다는 사실 자체가 의미 있다고 지적하며, 남성 중심의 사회에서 여성의 본질적인 '타자성'을 조명한다. 드 보부아르는 사회 내에서의 '성차별(sexism)' 개념, 즉 여성에 대한 편견과 억송

을 완전하게 정의했던 최초의 저자 중 하나였다. 그녀는 또 여성이 태어나는 것인지, 아니면 교육적 기대와 종교구조, 역사적 전례 등의 사회적 선입견을 통해 만들어지는 것인지를 질문한다. 그리고 정신분석, 역사, 생물학에서 여성이 어떻게 표현되는지를 검토하고 문학, 학문, 일화 등 다양한 자료를 바탕으로 그러한 선입견이 여성에 미치는 영향을 입증한다.

"여성이란 무엇인가?"라는 질문에 대답하기 위한 드 보부아르의 접근방식은 그녀의 실존주의적 입장에 따른 것이다. 실존주의란 본질적으로 사회 내에서 개인의 선택의 자유를 통해 자아를 발견해가는 데 주력한다. 드 보부아르는 그런 시각에서 볼 때 여성의 자유가 이상하리만치 제한되어 있다고 본다. 이런 철학적 지향성은 그녀가 1929년 소르본대학에서 만난 장 폴 사르트르(Jean Paul Sartre)와의 관계를 통해 더욱 강해졌다. 그는 대표적인 실존주의 사상가였고, 두 사람은 오랜 기간에 걸쳐 복잡한 이성적 관계뿐 아니라 지적이고도 생산적인

드 보부아르에 따르면, 아내, 주부, 어머니라는 여성의 전통적 역할은 여성을 다른 여성으로부터 고립시켜 남편에게 예속되는 위치로 가두어버린다.

드 보부아르는 장 폴 사르트르와 오랜 관계를 유지했지만, 결혼은 하지 않았다. 그녀는 둘의 개방적인 관계가 여성의 선택의 자유에 대한 일례라고 보았다.

과 완전히 평등한 인류의 일원으로서의 자신 사이에서 한쪽을 선택할 수 없다는 모순에 직면해 있음을 인정한다.

선택의 자유

『제2의 성』은 드 보부아르의 실제 삶과도 상당부분 일치하는 여성 동성애에 대한 솔직한 발언과 결혼에 대한 공공연한 경멸 등 많은 측면에서 대대적인 논쟁을 불러일으켰다. 그녀는 사르트르와의 관계가 남성중심의 제도에 구속받기를 원하지 않는다는 원칙에 따라 그와의 결혼을 거부했다. 그녀에게 결혼이란 여성을 사회 내에서 복종하는 입장에 가두어두고 다른 여성들로부터 고립시켜 남성에게 예속시키는 핵심적인 제도였다. 그녀는 여성이 자주성을 유지할 때에만 다함께 여성의 억압에 반기를 들 수 있다고 믿었다. 또 소녀들이 남성 속에서 '반신(半身)' 대신 '학우, 친구, 파트너'를 찾도록 교육받으면 훨씬 더 평등한 관계를 형성할 수 있으리라 생각했다.

드 보부아르의 논의의 중심에는 여성이 사회 내에서 자신의 지위를 바꾸도록 '선택할' 수 있다는 실존주의적 개념이 자리 잡고 있다. "만일 여성이 스스로 실체가 없는 존재임을 깨닫고도 실체가 있는 존재로 바뀌지 못한다면, 그녀 자신이 그런 변화를 일으키지 않았기 때문이다." 바꿔 말하자면, 오로지 여성만이 스스로를 해방시킬 수 있을 뿐, 남성을 통해서는 해방될 수 없다는 것이다. 어려운 선택에 대해 책임을 진다는 것이 드 보부아르의 실존주의의 핵심 개념이었다. 그녀가 1920년대에 선택했던 여러 관계 역시 그동안 훈육받은 가치를 완

대화를 이어가게 되었다.

드 보부아르의 입장은 또 좌파 성향의 정치적 신념에서도 영향을 받았다. 그녀는 여성의 투쟁을 계급투쟁의 일환으로 설명하면서, 자신은 부르주아계급에서 태어났기 때문에 날 때부터 하층계급의 여성이라면 접근 불가능했을 기회가 열려 있었다고 시인한다. 궁극적으로 그녀가 바랐던 것은 그런 기회의 자유가 계급과 상관없이 모든 여성에게, 사실상 모든 이들에게 부여되는 것이었다.

드 보부아르는 여성의 "부엌이나 안방" 등의 물리적 제약과 여성의 지적 범위 사이의 상관관계를 도출한다. 그리고 나서 이런 제약 때문에 여성이 평범한 삶을 받아들이고 그 이상을 추구하려는 생각을 단념하게 된다고 주장한다. 드 보부아르는 이런 상태를 '내재성(immanence)'이라고 부르는데, 이 말은 여성이 세상을 직접 경험할 기회가 제한되어 있음을 의미한다. 여성의 이런 입장은 남성의 '초월성(transcendence)', 즉 직접 경험의 한계에 구애받지 않고 인생에서 자신이 원하는 어떤 지위에라도 접근할 수 있는 입장과 대조된다. 이런 식으로 남성은 스스로를 규정하는 '주체'가 되는 반면, 여성은 남성에 의해 규정당하는 '타자'가 되는 것이다.

드 보부아르는 왜 여성이 대체로 이런 '타자'의 입장을 수락하는지 질문하면서, 여성이 남성의 선입견에 따르는 이유를 밝혀내고자 한다. 그녀는 내재성이 여성의 '도덕적 결함'이 아닌 것은 분명하다고 단언한다. 또 여성이 일종의 근원적인 모순, 즉 남성과 근본적으로 다른 여성으로서의 자신

여자라는 것은 얼마나 불행한가!
그러나 여자의 진짜 불행은 자기가
여자라는 것을 모르는 것이다.
쇠렌 키르케고르

> 인간 사회에서 자연적인 것은 아무것도 없고, 여성도 다른 것과 마찬가지로 문명이 빚어낸 산물이다.
>
> 시몬 드 보부아르

전히 거부하고 사회적 기준을 무시해야 하는 등 어려움이 따랐다.

『제2의 성』을 읽은 일부 독자들은 드 보부아르가 여성이 남성과 같아져야 한다는, 즉 여성이 그들에게 강요된 '여성성'을 멀리하고 남성과의 본질적 차이도 무시해야 한다고 주장한다고 믿었다. 그러나 그녀의 주된 논지는 남성과 여성의 협력을 통해서만 남성은 주체이고 여성은 객체라는 사회적 통념에 내재된 갈등을 근절할 수 있다는 것이었다. 그녀는 사르트르와의 관계에서 이런 가능성을 타진했고, 자신의 글에서 옹호했던 자질들을 대부분 자신의 삶에서 직접 실천해 보았다.

드 보부아르는 결혼에 반대했던 것처럼 어머니가 되기도 거부한다는 이유로 지탄받았다. 사실 그녀는 어머니가 되는 것 자체는 반대하지 않았지만, 사회가 여성에게 어머니가 되고도 일을 계속하거나 비혼상태에서 아이를 가질 선택권을 허용하지 않는다고 느꼈다. 그녀는 여성이 어머니의 역할을 인생의 분명한 목표가 제시된 피난처로 삼다가 끝내 거기에 갇히고 만다는 것을 알았다. 드 보부아르는 그 무엇보다도 스스로 선택하고 정직하게 선택하는 것이 중요하다고 강조했다.

페미니즘 정치의 재편

오늘날에는 『제2의 성』의 최초 영어 번역본이 드 보부아르의 용어와 개념을 정확히 해석하지 못해 프랑스 외의 다른 나라 독자들이 그녀의 주장을 곡해하게 만들었다는 지적이 널리 인정받고 있다. 드 보부아르 자신도 1980년대에 지난 30년간 번역의 문제점을 인식하지 못했다며 다른 번역이 나오기를 기대한다고 선언했다. 이 개역판은 결국 2009년에야 출간되었다.

이런 초기 영어 번역본의 문제에도 불구하고 『제2의 성』은 전 세계적인 인기를 끌며 페미니즘 사상에 막대한 영향을 미치게 되었다. 드 보부아르의 사회 내에서의 여성의 역할과 그것이 남녀 모두에게 미치는 정치적 결과에 관한 분석은 서구권 전역에서 반향을 일으켰고, 급진적인 제2차 여성해방운동의 시발점이 되었다. 1963년에 미국의 작가 베티 프리단(Betty Friedan)은 여성의 가능성이 가부장제 사회에서 낭비되고 있다는 드 보부아르의 주장을 계승했다. 이 주장은 1960년대와 1970년대 내내 페미니즘 정치사상의 근간을 이루게 되었다. ∎

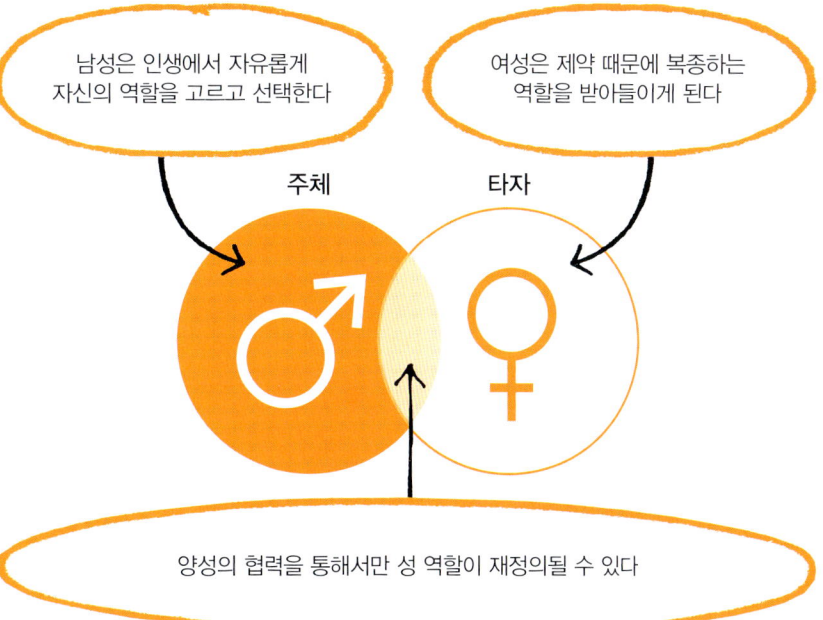

드 보부아르는 남성이 사회 내에서 '주체'라는 지위를 인정받은 반면, 여성은 '타자'로 분류되었다고 믿었다.

어떠한 자연물도 순전히 자원만은 아니다

아르네 네스 (서기 1912~2009년)

맥락읽기

이데올로기
급진적 환경보호주의

핵심어
심층 생태학

이전의 관련 역사
서기 1949년 : 자연보호의 새로운 윤리를 촉구하는 알도 레오폴드(Aldo Leopold)의 에세이 『대지의 윤리Land Ethic』가 그의 사후에 출간된다.

서기 1962년 : 레이첼 카슨이 『침묵의 봄』을 출간하여 환경보호운동의 탄생에 결정적으로 기여한다.

이후의 관련 역사
서기 1992년 : 브라질 리우에서 최초의 지구정상회담(Earth Summit)이 열려, 전 지구적인 환경문제의 존재가 인정됨을 시사한다.

서기 1998년 : 독일에서 적녹(赤綠)연정이 집권하여, 세계 최초로 환경정당이 중앙정부로 진출한다.

최근 수십 년간, 경제·사회·정치 분야에서 기후변화의 과제가 대두되면서 새로운 정치사상의 개발이 시급해졌다. 정치활동으로서의 환경보호주의는 1960년대부터 본격화되어 지금은 정계의 주류로 자리 잡았다. 연구 분야로서의 자연보호운동은 다양한 분파와 사조로 발전해오고 있다.

최초의 환경운동가

환경보호주의의 뿌리는 꽤 깊다. 19세기에 영국의 비평가 존 러스킨(John Ruskin)과 윌리엄 모리스(William Morris) 같은 사상가들은 산업화의 확대와 그로 인해 자연계에 미칠 영향에 대해 우려를 표했다. 그러

전쟁 이후의 정치 POST-WAR POLITICS

참조: ▪ 존 로크 104~109쪽 ▪ 헨리 데이비드 소로 186~187쪽 ▪ 카를 마르크스 188~193쪽

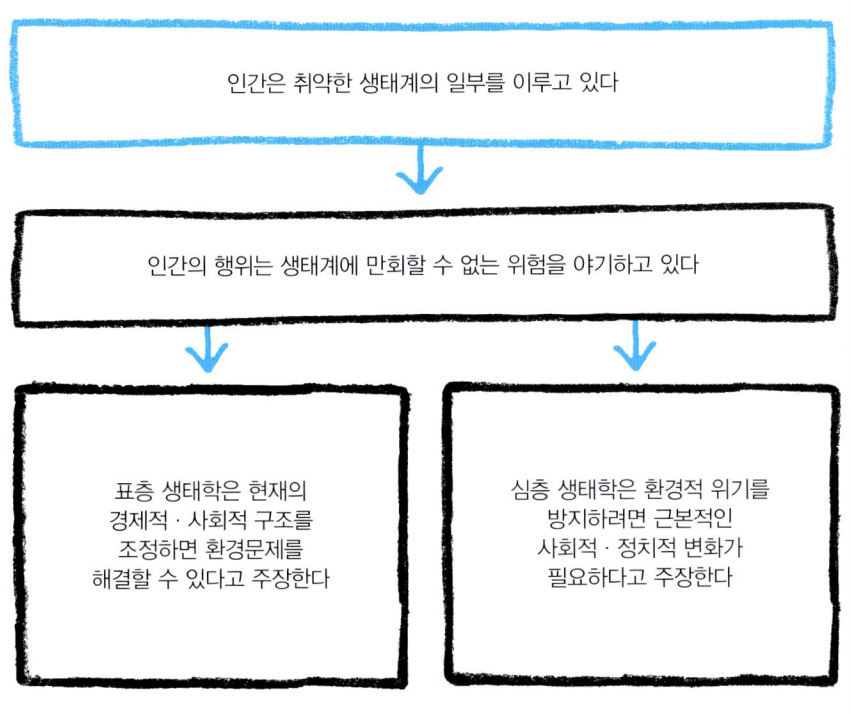

인간은 취약한 생태계의 일부를 이루고 있다

↓

인간의 행위는 생태계에 만회할 수 없는 위험을 야기하고 있다

↓   ↓

표층 생태학은 현재의 경제적·사회적 구조를 조정하면 환경문제를 해결할 수 있다고 주장한다

심층 생태학은 환경적 위기를 방지하려면 근본적인 사회적·정치적 변화가 필요하다고 주장한다

아르네 네스

아르네 네스는 1912년 노르웨이 오슬로 부근에서 태어났다. 그는 철학을 전공한 후 27세에 오슬로대학에서 역대 최연소 정교수가 되었다. 그는 특히 언어학과 의미론 분야를 연구하며 성공적인 학문적 경력을 유지했다. 1969년에 그는 교수직을 사임한 후 윤리적 생태학 연구와 환경문제에 대한 현실적인 대응책 개발에 매진했다. 그는 은퇴 후 거의 고립상태에서 저술활동을 계속하여 약 400편의 기사와 수많은 저서를 남겼다.

네스는 연구 외에 등산에도 열정적이었다. 그는 19세에 이미 산악인으로 상당한 명성을 쌓았고, 말년에는 수년간 노르웨이의 벽지 산장에서 기거하며 후기 작품 대부분을 집필했다.

주요 저술

1973년 『표층 생태학 및 장기적인 심층 생태학 운동 : 요약 The Shallow and the Deep, Long-Range Ecology Movement : A Summary』
1989년 『생태계, 공동체, 생활양식 : 생태철학 개관 Ecology, Community and Lifestyle : Outline of an Ecosophy』

나 인간이 환경에 초래하는 위험의 수준을 과학적으로 측정하기 시작한 것은 제1차 세계대전이 끝난 후부터였다. 1962년 미국 해양생물학자 레이첼 카슨(Rachel Carson)은 살충제 사용에 따른 환경문제를 분석한 저서 『침묵의 봄 Silent Spring』을 출간했다. 이 책에서는 DDT와 같은 살충제의 무절제한 사용이 자연계에 치명적인 영향을 미친다고 주장했다. 카슨은 또 살충제가 인간에게 미치는 영향까지 분석하여 인간이 자연과 별개의 존재가 아니라 생태계 내에 속해 있는 존재임을 시사했다.

카슨의 책은 주류 정치학에서 환경보호 운동이 출현하는 결정적 계기를 마련했다. 노르웨이의 철학자이자 생태학자인 아르네 네스(Arne Naess)도 환경보호주의의 철학적 토대를 제공한 자신의 연구가 『침묵의 봄』에서 영감을 얻었다고 밝혔다. 네스

는 오슬로대학에서 꽤나 이름 있는 철학자였고, 주로 언어 연구로 명성이 높았다. 그러나 그는 1970년대부터 환경과 생태학 문제에 대한 지속적인 연구에 착수하기 위해 1969년에 대학 교수직을 사퇴하고 이 새로운 사상의 길에 매진했다. 네스는 생태학 문제가 제기될 때마다 새로운 답을 개발해

지구는 인간의 소유물이 아니다.
아르네 네스

산업혁명은 인간의 환경에 대한 사고방식을 바꾸어놓았다. 환경을 착취할 자원으로 보기 시작했는데, 네스는 이런 태도가 인류를 파멸시킬 수 있다고 생각했다.

내는 환경윤리학 분야의 실천 철학자가 되었다. 특히 그는 인간의 입지를 자연과의 관계 속에서 생각하는 새로운 방식을 제안했다.

네스 사상의 요체는 지구가 단순히 인간이 사용하는 자원이 아니라는 개념이다. 인간중심주의적인 자연관의 극복을 강조한 그는 인간은 스스로 자연재의 소비자가 아니라 복잡하고 상호의존적인 자연체계의 일부임을 인식하고 인간 외의 존재에 대해서도 연민을 느껴야 한다고 주장했다. 이 점을 이해하지 못하면 편협하고 이기적인 야심 때문에 자연계를 파괴할 위험에 처하게 된다는 것이다.

네스는 환경운동가로 변신한 초기에, 사회문제에 해결책을 제시하는 생태학적 사고체계에 대한 자신의 비전을 요약했다. 그는 이 체계를 '생태철학 T(Ecosophy T)'라고 불렀는데, 여기에서 'T'는 그가 산 속에 지은 오두막 트베르가스타인(Tvergastein)을 지칭했다. 생태철학 T는 인간, 동물, 식물을 가릴 것 없이 모든 생물은 동등한 생명권을 지닌다는 사실을 인정해야 한다는 생각에 기초한다. 자신이 이 상호의존적인 전체의 일부임을 인식하면, 어떤 행동이 환경에 미치는 영향이 명확해진다. 만약 인간의 행위가 초래할 결과를 가늠할 수 없다면, 그 행위를 하지 않는 것이 유일하게 윤리적인 선택이다.

심층 생태학

그 후 네스는 이 주제에 대한 기존 대다수 사고방식의 부당성을 폭로하기 위해 '표층 생태학(Shallow ecology)'과 '심층 생태학(Deep ecology)'이라는 대조적인 개념을 개발했다. 여기서 표층 생태학이란 자본주의, 산업, 인간 주도의 개입을 통해 환경문제를 해결할 수 있다는 신념이다. 이런 사고 노선은 현 사회구조가 환경문제를 해결하기에 적절한 출발점을 제공한다고 주장하며, 인간 중심적으로 환경문제를 생각한다. 네스는 표층 생태학도 가치가 없는 것은 아니지만, 환경문제에 대한 피상적인 해결에 주력하는 경향이 있다고 믿었다. 이런 생태학적 시각은 인간이 생태계 내에서 우월한 존재라고 상상하며, 더 폭넓은 사회개혁의 필요성을 인정하지 않았다. 그 결과 자연 전체가 아닌 인간의 당면한 이해관계만이 주된 관심사가 되어, 이런 문제의 보다 광범위한 사회적·철학적·정치적 근원은 해결되지 않은 상태로 남게 되었다.

이와 반대로, 심층 생태학은 인간의 행위가 극적으로 변하지 않으면 지구에 돌이킬 수 없는 환경적 위험을 야기할 것이라고 주장한다. 급속도로 빠른 인간의 진보와 사회적 변화는 자연의 민감한 균형상태를 무너뜨려, 자연계의 위기뿐 아니라 그 환경의 일부인 인간마저 파멸상태에 빠뜨릴 터이다. 네스는 자연이 인간과는 완전히 별개로 본질적인 가치를 지닌다는 사실을 이해하려면, 모든 생명의 중요성과 연결성을 이해하는 정신적 깨달음이 선행되어야 한다고 제안한다. 인류가 지구는 자신들의 소유물이 아니라 서식지라는 사실과 생명유지에 필수적인 자원만 사용해야 한다는 사실을 자각해야 한다는 것이다.

표층 생태학의 지지자들은
기존 사회구조 내에서 인간과 자연의
관계를 개선할 수 있다고 생각한다.
아르네 네스

네스에 따르면, 현재의 정치적 · 경제적 · 사회적 체계 안에서 환경문제를 해결하려는 노력은 실패할 수밖에 없다.
인간을 생태계의 일부로 보고 우리 주변의 세계를 새롭게 바라보는 시각이 필요하다.

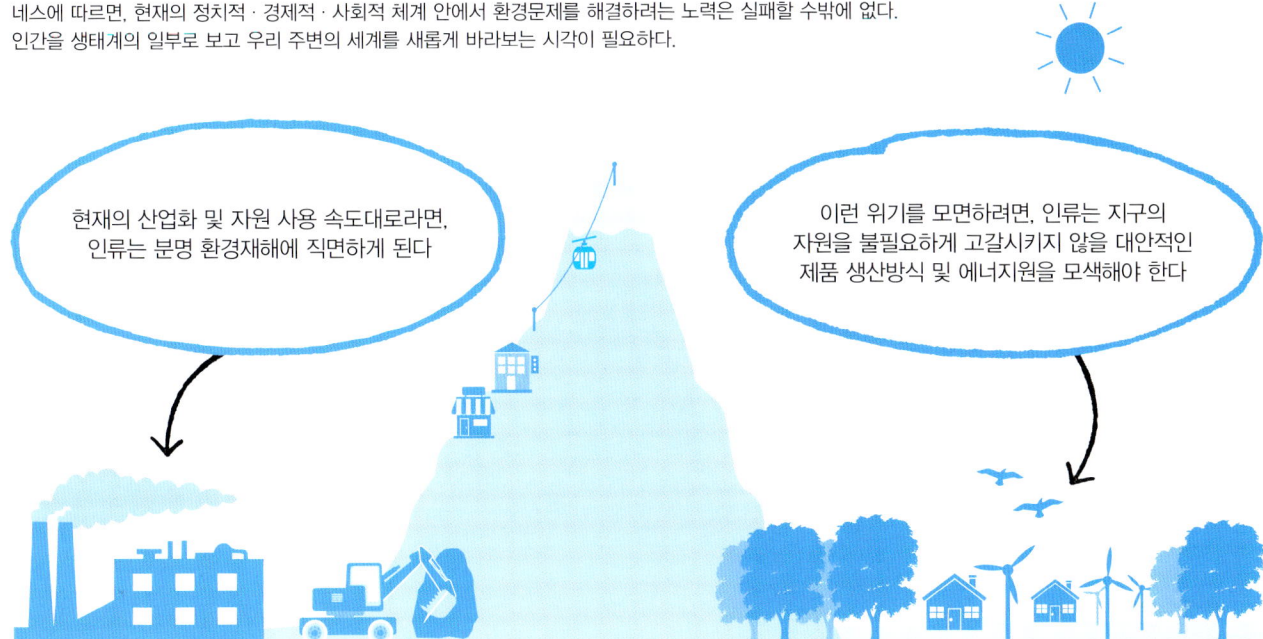

현재의 산업화 및 자원 사용 속도대로라면, 인류는 분명 환경재해에 직면하게 된다

이런 위기를 모면하려면, 인류는 지구의 자원을 불필요하게 고갈시키지 않을 대안적인 제품 생산방식 및 에너지원을 모색해야 한다

직접행동

네스는 환경보호 사상을 연구하는 한편, 직접행동에도 열심히 참여했다. 노르웨이 피오르드의 마르달스 폭포(Mardalsfossen)는 오랫동안 수력발전에 이용되어왔지만 여름 관광시즌(6월 20일~8월 20일 오전 9시에서 오후 9시까지)에는 물길을 막지 않으므로 장관을 볼 수 있다. 심층 생태운동을 시작한 네스는 1970년 8월 26일 댐 건설과 폭포 파괴에 항의하기 위해 폭포 정면에 있는 바위에 자신과 다른 300명을 묶은 채 반대시위를 성공적으로 펼치기도 했다. 네스는 심층 생태학적 시각에서 얻은 깨달음을 자연에 대한 더욱 윤리적이고 책임 있는 접근방식을 알리는 데 활용해야 한다고 생각했다. 그는 광범위한 개혁 프로그램의 일환으로 선진국에서 소비지상주의와 물질적 생활수준을 자제하는 데에도 찬성했다. 그러나 인간이 안정적인 사회를 유지하려면 자연이 제공하는 자원의 일부를 소비할 수 있다는 신념에서 환경보호주의에 대한 근본주의적 접근방식에는 반대했다.

네스가 미친 영향

네스는 점진적인 변화를 선호하고 근본주의를 거부했지만, 그의 사상은 비교적 급진적인 입장의 행동가들에게 영향을 미쳤다. 직접행동을 벌이는 국제 환경보호운동 단체 '어스 퍼스트!(Earth First!)'는 심층 생태학에 대한 자신들의 이해를 지지해줄 근거를 네스의 사상에서 찾았다. 이들의 철학적 해석에 따르면, 심층 생태학은 시민 불복종과 사보타주를 포함한 정치활동을 정당화하는 근거로도 활용될 수 있다.

환경문제에 대한 인식이 확대되면서, 네스의 사상은 정치적으로 점점 더 큰 반향을 얻게 되었다. 환경문제는 민족국가의 국경을 가리지 않고, 이론가와 현장 실무자 모두에게 복잡한 문제들을 한가득 안겨주었다. 자연보호운동은 공식 정당과 그린피스(Greenpeace) 및 '지구의 벗(Friends of the Earth)' 등의 시민단체를 통해 주류 정치계로 진입했다. 네스의 연구는 이런 발전에 철학적 토대를 제공하는 데 중요한 역할을 해왔다. 그의 사상은 많은 논쟁을 불러일으켰고, 다방면에서 사회 · 경제적 요인의 현실과 동떨어져 있으며 어느 정도 신비화되어 있다는 등의 비난을 받아왔다. 이런 비난에도 불구하고, 환경운동이 제기한 정치적 문제와 거기에서 심층 생태학적 관점이 차지하는 위상은 여전히 의미 있고, 앞으로도 점점 더 중요해질 것으로 보인다. ■

우리가 반대하는 것은 백인이 아니라 백인우월주의다

넬슨 만델라(서기 1918년~)

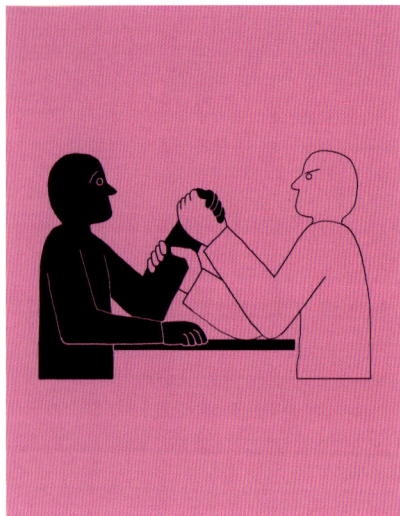

맥락읽기

이데올로기
인종 평등

핵심어
시민 불복종

이전의 관련 역사
서기 1948년 : 남아프리카 공화국에서 현지 출신의 백인들이 지배하는 국민당이 집권하여 아파르트헤이트가 실시된다.

서기 1961년 : 프란츠 파농이 『대지의 저주받은 사람들』을 저술하여 압제자에 맞서는 무력투쟁 과정을 보여준다.

서기 1963년 : 마틴 루터 킹이 워싱턴 DC에서 "나에게는 꿈이 있습니다"라는 연설을 한다.

이후의 관련 역사
서기 1993년 : 만델라가 남아프리카 공화국의 화합에 힘쓴 공로로 노벨 평화상을 수상한다.

서기 1994년 : 남아프리카 공화국 최초의 자유로운 흑백평등 선거에서 만델라가 이 나라 최초의 흑인 대통령으로 선출된다.

아파르트헤이트는 부당한 인종차별이다

↓

우리는 이 불의와 불평등에 맞서 저항해야 한다

↓

이것은 변화를 위한 남아프리카 공화국 전 국민의 싸움이다

↓

우리가 반대하는 것은 백인이 아니라 백인우월주의다

남아프리카 공화국에서 아파르트헤이트(Apartheid, 엄격한 인종 격리정책)에 맞선 투쟁은 20세기 후반의 대표적인 정치 투쟁 중 하나였다. 1948년 아파르트헤이트 공약을 내건 국민당(National Party)이 선출되면서, 소수의 백인이 지배하는 억압기가 시작되었다. 넬슨 만델라(Nelson Mandela)는 아프리카민족회의(African National Congress ; ANC)에 참여하여 공공 항의집회를 조직하고 지지를 얻으면서 저항운동의 선봉에 섰다. 아프리카민족회의는 신정부가 제정한 법안에 반발하면서 성장했고, 1950년대에 이르자 마하트마 간디와 마틴 루터 킹 같은 민권운동가에게 영감을 받은 민중운동세력이 아파르트헤이트 반대운동에 가세했다.

자유를 위해

아프리카민족회의가 추구한 전략은 시민 불복종, 집단 노동파업, 공공 항의시위 등을 혼합하여 정부가 제 기능을 하지 못하게 만들려는 의도였다. 1950년대 중반에 이르자, 아프리카민족회의를 위시한 아파르트헤이트 반대운동 내의 여러 집단들이 자유헌장(Freedom Charter)을 통해 자신들의 요구를 분명히 표명했다. 이 헌장에는 시위대의 핵심적 요구사항이던 민주주의와 참

참조 : ■ 마하트마 간디 220~225쪽 ■ 마르쿠스 가비 252쪽 ■ 프란츠 파농 304~307쪽 ■ 마틴 루터 킹 316~321쪽

여의 가치, 그리고 시위와 표현의 자유 등이 담겨 있었다. 그러나 정부는 이를 반역행위로 단죄했다.

시위에서 폭력으로

아파르트헤이트 정권에 대한 이 반대운동의 영향은 점진적이지만 뚜렷했다. 1950년대에 이르자, 여전히 대부분의 유색인종에게 민주적 절차는 허용되지 않았지만, 수많은 정당들이 남아프리카 공화국의 흑인에게 일부나마 일정 형태의 민주적 권한을 부여할 것을 요구했다.

아파르트헤이트 반대운동은 정치적으로 적극적인 소수 백인의 지지도 일부 확보하여, 이 운동이 인종 구분에 따라 지지를 얻는 것이 아님을 입증했다는 점에서 의미가 있었다. 이는 새로운 남아프리카 공화국의 비전에 포함된 만델라의 투쟁에 대한 입장과도 부합했다. 그는 시위의 주된 동기가 소수 백인을 공격하는 것이 아니라 부당한 인종차별과 백인우월주의를 타파하는 것임을 강조했다.

아프리카민족회의의 체계적이고 적극적인 접근에도 불구하고, 극적인 개선이 이루

나는 백인의 지배에 맞서 싸워왔고 또 흑인의 지배에 맞서 싸워왔습니다. 나는 자유롭고 민주적인 사회의 이상을 간직하고 있습니다.

넬슨 만델라

어질 기미는 보이지 않았고, 투표권을 전면 확대하라는 요구도 받아들여지지 않았다. 오히려 시위의 강도가 높아짐에 따라 정부의 대응도 점점 더 과격해져, 흑인의 통행증 소지를 의무화한 법에 반대하는 시위에서 69명이 경찰에게 사살당한 1960년의 '샤프빌 학살(Sharpeville Massacre)'로 극에 달하게 되었다.

한편 아파르트헤이트 반대투쟁도 무조건 평화적인 방법만 사용한 것은 아니었다. 다른 혁명 지도자들과 마찬가지로, 만델라도 아파르트헤이트 체제와 싸울 유일한 방법은 무력투쟁뿐이라는 결론에 도달했다. 1961년 만델라는 다른 동료 지도자들과 함께 아프리카민족회의의 군사조직 '움콘토 웨 시즈웨(Umkhonto We Sizwe, 국가의 창(槍)이란 의미)'를 창설했고, 이 일로 나중에 감옥살이를 하게 되었다. 그럼에도 불구하고, 만델라의 시민저항에 대한 신념과 포용의 원칙은 세계적인 지지를 얻어, 결국 만델라의 석방과 아파르트헤이트의 철폐로 이어졌다. ■

넬슨 만델라

넬슨 롤리랄라 만델라(Nelson Rolihlahla Mandela)는 1918년 남아프리카 공화국의 트란스케이에서 태어났다. 그의 부친은 템부(Tembu) 족장의 자문이었다. 만델라는 청년 시절 요하네스버그로 이주하여 법학을 공부했다. 1944년 아프리카민족회의에 가입하여 1948년부터 아파르트헤이트 정권에 반대하는 저항운동에 적극적으로 가담했다. 1961년에는 지난해의 샤프빌 학살에 대한 대응책으로 아프리카민족회의의 군사조직 '움콘토 웨 시즈웨'를 창설하는 데 일조했다. 1964년에 그는 종신형을 선고받고 1990년까지 감옥생활을 한 후 로벤 섬(Robben Island, 정치범 수용소)에서 18년을 보냈다.

만델라는 석방되자마자 아파르트헤이트 철폐운동의 상징이 되어, 1993년에 노벨 평화상을 수상하고 1994년에 남아프리카 공화국의 대통령이 되었다. 1999년에 은퇴한 후에는 에이즈 퇴치운동 등 다양한 대의를 위해 힘쓰고 있다.

주요 저술

1965년 『험난한 자유의 길 No Easy Walk to Freedom』
1994년 『만델라 자서전 : 자유를 향한 머나먼 길 Long Walk to Freedom』

만델라는 아파르트헤이트 철폐투쟁은 남아프리카 공화국의 소수의 백인에 대한 공격이 아니라 불의에 맞서는 것이고, 그렇기 때문에 더 많은 이들이 변화를 촉구해야 한다고 주장했다.

약자들만이 정치가 협력의 장이라고 믿는다

잔프랑코 밀리오(서기 1918~2001년)

맥락읽기

이데올로기
연방주의(Federalism)

핵심어
분리 독립

이전의 관련 역사
서기 1532년 : 니콜로 마키아벨리가 『군주론』에서 이탈리아의 궁극적 통일을 예견한다.

서기 1870년 : 비토리오 에마누엘레 2세(Victor Emmanuel II)의 이탈리아군이 로마를 점령하면서 이탈리아 통일이 완성된다.

이후의 관련 역사
서기 1993년 : 미국 정치학자 로버트 퍼트넘(Robert Putnam)이 이탈리아 전체에서 정치적 시민생활의 격차를 분석한 『사회적 자본과 민주주의Making Democracy Work』를 출간한다.

서기 1994년 : 분리주의 정당인 북부동맹이 최초로 이탈리아 연립정권에 참여한다.

이탈리아 정치는 대립의 역사를 겪어왔다. 역사적으로 이탈리아는 도시국가들의 느슨한 연합체가 지배하던 분열된 국가로 남아 있다가 1870년에 전국 통일이 완성되었다. 그러나 산업화된 북부와 농촌 지역인 남부 사이에는 오랜 불평등과 분쟁의 역사가 가로놓여 있어, 북부인들 대다수는 통일이 된 후 남부만 경제적 이득을 얻었을 뿐 북부 지역은 오히려 손해를 입었다고 생각했다.

잔프랑코 밀리오(Gianfranco Miglio)는 정치생활에서 권력의 구조에 대해 연구하던 이탈리아 학자 겸 정치가였다. 막스 베버와 카를 슈미트에서 영감을 얻은 밀리오는 이러한 남북 연합 형태가 북부의 정체성과 이해관계를 침해한다고 주장하며 이탈리아 전체의 정치적 자원을 중앙집중화하는 데 반대했다.

북부 분리주의

밀리오는 연합이 정치적으로 바람직한 형태도 아닐 뿐더러 정치시장(political marketplace)에서는 불가능하다고 믿었다.

피아트(Fiat)와 같은 자동차 생산업체는 이탈리아 북부의 부 증진에 기여해왔다. 밀리오는 북부의 부로 가난한 남부를 지원해야 한다는 것은 불공평하다고 생각했다.

이탈리아의 다양한 지역의 상충되는 이해관계는 합의나 논의가 아니라 더욱 강력한 집단의 지배를 통해서만 해소될 수 있을 터였다. 밀리오의 사상은 결국 그를 정계로 이끌어, 1990년대에 그는 1991년에 발족된 분리주의 정당인 북부동맹(Lega Nord)의 급진적 당원으로서 상원의원으로 선출되었다. ■

참조 : ▪ 니콜로 마키아벨리 74~81쪽 ▪ 막스 베버 214~215쪽 ▪ 카를 슈미트 254~257쪽

투쟁의 초기 단계에서는 억압받던 자들이 억압자로 돌변하는 경향이 있다
파울로 프레이리(서기 1921~1997년)

맥락읽기

이데올로기
급진주의

핵심어
비판적 교육

이전의 관련 역사
서기 1929~1934년 : 안토니오 그람시가 『그람시의 옥중수고 Prison Notebooks』에서 마르크스 사상을 발전시킨 자신의 생각을 정리한다.

서기 1930년대 : 브라질이 대공황 동안 극한의 빈곤에 시달린다.

이후의 관련 역사
서기 1960년대 : 프레이리가 브라질 헤시피대학의 역사학 및 철학 교수로 재직하면서 대중의 문맹률을 낮출 정책을 개발한다.

서기 1970년대 : 프레이리가 근 10년 동안 세계교회협의회(World Council of Churches)와 함께 전 세계 여러 국가의 교육개혁에 대해 자문한다.

정치평론가들은 종종 정치적 억압에 맞선 투쟁을 이해하려 시도해왔다. 카를 마르크스와 안토니오 그람시 같은 사상가들은 이런 억압을 두 행위집단, 즉 억압자와 피억압자의 구도에서 파악했다.

브라질의 교육자 파울로 프레이리(Paulo Freire)는 억압의 순환구조를 깨는 데 필요한 조건에 초점을 맞추어 이 관계를 재탐색했다. 그는 억압행위가 양측 모두의 인간성을 말살하여, 해방된 후에도 자신들이 겪은 불의를 반복할 위험이 있다고 믿었다. 실제로 피억압자 스스로가 억압자로 변해갈 수 있다는 것이다.

진정한 해방

이러한 사고 논리에 따르면, 억압을 종식시키고 진정한 해방으로 나아가기 위해서는 단순한 역할 변경 이상이 요구되었다. 프레이리는 교육을 통해 인간성이 회복될 수 있고, 교육개혁을 통해 자신의 삶을 재고하는 사람들이 생겨날 수 있다고 주장했다. 이렇게 되면 억압자는 더 이상 타인을 추상적인 집단으로만 보지 않고, 불의에 희생되는 개인들의 입장을 이해하게 될 것이었다.

프레이리에게 교육은 학생과 교사가 자신들의 입장을 돌아보고 교육의 제반 환경을 이해하게 만드는 정치행위였다. 그의 연구는 수많은 정치이론가에게 영향을 주었다. ■

피억압자들의 가장 인본주의적이고 역사적인 과제는 자신들 뿐 아니라 억압자들까지 해방시키는 것이다.
파울로 프레이리

참조 : ■ 게오르크 헤겔 156~159쪽 ■ 카를 마르크스 188~193쪽 ■ 안토니오 그람시 259쪽

정의는 사회제도의 제1덕목이다

존 롤스(서기 1921~2002년)

맥락읽기

이데올로기
자유주의

핵심어
사회정의

이전의 관련 역사
서기 1762년: 장 자크 루소가 『사회계약론』에서 정부의 정당성에 대해 논한다.

서기 1935년: 미국 경제학자 프랭크 나이트(Frank Knight)의 에세이 『경제이론과 민족주의Economic Theory and Nationalism』가 롤스에게 심의 절차를 이해하는 토대를 제공한다.

이후의 관련 역사
서기 1974년: 로버트 노직이 롤스의 『정의론』을 비판한 저서 『아나키, 국가, 그리고 유토피아』를 출간한다.

서기 1995년: 제럴드 코헨이 롤스에 대한 마르크스주의 관점의 비판서를 발표한다.

서기 2009년: 아마르티아 센이 롤스에게 바치는 저서 『정의의 관념The Idea of Justice』을 출간한다.

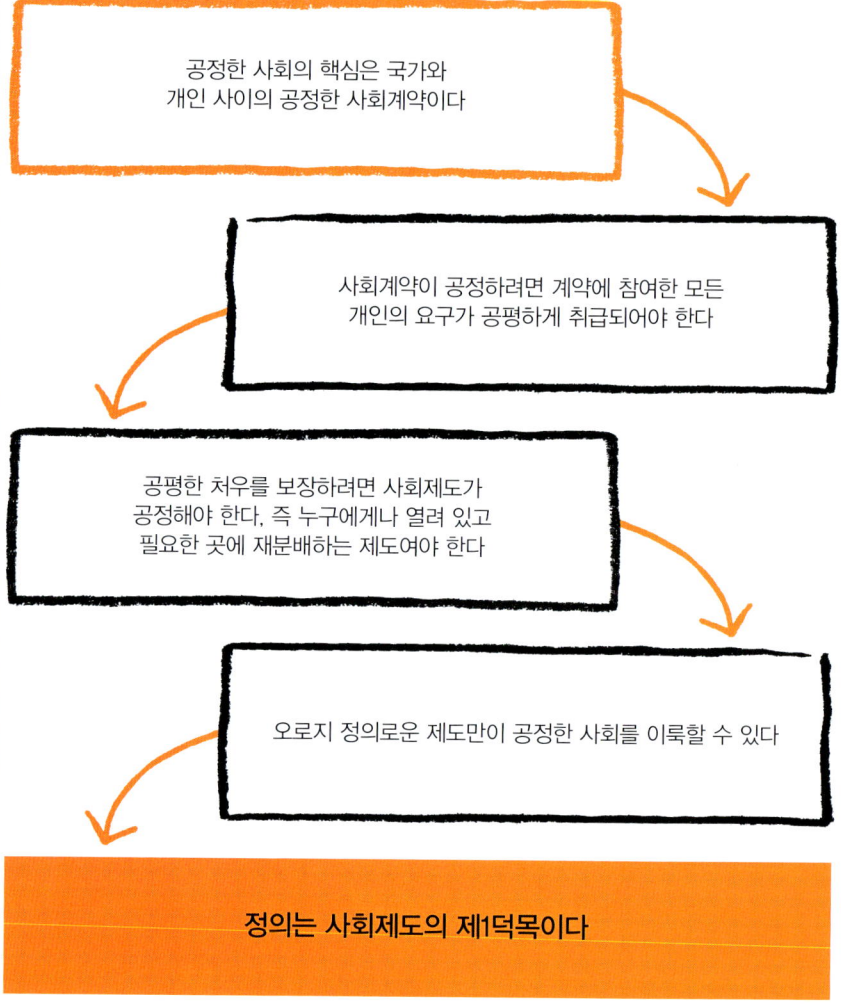

미국 철학자 존 롤스(John Rawls)는 평생 동안 정의, 공정성, 불평등에 관한 사상에 천착했는데, 여기에는 인종차별이 심한 볼티모어(Baltimore)와 미군에서 성장한 개인적 경험 탓이 컸다. 그는 개인이 도덕적 판단을 내리는 근거가 되는 도덕적 원칙의 일반체계를 찾아내는 데 관심이 있었다. 롤스가 볼 때, 이런 일반적인 도덕적 원칙은 상식적으로 인정할 만한 절차를 통해 결론에 도달할 때에만 정당화되고 합의를 이뤄낼 수 있었다. 그런 절차가 민주주의의 핵심 과정이고, 민주주의에 진정한 가치를 부여하는 것도 투표행위 자체가 아니라 선거에 앞선 논의와 심의의 과정이라고 그는 생각했다.

부의 불평등

롤스는 정의의 원칙이 단지 개인의 도덕체계에만 기초하는 것이 아님을 입증하고자 했다. 그보다는 개인의 도덕성이 교육, 의료, 과세, 선거 등 사회적 제도를 통해 표현되고 보호되는 방식에 기반을 둔다고 본 것이다. 그는 특히 부의 불평등이 다양한 차원의 정치적 영향력으로 전환되고, 그 결과 정치적·사회적 제도가 기본적으로 부유한 개인과 기업에 유리한 구조로 바뀌어 가는 과정에 주목했다.

롤스는 정의롭지 못한 전쟁이라고 여겼던 베트남 전쟁 당시 쓴 글에서, 시민 불복종은 정의로운 소수가 다수의 양심에 호소하기 위한 필수적인 행위로 봐야 한다고 주장했다. 또 부유한 학생에게는 병역 회피가 허용되는 반면, 가난한 학생은 한 학년만 낙제해도 징집되는 경우가 허다한 미국 정부의 징병제에 반대했다. 경제적 불균형이 징병제처럼 차별적인 제도로 전환되고, 게

참조 : ■ 존 로크 104~109쪽 ■ 장 자크 루소 118~125쪽 ■ 이마누엘 칸트 126~129쪽 ■ 존 스튜어트 밀 174~181쪽 ■ 카를 마르크스 188~193쪽 ■ 로버트 노직 326~327쪽

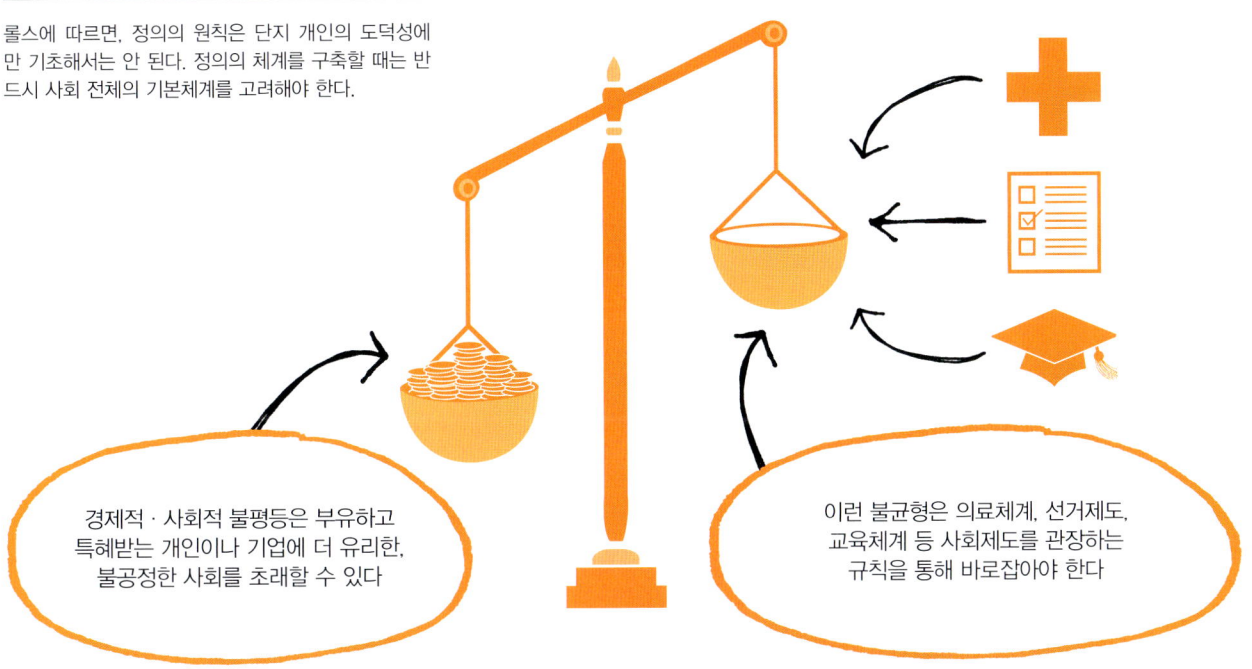

롤스에 따르면, 정의의 원칙은 단지 개인의 도덕성에만 기초해서는 안 된다. 정의의 체계를 구축할 때는 반드시 사회 전체의 기본체계를 고려해야 한다.

경제적·사회적 불평등은 부유하고 특혜받는 개인이나 기업에 더 유리한, 불공정한 사회를 초래할 수 있다

이런 불균형은 의료체계, 선거제도, 교육체계 등 사회제도를 관장하는 규칙을 통해 바로잡아야 한다

다가 이런 제도가 정의를 실현하거나 대변한다는 취지로 시행된다는 사실이 롤스에게는 큰 골칫거리였다.

정의의 원칙

롤스에게, 정의가 존재한다는 것은 곧 특정한 평등의 원칙에 따라 '공정하다'고 판단된다는 의미였다. 이런 '공정으로서의 정의' 이론에서, 롤스는 정의의 두 가지 기본원칙을 개발한다. 제1원칙은 모든 사람이 기본적 자유에 대해 평등한 권리를 가져야 한다는 것이다. 제2원칙은 "사회적·경제적 불평등은 모든 사람에게 이익이 되리라고 합당하게 기대되고, 모든 사람들에게 개방된 직위와 직책과 결부되게끔 편성되어야 한다"는 것이다. 제1원칙인 자유의 원칙은 제2원칙인 차등의 원칙에 우선한다. 그 근거로 롤스는 문명의 발달로 인해 경제적 상황이 개선될수록 자유의 문제가 점점 더 중요해진다고 주장했다. 물질적 수단을 늘리기 위해 자유를 희생시키는 일이 개인이나 집단에 이득이 되는 경우는 없거나 매우 드물다는 것이다.

롤스는 사회적·경제적 특권을 "위협을 통한 이익의 도모(threat advantage)"라고 본다. 그리고 이런 "사실상의 정치적 권력이나 부나 타고난 재능" 때문에 특정한 사람들이 정당한 몫보다 더 많이 차지하게 된다고 주장한다. 마치 학교에서 불량학생이 다른 아이들보다 몸집이 크다는 이유로 급식비를 빼앗는 것이나 마찬가지다. 불평등과 이런 불평등에서 기인하는 이익은 원칙적으로 어떠한 정의의 원칙이나 이론과도 공존할 수 없다. 그러나 모든 사회에는 현실적으로 불평등이 존재하므로, 롤스는 "세상의 임의성은 최초의 계약상황의 여건을 조정함으로써 보완되어야 한다"라는 결론에 도달한다. 여기서 말하는 '계약상황'이란 개인과 개인 간의, 그리고 개인과 가족을 포함한 모든 사회제도 간의 사회적 계약을 의미한다. 그러나 이 사회적 계약은 불평등한 입장의 개인들 사이에서 합의가 이루어져야 한다. 국가는 각 개인에게 동등한 책임을 지므로, 이런 불평등을 근본적으로 보완해야만 정의가 보장될 수 있다.

공정으로서의 정의에서는 정당성(the right)이 선(the good)보다 우선한다.
존 롤스

롤스는 사회제도야말로 모든 개인에게 평등한 접근성을 보장하고, 모두에게 혜택이 돌아가는 재분배구조를 개발함으로써 이런 불평등을 보완하는 핵심방안이라고 본다. 그리고 자유주의와 자유민주주의가 이런 공평한 재분배를 보장하기에 최적의 정치체제라고 믿는다. 그가 보기에 공산주의는 완벽한 평등에만 지나치게 집착할 뿐, 과연 그 평등으로 모두에게 최선의 결과가 돌아갈지는 고려하지 않는다. 그는 강력한 사회제도가 갖춰진 자본주의체제가 정의로운 공평한 체제를 보장할 가능성이 더 높다고 생각했다. 자본주의 자체는 불평등한 결과를 낳더라도, 강력한 정의의식이 반영된 사회제도를 통해 그 불평등을 보완할 수 있기 때문이다.

다문화사회

롤스는 정의로운 제도에는 사회를 결속시키는 또 다른 기능이 있다고 본다. 그는 모든 개인이 사회구조에 대한 도덕적 책무를 공유한다면 굳이 공통된 도덕률을 공유하지 않아도 공통의 규칙 아래 함께 어울려 살아갈 수 있다는 것이 근대성의 가장 중요한 교훈 중 하나라고 믿는다. 만약 사람들이 사회구조가 공평하다는 데 동의한다면, 도덕률이 완전히 다른 사람들 속에서 살아가더라도 만족할 수 있을 것이다. 롤스에게는 이것이 다원적이고 다문화적인 사회의 기반이고, 사회제도는 그런 복잡한 사회체제에서 공평성을 구현하는 요체다.

무지의 베일

서로 모르는 사람들이 집단적으로 고립된 섬에 버려져, 구출에 대한 희망을 버리고 다시 처음부터 새로운 사회를 건설한다고 가정해보자. 생존자들은 각자의 이익을 극대화하려 노력하는 한편, 그러려면 어떠한 방식으로든 협력해야 한다는 사실, 즉 사회계약을 체결해야 한다는 사실을 깨닫게 될 것이다. 이때 '어떻게 정의의 원칙을 세울 것인가', '어떠한 원칙을 세울 것인가' 등의 문제가 발생한다. 만약 진정으로 합리적이고 공평한 정의를 추구한다면, 당장 폐기처분할 원칙들이 수도 없이 많을 것이다.

롤스는 이러한 상황에서 자신이 누구이고 어디에서 태어났고 등등 모든 개인적인 사실에 대한 "무지의 베일(veil of ignorance)"을 쓰고, 과연 다함께 준수하며 살기에 어떠한 원칙이 최선일까를 논의해야 한다고 주장한다. 그는 최초에 재분배의 기본원칙이, 무지의 베일 뒤에서 결정되어야 한다고 주장한다. 그는 앞으로의 사회에서 어떤 입장에 서게 될지 모르는 사람들이 모여 이상적인 사회의 구조를 결정하는 가상의 상황을 상정한다. 즉 '무지의 베일'이란 이들 중 아무도 앞으로 자신에게 할당될 사회적 지위, 개인적 신조, 지적·신체적 속성을 모른다는 의미다. 이들은 어떤 성별, 성적 취향, 인종, 계급에도 속할 수 있다. 이런 식으로, 무지의 베일은 사회적 입장이나 개인적 특성과 상관없이 모든 사람에게 정의가 부여되도록 보장한다. 결국 이런 상황을 결정한 사람들은 어떠한 입장에 놓이게 되더라도 불만이 없을 것이다. 롤스는 무지의 베일 뒤에서 맺어지는 사회계약은 필연적으로 그 사회의 최소 수혜자를 지원하도록 구성될 것이라고 주장했다. 누구나 궁극적으로 가난해지는 것을 두려워하므로, 그렇게 될 위험으로부터 보호해주는 사회제도를 구성하려 할 테니 말이다.

롤스는 사회에서 차등이 사라질 리 없다는 것을 인정하면서도, 공정한 정의의 원칙을 통해 최소 수혜자에게 최대 혜택을 제공할 수 있다고 역설한다. 인도의 이론가 아마르티아 센(Amartya Sen)과 캐나다의 마르

> 시기심은 대체로 모두를 더욱 불행하게 만든다.
> 존 롤스

롤스는 누구나 공공 도서관 같은 제도에 평등하게 접근할 수 있어야만 모두가 사회적 지위와 무관하게 똑같은 삶의 기회를 부여받는 공정한 사회를 이룰 수 있다고 믿는다.

크스주의자 제럴드 코헨(Gerald Cohen) 등의 다른 학자들은 자유주의적 자본주의 정권이 이런 원칙을 보장하리라는 롤스의 신념에 의문을 제기해왔다. 또 사회제도에 이미 불평등이 고착화되어 있는 현대 사회에서 '무지의 베일'이 무슨 효용이 있는지도 궁금해 한다. 많은 이들이 지적하듯, 무지의 베일은 완전히 처음부터 시작하는 입장일 때만 의미를 지니기 때문이다.

롤스에 대한 비판

아마르티아 센은 롤스가 정치적 권리와 경제적 권리를 잘못 구분했다고 믿는다. 그가 보기에 불평등과 결핍은 대체로 재화 자체의 부족보다 그 재화를 얻을 권리의 부족에서 기인한다. 센은 1943년 벵골(Bengal)의 기근을 예로 드는데, 이 기근은 실제로 식량이 부족해서가 아니라 도시화로 인해 식량 가격이 폭등한 결과로 발생했다. 재화(이 예의 경우 식량) 자체가 우위를 결정하지는 않는다. 우위는 사람과 재화의 관계에 따라, 즉 가격이 올라도 식량을 구할 수 있는 사람과 그렇지 못한 사람 사이에서 규정된다. 센은 더 나아가 롤스가 정의한 사회계약 개념이 직접적인 계약관계만 고려하기 때문에 결함이 있다고 주장한다. 실질적인 사회계약은 외국인, 후손, 심지어 자연 그 자체 등 직접적인 계약 당사자가 아닌 수많은 집단의 이해관계 속에서 절충된다는 것이다.

본질적인 불평등

제럴드 코헨은 롤스의 자유주의에 대한 신뢰감에 의구심을 제기한다. 자본주의의 개인적 이익 극대화에 대한 집착과 롤스가 주장하는 재분배 국가정책의 평등주의적 취지가 양립할 수 없다고 보기 때문이다. 코헨은 불평등이 단순히 불공평한 국가 재분배 시스템의 산물이 아니라 자본주의의 본질적 속성이라고 믿는다. 그가 볼 때 자본주의와 자유주의는 결단코 롤스가 바라는 '공정한' 해결책을 제시할 수 없다는 것이다.

이런 비판에도 불구하고, 롤스의 『정의론』은 정치이론에 가장 큰 영향을 미친 현대 저작 중 하나이자, 하버드대학 출판부의 여전한 베스트셀러로 건재하고 있다. 그의 사상은 미국과 전 세계에서 현대 복지체계의 개편을 둘러싼 일대 논쟁을 촉발했다. 센을 비롯하여 롤스의 과거 제자들 중 상당

벵골의 기근은 사람들 사이의 불평등한 경제적 관계에서 기인했다. 경제적 구조보다 정치적 구조에 중점을 둔 롤스의 이론은 이런 재난을 설명하지 못한다고 지적받는다.

수가 이런 논쟁의 중심에 서 있다.

롤스는 사회 및 정치 이론에 기여한 공로를 인정받아, 1999년에 그의 연구가 민주주의에 대한 신념을 회복하는 데 도움이 되었다고 밝힌 미국 대통령 빌 클린턴(Bill Clinton)으로부터 미국인문학훈장(National Humanities Medal)을 수여받았다. ■

존 롤스

존 롤스는 미국 볼티모어에서 저명한 변호사 윌리엄 리 롤스(William Lee Rawls)와 볼티모어 여성유권자연맹(Baltimore League of Women Voters) 회장인 안나 아벨 스텀프 롤스(Anna Abell Stump Rawls) 부부의 아들로 태어났다. 롤스의 유년 시절은 그가 자신도 모르게 전염병을 옮긴 두 형제의 죽음으로 얼룩졌다. 말더듬증이 있는 수줍은 청년으로 자란 롤스는 프린스턴대학에서 철학을 공부했다. 그는 학사 과정을 마친 후 미국군에 입대하여 태평양에서 복무하면서 뉴기니, 필리핀, 일본 점령지 등을 옮겨 다녔다. 종전 후에는 프린스턴대학으로 돌아가 1950년에 개인의 도덕적 판단을 위한 도덕원칙에 대한 논문으로 박사 학위를 취득했다. 롤스는 1년간 영국 옥스퍼드대학에 머물면서 법철학자 H. L. A. 하트(H. L. A. Hart) 및 정치이론가 이사야 벌린과 교분을 맺었다. 오랫동안 교수직에 머물며 정치철학 분야의 여러 대표 철학자들을 지도했다.

주요 저술

1971년 『정의론 A Theory of Justice』
1999년 『만민법 The Law of Peoples』
2001년 『공정으로서의 정의 Justice as Fairness』

식민주의는 자연상태의 폭력이다

프란츠 파농 (서기 1925~1961년)

맥락읽기

이데올로기
반식민주의

핵심어
탈식민화(Decolonization)

이전의 관련 역사

서기 1813년 : 시몬 볼리바르가 스페인으로부터 베네수엘라의 카라카스(Caracas)를 빼앗아 '해방자'라는 칭호를 얻는다.

서기 1947년 : 간디가 비폭력 저항운동으로 마침내 영국의 지배로부터 인도를 독립시킨다.

서기 1954년 : 프랑스의 식민통치에 맞서 알제리 독립전쟁이 시작된다.

이후의 관련 역사

서기 1964년 : UN 회담 중에 체 게바라가 라틴아메리카는 아직 진정한 독립을 얻지 못했다고 주장한다.

서기 1965년 : 말콤 X가 "필요한 모든 수단을 동원해서라도" 흑인의 권리를 획득해야 한다고 연설한다.

20세기 중반에 이르자 유럽의 식민주의는 빠르게 쇠퇴해갔다. 많은 식민 열강들이 두 차례의 세계대전으로 피폐해지고 산업화에 따른 사회적 변화에 시달리다 보니 식민지 장악력이 점점 줄어들었다.

한편 독립을 요구하는 풀뿌리운동은 전후 시대에 급속도로 확산되었다. 케냐에서는 케냐아프리카민족연맹의 성장으로 영국의 지배력이 동요했고, 인도는 오랜 투쟁 끝에 1947년 독립을 쟁취했다. 남아프리카 공화국의 반식민주의 투쟁은 아파르트헤이트의 억압에 대항해온 훨씬 오랜 투쟁 속에 자리 잡고 있었다. 그러자 탈식민주의

참조 : ■ 시몬 볼리바르 162~163쪽 ■ 마하트마 간디 220~225쪽. ■ 마나벤드라 나트 로이 253쪽 ■ 조모 케냐타 258쪽 ■ 넬슨 만델라 294~295쪽 ■ 파울로 프레이리 297쪽 ■ 말콤 X 308~309쪽

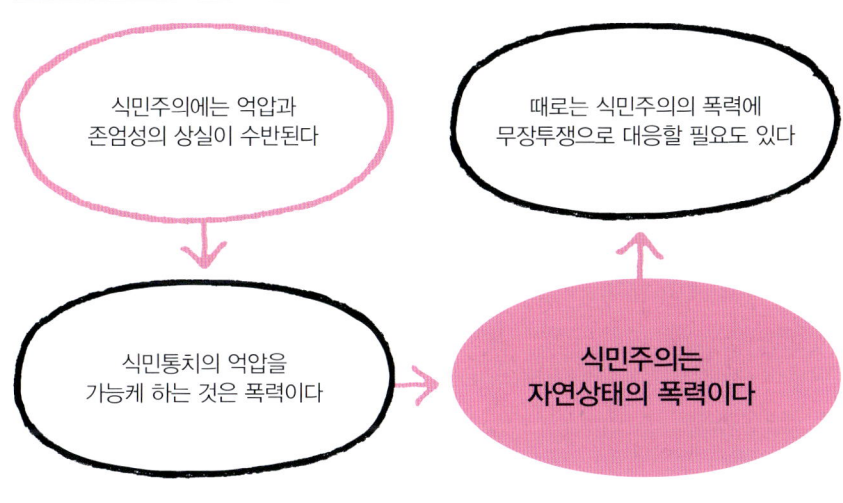

프랑스 식민지 군대가 알제리 독립운동을 진압하면서 1954~1962년에 알제리 전쟁이 벌어졌다. 파농은 알제리의 대의를 알리는 열정적인 대변인이 되었다.

국가들이 정확히 어떠한 모습을 갖추어야 하고, 오랜 식민통치가 남긴 폭력과 억압의 잔재를 어떻게 처리해야 하는가에 대한 물음이 제기되기 시작했다.

탈식민주의 사상

프란츠 파농(Frantz Fanon)은 식민주의의 영향과 유럽의 지배가 끝난 후 피억압민족의 반응을 연구하던 프랑스 출신의 알제리 사상가였다. 파농은 마르크스와 헤겔의 초기 관점을 바탕으로, 인종차별주의와 식민주의 분석에 색다른 접근방식을 취했다. 그의 연구는 정치뿐 아니라 언어와 문화 영역을 넘나들었고, 종종 이런 다양한 분야 간의 관계를 탐색하면서 인종차별주의를 비롯한 편견이 언어와 문화에 미치는 영향 등을 밝혀냈다. 아마도 탈식민화(식민국의 압제로부터 해방되는 과정) 연구에서 가장 영향력 있는 이론가일 파농은 반제국주의 사상에 중요한 영향을 미쳤고, 그의 저작은 오늘날까지도 운동가와 정치가들에게 영감을 불어넣고 있다.

파농은 식민주의의 영향과 유산을 검토했다. 그가 식민주의를 바라보는 시각은 백인의 지배와 긴밀히 관련되고, 식민지배에 수반되는 인간의 억압과 존엄성 상실을 거부하는 강한 평등주의와 결부된다. 이런 점은 부분적으로 압제에 맞선 투쟁에 참여했던 그의 이력을 반영한다.

저서 『몰락하는 식민주의』에서 파농은 프랑스 식민통치에 맞선 알제리 독립투쟁을 목격하던 관점에서, 무력투쟁의 과정과 그 결과로 독립국가가 출현하는 경과를 상세히 묘사한다. 그는 반식민주의 무장투쟁

중요한 것은 세상을 아는 게 아니라 세상을 바꾸는 것이다.
프란츠 파농

의 전략과 이데올로기를 통째로 제시하면서, 양 진영에서 택한 전술에 대한 상세한 분석까지 덧붙인다.

억압의 구조

그러나 근본적으로 파농은 식민주의 시스템 내에서 작동하는 억압의 구조를 폭로하여 실무적이기보다는 이론적으로 기여했다. 그는 식민지배의 중추를 이루는 민족성 간의 위계질서를 분석하여, 그것이 철저히 고착화된 특권체계뿐 아니라 정치적·문화적 차이를 표현하는 데까지 영향을 미친다는 것을 입증했다. 알제리와 아이티 같은 나라에서는, 탈식민주의 정치질서가 명백히 이런 종류의 지배를 피하려는 의도 아래 구현되었다.

파농의 탈식민화에 대한 시각은 폭력에 대해 양면적인 입장을 취한다. 잘 알려졌듯이 그의 저서 『대지의 저주받은 사람들』에서도 파농은 사태의 해결이 불가능한 경

케냐에서 식민지배에 대항한 마우마우단(Mau Mau)의 반란은 영국군에게 폭력적으로 진압되어, 그 중 일부가 영국군 편에서 싸웠던 다수의 키쿠유 족(Kikuyu) 사이에 분열을 초래했다.

우 최후의 수단인 폭력에 의존할 수밖에 없다는 종전의 견해를 피력했다. 알제리 전쟁이 지속되는 가운데 이미 독립을 달성한 아프리카 여러 국가의 상황을 살펴보는 과정에서, 파농은 위로부터의 혁명이 아니라 아래로부터의 혁명의 필요성을 절감했다. 즉 이때까지는 혁명과 무관하게 여겨지던 '대지의 저주받은 자들'인 민중(농민과 룸펜 프롤레타리아)의 의식화와 혁명 참여가 있어야만 독립 이후에 나타날 수 있는 민족주의의 변질을 막을 수 있다는 것이다.

『대지의 저주받은 사람들』의 서문을 쓴 장 폴 사르트르는 이 책을 소개하면서 반식민투쟁에서 폭력이 차지하는 중요성을 강조했다. 사르트르는 "광적인 살인의 충동"이 수년간의 폭정에 대한 직접적 반응으로 나타나는 피억압자들의 "집단무의식"의 표현이라고 주장하며, 이 작품을 마치 전쟁 동원령처럼 묘사한다. 그 결과 자칫하면 파농의 작품을 무장혁명에 대한 강력

이주민은 원주민에게 배출구 없는 분노의 대상으로 남아 있으며, 원주민은 식민주의의 조밀한 사슬에 갇혀 있다.
프란츠 파농

한 촉구로만 읽기 쉬웠다.

식민주의의 인종차별성

그러나 파농의 작품에서 혁명적인 측면에만 주목하는 것은 그의 사상의 복잡성을 모독하는 셈이다. 그에 따르면, 식민주의의 폭력은 억압자에 따라 달라진다. 식민주의는 그야말로 자연상태의 폭력이지만, 수없이 다양한 양상으로 나타난다. 폭력은 무자비한 완력으로 표현될 수도 있지만, 파농이 식민지의 삶의 핵심으로 보는 인종차별주의 세계관과 연관된 고정관념이나 사회적 경계로도 표현된다. 식민통치 아래에서 백인 문화가 지배한다는 것은 곧 백인 유럽인의 정체성 외에는 전부 부정적으로 간주된다는 의미였다. 또 식민주의자와 식민지 주민들이 문화적으로 열등하다는 전제 아래 지배하는 사람들 사이에는 뚜렷한 경계가 존재했다.

파농은 폭력이 식민지배의 본질이라고 믿었고, 그의 연구는 식민 열강이 가한 폭력에 대한 엄중한 고발장이다. 그는 식민지 억압의 정당성은 오로지 무력으로만 지탱될 뿐이고, 그 유일한 근거인 폭력은 식민지 주민들이 잠자코 따르도록 보장하는 데 집중된다고 주장한다. 피억압자들은 굴종하는 삶을 받아들이거나 그런 박해에 저항해야 하는 냉혹한 양자택일의 선택에 직면한다. 식민주의에 대한 모든 대응은 식민지배라는 전제에 반대해가면서, 동시에 유럽에서 부여하지 않은 새로운 정체성과 가치를 형성하는 방향으로 발전해가야 했다. 무력투쟁과 폭력적인 혁명이 필요한 경우라도, 진정한 탈식민화가 병행되지 않으면 필히 실패할 수밖에 없을 터였다.

탈식민화를 향하여

『대지의 저주받은 사람들』은 파농의 가장 중요한 저작으로, 식민지배의 수치 속에서 개인과 국가가 출현하는 이론적 체계를 제시한다. 파농은 그의 다른 작품에서도 발견되는 문화적 우월성의 가정을 심도 있게 고찰하면서, 백인의 문화적 억압이 기능하는 방식, 즉 소수 백인의 가치를 사회 전체에 강요하는 방식에 대한 법의학적 분석을 통해 그 이해를 더해간다. 그럼에도 불구하고 그는 탈식민화라는 지난한 과정에 대한 포괄적인 접근을 처방한다.

전쟁 이후의 정치 POST-WAR POLITICS

나는 내 조상의 인간성을 말살한
노예제의 노예가 아니다.
프란츠 파농

파농의 사상은 인종이나 출신과 무관한, 모든 사람의 존엄성과 가치에 기초한다. 그는 모든 인종과 계급이 잠재적으로 탈식민화에 참여하여 혜택을 얻을 수 있다고 역설한다. 나아가, 파농에게는 탈식민화 과정을 이끄는 특권층 엘리트와 식민지 통치자 사이의 타협을 통해 개혁하려는 어떠한 시도도 단지 과거 정권의 부당성을 재생산하게 될 뿐이었다. 이런 시도는 특권의 전제를 버리지 못해 또다시 실패하는데, 그것은 억압받던 사람들이 지배 엘리트의 행위와 태도를 모방하는 경향이 있기 때문이다. 이런 현상은 특히 교육이나 상대적 부를 통해 식민주의자와 문화적으로 유사하게 꾸밀 수 있는 중상류계급에서 두드러지게 나타난다.

이와 반대로, 식민주의로부터의 진정한 이행에는 대중의 참여와 민족정체성을 형성하기 위한 지속적인 움직임이 발견된다. 성공적인 탈식민화운동은 식민 열강의 압제에 저항하는 독립적인 문화를 분명히 표현하기 위해 예술과 문학에 대한 새로운 접근방식을 찾아냄으로써 민족의식을 발전시키게 될 것이다.

파농의 영향

이처럼 식민주의의 폭력성을 밝혀내고 일국이 나아갈 정치적·사회적 방향성을 형성하는 과정에서 민족정체성을 강조하는 사상은 행동가와 혁명지도자들이 식민 열강에 대한 투쟁에 임하는 방식에 직접적인 여파를 미쳤다. 『대지의 저주받은 사람들』은 기실 무장투쟁을 위한 청사진이나 다름없었다. 이외에도 파농은 식민주의의 작동기제와 파급효과를 이해하는 데 중요한 역할을 하며 지속적인 유산을 남겼다. 아울러 식민주의의 인종차별주의적 토대에 대한 그의 통찰력 있는 견해와 특히 성

프랑스에서, 식민주의자들은 야만적인 토착민을 질서 있게 다스리는 문명화된 유럽인으로 묘사되었다. 이러한 인종차별적 태도는 억압과 폭력의 사용을 합리화하는 데 이용되었다.

공적인 탈식민화의 조건에 관한 이론은 빈곤과 세계화 현상에 대한 연구에 막대한 영향을 주었다. ■

프란츠 파농

프란츠 파농은 1925년 마르티니크(Martinique)의 비교적 유복한 집안에서 태어났다. 제2차 세계대전 동안 자유프랑스군(The Free French Force) 소속으로 복무한 뒤 프랑스 리옹에서 약학과 정신의학을 공부했다. 이곳에서 처음 겪은 인종차별적 경험은 그의 초기작 대부분에 영감을 주었다.

파농은 학업을 마치자마자 알제리로 옮겨 정신과 의사로 근무하며, 대표적인 운동가이자 혁명 대변인이 되었다. 그는 민족해방전선(National Liberation Front)에서 간호사들을 양성하며, 동조적인 학술지에 혁명에 대한 분석을 발표했다. 파농은 반란세력을 지원하기 위해 의사로 일하다가 결국 알제리에서 추방당했다. 혁명투쟁이 끝나갈 무렵 임시정부에서 가나 대사로 임명되었으나, 곧 병에 걸리고 말았다. 파농은 불과 35세이던 1961년, 간신히 『대지의 저주받은 사람들』을 완성한 직후에 백혈병으로 사망했다.

주요 저술

1952년 『검은 피부, 하얀 가면 Black Skin, White Masks』
1959년 『몰락하는 식민주의 A Dying Colonialism』
1961년 『대지의 저주받은 사람들 The Wretched of the Earth』

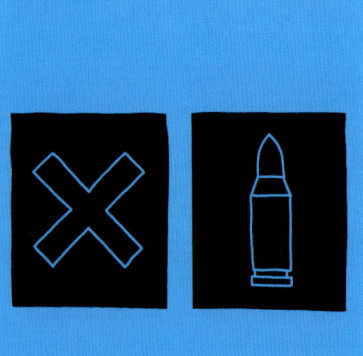

투표가 아니면 총탄을!

말콤 X(서기 1925~1965년)

맥락읽기

이데올로기
민권과 평등

핵심어
자결권

이전의 관련 역사
서기 1947년 : 마하트마 간디의 독립운동의 결과 영국군이 인도에서 철수한다.

서기 1955년 : 미국 흑인 로자 파크스(Rosa Parks)가 버스 안의 '백인 구역'에서 좌석을 양보하기를 거부하여, 마틴 루터 킹이 직접행동을 주동하는 계기가 된다.

이후의 관련 역사
서기 1965년 : 말콤 X가 암살당하면서 무장 흑인권력운동인 '자기방어를 위한 흑표범당(Black Panther Party for Self-Defense)'이 결성된다.

서기 1965년 : 미국에서 투표권법이 통과되어, 모든 미국 시민에게 평등한 투표권을 보장하고, 이민자에게 문맹시험(literacy test)을 의무화한 기존 법을 뒤집는다.

미국 흑인은 선거에 참여해야 한다

↓

흑인 유권자는 그들의 권리를 대변하겠다고 약속하는 후보에게만 투표해야 한다

↓

그러나 정치인들은 일단 집권하고 나면 선거기간 중에 내놓은 공약을 저버릴 때가 많다

↓

만일 정치인들이 선거 때 약속한 평등권을 부여하지 않는다면, 미국 흑인들은 목표를 달성하기 위해 폭력에 의지할 수밖에 없다

↓

투표가 아니면 총탄을

전후 미국의 민권운동은 사회 전반에서 사회적·정치적 평등을 구현하기 위한 오랜 투쟁의 구심점이었다. 그러나 이 운동을 수행하기 위한 방식은 전혀 합의되지 않은 상태였다. 마틴 루터 킹 같은 민권운동 지도자는 인도 마하트마 간디의 비폭력시위에서 영감을 얻어 유사한 운동을 벌이며 전 사회영역에서 지지를 얻기 시작했다. 그러나 미국에서 변화의 속도가 느리고 흑인 탄압이 계속되면서 많은 사람들이 이 방식에 이의를 제기하고 나섰다.

말콤 X(Malcolm X)는 인종 분리주의(racial separatism)와 흑인 민족주의 사상을 주장하던 단체인 이슬람 국가운동(Nation of Islam ; NOI)의 대표적 인사 중 하나였다. 이런 위치에서 그는 민권투쟁에 대해 킹으로 대표되던 주류와는 상당히 다른 관점을 제시했다. 말콤 X는 비폭력주의에 동조하지 않고, 평등을 위한 투쟁은 자기 삶을 스스로 결정하는 능력과 직결된다고 믿고, 그런 권리를 제한하려는 모든 시도에 직접행동과, 필요하다면 무력을 동원해서 맞서야 한다고 주장했다. 이슬람 국가운동은 구성원이 정치활동에 참여하는 것을 금지했으나, 말콤 X는 자신의 조직을 꾸리기 위해 1964년 이 단체에서 나온 후 정치참여를 주장하며 평

전쟁 이후의 정치 POST-WAR POLITICS 309

참조 : • 호세 마르티 204~205쪽 • 에멀라인 팽크허스트 207쪽 • 에밀리아노 사파타 246쪽 • 마르쿠스 가비 252쪽 • 마오쩌둥 260~265쪽 • 넬슨 만델라 294~295쪽 • 체 게바라 312~313쪽 • 마틴 루터 킹 316~321쪽

> "우리는 필요한 어떤 방법을 써서라도 자유를 원한다. 우리는 필요한 어떤 방법을 써서라도 정의를 원한다. 우리는 필요한 어떤 방법을 써서라도 평등을 원한다."
>
> 말콤 X

행동의 해

1964년 말콤 X는 디트로이트 연설 중에 정치인들에게 준엄한 경고를 보냈다. 만약 제도정치권이 흑인들의 요구를 적절히 들어주지 않으면, 흑인들이 직접 그들 손으로 문제를 해결할 수밖에 없고, 그러면 폭력이 뒤따를 것이라는 내용이었다. "젊은 세대는 불만에 가득 차있고, 좌절감 속에서 행동을 원한다"고 그는 말했다. 젊은 세대는 더 이상 이등시민의 지위를 받아들일 생각이 없었고, 싸움에 승산이 있을지 따위도 신경 쓰지 않았다. 말콤 X는 미국 흑인들이 "그동안 백인들의 눈속임, 거짓말, 허위공약을 너무 오래 참아줬다"고 말했다. 정치 시스템이 흑인 유권자의 요구에 진정한 관심을 보이지 않는다면, 투표제 대신 총을 사용하는 것밖에 별다른 대안이 없었다. "투표가 아니면 총탄"인 것이다.

급진적인 흑인 해방운동가로 출발하여 이후 종교와는 무관한 폭넓은 기반 위에서 아프리카계 미국흑인통일기구를 설립한 그의 명성은 점차 커져갔다. 당대에 떨친

반흑인 인종차별주의를 합법화한 '짐 크로우(Jim Crow)' 인종차별법에 반대하여 1944년 미국 흑인들이 "여기 짐 크로우 잠들다"라는 피켓과 관을 들고 거리시위를 벌이고 있다.

등한 투표권을 요구했다. 그는 선거철에 진정한 변화를 요구함으로써 백인 정치인들이 사회적·정치적 평등을 보장하도록 유도할 흑인 유권자 집단의 양성을 구상했다. 그럼에도 불구하고 말콤 X는 투표권의 확대가 미국에서 진정한 변화를 촉진할 가능성에 대해서는 여전히 회의적이었다. 특히 선거운동 중 정치인의 공약과 당선된 후 그들의 행동 사이의 괴리를 우려했다.

유명세에도 불구하고 말콤 X는 거의 글을 남기지 않았는데, 미국 흑인들의 권한 강화와 아프리카적 유산의 회복을 강조했던 그의 사상은 지금도 여전히 민권운동의 의제를 형성하고 있다. ■

말콤 X

말콤 X는 1925년 네브래스카 주 오마하에서 말콤 리틀(Malcolm Little)로 태어났다. 어릴 적부터, 침례교의 평신도 설교사이던 아버지를 비롯해 가족들에게 쏟아지던 인종차별주의를 경험했다. 1931년 부친이 사망하면서 가정이 급속도로 와해되었다. 말콤 X의 어머니는 정신질환자 보호시설에 수용되었고, 그는 위탁가정에 맡겨졌다. 그는 사소한 범행을 저지르기 시작했고, 1946년에는 절도죄로 수감되었다.

말콤 X는 감옥생활 중에 종교적·사회적 각성을 경험하여 이슬람교로 개종하고 이슬람 국가운동(NOI)에 가담하게 되었다. 그는 석방되자마자 말콤 X로 이름을 바꾸고 미국에서 흑인 민족주의의 대표 인물 중 하나로 부상했다. 1964년에는 이슬람 국가운동을 떠나 수니파 이슬람교도가 되어 메카 순례를 마치고 아프리카, 유럽, 미국 등지에서 공개 연설을 했다. 1965년 이슬람 국가운동원 세 명에게 암살당했다.

주요 저술

1964년 『말콤 X 자서전 The Autobiography of Malcolm X』 (알렉스 헤일리(Alex Haley)와 공저)

우리는 '왕의 머리를 잘라야' 한다

미셸 푸코(서기 1926~1984년)

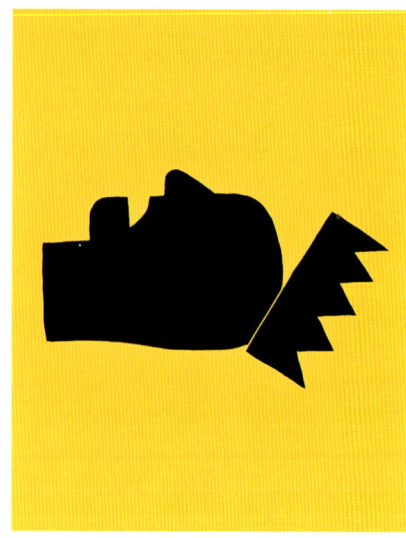

맥락읽기

이데올로기
구조주의

핵심어
권력

이전의 관련 역사

서기 1532년: 니콜로 마키아벨리가 개인과 국가의 부정적인 권력 사용을 분석한 『군주론』을 출간한다.

서기 1651년: 토머스 홉스가 군주의 역할과 인간의 타락한 자연상태에 대해 논의한 대표작 『리바이어던』을 완성한다.

이후의 관련 역사

서기 1990년대: 환경이론가들이 생태정책을 왜 정부와 전문가들이 함께 개발해야 하는지 설명하기 위해 푸코의 사상을 도입한다.

서기 2009년: 호주 교수 일레인 제프리스(Elaine Jeffreys)가 푸코의 이론을 이용해 중국의 권력구조를 분석하면서 중국 사회의 합리적 성격을 강조한다.

정치사상은 오랫동안 사회 내에서 권력의 원천을 규정짓고 자리매김하는 최선의 방법을 고심해왔다. 가장 중요한 정치서 중 상당수는 강력한 국가를 정치적으로 정당한 권위의 중핵으로 상정해왔다. 마키아벨리는 『군주론』에서 거친 권력 행사도 정부의 이해관계에 따라 정당화될 수 있다고 보았다. 홉스는 『리바이어던』에서 강력한 군주가 인류의 타락한 정신에 대한 해독제라고 주장했다. 이들을 비롯한 여러 사상가들이 근대 정치학 태반의 기본체계를 제시했고, 국가권력에 대한 분석이 정치분석의 주종을 이루었다.

이에 반해 프랑스의 철학자 미셸 푸코(Michel Foucault)는 권력이 국가에 집중되기보다는 사회 전반의 무수한 '미시상황(micro-site)' 속에 분산되어 있다고 보았다. 푸코는 주류 정치철학이 공식적인 권위의 개념에 매달려 '국가'라 불리는 실체의 분석에만 치중한다고 비판했다. 푸코가 보기에 국가는 개인에게 지배력을 행사하는 단일한 실체가 아니라 단지 사회 내 권력 구조와 배치의 표현에 불과했다. 이렇듯 국가를 '완결된 실체'가 아니라 '실천'으로 보는 관점은 사회 내의 권력 구조와 배분 상태를 진정으로 이해하려면 보다 광범위한 분석이 필수적이라는 의미였다.

푸코의 분석은 주권의 속성에 주목한다. 그는 정치이론에 반드시 법을 제정하고 범법자를 처벌하는 개인 주권자의 권력에 대한 이해가 포함되어야 한다는 생각은 잘못되었다고 보고, 거기에서 탈피하고자 했다. 푸코는 정치문제라면 곧 전제군주가 권력을 획득하고 유지하는 방법을 의미하던 16세기와, 국가권력이 더 이상 사회의 다른 모든 권력과 분리될 수 없게 된 오늘날은 정부의 속성이 완전히 다르다고 믿었다. 그래서 정치이론가들이 "왕의 머리를 잘라버리고" 이런 변화를 반영하여 권력을 이해하

> 권력은 제도도 아니고 구조도 아니며, 특정한 사람에게 주어지는 권한도 아니다.
>
> 미셸 푸코

전쟁 이후의 정치 POST-WAR POLITICS 311

참조 : ▪ 니콜로 마키아벨리 74~81쪽 ▪ 카를 마르크스 188~193쪽 ▪ 파울로 프레이리 297쪽 ▪ 놈 촘스키 314~315쪽

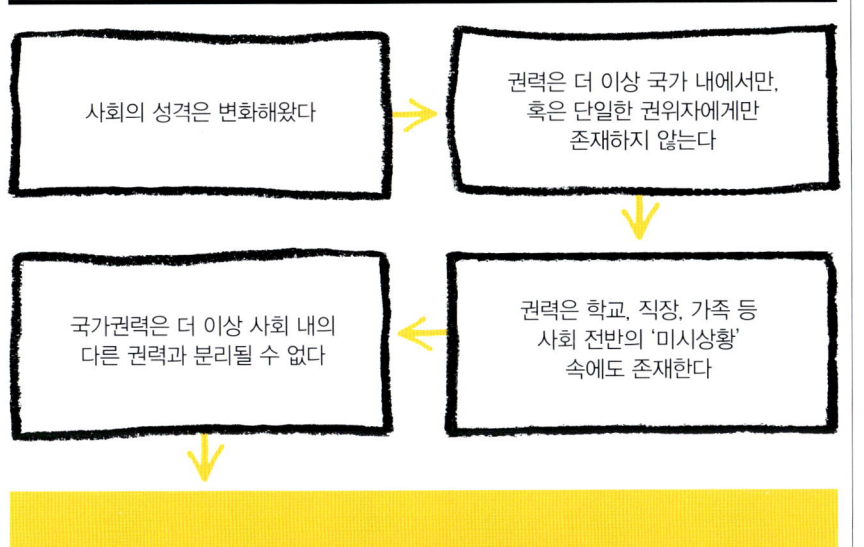

사회의 성격은 변화해왔다

권력은 더 이상 국가 내에서만, 혹은 단일한 권위자에게만 존재하지 않는다

권력은 학교, 직장, 가족 등 사회 전반의 '미시상황' 속에도 존재한다

국가권력은 더 이상 사회 내의 다른 권력과 분리될 수 없다

권력의 작동기제를 이해하려면, 정치이론에서 "왕의 머리를 잘라야" 한다

미셸 푸코

미셸 푸코는 프랑스 푸아티에(Poitiers)의 부유한 집안에서 태어났다. 학문적 재능을 타고난 그는 금방 철학자로서 명성을 얻었다. 1969년에는 프랑스에서 1968년 학생시위의 여파로 새로 설립된 파리 제8대학의 초대 철학과 학장으로 취임했다. 그는 학생들의 행동주의를 수용하고 심지어 경찰과의 대치상태에도 참여하여 안 좋은 평판을 얻었다. 1970년에는 유서 깊은 콜레주 드 프랑스의 사상사 교수로 임명되어 죽을 때까지 이 교수직을 유지했다.

푸코는 말년에 주로 미국에서 벌어지던 행동주의에 참여했다. 그는 평생에 걸쳐 폭넓은 주제의 저서를 출간했고, 철학 및 사회학 전반의 다양한 분야에서 권위자로 자리매김했다. 1984년 에이즈 합병증으로 사망했다.

주요 저술

1963년 『임상의학의 탄생 The Birth of the Clinic』
1969년 『지식의 고고학 The Archaeology of Knowledge』
1975년 『감시와 처벌 Discipline and Punish』
1976~1984년 『성의 역사 The History of Sexuality』

는 방법론을 개발해야 한다고 주장했다.

통치성

푸코는 콜레주 드 프랑스(Collège de France)의 강좌에서 이런 사상을 전개하며 '통치성(governmentality)' 개념을 제안했다. 이 관점에서는 정부를 다양한 통제 및 훈육 기법이 포함된 일종의 통치술로 본다. 또 이런 통제와 훈육은 가정, 학교, 직장 등 다양한 맥락에서 이루어진다. 이렇듯 주권의 위계구조에서 벗어나 권력에 대한 이해를 확장함으로써, 푸코는 지식과 통계치 같은 다양한 종류의 사회 내 권력을 조명했다. 그는 지식은 권력과 관계를 맺고 있으며, 모든 지식은 정치적이라고 주장했다. 즉 기본적으로 언어와 지식은 실제의 사회적 구성에서 권력의 역할을 하는 기초가 된다는 것이다. 그는 이렇게 언어, 처벌, 성 같은 영역을 함께 살피면서 『감시와 처벌』을 비롯한 수많은 저서에서 역사적으로 지배계급이 체제를 유지하기 위해 이용한 법률과 억압적 통치구조를 파헤침으로써 권력에 대한 분석을 심화시켰다. ■

푸코에 따르면 학교 교실도 정치권력이 존재하는 '미시상황'이다. 미시상황은 정부라는 전통적 구조에서 벗어나, 사회 내에서 이런 권력을 행사한다.

해방자란 존재하지 않는다, 민중은 자력으로 해방된다

체 게바라(서기 1928~1967년)

맥락읽기

이데올로기
혁명적 사회주의

핵심어
게릴라전

이전의 관련 역사

서기 1762년 : 장 자크 루소가 『사회계약론』 서두에서 "인간은 자유롭게 태어났지만 어디에서나 쇠사슬에 얽매여 있다"라고 선언한다.

서기 1848년 : 정치이론가 카를 마르크스와 프리드리히 엥겔스가 『공산당 선언』을 출간한다.

서기 1917년 : 러시아혁명으로 차르 일가가 축출되고 공산주의 볼셰비키정권이 들어선다.

이후의 관련 역사

서기 1967년 : 프랑스 정치철학자 레지스 드 브레(Régis Debray)가 게릴라전 전술을 '거점주의(focalism)'로 공식화한다.

서기 1979년 : 게릴라전 전술을 통해 니카라과의 소모사(Somoza) 독재정권이 전복된다.

체 게바라(Che Guevara)는 쿠바, 콩고 민주공화국, 볼리비아의 혁명에 참여했기 때문에 정치이론가보다는 '혁명가'로 알려져 있으나, 그가 도입한 게릴라 전술은 혁명적 사회주의의 발전에 크게 기여했다. 미국의 사주를 받은 독재정권 아래에서 남아메리카 전역이 압제와 빈곤에 시달리는 광경을 직접 목격한 그는 카를 마르크스가 주창했던 반자본주의혁명을 통해서만 이 대륙을 구할 수 있다고 믿었다.

그러나 게바라의 혁명에 대한 현실적인 분석은 유럽의 자본주의 국가에 대항하려던 취지에서 나온 마르크스의 경제적 분석보다 정치적이고 군사적이었다. 남아메리카의 독재정권에 비하면 유럽 국가는 상대적으로 점잖아 보일 정도였으므로, 게바라는 무장투쟁만이 독재정권을 타도할 유일한 방법임을 절감했다. 게바라는 성공적인 혁명이 가능해질 상황이 도래하기를 기다릴 것이 아니라 민중의 반란을 유도하는 게

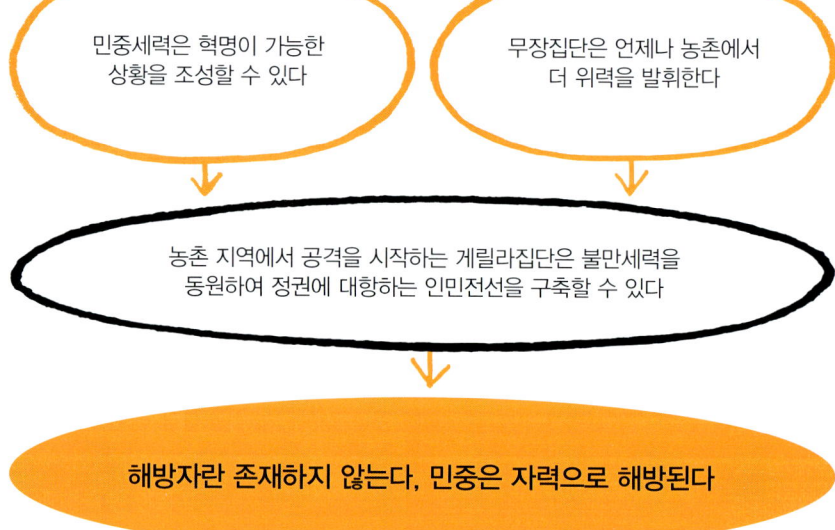

전쟁 이후의 정치 POST-WAR POLITICS

참조: ■ 카를 마르크스 188~193쪽 ■ 블라디미르 레닌 226~233쪽 ■ 레온 트로츠키 242~245쪽 ■ 안토니오 그람시 259쪽 ■ 마오쩌둥 260~265쪽 ■ 피델 카스트로 339쪽

인민군은 정부군에 맞선 쿠바혁명을 승리로 이끌었다. 게바라가 제시한 게릴라전 방식은 이 혁명의 주된 성공요인이었다.

릴라전 전략을 통해 그런 상황을 조성할 수 있으리라 믿었다.

민중에게 권력을

게바라는 저서 『쿠바 혁명전쟁 회고록』과 『게릴라 전투』에서 1956년 쿠바혁명의 성공에 인민전선(Popular Front)의 동원이 어떻게 기여했는가를 설명한다. 그는 혁명을 특정한 해방자가 민중에게 자유를 되찾아주는 관점에서 보지 않고, 민중이 스스로를 해방시키며 압제정권을 전복시키는 풀뿌리운동으로 보았다. 그리고 이런 종류의 혁명의 출발점은 산업화된 도시가 아니라 소규모 무장반군이 정부군에 대한 타격을 극대화할 수 있는 농촌 지역이라고 생각했다. 이런 폭동이 불만세력의 거점을 제공하고, 반란의 지지세력이 인민전선으로 발전하면서 전면적인 혁명에 필요한 추동력을 제공하게 될 터였다.

게바라는 쿠바에서 성공을 거둔 후 중국, 베트남, 알제리의 무장투쟁에 지지를 표했고, 나중에는 콩고 민주공화국과 볼리비아의 혁명에 직접 가담했지만 성공하지 못했다. 게릴라전은 게바라의 거점이론

(foco theory)의 핵심이었고, 그의 사상은 이후 다른 많은 운동에 영감을 주어, 아파르트헤이트 정책에 반대하는 남아프리카 공화국 아프리카민족회의(ANC)나 아프가니스탄의 탈레반 같은 이슬람운동에서도 이 전술을 채택했다.

게바라는 또 유능한 정치가로도 인정받았다. 그는 쿠바 사회주의정권에서 장관직을 역임하는 동안 쿠바를 국제 사회주의 국가 중 선두주자로 정착시키는 데 기여했고, 그가 자본주의 사회에 내재된 이기주의와 탐욕을 근절하여 쿠바인의 해방을 지속시킬 것이라고 믿었던 산업, 교육, 금융 정책을 도입했다. 또 사적인 일기를 포함한 저작들을 유산으로 남겨, 오늘날까지도 사회주의 사상에 계속 영향을 미치고 있다. ■

당신이 온갖 불의로 인해 분노에 떤다면, 당신은 나의 동지입니다.
체 게바라

체 게바라

'체(Che, 친구)'라는 별명으로 더 유명한 에르네스토 게바라(Ernesto Guevara)는 아르헨티나의 로사리오에서 태어났다. 그는 부에노스아이레스대학에서 의학을 공부했으나 두 차례 휴학하고 라틴아메리카 전역을 오토바이로 여행했다. 이 여행에서 접한 가난, 질병, 끔찍한 노동조건은 그의 정치관 형성에 영향을 미쳤다.

게바라는 1953년에 학교를 졸업한 후 라틴아메리카를 다시 여행하면서 미국에서 사주받은 세력이 과테말라의 민주주의정권을 타도하는 사건을 목격했다. 그 후 1954년 멕시코에서 피델 카스트로와 만나 함께 쿠바혁명을 성공적으로 이끌었다. 1965년에 게바라는 콩고 민주공화국의 게릴라전을 지원하기 위해 쿠바를 떠났고, 이듬해에는 볼리비아에서 싸웠다. 그는 1967년 10월 8일 미국 CIA의 지원을 받은 볼리비아군에게 체포되어 미국 정부의 요구에 불응하여 다음날 처형당했다.

주요 저술

1952년 『체 게바라의 모터사이클 다이어리 The Motorcycle Diaries』
1961년 『게릴라 전투 Guerrilla Warfare』
1963년 『쿠바 혁명전쟁 회고록 Reminiscences of the Cuban Revolutionary War』

모두가 부자들의 행복을 보장해줘야 한다

놈 촘스키(서기 1928년~)

맥락읽기

이데올로기
자유제 사회주의(libertarian socialism)

핵심어
권력과 통제

이전의 관련 역사
서기 1850년대 : 카를 마르크스가 하나의 사회계급이 정치·경제 권력을 독점한다고 주장한다.

서기 1920년대 : 독일의 사회학자 막스 베버가 관료들이 사회를 운영하는 엘리트계급을 형성한다고 주장한다.

서기 1956년 : 찰스 W. 밀스(Charles W. Mills)가 저서 『파워 엘리트The Power Elite』에서 중요한 정책은 거대 기업, 군대, 소수 정치인의 결정에서 나온다고 주장한다.

이후의 관련 역사
서기 1985년 : 체코의 극작가 바츨라프 하벨(Václav Havel)이 『힘없는 자들의 힘 The Power of the Powerless』이란 에세이를 출간한다.

서기 1986년 : 영국 사회학자 마이클 만(Michael Mann)이 사회는 중첩된 권력 네트워크로 구성된다고 주장한다.

언론과 은행 같은, 사회의 지배적 제도는 부유한 소수가 통제한다

↓

이 소수는 자신들의 이해관계에 유리한 방식으로 제도를 운영한다

↓

어떠한 개혁의 시도도 투자의 원천을 고갈시켜, 경제를 무너뜨린다

↓

경제 건전성을 유지하려면, 모두가 심지어 가난한 자들까지도 부유층의 이해관계에 맞게 돌아가는 시스템을 지지해야 한다

↓

모두가 부자들의 행복을 보장해줘야 한다

정치사상가와 정치가들을 끊임없이 사로잡았던 질문 중 하나는 '사회 내에서 권력이 어디에 집중되어 있는가?'이다. 인류가 진보와 각종 조직을 이루어가는 데는 다양한 유형의 사람들과 사회제도가 관여하고, 시간이 흐를수록 전 세계적으로 촘촘한 권력망이 형성된다. 그렇다고 이런 현상이 곧 사회 전체로 권력이 분산된다는 의미일까? 아니면 권력은 오히려 엘리트층을 구성하는 소수의 특권적 개인들에게 점점 더 집중되어가고 있을까?

미국의 언어학자이자 정치철학자인 놈 촘스키(Noam Chomsky)는 대부분의 국가에서 부유한 소수가 매스미디어와 금융 시스템 등 핵심적인 사회·정치제도를 장악함으로써, 현대 사회가 막강한 엘리트층에 유리하게 돌아가도록 체제를 보장하고 있다고 주장한다. 결국 이 말은 신문부터 은행까지 사회의 지배적인 제도적 구조가 그들의 상호 이익을 유지하는 데만 주력하므로, 애당초 반대의견이나 의미 있는 변화가 일어나기란 거의 불가능하다는 의미다. 사회 엘리트층이 부와 지위를 통해 특혜를 누릴 뿐 아니라, 앞으로도 계속 그들에게 유리하도록 구조화된 사회의 정점에 올라 있다는 것이다.

전쟁 이후의 정치 POST-WAR POLITICS 315

참조: ▪ 플라톤 34~39쪽 ▪ 카를 마르크스 188~193쪽 ▪ 프리드리히 하이에크 270~275쪽 ▪ 파울로 프레이리 297쪽 ▪ 미셸 푸코 310~311쪽

권력이 책임지지 않는 기관들에 점점 더 집중되고 있다.
놈 촘스키

촘스키에 따르면, 광범위한 개혁을 추구하는 모든 시도는 다음 두 가지 결과 중 하나를 초래한다. 군사 쿠데타가 일어나 권력을 민간 개개인의 손에 돌려주거나, 혹은 (더 가능성 높은 경우로) 투자자본이 고갈되어 경제에 심각한 결과를 야기한다. 후자의 결과가 일어날 가능성 때문에 사회의 모든 구성원은 미미하게라도 극도의 부유층이 특권적 지위를 유지하도록 도와야 할 이유가 생긴다. 경제 건전성을 유지하려면, 모두가 다같이 부자들의 행복을 보장해야 한다는 것이다.

이윤의 유지

이런 권력의 집중은 소수의 개인이 꾸미는 음모라기보다는 구조적인 문제다. 거대 기업, 정부, 투자자의 경제적 이해관계는 서로 맞물려 있어, 공적 결정을 내리는 집단들은 이런 상호 의존성 때문에 급진적인 변화를 추진하기가 불가능하다. 대신 복잡하게 뒤엉켜 서로를 지탱하는 사회적 제도망이 안정적인 경제 시스템의 유지를 보장하면서, 이것이 모두에게 이득이라고 주장한다. 그러나 촘스키는 이런 시스템의 '이득' 중 대부분은 "사람이 아니라 이윤을 위한 것이고, 이는 곧 기술적 의미의 경제에 이롭다는 의미"라고 일갈한다. 나아가 세계에서 가장 부유한 국가들을 작고 저개발된 국가들의 자원과 안보를 위협하는 일종의 엘리트층이라고 본다. 그러면서도 그는 제국주의적 지배의 원리는 거의 변한 것이 없지만, 세계가 다변화되면서 권력이 이전보

프랑스의 소시에테제네랄(Societe Generale) 같은 거대 은행은 값비싼 본사 건물을 통해 부를 과시한다. 촘스키에 따르면, 사회 전체가 이런 부유한 기관들의 행복을 보장하는 방향으로 돌아가고 있다.

다는 폭넓게 분산된 결과 그 원리의 실행력은 감소했다고 지적한다. ■

놈 촘스키

아브람 놈 촘스키(Avram Noam Chomsky)는 미국 필라델피아에서 태어났다. 그는 펜실베이니아대학에서 대학원 과정까지 마치고 하버드대학에서 연구원(Junior Fellow) 시절을 보낸 후, 매사추세츠 공과대학에서 교수직을 맡아 50년 넘게 그곳에 머물고 있다. 그동안 그는 언어학 분야에서 중요한 업적을 세우는 동시에 정치적으로 의미 있는 다양한 문제들에 기꺼이 관여하며 교수로서 명성을 쌓아왔다. 촘스키는 12세에 파시즘을 비판하는 기사를 발표한 이래 정치운동가로 활약하면서 특히 권력과 미국의 국제적 영향력에 관한 문제에 관심을 보여왔다. 그의 저서는 숱한 논쟁을 유발하며 다양한 연구 분야에 중대한 영향력을 미쳤고, 그는 많은 수상의 영광을 안았다. 지금까지 100권이 넘는 저서를 집필하며, 전 세계 곳곳에서 강연활동을 펼치고 있다.

주요 저술

1978년 『인권과 미국 외교정책Human Rights and American Foreign Policy』
1988년 『여론조작 : 매스미디어의 정치경제학Manufacturing Consent』
1992년 『민주주의 단념시키기Deterring Democracy』

세상에 무지한 자의 진심만큼 위험한 것은 없다

마틴 루터 킹(서기 1929~1968년)

맥락읽기

이데올로기
사회정의

핵심어
시민 불복종

이전의 관련 역사
서기 1876~1965년 : 짐 크로우 법이 제정되어 미국 남부 주들에서 일련의 차별적 관행이 법제화된다.

서기 1954년 : 미국 연방대법원의 브라운 대(對) 교육위원회 판결에서 인종차별이 위헌이라는 근거로 공립학교에서 인종차별 철폐가 의무화된다.

이후의 관련 역사
서기 1964~1968년 : 미국에서 차별적 관행을 금지하고 흑인의 투표권을 복권시키는 일련의 법들이 통과된다.

서기 1973년 : 미국 내에서 반전시위의 물결이 일자 미국 지상군이 베트남 전쟁에서 철수한다.

1960년대에 이르자, 미국의 민권투쟁이 막바지에 이르렀다. 100년 전 남북전쟁이 끝나고 재건된 이래로, 미국 남부 주들은 명시적이고 합법적인 수단을 통해 흑인들을 차별하고 그들의 민권을 박탈하는 정책을 추구해온 참이었다. 이런 노력은 이른바 '짐 크로우(Jim Crow)' 법, 즉 흑인 인구의 기본권 대부분을 효과적으로 박탈했던 일단의 지방법으로 성문화되었다. 흑인을 위한 민권투쟁은 남북전쟁이 끝난 이래 계속되어왔지만, 1950년대 중반부터는 대중시위와 시민 불복종에 기반을 둔 광범위한 운동으로 발전해갔다.

무지와의 싸움

운동의 선봉장은 전미유색인지위향상협회(National Association for the Advancement of Colored People ; NAACP) 소속의 민권운동가 마틴 루터 킹(Martin Luther King)이었다. 타국의 민권 지도자들의 승리와, 특히 마하트마 간디가 영국의 인도 지배에 맞서 벌인 비폭력시위에서 영감을 얻은 킹은 이 투쟁으로 등장한 가장 중요한 인물이었을 것이다. 1957년에 킹은 다른 종교 지도자들과 함께 흑인 교회연합인 남부기독교지도자회의(Southern Christian Leadership Conference ; SCLC)를 결성하여 운동에 참여하는 조직들의 범위를 확대했다. 그 결과 사상 최초로 전국 규모의 운동 기반이 갖추어졌다.

민권운동에 참여한 많은 사람들처럼, 킹 역시 이 투쟁을 무지와 싸우는 계몽운동의 일환으로 규정했다. 미국 남부 주정부를 지배해온 인종 우월성과 권리에 대한 오랜 믿음이 흑인과 다른 여러 소수민족을 배제하는 정치 시스템을 탄생시켰다. 킹은 권력자들이 이런 입장을 열심히 신봉하고 있고, 이런 "무지한 자의 진심"이 바로 불평등문

> 자유는 결코 억압자들이 알아서 주는 것이 아니다. 반드시 피억압자들이 요구해야 하는 것이다.
> **마틴 루터 킹**

○ 차별은 열심히 지켜온 신념의 결과다
→ ○ 아무리 잘못된 신념이라도, 사람들은 그 신념에 따라 야만적인 만행을 저지른다
↓
● 세상에 무지한 자의 진심만큼 위험한 것은 없다
← ○ 차별을 철폐하려면 인식부터 변화시켜야 한다

제의 근원이라고 생각했다. 그러므로 정치적 수단만을 통해 이 문제를 해결하려는 시도는 전부 실패할 수밖에 없었다. 정치를 개혁하고 참여의 평등과 민주적 삶의 기회를 얻어내기 위해서는 직접행동이 필요했다. 동시에 민권운동이 영속적인 변화를 달성하기 위해서는 소수자에 대한 다수의 근본적 입장부터 바뀌나가야 했다.

비폭력시위

말콤 X나 스토클리 카마이클(Stokely Carmichael) 같은 민권운동 지도자들과 달리, 킹은 평등권투쟁의 기본원칙 중 하나로 비폭력주의를 고수했다. 극단적인 도발 앞에서 비폭력원칙을 고수하자면 극도로 강한 정신력이 요구되었지만, 간디는 그것이 가능함을 몸소 입증해 보였다. 간디는 만일 저항이 폭력적으로 변한다면, 시위대의 도덕적 목적이 퇴색되어 대중의 호응을 잃게 될 것이라고 믿었다. 그래서 킹은 운동가들이 폭력적 행동으로 치달을 기미가 보이는 연설과 시위는 사전에 아예 취소할 정도로, 자신의 민권운동이 폭력으로 흐르지 않는다는 사실을 보장하기 위해 무던히 애썼다. 그러나 거꾸로 민권운동가들이 협박과 폭행을 당하게 될 때는 두려움 없이 맞서는 입장을 추구했다. 그는 자주 선두에 서서 시위를 이끌었고, 몇 차례 부상을 당했으며, 수도 없이 감옥에 갔다. 민권운동가에게 잔인하게 대하는 경찰의 사진들은 운동에 대한 전국적 지지를 모으는 가장 효과적인 방법 중 하나가 되었다.

킹은 비폭력을 고수하는 원칙에 따라 베트남 전쟁에도 반대했다. 1967년에 그는 그 유명한 "베트남을 넘어서(Beyond Vietnam)" 연설에서 베트남 전쟁의 윤리에 반대한다는 의사를 분명히 밝히며, 이 전쟁을 미국의 모험주의라 낙인찍고, 군대에 아낌없이 쏟아 붓는 자원을 이슈로 제기했다. 킹은 빈곤문제 해소에 쓰였어야 할 막대한 연방정부 예산을 낭비한다는 이유에서라도 이 전쟁은 도덕적으로 옳지 않다고 느꼈다. 그의 주장대로 이 전쟁은 실제로 베트남 빈민들의 고통을 가중시키고 있었다.

민권운동에서 비폭력주의를 주장하는 측과 무력투쟁을 준비하는 측의 입장차는 오늘날까지도 시민 불복종 논의의 주요 쟁점이다. 킹은 저서 『버밍엄 감옥에서의 편지』에서 "비폭력 직접행동은 지속적으로 협상을 거부해온 공동체가 문제에 대면할 수밖에 없게 만드는, 그런 위기와 긴장을

> 비폭력주의란 외부의 신체적 폭력뿐 아니라 내부의 정신적 폭력도 피해야 한다는 것이다. 타인에게 총 쏘길 거부할 뿐 아니라 그를 증오하는 일도 거부해야 한다.
>
> **마틴 루터 킹**

조성하고자 한다"고 언명하여 미국 내에서 인종차별주의에 대한 무지와 맞선다는 그의 전략을 명확히 전달했다. 그러나 운동 내부의 비판자들은 비폭력주의는 변화 속도가 너무 느리고, 폭력과 위협에는 같은 방식으로 응대해줄 도덕적 의무가 있다고 믿었다.

백인만 다닐 수 있는 리틀록(Little Rock)의 센트럴고등학교(Central High School)에서 9명의 흑인 학생이 인종차별에 저항했다. 이들은 입교를 거부당했고, 이들의 안전을 보장하기 위해 연방 병력이 투입되었다.

민권투쟁 과정에서 비폭력적인 시민 불복종은 대중 버스 뒷좌석의 '유색인종' 칸에 앉기를 거부하는 등 다양한 형태를 띠었다.

모든 불평등에 반대하며

1960년대 후반부로 갈수록 킹의 민권운동에 대한 비전도 발전하여, 그는 인종차별적 부당성뿐 아니라 경제적 부당성에도 맞서 싸울 것을 제안하며 더욱 일반적인 불평등으로까지 관심범위를 확장했다. 1968년에 그는 소득, 주거, 빈곤 등에 초점을 맞추어 연방정부에 빈곤퇴치에 대한 더 많은 투자를 요구하는 "가난한 자들을 위한 캠페인(Poor People's Campaign)"에 착수했다. 특히 이 운동은 최저임금 보장, 공공지원주택 확대, 국가 차원의 완전고용 노력 등을 촉구했다. 이 운동은 애초부터 모든 인종집단을 단결시킨다는 취지 아래 가난과 고통이라는 공통적인 문제에 초점을 맞추었다. 그러나 운동이 시작되기도 전에 킹이 사망하여, 행진과 일련의 시위를 통해 널리 알려졌음에도 불구하고 민권운동만큼 성공을 거두지는 못했다.

인종차별주의와 가난의 연계성은 민권운동의 오랜 주제였고, 킹이 벌였던 대부분의 운동에서도 일부분을 차지했다. 1963년의 "일자리와 자유를 위한 워싱턴 행진"은 본질적으로 인종차별주의에 맞선 싸움이었지만, 경제적 권리 신장도 함께 요구했다. 베트남 전쟁에 반대하던 킹은 미국이 빈곤과의 전쟁으로부터 관심과 재정적 지원을 분산시키기 위해 이 전쟁에 개입했다고 공공연히 비난했다. 이런 일시적인 캠페인을 넘어, 사회복지 확대 공약은 킹이 남부기독교지도자회의(SCLC)와 함께 추구했던 행동주의 전반에 걸친 일관된 주제였다.

킹은 빈곤문제의 해결이 인종평등을 위한 싸움에서 발견된 무지의 또 다른 측면과 싸우는 것을 의미한다고 믿었다. 마지막 저서 『우리는 지금 어디로 가고 있는가 : 혼돈이냐 일치냐?』에서 그는 빈민에 대한 인식의 변화가 필요하다고 주장한다. 빈곤문제의 일부는 빈민을 나태한 자로 보는 고정관념에서 기인한다고 느꼈기 때문이다. 그는 이 지배적인 입장이 "경제적 지위가 개인의 능력과 재능의 척도로 간주"되고 "재물의 부족은 근면한 습관과 도덕성의 결여를 시사한다"는 의미라고 주장했다. 빈곤을 퇴치하려면, 이런 근본적인 시각부터 바꿔나갈 필요가 있었다.

인종차별은 흑인에게 그들이 열등하다는 거짓말이 진실로 통한다는 사실을 일깨우기 위해 삶의 매순간 그들을 물어뜯는 지옥의 개다.
마틴 루터 킹

킹의 유산

건국 이전부터 노예노동으로 남부를 중심으로 한 농업경제가 성립되었던 미국은 19세기 중반 링컨 대통령에 의해 노예해방이 실현되었지만, 실제 인종차별은 여전히 존재하고 있었다. 특히 1960년대에 말콤 X, 마틴 루터 킹 등의 민권운동이 베트남 반전운동 등과 함께 고양되어 일정의 법률적인 결과를 낳았다. 그러나 킹은 운동 도중에 암살되었고, 여전히 사회적·경제적·정치적인 불평등은 남아 있다.

킹은 지금도 현대 민권운동의 가장 영향력 있는 지도자로 손꼽힌다. 그의 연설은 시대를 초월하며 현대 일상어 속으로 녹아들었고, 그의 저서는 미국과 전 세계에서 그를 추종하는 행동가들에게 영감을 불어넣고 있다. 그러나 그의 영향력에 대한 가장 확실한 척도는 그가 주도했던 운동의 결과 도래한 민권개혁일 것이다. 1965년에 제정된 투표권법(Voting Rights Act)과 1968년의 민권법(Civil Rights Act)은 짐 크로우 법의 종말을 알리며 남부 주들에서 공공연한 차별을 일소해버렸다. 그러나 그가 공격했던 최후의 거대한 불평등, 즉 빈곤문제는 여전히 미해결상태로 남아 있다. ■

> 개인이 인간으로서의 존엄성을 인정해주지 않는 사회에 저항할 때는, 그 저항행위 자체만으로 존엄성을 부여받는다.
> 베이야드 러스틴

킹은 신변의 위협을 느꼈지만, 민권운동의 선두에 서기를 멈추지는 않았다. 그가 암살당한 지 며칠 후에 민권법이 통과되었다.

마틴 루터 킹

조지아 주 애틀랜타에서 태어난 마틴 루터 킹 주니어는 보스턴대학에서 교육을 받았다. 그는 1954년에 목사이자 전미유색인지위향상협회(NAACP)의 집행위원이 되었다. 이 직책을 기반으로 1955년에는 몽고메리 버스 승차거부운동을 비롯해 남부 전역에서 시위를 주동하며 민권운동의 지도자로 떠올랐다. 1963년에는 앨라배마 주 버밍엄에서 시위 도중 체포되어 2주일 넘게 감금되기도 했다.

킹은 석방되자마자 워싱턴 행진(March on Washington)을 벌여 그의 상징이 된 "나에게는 꿈이 있습니다" 연설을 했다. 1964년에 노벨 평화상을 받았고, 짐 크로우 법 폐지를 위한 대중 압박을 주도했다. 킹은 1968년 3월 테네시 주 멤피스에서 농성 중이던 환경미화원들을 지원차 방문하던 중에 암살당했다.

주요 저술

1963년 『왜 우리는 기다릴 수 없는가 Why We Can't Wait』
1963년 『버밍엄 감옥에서의 편지 Letter from Birmingham Jail』
1967년 『우리는 지금 어디로 가고 있는가 : 혼돈이냐 일치냐? Where Do We Go From Here: Chaos or Community?』

페레스트로이카는 사회주의와 민주주의를 통합한다

미하일 고르바초프(서기 1931년~)

맥락읽기

이데올로기
레닌주의

핵심어
페레스트로이카

이전의 관련 역사
서기 1909년 : 레닌이 『유물론과 경험비판론Materialism and Empiriocriticism』을 출간하여, 이것이 소련의 모든 고등교육기관의 필수과목이 된다.

서기 1941년 : 스탈린이 소련의 주석이 되어 철권정치를 펼친다.

이후의 관련 역사
서기 1991년 : 소련이 공식적으로 해체되어 15개의 독립 주권국으로 분열된다. 이로써 냉전이 종식된다.

서기 1991~1999년 : 보리스 옐친(Boris Yeltsin)이 러시아 연방의 초대 대통령이 되어 중앙집권적 경제를 시장경제로 전환하기 시작한다.

소련 공산당 서기장인 미하일 고르바초프(Mikhail Gorbachev)는 1980년대에 정체된 러시아 경제를 부양하기 위해 혁신을 기획했다. 고르바초프는 이런 정체가 사회적 부의 불공정한 분배, 대중의 창조성이 최대한 발휘되지 못하게 막는 경직된 사회구조, 국가의 고압적인 권한 등의 결과라고 주장했다.

고르바초프의 혁신정책은 두 부문으로 구성되었다. 그 중 페레스트로이카(Perestroika, 개혁)에는 민주집중제(democratic centralism) 원칙에 대한 재고, 과학적 방법으로의 변환, 사회정의라는 보편적 원칙의 평등한 실현 등이 포함되었다. 또 글라스노스트(Glasnost, 개방)는 사회 및 정치 영역의 투명성 제고와 언론의 자유를 의미했다.

고르바초프는 이런 민주화가 사회주의의 포기를 의미하는 것은 아니라고 천명했다. 그는 레닌의 진정한 정신은 사회주의를 철저히 이론적인 기획이 아니라 끊임없이 변화하는 과정으로 보는 것이라고 역설했다. 고르바초프는 민주주의가 단지 노동자 대중의 집권의 자유를 의미한다고 여겨, 사회주의와 민주주의는 사실상 불가분의 관계라고 주장했다.

불행히도 고르바초프의 경제개혁은 더욱 심각한 경기침체를 야기했고, 그의 사회개혁은 소련의 붕괴를 가속화했다. ■

고르바초프의 민주적 의제에는 미국 대통령 로널드 레이건과 냉전의 종결에 대해 담판 짓겠다는 결단이 포함되어 있었다.

참조 : ■ 카를 마르크스 188~193쪽 ■ 블라디미르 레닌 226~233쪽 ■ 레온 트로츠키 242~245쪽 ■ 안토니오 그람시 259쪽 ■ 마오쩌둥 260~265쪽

지식인이 이슬람을 적대시하는 것은 잘못이다

알리 샤리아티(서기 1933~1977년)

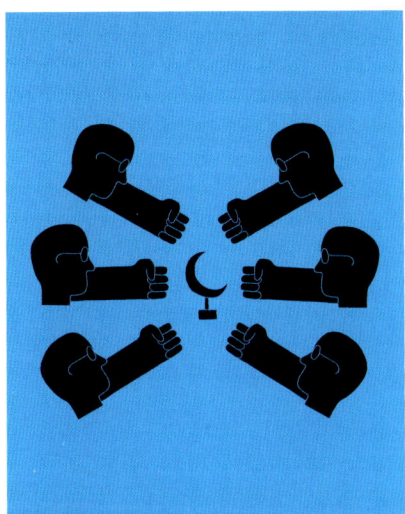

맥락읽기

이데올로기
이슬람주의

핵심어
이슬람 독립

이전의 관련 역사
서기 1941년 : 소련군과 영국군이 석유 개발권을 확보하기 위해 이란을 침공한다.

서기 1962년 : 잘랄 알레 아흐마드(Jalal Al-e Ahmad)가 서구 문명에 대한 비판서 『서구중독증Occidentosis : A Plague from the West』을 출간한다.

이후의 관련 역사
서기 1978년 : 이란혁명으로 아야톨라 루홀라 호메이니가 집권한다.

서기 1980년 : 이라크가 서구 열강의 지원 아래 이란을 침공하여 8년간 전쟁을 벌인 결과, 양국이 모두 황폐화된다.

서기 2005년 : 마무드 아마디네자드(Mahmoud Ahmadinejad)가 이란의 대통령이 되어, 종교적 강경노선을 채택하고 기존의 개혁을 되돌려놓는다.

마르크스주의 및 탈식민주의 사상가로서 엄격한 이슬람주의에 영향을 받은 이란 철학자 알리 샤리아티(Ali Shariati)는 이슬람 사회의 중심축인 이슬람 사상과 신념을 지켜가면서 서구의 지배로부터 이슬람의 독립을 촉구하는 데 힘썼다.

샤리아티는 각종 오해로부터 이슬람을 방어하려 노력했다. 그가 보기에 이런 오해는 주로 이란 내의 지식인과 대중 간의 바람직하지 못한 분열의 결과였다. 그는 지식인과 계몽된 국민을 구분하는데, 계몽된 국민은 대학 학위는 없더라도 전통, 종교, 국민의 요구에 대한 인식이 있는 사람이다.

반(反)지식인

지식인들은 유럽식 발전 및 근대화 모델을 이란에 적용하려들 뿐, 이란의 상황이 유럽과 다르다는 사실은 깨닫지 못한다. 이들은 이란 문화를 지배하고 지탱하는 이슬람정신을 인정하지 않고, 종종 물질적 관심사를 도외시한다는 이유로 종교를 비난한다. 그러나 이란의 해방은 오로지 이 나라의 이슬람적 기원을 인식하고 종교적 기준에 따른 평등주의적 사회체제를 구축할 때에만 가능하다. 대중에게 더 많은 자각이 필요하다면, 지식인에게는 더 많은 '신념'이 필요하다. 샤리아티의 주장은 근대화를 부정하는 것이 아니라, 이란이 근대 세계에 잘 대처하려면 이슬람을 기본적 도구로 삼아야 한다는 것이었다. ■

마호메트의 예언보다 더 선구적이고 강력하며 의식 있는 예언은 없다.
알리 샤리아티

참조 : ▪ 마호메트 56~57쪽 ▪ 마하트마 간디 220~225쪽 ▪ 무스타파 케말 아타튀르크 248~249쪽 ▪ 아불 알라 마우두디 278~279쪽

전쟁의 섬뜩함 때문에 우리는 모든 제약을 깨게 된다

마이클 왈저(서기 1935년~)

맥락읽기

이데올로기
공동체주의(communitarianism)

핵심어
정당전쟁론(Just War Theory)

이전의 관련 역사
서기 1274년 : 토머스 아퀴나스가 『신학대전』에서 정당한 전쟁의 도덕적 원칙을 제시한다.

서기 14~15세기 : 살라망카 학파의 학자들이 전쟁은 더 큰 악을 막기 위해 치러질 때에만 정당하다고 결론 내린다.

서기 1965년 : 미국이 베트남에서 지상전에 돌입한다. 미국의 최종적 패배와 국내의 반대여론으로 미국에서 전쟁의 도덕적 범주에 대한 재검토가 시작된다.

이후의 관련 역사
서기 1990년 : 미국 대통령 조지 부시(George Bush)가 제1차 걸프전쟁에 앞서 정당전쟁론을 거론한다.

서기 2001년 : 9·11테러 이후 미국 주도의 연합군이 아프가니스탄을 침공한다.

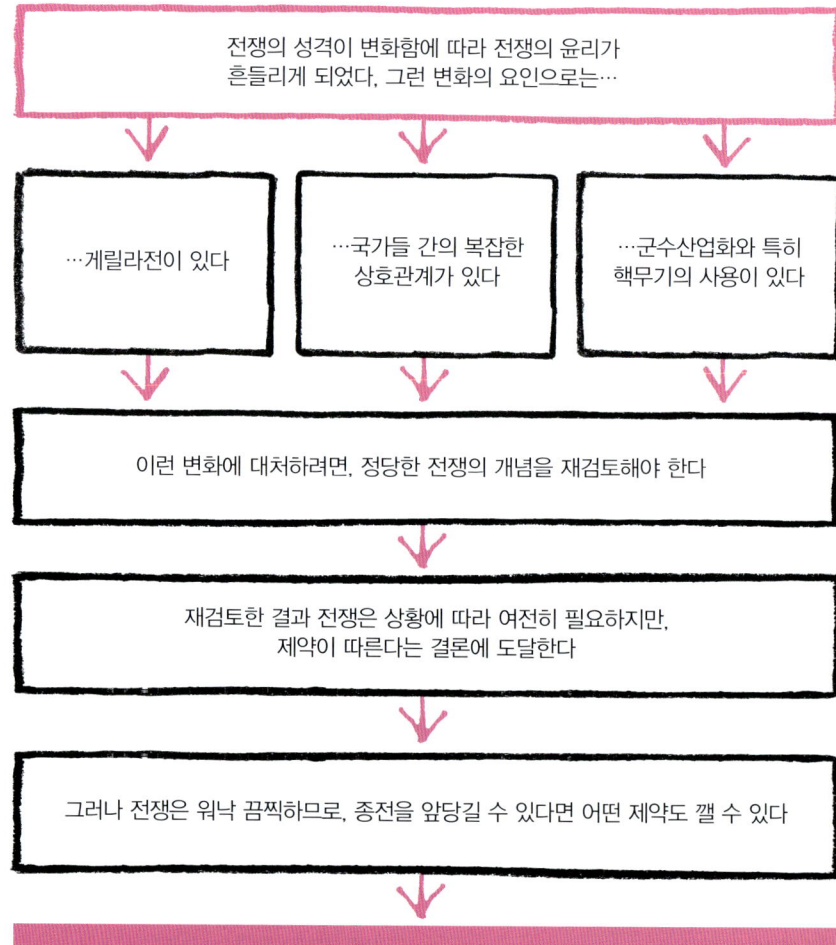

전쟁 이후의 정치 POST-WAR POLITICS **325**

참조 : ■ 손자 28~31쪽 ■ 히포의 아우구스티누스 54~55쪽 ■ 토머스 아퀴나스 62~69쪽 ■ 니콜로 마키아벨리 74~81쪽 ■ 스메들리 D. 버틀러 247쪽 ■ 로버트 노직 326~327쪽

전쟁은 어떤 경우에 정당한가? 전쟁터에서는 어떤 행위가 용납될 수 있는가? 이와 같은 의문은 인간이 전쟁을 시작한 이래로 계속해서 정치사상가들을 괴롭혀왔다. 히포의 아우구스티누스는 자기 자신이나 어려움에 빠진 타인을 방어하는 것은 전쟁의 도덕적 정당성일 뿐 아니라 의무라고 주장하며, 정당한 전쟁의 조건을 일찌감치 고찰했다. 그 후에는 토머스 아퀴나스가 『신학대전』에서 전쟁은 개인의 이익을 위해 치러질 수 없고, 합법적 권위자에 의해 개시되어야 하며, 가장 중요한 동기는 평화유지여야 한다고 주장함으로써 근대적 정당전쟁론의 기초를 제시했다.

그러나 최근 군수산업의 급속한 발전, 국가들 간의 복잡한 상호관계, 게릴라전의 출현 등은 모두 견고하던 무력분쟁의 윤리적 기반을 뒤흔들고 있다.

마이클 왈저(Michael Walzer)는 20세기의 가장 저명한 정당전쟁 이론가로 손꼽히는 미국의 정치철학자다. 그의 저작은 정당전쟁론에 새로운 활력을 불어넣었고, 복잡해진 갈등에 대해 새로운 대응책을 모색할 자극을 부여했다. 왈저에게 전쟁은 경우에 따라 꼭 필요한 것이지만, 전쟁을 벌일 조건과 전쟁 행위에는 강력한 도덕적 제약과 윤리가 수반된다.

그러나 왈저는 정당하고 꼭 필요한 전쟁이라면 아무리 끔찍해 보여도 가능한 모든 수단을 동원하여 전력으로 싸워야 한다고 믿는다. 예를 들어 민간인을 죽여서 종전 시점을 앞당길 수 있다고 판단되면, 그런 행위도 정당화된다는 것이다. 결국 전쟁 수행에는 도덕적 제약이 따라야 하겠지만, 그런 제약이 절대적일 수는 없다는 것이 그의 논지다.

정당한 전쟁과 부당한 전쟁

왈저는 『마르스의 두 얼굴 : 정당한 전쟁, 부당한 전쟁』에서 강력한 윤리적 입장을 견지하면서도 때로는 전쟁이 필요하다고 주장하며, 어떤 행위는 도덕적으로 결단코 용납될 수 없다는 식의 도덕적 절대주의를 거부한다.

또 현대의 분쟁에서는 전장의 모호한 역학관계와 복잡해진 윤리 때문에 윤리적 사고에 어려움이 있다고 주장한다. 그는 이렇게 판단이 대단히 까다로운 경우로 제2차 세계대전 당시 연합군의 드레스덴 폭격을 예로 든다. 특히 핵무기가 도덕성의 경계를 워낙 극적으로 바꾸어놓아 이제는 전쟁의 도덕적 기본 틀조차 제시하기 힘들어졌다며 고충을 토로한다. 그럼에도 최후의 수단이라면 가장 극단적인 방법이라도 정당화될 수 있다는 것이 그의 결론이다. ■

핵무기를 사용한 전쟁은 왈저의 사상에 깊은 영향을 미쳤다. 이 무기의 엄청난 파괴력 앞에서 그는 전쟁의 윤리학을 재검토해야만 했다.

마이클 왈저

마이클 왈저는 뉴욕에서 태어나 보스턴의 브랜다이스대학과 영국의 케임브리지대학을 거쳐 1961년 하버드대학에서 박사 과정을 마쳤다. 그는 1970년대에 하버드대학에서 로버트 노직과 공동 강의를 진행했고, 이 만남으로 중요한 두 작품, 즉 노직의 『아나키, 국가, 그리고 유토피아』와 왈저의 『정의와 다원적 평등 : 정의의 영역들』이 탄생했다. 왈저는 2007년 프린스턴대학 고등학문연구소(Institute of Advanced Study)의 명예교수가 되었다.

왈저의 연구는 정당전쟁론은 물론 평등, 자유주의, 정의와 관련된 여러 분야에 영향을 미쳤다. 자치공동체를 지지했던 그는 시민사회와 복지국가의 역할에도 관심을 가졌다. 대표적인 사회참여 지식인인 왈저의 정당한 전쟁에 대한 저작은 여러 동시대 정치인과 군 지도자에게도 영향을 주었다.

주요 저술

1977년 『마르스의 두 얼굴 : 정당한 전쟁, 부당한 전쟁 Just and Unjust Wars』
1983년 『정의와 다원적 평등 : 정의의 영역들 Spheres of Justice』
2001년 『전쟁과 정의 War and Justice』

최소국가보다 큰 어떠한 정부도 정당화될 수 없다

로버트 노직(서기 1938~2002년)

맥락읽기

이데올로기
자유주의

핵심어
자유지상주의 권리(Libertarian rights)

이전의 관련 역사
서기 1689년 : 존 로크가 정부에 관한 논문 두 편을 써서 사회계약론을 정리한다.

서기 1944년 : 프리드리히 하이에크가 『노예의 길』에서 중앙계획을 통한 정부의 통제를 비난한다.

서기 1971년 : 존 롤스가 『정의론』에서 국가가 사회 불평등을 바로잡아야 한다고 주장한다.

이후의 관련 역사
서기 1983년 : 마이클 왈저가 『정의와 다원적 평등 : 정의의 영역들』에서 사회가 교육과 일 같은 '사회재(social goods)'를 분배하는 방식을 고찰한다.

서기 1995년 : 캐나다 이론가 제럴드 코헨이 롤스와 노직에 대한 마르크스주의 비판서 『자기소유, 자유, 그리고 평등 Self-ownership, Freedom, and Equality』을 출간한다.

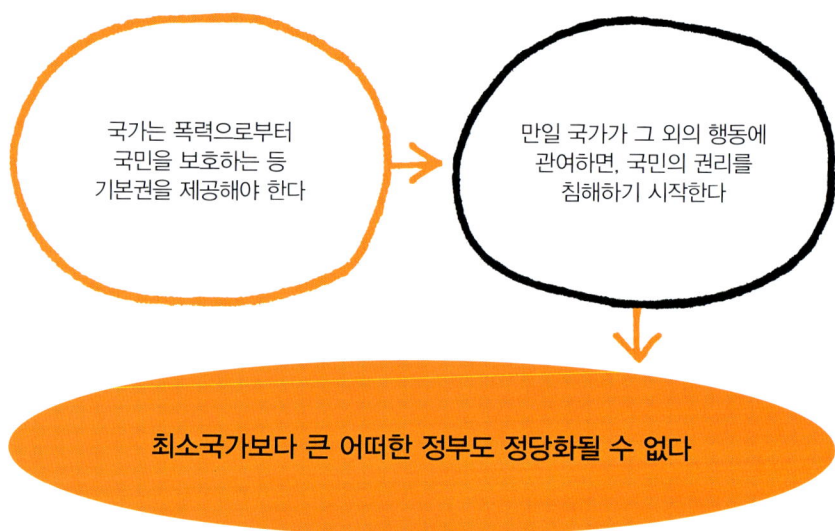

강력한 국가와 대규모 공공기관이 지배하는 시대에 개인권의 위상이란 주제는 정치이론의 생산적인 각축장이었다. 이 논쟁에서 두각을 나타낸 사람이 존 로크와 존 롤스의 사상에 대한 응답으로 저작을 쓴 철학자 로버트 노직(Robert Nozick)이었다.

로크는 1689년 저작 『제2통치론 Second Treatise on Government』에서 사람들에게는 각자의 권리가 있지만, 그것을 시행하려면 일정 형태의 정부가 필요하다고 주장하여 근대 국가론의 근간을 제시했다. 여기에서 장 자크 루소가 요약한 사회계약의 개념, 즉 개인은 국가로부터 보호를 받기 위해 자유의 일부를 포기한다는 개념이 유래했다.

롤스의 영향력 있는 1971년 저작 『정의론』은 이 사상에 기초하여 변형된 형태의 사회계약을 제안하는데, 롤스는 이로써 로크의 저작에서 다뤄진 자유 및 평등의 개념과 사회계약의 개념을 접목시켰다고 자부했다. 그는 개인들이 각자의 사익보다 공평성과 평등성에 기초한 정의의 개념에 다갈

전쟁 이후의 정치 POST-WAR POLITICS

참조: ■ 존 로크 104~109쪽 ■ 이마누엘 칸트 126~129쪽 ■ 헨리 데이비드 소로 186~187쪽 ■ 존 롤스 298~303쪽 ■ 마이클 왈저 324~325쪽

로버트 노직

로버트 노직은 1938년 뉴욕에서 유대인 기업가의 아들로 태어났다. 그는 컬럼비아, 옥스퍼드, 프린스턴 대학에서 공부하며 학문적인 경력을 쌓았다.

그는 처음에는 좌파사상에 끌렸으나 대학원 시절에 프리드리히 하이에크, 에인 랜드, 기타 자유시장 사상가들의 책을 읽고 자유지상주의 쪽으로 전향했다. 그는 경력 대부분을 하버드대학에서 보내며, 자유지상주의 사상을 대표하는 학자로 자리매김했다. 그는 지금껏 같은 강의는 단 두 번밖에 하지 않은 것으로 유명하다.

노직의 가장 영향력 있는 정치이론서는 데뷔작인 『아나키, 국가, 그리고 유토피아』이지만 그는 평생 다양한 주제에 대해 글을 썼고, 정치철학에만 국한되지도 않았다. 말년에는 극단적인 자유지상주의를 거부하고, 유산 상속에 제한을 둘 것을 제안했다.

주요 저술

1974년 『아나키, 국가, 그리고 유토피아Anarchy, State and Utopia』
1981년 『철학적 설명Philosophical Explanations』
1993년 『합리성의 본성The Nature of Rationality』

> **"개인에게는 권리가 있으므로, 어떤 개인이나 집단도 그들에게 할 수 없는 일이 있다."**
> 로버트 노직

이 동의하도록 만드는 기본체계를 제공함으로써, 사회민주주의의 토대를 마련했다. 노직은 로크와 칸트에 의거하여 롤스의 주장에서 제기된 협력형태에는 위험성이 있다고 주장한다. 그는 국가의 범위는 가급적 제한되어야 한다고 주장하는 자유지상주의 개념을 복원시켰다.

노직의 주장의 결론은 최소국가 외의 어떠한 국가형태도 개인의 권리와 양립할 수 없고, 그러므로 정당화될 수 없다는 개념이었다. 국가가 가장 기본적인 수준("폭력, 절도, 사기로부터 보호하고 계약을 이행케 하는 기능 등") 이상의 행위에 개입하는 순간, 롤스가 지키려 했던 권리는 침해될 수밖에 없다는 것이다.

『아나키, 국가, 그리고 유토피아』

노직이 이런 견해를 가장 생생히 묘사한 저서는 최소국가를 주장하며 롤스의 주장에 대한 일련의 직접적인 응답을 제시했던 『아나키, 국가, 그리고 유토피아』였다. 이 책은 노직이 하버드대학에서 정치이론가 마이클 왈저와 함께 진행했던 강의의 결과물로, 이 강의는 두 사람 간의 논쟁의 형식을 띠었다. 나중에 왈저는 이 책에서 제기한 주장들에 대한 가장 중요한 비판자 중 하나가 되었다.

아마도 『아나키, 국가, 그리고 유토피아』에서 도달한 가장 유명한 결론은 현대 국가가 소득을 재분배하고 공공기관의 재원을 마련하기 위해 시행하는 과세제도가 도덕적으로 정당화될 수 없다는 주장일 것이다. 노직의 견해에 따르면, 세금은 한 사람이 강제로 노동의 일정부분만큼 타인에게 혜택을 주어야 하는 셈이므로 강요된 노동이나 다름없다. 실제로 노직은 이것을 사회의 모든 일원이 한 개인의 노동에 일부 소유권을 주장하는, 일종의 노예제라고까지 표현했다.

『아나키, 국가, 그리고 유토피아』는 막대한 영향력을 발휘하며, 자유지상주의 사상과 자유주의 간 논쟁의 현대적 경계를 규정하는 데 기여했다. 이 책은 종종 『정의론』과 함께 읽히며, 현대의 가장 중요한 정치철학 연구 중 하나로 손꼽히고 있다. ■

노직은 사회 구성원이 개인의 노동의 일정부분을 요구할 수 있다는 의미에서 조세가 강요된 노동이라며 이것을 일종의 노예제라고 묘사했다.

여성의 권리를 침해하라고 명하는 이슬람 율법은 없다

시린 에바디(서기 1947년~)

맥락읽기

이데올로기
이슬람교

핵심어
인권운동

이전의 관련 역사
서기 1953년 : 이란에서 민주적으로 선출된 총리 모하메드 모사데크(Mohammad Mosaddeq)가 미국 CIA에서 지원한 쿠데타로 축출된다.

서기 1979년 : 아야톨라 루홀라 호메이니가 이끈 이슬람혁명으로 전제군주제가 무너지고 일련의 억압적인 법을 도입한 이슬람 공화국이 수립된다.

이후의 관련 역사
서기 2006년 : 이란 테헤란에서 여성참정권을 위한 평화시위가 해산되고, 일부 시위자들이 징역형과 태형을 선고받는다.

서기 2011년 : '아랍의 봄(Arab Spring)'이 북아프리카와 중동의 여러 국가에 사회·정치적으로 급격한 변화를 몰고 오지만, 이란은 여기에서 제외된다.

이슬람권 국가에서 인권이 차지하는 위상은 정치사상에 중요한 함의를 지닌 이슈들을 제기한다. 이슬람 근본주의가 발흥하고 수많은 시대 역행적 법안을 통해 성차별을 강화하면서, 특히 공적생활에서 여성이 차지하는 역할은 크게 축소되어왔다. 이슬람 사상가들은 이런 문제에 대한 올바른 대응방안과 특히 서구 열강이 할 수 있는 역할에 대해 오랫동안 논의해왔다.

시린 에바디(Shirin Ebadi)는 노벨상을 수상한 인권운동가다. 1979년의 이란혁명 이전까지는 현역 판사였지만, 새 정권이 여성의 권한을 제한하기 위해 제정한 일련의 법에 따라 강제로 법률 직종을 포기해야 했다. 그러나 에바디는 여성의 권리와 이슬람교는 전적으로 양립할 수 있다고 주장하면서, 과거 이란 사회에서 여성의 위상이 높았던 사실을 돌이켜보면 현재의 상황은 이슬람 율법보다 정권에 책임이 있다고 지적한다.

그 후 이런 현실 속에서 서방 국가들의 역할과 인권향상운동의 가치에 대해 뜨거운 논쟁이 벌어졌다. 에바디는 정권의 인권

1979년에 이란 여성들은 공공장소에서 몸을 가리고 다니라는 새로운 법에 대항하여 시위를 벌였다. 에바디는 압제적 정권을 전복시킬 수 있는 것은 이란인 자신들뿐이라고 믿는다.

탄압 전력, 성차별, 요원한 민주화 등을 고려할 때 이란의 현실이 열악하기는 하지만 외세의 개입은 문제를 악화시킬 뿐 바람직하거나 도움을 주지 못한다고 주장하며, 이란에 대한 서방국의 개입에 완강히 반대한다. 대신 변화는 내부로부터 이루어진다고 믿으며 다른 이슬람 국가보다는 상대적으로 활발한 이란의 여성운동에 희망을 걸고 있다. ■

참조 : ■ 에멀라인 팽크허스트 207쪽 ■ 아불 알라 마우두디 278~279쪽 ■ 시몬 드 보부아르 284~289쪽 ■ 알리 샤리아티 323쪽

전쟁 이후의 정치 POST-WAR POLITICS

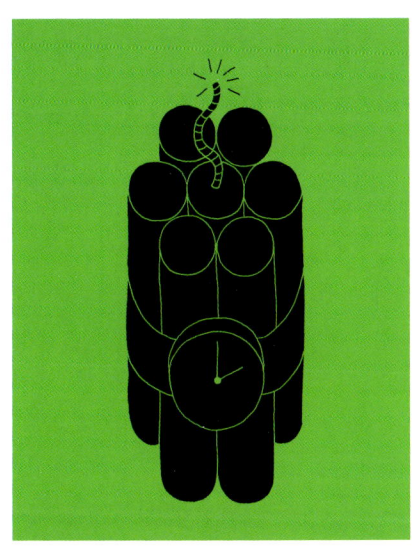

자살테러는 대부분 외세의 점령에 따른 반응이다

로버트 페이프(서기 1960년~)

맥락읽기

이데올로기
전쟁 연구

핵심어
실증 정치학

이전의 관련 역사
서기 1881년: 러시아에서 차르 알렉산드르 2세가 자살폭탄테러범에게 암살당한다.

서기 1983년: 레바논의 베이루트(Beirut)에 위치한 미군과 프랑스군 막사에서 이슬람 성전이란 명분으로 두 차례의 자살폭탄공격이 벌어진다.

서기 2001년: 알카에다의 9·11테러 이후 미국 주도 아래 이라크와 아프가니스탄 침공이 뒤따른다.

이후의 관련 역사
서기 2005년: 런던의 버스와 기차에서 연이은 자살폭탄공격으로 52명이 사망한다.

서기 2009년: 스리랑카의 내전이 26년 만에 종식된다. 이 전쟁 중에 타밀 타이거즈(Tamil Tigers)가 273회의 자살테러공격을 감행한다.

서기 2011년: 미국이 이라크에서 주둔군을 철수한다.

자살테러는 그동안 종교적 근본주의의 신념을 표현하기 위해 기꺼이 순교자를 자처하는 사람들이 계속해서 생겨나기 때문에 발생하는 현상으로 널리 인식되어 왔다. 그러나 미국 정치학자 로버트 페이프(Robert Pape)는 자살테러가 실은 종교적이기보다는 세속적인 전술로, 테러범들이 자신들의 조국에서 점령군을 몰아내기 위해 벌이는 대규모 운동의 일환이라고 주장하며, 그 근거를 수집해왔다.

자살테러는 이슬람 근본주의나 다른 어떤 세계종교와도 별 상관관계가 없다.
로버트 페이프

전략적 대응

페이프는 2005년 발표작 『승리를 위해 죽다Dying to Win』에서 1980년부터 2003년까지 적발된 총 315건에 이르는 모든 자살테러 사건을 분석했다. 그 결과 이런 공격들이 개인적인 동기나 신념으로는 설명되지 않고, 종교와 자살테러 사이에 거의 상관성이 없다는 사실을 발견했다. 그는 오히려 이런 행위가 외세의 점령에 맞서는 민주적인 권력의 전략적 반응이라고 주장하며 "자살테러의 인과적 논리"를 제시했다. 페이프의 연구는 모든 테러리스트 공작과 전체 자살폭탄테러의 95퍼센트 이상이 본질적으로 민족해방의 목적을 품고 있었음을 밝혀냈다.

이 주장의 당연한 귀결은, 외국 열강이 다른 사회를 지배하거나 개혁하기 위해 군사력을 동원하는 방법은 그저 자살테러리스트 수를 훨씬 늘어나게 할 뿐이라는 것이다. 페이프의 말대로, 자살테러리즘은 기왕에 존재하던 광신도들의 공급에 따른 결과가 아니라, "수요 주도형 현상"이기 때문이다. ■

참조: ▪ 아불 알라 마우두디 278~279쪽 ▪ 프란츠 파농 304~307쪽 ▪ 알리 샤리아티 323쪽 ▪ 마이클 왈저 324~325쪽

DIRECTO

RY

인물사전

DIRECTORY 인물사전

이 책에는 매우 중요한 정치사상과 매우 유명한 정치사상가들 중 일부가 소개되어 있다. 하지만 불가피하게 지면 부족으로, 여러 시대에 세계의 정치사상을 형성한 인물들을 모두 다루지는 못했다. 결코 완전하지는 않지만 이 인물사전은 다른 곳에서 다뤄지지 않은 그런 인물들 가운데 선정된 몇몇과 그들의 대표적 업적 및 사상에 대한 정보를 제공한다. 그리고 그들과 관련되었거나 그들의 생각에 영향을 미쳤거나 그들이 영향을 미친 사상, 운동, 사상가들을 논하는 이 책의 다른 페이지에 대한 링크도 제공한다.

다리우스 대왕
(Darius the Great)
기원전 550년경~기원전 486년

다리우스 1세는 기원전 522년에 왕권을 장악했다. 그는 전왕 키루스 대왕을 실각시킨 반란을 진압하고, 제국을 중앙아시아, 아프리카 북동부, 그리스, 발칸 지역으로 확장했다. 그런 거대한 제국을 통치하기 위해 그는 제국을 속주들로 나누고 사트라프(태수)들의 감독 아래 두었다. 조세제도의 관리도 그들의 업무였다. 그 사트라프들은 페르세폴리스와 수사 같은 지역 수도를 근거지로 삼았는데, 그런 도시에서는 대규모 건설계획이 진행되었다. 제국을 통합하기 위해 다리우스는 통용 화폐 '다릭(daric)'을 도입하고 아람어을 공용어로 만들기도 했다.
참조 : ▪ 알렉산더 대왕 332쪽

맹자
(孟子, Mencius)
기원전 372년경~기원전 289년

중국 철학자 맹자는 공자의 손자들 중 한 명과 함께 공부했다고 하는데, 공자 사상(유교)에 대한 맹자의 해석은 전국시대에 그 사상이 모범적 정치이념으로 자리 잡는 데 크게 이바지했다. 그는 공자와 달리 인간 본성이 본질적으로 선하나 사회 때문에 타락하기도 한다고 강조했고, 교육으로 사회풍속을 개선해야 한다고 주장했다. 또 그는 통치자들을 그다지 존경하지 않았으며, 통치자가 부당한 정치를 하면 국민들에게 타도되어야 한다고 믿었다.
참조 : ▪ 공자 20~27쪽 ▪ 묵자 32~33쪽 ▪ 한비자 48쪽

알렉산더 대왕
(Alexander the Great)
기원전 356년경~기원전 323년

마케도니아 왕 필리포스 2세의 아들 알렉산더는 그리스 역사상의 고전기가 정점에 이르렀을 때 태어났는데, 어릴 때 아리스토텔레스를 가정교사로 맞아 가르침을 받았다고 한다. 아버지가 죽은 후 그는 왕위를 이어받고 영토확장 원정을 개시했다. 그는 소아시아 침공에 성공한 후 다리우스 3세의 잔존하던 페르시아 제국을 정복하고 결국 인도 북부까지 세력권을 넓혔다. 그러면서 그는 그리스의 문화와 제도를 아프리카와 아시아에 전했는데, 그곳에서는 고대 그리스 도시국가를 본보기로 삼은 수많은 헬레니즘 도시가 건설되었다.
참조 : ▪ 아리스토텔레스 40~43쪽 ▪ 차나캬 44~47쪽

칭기즈 칸
(Genghis Khan)
서기 1162~1227년

몽골 북부의 지배 씨족에서 태어난 테무친(Temujin)은 몽골 제국을 세우면서 칭기즈 칸('우주의 군주'라는 뜻)이라는 칭호를 얻었다. 그가 집권하기 전에 중앙아시아 사람들은 몇몇 씨족 소속으로 대개 유목생활을 했다. 칭기즈 칸은 씨족들을 합쳐 한 나라로 만들고, 일련의 원정을 이끌며 그 제국을 중국으로 확장했다. 대칸(大汗, Great Khan)인 그의 치하에서 몽골 제국은 그의 가족이 다스리는 한국(汗國, khanate)들로 나뉘었고, 계속해서 영토를 넓혀 중유럽까지 이르렀다. 피정복자들에게 잔인한 인물로 보이긴 했지만, 칭기즈 칸은 국민의 문화적 다양성을 존중하는 제국을 세웠다.

참조 : ▪ 손자 28~31쪽 ▪ 차나캬 44~47쪽

바르톨로메 데 라스카사스
(Bartolomé de las Casas)
서기 1484~1566년

에스파냐의 성직자이자 역사가인 바르톨로메 데 라스카사스는 1502년에 히스파니올라 섬으로 이주했다. 그는 처음에 그곳에서 농장을 운영하며 노예를 소유했다. 하지만 여전히 성직자였던 그는 사제로서 쿠바 정복에 참여했는데, 원주민 타이노족에게 자행되는 잔혹행위에 충격을 받은 나머지 인디언들의 옹호자가 되었다. 도미니크회 수사로서 산토도밍고의 수도원에 들어간 그는 중앙아메리카 곳곳을 여행하고 결국 멕시코 치아파스의 주교 겸 '인디언들의 보호자'가 된 후, 1547년에 에스파냐로 돌아왔다. 아메리카 식민지 건설의 잔혹성에 대한 그의 저작들은 초창기의 보편적 인권 제안으로 볼 수 있다.

참조 : ▪ 프란시스코 데 비토리아 86~87쪽 ▪ 넬슨 만델라 294~295쪽 ▪ 마틴 루터 킹 316~321쪽

아크바르 대제
(Akbar the Great)
서기 1542~1605년

인도 무굴 제국의 제3대 황제 아크바르는 제국을 인도 중·북부의 대부분 지역으로 확장했을 뿐 아니라, 종교적 관용이라는 문화를 다양한 인종의 주민들에게 전했으며 정부를 재편성시키기도 했다. 그는 제국을 저마다 통치자가 있는 자주적인 주들로 나누지 않고, 군정장관들로 하여금 중앙정부 치하에서 주들을 관리하게 했다. 그 중앙정부는 세입, 사법, 군사 같은 각각의 문제들을 전문적으로 다루는 부서들로 구성되었다. 이런 식으로 아크바르는 이질적인 주들을 부유하고 평화로운 전체로 통합했다.

참조 : ▪ 차나캬 44~47쪽 ▪ 마하트마 간디 220~225쪽 ▪ 마나벤드라 나트 로이 253쪽

도쿠가와 이에야스
(德川家康, Tokugawa Ieyasu)
서기 1543~1616년

일본의 군사지도자이자 정치가인 도쿠가와 이에야스는 미카와 지방 통치자의 아들이었다. 그는 내전이 오랫동안 계속되던 시기에 태어났다. 이에야스는 아버지의 지위뿐 아니라 아버지가 근처 지방의 통치자 도요토미 히데요시와 맺은 동맹관계도 물려받았다. 히데요시가 죽은 후 동맹관계를 지키겠다는 약속에도 불구하고 이에야스는 도요토미 가문을 물리치고 지금의 도쿄에 해당하는 에도에 정부를 세웠다. 도쿠가와 이에야스는 1603년에 명목상의 황제 고요제이 천황으로부터 쇼군(군정 수장)으로 임명되면서, 사실상 일본 전체의 통치자이자 도쿠가 막부의 창시자가 되었다. 지방 지도자들에게 땅을 나누어주고 그들의 지역 통치를 엄격히 통제함으로써 그는 세력 기반을 유지하며 나라를 안정화했다.

참조 : ▪ 손자 28~31쪽 ▪ 니콜로 마키아벨리 74~81쪽

올리버 크롬웰
(Oliver Cromwell)
서기 1599~1658년

비교적 중요하지 않은 의원이었던 올리버 크롬웰은 영국 내전 중에 두각을 나타냈다. 그는 의회파 군대를 이끌고 왕당파를 물리치며 군사지도자로서 능력을 입증해 보였다. 이어서 그는 국왕 찰스 1세의 사형 집행영장의 서명자 중 한 명이 되었다. 크롬웰이 군주 제거에 참여한 것은 정치적 동기 때문이기도 했지만 종교적 동기 때문이기도 했는데, 차후에 그가 가톨릭 아일랜드를 점령한 것도 마찬가지였다. 그는 영국의 일시적인 코먼웰스 시대에 권세를 얻었고, 1653년에 잉글랜드, 웨일스, 스코틀랜드, 아일랜드의 호국경이 되었다. 무자비한 반가톨릭 독재자로 여겨지기도 하지만 크롬웰은 타락한 군주제 시대에 그 체제를 의회제 민주주의의 기반으로 대체하며 자유를 가져온 인물로 여겨지기도 한다.

참조 : ▪ 존 왕의 귀족들 60~61쪽 ▪ 존 릴번 333쪽

존 릴번
(John Lilburne)
서기 1614~1657년

영국 정치가 존 릴번은 법에 따라 부여된 권리가 아닌 '자유민으로서 타고난 권리'를 위해 싸우는 데 일생을 바쳤다. 1630년대에 불법 책자를 인쇄한 혐의로 투옥되었고, 영국 내전 초기에는 의회파 군대에 입대했다. 1645년에 군직에서 물러났는데, 이유인즉 그 군대가 자기가 생각하는 자유를 위해 싸우는 것 같지 않았기 때문이었다. 평등한 재산권을 요구한 운동단체 수평파와 관련되긴 했지만 릴번은 인권평등을 주장했고, 수평파의 정치개혁안 〈인민협정〉에 영향을 미쳤다. 그는 1649년에 대역죄 혐의로 재판을 받았으나 여론에 힘입어 풀려나 추방당했다. 하지만 1653년에 영국으로 돌아오자마자 다시 재판을 받고 투옥되어 있다가 1657년에 죽었다.

참조 : ▪ 토머스 페인 134~139쪽 ▪ 올리버 크롬웰 333쪽

사무엘 폰 푸펜도르프
(Samuel Von Pufendorf)
서기 1632~1694년

독일 작센의 루터파 목사의 아들 사무엘 폰 푸펜도르프는 원래 라이프치히에서 신학을 공부했으나 예나로 가서 법학을 공부하기로 했다. 그곳에서 그는 흐로티위스와 홉스의 저작들을 발견하고 그들의 자연법이론을 알게 되었다. 국제법에 대한 사상으로 명성을 쌓은 그는 하이델베르크대학에서 최초의 자연법·국제법 교수가 되어 자신의 자연법이론을 부연하며 루소의 사회계약 개념의 기반을 마련했다. 또 그는 종교와 무관한 국제법 제도를 제안하기도 했다. 나중에 그는 궁중 역사가로서 스웨덴에서 교회정치의 이론을 발전시키며 교회법과 국가법의 차이를 강조했다.

참조: ▪ 휘호 흐로티위스 94~95쪽 ▪ 토머스 홉스 96~103쪽 ▪ 장 자크 루소 118~125쪽

후아나 이네스 데 라 크루스
(Juana Inés de la Cruz)
서기 1651~1695년

후아나 이네스 데 아스바헤 이 라미레스 데 산틸라나(Juana Inés de Asbaje y Ramírez de Santillana)는 멕시코시티 근처에서 이사벨라 라미레스와 한 에스파냐 선장의 사생아 딸로 태어났다. 아주 어렸을 때 읽고 쓰는 법을 배운 그녀는 1660년에 할아버지에게 맡겨졌을 때 할아버지의 장서에 큰 흥미를 보였다. 당시에 공부는 남자들만의 전유물이었는데, 그녀는 남자로 변장해서 대학에 가게 해달라고 가족에게 애원하다가 결국 독학으로 고전을 공부했다. 그녀는 1669년에 성 히에로니무스 수도회 수녀원에 들어가서 죽을 때까지 그곳에 적을 두었다. 그녀는 시를 여러 편 썼고, 그녀의 글쓰기에 대한 교회 권위자의 비판에 대응해 당찬 여성교육권 옹호론을 담은 〈필로테아 수녀에게 보내는 답장〉을 쓰기도 했다. 그녀는 사회가 여자들을 무지한 상태로 유지시킴으로써 손해를 보고 있다고 주장하며 이렇게 물었다. "우리 나이 든 여자들을 교육했더라면 얼마나 많은 손해를 면했겠습니까?" 그녀는 그 말 때문에 교회로부터 비난을 받았다.

참조: ▪ 메리 울스턴크래프트 154~155쪽 ▪ 에멀라인 팽크허스트 207쪽 ▪ 시몬 드 보부아르 284~289쪽 ▪ 시린 에바디 328쪽

조지 워싱턴
(George Washington)
서기 1732~1799년

미국 독립전쟁에서 대륙군 총사령관으로 활약한 워싱턴은 미 헌법 제정자 중 한 명이자 미국의 초대 대통령이었다. 그는 정당 소속이 아니었으며, 파벌정치의 불화를 조심해야 한다고 경고했다. 두 임기 동안 재임하면서 그는 미국을 연방정부 치하의 공화국으로 통합하기 위한 조치들을 도입했다. 그는 애국심을 고취했을 뿐 아니라, 미국의 번영을 증진하고 무역을 장려하기 위한 실용적 조치도 취했다. 국채를 갚기 위해 공정한 조세제도를 도입했고, 외교문제와 관련해서는 유럽 전쟁에 휘말리지 않기 위해 중립을 주장했다. 취임 연설과 대통령 중임제를 비롯한 미국 정부의 여러 관습은 워싱턴이 확립한 것이다.

참조: ▪ 벤저민 프랭클린 112~113쪽 ▪ 토머스 페인 134~139쪽 ▪ 토머스 제퍼슨 140~141쪽

조제프 드 메스트르
(Joseph de Maistre)
서기 1753~1826년

조제프 마리 콩트 드 메스트르(Joseph-Marie comte de Maistre)는 프랑스혁명에 뒤이어 보수적 반발이 일어났을 때 주요 인물로 부상했다. 그는 프랑스혁명을 무신론적 계몽주의 사상의 결과로 보고, 그 혁명에 뒤따른 공포정치가 기독교 거부로 인한 필연적 결과라고 주장했다. 그는 혁명을 피해 스위스로, 그리고 이탈리아와 사르디니아로 망명했다. 그가 믿은 바에 따르면, 합리적으로 정당화된 정치체제는 폭력으로 끝날 수밖에 없고, 유일하게 안정적인 정치체제는 교황을 최고 권위자로 두는 종교적으로 승인된 군주제다.

참조: ▪ 토머스 아퀴나스 62~69쪽 ▪ 에드먼드 버크 130~133쪽

니콜라이 모르드비노프
(Nikolai Mordvinov)
서기 1754~1845년

영국 해군에서도 복무한 적 있는 러시아 해군 장교 니콜라이 모르드비노프는 황제 파벨 1세의 관심을 받아 제독으로, 이어서 해군 장관으로 진급하여 군사정책에 영향을 미쳤다. 그는 러시아 정부가 독재주의를 고수하던 시기에 자유주의를 옹호했다. 열렬한 영국 예찬자였던 모르드비노프는 영국의 정치적 자유주의를 특히 동경했는데, 자신의 영향력을 이용하여, 러시아의 경제적 발전에 걸림돌이 되는 농노제를 자유주의체제로 교체해야 한다고 주장했다. 그는 혁명 없이도 그런 변화가 가능하다고 믿었다.

참조: ▪ 존 스튜어트 밀 174~181쪽 ▪ 표트르 크로폿킨 206쪽

막시밀리앙 로베스피에르
(Maximilien Robespierre)
서기 1758~1794년

프랑스혁명의 주요 인물 로베스피에르는 그의 지지자들에게는 타락하지 않고 혁명원칙을 유지하는 사람으로 비쳤지만, 대체로는 무자비한 독재자로 기억된다. 그는 파리에서 법을 공부하면서 장 자크 루소의 혁명적 저작을 처음 접하게 되었다. 그는 아라스에서 변호사로 일하다가 정치계에 발을 들여 국민의회의 의원직에 올랐다. 의회에서 그는 평등권과 프랑스 공화국 수립을 옹호했다. 루이 16세가 처형된 후 로베스피에르는 공안위원회를 이끌며 공포시대에 반혁명운동의 위협을 근절하려 애썼으나, 본인이 체포되어 처형당했다.

참조: ▪ 몽테스키외 110~111쪽 ▪ 장 자크 루소 118~125쪽 ▪ 그라쿠스 바뵈프 335쪽

그라쿠스 바뵈프
(Gracchus Babeuf)
서기 1760~1797년

프랑수아 노엘 바뵈프(François Noël Babeuf)는 정규교육을 거의 받지 않았다. 저술가 겸 저널리스트가 된 그는 프랑스혁명이 일어난 후에 〈호민관〉지에서 '그라쿠스' 바뵈프라는 필명으로 선전물을 발표했다. 그것은 로마의 개혁가이자 호민관이었던 그라쿠스 형제에게 경의를 표하는 이름이었다. 바뵈프의 견해는 혁명 권위자들이 보기에도 지나치게 급진적이었다. 그는 공포정치의 이상을 지지하는 〈호민관〉지를 발행한 결과로 평등회라는 추종자들을 얻었다. 하지만 정보원들이 그의 조직에 잠입해 알아낸 증거 때문에 바뵈프와 여러 동료 운동가들은 음모죄로 기소되고 체포되어 처형당했다.

참조: ▪ 장 자크 루소 118~125쪽 ▪ 막시밀리앙 로베스피에르 335쪽

요한 피히테
(Johann Fichte)
서기 1762~1814년

주로 철학자로 알려진 피히테는 독일의 정치적 민족주의에서도 주요한 인물로 여겨진다. 프랑스혁명 후 프랑스는 독일 서부의 여러 주를 합병하고 자유 및 시민권 개념을 소개했는데, 이는 애국적인 반응을 불러일으켰다. 피히테는 독일인들에게 공동의 유산과 언어를 기반으로 단합하여 프랑스의 영향력에 맞서기를 촉구했다. 그리고 더 논란의 여지가 많은 주장이었지만, "국가 내부의 유대인 국가"에서 비롯하는 위협을 제거하기를 촉구하기도 했다. 그는 그렇게 공공연히 반유대주의적 태도를 취했을 뿐 아니라, 여자들에게는 시민권을 주지 말아야 한다고 믿기도 했다. 그의 가장 극단적인 제안은 히틀러의 사회주의운동으로 이어졌다.

참조: ▪ 요한 고트프리트 헤르더 142~143쪽 ▪ 게오르크 헤겔 156~159쪽 ▪ 아돌프 히틀러 337쪽

나폴레옹 보나파르트
(Napoleon Bonaparte)
서기 1769~1821년

이탈리아 귀족 혈통의 코르시카인 나폴레옹은 프랑스에서 사관학교를 다니고 프랑스군에서 복무했지만 늘 코르시카인 민족주의자로 남아 있었다. 프랑스혁명이 끝날 무렵 그는 공화주의적 감성으로 공화주의세력에서 한자리를 차지했다. 쿠데타 후 그는 스스로 공화국 제1집정이 되어 '나폴레옹 법전'을 제정했다. 그 법은 선천적인 특권을 불법화함으로써 능력주의적 정부를 확립했고, 유대인과 프로테스탄트 등에게 종교적 해방을 보장하는 조치를 도입했다. 나폴레옹은 가톨릭 교회의 지위를 어느 정도 회복시키는 협약을 교황 비오 7세와 맺기도 했다. 그는 1804년에 자신을 황제로 선언하고 일련의 전쟁을 개시했으나 결국 몰락을 맞게 되었다. 1813년에 폐위되어 엘바 섬으로 유배되었다가 곧 권력을 되찾았으나 1815년 워털루 전투에서 영국군에 패했다. 이후 그는 세인트헬레나 섬에 유배되어 있다가 죽었다.

참조: ▪ 프리드리히 니체 196~199쪽 ▪ 막시밀리앙 로베스피에르 335쪽

로버트 오언
(Robert Owen)
서기 1771~1817년

로버트 오언은 웨일스의 서민 집안 출신으로, 십대 때 일자리를 찾아 잉글랜드 맨체스터로 갔다. 그리고 직물업계에서 명성을 얻어 열아홉 살에 방적공장의 관리자가 되었다. 그는 『사회에 관한 새 견해』에서 자신의 사회개혁 사상을 설명했다. 그의 공상적 사회주의 철학은 주거, 사회복지, 교육 같은 노동자환경의 개선을 기반으로 했다. 그는 스코틀랜드의 뉴래너크와 브리튼의 다른 지역과 미국 인디애나 주의 뉴하모니에 협동조합을 세웠다. 협동조합운동의 선구자인 그의 조합들은 영국의 사회개혁운동에 영향을 미쳤다.

참조: ▪ 토머스 페인 134~139쪽 ▪ 제러미 벤담 144~149쪽 ▪ 카를 마르크스 188~193쪽 ▪ 베아트리스 웹 210쪽

샤를 푸리에
(Charles Fourier)
서기 1772~1837년

프랑스 브장송에서 상인의 아들로 태어난 푸

리에는 유럽 곳곳을 여행하며 다양한 직업을 경험한 후 저술가로 자리 잡았다. 혁명기의 다른 사회주의 사상가들과 달리 그는 사회문제의 원인이 불평등이라기보다 가난이라고 믿고서, 일종의 자유론적 사회주의를 발전시켰다. 또 그는 선구적인 여성권리 옹호자이기도 했다. 그는 유대인들이 행하는 사악한 관습인 거래와 경쟁 대신 협동체제를 제안했다. 푸리에의 공상적 사상은 공동주택에서 주거하는 '팔랑스테르(phalanxes)'라는 공동체에서 실현되게 되어 있었다. 노동자들은 각자가 공헌하는 정도에 따라 보수를 받게 되어 있었다. 그리고 인기 없는 일일수록 보수가 높게 되어 있었다. 1871년에 파리를 잠시 통치한 파리코뮌은 그의 생각을 채택했고, 미국의 몇 곳에는 팔랑스테르가 실제로 만들어졌다.

참조 : ■ 메리 울스턴크래프트 154~155쪽 ■ 로버트 오언 335쪽

주세페 가리발디
(Giuseppe Garibaldi)
서기 1807~1882년

'리소르지멘토(Risorgimento, 19세기의 이탈리아 통일운동)'의 주요 인물 가리발디는 빨간 셔츠로 유명한 게릴라부대를 이끌며 시칠리아와 나폴리를 정복했다. 그는 이탈리아를 떠나 망명생활을 하던 중에 남아메리카에서도 전쟁에 참가했고, 미국에서 시간을 보냈다. 그의 공적은 대서양 양쪽에서 널리 알려졌고, 그의 인기는 이탈리아 통일을 앞당기는 데 큰 영향을 미쳤다. 가리발디는 교황이 정치권력을 쥐는 데 강력히 반대한 공화주의자이긴 했지만, 통일을 위해 군주제 수립을 지지하여, 사르데냐 왕 비토리오 에마누엘레 2세 치하의 이탈리아 왕국이 세워지는 과정을 도왔다. 그 왕국은 1861년에 건립되었다. 그리고 1870년에는 교황령도 그 왕국의 일부가 되면서 리소르지멘토가 완수되었다. 가리발디는 유럽 연방이라는 아이디어를 지지했는데, 새로 통일된 독일이 그 연방을 이끌길 바랐다.

참조 : ■ 주세페 마치니 172~173쪽

나세르 알딘 샤 카자르
(Naser al-Din Shah Quajar)
서기 1831~1896년

카자르 왕조의 제4대 샤(Shah)인 나세르 알딘은 1848년 이란의 왕위에 올라, 유럽 사상의 영향을 받은 개혁가로서 재위를 시작했다. 그는 길을 닦고 우편·전보 제도를 세우는 등 국가기반시설을 개선했을 뿐 아니라, 서양식 학교를 개교시키고 성직자 권력 축소정책도 도입했으며 유대인 국가 수립계획에 호의적인 태도를 취했다. 그는 1873년과 1878년에 유럽을 여행했는데, 영국의 정치제도에서 특히 깊은 인상을 받았다. 하지만 시간이 지남에 따라 그는 점점 더 독재적으로 변하여, 소수자를 박해하고 유럽 상인들에게 이권을 주며 사익을 챙겼다. 외국의 이해관계에 사로잡힌 인물로 여겨진 그는 이란의 민족주의운동이 전개되는 가운데 갈수록 인기를 잃다가 1896년에 암살당했다.

참조 : ■ 테오도어 헤르츨 208~209쪽 ■ 무스타파 케말 아타튀르크 248~249쪽

오스발트 슈펭글러
(Oswald Spengler)
서기 1880~1936년

독일 역사가 오스발트 슈펭글러는 『서구의 몰락』으로 명성을 얻었다. 그 책은 1914년에 완성되었지만 제1차 세계대전이 끝난 후에야 출판되었다. 그 책에서 슈펭글러는 문명이란 모두 결국 쇠퇴하게 마련이라는 이론을 설명했는데, 그 생각은 1920년대에 독일의 쇠퇴로 강화되었다. 다른 저서 『프로이센과 사회주의』에서는 권위주의적 사회주의의 새로운 민족주의운동을 옹호했다. 하지만 나치즘 지지자는 아니었던 그는 히틀러의 인종 우월성 관념을 공공연히 비판하고, 세계대전이 서구 문명의 종말을 가져올 수 있다고 경고했다.

참조 : ■ 이븐할둔 72~73쪽 ■ 아돌프 히틀러 337쪽

리처드 토니
(Richard Tawney)
서기 1880~1962년

영국의 사회·경제사가 리처드 토니는 자본주의 사회의 탐욕스러운 면을 호되게 비판했다. 그는 고전적인 역사분석서 『종교와 자본주의 발흥』 외에 사회비평서를 몇 권 썼다. 그런 책에서 토니는 기독교 사회주의와 평등사회에 대한 자신의 생각을 전개했다. 개혁 사회주의자이자 독립노동당의 일원이었던 그는 시드니 웹, 베아트리스 웹과 함께 산업·교육 개혁운동을 해나갔다. 또 그는 성인 교육의 충실한 옹호자로 노동자교육협회(WEA)에 적극적으로 관여했는데, 1928년에는 그 협회의 회장이 되기도 했다.

참조 : ■ 베아트리스 웹 210쪽 ■ 로버트 오언 335쪽

프랭클린 D. 루스벨트
(Franklin D. Roosevelt)
서기 1882~1945년

미국의 제32대 대통령 루스벨트는 대공황이라는 최악의 시기였던 1932년에 선출되었다. 즉시 그는 경제성장을 촉진하고 실업률을 줄이고 금융기관을 통제하기 위해 '뉴딜

(New Deal)'이라는 정책을 도입했다. 그리고 한편으로는 시민권 개선을 위한 사회개혁도 시작했다. 그의 정부 사회프로그램 확대와 금융시장 개입은 20세기 미국 자유주의정치의 표준이 되었다. 그의 정책이 경제상황을 개선하고 대중의 기운을 북돋운 상황에서 제2차 세계대전이 일어나자, 그는 미국이 고립주의적 태도에서 벗어나 세계정세에서 주도적 역할을 하게 함으로써 자신의 인기를 강화했다.

참조 : ■ 윈스턴 처칠 236~237쪽 ■ 이오시프 스탈린 240~241쪽

베니토 무솔리니
(Benito Mussolini)
서기 1883~1945년

베니토 무솔리니는 젊어서 이탈리아를 떠나 스위스로 가서 사회주의 운동가에 이어 정치 저널리스트가 되었다. 그는 열렬한 이탈리아 민족주의자이기도 했는데, 제1차 세계대전 참전을 지지했다가 이탈리아 사회당에서 제명당했다. 이탈리아군에서 복무한 후 프롤레타리아혁명이라는 정통 사회주의 개념을 버리고 1921년에 파시스트 선언에서 민족주의와 사회주의가 혼합된 사상을 발전시켰다. 그리고 1922년에 '로마 진군'이라는 쿠데타에서 국민파시스트당을 이끌었고, 이듬해에 연립정부의 수상이 되었다. 몇 년 지나지 않아 '일 두체(Il Duce, 수령)'라는 칭호를 쓰며 독재권력을 얻었다. 곧 그는 공공사업 및 사회개혁 프로그램을 시작했다. 제2차 세계대전에서는 히틀러의 독일을 편들었다. 연합군이 이탈리아를 침공한 후 투옥되었으나 독일 특수부대 덕분에 풀려났다. 하지만 결국은 이탈리아 유격대에 잡혀 1945년에 처형되었다.

참조 : ■ 조반니 젠틸레 238~239쪽 ■ 아돌프 히틀러 337쪽

아돌프 히틀러
(Adolf Hitler)
서기 1889~1945년

아돌프 히틀러는 오스트리아에서 태어나긴 했지만 젊어서 독일로 이주한 후 얼마 지나지 않아 맹렬한 게르만 민족주의자가 되었다. 제1차 세계대전 때 군에 복무한 후 신흥 독일노동자당(나중에 나치당으로 바뀌었다)에 들어가 1921년에 당수가 되었다. 1923년에는 쿠데타(뮌헨 맥주 홀 폭동)를 꾀하다 실패한 후 투옥되었다. 감옥에서 히틀러는 회고록『나의 투쟁』을 썼다. 이듬해에 풀려난 그는 게르만 민족주의, 인종적 우월성, 반유대주의, 반공산주의에 대한 자기 생각을 이용해 지지를 얻어 1933년에 수상으로 선출되었다. 그는 재빨리 독재정권을 수립하고 바이마르 공화국을 제3 제국으로 바꾼 다음, 독일을 재무장시키며 게르만족을 위한 영토확장을 준비했다. 그리하여 1939년 폴란드를 침공해 제2차 세계대전을 일으켜 제3 제국을 유럽 곳곳으로 확장했으나 1945년에 결국 패배했다. 그는 베를린 전투 중에 연합군이 접근해오는 가운데 벙커에서 자살했다.

참조 : ■ 이오시프 스탈린 240~241쪽 ■ 베니토 무솔리니 336쪽

호찌민
(胡志明, Ho Chi Minh)
서기 1890~1969년

호찌민은 프랑스령 인도차이나(지금의 베트남)에서 응우옌 신 쿵(Nguyen Sinh Cung)이라는 이름으로 태어나 후에의 프랑스 학교 리세(lycée)에서 공부했다. 선생으로 잠시 일한 후 배에서 일자리를 얻어 미국으로 갔고, 이어서 런던과 파리에서 허드렛일을 했다. 프랑스에 있는 동안 그는 공산주의에 대해 알게 되었고, 베트남의 프랑스 정부를 민주주의 정부로 교체하기 위한 운동을 벌였다. 그 후 그는 소련과 중국에서 몇 년을 보내고 홍콩에서 영국인들에게 붙잡혀 투옥되었다. 1941년에 베트남으로 돌아온 그는 독립운동을 이끌며 '호찌민'이라는 가명을 썼다. 호찌민은 제2차 세계대전 때 일본의 베트남 점령을 막아내고 1945년 공산주의체제의 베트남 민주공화국(북베트남)을 수립하며 대통령 겸 주석이 되었다. 그러나 베트남 통일을 위해 계속 투쟁하다 건강이 나빠지는 바람에 1955년에 은퇴했다. 그는 베트남 전쟁이 끝나기 전인 1969년에 죽었지만, 남베트남과 미국 연합군에 맞선 공산주의 인민군과 베트콩의 명목상의 우두머리로 남아 있었다.

참조 : ■ 카를 마르크스 188~193쪽 ■ 마오쩌둥 260~265쪽 ■ 체 게바라 312~313쪽 ■ 피델 카스트로 339쪽

호세 카를로스 마리아테기
(José Carlos Mariátegui)
서기 1894~1930년

페루의 저널리스트 호세 카를로스 마리아테기는 열네 살에 학교를 떠나 한 신문사에서 심부름꾼으로 일하다가 일간지 〈라 프렌사〉와 〈엘 티엠포〉에서 신문업을 배웠다. 1918년에는 직접 좌익신문 〈라 라손〉을 창간했으나, 1920년에는 사회주의 운동가들을 지원하기 위해 나라를 떠나게 되었다. 그는 유럽을 여행했는데, 무솔리니 집권 당시에는 이탈리아에서 지내며 사회주의정치에 참여했다. 마리아테기는 파시즘의 발흥을 좌파가 약한 탓으로 돌렸다. 1923년에 페루로 돌아온 그는 이탈리아에서 경험한 바를 염두에 두고 조국의 상황에 대해 글을 쓰기 시작했다. 또 그는 미주인민혁명동맹(APRA)에 들어갔고, 〈아마우타〉지도 창간했다. 1928년에는 페루의 공산당을 공동으로 창립하고, 마르크스주의적 분석서『페루의 현실에 대한

일곱 가지 해석적 시론』을 쓰며, 페루 토착민들의 집산주의로 돌아가야 한다고 주장했다. 그는 1930년에 일찍 죽었지만 그의 사상은 페루에 계속 영향을 미쳤는데, 20세기 말에는 '빛나는 길(Shining Path, 페루의 좌익게릴라 조직)'과 투팍 아마루 혁명운동을 고무하기도 했다.

참조 : ▪ 시몬 볼리바르 162~163쪽 ▪ 카를 마르크스 188~193쪽 ▪ 체 게바라 312~313쪽 ▪ 베니토 무솔리니 337쪽

허버트 마르쿠제
(Herbert Marcuse)
서기 1898~1979년

1930년대에 미국으로 이민한 몇몇 독일 지식인들 가운데 한 명인 허버트 마르쿠제는 철학을 공부하고 프랑크푸르트대학 사회연구소의 프랑크푸르트 학파에 속하게 되었는데, 1940년에 미국 시민이 된 후에도 그 학파와의 관계를 유지했다. 『일차원적 인간』과 『에로스와 문명』에서 그는 마르크스주의의 영향을 받은 철학을 제시하며 현대 사회의 소외를 강조했다. 마르크스주의에 대한 그의 해석은 미국 사회에 맞게 조정된 것으로, 계급투쟁이 덜 중요시되었다. 마르쿠제는 소련 공산주의의 비판자로, 그것이 자본주의와 마찬가지로 인간성을 파괴한다고 믿었다. 그는 자신의 사상으로 미국의 소수 집단과 학생들로부터 인기를 얻으면서 1960년대와 1970년대에 '신좌익의 아버지'라는 지위를 얻었다.

참조 : ▪ 장 자크 루소 118~125쪽 ▪ 카를 마르크스 188~193쪽 ▪ 프리드리히 니체 196~199쪽

레오폴 세다르 상고르
(Léopold Sédar Senghor)
서기 1906~2001년

프랑스령 서아프리카에서 태어난 레오폴 세다르 상고르는 프랑스에서 장학생으로 공부하고 투르와 파리의 대학에서 교수가 되었다. 나치가 프랑스를 점령했을 때 그는 적극적으로 저항활동에 참여했다. 에메 세제르와 레옹 다마스 등의 다른 아프리카인 망명자들과 함께 그는 '흑인성(négritude)' 개념을 발전시키며, 유럽에 널리 퍼진 인종차별적·식민지적 태도에 반대하고 아프리카 문화의 긍정적 가치를 옹호했다. 제2차 세계대전 후에는 아프리카로 돌아가 학문적 활동을 계속하는 한편, 갈수록 정치에 깊이 관여하게 되었다. 그러다 1960년에 세네갈이 독립했을 때 그 나라의 초대 대통령으로 선출되었다. 그는 여러 탈식민국들의 마르크스주의가 아닌, '흑인성'에 기초한 독특한 아프리카 사회주의의 태도를 취하며 프랑스를 비롯한 서양과 관계를 유지했다.

참조 : ▪ 마하트마 간디 220~225쪽 ▪ 마르쿠스 가비 252쪽 ▪ 마틴 루터 킹 316~321쪽

미하일로 마르코비치
(Mihailo Markovic)
서기 1923~2010년

당시 유고슬라비아에 속했던 베오그라드에서 태어난 세르비아 철학자 미하일로 마르코비치는 프락시스 학파(Praxis School)로 알려진 마르크스주의적 인본주의운동 집단의 주요 일원이었다. 제2차 세계대전에 게릴라 대원으로 참여한 후 그는 유고슬라비아 공산당에서 소련의 스탈린주의를 맹렬히 비판하고 마르크스주의 원칙으로의 복귀를 주장하면서 명성을 얻었다. 베오그라드와 런던에서 공부한 그는 존경받는 학자로서 1960년대 프락시스운동의 구심점이 되어 언론의 자유와 완전히 마르크스주의적인 사회비판을 요구했다. 1986년에 마르코비치는 세르비아 민족주의자들의 입장을 설명하는 SANU 메모랜덤을 공동으로 작성하고, 세르비아 사회당원으로서 세르비아 민족주의 지도자 슬로보단 밀로셰비치를 지지했다.

참조 : ▪ 카를 마르크스 188~193쪽 ▪ 허버트 마르쿠제 338쪽

장 프랑수아 료타르
(Jean-Francois Lyotard)
서기 1924~1998년

프랑스 포스트모더니즘 철학운동의 주요 인물인 장 프랑수아 료타르는 파리의 소르본대학에서 공부하고 국제철학대학(International College of Philosophy)을 공동으로 창립했다. 1950년대의 여러 사회주의자들처럼 그는 스탈린 치하 소련의 지나친 행위에 환멸을 느끼고, '사회주의인가, 야만인가(Socialisme ou Barbarie)'라는 단체에 들어갔다. 그것은 마르크스주의의 관점에서 스탈린에 반대하기 위해 1949년에 결성된 단체였다. 그는 나중에 다른 마르크스주의 단체로 관심을 돌렸다. 1968년 5월에 그는 파리에서 학생과 노동자들의 시위에 참여했으나, 정치사상가들의 반응이 부족한 데 실망했다. 1974년 료타르는 『리비도경제』에서 자신이 마르크스주의혁명에 대한 믿음을 버린다고 선언했다. 그 책을 비롯한 료타르의 여러 정치서에는 욕망의 정치와 관련하여 마르크스와 자본주의, 지그문트 프로이트 저작이 포스트모더니즘적 방식으로 분석되어 있다.

참조 : ▪ 카를 마르크스 188~193쪽 ▪ 허버트 마르쿠제 338쪽

피델 카스트로
(Fidel Castro)
서기 1926년~

반제국주의 정치를 명목상 대표하는 인물인 피델 카스트로는 아바나대학의 법학과 학생일 때 쿠바의 정치에 처음 참여하게 되었다. 재학 중에 그는 아바나를 떠나 콜롬비아와 도미니카 공화국의 우익정부에 대한 반란에서 싸웠다. 1959년에는 동생 라울, 친구 체 게바라와 함께, 미국의 지원을 받은 풀헨시오 바티스타의 쿠바 독재정부를 타도하기 위한 운동을 이끌었다. 새 쿠바 공화국의 총리가 된 그는 일당 마르크스-레닌주의 국가를 세웠다. 미국이 그를 타도하려고, 심지어 암살하려고 시도했음에도 불구하고 그는 1976년에 국가평의회 의장이 되었다. 카스트로는 쿠바를 소련과 너무 가깝게 하지 않고, 비동맹운동회의의 구성원으로서 국제주의적 태도를 취했다. 비동맹운동회의는 냉전 기간에 동·서 양대 진영 사이에서 반제국주의적 중도를 주장한 집단이었다. 소련이 몰락한 후 그는 쿠바와 다른 라틴아메리카 국가들의 동맹을 맺고, 쿠바를 해외투자에 개방하는 법안을 통과시켰다. 그러다 2008년에 건강문제로 자리에서 물러나 동생 라울에게 의장직을 넘겼다.

참조 : ▪ 카를 마르크스 188~193쪽 ▪ 블라디미르 레닌 226~233쪽 ▪ 체 게바라 312~313쪽

위르겐 하버마스
(Jürgen Habermas)
서기 1929년~

독일의 철학자이자 사회학자인 위르겐 하버마스는 현대 자본주의 사회와 민주주의를 대체로 마르크스주의적인 관점에서 분석해온 것으로 유명하다. 그는 마르크스주의적 분석의 합리주의를 강조하며, 그것을 계몽주의 사상의 연장으로 여긴다. 제2차 세계대전 중의 경험, 특히 종전 후의 뉘른베르크 재판에서 영향을 받은 그는 전후 독일을 위한 새로운 정치철학을 찾고자 애썼다. 그는 프랑크푸르트대학 사회연구소에서 공부했으나, 그 기관의 반모더니즘적 태도에는 동의하지 않았다. 그는 나중에 슈테른베르크의 막스 플랑크 연구소 소장이 되었다. 다작하는 저술가로서 하버마스는 참된 민주 사회주의를 옹호하는 한편, 포스트모더니즘을 자주 비판해왔다.

참조 : ▪ 카를 마르크스 188~193쪽 ▪ 막스 베버 214~215쪽

데이비드 고티에
(David Gauthier)
서기 1932년~

캐나다 토론토에서 태어난 데이비드 고티에는 토론토, 하버드, 옥스퍼드 대학에서 철학을 공부한 후 토론토대학에서 1980년까지 교수로 일하다가 피츠버그대학으로 갔다. 그의 주된 관심 분야는 도덕철학, 특히 홉스와 루소의 정치이론이다. 수많은 논문과 책에서 고티에는 합리적 계몽주의 도덕이론에 기초한 자유주의 정치철학을 발전시켜왔다. 대표작 『합의 도덕론』에서 그는 의사결정에 대한 현대 이론들(게임이론 등)을 사회계약 개념에 적용하고 정치적·경제적 의사결정의 도덕적 기초를 고찰한다.

참조 : ▪ 토머스 홉스 96~103쪽 ▪ 장 자크 루소 118~125쪽

에르네스토 라클라우
(Ernesto Laclau)
서기 1935년~

정치이론가 에르네스토 라클라우는 조국 아르헨티나에서 사회주의 운동가로, 그리고 민족좌파 사회당의 일원으로 활동하다가 1969년에 영국에서 학계로 들어서게 되었다. 그는 에식스대학에서 공부했는데, 지금도 그곳의 정치이론 교수로 있다. 라클라우는 자신의 태도를 후기 마르크스주의라고 표현한다. 그는 장 프랑수아 료타르와 자크 데리다 같은 프랑스 철학자들에게서 비롯한 사상적 요소들과 자크 라캉의 정신분석이론을 본질적으로 마르크스주의적인 정치철학에 적용한다. 하지만 그는 계급투쟁과 경제결정론이라는 마르크스주의적 개념을 거부하고 '급진적 다원 민주주의'를 지지한다.

참조 : ▪ 카를 마르크스 188~193쪽 ▪ 안토니오 그람시 259쪽 ▪ 장 프랑수아 료타르 338쪽

GLOSSARY 용어사전

경제적 구조주의(Economic Structuralism)
세계의 정치행위가 세계의 경제적 구조방식에 기초한다는 신념.

계몽주의(Enlightenment)
18세기에 종교적 세계관에 대한 의문과 이성의 적용 등을 통해 지적인 발전을 이룬 시기로, '이성의 시대(Age of Reason)'라고도 불린다.

고립주의(Isolationism)
군사동맹, 국제계약, 때로는 국제무역에까지 참여하지 않으려는 국가정책.

고전적 자유주의(Classic Liberalism)
국가나 교회의 권리보다 개인의 권리를 중시하며 절대주의와 왕권신수설에 반대했던, 18세기에 기원한 철학.

공리주의(Utilitarianism)
제러미 벤담이 발전시킨 사회철학의 한 사조로, 어떤 상황에서든 최고의 정책은 최대 다수에게 최대의 행복을 제공하는 정책이라고 주장한다.

공산주의(Communism)
카를 마르크스와 프리드리히 엥겔스의 1848년 정치선언을 바탕으로, 공동소유를 지지하고 사유재산 철폐를 주장하는 이데올로기.

공화주의(Republicanism)
군주가 없고, 권력은 국민에게 있으며, 국민이 뽑은 대표가 권력을 행사하는 공화정이 최고의 정치형태라는 신념.

과두정(Oligarchy)
소규모 집단이 권력을 보유하고 자신들의 이익에 맞게 행사하여 대체로 일반국민에게 피해를 주는 정부형태.

관습법(Common Law)
법령집이나 헌법 대신 법정 판례에 근거하는 국법.

국민주권(Popular Sovereignty)
국가의 시민들이 최고의 정치권한을 부여받고 평등하게 공유하며 국가, 정부, 정치지도자에게 이 권한의 행사권을 부여하지만, 궁극적인 주권은 양도하지 않는다는 이론.

극단주의(Extremism)
비타협적인 정책이나 행동을 선호하는 모든 정치이론.

근본주의(Fundamentalism)
종교적 원리를 엄격히 믿고 준수하는 주의.

글라스노스트(Glasnost)
'개방'을 의미하는 러시아어로, 소련에서 미하일 고르바초프가 정부를 더 많은 책임과 감시에 노출시키기 위해 도입한 정책이다.

금권정치(Plutocracy)
사회 내 부유층으로부터 크게 영향을 받거나 통제받는 정부.

급진주의(Radicalism)
정치적 수단을 얻기 위해 극단적 형태의 변화를 지지하는 입장. 또는 전통적 또는 기존의 신념으로부터 상당히 벗어나 있는 신념을 의미한다.

네그리튀드(Négritude)
1930년대에 프랑스 식민주의의 인종차별주의에 대항하여 프랑스 지식인들이 발전시킨, 공유된 아프리카 흑인의 정체성에 기반한 연대라는 이데올로기적 입장.

농본주의(Agrarianism)
농촌사회와 농민이 도시사회와 임금노동자보다 우월하다고 보고, 농경이 사회적 가치를 형성할 수 있는 생활방식이라고 보는 정치철학.

능력주의(Meritocracy)
통치자를 선택할 때 부나 출신배경이 아니라 능력에 기반을 두어야 한다는 신념.

다원주의(Pluralism)
다양한 사회적·인종적 집단의 구성원이 자신의 전통문화나 특정한 이해관계를 서로에게 자유롭게 표현할 수 있는 사회에 대한 신념.

다자주의(Multilateralism)
국제관계에서 다수의 국가들이 서로 협력하는 것. 일방주의에 반대된다.

도덕적 절대주의(Moral Absolutism)
도덕이 인간의 행위, 특히 국제법과 관련된 행위의 절대적인 지침이 되어야 한다는 개념에 기초한 철학.

독재자(Dictator)
절대적인 통치자로, 특히 국민의 자유로운 동의 없이 그들을 완전히 통제하며 권력을 압제적으로 행사하는 통치자.

디스토피아(Dystopia)
비참하고 역기능적인 상태가 특징인 이론상의 사회. 유토피아 참조.

마르크스 사회주의(Marxian Socialism)
마르크스가 자본주의에서 공산주의 국가로 이행하기 위한 필수적 단계라고 믿었던 경제적 발전 단계.

마르크스주의(Marxism)
카를 마르크스의 저작에서 토대를 이루는 철학으로, 사회의 경제적 질서가 그 안의 정치적·사회적 관계를 결정한다고 주장한다.

마르크스-레닌주의(Marxism-Leninism)
카를 마르크스와 블라디미르 레닌의 이론을 기반으로 국제적 공산주의 사회의 수립을 촉구하는 이데올로기.

마오쩌둥주의(Maoism)
마오쩌둥의 가르침에서 유래된 일종의 마르크스-레닌주의. 중심 교의는 농본주의적인 농민이 프롤레타리아를 대신하여 혁명 지지 세력이 될 수 있다는 것이다.

마키아벨리적(Machiavellian)
교활하고, 냉소적이고, 기회주의적인 정치적 행위. 16세기 피렌체의 정치이론가인 니콜로 마키아벨리에서 따왔다.

무정부주의(Anarchism)
필요하다면 폭력적 수단을 통해서라도 정부 권력을 폐지하고 자발적인 협력에 기초한 사회를 채택하는 주의.

민족주의(Nationalism)
조국에 대한 충성과 헌신, 그리고 조국의 이해관계를 정치정책의 최우선적 목표로 추구해야 한다는 정치적 신념.

민주주의(Democracy)
최고 권력이 국민에게 귀속되거나 그들이 선출한 대표에 의해 행사되는 정부형태.

반동주의(Reactionism)
급진적인 사회적 변화에 반대하며 이전의 정치적·사회적 질서로의 복귀를 선호하는 정치성향.

법가(Legalism)
중국의 전국시대에, 필요하다면 가혹한 처벌을 동원해서라도 법과 질서를 유지해야 할 필요성을 강조했던 공리주의적 정치철학.

보수주의(Conservatism)
사회의 급진적 변화에 반대하는 정치적 입장. 보수주의자는 경제적 자유, 기업, 자유시장, 사유재산의 보호, 기업 민영화, 정부규모 축소 등의 다양한 정책을 지지한다.

볼셰비키(Bolshevik)
'다수파'를 뜻하는 러시아어로, 1903년에 마르크스주의 러시아사회민주노동당(RSDLP)에서 멘셰비키파와 갈라져 생긴 분파이며, 1917년 후에는 소련공산당(Communist Party of the Soviet Union)이 되었다.

봉건제(Feudal System)
공국이나 공작령 같은 작은 지역단위로 구성된 중세 시대의 정치체제로, 귀족의 지배 아래 농민은 예속된 상태로 살았다.

부르주아(Bourgeoisie)
마르크스주의에서, 생산수단을 소유하고 임금노동보다 소유권에서 소득을 얻는 계급.

분리주의(Segregationism)
서로 다른 인종, 계급, 민족 집단을 분리할 필요성이 있다는 신념.

사회계약(Social Contract)
개인들 간에 조직화된 사회를 형성하기 위한, 또는 개인과 통치자/정부 간에 서로의 한계, 권리, 의무를 정의하기 위한 실질적 또는 이론적 계약. 토머스 홉스나 존 로크 같은 이론가들은 사회계약을 개인이 통치력과 자연상태로부터 보호받을 수 있는 수단으로 정의했다.

사회민주주의(Social Democracy)
평화로운 민주주의적 방법을 통한, 자본주의에서 사회주의로의 점진적인 이행을 지지하는 개혁주의 정치운동. 일반적으로 모든 시민이 교육, 의료, 노동, 산재보상, 차별로부터의 자유 등의 권리를 누려야 한다고 믿는다.

사회주의(Socialism)
시장의 힘에 결정을 맡기기보다 산업의 국유화와 규제, 그리고 자원 배분에 대한 중앙통제를 옹호하는 이데올로기 겸 정부형태.

생디칼리슴(Syndicalism)
자본주의와 사회주의에 대한 대안으로 출현한 20세기 초반의 이데올로기. 특히 프랑스와 스페인에서 인기를 끌었던 이 사상은 노동조합에 의한 총파업으로 국가의 생산수단을 장악하고 그 정부를 타도하며 현지 신디케이트들의 연대를 통해 생산을 조직화할 것을 주창했다.

생태철학(Ecosophy)
환경정치에서 생태적 조화나 균형을 강조하는 아르네 네스의 생태학적 철학.

샤리아 율법(Sharia Law)
무슬림의 종교적·세속적 삶을 지배하는 이슬람의 신성한 율법. 일부 무슬림은 샤리아가 유일하게 정통적인 법의 근거라고 주장한다.

식민주의(Colonialism)
한 국가가 새로운 영토에 대해 주권을 주장하는 것. 영토를 지배하는 식민주의자와 현지 토착주민 사이의 불평등한 권력관계가 특징이다.

신권정치(Theocracy)
보통 종교적 교의나 인식된 신의 중재에 따라 성직자나 심지어 공인받은 '살아있는 신'이 조직하고 지배하고 이끄는 정치체제다.

아파라치크(Apparatchik)
공산주의 정당조직의 간부. 정치적 열성분자를 경멸조로 지칭하는 용어로 사용되고 있다.

아파르트헤이트(Apartheid)
본래 '분리'를 뜻하는 아프리칸스어로, 남아프리카 공화국에서 1948년 국민당이 선거에서 승리한 후 도입한 인종차별주의 정책.

엘리트주의(Elitism)
사회는 개인들로 구성된 엘리트집단이 지배

해야 한다는 신념.

연방주의(Federalism)
국가권력이 중앙정부와 그보다 작은 주나 지방정부에 나뉘어 있는 정부체제.

왕권신수설(Divine Right Of Kings)
왕의 권위는 신으로부터 유래하여 지상의 어떠한 권위에 대해서도 책임을 묻지 않는다고 주장하는 교의.

우익주의/우익(Rightism/Right Wing)
정치적 '우파'의 이데올로기로, 넓게는 보수주의, 친시장적 태도, 개입주의적 정부에 비해 개인의 자유 중시, 법과 질서에 대한 엄격한 접근, 민족주의 등을 선호하는 것으로 정의된다.

유교(Confucianism)
공자(Confucius)의 가르침을 바탕으로, 위계질서와 충성뿐 아니라 개인의 발전 및 개선 가능성을 강조하는 사상체계.

유토피아(Utopia)
이상적으로 완벽한 장소. 정치학에서 '유토피아적(Utopian)'이란 용어는 이상적인 사회의 건설을 목표로 하는 모든 체제에 적용된다. '어디에도 없는 장소'를 의미하는 그리스어로, 16세기 초반 토머스 모어(Thomas More)의 소설 『유토피아』에서 처음 사용된 용어다. 디스토피아 참조.

일방주의(Unilateralism)
일방적 방식으로 수행되는 모든 행위. 정치학에서는 종종 개인적 방식으로 외교를 수행하며 다른 국가들, 심지어 동맹국과도 협의를 최소화하는 국가를 지칭한다. 다자주의와 반대된다.

입헌주의(Constitutionalism)
한 나라의 기본이 되는 원칙과 법을 기록해놓은 헌법에 따르는 정부체제.

자본주의(Capitalism)
시장의 힘과 더불어 국가의 생산 및 분배 수단에 대한 민간투자와 소유가 특징인 경제시스템.

자연상태(State Of Nature)
사회계약론에서, 조직화된 정부가 출현하기 전에 존재했던 가상적인 상태. 장 자크 루소에 따르면, 이 상태는 인간과 자연 사이의 일종의 목가적인 조화상태였던 반면, 토머스 홉스는 이것을 동료 인간들과의 항시적인 분쟁상태에 놓인 인간의 디스토피아적 상태로 묘사한다.

자연법(Natural Law)
공정한 실정법이 '도덕률(higher law)' 위에 놓여 있다는 개념. 도덕률은 본래 토마스 아퀴나스가 우주를 이끄는 신의 영원법을 반영한다고 정의한 것으로, 대부분의 사람들 사이에서 상식으로 입증된 것이다.

자유주의(Liberalism)
개인의 권리와 자유를 강조하는 정치 이데올로기. 자유주의자는 자유무역, 언론의 자유, 종교적 결사의 자유 보장 등 다양한 범위의 정책을 채택한다.

자유지상주의(Libertarianism)
자유와 자유의지를 옹호하는 입장으로, 정치적으로 좌익과 우익 모두에서 나타나며 자립, 이성, 경제적·개인적 사안에 대한 국가의 비개입 등을 지지한다.

전제군주(Despot)
절대적인 권력을 보유하면서, 보통 그 권력을 전제적으로 남용하는 통치자.

전제정치(Autocracy)
한 사람의 개인이 무제한적인 권력을 행사하는 공동체나 국가.

전체주의(Totalitarianism)
정치적·경제적 사안을 통제하고 국민의 태도, 가치, 신념을 지시함으로써 개인의 권리를 국가의 이해관계에 유리하게 예속시키는 정권.

절대주의(Absolutism)
정부에 완전하고 무제한적인 권력을 부여하는 원리. 전체주의라고도 불린다.

정전론(正戰論)/정당전쟁론(Just War Theory)
'전쟁 개시의 정의(jus ad bellum, 전쟁에 대한 도덕적·법적 명분의 필요성)'와 '전쟁 수행의 정의(jus in bello, 전쟁 중 도덕적 행동의 필요성)'로 구성된 군사윤리원칙.

제4계급(Fourth Estate)
신문을 비롯한 언론으로 구성된 이론적 제도로, 프랑스 입법의회에서 18세기 말까지 사용하던 성직자·귀족·평민의 세 '계급(estate)'이란 용어에서 유래했다.

제국주의(Imperialism)
타국의 내정에 직접 간섭하여 영토를 점령하고 제국 수립에 현지 주민을 예속시킴으로써 자국의 지배권을 확대하려는 정책.

종속이론(Dependency Theory)
북반구의 부유한 국가들이 남반구의 저개발 국가들과 신식민주의적 관계를 맺어 남반구의 국가들이 종속되고 불이익을 당하게 되었다는 개념.

좌익주의/좌익(Leftism/Left Wing)
정치적 '좌파'의 이데올로기. 사회복지국가에 대한 간섭주의적 입장과 국제주의적 세계관이 특징이다. 이 개념은 18세기 프랑스에서 농민의 생활여건을 개선시키고자 했던 귀족이 왕의 좌측에 앉았던 데서 유래되었다.

주권(Sovereignty)
자율적인 국가나 통치자가 모든 외부의 영향력과 통제로부터 자유로운 상태에서 행사하는 최고 권력. 보통 국내 문제와 외국과의 국제적 관계에서 국가의 자결권을 의미하는 데 사용된다.

GLOSSARY 343

준타/군사정권(Junta)
현 정부를 전복시킨 후 집권하는, 보통은 군사적 성격의 도당, 파벌, 또는 분파.

직접민주주의(Direct Democracy)
단지 원칙상으로만이 아니라 실제로 국민에 의한 정부로, 고대 아테네에서처럼 시민들이 자신에게 영향을 미치는 모든 사안에 대해 직접 투표한다.

진보주의(Progressivism)
정부와 사회의 더 나은 상태를 향한 온건한 정치적 진보에 대한 신념.

집산주의(Collectivism)
사회 및 경제 제도, 특히 생산수단에 대하여 개인이 아닌 집단의 통제를 옹호하는 정치 이론.

참정권(Suffrage)
선거나 국민투표에서의 투표권. 보편적 참정권이란 시민이 성별, 인종, 사회적 지위, 부에 상관없이 투표할 수 있는 권리를 의미하고, 여성참정권이란 여성이 남자와 동일한 조건에서 투표할 수 있는 권리를 의미하는 것으로, 20세기 초반에 '여성참정권 운동가(suffragette)' 같은 활동가들이 참정권투쟁을 벌였다.

초당적(Bipartisan)
보통 때는 반대되는 입장의 정당들이 특정 상황이나 사안에 대해 일치된 접근방식을 보이는 경우.

클렙토크라시/도둑정치(Kleptocracy)
정치인, 관료, 이들에게 비호받는 지인들이 사적인 물질적 이익을 위해 권력을 행사하는 정치권 및 정부의 부패. '도둑에 의한 지배'를 의미하는 그리스어.

파르티잔(Partisan)
특정 정치지도자, 정당, 대의에 대한 절대적인 지지자로, 보통 맹목적으로 충성하는 태도를 보인다.

파시즘(Fascism)
강력한 리더십, 집단정체성의 강요, 국가의 이해관계를 도모하기 위한 폭력과 전쟁의 사용 등이 특징인 민족주의 이데올로기. 집단정체성을 상징하는 이탈리아어 '파쇼(fascio, 나무막대 묶음을 의미)'에서 유래한 용어로, 무솔리니 정권에서 처음 사용했다.

페레스트로이카(Perestroika)
시스템이나 조직의 정치적·관료제적·경제적 개혁. '개혁'을 뜻하는 러시아어로, 미하일 고르바초프가 구소련에서 공산주의체제에 대한 개혁을 설명하기 위해 처음 사용한 용어다.

페이비언협회(Fabian Society)
사회주의를 교육과 법제도의 변화를 통해 점진적으로 도입해야 한다고 주장했던 영국 운동.

평등주의(Egalitarianism)
사회적·정치적·경제적 평등을 지지하는 철학.

평화주의(Pacifism)
보통은 종교적 또는 도덕적인 이유에서, 전쟁과 폭력을 이용해 분쟁을 해결하는 데 반대하는 입장 및 그런 운동. 이 용어는 프랑스 평화운동가 에밀 아르노(Émile Arnaud)가 처음 사용했다.

프롤레타리아(Proletariat)
마르크스주의 이론에서, 재산을 소유하지 않고 생계를 유지하기 위해 자신의 노동을 팔아야 하는 일국의 노동자들. 마르크스는 프롤레타리아가 봉기하여 자본주의의 지배자들을 타도하고 그들이 정치적·경제적으로 지배하게 될 공산주의체제를 수립하는 일이 불가피하다고 믿었다.

헤비어스 코퍼스/인신보호법(Habeas Corpus)
고발로 구금당한 개인이 자신의 유죄 여부를 판결받기 위해 법정에 출두할 권한.

현실정치(Realpolitik)
도덕적·윤리적 목적에 크게 지배받지 않는 실용적이고 현실적인 정치. 현실정치에는 시민의 자유에 대한 재량적인 입장도 포함될 수 있다.

환경정치(Green Politics)
생태학적으로 지속가능한 사회의 건설에 중점을 두는 이데올로기.

INDEX 색인

5 · 4운동 263
9 · 11테러 257, 269, 329

ㄱ

가난/빈곤 210~211, 297, 320, 336
가부장주의 22, 24, 39, 181
가족 24, 27, 32, 48, 165, 302
가톨릭교회 64, 69, 71, 90, 335
개성 176, 178~179
개인 94~95, 102, 176~181, 280~281
개인주의 186~187, 238, 280
객관주의 280~281
게오르크 헤겔 14~15, 117, 156~159, 160, 168, 190, 238
계급 14, 84, 168, 179, 203, 231, 241, 250, 288
계급 없는 사회 170~171
계급제도 23~26, 28~30, 32~33
계몽 43, 85, 98, 110, 116, 131, 146, 154
    미국 계몽기 85, 112, 140
공동체주의 324~325
공리주의 44, 146~149, 179~180, 198
공산주의 14, 27, 168, 170, 202, 206, 218, 269, 338
    레닌 226~233
    마르크스 188~193
    반공산주의 258, 302
    중국 212, 260~265
    트로츠키 242~245
공자 13, 18~19, 20~28, 32, 39, 47~48, 332
공정성 131, 301
공화정 53, 68, 76, 94, 106, 116, 136, 163, 170, 218
공화주의 49, 80, 112, 141
    루소 120~125
    볼리바르 162~163
    페인 136~139
과두정 43, 49, 68
과세제도 72~73, 140, 327
과학 165, 200
관념론 148, 156~159, 238

관료 33, 48, 147, 314
관리 24~27
교육 38~39, 45, 155, 173, 211, 259, 297, 332, 334
교황 그레고리우스 13세 91
교황 요한 22세 70~71
교황권 52~53, 69~71, 86
교회 52~54, 64, 69~71, 86, 88, 110~111
구스타보 구티에레스 164
구조주의 310~311
국가 92, 310
    최소국가 272, 326~327
국민당(KMT) 212~213
국유화 240
국정운영기술 45, 76~81
국제관계 29~30, 103
국제연맹 218
국제연합 60, 64, 69, 140
국제법 86~87, 90~91
군사 29~30, 45~46, 56
군산복합체 268, 325
군주 43, 49, 53, 60~61, 68, 70, 109, 137, 163, 176
군주의 처형 109
권력 13, 269, 310~311, 314~315
    부패 72~73, 184~185
권력분립 49, 84~85, 107, 110~111, 146
권력에의 의지 196~199
권리 100, 106, 117, 182
    개인의 권리 94, 132, 172~173, 326
    권리와 의무 85, 172~173
    보편적 권리 86~87, 140~141, 172
    자연권 131~133, 148, 151
    자유지상주의 326~327
    재산권 134~139, 183
    주(州)의 권리 161
권리장전 85, 98, 106, 108~109, 136, 138, 150~153, 276
권위주의 14, 18, 27, 32, 39, 48, 98, 102, 245
귀족정 43, 49, 68, 133
그라쿠스 바뵈프 242, 335
그리스 18~19, 34~39, 68, 111, 117, 121, 332
근대화 164, 195, 262~265

근본주의 278~279, 328~329
급진주의 297
기독교 39~40, 52~54, 56, 64, 70, 86
기업가정신 85, 112~113

ㄴ

나세르 알딘 샤 카자르 336
나오미 클라인 275
나치주의 208, 218~219, 237, 256~257, 283, 335~337
나폴레옹 보나파르트 117, 132~133, 158, 162~163, 236, 335
남아메리카 84, 275, 312
남아프리카 공화국 223~224, 269, 294~295, 304, 313
냉전 190, 219, 268, 322
네로 황제 39
네빌 체임벌린 236~237
넬슨 만델라 269, 294~295
노동계급 14, 168, 190~191, 200~201, 228~231, 243, 250~251, 259
노동 소외 190~193
노동당 202
노동조합 201, 234
노예제 14, 156, 161, 168, 252
    노예의 도덕 198~199
    소로 186~187
    주인 · 노예 157~159
    폐지론 182
노자 32
놈 촘스키 268, 314~315
능력주의 19, 22, 26~27, 32~33, 48
니카라과 247
니콜라 사르코지 129
니콜라이 모르드비노프 334
니콜라이 수하노프 233
니콜로 마키아벨리 13, 53, 74~81, 94, 160
    『군주론』 47, 53, 88, 120, 254, 276, 296, 310

INDEX

니키타 흐루시초프 240, 268
니힐리즘 196~199, 257

ㄷ

다리우스 대왕 332
대공황 218~219, 236, 272, 297, 337
덕목 32~33, 36, 113
    기본 덕목과 신학적 덕목 53, 58
    유교 22~23, 25~26, 28, 39
    정치적 40, 58~59
    훌륭한 삶 37~38, 42, 70
덩샤오핑 262
데모스테네스 236
데이비드 고티에 339
데이비드 밀러 282
데이비드 스틸 275
데이비드 크리스천 232
데이비드 흄 103, 146, 153
도교 32
도덕 국가 52, 59
도덕철학 18, 23, 25~28, 32~33, 65, 339
도덕성 33, 128, 146, 186, 196~199, 243~244, 300
도덕주의 12~13
도시국가 18~19, 40~43, 49, 56, 59, 71
도요토미 히데요시 84, 333
도쿠가와 이에야스 333
독일 143, 180, 195, 219, 290
    나치즘 225, 256, 337
    사회민주당 168, 194, 202~203
    통일 168~169
독재 49, 133, 242
땅 212~213, 246

ㄹ

라즈니 팜 덧 225
라틴아메리카 164, 238, 247, 304
    독립전쟁 117, 162~164
    미국 간섭 204~205
러시아 194, 246, 322
    구소련(USSR) 170, 218~219, 234, 322

레닌 226~233
    스탈린 240~241
    트로츠키 242~245
    혁명 169, 190, 194, 202, 218, 280, 312
레닌주의 262~265, 322
레바논 329
레오 스트라우스 257
레오니 루자드 286
레오폴 세다르 상고르 338
레온 트로츠키 242~245
레옹 다마스 338
레이첼 카슨 290~291
레지스 드 브레 312
레프 톨스토이 223
레흐 바웬사 234~235
로널드 레이건 272, 275, 280, 322
로마 18~19, 39, 49, 52, 54, 60, 64, 110~111, 238
로버트 노직 13, 176, 183, 269, 300, 326~327
로버트 오언 335
로버트 퍼트넘 296
로버트 페이프 269, 329
로자 룩셈부르크 234~235
로자 파크스 308
루이 블랑키 228
루트비히 폰 미제스 272
르네 데카르트 156
르네상스 39, 76, 80
리처드 토니 336
리하르트 바그너 197
릴번 333

ㅁ

마거릿 길버트 101
마거릿 대처 236, 272, 275, 280
마그나 카르타 60~61
마나벤드라 나트 로이 253
마르쿠스 가비 252
마르크스주의 14~15, 165, 169, 201, 238~239, 242, 257, 262~265
    그람시 259
    레닌 229~230
    수정주의 202~203
마르틴 루터 71, 84, 88

마무드 아마디네자드 323
마오쩌둥 28, 31, 33, 219, 260~265
마우리아 제국 19, 28, 44, 47
마이클 만 314
마이클 오크숏 130, 165, 276~277
마이클 왈저 268, 324~327
마케도니아 필리포스 2세 41, 332
마틴 루터 킹 187, 222, 225, 252, 268~269, 294, 308, 316~321
마하트마 간디 186, 219, 220~225, 253, 304, 308, 318~319
마호메트 52, 56~57, 64, 278
막스 베버 169, 214~215, 296, 314
막시밀리안, 멕시코 황제 164
막시밀리앙 로베스피에르 335
말콤 X 304, 308~309, 318
맹자 18~19, 22, 27, 32, 332
먼로 독트린(1823년) 205
메디나 52, 56~57, 278
메리 울스턴크래프트 117, 130, 154~155, 207
멕시코 164, 169, 218, 246
모세스 멘델스존 208
모하메드 모사데크 328
목적과 수단 14, 242~245
몽골 332
몽테스키외 49, 84~85, 110~111, 130, 142, 146, 194
무굴 제국 333
무스타파 케말 아타튀르크 218, 248~249
무정부주의 184~185, 206, 234, 246
묵가 32~33
묵자 18~19, 22, 27, 32~33, 39, 47~48
문화 142~143, 259
미겔 프리모 데 리베라 250
미국 84, 106, 112~113, 169, 171, 181, 186~187, 219, 225, 282
    간섭주의 204~205, 247
    건국의 아버지들 112~113, 139, 150~153, 334
    권리장전 109, 150~153
    남북전쟁 168~169, 182, 205, 318
    노예제 161, 168
    뉴딜 정책 219, 242, 337
    대공황 218~219
    독립선언서 60, 85, 140~141, 176, 182, 253
    독립전쟁 116, 137, 152, 205, 334
    민권 187, 268~269, 308
    보수주의 280

애국법 254, 257
총기 소유 150~153
해외 전쟁 269, 324
헌법 90~91, 93, 109, 111~112, 150~152, 161, 182, 252
미셸 푸코 310~311
미하일 고르바초프 240, 322
미하일 바쿠닌 184~185, 262
미하일로 마르코비치 338
민영화 129
민족국가 15, 84, 88~89
민족주의 14, 117, 142~143, 197, 209, 218, 335
    아메리카 140~141
    이탈리아 172~173, 238
    인도 222~225
    중국 212~213
    터키 248~249
    흑인 252, 308
민주주의 14, 68, 102, 137, 148, 239, 300
    그리스 18~19, 36, 39~43, 136
    대의 민주주의 85, 248~249
    로마 19, 49
    실패 200~201
    열등성 68, 151, 170, 176
    자유민주주의 180~181, 257, 282
밀턴 프리드먼 272

ㅂ

바그다드 58~59
바르톨로메 데 라스카사스 333
바이에른의 루트비히 71
바츨라프 하벨 314
반유대주의 143, 208~209, 219, 335
반전체주의 282~283
반제국주의 169, 204~205, 222~225, 304~307
방첩활동 30, 46~47
버나드 맨더빌 214
법 26~27, 36, 42, 45, 68~69, 106~107, 123, 128, 137, 274
    국제법 84~87, 90~91
    법치 40, 47, 54, 56, 70, 106~109
    샤리아 율법 278~279
    신성한 법 53, 55, 58, 67, 71, 90

    자연법 53~54, 58, 64~69, 84~87, 90~91, 94~95, 107, 148, 185, 334
        훌륭한 법 70, 108, 146~147
법가 18~19, 22, 27, 32~33, 48, 76
베네수엘라 162~163, 204~205, 242
베니토 무솔리니 80, 218, 238~239, 337
베를린 장벽 170, 269
베스트팔렌 조약(1648년) 89
베아트리스 웹 169, 210, 336
베카리아 체사레 146
베트남 268~269, 300, 318~320, 324, 337
베티 프리단 286, 289
벤저민 프랭클린 85, 112~113
보리스 옐친 322
보수주의 14, 25, 117, 130, 147, 258, 274
    슈미트 254~257
    오크숏 276~277
    처칠 236~237
복지국가 169, 176, 202, 210, 268~269, 274~275
볼셰비즘 206, 218, 230~233, 235, 240, 242~244, 312
볼테르 85, 110, 116~117, 146, 185
부 300~301
부르주아 228, 230, 250
부정 54, 72~73
부탄 195
부패 184~185
분리주의 296
불평등 122, 148, 300~303
브라질 297
브루노 바우어 208
블라디미르 레닌 169, 190, 218, 228~233, 235, 240, 242, 322
블라디미르 푸틴 242
비간섭주의 247
비동맹운동 258
비타협주의 236~237
비폭력 저항 220~225

ㅅ

사무엘 폰 푸펜도르프 334
사유재산 122~124, 133, 170, 183, 190~192, 230
사회개혁 211, 335

사회계약 13, 40, 70, 84, 88~89, 91~93, 116, 120, 127~128, 206, 254, 326
    로크 106~108, 326
    롤스 300, 302~303
    루소 120~125
    홉스 98~103, 120
사회민주주의 218, 327
사회 집단 92~93
사회보험 210~211
사회적 선택이론 126
사회적 정의 274, 298~303, 318~321
사회적 행동주의 252
사회주의 14, 169~171, 183, 190, 194, 210, 228, 240~241, 322
    국가 사회주의 240~241
    수정주의 202~203
    자유제 사회주의 314~315, 336
    혁명적 사회주의 234~235, 253, 312~313
사회학 214~215
산업화 168, 178, 190, 228~230, 247, 250, 290
살라망카 학파 54, 84~87, 91, 94, 324
살바도르 아옌데 204~205
상앙(商鞅) 19, 32, 48
상호주의 183
생디칼리슴 200~201
샤를 푸리에 336
샤를마뉴 대제 52, 71
선거 117, 168, 252
세계화 15, 269
세속주의 71
세습주의 24, 26, 70
소크라테스 18, 36~39, 186
소피스트 18
손자 18, 27~31, 44, 56, 160
솔론 18~19, 36
수 왕조 48
수정주의 202~203
스리랑카 329
스메들리 D. 버틀러 247, 268
스탠리 볼드윈 236
스토클리 카마이클 319
스페인 184, 250
스페인 내전 218~219, 250
슬라보예 지젝 233
시린 에바디 269, 328
시몬 드 보부아르 268~269, 284~289

시몬 볼리바르 117, 162~163, 205
시민 불복종 186~187, 207, 222~225, 294~295, 300~301, 318~321
시민권 182, 222, 268~269, 304, 308~309, 316~321, 337
시오니즘 169, 208~209
식민주의 86~87, 143, 162~163, 168, 239, 253, 333
　　독립운동 116~117, 172, 204, 219, 268~269, 304
　　반식민주의 169, 204~205, 222~225
　　탈식민주의 258, 305
　　탈식민화 304~307
신도(愼到) 48
신불해(申不害) 48
신성로마 제국 52~53, 71, 117
신성로마 제국 황제 카를 5세 80, 87
신세계 86~87, 112
신자유주의 272~275
신플라톤주의 52
신하 22, 24~25, 27, 33, 44~48
실존주의 287~288
실증주의 165
심층 생태학 269, 290~293
쑨원 32~33, 212~213, 218, 263

ㅇ

아돌프 케틀레 165
아돌프 히틀러 142, 160, 180, 208, 218~219, 236~237, 254, 256, 337
아랍의 봄 269, 328
아르네 네스 269, 290~293
아르투어 쇼펜하우어 196, 198
아리스토텔레스『정치학』 19, 42, 67~68, 70~71
아리스토텔레스 12, 14, 19, 36, 39~43, 47, 54, 58, 93, 156, 332
아마르티아 센 300, 303
아베로에스 53, 64
아불 알라 마우두디 56, 269, 278~279
아비센나 53, 58
아서 래퍼 72~73
아야톨라 호메이니 323, 328
아우구스토 피노체트 275
아우구스투스 황제 49
아크바르 대제 333

아테네 18~19, 36~37, 39~40, 42, 136, 236
아파르트헤이트 269, 294~295, 305
아프가니스탄 268, 324, 329
아프리카 219, 258, 269
아프리카민족회의 294~295
아프리카통일기구 258
안토니오 그람시 80, 259, 297
알도 레오폴드 290
알렉산더 대왕 19, 41, 47, 332
알렉산드르 솔제니친 240
알렉산드로 헤르첸 194
알렉시 드 토크빌 110, 170~171
알리 샤리아티 323
알베르트 아인슈타인 225
알제리 304~305
알카에다 269, 278, 329
알킨디 52~53, 58
알파라비 52~53, 58~59, 72
알프레드 드레퓌스 208~209
앙리 드 생시몽 165, 170, 190
앙리 베르그송 200
애덤 스미스 72, 147
앤서니 기든스 214
얀 크리스티안 스무트 224
어니스트 겔너 73
에두아르트 베른슈타인 169, 201~203
에드먼드 버크 116~117, 120, 125, 130~133, 137
에르난도 데 소토 183
에르네스토 라클라우 339
에르네스트 르낭 282
에릭 홉스봄 282
에멀라인 팽크허스트 207
에메 세제르 338
에밀 졸라 208
에밀리 데이비슨 207
에밀리아노 사파타 218, 246
에스파냐령 아메리카 162~163, 204, 304
에이브러햄 링컨 161, 182
에인 랜드 280~281
에지디우스 로마누스 40, 53, 70
엔리코 코라디니 200
엘리트 314~315
여성 14, 112, 117, 154~155, 207, 284~289, 328, 334, 336
여성참정권 운동가 186, 207
역사의 종말 15, 196, 198

연방주의 92~93, 150~153, 296
연합 92~93
영국 117, 176, 178~179, 181, 186, 207, 236, 280
　　권리장전 85, 98, 106, 136, 138, 276
　　윌리엄 3세 108
　　제국 112, 116, 117, 219, 253, 258, 304
　　제임스 1세 90
　　존 왕 53, 60~61
　　찰스 1세 85, 101~102, 106~107, 109, 140, 333
　　헨리 1세 53, 60
영국 내전 60~61, 84~85, 98~99, 102, 106, 109, 333
　　마그나 카르타 60~61
　　명예혁명 98, 106, 130, 132, 136, 195
　　복지국가 169, 202, 268
영웅 신화 200~201
예외성 254~257
오귀스트 콩트 164~165, 210
오사마 빈 라덴 278
오스만 제국 117, 248~249
오스발트 슈펭글러 336
오토 폰 기르케 93
오토 폰 비스마르크 160, 211
올랭프 드 구즈 154, 286
올리버 크롬웰 101~102, 136, 333
왕권신수설 14, 27, 53, 70, 84~85, 87, 91, 98, 110, 162
외교 28, 45, 160
외교정책 29, 247
외제니 포토니 피에르 286
요하네스 알투시우스 84, 92~93
요한 고트프리트 헤르더 142~143, 172
요한 볼프강 폰 괴테 143
요한 피히테 142, 335
우고 차베스 162~163, 242
우드로 윌슨 162
위르겐 하버마스 282, 339
윈스턴 처칠 225, 233, 236~237
윌리엄 고드윈 184
윌리엄 모리스 290
윌리엄 베버리지 210
윌리엄 피트 138
유고슬라비아 338
유대인 143, 169, 208~209, 237
유럽 190, 193, 268~269
유럽연합 15, 173, 248
유용성 76, 78, 80

유토피아 13, 15, 59, 335~336
유화/타협 236~237
윤리학 12, 18, 45
율리우스 카이사르 19, 49, 60
의식(儀式) 25, 32
의회 60~61, 98, 102, 106, 151, 276~277
의회 민주주의 201
이기심/사리사욕 33, 43, 98~99, 280
이데올로기 14, 276~277
이라크 236, 247, 268~269, 283, 323
이란 269, 323, 328, 336
이란혁명 116
이마누엘 칸트 85, 116, 126~129, 164, 196, 327
이민 143
이븐할둔 53~54, 72~73, 121, 165
이사야 벌린 94, 176, 180, 303
이성 67~68, 85, 107, 116, 280~281
이스라엘 208
이슬람 52~53, 56~59, 72~73, 269
　근본주의 278~279, 328
　제국 39, 56~58
이슬람주의 323
이오시프 스탈린 218, 232, 240~241, 264, 322, 338~339
　트로츠키 242~244
이탈리아 172~173, 200, 218, 238~239, 259, 296, 336~337
인간 본성 23, 77~78
인간 의식 156~159
인권 60~61, 85, 87, 140, 328, 333
인도 19, 186, 253, 278~279, 303~304, 333
　간디 219~225, 304, 308
　난다 왕조 44, 47
　마우리아 제국 28, 44, 47
　차나캬 28, 39, 44~47
인문주의 76~77, 80, 90
인민헌장 117
인신보호법 60
인종 252, 294~295, 305~306, 308
일레인 제프리스 310
일반의지 120~125
일본 84, 168~169, 195, 212, 219, 333
입법 107, 111

ㅈ

자결권 13, 308~309
자기방어를 위한 흑표범당 308
자본주의 85, 113, 170, 196, 202~203, 281, 302~303
　마르크스 190~193
　반자본주의 184, 229
　하이에크 270~275
자연상태 13, 98~103, 107, 120~121, 123, 127
자유 13, 43, 60, 85, 107, 123, 126~129, 269, 301
　공화주의 162~163
　민주주의 180~181, 257, 282, 302
　행위와 사상 177~181
자유시장 176, 181, 272~276, 280
자유주의 14, 85, 95, 117, 164, 169, 334
　노직 326~327
　드 토크빌 170~71
　로크 106~109
　롤스 300~303
　밀 176~181
　베버 214~215
　비판 239, 254~257
　오르테가 이 가세트 250~251
　프랭클린 112~113
자유지상주의 314~315, 326~327, 336, 339
자율/자치권 126, 128, 177, 180
자이나교 222~223
자코뱅파 120
자크 데리다 339
자크 라캉 339
잔프랑코 밀리오 296
잘랄 알레 아흐마드 323
장 보댕 84, 88~89, 93, 98, 100
장 자크 루소 110, 118~125, 139, 146, 154~155, 162, 300, 335
장 폴 사르트르 288~289, 306
장 프랑수아 료타르 338~339
장군 에리히 루덴도르프 160
장군들 30, 44
장제스 264
재분배 274, 302~303, 327
재산권 134~139, 183
저메인 그리어 286
전국시대 18, 22, 27, 33, 48, 332
전쟁 13, 28~31, 48, 76, 78, 107, 123, 160, 168, 244, 268, 329
　게릴라전 312~313, 324
　독립전쟁 116~117, 164
　자연상태 99~101
　전쟁 폭리 247
　전쟁의 윤리 268
　정당한 전쟁/정전(正戰) 52, 55~57, 62~69, 87, 247, 324~325
　혁명전쟁 162~163
전체주의 13, 39, 125, 219, 242, 245, 265, 282~283
절대주의 84~85, 88~89, 98, 102, 106, 108, 176, 244
정당성 100, 106~109, 123, 300
정보 30, 46
정부의 역할 108
정실주의 22, 27, 33
정의 13, 31, 36~37, 52~53, 56, 65~66, 69~70, 269
　사회적 정의 274, 298~303, 318~321
　정당한 전쟁 52, 55~57, 62~69, 87, 247, 324~325
　정당한 정부 54~55
정치적 동물로서의 인간 40~43, 67~68, 70
제1·2인터내셔널 169, 185, 200
제1차 세계대전 218, 231~232, 238, 250, 255, 263
제2차 세계대전 219, 244, 268, 337, 339
제러미 벤담 117, 144~149, 179~181
제럴드 코헨 300, 303, 326
제인 애덤스 211
제인 앵거 154
제임스 매디슨 150~153
제자백가 18, 22, 28, 32
조르조 아감벤 257
조르주 바타유 196, 199
조르주 소렐 169, 200~201
조모 케냐타 219, 258
조반니 젠틸레 238~239
조제프 드 메스트르 334
조지 W. 부시 236, 324
조지 워싱턴 334
조지프 슘페터 113
조지프 프리스틀리 146~147
족벌주의 22, 27, 33
존 C. 칼훈 161
존 F. 케네디 268
존 러스킨 290
존 로크 85, 88, 98, 100, 102~109, 116, 140~141, 151, 153, 161, 176, 183, 326
존 롤스 103, 126, 269, 298~303, 326~327

INDEX 349

존 루카치 250~251
존 릴번 333
존 메이너드 케인스 272~274
존 미어샤이머 254
존 스튜어트 밀 146, 154, 169, 172, 174~181, 207
존 왕의 귀족들 60~61
종교 25, 27, 146, 184~185, 198~199, 209, 215, 224, 281
종교개혁 71, 84, 90
주권 92, 98, 100, 222, 254, 310
　국민주권 93, 123~124, 138~139, 249
주권자 24, 26, 28, 30, 45~46, 88~89, 92, 101, 122, 255~256
주나라 22~23
주세페 가리발디 336
주세페 마치니 172~173
줄리안 어샌지 283
중국 18~19, 72, 168, 179, 310
　공산주의 27, 219, 228, 233, 260~265
　공자 20~27
　묵자 32~33
　손자 28~31
　쑨원 212~213, 218
지식인 250~251, 259, 323
지아 울 하크 장군 278
지하드 57, 278~279
직접행동 186~187, 222~225, 308
진 시황제 29
질 들뢰즈 199
짐 크로우 법 318, 321
집산주의 238
집산화 228, 240~241
집합행동문제 101
집행권 107, 111, 124

ㅊ

차나캬 19, 28, 39, 44~47, 76
차르 니콜라스 2세 218, 228
차르 알렉산드르 2세 329
차티스트 117, 136, 139
찬드라굽타 마우리아 19, 28, 47
찰스 W. 밀스 314
찰스 디킨스 148

찰스 부스 210
참정권 117, 136~139, 148, 154, 186, 207
참주정/폭정 15, 39, 43, 49, 70, 168
　다수의 횡포 125, 176~177
천명 22, 25
철인 왕 19, 36~40, 58~59, 250
체 게바라 162, 304, 312~313, 339
총기 소유 규제 150~153
춘추시대 18, 22, 28
칠레 204~205, 275
칭기즈 칸 332

ㅋ

카를 마르크스 14, 133, 142, 159, 188~193, 203, 215, 230~231, 314
　『공산당 선언』 165, 168, 183, 193, 234, 276, 312
　『자본론』 130, 193, 214, 259
카를 슈미트 88, 254~257, 296
카를 폰 클라우제비츠 76, 160
케냐 219, 258, 268, 304, 306
코란 57
콘스탄티누스 1세 52, 54, 64
쿠바 204~205, 268, 313, 333, 339
크리스토퍼 콜럼버스 86, 162, 204
키루스 대왕 332
키케로 49, 54, 60, 64, 66, 150
　『국가론』 19, 36, 76

ㅌ

타키투스 142
탁샤실라 44~45, 47
탈레반 313
탈식민주의 258, 305
탈식민화 304~307
탤컷 파슨스 214
터키 218, 248~249
테러리즘 268~269, 329
테오도시우스 1세 52
테오도어 헤르츨 169, 208~209
토니 블레어 236

토머스 아퀴나스 40, 53, 58, 62~70, 84, 86, 90, 120
　정당한 전쟁 54, 56, 87, 268, 325
토머스 모어 13
토머스 제퍼슨 88, 109, 133, 140~141, 151
토머스 페인 112, 116, 130, 133~139, 141, 148, 151
토머스 홉스 13, 40, 80, 84, 96~103, 106~107, 116, 121~123, 255
　『리바이어던』 70, 76, 85, 88, 98~99, 120, 150, 254, 310
통치성 311
티파티운동 280

ㅍ

파나마 운하 247
파도바의 마르실리우스 53, 70~71
파리코뮌 168, 336
파시즘 14, 218~219, 238~239, 280, 337
파업 201, 234~235, 250
파울로 프레이리 297
파키스탄 278~279
퍼시 비시 셸리 186
페레스트로이카 322
페루 338
페르시아 제국 332
페리클레스 40
페미니즘 154~155, 180, 207, 268~269, 286~289
평화주의 223~224
포르피리오 디아스 218, 246
포스트모더니즘 338~339
폭력 169, 200~201, 251, 253, 257, 306, 308~309
폭정 25~27, 37, 49, 111, 162~163
폴 리쾨르 196
폴 마틱 245
폴 포트 276
폴란드 234
폴리비오스 49
폴리스(도시국가) 40~43, 70
표트르 크로폿킨 184, 206
푸시 라이엇 242
풀헨시오 바티스타 204, 339
프락시스 학파 338
프란시스코 데 비토리아 84~87, 90, 94
프란시스코 수아레스 54, 70, 84, 87, 90~91, 94

프란시스코 프랑코 218~219
프란츠 파농 253, 269, 294, 304~307
프랑스 88~89, 110~111, 183, 208~209, 304, 335
프랑스 공화국 116, 194~195
프랑스 왕 루이 16세 85, 106
프랑스 왕 루트비히 4세 70
프랑스 혁명 85, 92, 110, 140, 172, 182, 334~335
    버크 116, 130~133
    페인 137~138
프랑크푸르트 학파 219
프랜시스 후쿠야마 196
프랭크 나이트 300
프랭클린 D. 루스벨트 219, 242, 247, 337
프레더릭 더글러스 158
프로타고라스 18, 36
프리드리히 니체 156, 168~169, 196~200
프리드리히 하이에크 269~275, 326
플라톤 14, 19, 34~39, 52, 54~55, 59, 170, 183, 186, 190, 250
    『국가』 13, 19, 36~37, 40, 49, 54, 58, 88, 127, 242
플로티노스 52, 58
피델 카스트로 204, 313, 339
피렌체 53, 76, 81
피에르 부르디외 250
피에르 조지프 프루동 126, 183~184, 206, 272

ㅎ

한 왕조 19, 27, 48
한나 아렌트 125, 282~283
한비자 18~19, 32, 48, 76
한스 게오르크 가다머 282
합리주의 36, 53, 276~277, 339
해리 헤이우드 245
핵무기 268, 325
행복 13, 117, 142~143
    공리주의 146~149, 179~180
    칸트 126~129
행정가 18, 23~25, 27~28, 33, 45
허버트 마르쿠제 338
헌법 18~19, 43, 49, 69~70, 110~111, 195
헤이그 평화회의 86
헨리 데이비드 소로 186~187, 222
혁명 14~15, 116~117, 190, 192, 194, 218

대중 혁명 228~233, 234~235
    영구 혁명 242~245, 253
    폭력 혁명 169
혁명적 사회주의 234~235, 253, 312~313
혁신주의운동 211
현실주의 13~14, 28, 44, 76, 80, 98~103, 160
호세 마르티 204~205
호세 마리아 루이스 모라 164
호세 오르테가 이 가세트 250~251
호세 카를로스 마리아테기 338
호주 195
호찌민 31, 337
혼합정 19, 36, 43, 68
환경운동 269, 290~293, 310
후아나 이네스 데 라 크루스 334
훌륭한 삶 18, 36~38, 41~42, 55, 59, 68, 70
휘호 흐로티위스 64, 84~86, 90~91, 94~95, 122
히포의 아우구스티누스 39, 52, 54~56, 64~65, 120, 161, 268, 325

ACKNOWLEDGMENTS 자료출처

Dorling Kindersley and Tall Tree Ltd would like to thank Sarah Tomley for contents planning, Alison Sturgeon and Gaurav Joshi for editorial assistance, Debra Wolter for proofreading, and Chris Bernstein for the index.

PICTURE CREDITS

The publisher would like to thank the following for their kind permission to reproduce their photographs:

(Key: a-above; b-below/bottom; c-centre; f-far; l-left; r-right; t-top)

23 Dreamstime.com: Rene Drouyer (tr). 25 Getty Images: Yann Layma / The Image Bank (br). 26 Wikimedia Commons: http://de.wikipedia.org/w/index.php?title=Datei:Palastexamen-SongDynastie.jpg&filetimestamp=20061104233014 (bl). 27 Getty Images: Peter Gridley / Photographer's Choice RF (tr). 29 Corbis: Danny Lehman (cra). 31 Dreamstime.com: Ron Sumners (tl). Getty Images: Chinese School / The Bridgeman Art Library (bl). 33 Getty Images: Lintao Zhang / Getty Images News (cla). 37 Getty Images: G. DAGLI ORTI / De Agostini (br). 39 Corbis: Bettmann (bl). Getty Images: FPG / Taxi (tr). 41 Wikipedia: Jastrow(2006) / National Museum of Rome. Inv. 8575 (tr). 42 Corbis: Aristidis Vafeiadakis / ZUMA Press (bl). 45 Dreamstime.com: Basphoto (br). 47 Corbis: Richard & Gloria Maschmeyer / Design Pics (tr). 49 Getty Images: Ken Scicluna / AWL Images (crb). 55 Getty Images: Sandro Botticelli / The Bridgeman Art Library (bl); French School / The Bridgeman Art Library (cr). 57 Getty Images: Muhannad Fala'ah / Stringer / Getty Images News (tr). 59 Corbis: Michael S. Yamashita (tr). 61 Dreamstime.com: Juergen Schonnop (bl). Getty Images: Danita Delimont (tr). 65 Corbis: Alinari Archives (tr); Heritage Images (bl). 66 Getty Images: Fabrice Coffrini / AFP (tr). 67 Dreamstime.com: Newlight (cra); Paul Prescott (cla). 68 Corbis: Hulton-Deutsch Collection (tl). 69 Corbis: Wally McNamee (bl). Wikimedia Commons: Wilfried Huss/http://en.wikipedia.org/wiki/File:Flag_of_the_United_Nations.svg (tr). 70 Corbis: Stefano Bianchetti (cr). 78 Corbis: (tl). 80 Corbis: Bettmann (tl). 81 Corbis: Bettmann (tr). Getty Images: James L. Stanfield / National Geographic (bl). 87 Corbis: Bettmann (bl); Ken Welsh / Design Pics (tr). 89 Getty Images: French School / The Bridgeman Art Library (br). 91 Alamy Images: Prisma Archivo (tr). Getty Images: Juergen Richter / LOOK (cla). 93 Corbis: Bettmann (cla). Wikimedia Commons: Jean-Jacques Boissard/http://en.wikipedia.org/wiki/File:JohannesAlthusius.png (bl). 95 Corbis: The Gallery Collection (bl). Dreamstime.com: Georgios Kollidas (tr). 98 Dreamstime.com: Georgios Kollidas (bl). 99 Library Of Congress, Washington, D.C.: http://www.loc.gov/exhibits/world/images/s37.jpg (cla). 100 Corbis: The Print Collector (bl). 102 Corbis: Bettmann (tl). Fotolia: Andreja Donko (br); Vladimir Melnikov (cb). 103 Corbis: Alfredo Dagli Orti / The Art Archive (bl). 106 Getty Images: Hulton Archive (bl). 107 Corbis: The Print Collector (br). 108 Getty Images: Hulton Archive / Stringer / Hulton Royals Collection (bl). 109 Corbis: The Gallery Collection (br). 111 Corbis: (bl); Rick Maiman / Sygma (cr). 113 Corbis: Doug Wilson (clb). Dreamstime.com: Georgios Kollidas (tr). 121 Corbis: Alinari Archives (br). 124 Getty Images: Time & Life Pictures (bl). SuperStock: Peter Willi (tl). 125 Corbis: Stefano Bianchetti (tl). 127 Getty Images: The Bridgeman Art Library (br). 129 Corbis: Michael Nicholson (bl). Getty Images: Mario Tama / Getty Images News (cr). 131 Getty Images: James Gillray / The Bridgeman Art Library (cra). 133 Corbis: Hulton-Deutsch Collection (tr). Getty Images: Imagno / Hulton Archive (tl). 137 The Bridgeman Art Library: Fitzwilliam Museum, University of Cambridge, UK (br). 138 Corbis: Owen Franken (tl). 139 Corbis: Bettmann (bl). Getty Images: Universal Images Group (tr). 141 Getty Images: Hulton Archive (tr). 143 Corbis: Bettmann (bl); Lebrecht Music & Arts (cr). 148 Corbis: Andrew Holbrooke (bl). Getty Images: Mansell / Contributor / Time & Life Pictures (tr). 149 Getty Images: Apic / Contributor / Hulton Archive (tr); Peter Macdiarmid / Contributor / Hulton Archive (bl). 151 Corbis: Bettmann (br). 153 Corbis: (bl); Martin Van Lokven / Foto Natura / Minden Pictures (tr). 155 Getty Images: Fine Art Photographic / Hulton Archive (cb); John Keenan / The Bridgeman Art Library (tr). 157 Getty Images: Universal Images Group (tr). 158 Alamy Images: The Art Gallery Collection (b). 159 Getty Images: Samuel N. Fox / Archive Photos (crb). 160 Getty Images: Hulton Archive / Hulton Royals Collection (cra). 163 Corbis: Sergio Alvarez / Demotix (cb); Christie's Images (tr). 164 Getty Images: SuperStock (cb). 171 Corbis: Bettmann (bl, tr). 173 Corbis: Bettmann (bl); Alfredo Dagli Orti / The Art Archive (tr). 177 Corbis: Nazima Kowall (tr). 179 Corbis: Bodo Marks (bl). 180 Corbis: Jeremy Horner (clb). 181 Corbis: Bettmann (tr). 185 Corbis: Hulton-Deutsch Collection (tr). Dreamstime.com: Regina Pryanichnikova (bc). 187 Corbis: adoc-photos (tr); Bettmann (bl). 192 Corbis: Swim Ink 2, LLC (tr). 193 Corbis: Bettmann (tr). Getty Images: Time & Life Pictures (clb). 194 Corbis: Philippe Giraud / Goodlook (cr). 197 Wikimedia Commons: F. Hartmann/http://en.wikipedia.org/wiki/File:Nietzsche187a.jpg (tr). 198 Corbis: Heidi & Hans-Juergen Koch / Minden Pictures (bl). 201 Getty Images: Steve Eason / Stringer / Hulton Archive (cr); Roger Viollet (bl). 203 Getty Images: CHRISTOF STACHE / AFP (clb); UniversalImagesGroup / Universal Images Group

(tr). 205 Corbis: Bettmann (cr, bl). 207 Corbis: Hulton-Deutsch Collection (cb). 209 Corbis: Bettmann (tr). Getty Images: Paul Chesley / Stone (clb). 211 Getty Images: Fotosearch / Archive Photos (cr). 213 Corbis: Adam Woolfitt (cla). Library Of Congress, Washington, D.C.: LC-USZ62-5972 (tr). 215 Corbis: Mark Moffett / Minden Pictures (cla). Getty Images: German / The Bridgeman Art Library (tr). 223 Corbis: Hulton-Deutsch Collection (bl); Frederic Soltan / Sygma (cr). 224 Getty Images: Hulton Archive / Stringer / Archive Photos (clb). 225 Corbis: David Osuna / Demotix (br). 229 Corbis: Bettmann (tr); Hulton-Deutsch Collection (bl). 230 Corbis: (bl). 231 Corbis: Hulton-Deutsch Collection (tr). 232 Corbis: Bettmann (bl). 233 Corbis: Bettmann (tl). 235 Alamy Images: The Art Archive (bl). Corbis: Bettmann (cla). 237 Corbis: Bettmann (cla). Library Of Congress, Washington, D.C.: LC-USW33-019093-C (bl). 238 Alamy Images: tci / MARKA (cb). 241 Corbis: Bettmann (bl). Getty Images: Buyenlarge / Archive Photos (ca). 243 Getty Images: Keystone-France / Gamma-Keystone (br). 244 Corbis: Hulton-Deutsch Collection (tl). 245 Corbis: Underwood & Underwood (bl). Wikimedia Commons: The Russian Bolshevik Revolution (free pdf from Archive.org)/http://en.wikipedia.org/wiki/File:Lev_Trotsky.jpg (tr). 246 Corbis: (cra). 249 Corbis: Bettmann (bl); Tolga Bozoglu / epa (cl).

251 Corbis: Bettmann (tr). Getty Images: Alinari Archives / Alinari (cb). 257 Getty Images: (br). 258 Corbis: Bettmann (cb). 263 Getty Images: Imagno / Hulton Archive (cra). 264 Getty Images: Hulton Archive / Archive Photos (tr). 265 Corbis: Roman Soumar (tr). Getty Images: Keystone-France / Gamma-Keystone (bl). 274 Corbis: Martin Jones; Ecoscene (bl). 275 Corbis: Wally McNamee (tl). Getty Images: Apic / Hulton Archive (bl). 277 Corbis: (bl). 279 Corbis: Michel Setboun (cra). 281 Corbis: Atlantide Phototravel (tr); Oscar White (bl). 282 Corbis: Bettmann (bc). 283 Getty Images: Apic / Hulton Archive (tr). 286 Corbis: Hulton-Deutsch Collection (bl). 287 Corbis: Blue Lantern Studio (br). 288 Corbis: Gianni Giansanti / Sygma (tl). 291 Getty Images: ERLEND AAS / AFP (tr). 292 Corbis: Stapleton Collection (tl). 295 Corbis: Hulton-Deutsch Collection (clb); Stephane Ruet / Sygma (tr). 296 Corbis: Bettmann (cr). 302 Dreamstime.com: Marcio Silva (bl). 303 Getty Images: AFP / Stringer / AFP (tr); Frederic REGLAIN / Gamma-Rapho (bl). 305 Corbis: Raymond Darolle / Europress / Sygma (cra). 306 Getty Images: Topical Press Agency / Hulton Archive (tr). 307 Getty Images: AFP (bl); Leemage / Universal Images Group (tr). 309 Corbis: (cra). Library Of Congress, Washington, D.C.: LC-USZ62-115058 (bl). 311 Corbis: Bettmann (tr); Wolfgang Flamisch (cb). 313 Corbis: epa (cla). Getty Images: Joseph Scherschel / Time & Life Pictures (tr). 315 Corbis: Christopher Felver (bl). Getty Images: Bloomberg (cra). 319 Wikimedia Commons: US Army/http://en.wikipedia.org/wiki/File:101st_Airborne_at_Little_Rock_Central_High.jpg (br). 320 Corbis: Bettmann (tr). 321 Corbis: Flip Schulke (bl). Library Of Congress, Washington, D.C.: LC-USZ62-126559 (tr). 322 Corbis: Bettmann (cb). 325 Corbis: Najlah Feanny / CORBIS SABA (tr). Getty Images: AFP (clb). 327 Corbis: Pascal Deloche / Godong (cb). Getty Images: Martha Holmes / TIME & LIFE Images (tr). 328 Corbis: Bettmann (cra)

All other images © Dorling Kindersley

For more information see:
www.dkimages.co.uk